ein Ullstein Buch

PROPYLÄEN WELTGESCHICHTE

Eine Universalgeschichte
Herausgegeben von
GOLO MANN
unter Mitwirkung von
ALFRED HEUSS
und
AUGUST NITSCHKE

Band I
Vorgeschichte · Frühe Hochkulturen
Band II
Hochkulturen des mittleren und östlichen Asiens
Band III
Griechenland · Die hellenistische Welt
Band IV
Rom · Die römische Welt
Band V
Islam · Die Entstehung Europas
Band VI
Weltkulturen · Renaissance in Europa
Band VII
Von der Reformation zur Revolution
Band VIII
Das neunzehnte Jahrhundert
Band IX
Das zwanzigste Jahrhundert
Band X
Die Welt von heute
Band XI
Summa Historica

Elf Bände in zweiundzwanzig Halbbänden

Sechster Band
2. Halbband

Weltkulturen
Renaissance in Europa

EUGENIO GARIN
WALTHER HEISSIG
RICHARD KONETZKE
FRIEDRICH MERZBACHER

*Karten, Zeichnungen und graphische Darstellungen im Text von
Elisabeth Armgardt und Klaus Willke.*

*Der Beitrag von Eugenio Garin ist von Annemarie Dechamps
in die deutsche Sprache übertragen worden.*

CIP-Kurztitelaufnahme der Deutschen Bibliothek

Propyläen-Weltgeschichte:
e. Universalgeschichte; 11 Bd. in 22 Halbbd. /
hrsg. von Golo Mann unter Mitw.
von Alfred Heuss u. August Nitschke. –
Frankfurt/M, Berlin, Wien: Ullstein.
([Ullstein-Bücher] Ullstein-Buch;
Nr. 4720)
ISBN 3-548-04720-3
NE: Mann, Golo [Hrsg.]

Bd. 6. → Weltkulturen, Renaissance in
Europa

Weltkulturen, Renaissance in Europa. –
Frankfurt/M, Berlin, Wien: Ullstein.
Halbbd. 2. Eugenio Garin... – 1976.
(Propyläen-Weltgeschichte; Bd. 6)
([Ullstein-Bücher] Ullstein-Buch;
Nr. 4732)
ISBN 3-548-04732-7
NE: Garin, Eugenio [Mitarb.]

*Ullstein Buch Nr. 4732
im Verlag Ullstein GmbH,
Frankfurt/M – Berlin – Wien*

*Der Text der Taschenbuchausgabe
ist identisch mit dem der
Propyläen Weltgeschichte*

*Umschlag: Hansbernd Lindemann
Alle Rechte vorbehalten
© 1964 by Verlag Ullstein GmbH,
Frankfurt a. M./Berlin
Printed in Germany 1976
Gesamtherstellung: Ebner, Ulm
ISBN 3 548 04732 7*

INHALTSVERZEICHNIS

Walther Heissig

343 MONGOLENREICHE

Die Anfänge *(345)* Tschinghis Khan *(346)* Das Zentralreich *(349)* Ausweitung der Macht nach Westen *(352)* Die mongolische Herrschaft in China *(362)* Die Mongolen in Rußland *(366)* Die Mongolen im Iran *(368)* Das Großkhanat 1368–1634 *(369)*

Friedrich Merzbacher

373 EUROPA IM 15. JAHRHUNDERT

Auf der Grenze vom Alten zum Neuen *(375)* Das Papsttum *(378)* Frankreich *(386)* England *(393)* Das Heilige Römische Reich *(399)* Die spanische und italienische Staatenwelt *(410)* Der Norden *(416)* Der Osten *(418)* Die türkische Expansion *(422)*

Eugenio Garin

429 DIE KULTUR DER RENAISSANCE

Renaissance und Kultur *(431)* Das Bewußtsein des neuen Zeitalters *(434)* Die Entdeckung der Klassiker *(438)* Die Griechen und die Anfänge der Renaissance *(447)* Humanismus und Renaissance: Zusammenhang oder Antithese? *(453)* Die Bibliotheken – Die Erfindung der Buchdruckerkunst *(461)* Die neue Erziehung *(468)* Themen und Probleme der politischen Reflektion: »Reale Stadt und ideale Stadt« *(481)* Religiöse Kritik und Erneuerung *(488)* Die neue Philosophie: Erhöhung des Menschen und der Natur *(500)* Die neue Wisssenschaft: die Erkenntnis des Menschen und der Welt *(510)* Die humanistische Kultur und die Nationalliteraturen *(519)* Die »schönen Künste«: Architektur, Bildhauerkunst und Malerei *(527)*

INHALTSVERZEICHNIS

Richard Konetzke

535 Überseeische Entdeckungen und Eroberungen

Eine neue Epoche der Menschheitsgeschichte *(537)* Kolonialismus und Geschichtswissenschaft *(539)* Die wissenschaftlichen und technischen Voraussetzungen der Entdeckungsfahrten *(540)* Geographische Vorstellungen des frühen Mittelalters *(544)* Die wissenschaftlichen und technischen Leistungen der Araber *(544)* Die nautischen Wissenschaften im Hoch- und Spätmittelalter *(545)* Hilfsmittel der Nautik *(547)* Geographische Karten und Reisewerke *(549)* Das neue Schiff *(551)* Ökonomische Triebkräfte *(552)* Seeraub *(553)* Fernhandel *(554)* Sklavenhandel *(555)* Die Suche nach dem Goldland *(558)* Ersatz für orientalische Gewürze und Farbstoffe *(561)* Ausdehnung des Getreide- und Zuckerrohranbaus *(561)* Die Kapitalbeschaffung *(563)* Italienische Kaufleute im Atlantikhandel *(563)* Portugiesen und Spanier in Seefahrt und Seehandel *(565)* Ausländische Konkurrenz in Spanien *(567)* Adlige Grundherren als Unternehmer und Kolonisatoren *(569)* Grundherrliche Unternehmungen in der portugiesischen Expansion *(574)* Kreuzzugs- und Missionsidee *(577)* Franziskanertum und überseeische Entdeckungen *(585)* Die ersten Missionen in Übersee *(586)* Der Staat und die überseeischen Entdeckungen *(589)* Erste Entdeckungen im afrikanischen Atlantikraum *(593)* Die Kolonisation der Kanarischen Inseln *(599)* Die portugiesischen Entdeckungen im 15. Jahrhundert *(601)* Die Entdeckung Amerikas durch Christoph Kolumbus *(610)* Weitere spanische Entdeckungen in der westlichen Hemisphäre *(618)* Die portugiesische Ausbreitung in Amerika und Asien *(625)* Französische und englische Entdeckungen des 16. Jahrhunderts *(629)*

635 Universalgeschichte in Stichworten

661 Namen- und Sachregister

(Von *Bruno Banke*)

712 Quellenverzeichnis der Abbildungen

Walther Heissig

MONGOLENREICHE

Die Anfänge

Das Zentrum Hochasiens, jenes von Bergen und Weidesteppenlandschaften geprägte Land westlich und nordwestlich von China, bis Turkestan reichend, war im frühen 12. Jahrhundert ein politisches Vakuum. Eingefaßt war dieses Gebiet von festgefügten Reichen und Hochkulturen verschiedener Sprache, Kultur und Religion. Im Südosten grenzte es an das chinesische Reich der Sung-Dynastie, hochkultivierter Stadtbewohner und Ackerbauern, im Osten an das Reich der Nordchina beherrschenden Chin-Dynastie, eines tungusischen Fremdvolkes, das auf die Liao gefolgt war. Nach Westen zu, an den nördlichen Ausläufern des Himalaja-Massivs hin bis zum Richthofengebirge und zum Gelben Fluß lag das Reich der tangutischen Hsi-hsia, Buddhisten tibetischer Prägung mit eigener Sprache und Schrift und festgebauten Städten, westlich davon das Reich der Uiguren in Ostturkestan, seßhafter Türken mit einer alten Stadtkultur, tolerant, Buddhismus, Manichäismus und Christentum vereinend. Am Tarimbecken hatten die Reste der einst Nordchina beherrschenden Liao eine neue Wohnstatt gefunden und als Karakitai ein neues Reich gegründet. Und dahinter im Westen lag das Reich von Chwarezm, eine mächtige islamische Stadtkultur mit ausgedehnten Handelsbeziehungen. Nördlich der Baikalseelandschaft, am Jenissei, herrschten die Kirgisenkhane, die von den Vorfahren der Mongolen im 10. Jahrhundert dorthin vertrieben worden waren.

In der von all diesen Staaten und Völkern eingeschlossenen Hochsteppe, einer weiten, von Bergmassiven begrenzten Schüssel, lebte im frühen 12. Jahrhundert eine Vielzahl türkisch-mongolischer Splittergruppen und Großfamilien. Aus ihnen entstand später die ethnisch-politische Einheit der »Mongolen«. Viele der meist nomadischen Großfamilien hatten sich zu kleinen, selbständigen Nationen *(ulus)* zusammengeschlossen. Sprachlich und kulturell bestand weitgehende Übereinstimmung zwischen allen Gruppen, doch scheint die Kultur von unterschiedlicher Höhe gewesen zu sein. Die größten und bedeutendsten Einheiten sind die Naiman und Kereyid gewesen, beide mit engen kulturellen Kontakten zu den westlichen Nachbarn. Bei beiden bestanden auch christliche, nestorianische Gemeinden. Dies ist der Anlaß gewesen, daß die Nachricht vom Herrscher der Kereyid, Toghoril-wang, einem angeblich christlichen Herrscher in Zentralasien, als Gerücht von einem »Priesterkönig Johannes« im mittelalterlichen Europa die Kreuzzugsideen anspornte.

Ein weiterer, in den Machtkämpfen des 12. Jahrhunderts bedeutender Stamm waren die Tatar, unter deren Namen die Mongolen als »Tartaren« erstmals in die europäische Geschichte eingingen. Die Naiman benutzten schon die von den Uiguren entlehnte uigurische Schrift.

In den Grassteppen zwischen Altai-Khulunbuir und der Wirtschaftsgrenze nach China lebten vorwiegend Viehzüchternomaden. Die jägernomadischen Stämme wohnten nach Norden hin zwischen Baikalsee und Jeneisseioberlauf bis zum Irtyschfluß. Aus den Viehzüchtern rekrutierten sich die politisch bedeutsameren Gruppen; sie waren es auch, die enge Verbindung mit den Liao und Chin im Osten, in Nordchina, hatten. Zuchttiere waren zu jener Zeit Rinder, Schafe, Ziegen und Pferde; dazu wurden aber oft auch Jagd und Fischfang betrieben. Wie schon zur Zeit der hunnischen Feldzüge, war das Pferd der bedeutsamste Faktor des militärischen Potentials; auch das Kamel wurde als Reit- und Zugtier gezüchtet. Zweiradkarren, auf denen das Rundzelt auf dem Marsche, im Gegensatz zu der in späteren Jahrhunderten bis in die Gegenwart geübten Sitte, unabgebrochen verladen wurde, waren neben den Reittieren die Beförderungsmittel der mongolischen Nomaden. Man lebte in den durch Übereinkunft festgelegten Stammes-Weidegebieten, nicht zügellos schweifend von Gebiet zu Gebiet, sondern in begrenzten Herdenwanderungen zwischen Sommer- und Winterweide. Die Überreste von Bewässerungsanlagen und umwallten Ackerflächen, fast überall in der Mongolei aufgefunden, weisen darauf hin, daß zu allen Zeiten, vor allem bei den größeren Völkerschaften, zusätzlich auch Ackerbau betrieben wurde. Schamanismus mit Ahnenopfern und Anrufungen des »Ewigen Himmels« war neben dem nestorianischen Christentum die bedeutendste Religion. Über die Uiguren im Tienshan-Gebiet drangen buddhistische und manichaische Vorstellungen in die mongolische Welt ein und verstärkten Einflüsse älterer buddhistischer Missionstätigkeit, die sogar, wie Bodenfunde zeigen, die Jenisseikirgisen erreicht hatte. Sozial bestand eine Dreigliederung in Aristokratie, gewöhnliches Volk, Sklaven und Kriegsgefangene.

Obgleich diese Stämme im Laufe des 10. und 11. Jahrhunderts sich gelegentlich zu gemeinsamen politischen und militärischen Aktionen zusammengeschlossen hatten – sie vertrieben zu Anfang des 10. Jahrhunderts die in ihrem eigenen Siedlungsgebiet, der heutigen Mongolei, dominierenden Kirgisenkhane nach Norden bis zum Jenissei und drängten die tungusischen Liao nach Nordchina –, entwickelten sie keine dauerhafte politische Konzeption. Ihr Handeln war allein von augenblicklichen Zweckmäßigkeitserwägungen und Hausmachtpolitik bestimmt. An Stelle von eigenständigem politischem Handeln sind in der zentralasiatischen Steppe bis in die Mitte des 12. Jahrhunderts hinein nur Einflußversuche der angrenzenden Großmächte zu verzeichnen.

Tschinghis Khan

In diese Zeit fällt, von den Umständen nicht nur begünstigt, sondern geradezu herausgefordert, der Aufstieg Tschinghis Khans und die Einung der Mongolen zu einer Macht, die wenige Jahrzehnte später das ganze damals bekannte Asien und Europa erschüttern sollte.

Es ist nicht zu weit hergeholt, wenn behauptet wird, die ständige Spannung zwischen den dynamischen Kräften der Steppe und den statischen des chinesischen Ackerbaugebietes habe zu einem guten Teil die Voraussetzungen dafür geschaffen. Diese Spannung hatte im Laufe der Geschichte, und nicht nur der Mongolengeschichte, sondern überhaupt der Geschichte der Auseinandersetzungen zwischen den »Barbaren« der nördlichen Steppe und China, stets ihre Ursache in der Verschiedenheit der Wirtschaftsformen. Die Steppenbewohner, in ihrem nomadischen Lebensstil wirtschaftlich keineswegs »autark«, sahen sich gezwungen, ihre Wirtschaft zu ergänzen. Sie verschafften sich in regelmäßig wiederholten Überfällen auf das chinesische Agrargebiet die für den Winter notwendigen zusätzlichen Lebensmittel, Kleidung und die hochbegehrten Luxusgegenstände. China wiederum verteidigte seine Grenzbevölkerung, wehrte sich, schlug zurück. Besonders energisch geführte Gegenschläge trafen gelegentlich so stark, daß sie einen Rachefeldzug gegen China auslösten. China selbst bediente sich eines der erfolgreichsten Kampfmittel gegen die Nomaden: es nutzte deren Uneinigkeit und wußte durch Verleihung von Ehrentiteln an die Führer und Verteilung zusätzlicher Lebensmittel und Luxusgeschenke einige Stämme gegen andere für sich zu gewinnen.

Seitdem 1122 die Jürched, ein Stamm tungusischer Herkunft, die ebenfalls tungusischen Liao in ihrer Herrschaft über Nordchina abgelöst und die Chin-Dynastie, die »Goldene Dynastie«, gegründet hatten, waren sie bestrebt, auf dieselbe Weise das schier unkontrollierbare Kräfteverhältnis in der Mongolei zu ihren Gunsten zu verändern. Es kam zu Bündnissen mit ostmongolischen Gruppen, die von den Chin gegen unruhige und unbotmäßige Stämme in der nördlichen Mongolei eingesetzt wurden. Einer davon kämpfte um 1160 gerade auf seiten der Chin gegen andere Mongolen; es waren die Tatar, deren Weidegebiete dem Heimatland der Jüsched oder Chin am nächsten, am Buir-nor und Kulun-nor lagen. Diese Tatar wurden von den Chin auf Grund ihrer alten Feindschaft mit den im Nordwesten, zwischen dem Kerulen- und dem Onon-Fluß lebenden Manghol benutzt, diese in Schach zu halten. Khabul Khan, der im frühen 12. Jahrhundert einige kleinere Stämme unter seiner Botmäßigkeit geeint hatte, hatte dieser neuen Stammesgruppe den Namen eines legendären, einst mächtigen Volkes Manghol gegeben. Es ist dies der Ursprung des Namens »Mongolen«.

Khabul Khan war der Großvater Temüdzins, der später Tschinghis Khan genannt wurde. Der nach Khabul Khans Tod eingesetzte Regent Ambachai wurde von den Tatar gefangengenommen und an den Chin-Kaiser Shih-tsung ausgeliefert. Vor seinem Verschwinden forderte er die Mongolen zur Rache an den Tatar auf. Auch Yesügei, ein Sohn Khabul Khans und der Vater des späteren Tschinghis Khan, wurde von den Tatar getötet. Sein Tod (um 1171) führte zum Auseinanderbrechen der von Khabul Khan geeinten Volksgruppe und zu einem neuen Aufflackern des Streites der beiden Khane der Bordzigid, der Familie Temüdzins, und der Taidzighut um die Vorherrschaft. Temüdzin, von fast allen Anhängern verlassen, kämpfte zunächst nur um die Wiedergewinnung seines Besitzes und seiner Gefolgsleute. Seine mutigen Abenteuer im Kampf gegen die abtrünnigen Taidzighut gewannen ihm die Herzen der Gleichaltrigen. Allmählich fand er wieder Gefolgschaft. Die Großfamilie Bordzigid hatte aber ihren politischen Einfluß fast völlig verloren, und es ist zweifelhaft, ob sie und mit ihr Temüdzin je das Weltreich der Mongolen hätte schaffen können, ohne die Spannungen zwischen Steppennomadentum und dem davon bedrohten Nordchina der Chin.

Inzwischen waren den Chin nämlich die Tatar zu mächtig geworden, und so verlagerte die Chin-Dynastie ihre Unterstützungspolitik auf die christlichen Kereyid unter deren Herrscher Toghoril-wang. Toghoril-wang hatte eine alte Freundschaft mit Yesügei, Tschinghis Khans Vater, verbunden. Zu ihm gesellte sich Temüdzin und kämpfte mit ihm gegen die Tatar. Seine Laufbahn als Krieger und Heerführer begann der künftige Tschinghis Khan also als Kriegervasall Nordchinas. Der Sieg über die Tatar schaffte die Voraussetzungen für die nun beginnende Einigungs- und Unterwerfungspolitik Tschinghis Khans.

Nachdem er ein Bündnis der übrigen Stämme gegen ihn zerschlagen hatte, vernichtete er die kulturell überlegenen Kereyid, Naiman und Merkid. Damit war er 1205 zum unumschränkten Herrscher des mongolischen Gebietes geworden. Nachdem er »sich so die Völker, die in Filzzelten lebten, botmäßig gemacht hatte« – wie das älteste mongolische Geschichtswerk, die »Geheime Geschichte«, berichtet –, »sammelten sie sich im Tigerjahre (1206) an der Quelle des Ononflusses und pflanzten die neunzipfelige weiße Fahne auf. Danach gaben sie dort dem Tschinghis Khan den Kaiser-Titel«.

Mongolischen Quellen zufolge war Tschinghis Khan fünfundvierzig Jahre alt – neuere Überlegungen machen ein Alter von neunundfünfzig oder sechzig Jahren wahrscheinlicher –, als er die Völkerschaften der heutigen Mongolei unter seiner Herrschaft vereint hatte. Der Titel Tschinghis Khan wird aus einem turk-mongolischen Wort *tenghis*, »Meer, Ozean«, abgeleitet, würde demnach »ozeanweiter, großer Kaiser« bedeuten. Es scheint sich dabei um einen alten zentralasiatischen Ehrentitel zu handeln, der hier Temüdzin übertragen wurde. Die mongolische Mythologie kennt jedenfalls einen mongolischen Tschinghis Khan, der eine Art von Schöpfungsgottheit ist und dem der Ursprung von Bräuchen und sozialen Einrichtungen zugeschrieben wird.

Von dem zukünftigen Herrscher über ganz Asien, der die Grundlage zum Weltreich der Mongolen legte, sind keine zeitgenössischen Bilder erhalten. Das einzige, immer wieder von ihm gezeigte Bild aus der Serie der Yüan-Kaiserbilder im Historischen Museum im Pekinger Kaiserpalast ist jünger, geht aber wohl auf ein historisches Porträt zurück. Die wenigen Angaben zeitgenössischer, meist vorderasiatischer Geschichtsschreiber, die Augenzeugenberichte wiedergeben, schildern Tschinghis Khan als großgewachsen, breitschulterig, mit wenig grauen Haaren und mit grünen Katzenaugen. Chang-chun, der Patriarch der chinesischen Taoisten, der ihn 1223 sah, sagt leider nichts über sein Aussehen, sondern berichtet nur, daß er ein wenig Chinesisch verstand. Die mongolische dichterische Überlieferung schildert ihn als einfachen Lebensformen zugeneigt und stets in ein Pelzkleid des Nomaden gekleidet. Aus seinen »Aussprüchen« *(bilig)*, die sich zu einem großen Teil in der meist mündlich überlieferten Tschinghis-Khan-Weistumsdichtung erhalten haben, wissen wir, daß er mit den Begriffen der türkisch-vorderasiatischen Fürstenspiegel-Literatur und deren Staatsweisheit vom »guten Herrscher«, der von weisen Ministern beraten ist, vertraut war, daß er von ihnen und von alten Überlieferungen, den »Worten der Alten«, geleitet war. In den auf seine Veranlassung auch schriftlich festgehaltenen »Aussprüchen« *(bilig)* und

Zentralasiatischer Nomade mit Pferden
Chinesische Malerei auf einem Albumblatt, 10./11. Jahrhundert
Taichung/Taiwan, National Palace and Central Museums

Tschinghis Khan als Herrscher über die Reiche Chin und Chwārezm
Persische Miniatur in einer Abschrift der »Allgemeinen Geschichte der Welt« von Raschīd ad-Dīn, um 1310
Paris, Bibliothèque Nationale

in den Rechtsregeln des *Dzasag (Yasa),* die von vorderasiatischen Schriftstellern zu einem gewissen Teil bewahrt worden sind, legte Tschinghis Khan modellhafte Entscheidungen vor, nach denen spätere Herrscher und Statthalter in fernen Gebieten regieren sollten. Tatsächlich finden sich Rechtsvorstellungen aus den *Dzasag* in den mongolischen Gesetzessammlungen des 17. Jahrhunderts; auch die Aussprüche, meist in alliterierenden Reimen, haben Moral und Denkungsart der Mongolen bis in die Neuzeit hinein beeinflußt.

Die geistigen Bindungen zu den Turkvölkern Zentral- und Vorderasiens waren eng, jedenfalls viel enger als zu China. Dies zeigt sich einerseits in der beratenden Stellung von Uiguren und Muslimen beim Aufbau der mongolischen Macht und erklärt andererseits deren Vorrangstellung, die ihnen von Tschinghis Khan und seinen Nachfolgern im Sozialgefüge des mongolischen Reiches – sie rangierten unmittelbar nach den Mongolen – eingeräumt wurde. Enge geistige Beziehungen müssen auch zu den in Nordchina herrschenden Chin- oder Khitan-Tataren bestanden haben, von denen Tschinghis Khan Anregungen für seine Heeresorganisation empfing. Die neuesten Entzifferungsversuche der Schrift der Khitan deuten auf eine starke Verwandtschaft von deren Sprache mit dem Mongolischen hin. Auch in der Musik des nun notwendig gewordenen Hofzeremoniells folgte Tschinghis Khan den Formen der Chin. Künstler und Handwerker, meist fremder Nationalität, genossen bei ihm hohes Ansehen und wurden oft mit besonderen Vorrechten ausgestattet. Sie lebten in geschlossenen Handwerkersiedlungen in der Steppe.

Die entscheidenden Maßnahmen der großen Volksversammlung 1206 aber waren die Organisation des Heeres, das nach dem Dezimalsystem in Zehnerschaften, Hundert-, Tausend- und Zehntausendschaften gegliedert wurde; die bewährten Jugendgefährten und Mitkämpfer rückten in die führenden Stellen ein, Uiguren und Vorderasiaten wirkten als Berater. Steuererlasse, die Einführung einer Staatspost, Sonderrechte für Kaufleute und Handwerker, für taoistische und buddhistische Mönche festigten das Gefüge des entstehenden Staates. Tschinghis Khan befahl den Verwandten und höheren mongolischen Würdenträgern und den Offizieren, das Schreiben und Lesen der zunächst von den Uiguren übernommenen Schrift zu erlernen.

Das Zentralreich

Spätere Interpreten wollen den wesentlichen Antrieb für die Entwicklung Tschinghis Khans zum Weltherrscher in seinem Glauben an einen religiösen Auftrag sehen. Zweifellos bediente sich Tschinghis Khan der ihm aus der chinesischen wie aus der vorderasiatischen Staatsweisheit vertrauten Vorstellungen vom göttlichen Auftrag des Herrschers. Er und seine Nachfolger brachten dies in den Präambeln ihrer Sendschreiben an fremde Herrscher zum Ausdruck oder in den Einleitungen ihrer Befehlstafeln: »Durch die Kraft des ewigen Himmels!«

Als tatsächliche Triebkräfte zeichnen sich aber die politischen Gegebenheiten Zentralasiens ab, die Tschinghis Khan mit der Gesetzmäßigkeit der Spannungen zwischen Steppe und angrenzenden statischen Hochkulturen zu weiterem Handeln zwangen. Nichts in der Überlieferung deutet darauf hin, daß der praktisch denkende Nomade Temüdzin von Anfang an den Sendungsglauben eines Welteroberers hegte. Auch die enge Einbeziehung der kulturell überlegenen türkischen Uiguren beim Aufbau der mongolischen Macht deutet weniger auf einen politischen Plan als auf die politische Klugheit der Uiguren hin.

Als nach 1206 die Kunde von der militärischen Einigung der Steppenvölker unter Tschinghis Khan den Herrscher der im Gebiete des heutigen Nord-Sinkiangs ansässigen Uiguren, Idiqut, erreichte, sah dieser die Zwecklosigkeit eines bewaffneten Widerstandes seines zahlenmäßig unterlegenen Stadtvolkes ein und sandte eine Ergebenheitsadresse, die Tschinghis Khan annahm. Eine seiner Töchter wurde mit dem Uigurenherrscher verheiratet, um ihn eng an die mongolische Herrscherfamilie zu binden. Damit setzte die Tätigkeit der Uiguren als geistige Tutoren der Mongolen ein. Für über ein Jahrhundert schufen sie als politische Berater, Mathematiker, Verwaltungsbeamte und Waffenkonstrukteure an den Grundlagen der mongolischen Macht, wofür sie wegen ihrer hohen, mit den Arabern und anderen Muslimen in engem Kontakt stehenden Kultur besonders geeignet waren. Über sie ging wohl auch der Weg vieler arabischer wissenschaftlicher Erkenntnisse bis zu deren praktischer Auswertung durch die Mongolen.

Es fehlt jeder Anhalt, daß Tschinghis Khan schon zu Beginn seiner Laufbahn die Konzeption von einem mongolischen Großreich gehabt hätte. Zunächst erscheint seine Politik rein nach Osten hin orientiert, gegen China und das Tangutenreich. Um 1207 war die Macht der Mongolen durch die Unterwerfung der »Waldvölker«, der Oiraten und Kirgisen, noch stärker geworden. Im Steppengebiet blieb nun nichts mehr einzugliedern und zu erobern. Wohl aber stellte sich in steigendem Maße die Frage nach zusätzlichen Nahrungsmitteln und höheren Kulturgütern. Mit derselben historischen Gesetzmäßigkeit, mit der Jahrhunderte vor ihm die Hunnen nach Süden gegen China gezogen waren, wandte sich nun Tschinghis Khan nach Süden und Südosten. Der erste Angriff galt dem Hsi-hsia-Staat, dem Reich der Tanguten, das von Marco Polo, dem venezianischen Handelsreisenden des 12. Jahrhunderts, Kashin genannt wurde.

Die Unterwerfung der Naiman hatte Tschinghis Khan zum unmittelbaren Nachbarn des Hsi-hsia-Reiches gemacht, dessen Nordostgrenze nun das Ordosknie des Hoang-ho-Flusses bildete. Die Naiman kannten sich infolge ihrer engen Nachbarschaft zu den Tanguten gut in deren Gebieten aus, was Tschinghis Khan bei der Vorbereitung und Führung seiner Feldzüge sich zunutze machte. Nachdem die tangutischen Grenzen schon in den Jahren 1205 bis 1207 in Unruhe versetzt worden waren, übernahm 1209 Tschinghis Khan selbst den Oberbefehl über die Unternehmung gegen das Hsi-hsia-Reich. Zwei ihm entgegengeschickte tangutische Heere wurden vernichtend geschlagen, was den Tangutenkaiser Li An-chüan dazu bewog, sich Tschinghis Khan zu unterwerfen und ihm die Hand seiner Tochter anzubieten. Die mongolischen Bedingungen zeigen deutlich, daß dem Hsi-hsia-Reich die Position einer wirtschaftlichen Basis für den kommenden Feldzug gegen Nordchina zugedacht war. Die Tanguten verpflichteten sich, »alle Kamele«, die sie »im Schutze des hohen Pfriemengrases gezüchtet hatten«, dazu Wolltücher, Seidenstoffe und Beizvögel abzuliefern. Dies ging so weit, bis man »keine (Kamele) mehr im ganzen Lande auftreiben konnte«. Diese Reit- und Transporttiere schufen die Voraussetzungen für den unmittelbar anschließenden Schlag gegen die Chin in Nordchina, während die Tanguten durch die hohen Tributleistungen und die beiden verlorenen Schlachten wirtschaftlich und militärisch so geschwächt waren, daß sie keine Bedrohung der mongolischen Flanke mehr darstellten.

Bis zu diesem Zeitpunkt hatte Tschinghis Khan, seit seinem Krieg gegen die Tatar nomineller Vasall der Chin, ihnen jährliche Tributzahlungen geleistet. Nun verweigerte er sie; wenig später erkannte er auch Kaiser Yün-chi, den Nachfolger des inzwischen verstorbenen Chin-Kaisers, nicht mehr als Oberherrn an. Dies wäre eigentlich Grund genug gewesen für eine kriegerische Auseinandersetzung. Darüber hinaus aber wurde – entsprechend der damals geltenden Moral – das gesamte Repertoire an Entschuldigungen für kriegerische Aktionen bemüht, die alle zum klassischen Rüstzeug der chinesischen Politik gehörten und auch in den folgenden Jahrhunderten in der Auseinandersetzung zwischen Chinesen und Mongolen immer wieder auftauchen.

Tschinghis Khan behauptete, den seinerzeit von den Chin an seinem Verwandten Ambachai Khan verübten Mord rächen zu müssen. Zwar war dies zur Zeit des Kaisers Shih-tsung (1161–1190) vor mehr als dreißig Jahren geschehen, und Tschinghis Khan hatte sich nach wie vor längere Zeit hindurch als dessen treuer Vasall erwiesen. Doch er berief sich auf das ungeschriebene Gesetz der Steppenrache, und das schien zu überzeugen. Obendrein bemühte er den Himmel, und zu guter Letzt trat er als Wahrer des »Richtigen« auf: Weil Gefangene der Chin und andere erklärt hatten, der Herrscher der Chin »handele aus Willkür und übe grausame Bedrückung«, rief Tschinghis Khan zu einer Strafexpedition auf. Nachdem er sich drei Tage lang in seinem Zelt eingeschlossen hatte, teilte er am vierten Tage seinem Volke mit, daß der »Ewige Himmel« ihm den Sieg über die Widersacher in den festen Städten zugesichert habe.

In dem Feldzug gegen die Hsi-hsia war eine neue Reitertaktik angewendet worden, und ein Jahr Übung in der Steppe hatte die gewonnenen Erkenntnisse ausreifen lassen. Im Frühjahr 1211 verließ das mongolische Heer unter Tschinghis Khans Führung das Heimatgebiet; nur eine kleine Wachtruppe blieb zurück. Obwohl das Chin-Reich zur Gegenwehr antrat, befand sich bereits im Winter 1211 alles Land entlang der Großen Mauer in den Händen der Mongolen. Im Frühjahr 1212 revoltierten Khitan-Heeresteile im Süden der Manchurei gegen die Chin (die Khitan standen ethnisch den Mongolen näher als den Nordchinesen) und liefen über, was den Zusammenbruch des Chin-Reiches noch beschleunigte. Große Kesselschlachten vernichteten schließlich dessen militärische Macht. Im Frühjahr 1214 vereinigten sich die auf verschiedenen Wegen nach Nordchina vorgetriebenen mongolischen Heeresgruppen vor Peking. Der Chin-Kaiser sah sich zwar zu einem Friedensangebot gezwungen, bäumte sich aber noch einmal gegen den Sieger auf. Nun wurde der Rest seines Heeres vernichtet, 1215 auch das bis jetzt ausgesparte Peking belagert und eingenommen. Die Chin waren in den Worten der »Geheimen Geschichte« zusammengehauen, daß »sie dalagen, wie vermoderte Bäume«. Die noch verbliebenen Truppen »starben vor Erschöpfung. Viele aßen Menschenfleisch und fraßen sich gegenseitig auf«. Sechzigtausend chinesische Mädchen sollen sich, persischen Quellen zufolge, von den Mauern Pekings gestürzt haben, um den Mongolen nicht in die Hände zu fallen. Den Sohn des Chin-Kaisers hatten die Mongolen gefangengenommen, der Chin-Kaiser selbst war nach Nanking, seiner südlichen Hauptstadt, entkommen.

Die Mongolen zerstörten alle festen Plätze, schleiften alle Mauern, vernichteten jede Möglichkeit neuer Kräftekonzentration. Augenzeugen, Gesandte aus dem Chwarezm-Reich an Tschinghis Khan, die 1215 ihn im Kampfgebiet erreichten, beschrieben ihre Eindrücke: »Die Gebeine der Geschlachteten bildeten Berge, die Erde war fett vom Fett der Menschen, und das Verfaulen der Leichen rief eine Seuche hervor...« Der Staatsschatz der Chin wurde in die Mongolei abtransportiert. Noch lagen keinerlei Pläne über die endgültige Besitznahme des statischen Chinas vor. Die Nachrichten über die apokalyptischen Zustände im eroberten Gebiet sollten den nach 1215 an die Sung-Dynastie im Süden Chinas abgehenden mongolischen Gesandtschaften dienlich sein und ihrem Bündnisangebot besonderen Nachdruck verleihen. Das ausgeraubte, ausgeblutete Nordchina war uninteressant geworden. 1216 hatte sich Tschinghis Khan, wie alle seine nomadischen Vorgänger, nach einem erfolgreichen Raubzug in China mit der Hauptmacht seines Heeres wieder in seine Stammesheimat am Kerulen zurückgezogen.

Ausweitung der Macht nach Westen

Aus China zurück, wandte sich Tschinghis Khan der weiteren Festigung seiner Macht in der Mongolei zu. Nichts deutet darauf hin, daß er zu jener Zeit an einer kriegerischen Unternehmung nach dem Westen interessiert war. Von den alten Feinden, den Naiman und Merkit, hatten während der Auseinandersetzung in China einige wieder ihr Haupt gehoben. Kuchlug, der Sohn des getöteten Naiman-Fürsten Tai yang, war nach Ostturkestan entkommen. Im Gebiet der dort ansässigen Karakitai hatte er, indem er geschickt die Gefühle der dort von Burkhan unterdrückten Muslimen ausnutzte, eine Gegenbewegung gegen diesen Fürsten entfacht und war mit deren Hilfe bald an die Macht gekommen. Dann aber trat er überraschend zum Buddhismus über und entwickelte sich zu einem noch schlimmeren Unterdrücker seiner muslimischen Helfer. Im Altai hatte außerdem Togha, der Sohn des unterworfenen Merkitenfürsten, zahlreiche Anhängerschaft um sich gesammelt; Tschinghis Khan ließ dieses Widerstandsnest ausräuchern. 1218 entsandte er den mongolischen Feldherrn Jebe gegen Kuchlug nach Ostturkestan. Jebe nutzte die böse Stimmung der von Kuchlug unterdrückten Muslimen, so daß es überall zu örtlichen Aufständen kam, welche den Mongolen die Eroberung dieses Gebietes wesentlich erleichterten.

Alles deutet darauf hin, daß damit die Expansion der Mongolen ihr Ende gefunden hatte und nun eine Periode des Aufbaus und des Friedens folgen sollte: Am oberen Orkhon-Fluß entstand die Hauptstadt des mongolischen Reiches, Karakorum, der erste feste Punkt dieses auf nomadische Lebens- und Kriegführung gegründeten Staatswesens. Wieweit damals schon in dem großen Wallgeviert feste Bauten errichtet waren, läßt sich nicht nachweisen; die vor kurzem ausgegrabenen Ruinen stammen aus der Zeit von Tschinghis Khans

Nachfolger Ögödei (1227-1241). In den Grundmauern der Thronhalle wurden buddhistische Fresken gefunden, die wohl älter sind. Im großen und ganzen scheint die Hauptstadt des Mongolenreiches zur Zeit Tschinghis Khans nur eine große umwallte Zeltsiedlung gewesen zu sein.

Tschinghis Khan hatte zu jener Zeit durch die Uiguren und durch muslimische Händler von den staatlichen Verhältnissen in den westlichen türkisch-persischen Gebieten gehört, mit denen er zunächst nur intensive Handelsbeziehungen anzuknüpfen suchte. Aber was Beginn einer friedlichen Entwicklung zu sein schien, wurde zum Auftakt der größten Waffentat Tschinghis Khans: der Unterwerfung des Vorderen Orients und Rußlands. Das heutige Turkestan, Afghanistan und Persien, ein Gebiet, das sich bis an den Syr-Darja, nach Ferghana und an den Aralsee erstreckte, gehörte damals zu dem islamischen Reich Chwarezm, das um 1218 vom türkischen Schah Muhammad II. regiert wurde. Dieser ehrgeizige Herrscher bezeichnete sich als den Sultan des Islams, welcher Anspruch ihn in einen Gegensatz zu dem Kalifen an-Nāsir in Bagdad brachte.

Für die politische Konzeption Muhammads ist es bezeichnend, daß er sich im Laufe der Zeit den Namen Iskander, den persischen Namen für den Welteroberer Alexander den Großen, zulegte, um zu dokumentieren, daß er dessen Nachfolger sein wolle. Schon die Nachrichten von der Eroberung Nordchinas und Pekings um 1215 hatten ihn als erhebliche Störung des politischen Gleichgewichts an seiner Ostgrenze beunruhigt; und sogleich war eine Gesandtschaft an Tschinghis Khan abgegangen, die ihn auch im Kampfgebiet vor Peking antraf und von dort die erwähnten grausigen Details über die Mongolen meldete. Für Feindseligkeiten von muslimischer Seite aus schien es indessen noch zu früh. Um Zeit zu gewinnen und weitere Nachrichten abzuwarten, sandte der Chwarezmschah eine Karawane mit Handelsgütern an Tschinghis Khan.

Wieder spricht es für die von Tschinghis Khan geplante friedfertige Politik, daß die Handelsgesandtschaft freundlich aufgenommen wurde und gleichzeitig eine mongolische Gesandtschaft mit reichen Geschenken und einer Botschaft von ihm an den Chwarezmschah abging. Es muß als besonderes Entgegenkommen Tschinghis Khans angesehen werden, daß diese Gesandtschaft ganz aus Muslimen bestand; auch deren Botschaft war höchst maßvoll: Tschinghis Khan erkannte den Chwarezmschah als Herrscher des Westens an, wofür er als Gegenleistung seine Anerkennung als Herrscher über den Osten forderte. Die weitere Botschaft war ein deutliches Angebot einer Politik der Offenen Tür. Tschinghis Khan betonte seine Freude, mit Chwarezm ein Freundschaftsbündnis einzugehen, das Händlern und ihren Karawanen in beiden Ländern freie Passage zusichern sollte. Tschinghis Khan war also zu der Zeit noch an ständigen Handelsverbindungen mit dem Westen interessiert.

Die Ereignisse der nächsten Zeit zeigten aber sehr bald, daß Tschinghis Khans Idee von einer Offenen Tür nach dem Westen nicht ohne Gewalt in die Tat umzusetzen war. Zwar empfing der Chwarezmherrscher dessen Gesandten in seiner Residenz, gleichzeitig wurden aber die Mitglieder einer mongolischen Handelskarawane nördlich von Taschkent, bei Otrar, ausgeplündert und erschlagen. Obwohl nicht festzustellen ist, ob dies vom Chwarezmschah angeordnet war, deckte er den Überfall. Damit stand 1216 das politische Barometer

Mongolenreiche

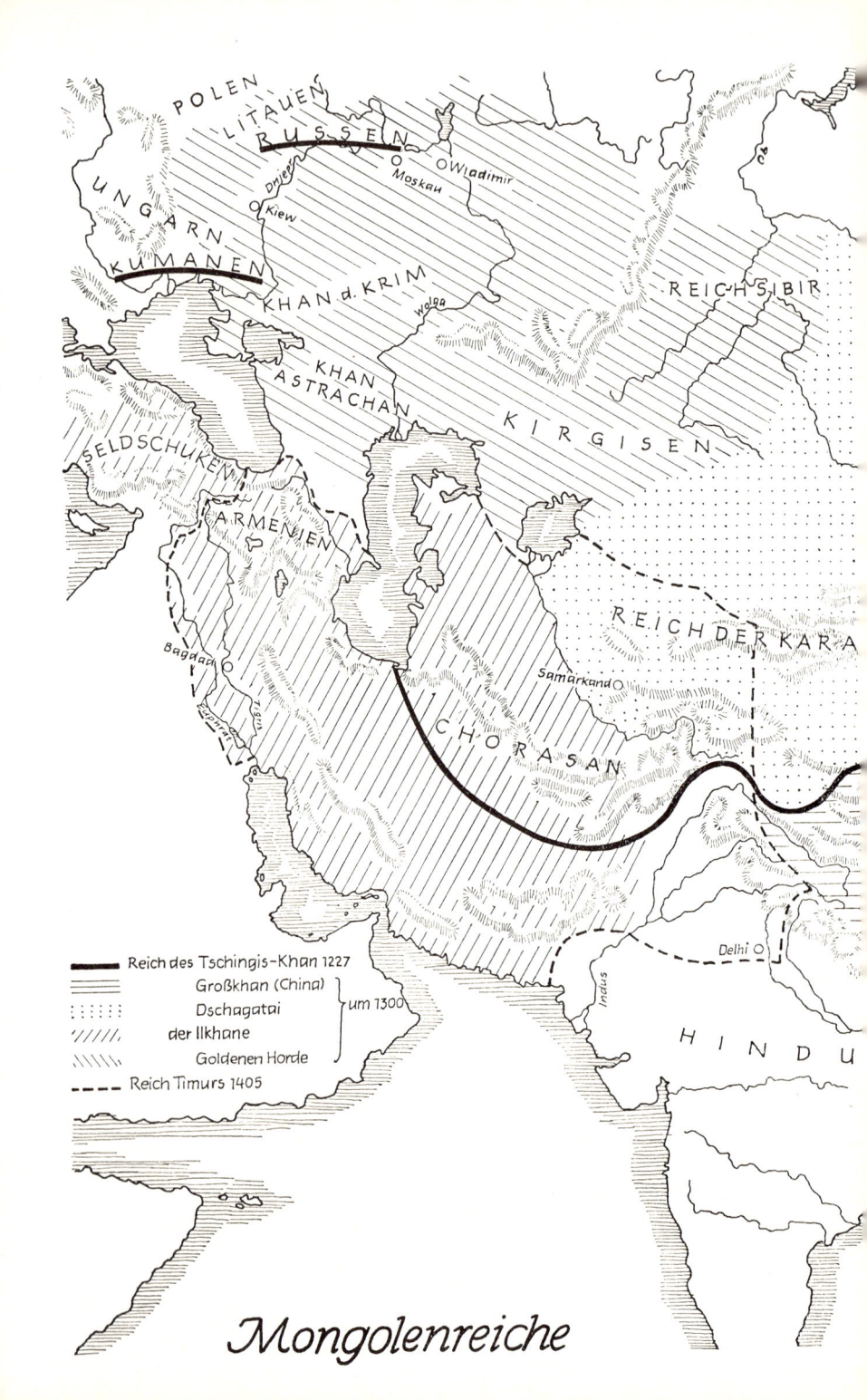

23°

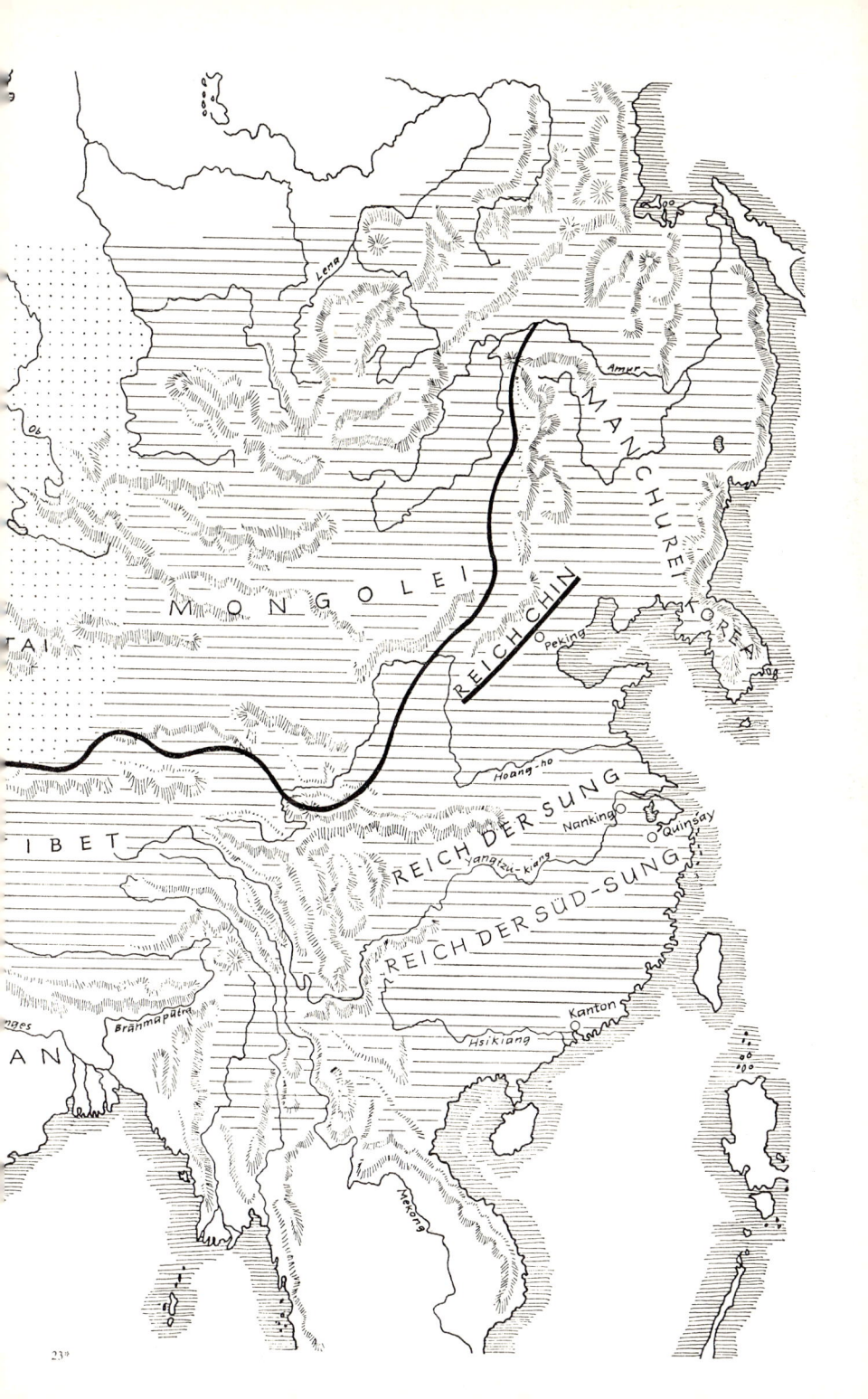

wieder auf Krieg. Tschinghis Khan mußte die Beleidigung seiner Gesandtschaft rächen. Spätere muslimische Schriftsteller behaupteten, der Kalif von Bagdad, an-Nāsir (1180 bis 1225), habe sich an Tschinghis Khan gewandt und ihn zum Einmarsch nach Chwarezm aufgefordert, um den Rivalen um die Vormachtstellung im Islam mit Hilfe der Mongolen zu vernichten. Diese Deutung läßt sich jedoch nicht völlig sicher erweisen.

Auf einem Reichstag *(khuruldai)* rief Tschinghis Khan zum Krieg auf, das gleiche tat in klarer Erkenntnis dessen, was auf seine Provokation hin erfolgen würde, auch der Chwarezmherrscher. Er rief zum Krieg gegen die Ungläubigen auf, was jedoch nicht ganz den Tatsachen entsprach, da in Tschinghis Khans Heer bedeutende muslimische Truppenkontingente kämpften und zahlreiche muslimische Kaufleute und Berater in dessen Diensten standen. Nur die Truppen, die sich in den Kämpfen gegen die Chin bewährt hatten, wurden gegen das Heer von Chwarezm eingesetzt. Uigurische Berater und ein chinesischer Geograph begleiteten Tschinghis Khan, dazu seine vier Söhne; für die Dauer des Feldzuges übernahm der jüngste Bruder die Regierung in der mongolischen Heimat.

Der Vormarsch nach dem Westen vollzog sich planmäßig mit bemerkenswerter Exaktheit. Der Taoistenmönch Ch'ang Ch'un, der 1221 Tschinghis Khan im Hauptquartier besuchte, berichtet über die technische Geschicklichkeit, mit der ein schlechtes Wegstück überwunden wurde: »Tschaghadai, der zweite Sohn des Khans, baute durch diese Ravine die erste Straße nach dem Westen. Er brach die Felsen der behindernden Ecken weg und errichtete nicht weniger als fünfunddreißig Holzbrücken, die für zwei Karren breit genug waren.«

Nachdem ein großes Materialdepot angelegt worden war und sich die mongolische Hauptmacht mit zweihunderttausend Hilfsvölkern vereinigt hatte, griff Tschinghis Khan im Herbst 1219 endlich an. Das Heer des Chwarezmschahs, aus verschiedenen türkischen Völkern und Stämmen zusammengewürfelt, zeigte sich von Anfang an den Mongolen unterlegen. So wich der Schah einer offenen Feldschlacht mit dem mongolischen Reiterheer aus und verschanzte sich in einer Reihe fester Plätze. Bei der Belagerung entwickelten die Mongolen eine neue Taktik, wobei ihnen Erfahrungen aus dem Chinafeldzug zugute kamen. In rascher Folge fielen die großen Städte Merw, Buchara und Samarkand, deren Einwohnerschaft fast gänzlich hingemetzelt wurde.

Dieser Terror bewog die übrigen festen Städte des Chwarezmreiches, von weiterem Widerstand abzulassen. Der Schah selbst flüchtete zu guter Letzt auf eine kleine Insel im Kaspischen Meer, wo er 1220 starb. Im Herbst 1220 stand das mongolische Heer in der Gegend der heutigen russisch-afghanischen Grenze, 1221 fielen Talkhan und Balk in Afghanistan, und eine mongolische Heeresgruppe stieß nach Chorasan vor. Inzwischen hatte der Sohn Muhammads II., Jellal ad-Dīn, in Afghanistan noch einmal Fuß zu fassen versucht. Aber 1221 fiel am Indus in offener Feldschlacht die Entscheidung gegen ihn. Im Winterlager 1222, zu Füßen des Hindukush, kam die denkwürdige Begegnung Tschinghis Khans mit dem Oberhaupt der Taoisten aus China, Ch'ang Ch'un, zustande. 1223 stießen mongolische Truppen am östlichen Kaukasus vorbei bis nach Rußland vor. In der Schlacht an der Kalka (bei Taganrog) vernichteten sie ein russisches Heer, plünderten einige Städte der Krim und kehrten dann wieder nach Osten zurück. Im selben Jahre stürzte Tschinghis Khan auf der Jagd vom Pferd, was die Ursache seines Todes, drei Jahre später, gewesen sein soll. Im Sommer 1224 war Tschinghis Khan wieder am Irtysh-Fluß angelangt.

Während die mongolischen Streifkorps aus Rußland wie Irrlichter wieder verschwanden, wurde das ganze eroberte turkestanische Gebiet mongolischen Gouverneuren übergeben. Dem ältesten Sohne Tschinghis Khans, Dschotschi, wurde die Herrschaft über die Kiptschak-Steppe, das heutige Kasakstan um Semipalatinsk, Amolinsk und Uralsk übertragen, sein Erzieher und Berater Huin-noyan wurde Gouverneur des Tscherkessengebietes. Tschaghadai, der zweite Sohn Tschinghis Khans, erhielt das alte Karakitaigebiet in Ostturkestan, das Land der Sartaghul (Sarten), während Ögödei, der nächste Sohn, Verwalter des Gebietes um Altai und Irtysch wurde. Die mongolischen Quellen (*Altan tobtschi*, 1655) sprechen zunächst nur von dem Auftrag an die Söhne und die verdienten Würdenträger als *darugha*, »Gouverneure«, mit der deutlichen Anweisung Tschinghis Khans: »zu regieren, was ich erobert, und jene zu beherrschen, die ich zur Ausbreitung der Herrschaft unterworfen«. Noch war die Staatsvorstellung patriarchalisch-zentralistisch. An eine Aufteilung des Reiches in unabhängige Herrschaftsgebiete wurde noch nicht gedacht. Tului, der Jüngstgeborene, wurde mongolischer Sitte gemäß Verwalter der »Herdstätte«, also des Heimatgebietes am Kerulen und Orchon. Als Dschotschi separatistische Tendenzen zeigte, wurde er auf Geheiß seines Vaters vergiftet.

Anders als im Westen war das 1216 verwüstete Nordchina noch nicht in das Verwaltungssystem des mongolischen Reiches einbezogen worden. Als Tschinghis Khan zum Westfeldzug aufgebrochen war, hatte er Muchuli, einen seiner bewährtesten Generale, als Vertreter in den eroberten Teilen des Chin-Reiches zurückgelassen. Muchuli hatte die Liaotung-Halbinsel befriedet und 1218 auch noch Korea unterworfen.

Pläne, Nordchina in das Mongolenreich einzubeziehen, hatte Tschinghis Khan nicht. Er beabsichtigte vielmehr, die Städte zu vernichten und die Äcker in Weideland zu verwandeln. Von dieser Idee brachten ihn später chinesische Berater ab. Ehe aber die Bedrohung der mongolischen Position, die Tschinghis Khan in der weiteren Existenz eines Chin-Staates in den südlichen, noch nicht eroberten Restgebieten sah, endgültig abgewehrt werden konnte, mußte Hsi-hsia zur Ordnung gerufen werden. Obwohl nach seiner Unterwerfung 1209 zur Heeresfolge verpflichtet, hatte das Tangutenreich für den Westfeldzug kein Hilfsheer gestellt. Auf den Vorstößen des mongolischen Feldherrn Muchuli gegen die Chin in Honan hatten die tangutischen Hilfsvölker die Mongolen in schwierigen Situationen im Stich gelassen. Daraufhin sandte Tschinghis Khan 1224 eine Strafexpedition gegen die unsicheren Partner aus. Als der König von Hsi-hsia ein neues Unterwerfungsangebot ausschlug und die geforderten Geiseln verweigerte, brach 1226 Tschinghis Khan mit dem Hauptheer zum Vernichtungskampf auf. Trotz dessen Erkrankung als Folge eines erneuten Sturzes vom Pferd wurde der nordwestliche Teil des Hsi-hsia-Reiches erobert und gebrandschatzt, die Bevölkerung fast völlig ausgerottet. 1227 fiel die Hauptstadt, König und Königin gerieten in mongolische Hand. Mit besonders unverständlichem Haß ließ Tschinghis Khan den Tangutenkönig hinrichten, die Stadt zerstören und die Einwohnerschaft töten; wie die älteste mongolische Chronik berichtet, »weil das Tangut-Volk sein Wort gab und sich dann nicht an sein Wort hielt«. Mitten in diesen Kriegshandlungen starb Tschinghis Khan am 25. August 1227 im Alter von zweiundsiebzig Jahren.

Als politisches Vermächtnis hinterließ er seinen Söhnen den Auftrag, auch die noch bestehende Flankenbedrohung durch die Reste des Chin-Reiches zu beseitigen. Zu seinem Nachfolger als Großkhan hatte er seinen dritten Sohn Ögödei bestimmt, was zunächst zu Streitigkeiten mit dem älteren Tschaghadai führte. Ögödei wurde 1229 dann doch von allen Brüdern gewählt. Er baute die Hauptstadt Karakorum aus einem Wallgeviert zu einem Mittelpunkt des Reiches aus, mit festem Palast und Tempelbauten, siedelte Handwerker in ihr an, vor allem Schmiede und Metallarbeiter, die Waffen und landwirtschaftliche Geräte herstellten. Unter seiner Herrschaft wurde der Versuch unternommen, zusätzliches Ackerland rund um Karakorum zu gewinnen. Sein Hauptinteresse galt jedoch der Reorganisation des Heeres für die beiden großen Unternehmen seiner Herrschaft: den Zug nach Rußland und den endgültigen Angriff auf das Chin-Reich mit der neuen Hauptstadt Kaifeng im Hoang-ho-Tal.

Bereits ein Jahr nach Ögödeis Thronbesteigung begann der Vernichtungsfeldzug gegen den Chin-Kaiser. Die Operationen gestalteten sich infolge der verzweifelten Gegenwehr der Chin-Truppen, unter denen auch viele uigurische und tibetische Söldner kämpften, langwierig und für die Mongolen sehr verlustreich. Besonders die Belagerung von Kaifeng forderte hohe mongolische Opfer, da die Chinesen Schießpulver – in kanonenähnliche Röhren geladen und als Sprengmittel – einsetzten. Erst als die Mongolen sich mit der Südchina regierenden Sung-Dynastie gegen das Chin-Reich verbündeten und zwanzigtausend Mann Sung-Truppen zur Verstärkung der Belagerer eintrafen, fiel die Stadt (1233). Nach wildem Kampf mit den Resten der Verteidiger war 1234 das Ende der Chin gekommen, der letzte Chin-Kaiser, Ngai-tsung, beging Selbstmord. Nord- und Mittelchina bis über den Gelben Fluß hinaus war in den Händen der Mongolen, die damit direkte Nachbarn des Sung-Reiches geworden waren.

Mit den Sung ergaben sich sofort Spannungen, da ehrgeizige chinesische Generale Teile des von den Mongolen eroberten Gebietes für die Sung zu gewinnen suchten. Drei mongolische Streifkorps drangen in Ssuchuan und Hupei ein. Trotz heftiger Gegenwehr der Sung-Truppen hausten die Mongolen dort bis 1241. Eine großangelegte Aktion läßt sich hier nicht erkennen. Im wesentlichen ging es darum, die Sung für ihren Vertragsbruch zu bestrafen – und auszuplündern.

Demselben Zweck diente auch ein neuer Vorstoß nach Korea, wo 1231 ein mongolischer Gesandter getötet worden war. Die Plünderung von Luxusgütern stand auch hier im Vordergrund; besonders die nordöstlichen Landesteile Koreas wurden verwüstet.

Die Hauptmasse des Heeres mit Ögödei war 1234 nach dem Stammland zurückgenommen worden. Auf einem Reichstag 1235 wurde wieder ein Vormarsch nach dem Westen beschlossen, diesmal unter Führung von Batu, dem Sohne des erstgeborenen Sohnes Tschinghis Khans, Dschotschi; es galt, die Kiptschak, einen türkischen Stamm im Steppenland westlich der Wolga, zu unterwerfen: der erste Feldzug der Mongolen zur Erweiterung ihres Gebietes. Die Kiptschak besaßen Weideland, das wie das mongolische Stammesgebiet nomadische Lebensführung und die Bewegung großer Reiterverbände erlaubte. Im Zuge der mongolischen Expansion zeigt sich immer deutlicher die Vorliebe der Mongolen für steppenartige Länder; auch Nordchina sollte ja Weideland werden, und selbst in späteren Jahrzehnten der Mongolenherrschaft in China, als dieser Plan längst fallengelassen worden war, konnten sich die Mongolen nur schwer dazu verstehen, bebauten Boden zu achten; Klagen der chinesischen Bevölkerung über verwüstete Äcker sind beredte Zeugen dafür. Beim Marsch nach Westen fühlten sich die mongolischen Heere von den Weiden der Steppen Transoxaniens angezogen und folgten ihnen. Nach dem Vorstoß nach Osteuropa gingen die Mongolen erst wieder in Ungarn, dessen Weideland die gewohnten Lebensbedingungen bot, zu längerer Ruhe über. Der eurasiatische Steppengürtel bildete für die mongolischen Reiterheere die Hauptvormarschstraße, da er die Voraussetzungen für den Unterhalt ihrer Pferde erfüllte.

Zum Oberherrn des zu erobernden Gebietes im Osten Europas, westlich des Kaspischen Meeres, war Batu, Dschotschis Sohn, ernannt worden. Zeitgenössische lateinische Quellen sprechen von ihm als *Bathy rex Tartarorum*. Oberbefehlshaber des für diesen Feldzug bestimmten Heeres war Sübegedei, dem die Prinzen Batu, Buri und der spätere Khan Möngke vorübergehend beigegeben waren.

Den Sommer 1236 verbrachte man an der Oberen Wolga, von wo aus das für den Handel zwischen Mittelasien und Nord- und Osteuropa bedeutsame Gebiet der Wolgabulgaren in Besitz genommen wurde. Die von Batu gestellten baschkirischen und kirgisischen Hilfstruppen wurden dort ausgebildet und dem Heer eingegliedert. Eine Abteilung mongolischer Truppen unter dem Oberbefehl Möngkes griff 1237 das Gebiet der Kiptschak westlich der Wolga an. Die Hauptmasse der Kiptschak konnte sich der mongolischen Unterwerfung durch die Flucht nach dem Westen entziehen. Sie flohen nach Ungarn, was den späteren Vormarsch der Mongolen nach Ungarn veranlaßte.

In den Jahren vor dem Angriff der Mongolen auf Wolgabulgaren und Kiptschak, zwischen 1230 und 1237, waren mehrere Male ungarische Dominikanermönche in das Gebiet zwischen Wolga und Ural gezogen. Sie hatten feststellen sollen, ob dort an der Wolga die sagenhafte Urheimat der Ungarn, *Magna Hungaria*, lag und ob dort alte Stammesgenossen für das Christentum gewonnen werden konnten. Die ungarischen Mönche trafen auf die ihnen verwandten Kiptschak, die Kebtschagud der Mongolen. Die aufkeimende Freude, die griechisch-orthodoxen Fürstentümer Rußland zwischen einem katholischen Ungarn und dem noch zu bekehrenden »Groß-Ungarn« der Kiptschak in die Zange zu nehmen, wurde jedoch bald von drohenden Anzeichen eines Mongolensturms nach Europa überschattet. Als 1236 eine zu den Kiptschak entsandte dritte Gruppe ungarischer Dominikaner nicht mehr nach Ungarn zurückkehrte, schickte man den Frater Julianus hinterher; ihm war es schon einmal gelungen, zu den Kiptschak vorzudringen. Inzwischen aber waren die Mongolen in das Kiptschak-Gebiet eingerückt, Julianus kam nur bis Susdal. »Groß-Ungarn« existierte nicht mehr, die Hoffnungen auf die Ausbreitung des Christentums zwischen Kama und Wolga waren zunichte. So wird Frater Julians Bericht 1237 zum Warnruf für den Papst, für den König von Ungarn, der den flüchtigen Kumanen Asyl vor den Mongolen bot, und für ganz Europa. Gleichzeitig damit setzte die mehrere Jahrzehnte des 13. und 14. Jahrhunderts andauernde Entspannung zwischen Papsttum und den Mongolen ein.

Nachdem sich Sübegedei durch die Unterwerfung der Wolgabulgaren eine Ausgangsbasis geschaffen und durch Einmarsch ins Kiptschakgebiet die Flanke abgesichert hatte, wandte er sich im Winter 1227 einem lockenderen Ziel zu: den festen russischen Städten und reichen Fürstentümern. Er hatte schon 1222 in der Schlacht an der Kalka Erfahrungen mit den Russen sammeln können. Die Russen hingegen vertrauten auf die Stärke der hölzernen Befestigungen ihrer Städte und auf die Breite der Wolga. Dies Hindernis bezwang Sübegedei mit Hilfe von »Väterchen Frost«; die Wolga war zugefroren, als die Mongolen sie überschritten. Am 21. Dezember 1237 eroberten sie als erste der befestigten Städte Rjasan, in rascher Folge fielen Susdal, die Hauptstadt des Großherzogtums von Wladimir, dann Rostow am Don, Jaroslawl. Auch Moskau, damals ein kleiner, umwallter Handelsplatz an der Stelle des heutigen Kremls, wurde niedergebrannt. Bald darauf ereilte Wladimir das gleiche Schicksal; die Familie des Großherzogs verbrannte in einer Kirche, der geflohene Prinz Jurij wurde am Sit-Fluß gestellt und erschlagen. Die Übermacht der beweglichen mongolischen Reiter hatte sich den langsamen Ritterheeren mit schlecht bewaffnetem bäuerlichem Fußvolk als überlegen erwiesen.

Statt nun die reiche Hansestadt Nowgorod nahe dem Ilmensee anzugreifen, zwang der Zustand ihrer Pferde die mongolische Reiterei, sich nach Süden zu wenden in die reichen Grasweiden am Schwarzen Meer und auf der Krim, wo sich den Sommer 1238 über Pferde und Mannschaft erholen konnten. Venezianische Kaufleute von der Krim kamen dabei mit den Mongolen in Berührung und kauften ihnen Beute und Sklaven ab. Nachdem 1240 Kiew, die mächtigste und reichste Stadt Südrußlands, in die Hände der Mongolen gefallen war, befand sich fast ganz Rußland unter ihrer Herrschaft. Batu aber meldete der »Geheimen Geschichte« zufolge an den Großkhan Ögödei: »Durch die Macht des Ewigen Himmels und den Segen des kaiserlichen Oheims haben wir die Stadt Meget zerstört und das Russenvolk zu Sklaven gemacht. Elf Staaten und Völker haben wir unserer Ordnung unterworfen...«

Die Nachrichten über diese Eroberungen beunruhigten Westeuropa, konnten aber dessen Fürsten nicht zur Einigung bringen. Man verglich zwar die Mongolen mit alles verzehrenden Lokustenschwärmen, glaubte in ihnen der Hölle Entsprungene zu sehen, mehr Tiere als Menschen. Die Furcht vor ihnen war 1238 in Nordeuropa so groß, daß die Fischer von Gothland und Bornholm nicht mehr auf Heringsfang auszulaufen wagten. Aber Papst und Kaiser lagen im Widerstreit, die kleineren Fürsten waren uneins.

Aus dem Raum von Kiew heraus stieß dann überraschend eine mongolische Abteilung aufklärend nach Sandomir in Polen vor, um von Gefangenen Näheres über das westliche Europa zu erfahren. Dies erst alarmierte die europäischen Fürsten und löste erste Abwehrvorbereitungen aus. Inzwischen hatte sich das mongolische Heer im Halbbogen des Dnjepr vor den Karpaten und östlich des Flusses gesammelt, um dann auszuschwärmen und die mitteleuropäischen Randstaaten gleichzeitig anzugreifen. Trotzdem hatte der Vormarsch nicht die Eroberung Mitteleuropas und seiner Waldgebiete zum Ziel. Der Hauptstoß zielte auf Ungarn, dessen König Bela den größten Teil der 1237 geflohenen Kumanen aufgenommen hatte. In ihrer Gesamtheit getauft, waren die Flüchtlinge in das ungarische Heer aufgenommen worden. Nach mongolischer Rechtsauffassung waren Bewohner eroberter

Das Mongolen-Portal der Jakobskirche in Sandomir an der Weichsel

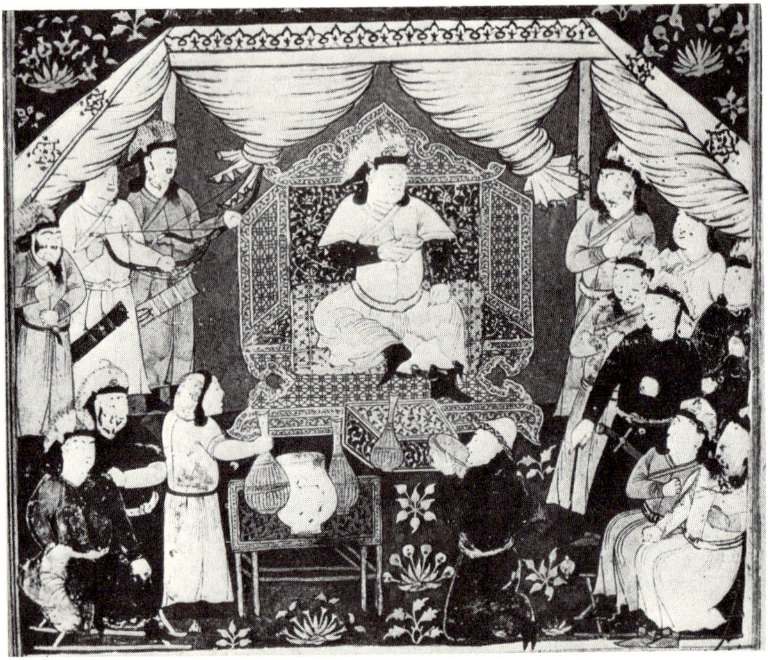

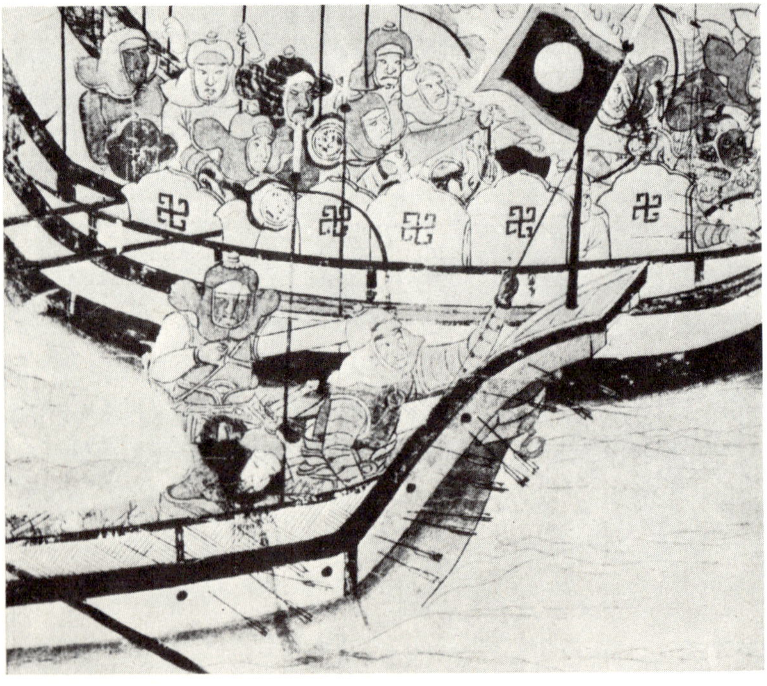

Gebiete ihre Untertanen, das Gewähren von Asyl für flüchtige Untertanen ein Kriegsgrund. Ein Schreiben in uigurisch-mongolischer Schrift, das Batu 1240 an König Bela IV. von Ungarn sandte, warnte vor den Folgen der Aufnahme kumanischer Flüchtlinge. Das Ausfächern mongolischer Stoßtruppen über ganz Nord-Mitteleuropa muß deshalb als Flankensicherung des Hauptheeres gegen Angriffe der von Gefangenen als machtvoll geschilderten Polen, Böhmen und Deutschen angesehen werden.

Am weitesten nach Norden stieß ein Heer unter Kaidu ins Baltikum vor. Eine weitere Gruppe, unter Baidar, marschierte in den ersten Märztagen 1241 entlang dem Vistula-Bogen bis Szydlow vor, spaltete ein entgegenziehendes Polenheer in zwei Teile und nahm Krakau, das in Flammen aufging. Die Oder wurde bei Ratibor mittels einer Bootsbrücke überschritten, dann Breslau eingenommen. Bei Liegnitz sammelte sich unter Herzog Heinrich III. von Schlesien ein polnisch-deutsches Heer. Von Süden her nahte ein böhmisches Heer unter ihrem König Wenzel. Daraufhin wurde die Flankengruppe der Mongolen aus dem Baltikum zurückgerufen. Am 9. April 1241 kam es auf der Walstatt bei Liegnitz zur Schlacht, in der die leichten mongolischen Reiter die schwerfälligen Ritterverbände vernichtend schlugen. Anstatt aber in das nun offen vor ihnen liegende Deutschland einzubrechen, drehte die Nordgruppe nach Südosten ab, um an den schlesischen Bergen entlang durch die mährische Pforte bei Olmütz hindurch den flüchtenden Böhmenkönig Wenzel zu verfolgen und sich dann mit der Südgruppe an der Donau zu vereinigen. Ungarn war das eigentliche Kampfziel.

Die Südgruppe unter Sübegedei und Batu, die Kriegsmaschinen und schwere Waffen mit sich führte, hatte inzwischen die Karpaten mit der Stoßrichtung auf Ungarn überschritten, während ihre Flankensicherung von Halicz nach Südosten durch Galizien ausholte und im weiten Bogen wieder zur Südgruppe stieß. Sie brauchte nur drei Tage, um die zweihundertvierzig Kilometer bis ins Donautal zu bewältigen. Am 17. März 1241 stand das mongolische Heer an der Donau vor Pest. Nachdem am 11. April der Ungarnkönig Bela IV. in der Ebene von Mohi am Sayo, die von den Weinbergen von Tokaj umrandet ist, vernichtend geschlagen worden war, vereinigte sich die aus Mähren kommende Nordarmee mit der Südarmee. Ungarn war ganz in der Hand der Mongolen.

Alle Anzeichen deuten darauf hin, daß die Absicht bestand, auch die westlichsten Ausläufer des eurasiatischen Steppengürtels dem mongolischen Herrschaftsbereich einzugliedern. Das waldige und bergige Deutschland interessierte die Mongolen nicht weiter. Die Schlacht bei Liegnitz hatte lediglich die Südarmee vor Überraschungsangriffen aus

---

Großkhan Khubilai beim Festmahl
Islamische Miniatur in einer Teilabschrift der »Allgemeinen Geschichte der Welt« von Rashīd ad-Dīn, um 1430
Calcutta, Asiatic Society of Bengal

Landungsversuch der Mongolen in Japan
Aus einem Bild des japanischen Malers Tosa Nagataka (?) auf einer Querrolle, 1293
Tôkyô, Kaiserlicher Besitz

Deutschland absichern sollen. Das Ziel war, die Ebenen an Theiß und Donau zu unterwerfen. Nun begannen die Mongolen, sich für den Winter häuslich einzurichten, setzten die Gefangenen zum Ackerbau ein und schlugen sogar eigene Münzen.

Überraschend kam in diese ordnenden Tätigkeiten Batus Befehl zum Rückmarsch. Unter Mitnahme großer Mengen von Gefangenen zog das mongolische Heer über Bulgarien und Galizien in die Wolgasteppe zurück. Über die Gründe schweigen sich alle Quellen aus. Da aber am 11. Dezember 1241 in Karakorum der Großkhan Ögödei gestorben war – binnen kurzem hatte die Nachricht über das System der Relaispost auch Batu erreicht –, rückte die brennende Frage der Nachfolge in der Großkhanwürde in den Vordergrund. Batu konnte der Thronfolge von seinem bereits wohlorganisierten Land an der Wolga aus mehr Beachtung schenken als von dem neueroberten ungarischen Gebiet.

Die mongolische Herrschaft in China

Ögödei war 1241 unerwartet gestorben. Sterbend bedauerte er, daß er sich »vom Traubenwein« habe besiegen lassen. Übermäßige Trunksucht hatte hier, wie später noch oftmals bei den Mongolen, ihr Opfer gefunden.

Eine klare Bestimmung des verstorbenen Herrschers über die Nachfolge lag nicht vor. Der Reichstag in Karakorum bestimmte daher vorübergehend seine Witwe Turakina zur Regentin, die beabsichtigte, den ältesten ihrer Söhne, Güyük, zum Großkhan wählen zu lassen. Mit ihm war Batu zerworfen, der nun von seinem kiptschakischen Khanat an der Wolga aus alles daransetzte, sich und seine Familie als Nachkommen des ältesten Tschinghis-Khan-Sohnes Dschotschi ins Spiel um die Macht zu bringen.

In dieser Politik liegt letztlich die Erklärung für die Abspaltung des Mongolenreiches in Rußland vom Großkhanat. Als es 1246 zur Wahl kam, fiel die Entscheidung zugunsten von Güyük aus. Nur dadurch, daß schon 1248 der neugewählte Großkhan dreiundvierzigjährig starb, wurden bewaffnete Feindseligkeiten zwischen Batu und den Mongolen im Zentralreich vermieden.

Güyük hatte Nestorianer und andere Christen begünstigt, war der Idee des Christentums freundlich gesinnt gewesen. Die Kunde von nestorianischen Christen im Mongolenreich war inzwischen – nun nicht mehr bloßes Gerücht – vom Vatikan als Tatsache in seiner Politik berücksichtigt worden. Papst Innozenz V. hatte die Franziskaner Plano Carpini und Benedikt von Polen mit der Aufforderung an Güyük entsandt, Angriffe auf fremde Völker zu unterlassen und selbst Christ zu werden. Carpini war Augenzeuge des Reichstages *(Khuruldai)* 1246 und der Wahl Güyüks.

Mit diesem Schritt begann eine Jahrzehnte hindurch andauernde Periode diplomatischer Beziehungen zwischen Mongolen, der Kurie und den Königen von Frankreich. Dabei spielte auf europäischer Seite der Wunsch mit, die anscheinend christenfreundlichen Mongolen als Partner einer kriegerischen Unternehmung gegen die »Ungläubigen« im Nahen Osten zu gewinnen; eine Kanzlei war im Vatikan eigens damit betraut, den Briefwechsel mit den Mongolen zu führen.

Nun konnte sich Batu gegenüber Güyük und dessen Familie durchsetzen. Es gelang ihm, die Nachfolge im Großkhanat einem Sohn Toluis, des jüngsten Bruders Ögödeis, zuzuschanzen. Gegen erheblichen Widerstand wurde auf dem Reichstag von 1251 Möngke zum Nachfolger in der Würde des Großkhans gewählt. In einem Schreiben an Ludwig IX. von Frankreich wurde die Witwe Güyüks »gemeiner als ein Hund« genannt. Sie wurde ertränkt, womit alle widrigen Einflüsse auf die Politik des neuen Khans aus dem Weg geräumt waren.

Möngke Khan unternahm noch einmal den Versuch, die Selbständigkeitstendenzen der einzelnen Gebiete im mongolischen Großreich zu unterdrücken, wobei ihm freilich die notwendige Toleranz gegenüber Batu, dem er ja seine Stellung verdankte, hinderlich war.

Den geistigen Problemen der unterworfenen Teile Chinas schenkte Möngke Khan besondere Aufmerksamkeit. In dem seit der Auszeichnung des Taoisten-Oberhauptes Ch'ang Ch'un durch Tschinghis Khan schwelenden Streit der Taoisten mit den Buddhisten Chinas zeigte er für beide Seiten Verständnis. Nach dem Westen hin hielt er die Tür offen. Die *pax mongolica* garantierte sicheres Reisen zwischen den venezianischen Kauffahrerstädten am Schwarzen Meer und Karakorum; Relaisposten in kurzen Abständen sorgten für rasche Nachrichtenübermittlung und Beförderung von Reisenden und Waren. Zwischen Europa und der Mongolei entspann sich ein reger Austausch von Menschen, Gütern – und von Ideen. Möngkes Größe lag darin, daß er seine verwaltende und ausgleichende Aufgabe als Großkhan ernst nahm; die militärischen Pflichten überließ er seinen Brüdern. Mit einem Heer von ungefähr einhundertneunundzwanzigtausend Mann schickte er seinen Bruder Hülägü nach Mittelasien, um dort die mongolischen Herrschaftsansprüche zu konsolidieren. Die Befriedung und weitere Einbeziehung Chinas übertrug Möngke seinem Bruder Khubilai.

1251 betraute Möngke seinen Bruder Khubilai mit »der gesamten militärischen und zivilen Verwaltung in den chinesischen Gebieten südlich der Gobi«. War bisher die Auseinandersetzung mit dem Chinesentum kriegerisch geführt worden, so sollte sie unter Khubilai ins Geistige verlegt werden. Khubilai war der chinesischen Philosophie des Konfuzianismus gegenüber aufgeschlossen und umgab sich mit konfuzianischen Beratern. 1252 leitete er die Eroberung Ssuchuans ein und vertrieb dort die Truppen der südlichen Sung-Dynastie, und ab 1258 wurde auf seinen Befehl hin mit der Vernichtung der Sung Ernst gemacht. Ein Jahr später, noch während des Feldzuges, ereilte Möngke der Tod.

Zum Nachfolger wurde 1260 Khubilai gewählt und dabei von seinem in Persien weilenden Bruder Hülägü unterstützt. Aber der Ögödei-Nachkomme Arig-bugha bestritt die Gültigkeit der Wahl; diese Gruppe von Tschinghis-Khan-Nachkommen blieb in offener Feindschaft zu Khubilai. Die Wahl Khubilais zum Großkhan eröffnete die entscheidende Wendung der Mongolen nach China. Gleich nach seiner Wahl, im Mai 1260, veröffentlichte er in klassischem Chinesisch sein nach chinesischem Vorbild aufgestelltes Regierungsprogramm. Er nahm auch als erster mongolischer Herrscher die Sitte der chinesischen Jahresdevisen an.

Nach anfänglichen Versuchen, mit der im Süden Chinas noch regierenden Sung-Dynastie in diplomatische Beziehungen zu treten, beschloß Khubilai 1267, die Entscheidung doch mit Waffengewalt herbeizuführen. Nach einem zehn Jahre langen Feldzug war die Macht des Sung-Kaisers gebrochen. Da die Anti-Khubilai-Gruppe der Ögödei-Nachfolger zu dieser Zeit bis in das Gebiet von Karakorum vorgestoßen war, mußte die Hauptmacht der Mongolen unter Bayan aus Südchina abgezogen werden, um die Gefahr von der Hauptstadt abzuwenden. Dies konnte indes den endgültigen Zusammenbruch der Sung-Dynastie nur wenig aufhalten.

Nach 1261 war Khubilai bestrebt, sein Machtgebiet in China zu konsolidieren und weiter nach Osten auszudehnen. Ein entscheidender Schritt in diesem Bestreben war die Verlegung der Hauptstadt von Karakorum zunächst nach Schangdu am Dolonor und schließlich nach Yenking (dem heutigen Peking), das den Namen Daidu erhielt. Mit Hilfe koreanischer Zwischenhändler suchte Khubilai Verbindung mit dem Inselreich Japan aufzunehmen und dessen Anerkennung zu erlangen. Als die diplomatischen Versuche ohne Erfolg blieben, beschloß Khubilai 1274, mit neunhundert von Korea gestellten Schiffen in Japan zu landen. Doch das Unternehmen schlug infolge unvorhergesehener Stürme bei der Landung fehl. Als aufs neue Gesandte nach Japan kamen, dort aber hingerichtet wurden, bereitete man einen Feldzug großen Stils vor. 1281 schiffte sich, wiederum von Korea aus, das Expeditionsheer ein, vermochte aber ebensowenig auszurichten; es wurde von einem Taifun zerschlagen. Noch immer nicht entmutigt, beschäftigte sich Khubilai noch längere Zeit mit dem Gedanken an eine Landung in Japan, erst 1286 ließ er, von anderen Ereignissen im Südwesten in Anspruch genommen, davon ab.

Von der 1252 bis 1258 eroberten südwestlichen chinesischen Provinz Yünnan ausgehend, stießen die Mongolen nach Indochina und Annam vor; 1285 bis 1288 wurde Kamboja besetzt. So war das mongolische Interesse immer mehr von Zentralasien abgezogen worden und nach China und dessen Südwesten hin orientiert.

Khubilai drängte aber weiter in den indonesischen Raum hinein. 1292 erging der Befehl, Java zu unterwerfen. Es blieb dies jedoch reine Machtdemonstration ohne ernsthaften Landgewinn, wenn auch einige Staaten im malaiischen Archipel die Macht des Großkhans offiziell anerkannten.

Während all dieser Versuche, die mongolische Herrschaft nach Süden und Südwesten hin zu erweitern, schwebten der Norden und Westen, vor allem das alte Stammland um Karakorum, stets in der Gefahr, den aufrührerischen Gruppen der Ögödei- und Tolui-Nachkommen mit Kaidu an der Spitze anheimzufallen.

In dieser Zeit gewann der tibetische Buddhismus bedeutenden Einfluß. Khubilais Staatsauffassung, vor allem sein tolerantes Verhältnis zur Kirche, wurde tiefgreifend von tibetischen Lehren bestimmt. Aber auch muslimische und europäische Berater verbreiteten ihre Ideen. Dem Christentum zeigte sich Khubilai gegenüber aufgeschlossen. Die venezianischen Händler Polo, Vater und Bruder des später in seinen Diensten stehenden, durch seinen Bericht über China berühmt gewordenen Marco Polo, sollten in seinem Auftrag den Papst zur Entsendung von einhundert gelehrten christlichen Priestern veranlassen. Daß dieser Plan nicht verwirklicht wurde, lag nicht an den Polos.

Für die Expansionspläne Khubilais brachten die Chinesen kein Verständnis auf, das ausgeblutete Volk murrte. Ein wirkliches Verständnis zwischen Mongolen und Chinesen ist niemals aufgekommen; eher paßten sich die Mongolen den chinesischen Denkformen an. Trotzdem herrschten in China Ruhe und Ordnung, das weitgespannte Relaisnetz sorgte für sichere und rasche Nachrichtenübermittlung und Reisemöglichkeiten. Die Verbindungen nach dem Westen waren mannigfaltig, nicht nur Gesandte der Päpste und der französischen Könige Ludwig und Philipp des Schönen, auch zahlreiche Franziskaner und Kaufherren bereisten die durch die *pax mongolica* gesicherten Straßen nach dem Osten. Umgekehrt erschienen Angehörige des mongolischen Weltreiches in Europa, so der spätere syrische Nestorianer-Patriarch Markos, der 1280 mit seinem Begleiter Rabban Sāwmā Papst Honorius IV. in Rom aufsuchen wollte; der starb allerdings vor ihrem Eintreffen. Als Überbringer eines Vorschlags Philipps des Schönen an den Mongolenherrscher in Iran, den Ilkhan Argun, gemeinsam gegen Ägypten vorzugehen (1288), hat Rabban Sāwmā besondere Bedeutung erlangt.

Nach dem Tod Khubilais, 1294, wurde sein jüngster Sohn Temür ohne Schwierigkeiten zu seinem Nachfolger gewählt. Acht weitere Kaiser mongolischen Gebläts herrschten nach Khubilai über China und die Mongolei, aber keiner ist ihm zu vergleichen gewesen. Unter den Nachfolgern machten sich Zerfallserscheinungen im Großkhanat bemerkbar. Die mongolischen Herrschaftsgebiete in Mittel- und Westasien und in Rußland begannen ein Eigenleben zu führen. Die Größe des mongolischen Reiches machte eine einheitliche Lenkung unmöglich; es zerbrach an seiner eigenen Größe.

Bis 1306 kämpfte Kaischan hartnäckig, um die alte Stammesheimat am Kerulen und Altai dem Großkhanat zu erhalten. Lamaismus und Buddhismus hatten in den führenden Kreisen der Mongolen das Übergewicht über die anderen Religionen errungen, doch dem Christentum blieb die Atmosphäre günstig. Auch nach Khubilais Tod kamen vor allem Franziskanermönche noch zur Mission nach China, wo sie bis zum Zusammenbruch der Mongolenherrschaft 1368 besonders in Khanbalik oder Daidu, dem heutigen Peking, wirkten. 1307 hatte Papst Clemens V. den Franziskaner Johann von Montecorvino zum Erzbischof von Khanbalik ernannt. Der letzte Nachfolger war Johann von Marignolli, der 1342 mit drei Ordensbrüdern dort eintraf. Schließlich setzte die nationalbetonte, fremdenfeindliche Ming-Dynastie nach 1368 auch den christlichen Gemeinden Chinas, vor allem in Khanbalik und Nanking, ein Ende.

Besonders unter Kaiser Khaischan Külüg (1308–1312) wurden buddhistische Schriften in das Mongolische übersetzt und gedruckt verbreitet, ebenso konfuzianische Lehrschriften und Morallehren. Doch hat dies keinen tieferen Eindruck im mongolischen Geistesleben hinterlassen. Die Mongolen zogen für Vertrauensstellungen Ausländer, besonders Uiguren und muslimische West- und Zentralasiaten, den Chinesen vor. Dies führte zu unüberwindbarem Mißtrauen, vor allem wegen der ständigen Übergriffe der nichtchinesischen Beamtenschaft. Der Umgang der mongolischen Gentry mit den vorderasiatischen Beamten führte dazu, daß das klassische Literaturchinesisch von einer einfacheren Volkssprache verdrängt wurde, in der nun zahlreiche Opern und Theaterstücke entstanden. So bildete sich ein breiteren Kreisen verständliches chinesisches Volkstheater heraus: allein fünfhundertvierundsechzig Theaterstücke wurden in der Yüan-Zeit bis 1368 verfaßt.

Khubilais Wirtschaftsmethode, durch die Ausgabe von Geldscheinen (Assignaten) die Staatskassen trotz höchster Beanspruchung gefüllt zu halten, sollte sich unter den späteren Herrschern negativ auswirken. In der zweiten Hälfte des 14. Jahrhunderts war die Wirtschaft des Mongolenreiches in China zerrüttet. Blutige Streitigkeiten in den herrschenden Kreisen schwächten die Position der Mongolen. Stadtleben und Müßiggang veränderten die Struktur des Mongolentums in China von Grund auf. Der letzte Kaiser Toghon-temür verfiel schließlich mit einem Kreis ausgewählter Freunde immer mehr den geheimen angeblich die männliche Lebenskraft stärkenden Riten des Sexualtantra, der durch tibetische Lamamönche am Hofe eingeführt worden war. So war das Reich praktisch herrscherlos und ein Spielball in den Händen korrupter Beamter.

Vereinzelte chinesische Aufstände in Südchina begannen auf das ganze Reich auszustrahlen. Sehr bald nahmen die ursprünglich spontanen Manifestationen örtlicher Unzufriedenheit den Charakter einer einheitlichen antimongolischen Bewegung an. 1368 fiel Daidu, der Kaiser Toghon-temür konnte sich mit seinen Frauen und einem Teil der Mongolen nur mit knapper Not nach Norden in mongolisches Gebiet flüchten: die Herrschaft der Mongolen über China war zu Ende. Viele der über ganz China verstreuten mongolischen Garnisonen unterwarfen sich der neuen chinesischen Ming-Dynastie und traten in deren Dienste.

Die Fehden zwischen den abgesplitterten mongolischen Einzelstaaten in Mittel- und Westasien hatten die schon seit geraumer Zeit unterbrochene Landroute, die lange Zeit Europa mit China verbunden hatte, endgültig abgeschnitten. Durch mehr als ein Jahrhundert waren hier vorderasiatische Philosophie, Mathematik und Astronomie, Motive der islamischen Literaturen nach China und die Mongolei gedrungen, waren europäische Handwerker, Künstler, Kaufleute und Mönche an den Hof des Großkhans gekommen; umgekehrt hatten Kenntnisse des Fernen Ostens, Kunstformen, Fertigkeiten wie der Druck mit geschnitzten Blöcken, Motive indischer und chinesischer Dichtung und Geisteswelt Europa erreicht. Die Wende der mongolischen Herrschaft brach nun diesen Austausch zwischen Europa und China ab.

Die Mongolen in Rußland

Als Batu 1241 die Nachricht vom Tod des Großkhans Ögödei in Ungarn erhalten hatte, war er nicht weiter nach Osten zurückgezogen, sondern hatte sich und seine Mongolen, nomadischer Lebensform folgend und vor allem wegen der Pferdemassen des mongolischen Heeres, im Steppengebiet an der Wolga und am Schwarzen Meer niedergelassen; das Waldgebiet blieb den ackerbauenden Slawen erhalten. An der Wolga, etwa zwischen dem heutigen Stalingrad und Astrachan, errichtete Batu eine feste Hauptstadt, Altsarai. Batus Herrschaftsgebiet, dem spätere vorderasiatische Schriftsteller den Namen »Goldene Horde«

gaben, reichte weit nach Osten bis an den Oxus; es umfaßte auch den Kaukasus, der bald zu einem Zankapfel zwischen dessen Nachkommen und den Mongolenherrschern im Iran werden sollte, grenzte an das Oströmische Reich und schloß am Nordufer des Schwarzen Meeres die großen Handelskolonien Genuas und Venedigs ein, über die ein enger Kontakt und Handel mit den westeuropäischen Staaten zustande kam. Sein Einfluß drang ins Reich der Donaubulgaren bis nach Serbien und die Walachei und im Norden in russisches Gebiet mit ständig wechselnden Grenzen.

Die meisten russischen Fürsten hatten sich bis 1245 der Oberherrschaft der Mongolen gebeugt. Einer Ausweitung des Herrschaftsanspruches Batus nach Westen stand die Wahl seines persönlichen Feindes Güyük zum Großkhan 1246 entgegen, die die ganze Aufmerksamkeit auf die Ostgrenze seines Reiches konzentrierte. Erst die von ihm betriebene Wahl Möngkes zum Großkhan sollte noch einmal vorübergehende Entspannung zwischen dem Mongolenreich in Rußland und dem Großkhanat bringen. Die endgültige Loslösung erfolgte dann unter seinem Bruder Berke (1257–1267), der nach Batus Tod 1255 die Herrschaft übernahm.

Das Mongolenreich in Rußland wurde vollends isoliert, als der Großkhan Möngke den Kaukasus, der bisher zum Machtbereich Batus gehört hatte, seinem nach Mittelasien entsandten Bruder Hülägü zuteilte. Berke war außerdem zum Islam übergetreten, worin ihm bald der mongolische Adel folgte. Obwohl Teile der Goldenen Horde weiterhin dem nestorianischen Christentum oder der mongolischen schamanistischen Volksreligion treu blieben, schuf die Ausbreitung des Islams eine deutliche kulturelle und religiöse Grenze gegenüber dem Großkhanat. Aus diesen religiösen Gründen auch war Berke 1258 nur zögernd dem Befehl des Großkhans Möngke gefolgt, Hilfstruppen für den Feldzug Hülägüs gegen den Kalifen in Bagdad zu stellen. Sogleich nach Einnahme Bagdads hatte Berke seine Truppenteile angewiesen, in das von den Mamlūken beherrschte Ägypten überzutreten. Es war dies deutlich eine feindselige Handlung gegen Hülägü. Die weitere Ausbildung dieser Macht und die Expansion nach Vorderasien brachten Ägypten und den Staat der Mongolen in Rußland einander noch näher. Im Nachfolgestreit um Khubilai stand die Goldene Horde gegen ihn: ab 1260 erscheint der Name des Großkhans nicht mehr auf den an der Wolga geprägten Münzen.

Ägypten war für die Khane der Goldenen Horde viel wichtiger als der Großkhan, der es mit den feindlichen Grenznachbarn, den Mongolen im Iran, hielt. Erst nach dem Zusammenbruch der Mongolenherrschaft im Iran 1235 kühlten die politischen Beziehungen zu Ägypten wieder ab. Andererseits war die Goldene Horde auf die russischen Fürstentümer und Polen hin orientiert, was zu einer Vernachlässigung der Verbindungen mit dem Großkhanat führen mußte; ihre Unbotmäßigkeit zwang es zu ständigen Operationen im Norden und Nordwesten. Allein das Königreich Polen war in den Jahren 1241 bis 1299 das Ziel von acht Mongoleneinfällen, die bis Krakau führten und deren Verwüstungen schwere wirtschaftliche und kulturelle Folgen für Polens Entwicklung nach sich zogen.

Mehr als in den chinesischen und persischen Herrschaftsgebieten, wo die Mongolen sich mit den Hochkulturen auseinanderzusetzen hatten, hielten sie in Rußland zunächst am Nomadentum und den alten Bräuchen fest. Im Gebiet der Goldenen Horde kam es leichter als anderswo zu Verschmelzungen mit den ebenfalls nomadischen Wolgabulgaren, Kiptschak und Türken.

Das Mongolische war bis zur Wende des 14. Jahrhunderts vorherrschend; der Mamlükenstaat in Ägypten richtete für den Umgang mit der Goldenen Horde eine eigene Kanzlei ein. Von der Mitte des 13. Jahrhunderts ist uns aus einem mongolischen Soldatengrab an der Wolga eines der schönsten Beispiele altmongolischer Dichtung, auf Birkenbast geschrieben, erhalten. Trotzdem breitete sich die vorderasiatisch-islamische Kultur rasch aus, wohl nicht zuletzt dank der Vorherrschaft des Islams nach Berkes Übertritt. So bildete das Reich der Mongolen in Rußland immer mehr eine türkisch-islamische Mischkultur aus. Als die Goldene Horde zu Anfang des 16. Jahrhunderts endgültig ihr Ende fand, war sie ein tatarisch-türkischer Staat, dessen Vernichtung das Hauptziel ihres Widersachers Iwan III. von Moskau war; nichts Mongolisches war 1505 noch bei den Wolgatataren zu finden. Die historische Bedeutung von mehr als zweihundertfünfzig Jahren mongolischer Einflüsse auf Osteuropa und Rußland liegt in ihren kulturellen und geistigen Auswirkungen.

Die Mongolen im Iran

Der Auftrag, den Hülägü 1255 von seinem Bruder, dem Großkhan Möngke, erhalten hatte, die mongolischen Machtansprüche in Mittelasien zu konsolidieren, bedeutete praktisch eine Neueroberung dieser Gebiete. Allein der Nordosten war fest in mongolischer Hand. Nach der Vernichtung der im ganzen mittleren Asien gefürchteten geheimnisumwitterten Sekte der Assassinen nahm Hülägü 1258 Bagdad ein und tötete den Kalifen. Als Feind des Islams unterstützte er die nestorianischen Christen und Jakobiten, denen er nun beträchtliche Freiheiten einräumte. Sein weiterer Vormarsch zum Mittelmeer – 1259 erreichte er Damaskus – wurde von einer Woge christlicher Sympathien getragen. Erst ein Sieg der Mamlüken 1260 brachte den mongolischen Vormarsch nach Ägypten zum Stehen.

Zur selben Zeit war Hülägü mit der Wahl seines Bruders Khubilai zum Großkhan beschäftigt, als deren Folge die Verbindungen zu den Mongolen in Iran freundschaftlich blieben. Gegenüber der Goldenen Horde jedoch, deren Khan Berke den Hülägü zugesprochenen Kaukasus beanspruchte, herrschte offene Feindschaft. Die Mongolen in Iran hatten überdies den Zugang zum Mittelmeer und nach Syrien gegen den Widerstand Ägyptens immer wieder freizukämpfen. Aus dieser Konstellation resultierte die Aufnahme von Beziehungen der Mongolenherrscher Persiens, die sich inzwischen den Titel Ilkhan zugelegt hatten, mit den französischen Königen, die ebenso wie der Papst die Kreuzfahrerstaaten Tripolis und Akko unterstützten. Mit Hilfe eines diplomatischen Briefwechsels hoffte man, einen französisch-ilkhanischen Angriff gegen den gemeinsamen ägyptischen Feind zustande zu bringen. Das Unternehmen ließ sich aber nicht in die Tat umsetzen. Da das nestorianische Christentum unter den Mongolen in Iran bis in die höchsten Kreise hinein verbreitet war, hegten Päpste und französische Könige die Hoffnung, in den Ilkhanen natürliche Partner im Kampf gegen den Islam zu finden. Enge Handelsbeziehungen zu

Italien wurden geknüpft. Die Freundschaft mit Khubilais Mongolenstaat in China erlaubte ungestörte Handels- und Reiseverbindungen zwischen China und Mitteleuropa.

Die religiöse Toleranz der Ilkhane schlug in Verfolgung der islamischen Bewohner des Reiches um, als der Ilkhan Argun, ein militanter Buddhist, 1283 Abagha in der Herrschaft nachfolgte. Als Gegenschlag des Pendels ist es anzusehen, daß Arguns Sohn Ghazan, der 1295 die Regierung übernahm, zum Islam übertrat, dem alle folgenden mongolischen Herrscher über Persien treu blieben. Dies führte aber zu einem Bruch mit den Mongolen des Großkhanats. Nachdem 1294 der Großkhan Khubilai in China gestorben war, nannten die Ilkhane sich nur noch Khan, die Beziehungen zum Großkhanat erkalteten. Unter Öldzeitü lösten sich auch die Bindungen mit Europa.

Der Anfang des 14. Jahrhunderts war in Persien von islamischen Machtstreitigkeiten geprägt; Teilfürstentümer erstarkten, die zentrale Herrschaftsgewalt der Mongolen schwand dahin. Die Ilkhane hatten sich unter Aufgabe ihrer mongolischen Eigenarten immer mehr der islamisch-persischen Kultur ergeben. Um die Mitte des 14. Jahrhunderts war die mongolische Herrschaft über Persien gänzlich zerfallen. Die verfeinerte persische Zivilisation hatte – ähnlich wie die chinesische – über die einfache primitive Lebensform der Mongolen obsiegt und sie korrumpiert.

Das Großkhanat 1368–1634

Die Mongolen in Persien und Rußland hatten sich ganz an die örtliche Bevölkerung assimiliert. Nur in Afghanistan bewahrten kleine Stammesgruppen ihre Sprache. Nach dem Zusammenbruch der Yüan-Dynastie in China scheint der weitaus größere Teil der Mongolen im Lande geblieben zu sein. Die mongolischen Chroniken berichten, Toghon-temür habe bei seiner Flucht seine dreißig Zehntausendschaften *(tümen)* Mongolen im Stich gelassen und nur zehn Zehntausendschaften mit sich in die Mongolei genommen. Die wirkliche Stärke des mongolischen Heeres in China im Augenblick des Zusammenbruchs wird sich nicht feststellen lassen. Um 1270 schätzt man nach chinesischen Quellen ungefähr 1 952 000 Mann, wobei allerdings das Verhältnis zwischen Mongolen und nichtmongolischen Hilfsvölkern unbekannt ist. Für die Zeit des Zusammenbruchs 1368 liegen außer vagen Angaben der mongolischen Chroniken keine weiteren Hinweise vor.

Die in China gebliebenen Mongolen wurden rasch eingegliedert. Zwar bevorzugten sie zu Anfang der Ming-Dynastie noch mongolische Kleidung, Haartracht und Namen, doch kaiserliche Verbote ließen diese Überreste der Mongolenherrschaft bald verschwinden. Schließlich nahmen die Reste des ehemaligen Herrschervolkes, oft in Militärdistrikten zusammengefaßt, auch die chinesischen Bräuche an. Die Kämpfe der Ming-Dynastie, die ein Wiedererstarken der Mongolen in der Mongolei verhindern sollten, wurden zumeist mit Truppen der chinesischen Mongolenbevölkerung geführt, von der in Mittelchina größere Kontingente im Dienste der Ming standen. Aber ihre Zahl sank rasch ab. Im 15. Jahrhundert begegnen in China Mongolen nur noch in untergeordneten Stellungen; Mongolenfrauen genossen als Prostituierte und Hebammen besonderen Ruf. Im 16. Jahrhundert waren die Mongolen assimiliert und im chinesischen Volke aufgegangen.

Toghon-temür fand nach seiner Flucht 1368 in der alten Stammesheimat eine Zuflucht. Versuche, Daidu, die verlorene Hauptstadt Peking, zurückzuerobern, schlugen fehl. So machte Toghon-temür Karakorum, die alte Hauptstadt des Mongolenreiches, wieder zu seinem Sitz. Das mongolische Stammland, durch die Verlagerung der dynastischen Interessen unter Khubilai 1260 nach China zur Provinz degradiert und in Sippenkämpfen der Anti-Khubilai-Gruppe unter Arig-bugha und Kaidu ausgesaugt und verarmt, wurde nun wieder Schauplatz der mongolischen Geschichte.

Toghon-temürs und seines Nachfolgers Versuche, in der Mongolei die mongolischen Kräfte neu zu gliedern und zur Wiedereroberung Chinas zusammenzufassen, wurden in den Angriffen chinesischer Truppen zunichte. Trotzdem gelang es den Mongolen, sich so weit zu konsolidieren, daß sie um die Wende zum 15. Jahrhundert bereits wieder eine ernsthafte Bedrohung für die chinesische Grenze darstellten. Die Idee, der Großkhan übe weiterhin die Herrschaft aus, lebte weiter. Die mongolische Geschichtsschreibung bezeichnet diese Periode als die »Nördliche Yüan-Dynastie«.

Als die Chinesen unter dem Ming-Kaiser Yung-lo (1403-1424) 1409 eine Befriedungsaktion gegen die Mongolen unternahmen, stießen sie auf heftigen Widerstand und wurden entscheidend geschlagen. Eine zweite chinesische Expedition 1410 war erfolgreicher; sie vernichtete den nominellen Großkhan Öldzeitü am Onon-Fluß und schlug die Truppen Aruktais. In diesem Feldzug wurde Karakorum, die alte Hauptstadt Tschinghis Khans, zerstört. Diese Niederlagen und Streitigkeiten innerhalb des herrschenden Hauses – allein in der kurzen Periode von 1388 bis 1400 starben fünf Anwärter auf den Großkhantitel eines gewaltsamen Todes – hatten die Mongolen im Stammland so geschwächt, daß sie das Übergewicht der nun einströmenden westmongolischen Oiraten nicht verhindern konnten. Deren Macht in der Mongolei war 1414 bereits so gefestigt, daß der Ming-Kaiser Yung-lo sich zu einem dritten Feldzug gezwungen sah, wobei ihn diesmal die bisher feindlichen östlichen Mongolen unterstützten. Trotz einer entscheidenden Niederlage war die Macht der Oiraten noch nicht gebrochen. Erst unter Batumöngke Dayan Khan und dessen wesentlich älterer Gattin Manduchai-chatun wurden die Oiraten bei Tas-bürtü 1468 geschlagen, was der oiratischen Vormachtstellung in der Mongolei ein Ende bereitete.

Dayan Khan belebte die Vorstellung von der Herrschaft des Großkhans als *primus inter pares* aufs neue, zumal mit ihm die Linie Tschinghis Khans wieder die Herrschaft ergriffen hatte. Alle Genealogien des mongolischen Adels führen sich deshalb auf Dayan Khan zurück. Dayan Khan teilte die mongolischen Stämme unter seine Söhne und deren Nachkommen auf. Unter ihm kam es zu einer Renaissance des Mongolentums, welche das nächste Jahrhundert der mongolischen Geschichte charakterisieren sollte. Die neuerstarkte mongolische Macht war ganz nach Osten hin orientiert. Nach Westen hin bestanden keinerlei Verbindungen zu anderen Völkerschaften. Von neuem war die Politik Innerasiens von den Spannungen zwischen nomadischem Hirtentum und Ackerbaukultur bestimmt. Zusätzliche Nahrungsmittel und Kulturgüter sollten Überfälle auf chinesisches Gebiet erbringen.

Hinrichtung
Mongolische Miniatur in einem persischen Klebealbum, 14. Jahrhundert
Tübingen, Stiftung Preußischer Kulturbesitz, Staatsbibliothek

Das Lama-Kloster Erdeni-dzu
in der Nähe der 1368 von den Chinesen zerstörten Hauptstadt Karakorum, 16. Jahrhundert

Die Stärke der Mongolen im 15. und 16. Jahrhundert erweist sich am deutlichsten in der Tatsache, daß China nach den letzten Feldzügen des Ming-Kaisers Yung-lo (1422—1424) fast zweieinhalb Jahrhunderte lang keinen ernsthaften oder gar erfolgreichen Versuch unternahm, in das mongolische Gebiet einzudringen, obwohl die Mongolen seine Grenzprovinzen ständig bedrängten. Welche Bedeutung die Chinesen den unruhigen Nachbarn im Nordwesten beimaßen, zeigen die mongolisch-chinesischen Wörterbücher und Phrasensammlungen, die unter der Ming-Herrschaft im 14. und 15. Jahrhundert zusammengestellt wurden, zeigen der Druck mongolischer Werke und die Verwendung des Mongolischen noch im Jahre 1452 im diplomatischen Schriftverkehr mit den muslimischen Völkern Mittelasiens.

Das Mongolische hatte auch noch im 15. Jahrhundert die Funktion einer *Lingua franca* für Zentral- und Mittelasien. Der Tod Dayan Khans 1543 — nach anderen Quellen schon 1505 — bedeutete keine Schwächung der wiederbelebten Idee des Großkhanats, dessen Träger immer ein Nachkomme des erstgeborenen Sohnes Dayan Khans war. Der gesamte Südwesten, Süden und Osten der Mongolei wurde so von den Gefolgsleuten und Sippenverwandten des Großkhans beherrscht, während der Norden aufs neue von den westmongolischen Oriaten besetzt worden war. China suchte die mongolischen Überreste durch Verleihung von Titeln, Apanagen und Öffnung von Handelsmärkten, auf denen mongolische Pferde gegen chinesische Waren getauscht wurden, wenn nicht zu unterdrücken, so doch einzuschränken. 1532 sandte der Großkhan Bodi-alagh eine Gesandtschaft mit dem Angebot friedlichen Nebeneinanderlebens nach Peking. Als die Gesandten nicht empfangen wurden, kam es zu neuen Angriffen auf das chinesische Grenzgebiet. Der Großkhan Darayisun übertrug die politische Macht dem Herrscher des Stammes der Tümet, Altan Khan (1507—1582), der die Politik der Überfälle auf die »verhaßten« Chinesen so lange fortsetzte, bis diese ab 1551 zu erheblichen wirtschaftlichen Zugeständnissen bereit waren.

Auf seinen Feldzügen gegen Schira Uigur und Tibeter kam er mit tibetisch-lamaistischen Mönchen in Berührung. Dies führte zu einer Wiederbelebung des Lamaismus unter den Mongolen, der seit der Zeit der Yüan-Herrscher fast in Vergessenheit geraten war. Eine Welle der Glaubensbegeisterung erfaßte die Mongolen und verleitete dies sonst so diesseits orientierte Volk zu einer Überbetonung esoterischer Momente, was im Laufe der nächsten Jahrhunderte zu erheblichen Veränderungen seiner seelischen Struktur führen sollte. Auf einem Feldzug nach Norden kämpfte Altan Khan die von den Oiraten besetzte alte Hauptstadt Karakorum frei und ermöglichte so die Rückkehr des nach Osten ausgewichenen Stammes der Khalkhamongolen in das alte Heimatgebiet.

Als Ligdan Khan 1604 dreizehnjährig als letzter die Würde des Großkhans übernahm, war die Situation in der Mongolei noch unverändert. Er war ein enthusiastischer Anhänger des Buddhismus in dessen lamaistischer Form, versuchte die Idee des Großkhanats über das bisher Übliche hinaus zu intensivieren. Sein Ziel war die Zentralisierung der mongolischen Macht in einer Hand. Dazu zwang ihn — gegen allen Protest und Widerstand der anderen mongolischen Fürsten, die die Zeichen der Zeit nicht verstanden — das Auftauchen einer neuen Macht.

Im Osten Chinas waren die Manchu, ein Stamm tungusischer Herkunft, erstarkt und bedrohten die Herrschaft der Ming-Dynastie in China. Gegen diese neue Macht versuchte Ligdan Khan in absolutistischer Weise die Mongolen zu einen. Die mongolischen Teilfürsten jedoch sahen darin nur Willkür und Hochmut und zogen, um dem zu entgehen, die Unterwerfung unter die aufstrebenden Manchu vor. Da Ligdan Khan feststellen mußte, daß sich Beziehungen zwischen diesen und der »gelben« – der reformierten – Sekte des Lamaismus und ihrem Oberhaupt, dem Dalai Lama, anbahnten, wandte sich der bisher so lamaismusfreundliche Herrscher – unter ihm erfuhr die mongolische Übersetzung des buddhistischen Kanons (1628–1629) eine endgültige Redaktion – auch gegen die reformierte Form des Lamaismus. Auf einem Feldzug gegen Tibet starb er, von Manchutruppen verfolgt, 1634 am Kukunor. Mit ihm trug man die Würde des Großkhans der Mongolen zu Grabe.

Am 16. Oktober 1635 übergab sein Sohn das uralte Kaisersiegel der Mongolen den Manchu, die sich seitdem als legitime Nachfolger der Mongolenkaiser fühlten. Die staatliche Selbständigkeit der Mongolen hatte damit zu bestehen aufgehört, bis sie bei den nördlichen Mongolen 1911 durch die Unabhängigkeitserklärung der Äußeren Mongolei und 1924 durch die Gründung der Mongolischen Volksrepublik neue politische Gestalt annahm.

Friedrich Merzbacher

EUROPA IM 15. JAHRHUNDERT

Auf der Grenze vom Alten zum Neuen

Während sich im 13. und 14. Jahrhundert der Niedergang der entscheidenden Mächte des Hochmittelalters, der krisenschwere Zusammenprall von geistlicher und weltlicher Gewalt vollzog, bahnte sich im 15. Jahrhundert eine Neuordnung und Neuorientierung im staatlich-politischen Sektor Europas an. Damals fand eine entscheidende Umgruppierung statt, eine gewandelte Elitebildung der Mächte. Zugleich keimten Rivalitäten um die Hegemonie, um die Vorrangstellung auf dem europäischen Festland, die etliche Großstaaten für sich erstrebten. Das gefestigte nationale Königtum hob sich stark vom tatsächlichen Verfassungszustand des Heiligen Römischen Reiches ab, das mehr und mehr seinen Mittelpunkt im Kaiser an eine aristokratische Ständegruppe verlor. Obschon starke Veränderungen und tiefgreifende Umschichtungen das Reich faktisch längst umgestaltet hatten, war seine politische Verfassung gleichwohl auf der Entwicklungsstufe des 13. Jahrhunderts unverändert stehengeblieben.

Manche Gebiete zählten überhaupt nur noch dem Namen, dem Rechtstitel nach zum Heiligen Römischen Reich. Burgund hatte die Niederlande weitgehend aus dem Reichsverband herausgeschält. Ebenso hatte die Eidgenossenschaft de facto bereits ihre Unabhängigkeit erreicht. Immerhin lag zwischen Frankreich und Deutschland eine politisch nicht eindeutig festgelegte Zone – das Herzogtum Lothringen, die Freigrafschaft Burgund und das Herzogtum Savoyen –, deren Haltung manche politischen Gestaltungsmöglichkeiten offenließ. In Frankreich und Spanien deckten sich im späten 15. Jahrhundert Staat und Nationalität weitgehend, wogegen in Deutschland und Italien trotz der noch lebendigen Tradition des alten Kaisertums und selbst in der einigenden Welle der allgemeinen Furcht vor den Türken Nationalidee und Staat keineswegs einander fanden und miteinander verschmolzen. Das bestimmende Charakteristikum mittelalterlicher Politik ruhte schlechthin im Bemühen um eine einheitliche Zusammenfassung und Bindung absplitternder Kräfte. Doch bald schon sollte die frühneuzeitliche Politik das Gleichgewicht der Staaten erstreben. Der Modus vivendi zwischen den aufwärts drängenden Großmächten erheischte geradezu zwangsläufig eine harmonische Abstimmung der Kräfteverhältnisse. Ein Machtstreit der Dynastien und der verstärkte Ausbau der Landesherrschaften erfüllte das Heilige Römische Reich, dem trotz ernster Reformbestrebungen kein Umbau seines veralteten, längst überholten Grundgefüges, geschweige denn eine fruchtbare Zentralisierung der zentrifugalen Kräfte nach westlichem Modell gelang. Allein in Frankreich wurde das Heer schon im 15.Jahrhundert zu einem staatlichen Machtinstrument umgeschmiedet, seine Aufstellung und Demobilisierung blieb nicht mehr den konkreten Bedarfsfällen überlassen.

Mit der Entstehung des modernen europäischen Staatensystems bildeten sich Koalitionen der Mächte gegen präpotente Angreifer, deren Reihe das habsburgisch-spanische Bündnis gegen Frankreich von 1495 einleitete. An der Neige des 15.Jahrhunderts erwuchs ebenfalls die Diplomatie, das Gesandtschaftswesen, zu einer dauernden Einrichtung an den Fürstenhöfen, bei der allerdings die italienischen Kleinstaaten als Schrittmacher der späteren Entwicklung in West- und Zentraleuropa wirkten. Die zwischenstaatlichen Beziehungen unter den Nationen pflegten nun in Permanenz akkreditierte, völkerrechtlich anerkannte diplomatische Geschäftsträger.

Trug die zweite Hälfte des 15.Jahrhunderts in Europa durchaus die Signatur staatlicher Konzentration und Machtauslese, so beschäftigten die orientalischen Ereignisse gegen Ende des Jahrhunderts immer stärker die europäische Staatenwelt. Das halbasiatische, halbeuropäische Osmanenreich, das sich vom Kaspischen Meer bis zur Donau ausdehnte, riegelte für die nächsten Jahrhunderte den Orient gegenüber dem Okzident ab. Aber die oströmische Hauptstadt Konstantinopel war nach 1453 der Sitz der Hohen Pforte geworden. Den siegreichen Eroberer, den türkischen Sultan, respektierte der diplomatische Verkehr daher sogar als imperialen Nachfolger der Paläologen. Mit der zweiten Hälfte des 15.Jahrhunderts dämmerte in vielen Bereichen des Lebens der Morgen einer neuen Zeit herauf, begannen die herrschenden mittelalterlichen Denkbilder zu verblassen und andersartigen Vorstellungen Platz zu machen. Eine Zeitenwende, ein gewaltiger Umbruch spaltete dieses Jahrhundert auf, das wie ein Januskopf gleichzeitig in die Vergangenheit und in die Zukunft blickte.

Freie Argumentation und Kritik verdrängten immer mehr eine blinde Autoritätsgläubigkeit. Konzentration und Schwerpunktbildung der bisherigen Wissenschaft in wenigen überragenden Metropolen wich einer ungeheuren Verbreiterung der Gelehrsamkeit durch zahlreiche nationale Universitäts- und Akademiegründungen. Vielfalt, nicht mehr Einheitlichkeit bestimmte fortan die Kulturpflege. Ein neue, von mittelalterlichen Einheitsvorstellungen befreites Weltbild begann sich zu bilden. Eine wahre Hochblüte von Kunst und Wissenschaft überschüttete Deutschland und Italien mit ihren Früchten. Humanismus und Geschichtsschreibung entfalteten sich in reicher Fülle. Aber erst die Erfindung der Buchdruckerkunst durch den Mainzer Goldschmied Johann Gutenberg förderte und erleichterte seit 1447 in gewaltigem Ausmaß die Verbreitung der neuen Ideen und der literarischen Schöpfungen, die zuvor in mühseliger Schreibertätigkeit mit dem Federkiel vervielfältigt werden mußten.

Die Kirche des 15.Jahrhunderts offenbarte beides: einerseits Lauheit und Verfall, andererseits Reformwillen und Frömmigkeit. Echte religiöse Kräfte in Gestalt der Kongregationen und Gebetsbrüderschaften belebten breite Schichten des Volkes, das keineswegs der Säkularisierung zuneigte. Inbrünstige Heiligenverehrung, Inquisition und Hexenwahn erschütterten die Gläubigen, die das Wunderbare ersehnten; uralte Denkgewohnheiten befriedigten nicht mehr, ein Vortasten zu Neuem entstieg dem Unbefriedigtsein mit dem zu alltäglicher Gewohnheit abgeglittenen Brauchtum. Die ringende, gewiß von Profanierung bedrohte, vom Paganismus und Aberglauben zuweilen nicht freie Kirche blieb ein lebendiger, unter Schmerzen zuckender Organismus, das Gegenteil des versteinerten, »immer erbarmungsloser juristifizierten Papsttums« (Hermann Heimpel). Bestimmte der Adel die Kirche des hohen Mittelalters, so gab dem spätmittelalterlichen Kirchenwesen bereits das mündig und selbstbewußt gewordene Bürgertum sein charakteristisches Gepräge. Indes fieberte das Jahrhundert in geistiger Spannung und schöpferischer Unruhe, die neue Triebkräfte des Menschen zu fruchtbarer Wirksamkeit weckten. Ein Aufbruch zu neuen Zielen künstlerischer Aussage nahm inmitten sozialer Notlagen und nationaler Krisen lebendige Gestalt an.

Stärker als je zuvor bestimmte seit der Mitte des Jahrhunderts das Eindringen des römischen Rechts die Hofämter und die deutsche Gerichtspraxis. Unter romanisierendem Einfluß vollzog sich nicht zuletzt gerade auf dem Boden des Reiches eine Umordnung der Gerichtsverfassung. In der Jurisprudenz brach eine Ära an, die den Typ des Rechtsgelehrten formte, den Vielbelesenheit schier erdrückte und dem die königliche Würde des selbständigen Urteils mehr und mehr entglitt. Mit beißendem Spott und unverhüllter Geringschätzung bedachte der italienische Humanistenjurist Francesco Guicciardini diese rezeptiven Vertreter ihres Berufes: »Die wertvolle Zeit, die sie eigentlich zum Überlegen benützen sollten, vertun sie auf diese Weise beim Nachblättern in Büchern und ermüden damit ihren Körper und Geist, so daß ihre Tätigkeit schließlich mehr einem Handlangerdienst denn einer Wissenschaft gleicht.«

Die Unzufriedenheit des Bauerntums, dessen wirtschaftlicher und sozialer Wert durch die Ausbildung der Geldwirtschaft in den Städten herabgedrückt wurde, mündete in radikale Aufstände, die sich gegen die kapitalistischen Kräfte und die Entartungserscheinungen der Grundherrschaft wandten und eine soziale Besserstellung der Landbevölkerung forderten. Religiöse Schwarmgeister, wie der Pfeifer von Niklashausen, Hans Böhm (1476), mischten sich in die zeitgenössischen politischen Strömungen. Im 15. Jahrhundert entsprach der Fortschritt der Landwirtschaft nicht mehr dem Bevölkerungszuwachs, so daß die Lage der niederen Klassen wie auch des Landadels sich verschlechterte. Gleichwohl überwand diese Epoche das Zunftsystem der patriarchalischen Stufe. Seit der zweiten Hälfte des Jahrhunderts entwickelte sich aus dem Frühkapitalismus des voraufgegangenen Säkulums der Kapitalismus durch Kapitalbildung, Fernhandel und Großbetriebe, vornehmlich im Bergbau. Die Weltwirtschaft bevorzugte bestimmte Gebiete dank ihrer geographischen Lage und handelspolitischen Tragweite, während sie andere wiederum, wie etwa Deutschland, einem ökonomischen Schrumpfungs- und Isolierungsprozeß aussetzte. Großkapital sammelte sich bei führenden Unternehmerfamilien wie den Welsern und Fuggern, die den zeitgenössischen Kapitalmarkt beherrschten und das Montangewerbe finanzierten. In Florenz erklomm das Bankhaus Medici sogar die Staatsspitze. Kapitalhäufung hatte ehedem auch die Organisation der großen Handelsgesellschaften bestimmt. Monopole für Salz, Alaun, Bernstein, Erze und Gewürze entstanden als kapitalistische Gestaltungsformen, Kartelle schuf die staatliche Finanzpolitik zur Wertsicherung ihrer Regalien gegenüber unbequemer Konkurrenz. Den Levantehandel und den fernöstlichen Handelsverkehr störten schließlich die Türken immer stärker und gaben damit den zwingenden Anstoß zur Umschiffung Afrikas und zur Entdeckung der Neuen Welt.

Überblickt man dieses 15. Jahrhundert als Gesamterscheinung, so vermittelt diese Epoche den nachhaltigen Eindruck einer echten Zeitenwende. Sie nahm von der untergehenden Welt des Mittelalters Abschied und begrüßte das aufsteigende Zeitalter der Moderne. Weltbild und Formensprache der Gotik verblaßten und mußten den Idealen und Perspektiven weichen, die die Renaissance weckte und eröffnete. Verlor sich das Prinzip der Einheit an die Vielfalt, wich der übernationale Imperialismus mittelalterlicher Artung der stolzen Souveränität des werdenden Nationalstaates, wie er nach kriegerischem Aderlaß im Westen Europas erstand, so befreite dieses Säkulum das Individuum aus der Anonymität der Gemeinschaften. Noch umschlang die lateinische Kirche den Hauptteil des Kontinents mit einem einigenden Band, aber Beginn und Ende des Jahrhunderts zeigten das Papsttum in tiefster Erniedrigung. Noch einmal erregte die Woge des Konziliarismus die abendländische Christenheit.

Gewiß war dieses Zeitalter reich an machtvollen Persönlichkeiten, Herrschern, Staatsmännern, Heerführern, Gelehrten und Künstlern, aber es verging auch nicht, ohne gewaltige Prediger, harte Büßer und stille Beter hervorgebracht zu haben. Glanz, Prunk, Armut und Elend blieben ihm ebensowenig fremd wie Fortschritt, Aufschwung, Verfall und Aberglaube. Die Zeit war unmenschlich und human zugleich, voller irdischer Diesseitigkeit, aber durchhaucht von Erdenmüdigkeit und Heilssehnsucht. Ihre historische Bürde wog schwer, aber ihre Zukunft sollte nicht leichter werden. Düstere und hellere Horizonte lösten sich ab. So darf es nicht überraschen, wenn das Profil des 15. Jahrhunderts immer neue, oft wechselnde und sich verfärbende Züge dem Betrachter bietet, der es zu ergründen sucht.

Das Papsttum

Als das stürmische 14. Jahrhundert versank und das 15. Jahrhundert eingeläutet wurde, lag das Papsttum und mit ihm die Kirche in konfliktgeladener Spannung und Krise. Noch lastete das unheilvolle abendländische Schisma auf der Christenheit, regierte ein Papst im französischen Exil zu Avignon, ein anderer in der Ewigen Stadt. Der römische Papst war der Neapolitaner Bonifatius IX. (1389–1404) aus dem Geschlecht der Tomacelli, dessen hervorstechende diplomatische Begabung ihn von vornherein zum Versöhnungspolitiker stempelte. Die dynastischen Usurpatoren im Kirchenstaat vermochte dieser Papst lehnsrechtlich als päpstliche Vikare an sich zu binden, er hat Rom zur Preisgabe seiner republikanischen Ordnung und zur Annahme der päpstlichen Senatorenverfassung bewogen. Der Sicherung seiner Herrschaft als »strenger Imperator« Roms (Ludwig v. Pastor) diente die Befestigung des Vatikans und Kapitols ebenso wie die Restauration der Engelsburg als Kastell, in dem er im Januar 1400 dem Putsch der Colonna trotzte. Ein schwerer Feind

erstand ihm allerdings im machthungrigen, die Herrschaft über Gesamtitalien anstrebenden Mailänder Herzog Gian Galeazzo Visconti. Aber nach dessen Ableben gewann das römische Papsttum immerhin Bologna und Perugia für sich.
War die Regierung Bonifatius' IX. zweifellos als staatsmännisches und sozial-rechtliches Werk bedeutend, so fielen durch den bedenklichen Ablaßhandel tiefe Schatten auf dessen Pontifikat. Zudem hat Bonifatius IX. überhaupt keinen Schritt zur Beilegung des auf der Kirche lastenden Schismas getan, sondern die einzige Möglichkeit in der Abdankung seines avignonesischen Gegenpapstes gesehen.

In Avignon amtete ein hochbefähigter Kirchenmann, der ehemalige aragonische Kardinal und überragende Kanonist Pedro de Luna als Benedikt XIII. (1394–1417). Da auch er von seinem Recht auf die Papstwürde restlos überzeugt war, verschmähte er ebenso wie sein hartnäckiger römischer Opponent den Weg freiwilligen Verzichtes. Nach vorübergehender Aufkündigung des Gehorsams gegen Benedikt XIII. durch die französische Nationalsynode von 1398 erneuerte gleichwohl der König von Frankreich 1403 die alte Obedienz gegenüber Benedikt, dessen persönliche Fassung inmitten schwerer Bedrängnisse vielen seiner Zeitgenossen Achtung und aufrichtige Zuneigung abgerungen hatte. Die dem avignonesischen Papst abgenötigte Einwilligung in die Konzilsberufung entsprach jedoch keineswegs dessen wirklichen Absichten. Vielmehr suchte Benedikt als überlegener Geist in der persönlichen Diskussion mit seinem römischen Gegner, der allerdings bereits am 1. Oktober 1404 starb, die Entscheidung zu erzwingen. Die Schuld am Tode Bonifatius' IX. schrieben römische Kreise zum Teil jenen Aufregungen zu, die ihm die avignonesischen Gesandten während ihrer Kontroversgespräche bereitet hatten.

Unter dem massiven Druck römischer Unruhen bestieg Kardinal Cosimo dei Migliorati als Innozenz VII. (1404–1406) den römischen Stuhl. Auch seine Haltung im Hinblick auf den Nebenbuhler in Avignon, Benedikt XIII., änderte sich nicht. Nachfolger Innozenz' VII. wurde der greise Venezianer Angelo Correr, ein hervorragender Theologe und ein wirklicher Idealist der kirchlichen Union. Als Gregor XII. (1406–1415) war er anfänglich zum Einlenken gegenüber dem avignonesischen Gegenpapst, mehr noch zum eigenen Rücktritt bereit. Die Könige von Neapel, Ungarn und Böhmen und die Republik Venedig rieten dem Papst wegen ihrer Befürchtungen vor einer Stärkung des französischen Einflusses von der für den Herbst 1407 geplanten Begegnung mit Benedikt XIII. im avignonesischen Savona, westlich von Genua, ab. Da Gregor XII. seinen Kardinälen, die die kirchliche Einheit betrieben, im Mai 1408 Verhandlungen mit der avignonesischen Kurie untersagte, kam es zum Zwist zwischen ihm und dem Heiligen Kollegium.

Mit Ausnahme dreier Purpurträger verließen sämtliche alten Kardinäle den Papst, um nach dem florentinischen Pisa zu gehen. Hier appellierten sie gegen Gregor an das Generalkonzil. In Avignon hatte Benedikt XIII. in der Zwischenzeit durch die von Burgund gesteuerte Ermordung des Herzogs von Orléans am 23. November 1407 seinen soliden Rückhalt verloren. Die französische Krone drohte, um die Abdankung des Papstes in Avignon zu ertrotzen, mit der Neutralitätserklärung gegenüber den beiden Päpsten in Frankreich und Italien. Auf Benedikts Einspruch publizierte der französische König die »Erklärung der gallikanischen Freiheiten« und die Erklärung der Neutralität Frankreichs. Dem nach

Perpignan in Aragon sich zurückziehenden Benedikt XIII. blieben allein Schottland und Spanien treue Anhänger.

Nun war die Entscheidung der Kirchenfrage ausschließlich in die Kompetenz der Kardinäle gelegt. Zur Wiedererlangung des Kirchenfriedens wurde ein Generalkonzil beider Obedienzen für den 25. März 1409 nach Pisa ausgeschrieben, zu dem auch die beiden Päpste eingeladen wurden. Einflußreiche Theologen, wie Pierre d'Ailly und Johann Gerson (Jean Charlier), erhärteten die Doktrin von der Überordnung der Universalsynode gegenüber dem Papst und versuchten unter Hinweis auf das Notstandsrecht der Kirche das Pisaner Konzil zu rechtfertigen. Auf italienischem Boden verteidigten die Bologneser Dekretalisten und der Paduaner Kanonist Francesco Zabarella den Konziliarismus.

Vierundzwanzig Kardinäle, vier Patriarchen, achtzig Bischöfe, eine Flut von Äbten, Ordensoberen, Kanonikern, Theologen und Kanonisten nahmen am Pisaner Konzil teil. Auffallend stark erschien das französische Element auf dieser Universalsynode. In der neunten Sitzung vom 17. Mai 1409 kündigten die Konzilsväter den beiden Päpsten den Gehorsam auf und setzten sie in der fünfzehnten Sitzung vom 5. Juni als unverbesserliche Schismatiker und verstockte Ketzer ab. Zum neuen Papst wurde der franziskanische Mailänder Erzbischof Kardinal Pietro Philargi (de Candia) gewählt. Er nahm den Namen Alexander V. (1409–1410) an. Da dieser gutherzige, in kurialen Verwaltungssachen jedoch unkundige Konzilspapst nicht überall anerkannt wurde – die Anhänger des avignonesischen und römischen Papstes verharrten in der Obedienz gegenüber ihren bisherigen Herren –, war aus dem unheilvollen bisherigen Doppelpapsttum die noch unerträglichere Existenz von drei gleichzeitigen Päpsten entstanden. Frankreich, England, Polen, Ober- und Mittelitalien und der Großteil des deutschen Episkopats anerkannten Alexander V., der deutsche König Ruprecht von der Pfalz (1400–1410) stand hingegen auf seiten Gregors XII. Die deutschen Städte zeigten sich verhältnismäßig uninteressiert an der Beilegung des Schismas.

Der militärische, verweltlichte und simonistische Nachfolger des Pisaner Papstes, der Neapolitaner Balthasar Cossa, mit seinem Papstnamen Johannes XXIII. (1410–1415), besaß für das Anliegen der Kirchenreform kein Gefühl. Immerhin bestimmte ihn der neue deutsche König Sigismund (1410–1437) in seiner Eigenschaft als Schirmvogt der Kirche zum Erlaß der Bulle für die Berufung des auf 1. November 1414 angesetzten Konstanzer Konzils. Sigismund lud auch den oströmischen Kaiser Manuel II. Paläologos (1391–1425) nach Konstanz. Obschon sich der Hauptteil des französischen Episkopats und die Universität Paris für das Konzil aufgeschlossen zeigten, verhielt sich das französische Königtum äußerst reserviert. Gregor XII. und Benedikt XIII. verharrten in den Verhandlungen auf ihren ablehnenden Standpunkten. Schließlich forderte das Pisanum die Abdankung aller drei Päpste. Auch der persönlich erschienene Johannes XXIII. wurde von den Konzilsnationen wegen seines Lebenswandels und seiner Amtsführung zum Rücktritt genötigt, vermochte aber in der Nacht vom 20. auf 21. März 1415 in Verkleidung in das Schaffhauser Schloß zu Herzog Friedrich von Österreich zu fliehen. König Sigismund unterband die nun drohende Auflösung des Konzils. Am 6. April 1415 wurde die konziliare Theorie, die Lehre von der Konzilssuperiorität, zum Synodalbeschluß erhoben.

Schon am 29. Mai 1415 entkleidete das Konzil den Pisaner Papst Johannes XXIII. seiner Würde. Der Römer Gregor XII. dankte freiwillig ab. Aber die Bemühungen um einen Rücktritt des Spaniers Benedikt XIII. gestalteten sich ungeheuer kompliziert. Am 4. November 1416 eröffnete das Konstanzer Konzil in Gegenwart der fünften Nation der Spanier gegen ihn den Prozeß, der zu seiner Absetzung als eidbrüchiger Schismatiker und notorischer Ketzer führte. Mit der Verurteilung Pedros de Luna hatte das Konzil die *Causa unionis* gelöst, das Schisma beigelegt und die Einheit von Kirche und Papsttum wiederhergestellt. Zuvor hatte die Synode die Lehren John Wycliffes als Irrlehre verworfen und den tschechischen Kleriker Johannes Hus als unbußfertigen Häretiker verurteilt. Der Feuertod dieses böhmischen Nationalmärtyrers gab den Anstoß zu den nachfolgenden Hussitenkriegen.

Am 11. November 1417 erkoren die dreiundfünfzig Konklavisten im Konstanzer Kaufhaus Kardinal Oddo Colonna zum neuen Papst Martin V. (1417-1431). Dieser kluge Konzilsgegner und Erneuerer des Kirchenstaates hat am 15. April 1418 das deutsche Konkordat mit extensiver Geltung für Polen, Ungarn und Skandinavien und im Jahre 1425 die konkordatären Verträge mit England für Nordfrankreich und mit dem »König von Bourges«, mit Karl VII., für Südfrankreich geschlossen. Sein Nachfolger wurde der Augustinerbischof Eugen IV. (1431-1447) aus Venedig. Zu Beginn seines Pontifikats tobten Kämpfe mit den Colonnas, die diesen Papst zeitlebens befehdeten. Das am 23. Juli 1431 eröffnete Konzil von Basel löste Eugen IV. bereits im Dezember wieder auf. Trotz schwerer Entrüstung und bitterer Zerwürfnisse kam es nicht zur völligen Kluft zwischen Papst und Konzil. Der Papst ließ den Plan der Bologneser Synode 1433 fallen und willigte in die Fortsetzung des Basler Konzils ein, das die abendländische Christenheit verkörperte. In der Hussitenfrage vermittelte Kaiser Sigismund. Den Utraquisten wurde in den Prager Kompaktaten der Laienkelch zugestanden. Die radikalen Taboriten, die die Konzilszugeständnisse mißbilligten, wurden in der Schlacht bei Lipan am 30. Mai 1434 besiegt. Mit ihrer Niederlage war das Hussitenproblem allerdings keineswegs beigelegt. Wegen der Frage des Konzilsortes und der Griechenunion kam es zum Bruch. Das am 8. Januar 1438 eröffnete päpstliche Konzil von Ferrara wurde ein Jahr später, im Januar 1439, nach Florenz verlegt. Am 6. Juli 1439 kam das Unionsdekret *Laetentur coeli* mit den Griechen zustande, welches das seit 1054 auf der Christenheit lastende Schisma der lateinischen und der orientalischen Kirche beenden sollte. Indes blieb der praktische Erfolg aus. Die türkische Eroberung Konstantinopels von 1453 vernichtete alle Unionsprojekte. Aber 1439 wurde gleichwohl die kirchliche Gemeinschaft Roms mit den Armeniern, 1442 mit den Jakobiten und den Ostchristen auf Cypern und in Mesopotamien hergestellt.

Inzwischen hatten die Basler Konziliaristen gegen kurfürstliche Bedenken am 24. Januar 1438 Eugen IV. suspendiert, im Mai 1439 die Konzilssuperiorität über den Papst proklamiert, am 25. Juni 1439 die Absetzung Eugens IV. ausgesprochen. Am 5. November 1439 wurde Herzog Amadeus VIII. von Savoyen, der Stifter des Ritterordens vom heiligen Mauritius und letzte Gegenpapst der Kirchengeschichte, auf Initiative des Kardinals Louis d'Aleman von Arles kreiert. Dieser Felix V. (1439-1449) erreichte außerhalb Savoyens lediglich in Südostdeutschland, in der Schweiz und in Dänemark Anerkennung. In seiner begrenzten Autorität spiegelte sich symbolisch die rückläufige Wirksamkeit des Konzils von Basel.

Kaiser Friedrich III. (1440–1493) erkannte Eugen IV. für seine Erblande als den rechtmäßigen Papst an, während sich das Kurkollegium 1445 für die Beibehaltung der Neutralität und die Einberufung einer deutschen Nationalsynode aussprach. Eugens IV. Nachfolger, der Arztsohn Tommaso Parentucelli, Nikolaus V. (1447–1455), wird gemeinhin als erster Renaissancepapst angesehen. Er wirkte vor allem als Versöhnungs- und Friedenspolitiker. Während er sich verhältnismäßig rasch mit König Alfonso von Neapel einigen konnte, erreichte er allgemeine Anerkennung im Heiligen Römischen Reich erst nach Auflösung des romfeindlichen Bundes der deutschen Kurfürsten. Köln, Trier, Sachsen und Pfalz hatten sich mit Frankreich verbündet, das die Resignation Felix' V., das Einlenken Nikolaus' V. gegenüber den Baslern und die Berufung einer Universalsynode auf französischem Boden betrieb. Auf dem Aschaffenburger Fürstentag vom Juli 1447 wurde Nikolaus V. schließlich im Reich als rechtmäßiger Papst anerkannt.

An die Basler aber wurde die ernsthafte Mahnung zur Auflösung ihrer Versammlung gerichtet. Nikolaus V. erklärte sich bereit, die von seinem Vorgänger Eugen IV. geschlossenen Fürstenkonkordate vom Februar 1447 und dessen Zusagen über die Kaiserkrönung zu bestätigen. Der Stimmungsumschwung zugunsten des Papstes Nikolaus V. war das Verdienst des königlichen Gesandten Enea Silvio Piccolomini, des nachmaligen Papstes Pius II. (1458–1464). Am 21. August 1447 gebot schließlich ein Edikt Friedrichs III. die reichsrechtliche Anerkennung des Papstes Nikolaus V. Die Beschlüsse des Aschaffenburger Fürstentages bahnten dann den Weg zum Abschluß des Wiener Konkordats von 1448 zwischen dem Kaiser und dem päpstlichen Legaten Kardinal Juan de Carvajal. Dieses Konkordat hat im Reich bis zur Säkularisation im Jahre 1803 gegolten. Es verankerte das päpstliche Besetzungsrecht von Kanonikaten und Benefizien, garantierte die Erträgnisse der Kurie, leistete aber keinen Beitrag zur notwendigen Reform der Kirche. Vor allem vermochte es nicht die bestehenden Antipathien gegen die römische Kurie zu beschwichtigen und die immer vernehmlicher werdenden Reformforderungen zu dämpfen.

In Rom und im Kirchenstaat glückte Nikolaus V. die unblutige Befriedung, indem er die aufgehobene römische Selbstverwaltung wiederherstellte und die Barone aussöhnte. Als Kunstmäzen und Bauherr wirkte dieser Papst beim Ausbau der Peterskirche und des Vatikans, im Brücken- und Straßenbau, als Bibliophile gründete er die berühmte Vatikanische Bibliothek; in seiner Kanzlei beschäftigte er führende Humanisten seiner Zeit.

Unter Vermittlung Frankreichs, das das Erbe der Visconti in Mailand anstrebte und eine entwürdigende Beugung der Basler Konziliaristen zu verhindern suchte, vermochte Nikolaus V. schließlich die Überreste der Kirchenspaltung auszuräumen. Er erkannte Felix V. eine Rente auf Lebenszeit und das suburbikarische Bistum Sabina zu, als dieser Gegenpapst am 7. April 1449 zurücktrat.

Während des Pontifikats Nikolaus' V. ereignete sich mit dem Fall von Konstantinopel die furchtbarste Katastrophe der östlichen Christenheit: der Untergang des griechischen Paläologenreiches des Kaisers Konstantin XI. Dragases. Die vom Papst unter dem Befehl des Erzbischofs von Ragusa, Jacobo Veniero von Recanati, entsandten Galeeren und die

Die Verbrennung des Jan Hus im Jahr 1415 während des Konstanzer Konzils
und das Verstreuen seiner Asche
Kolorierter Holzschnitt in der Konzilschronik von Ulrich Richenthal, 1482
Wien, Haus-, Hof- und Staatsarchiv

Das Martyrium des heiligen Petrus
Relief auf der im Auftrag des Papstes Eugen IV. von Antonio Filarete geschaffenen Bronzetür von St. Peter in Rom, 1439–1445

vereinigte italienische Flotte kamen zu spät, um noch eingreifen zu können. Mit der Eroberung dieses »einen Auges der Christenheit« wurde die Florentiner Union im Türkischen Reich ausgetilgt. Die Zeit erblickte in Sultan Mehmed II. gelegentlich sogar den Antichristen, nach dessen fürchterlicher Herrschaft die Parusie zu erwarten sei. Unbändiger Schrecken lähmte allenthalben die Gläubigen, und der Papst rief mahnend zum Frieden und zur Abwendung dieses tiefen Glaubensunglücks auf. Am 30. September 1453 erging seine Kreuzzugsbulle gegen die Türken, die aber infolge der Untätigkeit der Staaten wirkungslos verhallte.

Calixtus III. (1455-1458), der im Konklave am 8. April 1455 zum Oberhaupt der Kirche gewählte siebenundsiebzigjährige spanische Kardinal Alonso de Borja (italienisch Borgia) wurde von vornherein als reiner Übergangspapst betrachtet. Als nüchterner Jurist verschmähte er Prunk, kümmerte sich kaum um Kunst und Wissenschaft. Aber er versuchte immerhin, die christlichen Fürsten zur Abwehr des Islams zu einen. Bedenklich aber wucherte unter diesem Borjapapst bereits der Nepotismus im Kirchenstaat. Mit seinem früheren Herrn Alfons V. von Neapel entzweite er sich bald. In ihre Beziehungen fiel der Funke des Konflikts, weil der neapolitanische König einen erklärten Papstfeind, den Condottiere Piccinino, vielfach unterstützte. Der verärgerte Papst revanchierte sich mit der Nichtanerkennung des unehelichen Sohnes Alfons', Ferrante, als Thronerbe von Neapel und nach dem Tode des regierenden Königs 1458 mit der Anmeldung seines Anspruchs auf das Königreich Neapel als heimgefallenes päpstliches Lehen.

Mit dem Humanisten Enea Silvio Piccolomini erlangte ein gefeierter Orator und Dichter, ein hervorragender Briefsteller und Gelehrter, jedoch auch ein wendiger Diplomat und Staatsmann die dreikronige Tiara. Pius II. (1458-1464) eiferte bis zu seinem Ende als tätiger Idealist und von seinem Plan besessener Fanatiker für den Kreuzzug gegen die Türken. Als Regent des Kirchenstaates schlug er 1460 die Verschwörung des Tiburzio nieder und bezwang 1462 nach zweijährigem Ringen Sismondo Malatesta von Rimini. Pius II. versprach dem türkischen Sultan Mehmed II. für den Fall seiner Konversion die Anerkennung als Kaiser der Griechen. Die Türkenabwehr verdrängte indes das Hauptanliegen dieses Papstes, die so notwendige Kirchenreform, obschon wiederholte Appellationen an die Universalsynode ihm die ungeheure Zählebigkeit der konziliaren Theorie vor Augen führen mußte. Doch blühte auch unter diesem Papst bedenklich der Nepotismus, der ihm schließlich im Kardinalskollegium Gegner schuf und nicht zuletzt die Bestimmungen der Wahlkapitulation seines Nachfolgers Paul II. (1464-1471) verschärfte.

Der neue Papst Paul II., der vormalige Kardinal Pietro Barbo, stammte aus einer reichen venezianischen Kaufherrenfamilie. Durch seinen Onkel Eugen IV. war er bereits mit zwanzig Jahren Kardinal geworden und wurde später als Kunst- und Altertumssammler und als Förderer des Buchdrucks berühmt. Kraft eigener Autorität hat Paul II. die von ihm beschworene, die päpstliche Gewalt beschränkende Wahlkapitulation abgeändert und die Kardinäle zur Unterzeichnung genötigt. So kann es kaum verwundern, wenn zwischen ihm und dem Heiligen Kollegium schwere Spannungen herrschten. Während er als Politiker Ungarn und den albanischen Fürsten Georg Kastriota (Skanderbeg) als Türkenkämpfer finanziell unterstützte, obschon sich Matthias Corvinus auf die Eroberung Böhmens verlegte, hat er gegen den Führer nationaltschechischer Kreise, Georg Podiebrad, Stellung bezogen. Seine Bemühungen um Abwehr der Italien nach dem Fall des venezianischen Negroponte im Juli 1470 drohenden Türkengefahr verliefen nahezu völlig im Sande. Unter dem Minoritenpapst Sixtus IV. (1471–1484) erfuhr der Kreuzzugsplan zunächst eifrige Förderung, doch bald schon führte die herrschsüchtige Habgier seines Neffen Girolamo Riario, der sich mit der Tochter des Mailänder Herzogs Galeazzo Maria Sforza, Katharina, vermählte, zu schweren Erschütterungen innerhalb der italienischen Staatenwelt. Durch diesen kriminellen Nepoten wurde der regierende Papst sogar in die aristokratische Verschwörung der Pazzi gegen die Medici in Florenz verstrickt.

Die Pazzi hatten das Bankhaus Medici als kuriale Bankiers Sixtus' IV. abgelöst. Ein Sturz der Medici in Florenz wäre dem Papst in der Tat kaum ungelegen gekommen, zumal gerade dieses finanzkräftige Florentiner Geschlecht die Konsolidierung der Papstherrschaft im Kirchenstaat boykottierte. Wenn auch Sixtus IV. kein aktiver Anteil an der Ermordung Giuliano Medicis im Dom von Florenz am 26. April 1478 angelastet werden kann, so läßt sein Wissen von den Umsturzplänen und seine Billigung des Putsches seine charakterliche Eignung für das oberste Hirtenamt der Kirche höchst problematisch erscheinen. Im Bund mit Venedig bekriegte Sixtus zwischen 1480 und 1482 Ferrara und Neapel und nach dem Frieden von Neapel im Verein mit seinen bisherigen Feinden das von ihm schmählich im Stich gelassene Venedig, über das er sogar unrechtmäßig das Interdikt verhängte. Da gerade dieser skrupellose und den Mißbrauch kirchlicher Mittel geradezu pflegende Papst mit Recht die Appellation an ein Generalkonzil zu fürchten hatte, verbot er in seiner Bulle *Qui monitis* vom 15. Juli 1483 die ihm drohende Berufung an eine allgemeine Synode. Wenn auch der Papst die Sixtinische Kapelle schuf und die besten Künstler und Humanisten seiner Zeit unter ihm wirkten, so verdunkelt doch seine bedenkliche politisch-landesherrliche Rolle seine Erscheinung. Ein solches mit allen irdischen Schwächen geschlagenes Oberhaupt der Kirche mußte begreiflicherweise Bestürzung, Entrüstung und Anklage hervorrufen.

Unerfreulich fiel allerdings auch sein Nachfolger, der Genuese Innozenz VIII. (1484 bis 1492), aus. Sein Charakter und sein sittliches Verhalten hatten wenig Überzeugendes. Dazu kam der Umstand, daß die drückende finanzielle Notlage der Kurie den Papst zwang, sogar die Insignien seiner Würde, Tiara und Mitra, zeitweilig an römische Bankhäuser zu verpfänden. Im Lager der Barone beteiligte er sich am Krieg gegen König Ferrante von Neapel, der die päpstliche Lehnshoheit verneinte. Mit der Hohen Pforte traf er moralisch verwerfliche Absprachen und ehrlose politische Übereinkommen. Um den türkischen Frieden zu unterbauen, versicherte er sich als Geisel der Person des Türkenprinzen und Sohnes des Sultans Mehmed II., Dschem, der sich gegen den neuen Sultan Bajazet II. erhoben hatte und nach dem fehlgeschlagenen Aufstand zum Großmeister des Johanniterordens, Pierre d'Aubusson, nach Rhodos geflüchtet war.

Das düstere Charakterbild dieses politisch bedenkenlosen Papstes aber belastete ernstlich seine umstrittene Bulle *Summis desiderantes affectibus* vom 5. Dezember 1484, die dem im Volke lebenden, zäh verwurzelten Aberglauben an die Existenz der Dämonenwelt und den zuvor schon durchgeführten Hexenprozessen neue Nahrung gab und zur wesentlichen

EUROPA IM 15. JAHRHUNDERT

Stütze wurde. Der päpstliche Auftrag an die Dominikaner-Inquisitoren Heinrich Institoris und Jakob Sprenger für die oberdeutsche Hexenverfolgung inspirierte die beiden Empfänger zu ihrem kasuistischen Handbuch des Hexenverfahrens, zu dem unheilvollen »Hexenhammer« *(Malleus maleficarum)* von 1487, der jahrhundertelang die forensische Praxis hinsichtlich des *crimen magiae* bestimmte.

Aber in noch tiefere Entwürdigung geriet das Pontifikat des Borjapapstes Alexander VI. (1492–1503). Schon während der Todeskrankheit Innozenz' VIII. hatten die italienischen Staaten danach getrachtet, die Papstwahl zu ihren Gunsten zu entscheiden. Während Neapel und Genua die Erhebung des frankophilen Kardinals Giuliano della Rovere, des Neffen des Papstes Sixtus IV., betrieben, scheint Mailand die Kardinäle Ardicino della Porta und Ascanio Sforza begünstigt zu haben. Indes entschieden Reichtum und simonistische Machenschaften des korrupten, lasterhaften, gleichwohl aber staatsmännisch hochbefähigten Spaniers Rodrigo de Borja das Konklave. Der neue Pontifex Maximus Alexander VI. (1492–1503) bestach trotz seiner kantigen, etwas groben Gesichtszüge und den vollen Lippen durch seine hoheitsvolle Figur ebenso wie durch sein eindrucksvolles Auftreten und seine faszinierende Beredsamkeit.

Als erstes unternahm es der Papst, die finanzielle Not durch größere Sparsamkeit in seiner Hofhaltung zu dämpfen; doch das Ziel, seiner Familie eine unerschütterliche Position zu verschaffen, stand voran und überdeckte schließlich auch alle Pläne zur Sicherung der abendländischen Christenheit gegen die Wut der Osmanen und zur Aufrechterhaltung des italienischen Friedens. Zugunsten seiner anspruchsvollen Hausmachtabsichten verschleuderte Alexander VI. sogar unveräußerliche Teile des Patrimonium Petri an seinen Sohn Juan. Seine Tochter Lukretia vermählte er aus politischen Motiven hintereinander mit Giovanni Sforza und Alfonso von Bisceglia und Quadrata. Alexander VI. billigte auch manches Verbrechen seines kriminellen Sohnes Cesare Borja, den der Vater als siebzehnjährigen Jüngling in den Kardinalspurpur gehüllt hatte.

1493 söhnte sich der Borja mit dem neapolitanischen König Ferrante gelegentlich der Vermählung des Papstsohnes Jofré mit Sancia, der unehelichen Tochter Alfonsos von Kalabrien, aus. Durch die Belehnung Alfonsos von Kalabrien mit dem 1494 durch Ferrantes Tod vakanten Königreich Neapel zog sich der Borjapapst die Feindschaft Frankreichs zu. Eine Koalition der Staaten England, Spanien, Deutschland, Mailand und Frankreich bedrohte die Absichten Alexanders VI. und ermöglichte die französische Invasion in Neapel. Um seine fürstliche Macht zu erhalten, verließ der Papst jetzt die Linie der seitherigen kurialen Türkenpolitik und erbat von Sultan Bajazet, dem die ungestüme Eroberernatur seines Vaters gänzlich abging, Hilfe gegen den französischen König Karl VIII. Nachdem die französische Armee am 31. Dezember 1494 Rom genommen hatte, mußte sich der Papst, der sich in der Engelsburg verschanzte, gegenüber den Franzosen nachgiebig zeigen. Er gestand dem französischen Heer das Durchmarschrecht durch den Kirchenstaat zu. Aber die frühere Drohung mit der Absetzung Alexanders VI. wurde von Karl VIII. nicht wahrgemacht. Der König von Neapel entsagte dem Thron, in seiner Hauptstadt umbrandete heller Jubel den einziehenden französischen Herrscher. Doch der plötzliche Tod des im päpstlichen Gewahrsam festgehaltenen Türkenprinzen Dschem – er sollte an Frankreich ausgeliefert werden – zerschnitt die engen Fäden zwischen der Kurie und der Hohen Pforte. Von diesem Zeitpunkt an näherte sich der Borjapapst wieder den überkommenen päpstlichen Bestrebungen um einen Kreuzzug nach dem Osten. Die Heilige Liga von 1495, der auch der Papst beitrat, zwang Frankreich zum vorläufigen Rückzug aus Italien. Aber das erste Opfer der Italienpolitik des neuen französischen Königs Ludwig XII. wurde Mailand. Französische Unterstützung ebnete dem laisierten und von Ludwig XII. zum Herzog von Valence erhobenen Papstsohn Cesare Borja die Bahn für die brutale Unterwerfung der Romagna.

Erst der Tod Alexanders VI. zerschlug die Projekte des skrupellosen Hauses Borja. Die Mißstände unter seinem ärgerniserregenden Pontifikat verstärkten die Forderungen nach Reform, Buße und Umkehr. Vermochte Alexander VI. noch die mahnende Stimme Girolamo Savonarolas, der die konziliare Absetzung des unwürdigen Papstes verlangt hatte, am 23. Mai 1498 durch Strick und Feuer zu ersticken, der Ruf nach Besserung der Kirche konnte nicht mehr verstummen. Da schien die Kirchenreform in Alexanders Nachfolger Pius III. (1503) einen hoffnungsvollen Anwalt zu finden. Doch er starb nach einem Pontifikat von nicht einmal einem vollen Monat.

Frankreich

Die Geschichte Frankreichs, dem die im 14. Jahrhundert gewahrte politische Führungsrolle entglitten war, vollzog sich im 15. Jahrhundert in zwei zeitlich recht ungleichen Perioden. Der erste Zeitabschnitt erweist sich zwar als der weitaus kürzere, er umfaßt lediglich die drei Dezennien von 1400 bis 1431, aber diese Jahrzehnte enthielten echte Ballungen historischen Geschehens. Sie standen unter dem Eindruck der schweren Krise und Schwäche des Landes, die der Hundertjährige Krieg mit England auslöste, im Zeichen der inneren Parteienkämpfe in der zweiten Hälfte der Regierung Karls VI. (1380–1422), aber auch der politischen Revolution und der Rettung Frankreichs durch Jeanne d'Arc, die Jungfrau von Orléans. Mit dem Justizmord, der im Jahre 1431 zu Rouen ihrem Leben ein grausames Ende bereitete, mag man den Beginn der neueren Geschichte Frankreichs datieren.

In den folgenden Jahrzehnten des 15. Jahrhunderts erlebte das Land den politischen Aufstieg des Königtums und die Einigung unter Ludwig XI. als dem ersten wirklich modernen Herrscher. Widerstandsrecht, Erlaubtheit oder Verwerflichkeit des Tyrannenmordes als Selbsthilfe gegen gesetzliches Unrecht und souveräne Justizhoheit, letztlich also der Dualismus von Macht und Recht, zählten zu den großen Problemen, die die Gemüter, aber auch die gelehrten Häupter der Zeit erhitzten. In diesem Jahrhundert sollte die Bürgerschaft ihren entscheidenden Platz neben den traditionellen Privilegienträgern, dem Adel und dem Klerus, sich erkämpfen. Zugleich wehte mit der Renaissance der Hauch des frühen Republikanertums aus den benachbarten italienischen Stadtstaaten herüber. Im nahen Burgund hatte das moderne Prinzip seinen Sieg erfochten, war in den letzten Regierungsjahren Philipps des Kühnen ein unabhängiger und geeinter Staat aus einer lockeren Reihe zerstreuter, von Frankreich und vom Heiligen Römischen Reich lehnshängiger Territorien entstanden. Aber auch eine kirchliche Revolution hat Frankreich beim Auftakt des 15. Jahrhunderts erschüttert, zu einer Zeit, als der Pariser Universitätskanzler Johannes Gerson (1362–1429) unermüdlich für die Beendigung des großen abendländischen Schismas eintrat und die Doktrin von der Superiorität des Generalkonzils über den Papst verfocht. Die Unabhängigkeit des Königs von Frankreich gegenüber Papst und Kaiser entsprach ohnehin den 1407/08 proklamierten und in der Pragmatischen Sanktion von Bourges 1438 gesetzlich verankerten »Gallikanischen Freiheiten«. Lag Frankreich an der Schwelle des Jahrhunderts in den Zuckungen politischer Krisen, so gelang es Ludwig XI. (1461–1483) mit diplomatischem Geschick, ein imposantes staatsmännisches Werk durchzuführen.

In den Beginn des 15. Jahrhunderts fällt das unheilvolle Schisma zwischen dem avignonesischen Papst Benedikt XIII. und dem römischen Bonifaz IX. und zugleich die Regierung des seit 1392 geistig umnachteten Königs Karl VI. des Wahnsinnigen (1380–1422) aus dem Hause Valois. Seine Geisteskrankheit trat jedoch nur zeitweise auf, und so konnte kein anderer Herrscher an seiner Statt eingesetzt werden. Äußerlich zeigte sich dieser Vielgeliebte in lichten Augenblicken als blonder, hellhäutiger, strahlender Held. Frankreich verehrte den kranken Monarchen gleichwohl als lebendige Verkörperung seiner eigenen Integrität im Angesicht der kontinentalen Anmaßungen Englands. Im Namen des unmündigen Karl hatten seine Oheime, die Herzöge von Burgund und Orléans, die Reichsverweserschaft geführt. Beide hatten ehedem durch Operationen in Italien versucht, den römischen Papst zu entmachten, um dadurch das avignonesische Papsttum zu festigen. Im zeitweiligen Ausfall des Königs lag aber der Keim, der das Land schließlich in Parteienhader verstrickte und in die beiden politischen Lager der Anhänger Burgunds und der Armagnacs spaltete.

Der Herzog von Orléans orientierte sich nach dem Süden und den feudal-aristokratischen Interessen, während sich Herzog Philipp der Kühne von Burgund auf die Bürger stützte. Zwischen 1363 und 1384 hatte der Burgunder Macht und Einfluß in Frankreich gesammelt, ehe er 1384 von den Grafschaften Burgund, Nevers, Rethel, Artois und Flandern Besitz ergriffen hatte. Die Gründung des burgundischen Staates zwischen 1384 und 1404 fiel in eine Zeit, in der die großen Herrschergestalten des 14. Jahrhunderts – Eduard III. von England, Kaiser Karl IV. und Karl V. von Frankreich – bereits ins Grab gesunken waren. Das neue Burgund hatte an der Beilegung des betrüblichen Schismas um so mehr Interesse, als sein Süden den Papst in Avignon, die Niederlande aber den Papst in Rom anerkannten. Als Ludwig von Orléans mit Papst Benedikt XIII. gemeinsame Italienpolitik trieb, ließ der neue Burgunderherzog Johann ohne Furcht (1404–1419) den Herzog von Orléans 1407 ermorden. Parteienkämpfe und die einreißende politische Kluft im Land ermöglichten den Engländern die Eroberung der französischen Normandie. Paris und der Norden des Landes, und damit auch der König Karl VI., unterstanden der Herrschaftsgewalt Johanns von Burgund, die dieser bis zu seinem gewaltsamen Tode mit der Königin Isabeau teilte.

In den Jahren von 1415 bis 1422 vermochte sich die Macht der Armagnacs zu festigen. Zugleich verschärfte sich ihre Grausamkeit, die ihre burgundische Entsprechung in dem Massaker an der Pariser Bevölkerung (30. Mai 1418) fand. Die innenpolitischen Verhältnisse erleichterten den Engländern die Einnahme von Rouen, Melun und Meaux. Im Frieden von Troyes vom 21. Mai 1420, dem traurigsten Friedensschluß, dem Frankreich jemals unterworfen wurde, fiel das ganze Land, zudem kampflos seine Hauptstadt, an den Feind. Karl VI. verlor seinen Thron, seine Tochter vermählte sich mit dem englischen König Heinrich V. Die Personalunion zwischen der französischen und englischen Krone schien in greifbare Nähe gerückt zu sein.

Doch kaum zwei Jahre danach (1422) raffte der Tod sowohl den englischen Sieger als auch den französischen Besiegten hinweg. Der König von England als Stadtherr von Paris hatte den Titel eines französischen Königs angenommen, und nach seinem Tod wurde auch sein kleiner Sohn Heinrich VI. als rechtmäßiger Träger des Königstitels der vereinigten Reiche von Frankreich und England angesehen. Aber noch bestand im Süden ein Rest des alten Königreiches, der der englischen Macht widerstrebte. Das, was von Frankreich südlich der Loire übriggeblieben war, verkörperte das Königreich von Bourges. Mit innerer Berechtigung hat daher die französische Historiographie den König von Bourges als den geborenen Führer der französischen Nation gerühmt. Diese schicksalhafte Rolle fiel dem neunzehnjährigen schwächlichen Jüngling Karl VII. (1422–1461) zu, dem Sohn Karls VI. und der Isabeau von Bayern, dem später das Attribut »der Siegreiche« verliehen werden sollte.

Der Frieden von Amiens zwischen England und Burgund hatte bereits 1423 das Bündnis beider Staaten begründet und die Stellung des englischen Königs in Frankreich gefestigt. Da England und Burgund außerdem mit der Annahme des nordfranzösischen Konkordats die Unterstützung der römischen Kurie gewonnen hatten, sah sich Karl VII. seinerseits im Jahre 1425 aus staatspolitischen Erwägungen genötigt, auch für sein Gebiet vorübergehend auf das gallikanische Staatsgesetz zu verzichten. 1429 gelang der Jeanne d'Arc die Befreiung von Orléans aus der Gewalt der besser bewaffneten Engländer und Burgunder, im Juli desselben Jahres führte sie den Dauphin Karl VII. zur Königskrönung in die Kathedrale von Reims. Der von voreingenommenen Richtern gegen die 1430 bei Compiègne in burgundische Gefangenschaft gefallene und den Briten ausgelieferte Jungfrau Johanna unter dem Vorwurf der Zauberei und Ketzerei geführte Inquisitionsprozeß vermochte die eingeleitete territoriale Befreiung Frankreichs nicht mehr zu hemmen. Mit ihrem Märtyrertod stieg die Jungfrau von Orléans für alle Zeiten zur unsterblichen Retterin ihres Landes auf.

Durch das Bündnis Karls VII. mit dem deutschen Kaiser Sigismund (1410–1437) erwuchs nun dem Herzog von Burgund eine doppelte Bedrohung aus der Südwest- und der Ostflanke, die nicht zuletzt die endgültige Schwenkung Philipps des Guten von Burgund (1419–1467) beschleunigte. Am 21. September 1435 entsagte der Burgunder-Herzog in Arras der englischen Alliance, und am 13. April 1436 kehrte er zu Paris in die lehensrechtliche Obedienz des französischen Königs zurück. Der Friede von Arras bescherte ohnehin diesem gewiegten Diplomaten, der den Umschlag im politischen Klima rechtzeitig gewittert hatte, die Sommestädte Amiens, Péronne und Saint-Quentin. Nach der Reorganisation des Heeres und der Finanzen eroberte Karl VII. 1436 die Normandie, hielt 1437 seinen feierlichen Einzug in Paris und entsetzte 1453 schließlich die Gascogne im Südwesten, nachdem bereits 1451 Bordeaux gefallen war und 1452 in der Schlacht von Castillon der englische

Ludwig XI. von Frankreich als Stifter des Ordens vom heiligen Michael
Miniatur, um 1470. Paris, Bibliothèque Nationale

Die Schlacht von Murten im Jahr 1476
Kolorierte Zeichnung in der »Amtlichen Chronik« des Diebold Schilling, um 1483
Bern, Burgerbibliothek

Feldherr Talbot den Soldatentod erlitten hatte. Am Ende der Regierung Karls VII. war Frankreich wieder französisch, mit Ausnahme der Stadt Calais, die noch über ein volles Jahrhundert, bis 1558, in englischer Hand blieb.

Mit dem Sieg der französischen Waffen endeten die Jahrhunderte der Regierung englischer Herrscher in Frankreich. Die Vernichtung der englischen Macht auf französischem Boden war nicht zuletzt der Verbesserung der militärischen Technik und dem Übergewicht der französischen Artillerie zuzuschreiben, das sich seit der Mitte des Jahrhunderts abzeichnete. Überdies hatte sich seit 1445 in der Rekrutierung der Ordonnanzkompanien die Aufstellung eines stehenden Heeres, des *miles perpetuus*, angebahnt, das zum Wesenselement absolutistischer Staatsregierung werden sollte.

Mit dem nächsten König, dem Sohn Karls VII., Ludwig XI. (1461-1483), kam ein sechsunddreißigjähriger Herrscher auf den Thron, dessen diplomatische Fähigkeiten das Gesicht seiner ganzen Regierung bestimmten, dem es aber gleichwohl an dem hohen Rechtsethos eines Ludwig des Heiligen (1227-1270) gebrach. Dieser Monarch war zudem kränklich, nervös und impulsiv und vermochte nur schwer seinen Unwillen zu unterdrücken. Eine wache und rasche Intelligenz und eine unermüdliche Arbeitskraft wohnten in dem schmächtigen Körper.»Seinen ganzen Rat hatte er in seinem Kopfe, den er auf überhohen Schultern und einem zu dicken Hals trug und den regelmäßig ein Hut oder eine unkönigliche Kappe beschattete« (Dupont-Ferrier). Wegen seiner Tücke und Grausamkeit fürchtete man diesen König; Achtung brachte man ihm kaum, Liebe ganz gewiß nicht entgegen. Sein Despotismus und seine Ungeduld nährten zahllose Feindschaften in seiner Umgebung. Und doch löste dieser mit wendigem und durchdringendem Verstand begabte Zentralist erfolgreich schwierigste Verwaltungsaufgaben, wie er auch verwickelte wirtschaftliche Probleme seines Landes meisterte. Zweifellos bevorzugte Ludwig XI. auf Grund seiner angeborenen Intelligenz, seiner schnellen Auffassung und seiner unverkennbaren Vorliebe für Intrigen und Ränke die Außenpolitik. Sein Grundsatz bestand nach dem Urteil von G. Dodu darin, sich immer durch ein verfügbares Mittel aus jeder Affäre zu ziehen.

Während der ersten Jahre seiner Regierung hatte dieser König mit der herrschaftlichen Gewalt und der Machtrivalität der hohen Vasallen zu rechnen. So beschwor er auch in der Assemblée von Tours am 21. Dezember 1464 die Fürsten und versammelten Notabeln, Rücksicht zu nehmen auf seine Anstrengungen um die Erhaltung der Integrität des Königreiches und um Festigung seiner Grenzen. Zugleich appellierte der Monarch an die Versammlung, ihn im Kampf mit den Großvasallen zu unterstützen. Frankreich verfügte noch über ein ganzes Netz von Lehnsfürstentümern, an deren Spitze die großen Dynastien der Herzöge von Bourbon, Montpensier, Orléans, Anjou, Lothringen, Burgund, Picardie, Artois, Berry und Armagnac und die Grafenhäuser von Clermont, Beauvaisis, Beaujolais, Blois, Vendôme, Provence und du Maine standen. Diese Großvasallen hatten gegen den König als erste Koalition die *Ligue du bien public*, die Liga für das Gemeinwohl, geschlossen.

In dem 1465 ausgebrochenen Krieg gelang es Ludwig XI., seinen Feinden zuvorzukommen. Er züchtigte die Herzogtümer Berry, Bourbon und Auvergne und lieferte den Burgundern unweit von Paris bei Montlhéry eine unentschiedene Schlacht. Gegen die unter Karl dem Kühnen fechtenden Truppen half dem König vor allem die Treue der Pariser.

Die Frieden von Conflans vom 5. Oktober 1465 und von Saint-Maur wurden zwischen dem König und dem Grafen von Charolais beziehungsweise dessen Mitverschwörern geschlossen. Ludwig mußte die Normandie abtreten, das Bindeglied zwischen der Bretagne und den Besitzungen des Herzogs von Burgund in der Picardie, und eine Generalamnestie für sämtliche Rebellen bewilligen. Doch schon knapp ein Vierteljahr später hatte er seine verbündeten Feinde entzweit. Er kaufte sich den Herzog der Bretagne, den er gegen seinen Bruder Karl, den Herzog von Berry, aufgebracht hatte. 1466 nahm der König die im Vorjahre preisgegebene Normandie wieder ein. Damals erklärten die Stände in Tours die Normandie für unveräußerlich.

Im selben Jahre starb Philipp der Gute, und Karl der Kühne wurde Herzog von Burgund. Eine zweite Koalition, ein neues Schutz- und Trutzbündnis gegen Ludwig XI. bildete sich als Reaktion auf die Treulosigkeit des französischen Monarchen, der nach Bedarf seine gegebenen Versprechungen brach. Ein durchtriebener Schachzug sollte die Person des französischen Herrschers in die Gewalt des Herzogs bringen. Karl der Kühne lud den König in die Stadt Péronne ein und gab ihm Quartier bei einem Steuereinnehmer in der Nähe des Schlosses. Dann besetzte ein burgundisches Heer unter Philipp de Bresse und dem Marschall von Burgund die Stadt. Dem überrumpelten König trotzte Karl der Kühne erhebliche Zugeständnisse ab. In diesem »Frieden« von Péronne (14. Oktober 1468) mußte der König sämtliche burgundischen Gewinne von 1465 bestätigen, dazu noch Ergänzungen in der Picardie und im Territorium Mortagne, und schließlich wurde das bisher vom Pariser Parlement, dem Obersten Gerichtshof und Bewahrer der Rechtseinheit Frankreichs, ausgeübte Appellationsrecht dem Rat von Flandern abgetreten. Ohnehin war in dieser Zeit der jurisdiktionelle Einfluß des Parlements von Paris zurückgegangen, nachdem weitere Gerichtshöfe in Toulouse, Grenoble und Bordeaux zwischen 1443 und 1462 geschaffen waren, die ebenfalls Berufungen entgegennehmen konnten.

Die erste Maßnahme, die Ludwig XI. gegen den ihm aufgezwungenen Peronner Frieden inszenierte, war, dieses Vertragswerk von einer 1470 in Tours einberufenen Notabelnversammlung für nichtig erklären zu lassen, und am 3. Dezember 1470 erklärte er Karl dem Kühnen den Krieg. Die Feindseligkeiten, monatelang von wiederholt verlängerten Waffenstillständen unterbrochen, spielten sich vom 6. Januar bis 4. April 1471, vom 15. Juni bis 3. November 1472 und vom 30. April bis 13. September 1475 ab. Aber der ganze Krieg sah mehr Überraschungsangriffe auf mehr oder weniger bedeutende Stützpunkte und Verwüstungen von Gütern des Feindes als wirklich großangelegte militärische Operationen.

Das Unternehmen glich einem Racheakt Ludwigs XI. und einem Wiederaufleben des Streites um die Städte an der Somme, die seit dem Frieden von Arras 1435 zwischen Frankreich und Burgund wiederholt den Besitzer gewechselt hatten. Als sich Karl der Kühne aus hochtrabendem politischem Ehrgeiz weigerte, der geplanten Vermählung seiner Tochter Maria mit dem Bruder des französischen Königs, dem Herzog von Guyenne, zuzustimmen, ließ der Graf von Saint Pol am 6. Januar 1471 überraschend die Stadt Saint-Quentin besetzen und gab sie dem König von Frankreich zurück. Am 31. Januar fiel Amiens an die Franzosen. Dieser Umstand bewog den Herzog von Burgund, persönlich den Oberbefehl über seine Armee zu übernehmen und sie ins Feldlager vor Amiens zu führen.

EUROPA IM 15. JAHRHUNDERT

Der König zog seine Streitkräfte am 19. März bei Beauvais zusammen. Indes zögerten beide Feldherren, zum direkten Angriff auf den Gegner anzusetzen. Um seine Offensive in der Picardie zu entlasten, griff der König Burgund von Süden her an, dort, wo er seine aus dem Herzen des Königreiches einbrechenden Truppen rasch konzentrieren konnte. In der Schlacht von Buxy am 14. März 1471 hatten die Franzosen bereits dank ihrer überlegenen Artillerie den Feind geschlagen. Nach dem Waffenstillstand vom 4. April 1471 – er wurde bis zum 26. April 1472 verlängert – erwies der Feldzug des Jahres 1472 den Niedergang der burgundischen Heeresorganisation. Die Franzosen hatten alles Land zwischen La Motte – Saint-Jean und Toulon-sur-Arroux verwüstet. Auf dem Feldzug des Jahres 1475 griff das französische Heer an sämtlichen Grenzen von Burgund an. Am 20. Juni 1475 wurde schließlich das burgundische Heer bei Montreuillon vollständig geschlagen. Der Marschall von Burgund geriet auf der Flucht in französische Gefangenschaft. Mit dieser Niederlage war die burgundische Macht gebrochen.

Das Weitere bewerkstelligte Ludwig XI. auf diplomatischer Bühne. Unblutig errang er hier seine größten Siege. So vermochte er Kaiser Friedrich III. davon zu überzeugen, daß Karl der Kühne, wenn er erst einmal König von Lothringen geworden sei, ohne Zögern nach der Kaiserkrone streben würde. Mit diesem Schachzug nahm der kluge französische Ränkeschmied der Zusammenkunft des Burgunders mit dem Kaiser von 1473 die politische Wirkung. 1474 hatte er zudem die Schweizer Eidgenossen mit dem Erzherzog Maximilian von Österreich versöhnt. Den vom Herzog von Burgund nach Frankreich 1475 gelockten englischen König Eduard IV. besänftigte Ludwig XI. im Frieden von Picquigny vom 29. August 1475. Mit diesem Ereignis wurde der Erbfolgestreit um Frankreich endgültig beigelegt. Ludwig bot sogar dem alten Reichsfeind, dem König von England, an, ihn in Paris zu empfangen. Zu guter Letzt hetzte er noch den Herzog von Lothringen und die Schweizer auf Karl den Kühnen, der von den Eidgenossen 1476 in Grandson und Murten (Morat) besiegt und im Januar 1477 vor Nancy getötet wurde.

Mit seinem Tod in Lothringen war das stärkste Hindernis der französischen Einheit gefallen. Frankreich beanspruchte nun das Herzogtum Burgund als heimgefallenes Mannlehen. Aber die übrigen burgundischen Besitzungen, die Niederlande und die Freigrafschaft (Franche – Comté), fielen erbrechtlich an Habsburg, da sich Karls des Kühnen Tochter Maria mit Erzherzog Maximilian vermählt hatte. Der französische Versuch, die habsburgische Erbschaft an sich zu bringen, scheiterte. Maximilian besiegte die Franzosen 1479 bei Guinegate. Gleichwohl rundete sich der territoriale Besitz der französischen Krone weiter ab. Als König René von Anjou 1480 starb, gingen die Herzogtümer Bar und Anjou mit sämtlichen Rechten an den Königreichen Neapel und Jerusalem auf Ludwig XI. über.

Die Anstrengungen des französischen Königs waren trotz schwerer Fehler, die ihm unterlaufen waren, letztlich mit politischem Erfolg belohnt worden. Hatte er bei seinem Regierungsantritt ein noch durchwegs mittelalterliches und in seinem Charakter wenig bestimmtes Königreich übernommen, so garantierte der erreichte Gebietsbestand Fortdauer und Autorität. Mit Recht hat Ludwigs XI. Biograph Joseph Calmette betont, daß das Werk dieses Königs bereits das gefestigte und harmonische Schicksal der neuzeitlichen Monarchie erkennen lasse.

Der dreizehnjährige Sohn Ludwigs XI., Karl VIII. von Frankreich (1483-1498), wurde der letzte König des Hauses Valois, ehe diese Würde mit Ludwig XII. (1498-1515) an die Linien Orléans und Angoulême überging. Für Karl VIII. führte bis 1491 seine Schwester Anne de Beaujeu die Regentschaft. Nachdem sein Verlöbnis mit der Tochter Maximilians gelöst war, heiratete Karl VIII. am 6. Dezember 1491 in Langeais Anna, die Erbin der Bretagne; damit ging das letzte, noch halbwegs selbständige französische Gebiet im Königreich auf. Die Heirat selbst erwies sich in der Folge als politische Notwendigkeit für den französischen Nationalstaat.

Im Jahre 1494 startete Karl VIII. eine übereilte und riskante Expedition nach Italien, um die Ansprüche seiner Dynastie auf das Königreich Neapel zu verwirklichen. Ein erster Akt der bald beginnenden Feindseligkeiten war die Vertreibung der Florentiner Bank aus Lyon im Juni 1494. Die Franzosen brachten mit ihrem Feldzug nach dem Wort des Humanisten Francesco Guicciardini die »Kunst der schnellen Kriegführung« nach Italien. Frankreich setzte ein starkes Truppenaufgebot, dessen Hauptmacht die Reiterei bildete, nach dem Süden in Bewegung. Nachdem die französische Streitmacht über den Paß des Mont-Genèvre die Alpen überschritten hatte, traf sie am 9. September 1494 in Asti ein. Anschließend begab sich der französische König über Pavia nach Florenz. Das italienische Staatensystem krachte in den Fugen.

Aber Frankreichs Gegner säumten diesmal nicht lange. Schon am 25. März 1495 verbündeten sich der Papst, Kaiser Maximilian I., Ferdinand II. der Katholische von Aragon und seine Gemahlin Isabella von Kastilien, dazu die italienischen Staaten Venedig und das Herzogtum Mailand, um die Unabhängigkeit Italiens zu verteidigen. Man muß in dieser gewissermaßen vorweggenommenen »Heiligen Liga« die erste gegen Frankreich gerichtete europäische Koalition erblicken. Der Zusammenschluß bezweckte die Einkreisung Frankreichs durch Österreich und Spanien und zwang den König zum Rückzug aus Italien, obwohl er das neapolitanische Königreich nahezu erobert hatte.

Schon am 1. Juni 1495 kam er nach Rom, am 13. Juni nahm er Siena ein. Trotz des französischen Sieges von d'Aubigny bei Seminara am 28. Juni ging das Königreich Neapel verloren, und in seiner Hauptstadt flackerte der Aufruhr auf. König Ferdinand II. kehrte am 9. Juli zurück, die überraschten Franzosen wurden in einem schrecklichen Blutbad in den Straßen der Stadt hingemetzelt. Den eigentlichen Sieg aber errang Venedig, das Ferdinand II. für dessen diplomatisches Eintreten gegen Karl VIII. mit den Häfen von la Pouille belohnte. Knapp drei Jahre nach dem Fiasko der italienischen Eroberungspolitik starb Karl VIII. Seine Witwe wurde die Gemahlin des nächsten französischen Königs Ludwig XII. aus dem Hause Orléans (1498-1515), der als Enkel der Prinzessin Valentinoe Visconti Mailand für sich forderte und die Italienpolitik seines Vorgängers fortsetzte. Immerhin schloß er vor der Eroberung Mailands 1499 den Frieden mit England, dem Kaiser und dem König von Aragon.

Das innenpolitische Hauptverdienst Ludwigs XII. beruht darin, daß es ihm stärker als den früheren Königen gelungen war, einen echten Ausgleich zwischen den Tendenzen auf absolute Verwaltungszentralisation und den Bestrebungen nach politischer Freiheit zu finden. Nicht von ungefähr legte man schon dem jungen König gelegentlich den Ehrentitel

»Vater des Volkes« bei. Seine große Ordonnance vom März 1499 über die Justiz verkörperte einen regelrechten Kodex, der die Beschwerden der Stände berücksichtigte. Selten arbeitete die französische Gesetzgebung fruchtbarer als gerade während der Regierung Ludwigs XII., unter dem ebenfalls die Unabsetzbarkeit der gewählten rechtsgelehrten Richter mehr geachtet war.

Hatte Frankreich das 15. Jahrhundert mit innen- und außenpolitischen Kämpfen begonnen, so hatte sich das Königtum im Verlaufe der hundert Jahre durch die Entmachtung der feudalen Gewalten in den einzelnen Landschaften innerlich konsolidiert und einen geschlossenen Einheitsstaat mit absolutistischer Zentralisation geschaffen. Dieser geeinte Nationalstaat konnte sich fortan, gestützt auf ein zuverlässiges, modernes Heer, aktiver im Terrain auswärtiger Angelegenheiten betätigen. Zweifelsohne hatte die langwierige Auseinandersetzung mit England als hervorstechendes Ergebnis die nationale Einheit Frankreichs gezeigt. Die kirchliche Einheit gegen äußere Beeinflussung fand das Land in seinem individuellen Staatskirchentum, im System des Gallikanismus, das sich seit dem Pontifikat Bonifatius' VIII. ausgebildet und als Folge der Konzilien von Basel und Ferrara–Florenz verfestigt hatte. Die kirchliche Selbständigkeit erhielt ihren staatsgesetzlichen Niederschlag in der Pragmatischen Sanktion, die Karl VII. auf Antrag der in Bourges tagenden französischen Nationalsynode am 7. Juni 1438 erlassen hatte. Dieses Staatsgesetz war zwar seit 1472 wegen des Übergewichts der Rechte des hohen Klerus aufgehoben gewesen, wurde aber von Ludwig XII. 1499 wieder in Kraft gesetzt. Mit dem Gallikanismus war die französische Kirche organischer Bestandteil der Staatsapparatur und der nationalen Politik geworden und sollte es für Jahrhunderte bleiben.

England

Zu Beginn des 15. Jahrhunderts hatte das Haus Lancaster den Thron von England übernommen. Im letzten Jahrzehnt vor 1400 war dem englisch-flämischen Handel eine friedliche Hochblüte beschieden gewesen, ehe dem nordwesteuropäischen Seehandel durch die Piraten und die wiederausbrechende englisch-französische Feindschaft – eine neue Phase im Hundertjährigen Krieg – schwere Bedrohungen erwuchsen. Die Jahre 1413 bis 1422 sahen die englische Eroberung der Normandie. So verdichteten sich begreiflicherweise auch Ruhm und Glanz der Linie Lancaster vornehmlich in der Regierung Heinrichs V. Bis 1453 vermochte sich die englische Macht auf französischem Boden zu behaupten, ein Umstand, aus dem die neuen Dynastien York und Lancaster ihren Nutzen zogen. Innenpolitische Revolten und Kämpfe – sie waren in den Gassen von St. Albans ausgebrochen – zwischen der »Weißen Rose« und der »Roten Rose« als den Symbolen der Häuser York und Lancaster erfüllten die folgenden Jahrzehnte: zwischen 1455 und 1485 herrschte eine Adelsanarchie; die Zeit ist unter der Bezeichnung *Wars of the Roses* (»Rosenkriege«) in die englische Geschichte eingegangen.

Erst nach 1485 glückte es Heinrich VII., dem ersten König aus dem Hause Tudor, die Monarchie zu festigen. Jedoch fand der politische Wandel im Laufe des 15. Jahrhunderts mehr im Reiche der Tatsachen als im Denken statt; von einer großartig neuen Staatsphilosophie kann man nicht recht sprechen. Die herrschenden Ideen – von Politikern und Juristen vertreten – wurzelten noch ganz im Staatsdenken des 13. Jahrhunderts oder hatten zumindest kontinentale Vorbilder. Immerhin darf die *Governance of England* aus der Feder des Oberrichters John Fortescue, die den Zustand des Königtums unter Edward IV. widerspiegelt, als der bedeutendste politische Traktat der Epoche angesprochen werden. Übrigens wurde 1411 mit der Verdammung der Lehren von John Wycliffe durch die Universität Oxford die gelehrte Häresie bis zur Reformation völlig aus England verbannt. Das englische Parlament des 15. Jahrhunderts war mit geistlichen und weltlichen Herren (Lords) und Rittern als Repräsentanz der Grafschaften und mit Bürgern als Vertretung der Marktflecken besetzt; es stieg nun zum echten Bundesgenossen der Krone auf. Sichtbar trat die enge Partnerschaft in Westminster in Erscheinung; dort tagte gewöhnlich das Parlament, und dort residierte meistens auch der König. Schon den Tudors gelang es, das Parlament als revolutionäres Mittel in Staat und Kirche einzusetzen. Schließlich erkannte sogar der hohe Adel, der England während dieses Jahrhunderts durch seinen Hader verwirrt hatte, den einheitlichen Nationalstaat an. Mit der Renaissance vollzog sich auch in England der Übergang vom Zeitalter der Autorität und des Glaubens zur Ära der Vernunft und Kritik; immer stärker löste sich das Individuum vom Banne der Gemeinschaft.

Als der königliche Ästhet Richard II. (1377–1399) kinderlos im Gefängnis starb, wurde sein Vetter Heinrich von Lancaster, der ihn gestürzt hatte, der neue englische Monarch. Als Heinrich IV. regierte er vierzehn Jahre lang (1399–1413); zu Beginn seiner Regierung revoltierten die im Vorjahr abgesetzten Herzöge gegen den Usurpator. Aber Heinrich erhielt schon früh, am 2. Januar 1400, Kunde von den Bestrebungen der Rebellen Gloucester, Kent, Rutland und Huntingdon, die nach ihrer Degradierung auf ihre Grafschaften beschränkt waren. Inmitten dieser Krise hatte der König den Mut, Windsor zu verlassen und nach London zu gehen. Nachdem er mit den Opponenten aufgeräumt hatte und deren abgeschlagene Häupter in der Stadt London zur allgemeinen Abschreckung auf Stangen gesteckt waren, kehrte Heinrich am 15. Januar nach Westminster zurück. Weniger gefährlich war für England die immerhin recht erfolgreiche Revolte des adligen Gutsbesitzers Owen Glyndwr – er hatte sich im Herbst des Jahres 1400 den Titel eines Prince of Wales angemaßt; sie verlief ohne großangelegte militärische Unternehmungen und wurde erst durch die Liga zwischen Glyndwr und Frankreich zu einem ersten Problem.

Zwischen 1401 und 1406 war der König heftiger Kritik im Parlament wegen der Seeverteidigung und der Finanzverwaltung ausgesetzt. Zahlreiche Anzeichen deuten unmißverständlich darauf hin, wie verwundbar Heinrich in seiner Stellung letztlich war. Einerseits hatte er sich gegen Aufstände im Innern und gegen eine drohende Invasion zu sichern, und andererseits mußte er wohl oder übel seine Position mit den europäischen Großmächten abstimmen. Daher knüpfte er bereits 1401 diplomatische Fäden nach Frankreich, indem er die Rückkehr der englandfreundlichen Königin Isabeau (1371–1435), der Gemahlin Karls VI., betrieb. Aber seine Heirat mit der regierenden Herzogin der Bretagne, Johanna, der Witwe Herzog Johanns IV., im Jahre 1403, konnte Frankreich nicht anders denn als unfreundlichen Akt, wenn nicht gar als Provokation auffassen. In seinen späteren Regierungsjahren, ungefähr seit 1408, drohte England von Frankreich ungeheuere kriegerische Gefahr. Die Anhänger Wycliffes, die »Lollarden«, ließ der König durch die Inquisition und von seinem Kanzler, Erzbischof Arundel, grausam verfolgen. In dieser Zeit befiel den König eine Neurose, die ihn häufig dem körperlichen Zusammenbruch nahebrachte. Er überließ daher die Staatsgeschäfte seinem Sohn Heinrich, dem Prince of Wales. Als er im März 1413 starb, war ihm die Macht längst entglitten.

Der neue König Heinrich V. (1413-1422) ging als Held in die englische Geschichte ein. Mitten aus wilder Jugend wandelte er sich plötzlich in einen ernsten König. Seine Bemühungen, die Einheit des Landes auf der Grundlage adligen Führertums und mit der Zustimmung der leitenden Kirchenmänner zu festigen, waren jedoch nur vorübergehend von Erfolg gekrönt. Die in Frankreich tobenden Parteienkämpfe und eine Revolte in Paris boten dem König Gelegenheit zur Invasion. Kurz nach dem von ihm energisch unterdrückten Lollardenaufstand von 1414 traf Heinrich V. die ersten Vorbereitungen für eine französische Expedition. Im Frühsommer 1414 wurden große Mengen von Waffen und Belagerungsgerät bereitgestellt; finanziell waren die militärischen Operationen mit Hilfe von Anleihen in den Monaten Juni und Juli 1413 gesichert.

Die erste Invasion stützte sich auf zweitausend Bewaffnete und kaum mehr als sechstausend Bogenschützen. Die gesamte Invasionsarmee umfaßte nach den Berechnungen von E. F. Jacob höchstens neuntausend Streiter, die mit ihrer ganzen Ausrüstung in fünfzehnhundert Schiffen verladen wurden, nachdem sie sich in drei Tagen in den Küstenhäfen von Gosport bis Southampton gesammelt hatten. Heinrich V. selbst schiffte sich am 7. August 1415 ein und gab am Sonntag, dem 11. August, das Zeichen zur Abfahrt, die für einen Feldzug verhältnismäßig spät im Jahr angesetzt war. Sämtliche Herzöge und Grafen segelten mit dem König; die beiden großen Unternehmungen von 1415 und 1417 vereinigten den ganzen englischen Adel zum erstenmal wieder seit der Stiftung des Hosenbandordens (1348) zu gemeinsamer Aktion.

Das englische Heer landete bei Harfleur in der Normandie in der Seinemündung. Bereits am 25. Oktober schlug Heinrich V. die Franzosen bei Agincourt, ehe er im November als Kriegsheld heimkehrte und den Herzog von Orléans für fünfundzwanzig Jahre in englische Gefangenschaft führte. Im darauffolgenden Jahr 1416 besuchte ihn Kaiser Sigismund, der zur Unterstützung des Konstanzer Konzils den Zusammenschluß der europäischen Kräfte betrieb und sich um Türkenhilfe bemühte. Die Zeitumstände arbeiteten weiter für England; der Herzog von Burgund schloß sich ihm gegen Frankreich an. Damit war die Normandie für den englischen Angriff offen. Anfang August 1417 betrat Heinrich V. wieder an der Normandieküste französischen Boden.

Frankreichs Schicksal schien besiegelt, als im September 1419 der Herzog von Burgund von Leuten des Dauphins ermordet wurde. Nach seiner Heirat mit Prinzessin Katharina, die ihm Ansprüche auf den französischen Thron einbrachte, kehrte Heinrich V. 1421 kurz nach England zurück und starb erst fünfunddreißigjährig in Frankreich im August 1422. Damals standen die Armagnacs in Le Crotoy am Nordufer der Sommebucht, ferner in Vermandois und Tierche.

Als Heinrich V. starb, war sein Sohn, der künftige König Heinrich VI. (1422-1461, 1470-1471), kaum neun Monate alt. Dieser Umstand erklärt hinreichend, warum die Regierungszeit dieses Monarchen, der als Erbe zweier Reiche, des englischen und des französischen Throns, geboren war, mit so viel Tragik überschattet ist. Bis zu seiner Großjährigkeit im Jahre 1437 leitete interimistisch ein Rat der führenden Großen die Geschicke des Inselreiches. Aber auch dann änderte sich daran nichts. Anders als sein Vater verspürte Heinrich keinerlei Neigung für Politik, eher vielleicht für den geistlichen Stand.»Von Anfang bis zum Ende wurde er regiert, zuerst von seinen Onkeln und dann von seinem tyrannischen und klugen Weibe« (George Holmes). Allerdings hätte die Verantwortung, die das Schicksal auf seine Schultern bürdete, auch einen andersgearteten Mann scheitern lassen.

Die auswärtige Politik Heinrichs VI. war vor allem auf einen Frieden mit Burgund gerichtet. Der diplomatische Kongreß von Arras brachte 1435 die Wende in der englischen Geschichte des 15.Jahrhunderts. Dieses Ereignis ging dem Friedensschluß zwischen Burgund und Frankreich unmittelbar vorauf. In den nächsten Jahren versuchten die Engländer unter dem Herzog Richard von York und Richard Neville, Edmund Beaufort und John Talbot vergeblich, das Einsickern der Franzosen in den Landstreifen zwischen Paris und der Küste zum Stehen zu bringen. Seit 1438 griffen schließlich französische Heere englisches Gebiet auch in der Gascogne an. 1444 erreichte der Herzog von Suffolk einen Waffenstillstand in Frankreich und brachte die Ehe Heinrichs VI. mit Margarete von Anjou zustande, die im Jahr darauf geschlossen wurde. Ein Angriff von Söldnertruppen unter englischem Befehl von der Normandie aus auf Fougères in der Bretagne ließ 1449 die Kämpfe wieder aufleben; nun winkte den Franzosen das Kriegsglück. Vier Jahre später war das Schicksal der englischen Macht in Frankreich besiegelt, und 1455 begannen mit der Schlacht von St. Albans die Rosenkriege zwischen den Häusern York und Lancaster.

Aber bis 1459 blieb es verhältnismäßig ruhig. Königin Margarete hatte die Richard von York entglittene Kontrolle von Hof und Regierung (mit Ausnahme von Calais) wiedererlangt. Im Oktober 1459 zog sich Richard nach Irland zurück. Der Graf von Warwick ging im Juni 1460 mit seinem Vater, Salisbury, und dem Sohn des Herzogs von York, Eduard, dem späteren König Eduard IV., von Calais aus über den Ärmelkanal und besetzte London. Im Juli wurde Heinrich VI. gefangengenommen. Jetzt kontrollierte die Partei von York, die Weiße Rose, die Regierung. Richard forderte im Parlament vorerst den Thron für sich, fiel aber bei dem Versuch, die Lancaster-Streitkräfte im Norden zu vernichten, gegen Ende des Jahres 1460 in der Schlacht bei Wakefield. England war hoffnungslos in zwei sich befehdende Parteien gespalten. Eduard von York vermochte sich militärisch zu behaupten und griff schließlich selbst nach der Krone; König Heinrich VI. und seine Gemahlin Margarete aber flohen nach Schottland.

Eduard IV. (1461-1470; 1471-1483) erwies sich als wahrhaft zum Herrschen geborene Persönlichkeit. Zusammen mit Warwick war er während der ersten Jahre seiner Regierung bemüht, die letzten Reste der Lancaster-Opposition auszuschalten, er siegte bei Towton (1461) und Hexham (1464).

Gegen die Absichten der Königsmacher heiratete Eduard IV. 1464 heimlich Elizabeth Woodville, die älteste Tochter Lord Rivers. Zuvor hatte Eduard um eine Tochter des

Richard III. von England mit seinem »Ahnherrn« Aeneas
Zeichnung in einer Geschichte der Earls von Warwick, Ende 15. Jahrhundert
London, British Museum

Heinrich VII. von England
Gemälde eines unbekannten flämischen Künstlers, 1505
London, National Portrait Gallery

französischen Königs Ludwig XI. angehalten, war aber mit dem Hinweis auf deren Jugend abgewiesen worden. Der König hielt an der Freundschaft des Hauses York mit Burgund fest und vermählte 1468 seine Schwester mit Karl dem Kühnen. Warwick jedoch konspirierte auf eigene Faust mit dem König von Frankreich. Nachdem 1470 die Streitkräfte von York bei Edgecote in Northamptonshire überraschend geschlagen und Eduard IV. in Gefangenschaft geraten war, proklamierte Eduards Bruder, George Clarence, den alten Heinrich VI. wieder zum Herrscher. Am 26. November 1470 wurde Warwick zusammen mit Clarence zum Statthalter und Protektor des Königs bestellt und gleichzeitig Eduard IV. mit seinem Bruder Gloucester als Unterdrücker angeprangert.

Aber diese zweite Regierung Heinrichs VI. blieb Episode, mit Truppen und Geld aus Burgund kehrte Eduard IV. nach England zurück, und Clarence wechselte ins Lager seines rasch vordringenden Bruders über. Beim Dorfe Barnet wurde Warwick am 13. April 1471 besiegt und getötet, und am 21. Mai konnte Eduard IV. wieder in London einziehen. Noch am selben Tag befahl er die Hinrichtung Heinrichs VI. im Tower; die Niederlage seines Nebenbuhlers kostete er als persönlichen Triumph aus. Als Eduard aber 1475 mit Karl dem Kühnen Frankreich angreifen wollte und nach Calais übersetzte, wurde er von Ludwig XI. im August (Friede von Picquigny) bewogen, sein Heer gegen eine ansehnliche Zahlung zurückzuziehen. Eduard IV. waren noch etwa acht Friedensjahre vergönnt, in denen jedoch schon die Machtrivalität seiner beiden jüngeren Brüder – Georgs, des Herzogs von Clarence, und Richards, des Herzogs von Gloucester – aufglimmte. Eduard bemühte sich, auch weiterhin die französische Pension zu beziehen. So plante er gleichzeitig mit Ludwig XI. eine gemeinsame Aktion gegen Burgund, bemühte sich aber andererseits, seine Handelsbeziehungen mit Burgund zu stärken.

Nach Eduards IV. Tod im April 1483 trat die Nachfolge sein zwölfjähriger frühreifer Sohn Eduard V. an, den seine Mutter und vor allem Lord Hastings und Lord Stanley überwachten. Die bei weitem mächtigste Persönlichkeit des Königreiches aber war der Protektor, Herzog Richard von Gloucester. Er ließ Hastings im Tower Green hinrichten (Juni 1483) und sprengte anschließend das Gerücht im Parlament aus, die Ehe des verstorbenen Königs Eduard IV. sei ungültig gewesen und infolgedessen Eduard V. von unehelicher Geburt, daher ständen ihm Thron und Krone Englands zu. Als Richard III. (1483-1485) wurde der Herzog schließlich englischer König, sein Neffe Eduard V. und dessen Bruder Richard verschwanden auf mysteriöse Weise im White Tower. Beider Tod wurde ihrem Oheim zugeschrieben, doch können die überlieferten Dokumente dieses historische Gerücht nicht endgültig bestätigen.

Dieser Richard III. zählt fraglos zu jenen markanten Figuren der englischen Staatsgeschichte, deren Charakterbild starken und dramatischen Schwankungen in der Historiographie ausgesetzt gewesen ist. In seinen frühen Jahren zeigte er sich durchaus als loyaler und seriöser Gefolgsmann seines königlichen Bruders, getreu seinem Wahlspruch *Loyaulté me lie* (»Treue bindet mich«). Erst mit der Ermordung von Lord Hastings betrat er den Pfad ungesetzlicher Handlungen, den er nicht mehr verließ. Seine Kontakte zu König Maximilian erscheinen freundschaftlich, das alte Bündnis Englands mit Burgund brachte die gemeinschaftlichen Aktionen gegen Frankreich zustande. 1483 mußte Richard die von

Henry Stafford, dem Herzog von Buckingham, angezettelte Rebellion ersticken, die mit der Enthauptung des Verräters am 2. November auf dem Marktplatz von Salisbury ihres führenden Kopfes beraubt wurde. Mit der Streitaxt in der Faust und im gekrönten Helm fiel der tapfer kämpfende König in der Schlacht von Bosworth am 22. August 1485 gegen die von Heinrich Tudor, Lord Stanley und Sir William Stanley geführte Rebellenarmee.

Das Jahr 1485 eröffnet für England das Zeitalter der »neuen Monarchie«, der politischen Ausdrucksform der Renaissance; der Sieger von Bosworth, Heinrich Tudor, Graf von Richmond, wurde von seinen Soldaten zum König ausgerufen. Als Heinrich VII. (1485 bis 1509) brachte er das alteingesessene Haus Tudor an die Macht; es sollte sie bis 1603 behalten. Er herrschte als die profilierteste Gestalt dieser ganzen Dynastie. Unter Beibehaltung von Rat, Parlament, Common Law, Friedensrichtern und Geschworenen festigte Heinrich VII. das traditionelle englische Königtum, wies es aber zugleich in neue Bahnen, in denen es wieder zu weltgeschichtlicher Größe emporstieg. Der Rebellenverschwörung des Thronprätendenten Lambert Simnel aus Oxford, der sich als Sohn von Clarence, des Grafen von Warwick, ausgab und in Christ Church als Eduard VI. gekrönt wurde – ihn unterstützten hauptsächlich die Iren –, begegnete Heinrich siegreich in der Schlacht von Stoke 1487. Dabei galt dieser mutige Monarch durchaus als finanzpolitisch begabter Friedensfürst, der gute Beziehungen zu seinen Nachbarn pflegte. Bereits am 12. Oktober 1485 schloß er einen Waffenstillstand mit Frankreich, der bis 1489 verlängert wurde, mit der Bretagne traf er im Juli 1486 ein Handelsabkommen, und mit dem deutschen Kaiserhof unterhielt er diplomatischen Verkehr. Durch seine Vermählung am 18. Januar 1486 mit Elisabeth, der Tochter Eduards IV., hatte sich Heinrich VII. auch die Ansprüche und Erbrechte des Hauses York zu sichern verstanden. In dem in Medina del Campo bei Valladolid unterzeichneten Vertrag (27. März 1489) wurden die Beziehungen zum Spanien Ferdinands des Katholischen aus realpolitischen Überlegungen für volle zwei Jahrzehnte festgelegt.

Am 22. Mai 1490 unterbreitete König Maximilian dem englischen Herrscher Vorschläge für einen Angriff auf Frankreich, denen am 11. September ein förmlicher Vertrag folgte. Ein umfassendes Bündnis gegen die Franzosen, dem auch der Mailänder Herzog Ludovico Sforza beitrat, gewann in diesen Tagen Gestalt. Der Bund zwischen den Häusern Tudor und Habsburg wurde mit dem Austausch von Hosenbandorden und Goldenem Vlies an die Häupter der beiden Dynastien symbolisch besiegelt.

Zwischen 1491 und 1497 schwelte das Komplott des als Richard von York auftretenden Thronprätendenten Perkin Warbeck. Aber auch dieser Bedrohung wurde der König Herr. Er untersagte der englischen Aristokratie das Halten einer bewaffneten Hausmacht und berief in seinen geheimen Rat vornehmlich mittelständische Geistliche und Juristen; im Gerichtshof der »Sternenkammer« (*Star Chamber*) fand er das Mittel zur Erstickung aller illegalen Umtriebe. Nun konnte Heinrich VII. ernten, was er in der Außenpolitik gesät hatte; die Beruhigung in Irland und Schottland und seine günstigen Handelsverträge kamen ihm dabei außerordentlich zustatten. Als Heinrich VII. am 21. April 1509 als Zweiundfünfzigjähriger im Palast von Richmond die Augen schloß, war die Herrschaft seiner Dynastie gefestigt.

Der Feudalismus lag im Sterben, und eine neue menschliche Freiheit stieg auf. Im 15.Jahrhundert lebte der englische Bauer in verhältnismäßig günstigen Umständen, während es den Grundherren zusehends schlechter ging. Die Rosenkriege und die verlorenen Feldzüge gegen Frankreich hatten das Land verarmen lassen. Mit Ausnahme Londons blieb die Bevölkerungszahl der englischen Städte, trotz einer Blüte in Tucherzeugung und Handel, zahlenmäßig konstant oder ging sogar leicht zurück. Das gleiche zeigte sich in Wohlstand und Einkommensverhältnissen des Stadtvolkes. Der Grund lag darin, daß sich die Tuchmanufaktur im 15.Jahrhundert, gemessen am vorhergehenden 14., kaum weiter verbreitet hatte.

Die englische Schriftsprache eroberte sich in diesem Jahrhundert die Oberschicht. 1440 war Eton College als Modell der englischen Public Schools entstanden. Gleichzeitig brach die Konkurrenz zwischen den beiden Hochschulen Oxford und Cambridge auf. Mit der Regierung Heinrichs VII. vollzog sich zwar ein entscheidender sozialer Umschwung, gleichwohl kam es noch zu keinem Bruch mit der Welt des Mittelalters.

Das Heilige Römische Reich

Der Anfang des 15.Jahrhunderts fällt noch in die Ära König Wenzels (1378–1400), des ältesten Sohnes Karls IV., der aber bereits im August 1400 vom Reichstag zu Oberlahnstein abgesetzt wurde. Auf dem Nürnberger Reichstag vom Mai 1401 gab sein Nachfolger Ruprecht von der Pfalz (1400–1410) den in Aussicht genommenen Römerzug bekannt, der jedoch unglücklich verlaufen sollte. Bis zum Ende der Regierung Ruprechts befaßte sich der Reichstag als Repräsentanz der deutschen Reichsstände mit dem Verhältnis zur römischen Kurie, zu den europäischen Staaten, mit Landfriedensgesetzgebung, Münzangelegenheiten und der brennenden Frage der Kirchenspaltung. Erst im 15.Jahrhundert entwickelte sich der Reichstag als Organ der ständischen Mitregierung und fand eigene Geschäfts- und Verfahrensformen.

In die Regierungsperiode König Sigismunds (1410–1437) fällt das Konstanzer Konzil (1414–1418), das dem Schisma steuern und die reformbedürftigen kirchlichen Zustände verbessern sollte. Ketzerfrage und Hussitentum, Romzug, Reichsexekution gegen Herzog Philipp von Burgund, Sicherung des Handels mit Venedig bildeten die Hauptziele seiner Regierung. Während der kurzen Herrschaft Albrechts II., der im März 1438 in Frankfurt gewählt worden war, wurden der Schlesische Feldzug und der Krieg gegen Polen geführt; damals bedrohten auch die Armagnaken das Reich. Der nächste Herrscher Friedrich III. von Steiermark (1440–1493) ließ dem Territorialisierungsprozeß im Innern des Reiches freien Lauf und strebte vor allem nach staatlicher Festigung seiner Hausmacht. Schließlich gelang es ihm, Böhmen und Ungarn politisch auszuschalten und Burgund für Habsburg zu erwerben. Friedrich III. legte sich in dem Konflikt zwischen Papst und Basler Konzil zunächst Zurückhaltung auf und verhandelte mit beiden Parteien. Die endgültige Lösung der Kirchenfrage sollte ein Konzil in Konstanz oder Augsburg finden; aber der Kaiser residierte bis 1471 nicht im Reich. Schließlich wurde er von Papst Eugen IV. doch noch gegen das Konzil gewonnen; diese Stellungnahme zugunsten des Papstes und gegen den Konziliarismus war das Verdienst seines Sekretärs Enea Silvio Piccolomini und des Kardinals Carvajal.

Im Innern wurde das Reich vornehmlich von den beiden großen Dynastien der Hohenzollern und der Wittelsbacher großräumig gegliedert. Die Bedrohung durch seinen westlichen Nachbarn, den jungen burgundischen Staat, legte den Keim eines neuen Nationalbewußtseins, das sich als wirkungsvolles Mittel der Verteidigung gegen äußere Machtansprüche erwies.

Die in Europa, namentlich in den westlichen Großstaaten, erkennbare Staatsbildung und Zentralisation hat auch Deutschland nicht ausgenommen, aber die im Reich erzielten Ergebnisse entsprachen keineswegs dem in den anderen Ländern Europas erreichten. Die deutsche Verfassungsgeschichte dieser Periode löste sich mehr und mehr von dem mittelalterlichen Gedanken der religiös-politischen Einheit des *Sacrum Imperium;* der Einfluß der römisch-christlichen Reichsidee, also die Verbindung des Reiches mit der von sakralem Glanz umgebenen Kaiserwürde, spielte kaum noch eine praktische Rolle.

Äußerlich sichtbar wurde diese säkularisierende Entwicklung in der weitgehenden Trennung des Kaisertitels von Rom und dem Apostolischen Stuhl. Seit dem Interregnum (1257) lautete die offizielle Bezeichnung des Reiches *Sacrum Romanum Imperium* (Heiliges Römisches Reich), nach dem 14. Jahrhundert aber verblaßte die Idee vom Kaisertum als einem überstaatlichen Sinnbild des christlichen Abendlandes, die alten universalen Ansprüche des Kaisers hatten immer weniger mit der Wirklichkeit zu tun. Die meisten italienischen Staaten waren mittlerweile souverän geworden, während sich Frankreich weite Teile des alten Königreiches Burgund, des Arelats, einverleibt hatte. Mit dem Verlust der völkerrechtlichen Oberhoheit verengten sich zwangsläufig auch die Machtbefugnisse des Kaisers auf die deutschen Gebiete.

Dieser Schrumpfungsprozeß zeichnete sich erstmals 1442 ab, als in der Frankfurter Landfriedensordnung Friedrichs III. der Reichstitel um einen Zusatz erweitert wurde, der sich ausschließlich auf Deutschland bezog. Es bleibt Albert Werminghoffs Verdienst, nachgewiesen zu haben, daß die Bezeichnung *natio Germanica* als Gruppenname der deutschen Bischöfe und der Prälaten ihrer westlichen Nachbarländer auf den Konzilien des beginnenden 15. Jahrhunderts aufgekommen ist. Diese ursprüngliche Sammelbenennung einer Konzilsfraktion ging dann auf die von deutschen Fürsten regieren und von deutschen Einwohnern besiedelten Gebiete Mitteleuropas über. Die Titelfassung »Römisches Reich Deutscher Nation« begegnet zum erstenmal im Frankfurter Reichslandfrieden vom 17. März 1486. Die volle Form »Heiliges Römisches Reich Deutscher Nation« blieb verhältnismäßig selten; sie erstreckte sich auf das gesamte Reich einschließlich des gemischt bevölkerten südlichen Hochstifts Trient. Gleichwohl führte der Nationalitätsgrundsatz zu keiner festen Begrenzung des Reiches: es blieben auch nichtdeutsche Gebietsteile wie das Hochstift Cambrai beim Reich. Schon das föderale Prinzip und die Formen des Lehnrechts, von dem das Reich durchzogen war, verhinderten eine Gewaltenkonzentration und Grenzfixierung, wie sie den innerlich gefestigten westeuropäischen Nationalstaaten beschieden waren.

Äußerlich wurde jedoch die Reichsverfassung des späten Mittelalters noch vom Königtum getragen, obwohl seine wirkliche Macht nach dem Untergang der Hohenstaufen gebrochen war. Da die königliche Gewalt versagte, ruhte die politische Ordnung in der Rechtswirklichkeit ausschließlich auf den Ständen des Reiches. Die Verbindung zum Reichsoberhaupt stellte lediglich eine feudale Abhängigkeit her; das Lehnsband schloß die Stände mit dem Kaiser zum Reich zusammen. Mehr und mehr geriet das Zusammenspiel der verfassungsmäßigen Organe in den Zustand fruchtloser Inaktivität, wurden Fragen des Reiches namentlich unter dem langsamen Friedrich III. häufig vom Nützlichkeitsstandpunkt aus und mit allzu großer Rücksicht auf die landesfürstliche Hauspolitik behandelt. Auch im ständischen Bündniswesen wucherte ein Keim der Spaltung. Mit der Verlagerung der Macht auf die Versammlung der mit Reichsstandschaft ausgestatteten Kurfürsten, Fürsten und Grafen nahm das Reich immer stärker den verfassungsrechtlichen Charakter eines Ständestaates an. Die labilen Verfassungszustände und die weitgehenden Auflösungserscheinungen der staatlichen Ordnung spiegelten sich in der lockeren, wenig umrissenen Verfassung des Reichstages des 15. Jahrhunderts wider. Zur selben Zeit bildeten sich in den größeren deutschen Landesfürstentümern ständische Territorialstaaten. Den mächtigeren Fürsten gelang es, Klerus, Adel und Städte zur Körperschaft der Landstände zusammenzufügen, deren vornehmlichste Aufgabe es war, die Steuern zu bewilligen.

Als sich die Konzilien von Konstanz (1414–1418) und Basel (1431–1449) um eine Revision des päpstlichen Absolutismus bemühten, wurden ernste Stimmen laut, die als Folgeerscheinung der konziliaren Strömung nicht nur eine Neuordnung der Kirche, sondern ebenso eine durchgreifende Reform des Reiches forderten. Man darf die Möglichkeit für eine Verbreitung solcher Reformvorschläge in einer Zeit, die noch vor der Erfindung der Buchdruckerkunst durch Johann Gutenberg (1450) lag, weder über- noch unterschätzen. Die Reform beschäftigte die Öffentlichkeit und bewegte auch Kaiser Sigismund.

Die Reformschriften dieser Periode reflektieren die Wirklichkeit, aber auch Wunsch und Utopie. Der Magdeburger Domkanoniker Heinrich Toke (um 1390–1453) unterbreitete Pläne zur Reichsreform, die, obwohl nicht das primäre Anliegen des Verfassers, Vorschläge enthielten zu einem allgemeinen Landfrieden, einer garantierten Rechtsprechung durch gelehrte Richter unter einem ständigen Reichsgericht nach westeuropäischem Vorbild und zu einer allgemeinen Reichssteuer. Toke dachte an einen festen Sitz für diesen obersten Gerichtshof, wie es in den westlichen Staaten England, Frankreich und Savoyen üblich war.

Die bedeutendste Reformschrift stammt zweifellos aus der Feder des späteren Kardinals und Brixener Bischofs Nikolaus von Cues (1401–1464). Seine *Concordantia catholica* steht ebenbürtig an der Seite der Staatstheorie eines Thomas von Aquin. Tiefgreifende Reform von Kirche und Reich gehörten nach der einheitlichen Sicht des Verfassers unlösbar zusammen. Insofern konnte der Cusaner auch das Reich als Gesamtgefüge der weltlichen Herrschaft innerhalb der Christenheit betrachten. Nach seiner Auffassung deckten sich die Begriffe Kaiser und Reich. Nikolaus ging von der Voraussetzung aus, der Kaiser sei als Herr der Welt auf seine Art sowohl der irdischen als auch in der priesterlichen Hierarchie gewissermaßen dem Papst gleichrangig, wobei allerdings die Unterschiede von Geistlichem und Weltlichem und die zwischen ihnen gezogenen Grenzen zu beachten seien. Das Reich

Das Haus Habsburg
(bis Maximilian I)

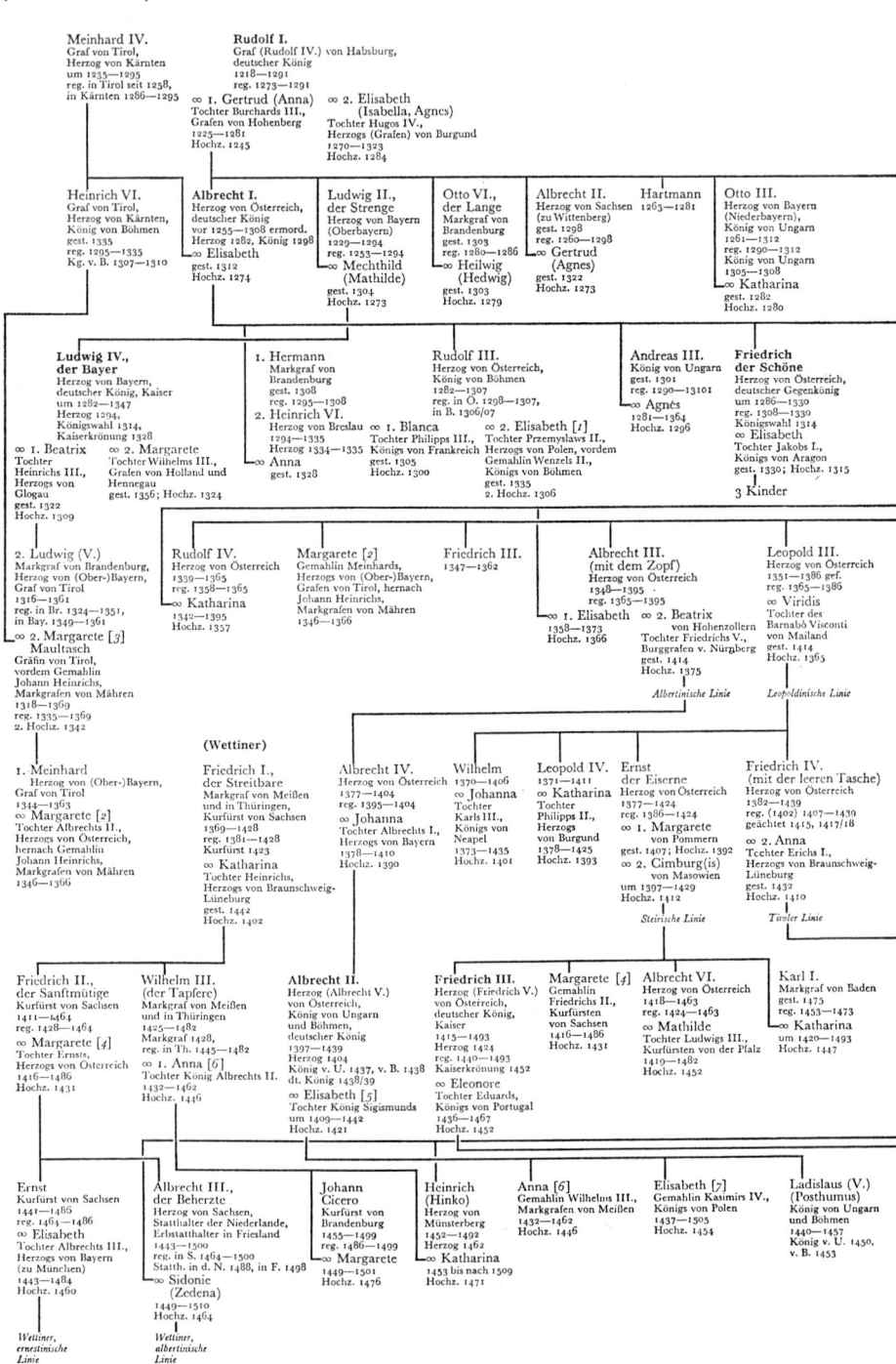

Meinhard IV.
Graf von Tirol,
Herzog von Kärnten
um 1235—1295
reg. in Tirol seit 1258,
in Kärnten 1286—1295

Rudolf I.
Graf (Rudolf IV.) von Habsburg,
deutscher König
1218—1291
reg. 1273—1291
∞ 1. Gertrud (Anna)
Tochter Burchards III.,
Grafen von Hohenberg
1225—1281
Hochz. 1245
∞ 2. Elisabeth
(Isabella, Agnes)
Tochter Hugos IV.,
Herzogs (Grafen) von Burgund
1270—1323
Hochz. 1284

Heinrich VI.
Graf von Tirol,
Herzog von Kärnten,
König von Böhmen
gest. 1335
reg. 1295—1335
Kg. v. B. 1307—1310

Albrecht I.
Herzog von Österreich,
deutscher König
vor 1255—1308 ermord.
Herzog 1282, König 1298
∞ Elisabeth
gest. 1312
Hochz. 1274

Ludwig II.,
der Strenge
Herzog von Bayern
(Oberbayern)
1229—1294
reg. 1253—1294
∞ Mechthild
(Mathilde)
gest. 1304
Hochz. 1273

Otto VI.,
der Lange
Markgraf von
Brandenburg
gest. 1303
reg. 1280—1286
∞ Heilwig
(Hedwig)
gest. 1303
Hochz. 1279

Albrecht II.
Herzog von Sachsen
(zu Wittenberg)
gest. 1298
reg. 1260—1298
∞ Gertrud
(Agnes)
gest. 1322
Hochz. 1273

Hartmann
1263—1281

Otto III.
Herzog von Bayern
(Niederbayern),
König von Ungarn
1261—1312
reg. 1290—1312
König von Ungarn
1305—1308
∞ Katharina
gest. 1282
Hochz. 1280

Ludwig IV.,
der Bayer
Herzog von Bayern,
deutscher König, Kaiser
um 1282—1347
Herzog 1294,
Königswahl 1314,
Kaiserkrönung 1328
∞ 1. Beatrix
Tochter
Heinrichs III.,
Herzogs von
Glogau
gest. 1322
Hochz. 1309
∞ 2. Margarete
Tochter Wilhelms III.,
Grafen von Holland und
Hennegau
gest. 1356; Hochz. 1324

1. Hermann
Markgraf von
Brandenburg
gest. 1308
reg. 1295—1308
2. Heinrich VI.
Herzog von Breslau
1294—1335
Herzog 1334—1335
∞ Anna
gest. 1328

Rudolf III.
Herzog von Österreich,
König von Böhmen
1282—1307
reg. in Ö. 1298—1307,
in B. 1306/07
∞ 1. Blanca
Tochter Philipps III.,
Königs von Frankreich
gest. 1305
Hochz. 1300
∞ 2. Elisabeth [1]
Tochter Przemyslaws II.,
Herzogs von Polen, vordem
Gemahlin Wenzels II.,
Königs von Böhmen
gest. 1335
2. Hochz. 1306

Andreas III.
König von Ungarn
gest. 1301
reg. 1290—1301
∞ Agnes
1281—1364
Hochz. 1296

Friedrich
der Schöne
Herzog von Österreich,
deutscher Gegenkönig
um 1286—1330
reg. 1308—1330
Königswahl 1314
∞ Elisabeth
Tochter Jakobs I.,
Königs von Aragon
gest. 1330; Hochz. 1315
3 Kinder

---

2. Ludwig (V.)
Markgraf von Brandenburg,
Herzog von (Ober-)Bayern,
Graf von Tirol
1316—1361
reg. in Br. 1324—1351,
in Bay. 1349—1361
∞ 2. Margarete [3]
Maultasch
Gräfin von Tirol,
vordem Gemahlin
Johann Heinrichs,
Markgrafen von Mähren
1318—1369
reg. 1335—1369
2. Hochz. 1342

Rudolf IV.
Herzog von Österreich
1339—1365
reg. 1358—1365
∞ Katharina
1342—1395
Hochz. 1357

Margarete [2]
Gemahlin Meinhards,
Herzogs von (Ober-)Bayern,
Grafen von Tirol, hernach
Johann Heinrichs,
Markgrafen von Mähren
1346—1366

Friedrich III.
1347—1362

Albrecht III.
(mit dem Zopf)
Herzog von Österreich
1348—1395
reg. 1365—1395
∞ 1. Elisabeth   ∞ 2. Beatrix
1358—1373   Tochter
von Hohenzollern
Tochter Friedrichs V.,
Burggrafen v. Nürnberg
gest. 1414
Hochz. 1375
Albertinische Linie

Leopold III.
Herzog von Österreich
1351—1386
reg. 1365—1386
∞ Viridis
Tochter des
Barnabò Visconti
von Mailand
gest. 1414
Hochz. 1365
Leopoldinische Linie

---

1. Meinhard
Herzog von (Ober-)Bayern,
Graf von Tirol
1344—1363
∞ Margarete [2]
Tochter Albrechts II.,
Herzogs von Österreich,
hernach Gemahlin
Johann Heinrichs,
Markgrafen von Mähren
1346—1366

Friedrich IV.,
der Streitbare
Markgraf von Meißen
und in Thüringen,
Kurfürst von Sachsen
1369—1428
reg. 1381—1428
Kurfürst 1423
∞ Katharina
Tochter Heinrichs,
Herzogs von Braunschweig-
Lüneburg
gest. 1442
Hochz. 1402

(Wettiner)

Albrecht IV.
Herzog von Österreich
1377—1404
reg. 1395—1404
∞ Johanna
Tochter Albrechts I.,
Herzogs von Bayern
1378—1410
Hochz. 1390

Wilhelm
1370—1406
∞ Johanna
Tochter
Karls III.,
Königs von
Neapel
1373—1435
Hochz. 1401

Leopold IV.
1371—1411
∞ Katharina
Tochter
Philipps II.,
Herzogs
von Burgund
1378—1425
Hochz. 1393

Ernst
der Eiserne
Herzog von Österreich
1377—1424
reg. 1386—1424
∞ 1. Margarete
von Pommern
gest. 1407; Hochz. 1392
∞ 2. Anna
Cimburg(is)
von Masowien
um 1397—1429
Hochz. 1412
Steirische Linie

Friedrich IV.
(mit der leeren Tasche)
Herzog von Österreich
1382—1439
reg. (1402) 1407—1439
geächtet 1415, 1417/18
∞ 2. Anna
Tochter Erichs I.,
Herzogs von Braunschweig-
Lüneburg
gest. 1432
Hochz. 1410
Tiroler Linie

Friedrich II.,
der Sanftmütige
Kurfürst von Sachsen
1411—1464
reg. 1428—1464
∞ Margarete [4]
Tochter Ernsts,
Herzogs von Österreich
1416—1486
Hochz. 1431

Wilhelm III.
(der Tapfere)
Markgraf von Meißen
und in Thüringen
1425—1482
Markgraf 1428,
reg. in Th. 1445—1482
∞ 1. Anna [6]
Tochter König Albrechts II.
1432—1462
Hochz. 1446

Albrecht II.
Herzog (Albrecht V.)
von Österreich,
König von Ungarn
und Böhmen,
deutscher König
1397—1439
König v. U. 1437, v. B. 1438
dt. König 1438/39
∞ Elisabeth [5]
Tochter König Sigismunds
um 1409—1442
Hochz. 1421

Friedrich III.
Herzog (Friedrich V.)
von Österreich,
deutscher König,
Kaiser
1415—1493
Herzog 1424
reg. 1440—1493
Kaiserkrönung 1452
∞ Eleonore
Tochter Eduards,
Königs von Portugal
1436—1467
Hochz. 1452

Margarete [4]
Gemahlin
Friedrichs II.,
Kurfürsten
von Sachsen
1416—1486
Hochz. 1431

Albrecht VI.
Herzog von Österreich
1418—1463
reg. 1424—1463
∞ Mathilde
Tochter Ludwigs III.,
Kurfürsten von der Pfalz
1419—1482
Hochz. 1452

Karl I.
Markgraf von Baden
gest. 1475
reg. 1453—1475
∞ Katharina
um 1420—1493
Hochz. 1447

Ernst
Kurfürst von Sachsen
1441—1486
reg. 1464—1486
∞ Elisabeth
Tochter Albrechts III.,
Herzogs von Bayern
(zu München)
1443—1484
Hochz. 1460

Albrecht III.,
der Beherzte
Herzog von Sachsen,
Statthalter der Niederlande,
Erbstatthalter in Friesland
1443—1500
reg. in S. 1464—1500,
Statth. in d. N. 1488, in F. 1498
∞ Sidonie
(Zedena)
1449—1510
Hochz. 1464

Johann
Cicero
Kurfürst von
Brandenburg
1455—1499
reg. 1486—1499
∞ Margarete
1449—1501
Hochz. 1476

Heinrich
(Hinko)
Herzog von
Münsterberg
1452
Herzog 1462
1453 bis nach 1509
Hochz. 1471

Anna [6]
Gemahlin Wilhelms III.,
Markgrafen von Meißen
1432—1462
Hochz. 1446

Elisabeth [7]
Gemahlin Kasimirs IV.,
Königs von Polen
1437—1505
Hochz. 1454

Ladislaus (V.)
(Posthumus)
König von Ungarn
und Böhmen
1440—1457
König v. U. 1450,
v. B. 1453

---

*Wettiner,
ernestinische
Linie*

*Wettiner,
albertinische
Linie*

(Přemysliden)

Ottokar II.
König von Böhmen
um 1230—1278
reg. 1253—1278

∞ 1. Margarete
Tochter Leopolds VI.,
Herzogs von Österreich,
vordem Gemahlin
König Heinrichs (VII.)
um 1205—1267
1. Hochz. 1225
2. Hochz. 1252, geschieden 1261

∞ 2. Kunigunde
Enkelin Belas IV.,
Königs von Ungarn
gest. 1285
Hochz. 1261

(Luxemburger)

Wenzel II.
König von Böhmen
1271—1305
reg. 1278—1305

∞ 1. Guta
(Jutta)
1271—1297
Hochz. 1285

∞ 2. Elisabeth [1]
Tochter Przemyslaws II.,
Herzogs von Polen, hernach
Gemahlin Rudolfs III.
gest. 1335
1. Hochz. 1300

Karl Martell
Herzog von Anjou,
König von Ungarn
1271—1295
∞ Clementia
gest. 1293
Hochz. 1281

Rudolf II.
Herzog von Österreich
(Herzog von Schwaben)
1271—1290
reg. 1282—1290
∞ Agnes
1269—1296
Hochz. 1289

Heinrich VII.
Graf von Luxemburg,
deutscher König, Kaiser
um 1274—1313
Königswahl 1308
Kaiserkrönung 1312
∞ Margarete
Tochter Johanns I.,
Herzogs von Brabant
1276—1311
Hochz. 1292

Leopold I.
Herzog von Österreich
um 1290—1326
reg. 1308—1326
∞ Katharina
Tochter Amadeus' V.,
Grafen von Savoyen
gest. 1336
Hochz. 1315

Albrecht II.,
der Weise
Herzog von Österreich
1298—1358
reg. 1308—1358
∞ Johanna
Tochter Ulrichs,
Grafen von Pfirt
1300—1351
Hochz. 1324

Otto
der Fröhliche
Herzog von Österreich
1301—1339
reg. 1308—1339
∞ 1. Elisabeth
von Bayern
1306—1330
Hochz. 1325
∞ 2. Anna
1319—1338
Hochz. 1335
2 Söhne

weitere Kinder

Wenzel III.
König von Böhmen
1289—1306 ermord.
reg. 1305/06

Karl I.
(Karl Robert)
König von Ungarn
1288—1342
reg. 1309—1342
∞ 3. Elisabeth
Tochter Wladislaws I. (IV.)
Lokietek, Königs von Polen
1300—1381
Hochz. 1320

Johann
Parricida
1290—1313(?)

Johann
Graf von Luxemburg,
König von Böhmen
1296—1346 gef.
reg. 1310—1346
∞ 1. Elisabeth
1292—1330
Hochz. 1310

Ludwig I.,
der Große
König von Ungarn
und Polen
1326—1382
reg. in U. 1342—1382,
in P. seit 1370
∞ 1. Margarete
1335—1349
Hochz. 1338

∞ 2. Elisabeth
Tochter des Stephan
Kotromanic,
Bans von Bosnien
gest. 1387 ermord.
Hochz. 1353

Karl IV.
(ursprünglich
Wenzel)
König von Böhmen,
deutscher König, Kaiser
1316—1378
reg. 1346—1378
Kaiserkrönung 1355

∞ 1. Blanca
Tochter Karls
von Valois
1317—1348
Hochz. 1329

∞ 2. Anna
Tochter Rudolfs II.
von der Pfalz
1329—1352
Hochz. 1349

∞ 3. Anna
Tochter Heinrichs II.,
Herzogs von
Schweidnitz
um 1339—1362
Hochz. 1353

∞ 4. Elisabeth
Tochter Bogislaws V.,
Fürsten von Pommern
1348—1393
Hochz. 1363

Johann Heinrich
Markgraf von Mähren
1322—1375
reg. 1355—1375

∞ 1. Margarete [3]
Tochter Graf Heinrichs,
Grafen von Tirol,
hernach Gemahlin
Ludwigs, Markgrafen
von Brandenburg
1318—1369
reg. 1335—1369,
1. Hochz. 1330,
Trennung 1341

∞ 3. Margarete [2]
Tochter Albrechts II.,
Herzogs von Österreich,
vordem Gemahlin
Meinhards, Herzogs
von (Ober-)Bayern,
Grafen von Tirol
1346—1366
Hochz. 1364

Wenzel
König von Böhmen,
deutscher König
1361—1419
reg. in B. 1363—1419
dt. König 1363—1400 abges.
∞ 1. Johanna
Tochter Albrechts I.,
Herzogs von (Nieder-)Bayern
1356—1386
Hochz. 1370
∞ 2. Sophie
von Bayern
1376—1425
Hochz. 1389

Sigismund
König von Ungarn,
deutscher König,
Kaiser
1368—1437
König v. U. 1387
dt. König 1410
Kaiserkrönung 1433
∞ 1. Maria
1370—1395
Hochz. 1385
∞ 2. Barbara
Tochter Hermanns,
Grafen von Cilli
um 1390—1451
Hochz. 1406

(Jagiellonen)

Wladislaw II.
Jagiello
Großfürst von Litauen,
König von Polen
um 1338—1434
reg. in P. 1386—1434
Großfürst 1377
∞ 1. Hedwig
(Jadwiga)
Königin von Polen
um 1371—1399
Königin 1384, Hochz. 1386
∞ 4. Sophia (Sonja)
Prinzessin von Wjasma
gest. 1461
Hochz. 1422

Richard II.
König von England
1367—1400
reg. 1377—1399 abged.
∞ 2. Anna
1366—1394
Hochz. 1382

Jobst
(Jost,
Jodocus)
Markgraf von Mähren,
Kurfürst von Brandenburg,
deutscher König
1351—1411
reg. in M. 1375—1411,
in B. 1388—1411
dt. König 1410/11

Johann
Sobeslaus
(Sobeslav)
1355—1394
(Markgraf von
Mähren 1375?)
gest. 1394

Prokop
Markgraf von Mähren
1355—1405
reg. in M. 1375—1405

Sigmund
Herzog von Österreich
(in Tirol), Erzherzog
1427—1496
reg. 1439—1490 abged.
Erzherzog 1477
∞ 1. Eleonore
Tochter Jakobs I.,
Königs von Schottland
gest. 1480
Hochz. 1449

Elisabeth [5]
Gemahlin Herzog,
später König Albrechts II.
um 1409—1442
Hochz. 1422

Georg
von Kunstatt zu
Podiebrad
Gubernator und
später König von Böhmen
1420—1471
reg. 1451—1471
König seit 1458
∞ 1. Kunigunde
Tochter des Smilo
von Sternberg
1422—1449
Hochz. um 1440

Wladislaw III.
König von Polen
und Ungarn
1424—1444 gef.
reg. in P. 1439—1444,
in U. 1440(1442)—1444

Kasimir IV.
König von Polen
1427—1492
reg. 1447—1492
∞ Elisabeth [7]
Tochter Königs Albrechts II.
1437—1505
Hochz. 1454

Maximilian I.
Erzherzog von Österreich,
deutscher (römischer) König,
Kaiser
1459—1519
reg. 1486—1519
Königswahl 1508
∞ 1. Maria
Erbtochter Karls des Kühnen,
Herzogs von Burgund
1457—1482
Hochz. 1477
∞ 2. Bianca Maria
Tochter des Galeazzo Maria Sforza,
Herzogs von Mailand
1472—1510
Hochz. 1494

Albrecht IV.,
der Weise
Herzog von Bayern
1447—1508
reg. 1460—1508
∟ Kunigunde
1465—1520
Hochz. 1487

Matthias
Corvinus
König von Ungarn
1443(?)—1490
Königswahl 1458,
Krönung 1464
∞ 1. Elisabeth
Tochter Ulrichs,
Grafen von Cilli
gest. um 1455
Hochz. um 1455
∞ 2. Katharina
1449—1464
Hochz. 1461
∞ 3. Beatrix
Tochter Ferdinands,
Königs von Neapel
1457—1508
Hochz. 1476

Ladislaus
(Wladislaw)
König von Böhmen und
(Ladislaus II.) Ungarn
1456—1516
reg. in B. 1471—1516,
in U. 1490—1516

(Johann Albrecht)
König von Polen
1459—1501
reg. 1492—1501

Alexander
König von Polen
1461—1506
reg. 1501—1506
∞ Helene
Tochter Iwans III.,
Großfürsten von Moskau
1476—1513
Hochz. 1495

Sigismund I.
(Zygmunt)
König von Polen
1467—1548
reg. 1506—1548
∞ 2. Bona
Tochter des
Gian Galeazzo Sforza,
Herzogs von Mailand
um 1500—1558
Hochz. 1518

Johann
von Foix
Tochter Wilhelms,
Grafen von Candale
gest. 1506
Hochz. 1502

∞ Anna

besitze unmittelbar von Christus die oberste Gewalt auf Erden: *potestas suprema mundi*. Den Staat jedoch verkörpere der Herrscher.

Der zweiunddreißigjährige Konzilssekretär hatte in seinem Traktat, den er dem Basler Konzil 1433 vorlegte, das Wunschbild eines geeinten Reiches mit starker Zentralgewalt entworfen. Die Diskrepanz zwischen Wirklichkeit und Wunsch führte Nikolaus von Cues auf den unheilvollen landesfürstlichen Egoismus zurück. Heftig prangerte er die Kurzsichtigkeit und Habgier der Reichsfürsten an, die auf Kosten des Reiches reich werden und bleiben wollten. Die Reformvorschläge des Cusaners entsprachen den Prinzipien bundesstaatlicher Ordnung. Eine einheitliche Rechtsprechung sollte durch Kreiseinteilung des Reiches erzielt werden. Das Schwergewicht der Reichsregierung wollte er in die mindestens einmal jährlich in Frankfurt am Main tagende Reichsversammlung verlagern, auf der im Gegensatz zum Reichstag die Fürsten nicht zugelassen sein sollten; als deren Interessenvertretung waren die Kurfürsten und adligen Kreisrichter gedacht. Cusanus, der nichts von einem bloßen Lippenbekenntnis zum Reich hielt, empfahl, die Privatfehde durch Reichsgesetz zu verbieten, bestechliche Richter mit Güterkonfiskation zu bestrafen und ein gemeines deutsches Recht zu schaffen, ohne römisches Recht zu übernehmen.

Eine weitere Reformschrift vom Basler Konzil, die »Reformation Kaiser Sigismunds«, strebte eine Erneuerung nach dem Muster radikal eingestellter Konzilspolitiker an; dieses rücksichtslose Reformdrängen hat dem Programm später das Attribut »Trompete des Bauernkrieges« eingebracht: die Erneuerung sollte mit Gewalt durchgeführt werden, Hauptübel und Gebrechen, an denen das Reich kranke, seien Simonie und Laienwucher; prophetische Zukunftsvisionen galten einem noch unbekannten Verwirklicher der Reform, denn »Gott hat vielleicht einen ausgezeichnet, der es zu recht bringt«. Niemand solle dem Rechts- und Besitzstand des Reiches Abbruch tun, der König solle rechtsgelehrt sein und die Würde eines Doktors des römischen Rechtes besitzen. Am Beispiel des alttestamentlichen Priesterkönigs Melchisedech wird nachgewiesen, wie förderlich es wäre, wenn der Kaiser dem Priesterstand angehöre.

Ein unmittelbarer Einfluß auf die Verfassungspraxis im Reich ist diesen programmatischen Reformschriften allerdings versagt geblieben. Verhältnismäßig lange wurde eine Modifikation und Verbesserung der Regierungsform nicht einmal ernsthaft in Angriff genommen. Der Reichstag beschäftigte sich vielmehr mit aktuellen Problemen wie der Aufrechterhaltung der inneren Ordnung.

Mittelbar jedoch spürt man eine Nachwirkung dieser Reformideen. Die Fürsten griffen 1437 und 1438 Versuche wieder auf, den Landfrieden mit einer Neuregelung des Justizwesens zu verbinden. Sämtliche diskutierten Vorschläge suchten den königlichen Einfluß einzudämmen, die Kaisergewalt zu schwächen und gleichzeitig die Autorität der Reichsfürsten gegenüber der niederen Reichsaristokratie und den Reichsstädten zu stärken. Der kurfürstliche Reformvorschlag vom Nürnberger Reichstag von 1438 wurde jedoch von königlicher Seite abgeändert; obwohl seine Grundkonzeption beibehalten wurde, blieben Königsgewalt und Selbständigkeit des niederen Adels und der Städte gewahrt. Da die Kurfürsten an einer Reichsreform, die dem Ausbau ihrer eigenen Territorialmacht Fesseln anlegen sollte, begreiflicherweise kaum interessiert waren, scheiterte im Oktober 1438 dieser erste Versuch. Als Fehlschlag erwies sich auch die Reformation Friedrichs III. von 1442, die lediglich ein Landfriedensgesetz darstellte, die Höhe der früheren theoretischen Entwürfe aber nicht mehr erreichte. In den beiden nächsten Dezennien kümmerte sich Friedrich III. so gut wie gar nicht mehr um das Reich, wo noch immer die konziliare Idee lebte, während die außerdeutsche Staatenwelt inzwischen mehr und mehr vom Konzilsgedanken abgerückt war. In Italien unterstrich man die Überflüssigkeit des Konzils, verneinte das Konzilsberufungsrecht des Königs und begründete die päpstliche Gewaltenfülle. An vielen Orten außerhalb Deutschlands wurde noch immer der Papst als Herr der Welt und sein Wort als unfehlbare Richtschnur empfunden. Im Innern setzte das Versagen des Kaisers die Fürsten in den Stand, ihre Macht über Adel und Städte auszudehnen. Zeitweilig herrschte unter Friedrich III., da eine einigende, die von der Reichsverfassung wegstrebenden Kräfte bindende Mitte fehlte, ein regelrechtes staatsrechtliches Chaos. Die Reichsstände bemühten sich, durch genossenschaftliche »Einungen« Aufgaben der Reichsgewalt wahrzunehmen, doch blieben diese Versuche begrenzt. Aus den Landfriedensbündnissen ragt als markante Gestaltung der Schwäbische Bund (1488-1534) heraus, dessen Gründungsurkunde der Verfassung der Rittergesellschaft vom St. Georgenschild im Hegau und am Bodensee aus dem Jahre 1463 nachgebildet war und dem Prälaten, Grafen, Herren, Ritter und Städte, Herzog Sigmund von Tirol, Graf Eberhard von Württemberg und schließlich sogar der König selbst beitraten.

Die Reichsreformbestrebungen der Jahre von 1486 bis 1500 tragen die Signatur einer unverkennbaren Gegnerschaft der Reichsstände zum Kaiser, eine Einstellung, die zweifellos auf die gleichgültige Haltung Friedrichs III. angesichts der Nöte des Reiches und auf seine ablehnende Haltung gegenüber der Reform zurückging. So konnte es nicht ausbleiben, daß sich die Reichsstände gegen die kaiserlichen Geld- und Truppenforderungen zusammenschlossen, deren Friedrich zur Sicherung seiner Hausmacht bedurfte. Die Erweiterung der Reichstagsverfassung in den Jahren 1485 bis 1497 blieb gänzlich frei vom Einfluß des Kaisers. Die Führung der Reichsstände übernahm ein Politiker mit echtem Sinn für die Wirklichkeit und hohem Respekt vor dem Recht: Berthold von Henneberg, der Erzbischof und Kurfürst von Mainz. Schon 1486/87 zeichneten sich Bestrebungen ab, den Kaiser zur Einsetzung eines ständigen Reichsgerichts zu nötigen. Die Doppelregierung Kaiser Friedrichs III. und König Maximilians von 1486 bis 1493 zeigt sich nach den Forschungen Ernst Bocks als politisch-historisches Generationsproblem: der greise Vater, einer »statischen Rechtsauffassung« verpflichtet gegenüber dem zu »dynamischer Politik« entschlossenen königlichen Sohn, einem konservativen Herrscher fortschrittlicher Prägung.

Während der Regierung Maximilians I. (1493-1519) verstärkten sich die Wünsche nach einer allumfassenden Reichsreform, der Einrichtung einer zentralen Reichsgewalt, die als oberste Instanz für Kaiser und Reichsstände gedacht war. Dieser von den Ständen getragenen Reform setzte der König Widerstand entgegen. Aber die Zeit war reif und ging über den Monarchen hinweg. Als 1486 ein zehnjähriges Fehdeverbot durchgesetzt werden sollte, neigte der junge König mehr dazu, die älteren Landfriedensgestaltungen konservativ zu handhaben. Seinerzeit versuchten die königlichen Räte, den Mainzer Kurfürsten und Erzkanzler für Germanien und die von ihm geführten Reichsstände zu isolieren.

Die große Reichsreform auf dem Wormser Reichstag von 1495 wurde gegen den Willen König Maximilians I. verwirklicht. Ihr Ziel war es, das Reich von der ständischen Idee her zu erneuern, und ihr Kern sollte ein »Ewiger Landfriede« sein. Mit dem gesetzlichen Verbot der fehderechtlichen Selbsthilfe und dem Gebot zur Einhaltung des Rechtsweges schuf dieser Landfriede die entscheidenden Fundamente für die Fortbildung des Reiches zu einer echten Rechtsgemeinschaft. Obschon sich Maximilian I. und Berthold von Henneberg in dem gemeinsamen Ziel trafen, die territoriale Eigenbrötelei zu beseitigen und eine konsolidierte Zentralgewalt aufzurichten, folgten sie unterschiedlichen Motiven. Berthold von Henneberg wertete die Einhaltung der Rechts- und Friedensordnung ganz als Verfassungsproblem, während Maximilian sie als Voraussetzung für seine Haus- und Außenpolitik anstrebte.

1495 wurde die bisherige Reichshofgerichtsbarkeit einem ständigen Kammergericht mit dem Sitz in Frankfurt zugewiesen. Die Kammergerichts-Ordnung vom 7. August 1495 sah als Besetzung dieses Reichsgerichts vor: einen Kammerrichter fürstlichen, gräflichen oder freiherrlichen Standes und sechzehn deutsche »Urteiler«, die zur Hälfte rechtsgelehrt oder ritterbürtig waren. Die Gerichtspersonen wurden fest besoldet, um sie von den Prozeßsporteln weitgehend unabhängig zu machen. Die alte Kabinettsjustiz versuchte man dadurch zu beseitigen, daß Kammergerichtsbeisitzer nun von den Reichsständen berufen wurden. Entscheidungen nach gemeinem, das heißt rezipiertem römischem Recht gewährleisteten inmitten der territorialen Rechtszersplitterung eine einheitliche Rechtsprechung. Vor allem sollte die Reichsreform durch die Errichtung eines »Reichsregiments« als einer ständischen Regierung gekrönt werden. Damit hatte das Reich die bisherige monarchische, feudale Herrschaft zugunsten einer ständischen, fürstlich-aristokratischen Regierung abgestreift.

Recht schwierig indes gestaltet sich der Versuch, die deutsche Reichsverfassung des 15. Jahrhunderts begrifflich zu umschreiben. Ein systematisches Bild läßt sich kaum erreichen. Man hat sich wohl damit abzufinden, daß die alte Reichsverfassung im Laufe eines langwierigen geschichtlichen Abbau- und Zerrüttungsprozesses entstanden ist. Das Königtum wies ohnehin nur eine einzige reichsgesetzliche Regelung für die Königswahl auf: die Goldene Bulle Karls IV. von 1356. Trotz umwälzender Ereignisse war der König immer noch der unumschränkte Herrscher und *Dominus mundi* der mittelalterlichen sakralen Staatsanschauung. In der Rechtswirklichkeit jedoch hatte die Königsgewalt mit dem Erstarken der Territorien mehr und mehr Basis und Rückhalt eingebüßt. Wenn auch der König oberster Richter und Lehnherr im Sinne der Heerschildordnung blieb, so ließen sich doch vielfach kaum, manchmal überhaupt nicht Hausmachtpolitik und Reichsinteressen in Einklang bringen. Die Einheitsformel »Kaiser und Reich« verlor ihre ursprüngliche Symbolkraft. In der Identität von Kaiser und Reich, der wesensmäßigen Verschränkung des einzelnen Reichsoberhauptes mit der Permanenz der verfassungsrechtlichen Ordnung öffnete sich im Laufe des 15. Jahrhunderts eine regelrechte Kluft. Fortan stand dem Kaiser als dem repräsentativen Staatsoberhaupt das Reich als Inbegriff der Gesamtheit der Reichsstände gegenüber. Das gesamte 15. Jahrhundert ist geradezu gekennzeichnet durch den auffallenden Mangel an starker königlicher Gewalt. In diesem Umstand liegt einer der wesentlichsten Unterschiede zu den Machtverhältnissen in den westlichen Großstaaten Europas.

Wenn auch die Reichsreform ihre Krönung 1495 in einer ständischen Regierung finden sollte, so kam zunächst lediglich ein Kompromiß zwischen Maximilian und den Reichsständen zustande, der das königliche Versprechen enthielt, die beschlossenen Ordnungen sowohl im Reich als auch in den habsburgischen Erblanden einzuführen und in jedem Jahr einen Reichstag einzuberufen. Erst die politische Krise des Jahres 1500, die der Einfall der Franzosen in Italien heraufbeschwor, bot den Ständen Gelegenheit, mit wenigen Änderungen die Ordnung von 1495 zu verwirklichen: die erneuerte Satzung stärkte vor allem die Stellung des Fürstenrates gegenüber dem Kurkollegium.

Der Reichstag konnte sich im 15. Jahrhundert infolge seiner unterschiedlichen Zusammensetzung und seiner schwankenden Kompetenzen nicht zu einem straffen Reichsorgan entwickeln, sondern blieb eine lockere Verbindung der deutschen Reichsstände. Erst nach 1489 stand en Zusammensetzung und Verfahren in den wesentlichen Punkten fest. Mit diesem Zeitpunkt erst wurde der Reichstag die ständische Repräsentanz des Reiches gegenüber dem Kaiser. Allein die Kurfürsten, Fürsten und Städte gehörten diesem Gremium an, die Reichsritterschaft war dagegen nicht vertreten. Ursprünglich besaß jeder Reichsstand Sitz und Stimme im Reichstag. Nachdem aber die Reichstagsverfassung ihre feste Grundlage gefunden hatte, standen die Einzelstimmen oder »Virilstimmen« neben den Kurfürsten nur noch den geistlichen und weltlichen Reichsfürsten zu. Die übrigen dem Reichsfürstenrat angehörenden Prälaten und Herren der Grafenbänke mußten sich mit gemeinschaftlichen Stimmen, den »Kuriatstimmen«, begnügen. Der Beratungsmodus des Reichstages war ebenfalls 1489 festgelegt worden. Den versammelten Reichsständen gab der Kaiser seine Proposition bekannt, die die Stände dann berieten.

Wenn in der zweiten Hälfte des 15. Jahrhunderts nahezu sämtliche europäischen Völker und Länder ein zentrales, starkes Staatswesen ausbildeten, indem sie die auseinanderstrebenden Kräfte zu binden wußten, verlief dieser Prozeß in Deutschland wesentlich zugunsten der habsburgischen Königsgewalt. Eine immer tiefer greifende Verknüpfung des staatlichen Schicksals von Österreich, Böhmen und Ungarn kündigte sich an und führte schließlich 1526 zur Vereinigung der drei Länder. Das machtvollste deutsche Fürstengeschlecht, das Haus Habsburg, wurde als Träger der deutschen Kaiserkrone nach dem Erwerb Burgunds im letzten Viertel des 15. Jahrhunderts zum Inhaber der politischen Hegemonie in Mitteleuropa.

Nach der Schlacht bei Varna 1444 hatten Österreich, Böhmen und Ungarn den nachgeborenen Sohn Albrechts II., Ladislaus Postumus (1440–1457), als ihren Herrscher anerkannt. Aber großen Einfluß konnte dieser junge, zeitweilig seiner Freiheit beraubte König nicht erlangen. Er vermochte zwar Ladislaus Hunyadi, den Sohn des verstorbenen ungarischen Reichsverwesers Johannes Hunyadi, niederzuwerfen, aber schon am 23. November 1457 raffte ihn die Pest hinweg; mit seinem Tod fiel die Einheit der Ländertriade zunächst wieder auseinander.

In Böhmen wurde der utraquistische Protektor und Gubernator Georg Podiebrad, ein kraftvoller, befähigter, aber auch raffinierter Politiker, am 2. März 1458 zum König gewählt.

Unter Ausnutzung der im Reich herrschenden Spannungen marschierte er in Österreich ein und erzwang sich bereits im Herbst desselben Jahres die für ihn höchst vorteilhafte kaiserliche Anerkennung. Selbst die Unterstützung des Papstes wußte sich Podiebrad durch eine geheime Gehorsamserklärung vorläufig zu sichern. Aber an der Streitfrage um die Preisgabe des Laienkelches mußte schließlich die raffinierte Politik des Böhmen gegenüber dem Apostolischen Stuhl scheitern. Der Papst mochte sich auf die Dauer nicht mit geheimen diplomatischen Zusagen abspeisen lassen, und die Hussiten nötigten dem wankelmütigen Podiebrad die Verpflichtung auf den Kelch ab. Daraufhin forderte der Papst den böhmischen König zum Glaubensprozeß vor das römische Tribunal. Am 21. Dezember 1466 wurde Podiebrad in Rom als Ketzer gebannt und als König von Böhmen abgesetzt. Trotz dieses schwerwiegenden Aktes vermochte er sich zu behaupten und sogar die Ungarn und Polen zeitweilig an sich zu binden. Matthias Corvinus von Ungarn setzte sich schließlich bei der päpstlichen Kurie für Podiebrad ein. Nach dessen Tod am 12. März 1471 versuchte sein Schwiegersohn, Herzog Albrecht von Sachsen, vergeblich, sich selbst die Nachfolge zu sichern, verlor aber den böhmischen Königstitel an den erfolgreicheren ungarischen König.

Im Reich wurde Kaiser Friedrichs III. Stellung gegenüber den Absichten Karls des Kühnen von Burgund auf die Wahl zum römischen König durch den Regensburger Reichstag von 1471 und durch den jähen Tod des Papstes Paul II. gestärkt. Aber eine wirksame Türkenhilfe vermochte der Kaiser von den Reichsständen nicht zu erwirken. Als Karl der Kühne Ende Juli 1474 schließlich in das Erzstift Köln, den Sprengel seines abgesetzten Bundesgenossen, des Kurfürsten und Erzbischofs Ruprecht von der Pfalz, einfiel und die Kleinstadt Neuß belagerte, nutzten die Schweizer Eidgenossen diese Gelegenheit und drangen im Verein mit schwäbischen Reichsstädten und Herzog Sigmund von Tirol in die Freigrafschaft ein. Das Reichsheer entsetzte nach langen Monaten das standhafte Neuß und bestimmte den Burgunderherzog zu Verhandlungen mit dem Kaiser. Vor Nancy schlossen am 17. November 1475 Friedrich III. und Karl der Kühne endgültig Frieden. Nachdem der Burgunder beim Versuch, die Stadt Nancy wieder einzunehmen, am 5. Januar 1477 gefallen war, suchte der Kaiser sogleich dessen Lande zu gewinnen, die dem Hause Habsburg schließlich durch die Vermählung der Herzogin Maria von Burgund mit dem Kaisersohn Maximilian auf dem Wege planvoller fürstlicher Heiratspolitik zufielen.

Inzwischen hatten sich die gespannten Verhältnisse zwischen dem Kaiser und Matthias Corvinus wegen der böhmischen Krone zu unverhohlener Gegnerschaft zugespitzt. Schon im März 1474 war Friedrich III. ein Bündnis mit Polen gegen Ungarn eingegangen, dessen König ohnehin seit 1469 durch die Türkenabwehr gebunden war. Im Erbfolgestreit um das Herzogtum Glogau-Krossen verschärfte sich die Bedrohung Ungarns durch eine Koalition der Dynastien von Polen, Habsburg, Böhmen und Brandenburg. Indes entzweiten sich die Verbündeten, als sich die Heirat des polnischen Königs Wladislaw mit der Glogauer Herzogswitwe Barbara, Markgräfin von Brandenburg, zerschlug. Ungarn gewann im Deutschen Orden, der die polnische Lehnshoheit abzuschütteln suchte, und in den brandenburgischen Hansestädten neue Bundesgenossen. Unter dem Eindruck der ungarischen Belagerung Wiens vermittelte der Papst den Frieden, der am 1. Dezember 1477 in Gmunden zustande kam. Der Kaiser mußte die ungarischen Ansprüche auf die Krone Böhmens

Maximilian I. als Kronprinz beim Bogenschießen
Zeichnung in der »Historia Friderici et Maximiliani« von Joseph Grünspeck, um 1500
Wien, Haus-, Hof- und Staatsarchiv

Ein Autodafé unter dem Vorsitz des heiligen Domingo de Guzman
Gemälde von Pedro Berruguete, Ende 15. Jahrhundert. Madrid, Prado

anerkennen. Wegen der Besetzung des Salzburger Erzstuhls – es ging um den kaiserlichen Kandidaten, den abgesetzten Graner Metropoliten Johann von Peckenschlager, nachdem der Erzbischof Bernhard von Rohr, den König Matthias protegierte, zum Verzicht gezwungen worden war – kam es 1480 erneut zum Krieg mit Ungarn. Nach der Einnahme von Korneuburg am 1. Dezember 1484 wurde am 1. Juni 1485 die ausgehungerte Hauptstadt Wien dem ungarischen König übergeben; als Flüchtling und Hilfesuchender kehrte der Kaiser ins Reich zurück – und karrte zuweilen auf Ochsenwagen armselig durch das Land. Dieser klägliche Zustand der geschlagenen Kaisermacht verdichtet sich in der treffenden Feststellung Leopold von Rankes: »Niemals war die Hoheit des Reiches in niedrigerer Gestalt einhergezogen.«

Die Befreiung Österreichs aus der Gewalt des Ungarnkönigs erhoffte sich das Volk von dem am 16. Februar 1486 in Frankfurt zum römischen König gewählten Kaisersohn Maximilian, der erst im Vorjahr Burgund siegreich unterworfen hatte. Er entzog sich jedoch dieser dringlichen vaterländischen Aufgabe und dachte nur an einen Feldzug gegen das Frankreich des jungen Königs Karl VIII. Mittlerweile trachtete aber das Haus Wittelsbach unter den Herzögen Georg dem Reichen von Bayern-Landshut (1479–1503) und Albrecht IV. dem Weisen von Bayern-München (1465–1508) danach, Tirol zu gewinnen, um damit die habsburgische Hausmacht mittelbar zu schwächen. Tirol jedoch verharrte in Treue zu Habsburg; die Tiroler Stände huldigten noch 1487 dem Kaiser und dem König Maximilian. Ein Jahr später stellte sich sogar der Schwäbische Städtebund dem Kaiser gegen die wittelsbachische Ausdehnungspolitik zur Verfügung. Der geächtete Herzog Albrecht IV., gegen den der Reichskrieg eingeleitet worden war, mußte im Augsburger Frieden (1492) die ihm von Herzog Sigmund dem Münzreichen von Tirol (1477–1490) verpfändeten Güter in Tirol, darunter die Schwazer Silberbergwerke, herausgeben.

Immerhin mußte erst König Matthias Corvinus am 6. April 1490 sterben, ehe Maximilian die Rückeroberung Österreichs und Wiens mit Waffengewalt gelang. Seinen Vormarsch nach Ungarn brachte der Preßburger Frieden vom 7. November 1491 zum Stehen. In ihm verpflichtete sich der Polenkönig Wladislaw zum Verzicht auf die ungarischen Eroberungen. Gleichzeitig sicherte er Maximilian den Thron in Ungarn für den Fall zu, daß männliche Abkömmlinge fehlten. Nach der Eheschließung des französischen Königs Karl VIII. mit Anna, der Herzogin der Bretagne, die zuvor bereits dem deutschen König durch Prokuration vermählt worden war, marschierte Maximilian im Spätjahr 1492 mit dem Reichsheer und einem Heer des Schwäbischen Bundes in die Freigrafschaft ein. Frankreich erwirkte aber durch finanzielle Angebote an England die Einstellung der Feindseligkeiten, und so kam unter Vermittlung der Schweizer Eidgenossen am 23. Mai 1493 der Frieden von Senlis zustande; Habsburg erhielt die Freigrafschaft Burgund, das Artois, Noyers und Charolais zurück.

Als der neunundsiebzigjährige Friedrich III. am 19. August 1493 die Augen für immer schloß, hatte sich sein Haus die österreichischen Erblande und Burgund, aber ebenso die Anwartschaft auf die Kronen Böhmens und Ungarns gesichert.

Der neue vierunddreißigjährige Kaiser Maximilian I. (1493–1519) trat als glänzende Herrschergestalt – der »letzte Ritter«, aber auch »der ewige Wanderer zwischen Wirklichkeit und Traum« (Will Winker) – die Nachfolge des wenig tatkräftigen Vaters an. Geschützwesen, Landsknechte und Kriegskunst beschäftigten ihn ebenso, wie ihn die Künste fesselten. Indes galt sein politisches Hauptanliegen unverkennbar der planvollen Mehrung der Macht seiner Dynastie. Ohnmächtig mußte allerdings auch er zusehen, wie das Heilige Römische Reich zusehends in einen nicht mehr zu hemmenden Verfallsprozeß geriet. Der Kaiser zeigte sich als unbestrittener Herr seiner bedeutenden Hausmacht, aber das Reich war ihm entglitten und an die Reichsstände übergegangen. Der alte habsburgische Gegensatz zu Frankreich wurde seit 1494 noch durch die Auseinandersetzung um Italien verschärft. Es gelang Maximilian zwar, im September 1498 die Franzosen aus der Freigrafschaft zu vertreiben, aber der »Schwabenkrieg« von 1499 mit den Eidgenossen brachte ihm im Felde schwere Niederlagen ein. Obwohl der Friede von Basel vom 22. September 1499 die Eroberungen beider Parteien äußerlich wieder rückgängig machte, bedeutete er faktisch bereits die Loslösung der Schweiz vom Reich. Dieser Umstand begünstigte entscheidend die französische Italienpolitik und den Einfall Ludwigs XII. (1498–1515) in Mailand und Neapel. Die Entwicklung bestimmte andererseits den unglücklichen Verlauf des Eingreifens Maximilians auf der Apenninenhalbinsel, das zu dem neunjährigen Krieg mit Venedig (1508–1517) führen sollte. Jedenfalls konzentrierten sich nach dem französischen Angriff auf Italien die politischen Interessen der europäischen Mächte für nahezu ein halbes Jahrhundert auf diesen südlichen Schauplatz der großstaatlichen Politik.

Die spanische und italienische Staatenwelt

Zu Beginn des 15. Jahrhunderts teilten sich in den Besitz der Pyrenäenhalbinsel die vier christlichen Königreiche Navarra, Aragon, Kastilien, Portugal und das maurische Königreich Granada. Das Königreich Navarra, an den Süden Frankreichs angrenzend und von 1285 bis 1329 mit ihm verbunden, wurde zwischen 1425 und 1431 der Krone Aragons, danach Kastiliens unterstellt. Als gebirgige Grenzlandschaft beiderseits der westlichen Pyrenäen erreichte Navarra, zumal da ihm die selbständige Existenz nur zeitweilig vergönnt war, nicht die politische Bedeutung der übrigen iberischen Staaten. Aragon an der Ostküste der Halbinsel hatte es verstanden, sich Katalonien mit seinem Kerngebiet, der Markgrafschaft Barcelona, zu sichern. Im Jahre 1443 gelang es diesem Küstenstaat des westlichen Mittelmeerbeckens unter Alfons V., auf der Apenninenhalbinsel Fuß zu fassen und sich von der seit 1409 wieder ihm gehörenden Insel Sizilien aus das von der Dynastie Anjou regierte Königreich Neapel nach sieben Eroberungsjahren (1435–1442) einzuverleiben. Als Stätte des Humanismus, den vor allem Lorenzo Valla vertrat, erwarb sich der neapolitanische Hof kulturellen Rang.

Nachdem Alfons V. am 27. Juni 1458 gestorben war, bestieg sein jüngerer Bruder Juan II. (1458–1479), der König von Navarra, den Thron von Aragon. Sein Regierungsantritt löste bis zum Tod seines Sohnes aus erster Ehe, Carlos von Viana, (1461) wegen der umstrittenen Thronfolgeregelung Unruhen in Katalonien aus. Die inneren Kämpfe ermöglichten es

Ludwig XI. von Frankreich, dessen Land die staatliche Entwicklung auf der Iberischen Halbinsel ständig bedrohte, sich der günstigsten Einfallspforten Spaniens nach Frankreich, der beiden Grafschaften Roussillon und Cerdagne, zu bemächtigen. Im mittelspanischen Kastilien opponierten die feudalen Granden gegen König Johann II. Der Condestable Alvaro de Luna versuchte vergeblich, Macht und Einfluß dieser Großen zu brechen, denen sich zuletzt noch der Königssohn anschloß. Nach seinem Sturz gelang es dem neuen, wenig tatkräftigen und charakterschwachen König Heinrich IV. (1454–1474), dem ehemaligen Verbündeten der Feudalherren und des hohen Klerus, ebensowenig, dieser Gegner Herr zu werden. In den Wirren um die Erbfolge wählten die Feinde des Königs zugunsten Johannas, der Tochter des Königs aus dessen zweiter Ehe mit Johanna von Portugal, schließlich 1465 Alfons, des Königs Bruder, zum neuen Monarchen. Der Condestable Miguel Lucas de Iranza, der sich im Maurenfeldzug ausgezeichnet und 1462 Gibraltar erobert hatte, vermochte die undurchsichtige Politik seines Herrn nicht zu stützen. Obschon König Heinrich kastilische Bundesgenossen gegen Alfons' Thronkandidatur fand und er bei Olmedo 1467 die gegnerischen Truppen besiegte, half ihm bei seinen Rückeroberungsbestrebungen letztlich doch nur der vorzeitige Tod seines Bruders.

1468 garantierte Heinrich die Thronfolge seiner Schwester Isabella, die im Oktober 1469 den aragonischen Thronkandidaten Ferdinand (1479–1516) heiratete. Wenngleich Heinrich das Anrecht seiner Schwester auf die kastilische Krone später wieder verneinte und mit dieser aus dynastisch-politischen Erwägungen geschlossenen Ehe in Spanien auch noch kein Einheitsstaat geschaffen war, so war immerhin eine Art Personalunion als Grundlage für eine künftige Herrschaft über Kastilien und Aragon erreicht. Wie Frankreich und England erzielte Spanien in derselben Epoche nach heftigen feudalen Geburtswehen durch die Vereinigung der beiden größeren Staatsbildungen seine nationale Einheit. Freilich blieb das sich in seiner Nationalität unterscheidende und von Kastilien seit langem vergeblich beanspruchte Königreich Portugal an der Westküste der Halbinsel ausgeschlossen. Den beiden vereinigten Königen, die sich gerade wegen ihrer Gesamtherrschaft als *católicos* bezeichneten, fiel die hohe Mission zu, in Kastilien und Aragon die zerrüttete Rechtsordnung zu restaurieren. Sie hatten den Einheitsstaat sowohl gegen die kastilischen Granden als auch gegen die aragonischen Stände zu verwirklichen, erfreuten sich aber kirchlicher Unterstützung. Nach dem Sieg über den portugiesischen König Alfons V. in der Feldschlacht bei Toro am 1. März 1476 blieb die Herrschaft des königlichen Paares unerschüttert, wenngleich Portugal erst 1479 die »Katholischen Könige« unter Verzicht auf eigene kastilische Ansprüche anerkannte.

Die Zeit reifte für eine innere Neuordnung Spaniens. Die Vereinheitlichung der Rechtspflege, die Errichtung der Zentralbehörden für Justiz, Verwaltung und Finanzen und die Gründung eines Staatsrates wurden erfolgreich in Angriff genommen. Von neuem entstand in der heiligen *Hermandad*, der »Bruderschaft«, eine berittene Polizeitruppe gegen Friedensbruch und Straßenraub. 1478 wurde auf Betreiben des dominikanischen Beichtvaters der Königin, Thomas de Torquemada, die im Verlauf des Jahrhunderts verebbte Inquisition erneuert, die dann nach 1484 unbeschränkt in Spanien wirkte. Zahlreiche Angeklagte starben nach ihrer Verurteilung in den Autodafés. Obschon den Arabern *(Moros)* und Juden in

Granada 1491 Freiheit ihres Lebens und Glaubens garantiert worden war, entschloß sich die Königin unter dem Einfluß des Franziskaners Gonsalez Ximenes zu einer aktiven Bekehrungspolitik. 1492 fiel die letzte Bastion der Mauren in Granada. Der maurische König Abdallah verließ Spanien und begab sich ins afrikanische Exil. Da Spanien jedoch verhältnismäßig arm an Reichtümern und Nahrungsmitteln war, andererseits jedoch ein überreiches Angebot an Kriegern und Abenteurern aufwies, erstand hier jene Geisteshaltung, die wesentlich die Eroberungen in der amerikanischen Welt trug.

Auch für das aufstrebende Königreich Portugal brach im 15. Jahrhundert ein Zeitalter gewaltiger Entdeckungen an. Streben nach höherem wirtschaftlichem Gewinn bedingte nicht zuletzt die Erschließung der überseeischen Welt. Schon während der Regierung Johanns I. wurde 1415 das nordafrikanische Ceuta erobert. Prinz Heinrich der Seefahrer fuhr seit 1420 von Lagos aus an der afrikanischen Küste entlang nach Süden, um afrikanischen Goldstaub, den Karawanen an den Golf von Guinea brachten, und Negersklaven einzuhandeln, deren man ebenso in Portugal wie auf Madeira dringend als Arbeitskräfte bedurfte. 1444 gründete Heinrich die erste Lagosgesellschaft, der ausschließlich Bürger der Stadt Lagos am Kap Vicente beitreten durften. Nach jeder Fahrt wurde die Beute verteilt, wobei auf den Prinzen ein ganzes Fünftel des Gewinns entfiel. 1447 wurde die Gesellschaft umorganisiert, nun konnten sich auch Kapitalgeber aus ganz Portugal an dem schwunghaften Handel mit Gold und Sklaven beteiligen, deren Gegenwert in Stoffen, Sätteln, deutschem Silber, Messingringen und Korallen bestand.

Nachdem 1453 Konstantinopel in türkische Hand gefallen und damit der Mittelpunkt des Orienthandels der Christenheit verlorengegangen war, trat die Frage nach einem direkten Seeweg nach Indien in den Brennpunkt aktueller Wirtschaftsinteressen. Erstmals glückte 1486 Bartholomäus Diaz die Umsegelung des Kaps der Guten Hoffnung, der gefürchteten Südspitze Afrikas; die Weiterfahrt nach Indien scheiterte allerdings an der Meuterei seiner Schiffsbesatzung. 1497 lief Vasco da Gama mit vier Schiffen in den Atlantischen Ozean zum Kap aus, umsegelte es und fuhr anschließend entlang der ostafrikanischen Küste wieder nach Norden. Mit dieser Fahrt war er in den westlichen Bereich des arabischen Handels im Indischen Ozean gelangt. Mittels arabischer Lotsen und Seekarten erreichte er 1498 Kalikut am Fuße des Nilgiri im Süden von Goa, dem Hauptumschlagplatz des arabischen Gewürzhandels auf indischem Boden. Es bleibt Vascos Verdienst, den direkten Seeweg nach Indien erkundet zu haben. Aber die Portugiesen nutzten die Entdeckung für ihren Handel erst seit Anfang des 16. Jahrhunderts aus. Auf der Westfahrt über den Atlantik entdeckte schließlich im Jahre 1500 der portugiesische Seefahrer Pedro Alvarez Cabral (1460–1526) Brasilien, das seit 1511 nach seinem wichtigsten Exportartikel, dem Brasilholz, einem roten Färbestoff, bezeichnet wird.

Der Genuese Christoph Kolumbus fuhr auf der Suche nach den Gewürzen und den Schätzen Ostasiens 1492 im spanischen Auftrag von den Kanarischen Inseln aus nach Westen und entdeckte Amerika wieder; am 12. Oktober 1492 lief er mit seiner Karavelle »Santa Maria« das spätere San Salvador auf den Bahamas an. Den Neubesitz ließ das spanische Königspaar Ferdinand von Aragon und Isabella von Kastilien von Papst Alexander VI. 1493 garantieren, der eine Demarkationslinie zwischen den Machtsphären beider Staaten - sie verlief dreihundertsiebzig Meilen westlich von Kap Verde - festlegte. Der Vertrag von Tordesillas (1494) besiegelte diese Aufteilung.

Auf seiner zweiten Reise entdeckte Kolumbus 1493 die Durchfahrt zwischen den Kleinen Antillen und erreichte die Inseln Puerto Rico und Jamaica. Nicht als Händler, sondern als Eroberer gingen die Spanier ans Werk. Schon 1503 wurde in Sevilla die *Casa de la Contratación* für die Versorgung der Kolonien und die Sicherung der Kroneinkünfte als Handelsamt, Handelsgericht und Schmuggelbekämpfungsbehörde gegründet. Sämtliche Kolonien waren Eigentum von Kastilien, und nur Kastilianer durften sich dort niederlassen. Diese Regelung wurde erst unter Karl V. zugunsten anderer Reichsangehöriger gelockert.

Als Folge der Entdeckungen zeichnete sich eine entscheidende Verschiebung der Standortgegebenheiten ab. Afrika fand nun Anschluß an Europa, und die wirtschaftlichen Beziehungen zum Orient wurden wesentlich intensiviert; Portugal stieg zum überragenden Zwischenhändler des europäischen Kontinents auf. Die deutsche Hanse als Träger des West-Ost-Handels wurde schließlich von den aufsteigenden westeuropäischen Seemächten restlos überflügelt.

Seit dem 14. Jahrhundert spielte sich auf italienischem Boden ein Prozeß monarchischer Machtballungen bei zunehmendem Schwinden des alten Feudalismus ab. Die Entstehung der Signorie entmachtete die Zünfte *(Arti)* politisch und rückte den unabhängigen Alleinherrscher *(Signore)* an die Spitze des Gemeinwesens. Der Typ des Ständestaates war zudem in Italien nur vereinzelt vertreten: in Neapel, Sizilien, Sardinien, im Patrimonium Petri und im Patriarchat von Aquileja. Unter klarer Erfassung der Strukturelemente der Staatsorganisation konnte der italienische Rechtshistoriker P. S. Leicht feststellen, daß der Unterschied zwischen General- und Provinzialständen kaum Gewicht hatte, »weil die Fürsten in Wirklichkeit ganz von einer oberen Gewalt unabhängig waren«.

Dank dem fortschreitenden Machtschwund des deutschen Kaisertums seit der Stauferzeit war in Italien eine ganze Reihe autonomer Staaten entstanden. In Mailand herrschten die Visconti seit 1395 nicht mehr als kaiserliche Statthalter, nachdem Giangaleazzo Visconti (1395-1402), bei dem »der echte Tyrannensinn für das Kolossale gewaltig hervortrat« (Jacob Burckhardt), von König Wenzel zum Herzog erhoben worden war. Dieser komplottbegabte Fürst strebte nichts Geringeres an als die Krone Italiens oder sogar das Diadem des Heiligen Römischen Reiches. Sein durch die Eroberungen von Pisa, Siena, Perugia, Padua, Verona und Bologna gewaltsam gezimmertes und tyrannisch gebändigtes Reich überlebte allerdings seinen Tod nicht. Sein Sohn Giovan Maria ließ 1409 die hungernde Menge niedermachen und fiel als verhaßter und grausamer Feigling einem Attentat zum Opfer (1412). Sein Bruder Filippo Maria (1412-1447), der die Sicherheit seiner eigenen Person zum obersten Staatszweck erhoben hatte, entwickelte in seiner Umgebung ein ausgeklügeltes Überwachungssystem, lebte im Aberglauben und in der Heiligenverehrung und starb gleichwohl gefaßt als letzter Sproß seines Hauses.

Sein Schwiegersohn, der Mann seiner Tochter Bianca Maria, der als Condottiere berühmt gewordene Francesco Sforza (1450-1466), trat nach dem Intermezzo der wenig zugkräftigen Ambrosianischen Republik, gegen die er mit Florentiner Hilfe im Februar 1450 einen Staatsstreich angezettelt hatte, das Erbe der Visconti an. Ohne jemals die kaiserliche Anerkennung zu erreichen, wurde dieser fürstlich imposante Sforza nach 1455 doch von Frankreich und den übrigen italienischen Staaten akzeptiert. Er organisierte seinen Staat als zentralistische Einheit mit Staatsrat und Räten für Justiz und Finanzen. 1464 annektierte er das bald von Mailand (1421–1436), bald von Frankreich (1396–1409) abhängige und von Geschlechterkämpfen erschütterte Genua. Sein hübscher, schönredender Sohn Galeazzo Mario (1466–1476) wurde von Fanatikern gemeuchelt.

1478 schlug endlich die Stunde für den dunkelhäutigen Usurpator Lodovico il Moro (1451–1508), der seinen Neffen Giovanni Galeazzo, den Sohn Galeazzo Marios, um die Macht brachte und Mailand für sich forderte. Seine Hofhaltung machte in ihrer Sittenlosigkeit von sich reden. Der neue Herzog war gleichwohl klassisch gebildet und vermochte trotz seines labilen Charakters Künstler vom Range eines Bramante und eines Lionardo da Vinci anzuziehen. Lodovico war es nicht zuletzt, der nach der Entzweiung der Häuser Sforza und Aragon den König von Frankreich auf Neapel hetzte und damit die Expansionspolitik fremder Mächte auf der Appenninenhalbinsel begünstigte.

In Florenz war seit Beginn des Jahrhunderts das Bankiergeschlecht der Medici zu fürstlichem Rang aufgestiegen. Herzog Cosimo I. (1389–1464) lenkte dreißig Jahre lang die Geschicke des Stadtstaates, in dem dank einer intakten Rechtspflege politische Verbrechen weitgehend ausgeschlossen waren. Er versammelte um sich bedeutende Künstler, wie Donatello, Brunellesco und Fra Angelico, und gründete die Platonische Akademie, die der Humanist und Theologe Marsilio Ficino (1433–1499) leitete und an der das Studium der griechischen Geisteswelt gepflegt wurde. Cosimos Sohn Pietro, ebenfalls mit Mailand verbündet, trotzte dem Angriff des von der verbannten Florentiner Familie Albizzi gedungenen Condottiere Bartolommeo Colleoni.

Nach Pietros Tod übernahm der jugendliche Lorenzo il Magnifico (1449–1492), geradezu der klassische Renaissancefürst und ein begabter Gelehrter, Dichter und Kunstmäzen, das Herzogtum. Er unterdrückte die gegen ihn angezettelten Erhebungen von Prato (1470) und Volterra (1472). Einer Verschwörung der Pazzi, die die Tyrannen aus dem Hause Medici zu beseitigen suchten, fiel im Dom von Florenz am 26. April 1478 lediglich Giuliano Medici zum Opfer, während sein Bruder Lorenzo dem Attentat entging; die Verschwörer, unter ihnen der Florentiner Erzbischof Francesco Salviati, wurden von dem Herzog hingerichtet. Wenn er sich auch mit dem Blutgericht der päpstlichen Exkommunikation aussetzte, so hatte Lorenzo doch seine Macht als absoluter Herrscher endgültig behauptet. Papst Sixtus IV. eröffnete mit dem ihm verbündeten König Ferrante von Neapel (1458 bis 1494) den Krieg gegen Florenz, der das Herzogtum in eine ernste Lage brachte. Das besiegte Florenz, dem immerhin Neapel bald Friede gewährte, wurde genötigt, das Chiantital an Siena abzutreten und die inhaftierten Pazzi freizulassen. Aber erst 1480 löste der Papst den Herzog von Exkommunikation und Interdikt, nachdem sich Lorenzo verpflichtet hatte, Sixtus IV. fünfzehn Galeeren als Türkenhilfe zuzuführen.

Der politisch begabte König Ferrante, ein unehelicher Sohn Alfons' V., verwirklichte nach anfänglichen Kämpfen mit seinen Untertanen und seinem Nebenbuhler Johann von Anjou in seinem neapolitanischen Reich den zentralen Einheitsstaat. Gegen Venedig und den Papst stand er im Krieg um Ferrara (1482–1484) auf der Seite von Florenz und

Mailand. Im »Baronenkrieg« von 1485, der von den königlichen Beamten Antonello Petruccio und Francesco Coppola als großangelegtes Komplott gegen Ferrante entfesselt und von Papst Innozenz VIII. unterstützt wurde, behauptete sich das verhaßte Königtum, nachdem es zahlreiche Aufständische liquidiert und gegen Zinsverpflichtung 1486 wieder päpstliche Anerkennung gefunden hatte.

Nach dem siegreichen Ende der mit Genua geführten Seekriege (1381) war Venedig, diese »Stadt des scheinbaren Stillstandes und des politischen Schweigens« (Jacob Burckhardt), zur Beherrscherin des Mittelmeeres vorgerückt; vor allem besaß es das Monopol im Levantehandel. Am Ende des 15. Jahrhunderts verfügte die aristokratische Republik San Marco über ein Territorium, das vom Po im Süden bis zum Plöcken-Paß im Norden, von Brescia und Bergamo im Westen bis zur Grafschaft Görz im Osten reichte; hinzu kamen Stützpunkte in Durazzo an der dalmatinischen Küste, auf Korfu und auf Kreta (Kandia). 1406 mußte Mailand, das die Scalas zuvor aus Verona vertrieben hatte, seine Erwerbung, die Mark Friaul, an Venedig abtreten, und dem Dogen Francesco Foscari (1423–1457) war es gelungen, den Viscontis Padua, Vicenza und Brescia abzunehmen. Der 1310 zum Schutz gegen Verschwörungen errichtete »Rat der Zehn«, dem das Recht über Leben und Tod zustand, stürzte allerdings 1457 diesen hervorragenden Staatsmann. Foscari war in die Auseinandersetzungen zwischen den alten und neuen Adelsgeschlechtern geraten und von den alten Familien der Unfähigkeit beschuldigt und schließlich unter Mißachtung des Gesetzes seiner Würde entkleidet worden. Aber keiner seiner Nachfolger, die im restlichen Quattrocento Venedig regierten, erreichte mehr sein hohes Format.

Im Krieg mit den Türken 1463, den Papst Pius II. in Kreuzzugsabsicht begrüßte, ließen die europäischen Staaten Venedig im Stich. Es waren vornehmlich jene Mächte, die sich dann maßlos entrüsteten, als die Republik ihre Mitwirkung an der Rückeroberung Otrantos ablehnte und 1479 Frieden mit dem Osmanenreich schloß. Venedig erklärte im Mai 1482 wegen Grenzstreitigkeiten und Kontroversen über Gerichtsbarkeit und die Salzherstellung in Comacchio dem Herzog Ercole I. d'Este von Ferrara (1472–1502) den Krieg, den es gegen die verbündeten Mächte Florenz, Neapel und den Papst im Verein mit dessen Neffen Girolamo Riario, dem Herrscher der Romagna, zu bestehen hatte. 1487 führte Venedig mit Herzog Sigmund von Tirol den handelspolitischen Roveretokrieg, 1488 trat es die Herrschaft über Cypern an, als die gebürtige Venezianerin Catarina Cornaro, die Witwe des Königs Jakob II., der Regierung entsagte.

Am Ende des Jahrhunderts entbrannte der Kampf um Italien: das Frankreich Karls VIII. und dagegen die »Liga zum Schutz der Christenheit«, in der sich Kaiser, Papst, Aragon, Venedig und Mailand zusammengefunden hatten, beherrschten 1495 die politische Bühne Italiens, auf der es bald zu weltgeschichtlichen Auftritten im Kampf um die Vorherrschaft im Abendland kommen sollte.

Mit dem Niedergang der Mediceerherrschaft und der Vertreibung des mit Frankreich paktierenden Pietro Medici im Jahre 1494 zeichnete sich in Florenz ein gewaltiger Umschwung ab: der Übergang zur Volksherrschaft stand völlig unter dem Eindruck der gewaltigen Persönlichkeit des Bußpredigers aus dem Dominikanerkloster San Marco, Fra Girolamo Savonarola, der den Staat mit einer halbdemokratischen Verfassung und der sittenstrengen Regierung seiner ihm nacheifernden Genossen, der *Piagnoni* (»Greiner«), reorganisierte. Gleichzeitig aber machte sich ein beklagenswerter Kulturverfall und Stillstand der ehedem blühenden Künste bemerkbar, eine Entwicklung, die erst nach dem Feuertod des vom Papst gebannten Reformators vor der Signorie 1498 ihr Ende fand.

Das italienische 15.Jahrhundert ließ auf einmalige Weise die Idee fruchtbarer Größe erkennen. Der Mensch war zum Genie geboren, zum Helden bestimmt, zum Erfolg erkoren. Namentlich die Trias der großen Herrschergestalten des Quattrocento — Francesco Sforza von Mailand, Lorenzo il Magnifico von Florenz und Ferrante von Neapel —, denen es gelang, ihre Staaten zu festigen und die Freiheit der italienischen Erde zu behaupten, sind ruhmvolle Beispiele für die unbegrenzten Entfaltungsmöglichkeiten einer überragenden Persönlichkeit in der aufdämmernden Moderne. Aber zu der imposanten geistigen Befreiung des Menschen in diesem Jahrhundert stand die Sklaverei in Italien und anderen Mittelmeerstaaten in einem krassen Gegensatz und überschattete die intellektuelle Aufwärtsentwicklung. Auch sonst bedrückten schwerste materielle Sorgen die Masse der Bevölkerung, die vor allem in der ersten Hälfte des Quattrocento entsetzlich unter den Pestausbrüchen zu leiden hatte.

Verachteten die Kunstenthusiasten den Broterwerb des Alltags, so lebten andere unverschuldet in äußerster Dürftigkeit. Das Italien des 15.Jahrhunderts war eine Welt harter Kontraste, bestimmt sowohl von überragenden und kraftvollen Persönlichkeiten als auch von talentlosen Schlemmern, es bietet zugleich ein grausames Panorama des Haders und ein harmonisches Bild ausgleichender Kräfteverteilung.

Der Norden

Zu Anfang des 15.Jahrhunderts zeigte sich ein geeintes Skandinavien. Die Kalmarer Union von 1397 verband die Reiche unter einem gemeinschaftlichen Wahlkönigtum. Königin Margarete, die Gemahlin Håkons VI. von Norwegen, regierte seit 1375 Dänemark, seit 1380 Norwegen und war 1388 zur Regentin Schwedens erwählt worden; sie leitete bis zu ihrem Tod 1412 die politischen Geschicke des europäischen Nordens.

In Kalmar wurde ihr Großneffe Erich VII. (XIII.) der Pommer (1412–1439) zum König von Skandinavien gekrönt. Doch seine starre, unnachgiebige Haltung hinderte ihn daran, vor allem die Schweden für sich zu gewinnen; die schwedischen Großen fühlten sich überdies durch den auffallenden Vorrang brüskiert, den dänische und deutsche Vögte genossen. Seiner Natur nach war Erich ein Absolutist, der sich sogar in die Wahl des Erzbischofs von Uppsala einmischte und die Autorität des Reichsrats wenig respektierte. Die hohen Militär- und Steuerleistungen und seine Finanzpolitik steigerten noch die Opposition. Auch sein Kampf mit Holstein um Schleswig erwies sich als kostspieliges Unternehmen, zudem trieb er 1426 die Hanse ins Lager seiner Gegner und setzte seine Länder ihrer Blockade aus. 1432 schloß König Erich einen Waffenstillstand mit der Hanse, die nun die Ausfuhr des schwedischen Kupfers und Eisens betrieb.

Aber im Innern Schwedens gärte es, brutale Übergriffe derVögte schürten die Empörung. Die bergmännische Oberschicht erzwang sich ihre politische Mündigkeit. Im Frühling des Jahres 1434 kam es endlich zu offenem Aufruhr. Bauernhaufen unter dem deutschstämmigen Knappen Engelbrecht Engelbrechtsson wälzten sich durch Uppland nach Uppsala und Stockholm. Selbst in Finnland brachen Aufstände aus. Der König segelte im Oktober 1434 mit seiner Flotte nach Stockholm, um den Schweden seine militärische Stärke vor Augen zu führen. Ein einjähriger Waffenstillstand wurde ausgehandelt und der Streit einem Schiedsgericht übergeben, das aus Ratsmitgliedern Norwegens, Dänemarks und Schwedens zusammengesetzt war; die Ratsversammlung von Arboga im Januar 1435 ernannte Engelbrecht Engelbrechtsson zum Reichshauptmann. Fest in königlicher Hand blieben nur Stockholm, Kalmar und etliche andere Schlösser. Die beiden Parteien verglichen sich unter dem Vorsitz Hans Kröpelins im Stockholmer Schloß.

Der Stockholmer Frieden (1435) leitete eine Änderung der bisherigen Politik des Königs ein: Mitwirkung des Reichsrats bei Vogtbestellung und Steuererleichterungen wurden zugesichert. Als neuer Marschall wurde Karl Knutsson eingesetzt, die Hauptgestalt Schwedens in der Jahrhundertmitte und die markanteste Figur des schwedischen Reichsrats. Für seine zentralistischen Absichten suchte sich König Erich auf der Kalmarer Reichsratstagung die Rückendeckung beim dänischen Rat mit Versprechungen zu erkaufen. Aber den Schweden gelang es, die Dänen für sich zu gewinnen, so daß der König sein Programm wohl oder übel fallenlassen mußte. Der Reichsrat hatte seine traditionellen politischen Rechte gegenüber dem Monarchen erfolgreich verteidigt.

Nach Erichs von Pommern Sturz im Jahre 1439 – er starb erst zwanzig Jahre später – wurde Herzog Christoph von Bayern als Christoph III. neuer skandinavischer König (1440–1448). Der vom dänischen und schwedischen Reichstag gewählte Monarch war der Sohn Christines von Dänemark, einer Schwester König Erichs, die den Wittelsbacher Pfalzgrafen Johann von Neumarkt geheiratet hatte. Er erhielt auch das Herzogtum Schleswig als Erblehen, um das bis zum Frieden vonWordingberg auf Seeland (1435) gekämpft worden war. Nach Christophs III. Tod wählten allerdings Dänemark und Schweden zwei verschiedene Könige. Dänischer Herrscher wurde Christian I. von Oldenburg (1448–1481) und König von Schweden Karl VIII. Knutsson, der 1449 auch die norwegische Herrschaft antrat. Karl VIII. Knutsson, ein kluger Realpolitiker, verfocht ein starkes Nationalkönigtum. Er gilt als propagandistischer Schöpfer des schwedischen »Dänenhasses« und hat mit Unterbrechungen im finnischen Exil dreimal auf dem Thron von Schweden gesessen (1448 bis 1457, 1464–1465 und zuletzt 1467–1470). Am Ende blieb von seinem anfänglichen Regierungsprogramm kaum noch etwas übrig. Sein Nebenbuhler aus dem Hause Oldenburg, Christian I., war jung und entsprach ganz den dänischen Wünschen. Er garantierte in einer Urkunde die Rechte seiner Untertanen, 1460 wurde er als Nachfolger Adolfs VIII. Graf von Holstein und Herzog von Schleswig. Damit kamen diese Gebietsteile zur dänischen Krone, die durch den Erwerb Holsteins zugleich die deutsche Reichsstandschaft erworben hatte. Die Herrschaft über Schweden vermochte Christian nur acht Jahre lang (1457–1464) zu behaupten, dann verlor er den schwedischen Thron wieder an Karl Knutsson und schließlich an den gewählten Reichsverweser Sten Sture.

Die Entscheidung fiel in der Schlacht am Brunkeberg bei Stockholm am 10. Oktober 1471, in der die Dänen von den Schweden besiegt wurden. Ein volles Vierteljahrhundert ließ Dänemark daraufhin Schweden in Frieden, Christian mußte seine Rückeroberungspläne zurückstellen. Immerhin nahmen die Räte der drei Königreiche nach seinem Tod die Unionsverhandlungen wieder auf. Im »Rezeß von Halmstad« (1483) gewann ein Unionsverfassungsentwurf Gestalt, der zwar von Schweden gebilligt, dann aber doch nicht verwirklicht wurde. Sten Sture vernachlässigte die Ziele der Union und betrieb vor allem die Festigung und Zentralisierung der Verwaltung. Mit Hilfe einer Privatarmee verfolgte er den egoistischen Plan, mit seinen einstigen Kampfgefährten, den Axelsöhnen, abzurechnen, die Schonen, Gotland und finnische Lehen besaßen. Bei der Auseinandersetzung verlor er aber die Insel Gotland, die dänisch wurde.

Immer wieder hatte die Bauernrepublik der Dithmarscher ihre Freiheit gegen die Dänen und den holsteinischen Adel siegreich verteidigt. Dieser Freistaat an der Nordsee war weder deutsch noch dänisch, sondern friesisch. Seit alters her erfreuten sich dessen reiche Viehbauern politischer Selbständigkeit. An diesen zähen und freiheitsliebenden Bauern scheiterte auch der Nachfolger König Christians I., Johann (1481-1513). Die von seinem Bruder Herzog Friedrich vorbereitete Expedition in die Dithmarschen zwischen Elbe und Eider endete trotz dem Einsatz der sächsischen Garde unter dem Junker Schlentz mit einer Niederlage für das Ritterheer. Der Zug war wegen des frostharten Bodens im Marschland für Februar 1500 angesetzt worden. Bei Hemmingstedt wurde der steckengebliebene Heereszug zusammengeschlagen und mußte hohe Verluste an Kämpfern und Kriegsgerät hinnehmen; das Banner des dänischen Königs fiel in die Hände der Sieger. Mit dieser dänischen Katastrophe, die ihre nachhaltige Wirkung auch auf die beiden anderen Königreiche nicht verfehlte, schließt gleichsam das 15. Jahrhundert.

Der Osten

Polen war seit 1386 durch die Ehe des litauischen Großfürsten Jagiello, des späteren polnischen Königs Wladislaw II. (1386-1434), mit Hedwig, der Tochter Ludwigs des Großen von Ungarn und Polen, mit Litauen vereinigt. Der Sieg von Tannenberg (1410) über den Deutschen Orden, die Türkenabwehr, der Aufstieg der Aristokratie, Humanismus und hohe kulturelle Leistungen bestimmen das ganze 15. Jahrhundert in Polen. In Rußland brachte das Jahrhundert die Festigung des Moskauer Staates; an seinem Ausgang bahnte sich der Zerfall der Zwangsherrschaft der Goldenen Horde an.

Für Ungarn jedoch brachte das Jahrhundert politischen Abstieg, der nach 1526 schließlich in die türkische Okkupation mündete; auch hier hatten die Jagiellonen nach dem Tod Albrechts von Österreich die Macht übernommen. Andererseits erlebte Ungarn gerade in dieser Periode seine humanistische Blütezeit. In der Gestalt des Königs Matthias Corvinus rückte die Vereinigung Ungarns, Polens und Böhmens in greifbare Nähe. Doch nach seinem Tode regierten wieder Jagiellonenherrscher in Polen und Ungarn. In Böhmen war nach dem Tod des Prager Professors Johann Hus in Konstanz Haß gegen alles Deutsche aufgelodert. Die Hussitenkriege brachten den Reichsheeren schwere Niederlagen ein. In den fünfziger Jahren erschütterten Parteienkämpfe das Land, das sich nun mehr und mehr in einen nationaltschechischen Staat verwandelte, eine Entwicklung, die erst nach dem Dreißigjährigen Krieg wieder die deutsche Bevölkerung begünstigte.

Der Wendepunkt vom Mittelalter zur Neuzeit im christlichen Osten wurde jedoch von einer Katastrophe weltgeschichtlichen Ausmaßes gesetzt: das blutige Ende des Oströmischen Reiches durch den Fall Konstantinopels am 29. Mai 1453. Die türkische Besetzung Athens, Bosniens, der Walachei, Albaniens und Belgrads zwischen 1460 und 1521 war die zwangsläufige Folge des epochalen osmanischen Sieges.

In Polen wurde der politische Kurs zu Beginn des Jahrhunderts weitgehend von Jagiello bestimmt. Die Vereinigung Litauens und Polens brachte den Deutschen Orden, der Preußen, Kurland, Livland und Estland beherrschte, in eine zunehmend schwierige Lage. Wie der Litauerfürst Witold war Jagiello ein unverhohlener Gegner des Ritterordens; auf dem Schlachtfeld bei Tannenberg am 15. Juli 1410 erfocht Jagiello den größten Sieg seines Lebens; das polnisch-litauische Bündnis hatte seinen stärksten Gegner niedergerungen, die Vorherrschaft des Deutschordens im Baltikum war für alle Zeit gebrochen.

Das neue polnische Königtum vermochte sich zügig zu entwickeln, die kampflose Übergabe der Burgen und die Haltung der Bevölkerung schien das Aufgehen des Deutschordensstaates in Polen und Litauen anzukündigen. Ritterschaft, Bischöfe und Städte huldigten dem König und ließen sich von ihm ihre Rechte bestätigen. Die Entsendung des Erzbischofs von Gnesen und des Rektors der neuen Universität Krakau, des profiliertesten polnischen Staatsdenkers Paulus Wladimir von Brudzen, zum Konstanzer Konzil (1414 bis 1418) brachte Jagiello die Anerkennung seines Anspruchs, einer der einflußreichsten christlichen Herrscher zu sein, die ihm nach seinem Tannenberger Sieg zunächst noch versagt worden war. 1421 versprach sogar Kurfürst Friedrich von Brandenburg dem polnischen König seinen Beistand gegen den Deutschen Orden. Als antideutsche Bewegung entzündete auch in Polen das Hussitentum die Herzen; Sympathien und Antipathien zeichneten sich ab, die von ferne schon an den Panslawismus des 19. Jahrhunderts erinnern. Aber dank päpstlicher Einmischung versöhnte sich Jagiello 1423 mit Kaiser Sigismund, vor allem wegen der dringlich gewordenen Verteidigung des katholischen Glaubens.

Auf dem Reichstag zu Brześć wurde erstmals ein Riß zwischen Herrscherhaus und polnischem Volk sichtbar. Als Gegenleistung für die erbetene Anerkennung des ältesten Königssohns als Thronfolger forderten die Stände von Jagiello einen neuen Freibrief, den der König jedoch wegen einer Klausel verweigerte, die die Bestätigung der Ständeprivilegien durch seinen Nachfolger bindend zusagte. In dieser Lage erstand der Opposition in dem Krakauer Bischof Sbigneus Olesnicki für nahezu drei Dezennien der überragende führende Kopf; ihm unterwarfen sich die polnischen Stände bereitwillig, um so mehr, als sie in der Bestimmung ihres künftigen Königs frei bleiben wollten. 1430 mußte Jagiello schließlich doch den polnischen Ständen ihre Freiheiten und das Recht zugestehen, einen seiner Söhne, nicht nur den ältesten, zu ihrem König zu wählen.

Das Problem der Moldau, das Kaiser Sigismund mit der Aufteilung des Landes zwischen Polen und Ungarn zu entscheiden trachtete, führte zu neuen Konflikten, da Jagiello begreiflicherweise seinen Moldauer Lehnsmann vor dem Schicksal, sein Territorium in den beiden mächtigeren Staaten aufgehen zu sehen, bewahren wollte. Zuvor hatte Witold nach anfänglichem Zögern auf dem Kongreß von Łuck in Wolhynien die Krone des neugeschaffenen litauischen Erbkönigtums angenommen. Jagiello erhoffte sich dadurch nicht zuletzt eine fühlbare Stärkung seines Hauses in der polnischen Verfassungskrise, wenngleich die Polen gegen die Erneuerung der litauischen Monarchie wegen ihrer Unvereinbarkeit mit dem polnisch-litauischen Bundesvertrag protestiert hatten. Sie kam aber Sigismund recht gelegen, doch Witold starb schon am 27. Oktober 1430.

In der Folgezeit vermochten die Schachzüge der Luxemburger Dynastie der mittlerweile gefestigten polnisch-litauischen Union nichts mehr anzuhaben. Witolds Nachfolger als Großfürst von Litauen, Swidrigiello, erfreute sich großer Beliebtheit und einer starken Stellung im Land. Da er aber die polnische Vorherrschaft nicht uneingeschränkt anerkannte, brachen die alten Gegnerschaften von neuem auf, in beiden Lagern fällte man verhängnisvolle Fehlentscheidungen. Polen erhob massive Ansprüche auf Wolhynien, und Litauen verbündete sich mit dem Deutschen Orden. Jagiellos letzter Versuch, einen Bruch zu verhüten, scheiterte: 1431 fiel Polen in Wolhynien ein. Aber bald schon wurde ein Waffenstillstand geschlossen. Als Swidrigiello sein Bündnis mit dem Deutschen Orden erneuerte, setzten ihn die Polen am 1. September 1432 in einem Staatsstreich ab. Der neue Litauerfürst Sigismund, der Bruder des flüchtigen Swidrigiello – er wurde im litauischen Kernland anerkannt –, schloß am 15. Oktober 1432 in Grodno einen neuen Bundesvertrag mit Polen. Zugleich erklärte man die litauisch-deutschordensritterliche Allianz für nichtig. Nach dem Ableben Jagiellos am 31. Mai 1434 nahm Olesnicki die Zügel der polnischen Politik in die Hand.

Der am 25. Juli 1434 gekrönte zehnjährige König von Polen, Wladislaw III., stand unter der Regentschaft des königlichen Rates. In der Auseinandersetzung zwischen den rivalisierenden Litauern, Sigismund und Swidrigiello, der bei Witebsk starke russisch-tatarische Streitkräfte zusammengezogen hatte, fiel die Entscheidung am 1. September 1435 bei Wilkomierz, Swidrigiellos Truppen wurden vom polnisch-litauischen Heer aufgerieben. Damit nahmen auch die polenfeindlichen Bestrebungen Kaiser Sigismunds einen negativen Ausgang: Litauens Schicksal war auf Jahrhunderte besiegelt.

Der in Krieg und Frieden erfolgreiche Krakauer Bischof Olesnicki trachtete danach, die Hussiten auszurotten und Schlesien auf diplomatischem Wege zurückzugewinnen. Sein Hauptplan aber gipfelte darin, Polen zu einem Bollwerk der katholischen Kirche und einer europäischen Großmacht zu machen. Diesem Ziel sollten die Bündnisse mit Litauen und Ungarn dienen; für Ungarn war Polen ohnehin als mächtiger Helfer gegen die Türken außerordentlich wichtig. Durch die Heirat des jungen Wladislaw III. mit Anna, der Tochter des deutschen Königs Albrecht II. (1438–1439), hatte Polen schließlich berechtigte Erbansprüche gegenüber dem Kaiserhaus erworben. Aber der polnische König fiel 1444 in der Schlacht von Varna gegen die bis zum Unterlauf der Donau vorgedrungenen Türken, nachdem er auf Vorstellungen des Papstes Eugen IV. einen zehnjährigen Waffenstillstand mit den Osmanen gebrochen hatte.

Mit Kasimir IV. (1447–1492) bestieg die überragende Königsgestalt der polnischen Geschichte im 15. Jahrhundert den Thron. Als Regent Litauens suchte Kasimir IV. die

EUROPA IM 15. JAHRHUNDERT

litauische Macht über die russischen Fürstentümer auszudehnen, doch zwangen ihn die Umstände zu einer Schwenkung in seiner Politik; Kasimir schloß einen Beistandspakt mit Wassilij von Moskau (1449), in dem auch gemeinsame Aktionen gegen die Krimtataren beschlossen wurden. Im Innern mußte Kasimir die Macht des Königtums gegen oligarchische Bestrebungen der Magnaten abschirmen. Es war vor allem Olesnicki, mit dem sich der König, von einigen Großen unterstützt, in den ersten Regierungsjahren auseinanderzusetzen hatte. In derselben Zeit setzte die Expansionspolitik im Norden Großpolens ein. Durch die Vermählung mit Elisabeth, einer anderen Tochter Albrechts II. und Schwester des ungarischen Königs Ladislaus Posthumus, konnte sich Kasimir IV. auch die ungarische und böhmische Thronfolge sichern. Im Jahr 1454 brach dann ein neuer Krieg zwischen dem Deutschen Orden und Polen aus. Landadel und Städte des Ordens hatten eine »Preußische Liga« gebildet und den polnischen König vergeblich um aktive Hilfe gegen ihre Regierung angerufen. Nach örtlichen Aufständen in Thorn, Danzig, Elbing und Königsberg bot die Preußische Liga dem polnischen König in Krakau im Februar 1454 die Unterwerfung an; Preußen wurde Polen einverleibt, seine Bewohner erhielten die gleichen Rechte wie die polnischen Bürger. 1457 eroberte Kasimir IV. noch den Sitz des Hochmeisters des Deutschen Ordens, die Marienburg an der Nogat. Im zweiten Frieden zu Thorn von 1466 mußte der Orden Westpreußen mit dem Ermland an die polnische Krone abtreten, die Deutschherren erhielten Ostpreußen als polnisches Lehen zurück.

Ungarn war zehn Jahre zuvor (1456) von seinem Reichsverweser Johann Hunyadi in einem Sieg über die Türken bei Belgrad gerettet worden. In die glanzvolle Regierung seines Sohnes Matthias Corvinus (1458–1490) fällt die Besetzung der böhmischen Nebenländer Mähren, Schlesien und der Lausitz. Matthias Corvinus schloß 1478 Frieden mit Wladislaw IV., dem Sohn Kasimirs IV., und vertrieb 1485 sogar Friedrich III. – den einstigen Vormund des böhmisch-ungarischen Königs Ladislaus Posthumus – aus der Reichshauptstadt Wien, in die der Kaiser erst 1490 wieder zurückkehrte. Wladislaw IV. verfügte seit 1451 auch über die böhmische Krone, 1490, nach dem Tode Matthias Corvinus' wurde er auch ungarischer König; Ungarn war mit Böhmen vereint. Doch schon im Preßburger Frieden von 1491 erhielt das Haus Habsburg das erbliche Anrecht auf die Stephanskrone zugesichert.

In Rußland vollzog sich im 15. Jahrhundert ein großartiger Prozeß staatlicher Einigung im Zeichen des Moskauer Fürstentums. Großfürst Wassilij II., dieser Zar von Gottes Gnaden, verkörperte während der Sitzungsperiode des Florentiner Konzils von 1439 den Lenker der östlichen Christenheit und des heiligen Rußlands gegen die Lateiner. Nach dem Untergang des byzantinischen Reiches wurde Moskau als Nachfolgerin von Konstantinopel zum kirchlichen Mittelpunkt der östlichen Christenheit, zum »Dritten Rom«.

Doch befanden sich die Moskowiter Großfürsten zu Beginn des 15. Jahrhunderts in denkbar schwieriger Lage. Die Litauer strebten von Kiew aus nach der Herrschaft über ganz Rußland, und die Mongolen beherrschten das Wolgabecken, von wo aus sie ständige Terroraktionen in großrussisches Gebiet unternahmen. Der Untergang des Moskauer Staates schien unausweichlich. In dieser verzweifelten Situation fanden Staat und Kirche,

Großfürst und Metropolit zu einem Bündnis zusammen. Der Pakt mußte riskant und bedenklich erscheinen, erwies sich aber in der politischen Wirklichkeit als äußerst nützlich. Nachdem der Moskowiter Großfürst Iwan III., der Große (1462–1506), die großrussischen Fürstentümer und Städte unterworfen und die Auseinandersetzung mit der Hocharistokratie der Bojaren erfolgreich bestanden hatte, war der zaristische Absolutismus endgültig gesichert. Schon ein Jahr nach seinem Regierungsantritt gehorchten ihm die Fürsten von Jaroslavl, 1478 unterwarf er sich die mit der Hanse verbündete Stadt Nowgorod. Seine (zweite) Ehe mit Zoë Paläologos, der Nichte des letzten byzantinischen Kaisers, verlieh Iwan einen beträchtlichen Vorsprung an Autorität und Legitimität. Sinnbildhaft und anspruchsvoll zierte nun der doppelköpfige Adler von Byzanz sein Feldzeichen. Als er schließlich das tatarische Joch abgeschüttelt und die Polen und Litauer überwältigt hatte, nahm er als äußeres Zeichen seiner neuen Autokratie den Titel *Samoderžec* (Selbstherrscher) und *Zar (Caesar)* an. Iwan III. kann mit Recht als der Begründer der russischen Alleinherrschaft gelten. Geschlossen unterstützte die russische Kirche diesen Herrscher, der dem Staat die Einheit der Politik und des Glaubens, den Frieden im Innern und die Sicherheit nach außen gegeben hatte.

Die türkische Expansion

Schon im 14. Jahrhundert hatten die Osmanen unter Sultan Murad I. (1358–1389) die türkische Herrschaft auf dem europäischen Kontinent aufgerichtet. Das Osmanenreich stützte sich als »militärische Theokratie« (Franz Babinger), als der kriegerische Gottesstaat des Islams auf den Koran, von dessen Gesetzen auch der Herrscher nicht entbunden war.

Murad I. gelang die Eroberung des Landes um Konstantinopel, die Einnahme der Städte an der Maritza, des nordwestlich der alten byzantinischen Hauptstadt gelegenen Adrianopel (1362) und Philippopel (1363). Der Kreuzzug König Peters I. gewann 1366 den von Sultan Urschan (1326–1359) eroberten Hafen Gallipoli an den Dardanellen für die Griechen zurück, allerdings nur für ein knappes dreiviertel Jahr. In den türkischen Expansionszügen gegen das Königreich Serbien war König Wukaschin dem Sultan Murad I. 1371 in der Maritza-Schlacht unterlegen. Nach verheißungsvollen Erfolgen der Serben im Bunde mit Albanien und Bosnien kam es am 15. Juni 1389 auf dem Amselfeld bei Kossowo nordwestlich von Prischtina im Morawa-Bogen zur Entscheidungsschlacht. Der serbische König Lazar Grbljanowitsch (1377–1389) fand den Tod auf dem Schlachtfeld, aber auch der siegreiche Sultan verlor durch ein Attentat sein Leben. Sein Sohn Bajesid I. (1389–1402) spaltete Serbien in zwei Hälften, deren Herrscher er sich tributpflichtig machte. 1393 fiel die alte bulgarische Hauptstadt Tirnowa an der Jantra, und 1396 wurde das ganze Gebiet als neue Provinz dem sultanischen Reich einverleibt.

Immer stärker geriet das byzantinische Reich in einen Auflösungsprozeß; selbst das vom Ungarnkönig Sigismund aufgebotene Kreuzheer mit ungarischen, deutschen und französischen Ritterkontingenten vermochte die Christenheit auf dem Balkan nicht zu entlasten, es wurde am 28. September 1396 bei Nikopolis an der Südgrenze des Fürstentums Walachei aufgerieben. Sultan Bajesid I. unterlag jedoch bei dem Versuch, die osmanische Macht auf Kleinasien auszudehnen, bei Angora in Anatolien im Juli 1402 dem Mongolenfürsten von Samarkand, Timur Leng, der ihn bis zum Tod gefangenhielt. Schon glaubte der Okzident, von dem unerträglichen Alpdruck der Türkengefahr erlöst zu sein, da verstand es Sultan Mehmed I. (1413–1421), nach Timurs Tod (1405) die osmanische Herrschaft wiederherzustellen und neu zu festigen; sein Sohn Murad II. (1421–1451) unterwarf fast den ganzen Balkan. Als Vollblutpolitiker bestach er durch Toleranz und sichere Entscheidungen, als Soldat schmiedete er sich die hervorragende Waffe der Janitscharen, die sich seit 1438 auch aus zwangsrekrutierten Christen ergänzte.

Sultan Murad II. hatte schon 1422 Konstantinopel drei Monate lang vergeblich belagert, ehe er am 29. März 1430 Thessalonike eroberte, den Hauptstützpunkt Venedigs für den Levantehandel. Nach Kaiser Sigismunds Tod (9. Dezember 1437) griff der Sultan plötzlich und unvermutet die Königreiche Ungarn und Serbien an. Bereits im Herbst 1438 brausten die Osmanen durch Siebenbürgen; zwar trotzte ihnen Hermannstadt, aber Schäßburg, Mediasch und die Kronstädter Vorstädte fielen ihren Brandpfeilen zum Opfer, und die Sieger beugten die Bevölkerung unter das leidvolle Joch ihrer Sklaverei. Nach der Einnahme der Hauptstadt Semendria an der Donau, östlich Belgrad (18. August 1439), war nahezu ganz Serbien türkisch. Im April 1440 griff Murad II. nach der Festung Belgrad. Doch das äußerste Bollwerk der Christenheit hielt den Belagerern tapfer stand; unverrichteterdinge mußte das Belagerungsheer im September wieder abziehen.

In der Folgezeit bereitete der ungarische Feldherr Johannes Hunyadi den sultanischen Heerführern einige empfindliche Niederlagen; die kühne Expedition des Kreuzheeres unter Wladislaw III. und dem ungarischen Reichsverweser Hunyadi, die 1443/1444 tief in osmanisches Gebiet vorstieß und die Türken bei Nisch schlug, fand ungeheuren Widerhall in der Christenheit. Die tapferen Waffentaten machten auch auf den Sultan Eindruck: er garantierte in Adrianopel einen zehnjährigen Waffenstillstand (1444). Unter dem Eindruck der Kreuzzugsvorbereitungen des Papstes Eugen IV. und der Vorstellungen des Kardinallegaten Guiliano Cesarini brach jedoch Wladislaw III. das Übereinkommen mit der Hohen Pforte, und am 11. November desselben Jahres wurde in der Schlacht von Varna am westlichen Gestade des Schwarzen Meeres das christliche Heer vernichtet. Vier Jahre später besiegte Murad II. auch Johannes Hunyadi, der sich für Varna rächen wollte, in der zweiten Amselfeldschlacht (19. Oktober 1448).

Aber erst sein Sohn Mehmed II. (1451–1481) errang den Endsieg der türkischen Waffen auf dem Balkan mit der Einnahme Konstantinopels. Am 29. Mai 1453 nahm er das sich heldenmütig wehrende Konstantinopel und zerschlug damit das griechische Reich, den exponierten Vorposten des Abendlandes. In der ehrwürdigen Hagia Sophia, dem Kultzentrum der östlichen Christenheit, wurde fortan nicht mehr das Evangelium gepredigt, sondern der muslimische Glaube verkündet. Nach der Eroberung und Plünderung der volkreichen und begüterten Hauptstadt des Paläologenreiches führten die Sieger an die sechzigtausend Gefangene und unübersehbare Beute hinweg.

Mehmed II., eine der eindrucksvollsten und rücksichtslosesten Herrschergestalten des späten Mittelalters, war von unstillbarem Eroberungssinn, aber auch von weitreichender religiöser Toleranz beseelt; er fühlte sich als rechtmäßiger Nachfolger der byzantinischen Imperatoren. An der Neige seines Lebens mischten sich in seltsamer Verwischung in seinen Zügen, die eine schnabelscharfe Nase beherrschte und ein Vollbart umrahmte, Sinnlichkeit und Tücke, Grausamkeit, Krankheit und Wehmut. Bei der gerechten Beurteilung der »dämonischen Persönlichkeit« Mehmeds II. darf, wie sein Biograph Franz Babinger mit Recht hervorhebt, nicht verkannt werden, »daß gar vieles, was an den Namen des Eroberers geknüpft wird, auf Rechnung der gewaltsamen und außergewöhnlichen Zustände zu setzen ist, die der Zusammenstoß so feindlich sich begegnender weltgeschichtlicher Elemente, wie Islam und Christentum, europäische und asiatische Verhältnisse, hervorbringen mußte«.

Dieser Sultan verstand es virtuos, seinen Staat, der sich auf zwei Erdteile, auf Europa und Asien, verteilte, planmäßig auszubauen und gleichzeitig die sultanische Großmacht unaufhaltsam nach Westen vorzuschieben. Serbien, Albanien und das untere Donaugebiet bildeten nach 1453 seine nächsten Hauptoperationsgebiete.

1454 plünderte Mehmed das serbische Land und nahm nach gewaltigem Artilleriebeschuß Ostrovica ein. Dann aber verheerte Hunyadi von Belgrad aus das Gebiet um Nisch und Pirot; ein serbisches Heer vermochte am 24. September 1454 bei Vranja noch einmal einen Sieg über die Osmanen davonzutragen, ehe eine regelrechte Massenflucht vor dem Türkensturm einsetzte. Zur selben Zeit traf der Großherr mit Venedig ein Handelsabkommen.

Der osmanische Herrscher hatte 1454 die Belagerung der strategisch wichtigen Stadt Semendria ergebnislos abbrechen müssen. Im nächsten Frühjahr aber trat er zu neuen Eroberungszügen an und nahm die ragusäische Handels- und Bergbaustadt Novo Brdo ein; im Juli 1456 bereits belagerte sein Heer mit zahlreichen Mörsern und Feldschlangen die Festung Belgrad. Doch entschied am 14. Juli 1456 der Angriff des christlichen Aufgebots, das aus Bauern, Bürgern, niederen Klerikern und Mönchen bestand und von Hunyadi geführt, von dem asketischen Franziskanerprediger Giovanni di Capistrano in seiner Kampfmoral bestärkt wurde, den Kampf zugunsten der Christen. Die Türken wurden vernichtend geschlagen, die gefürchteten Janitscharen im Straßenkampf niedergemetzelt. Der Triumph der Ungarn und der siegreiche Entsatz von Belgrad erregten im Abendland einen unbeschreiblichen Freudentaumel.

Nach Hunyadis Pesttod konzentrierte der Sultan seine militärischen Anstrengungen auf die Niederringung des Fürsten von Albanien, Georg Kastriota (Skanderbeg), des sagenumwobenen Osmanenstreiters und albanischen Nationalheros. Dieser Türkenkämpfer überraschte am 2. September 1457 in Südalbanien das lagernde Heer des Feldherrn Esebeg; Tausende von Osmanen wurden erschlagen.

Im Jahre 1458 zog eine in Anatolien und Rumelien bereitgestellte türkische Armee zur Peloponnes, wo sich das befestigte Korinth, von dem heftigen Beschuß beeindruckt, am 6. August ergab; noch im selben Monat zog der Sultan auch in Athen ein. Mehr als drei Jahrhunderte sollte die Flagge mit dem türkischen Halbmond über der Pflanzstätte griechischen Geistes und abendländischer Humanität wehen.

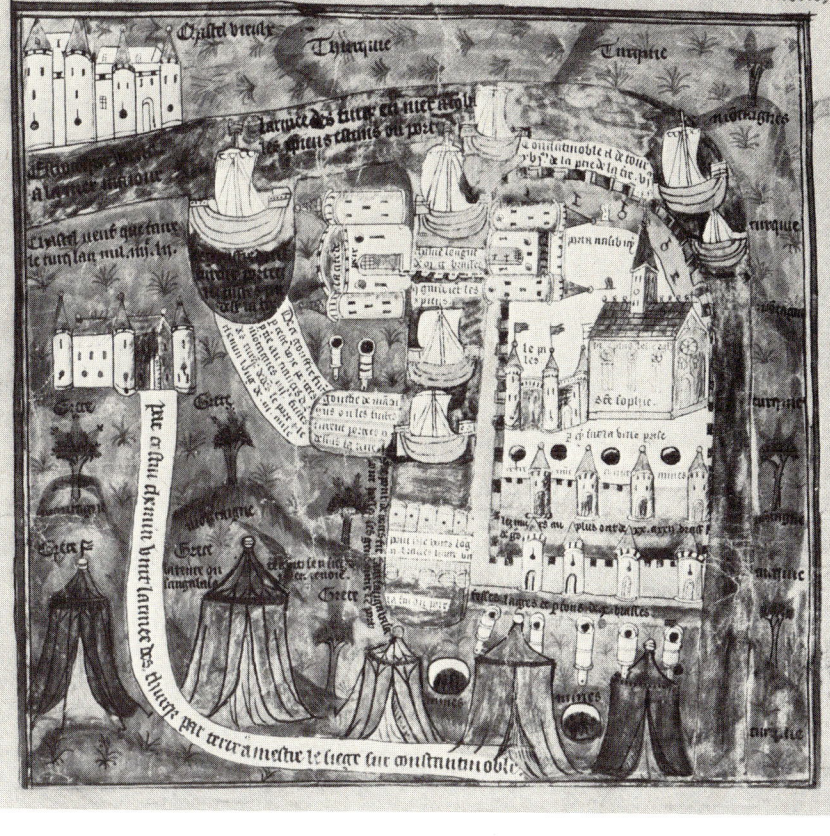

Die Einnahme von Konstantinopel durch die Türken im Jahr 1453
Miniatur in einer französischen Handschrift, zweite Hälfte 15. Jahrhundert
Paris, Bibliothèque Nationale

Sultan Mehmed II.
Miniatur, zweite Hälfte 15. Jahrhundert. Istanbul, Museum des Topkapi-Palastes

Im Feldzug von 1459 fiel die alte serbische Stadt Semendria durch Verrat des serbischen Despoten kampflos in Mehmeds Gewalt (20. Juni). Noch im selben Jahr, nachdem der moreotische Herrscher abgefallen und Meutereien und Unruhen auf Morea ausgebrochen waren, zog eine türkische Strafexpedition auf die Halbinsel. Das osmanische Vordringen bestimmte Papst Pius II., die abendländischen Fürsten zum Kreuzzug gegen die Muslime aufzurufen. Sein Appell begegnete jedoch weithin mangelnder Bereitschaft. Wutentbrannt nahm der Großherr persönlich Monemvasia, das sich zuvor der römischen Kurie unterstellt hatte, ferner Kastritza und Kyparissia und drangsalierte die Bevölkerung der eroberten Plätze mit bestialischen Grausamkeiten. Immerhin vermochte sich Salmenikon einer über einjährigen Belagerung heldenmütig zu erwehren, bevor es sich 1461 dem weit überlegenen Belagerer beugen mußte. Auf sultanischen Befehl wurden die Festungswerke auf der Halbinsel Morea geschleift und die Einwohner der befestigten Orte evakuiert.

Mehmeds asiatischer Feldzug von 1461, der nur geringe türkische Verluste kostete, verschaffte ihm die Hafenstädte Samastro, Sinope und Trapezunt an der Südküste des Schwarzen Meeres. Im darauffolgenden Jahr verwüstete das türkische Heer die Walachei, wo Mehmed den Bruder des geschlagenen Wojwoden, des grausamen Vlad »des Pfählers«, als sultanischen Vasallen einsetzte. 1462 geriet auch die Insel Lesbos im Ägäischen Meer unter türkische Hoheit. 1463 zerschlug das Osmanenheer das bosnische Reich.

Mit diesen Eroberungen hatten sich die Türken den Weg nach Italien freigekämpft. Am 28. Juli 1463 erklärte Venedig, nur noch durch die Adria geschützt, dem sultanischen Reich den Krieg. Der Zeitpunkt für den Ausbruch der Feindseligkeiten dürfte aber den Absichten der Hohen Pforte kaum entsprochen haben. Trotzdem waren die Muslime zu Wasser und zu Land den Venezianern militärisch überlegen. Die päpstlichen Kreuzzugsvorbereitungen standen unter wenig günstigem Stern. Das zeigte sich vollends, als nach dem Tode des schwerkranken Pius II. am 15. August 1464 der Befehl zur Demobilisierung der aufgebotenen Flotte erteilt wurde und der Dogenstaat gegen die Türken ganz auf sich allein gestellt blieb. Die Signoria der Lagunenstadt traf in den Kämpfen auf der Halbinsel Morea allerdings keinen entschlossenen, zäh fechtenden türkischen Gegner. Gleichwohl dachte man in Venedig schon 1465 an einen Friedensschluß mit dem Großherrn, entschied sich dann aber doch zum Abbruch der Verhandlungen.

Vergeblich belagerte der Sultan im Frühjahr 1466 mit einem Heer von ungefähr dreißigtausend Mann Kruja, nordostwärts Durazzo, das Skanderbeg aus harter Bedrohung befreite. In den Kämpfen wurde der osmanische Befehlshaber Balaban schwer verwundet, das sultanische Heer erlitt empfindliche Verluste. Aber bereits am 17. Januar 1468 fiel der tapfere Bundesgenosse Venedigs in Alessio einer Seuche zum Opfer. Skanderbegs unerwarteten Tod mußte der Sultan, dessen Kriegsglück sich abzuwenden schien, als freudiges Ereignis begrüßen. Venedig hatte aber nun auch noch Albanien zu verteidigen. Gleich zu Beginn des Jahres 1469 überfielen starke türkische Reiterverbände, die in Bosnien bereitgestellt waren, Dalmatien und stießen bis zum Hafen Zara an der kroatischen Südgrenze vor; die heimgesuchten Landstriche versanken in Plünderung und Asche. Ein türkisches Reiterheer brauste im Mai 1469 bis nach Mödling im österreichischen Krain vor. Der erste Türkeneinfall in habsburgische Länder kostete hohe Verluste an Menschen und Gütern; die Überfälle sollten sich vor allem im nächsten Jahrzehnt alljährlich wiederholen.

Kaum mehr als einen Monat später operierte die venezianische Flotte in der Ägäischen See erfolgreich gegen die Türken, schreckte aber ebensowenig vor Greueltaten an den Besiegten zurück. Unter dem Eindruck dieser Niederlage befahl der Sultan die verstärkte Flottenrüstung. Die neuen osmanischen Feldzugspläne vom Juni 1470 sahen kombinierte Land- und Seeoperationen vor, deren Ziel die venezianische Insel Negroponte (Euböa) in der westlichen Ägäis sein sollte. Während das Landheer durch Thessalien vorrückte, brachte das Schiffsgeschwader Sturmtruppen auf dem Seeweg heran. Nach verlustreichen und mißglückten Angriffen fiel schließlich am 12.Juli 1470 Negroponte in die Gewalt des Großherrn, der sich unmenschlich an den tapferen Verteidigern rächte. Die venezianische Flotte drehte angesichts der türkischen Feldzeichen auf den Zinnen der Stadt wieder ab.

Im August 1473 besiegte Mehmed II. den Turkmenenfürsten Usun Hasan, den »Herrscher vom Weißen Hammel«, bei Baschkent im Osten Anatoliens. Dieser Widersacher des Osmanenreiches hatte sich sogar dem Papst Sixtus IV. und der Republik von San Marco genähert. Doch die Christenheit verpaßte die historische Gelegenheit, den türkischen Erbfeind zur See zu erledigen. Immerhin hielten wenigstens die Venezianer die schon teilweise von den türkischen Geschützen belegte Festung Skutari an der albanischen Adriaküste. Indes zog sich das osmanische Heer trotz diesem Sieg keineswegs aus Albanien zurück, die türkische Aktivität auf dem Balkan war noch unerschüttert.

Das zeigte sich deutlich beim Einmarsch der Osmanen in die Walachei im Januar 1475, wo sich allerdings der Wojwode Stefan der Große siegreich zu behaupten vermochte. Aber bereits im Juni eroberten türkische Streitkräfte den genuesischen Handelsplatz Kaffa an der Südküste der vom Tatarenchan beherrschten Halbinsel Krim, dessen Territorium nach 1478 unter türkische Lehnshoheit geriet. Auch in Akkerman (Maurocastro) an der Dnjestrbucht hißten die Osmanen ihre Flagge.

Im Mai 1478 versuchten die Osmanen erfolglos, die gutversorgte venezianische Seefestung Lepanto am Golf von Korinth einzunehmen, nachdem sie im Herbst des Vorjahres sogar den Tagliamento überschritten, den Landstrich bis zur Piave gebrandschatzt und die Lagunenstadt des Dogen ernstlich bedroht hatten. In dieser kritischen Lage unterbreitete die Signoria von Venedig dem Sultan ein Friedensangebot, das dieser jedoch mit zweimaligem Angriff auf das albanische Skutari beantwortete. Venedig schien endgültig kriegsmüde und zu einem Friedensschluß selbst unter harten Bedingungen bereit. Da ließ auch der Sultan Friedensabsichten erkennen.

Im Stambuler Frieden vom 25.Januar 1479 mußte die Republik Venedig der Hohen Pforte neben beträchtlichen Zahlungen Skutari, Kruja, Negroponte und Lemnos abtreten und die im Krieg eroberten türkischen Gebiete zurückerstatten. Der Sultan erklärte sich seinerseits bereit, die von türkischen Streitkräften eingenommenen venezianischen Plätze und Landschaften herauszugeben. Venedig hatte seine Bewegungsfreiheit auf dem Mittelmeer wiedergewonnen und konnte seine Handelsbeziehungen zur Levante weiter ungestört pflegen. Nach dem Friedensschluß waren jedoch osmanische Streitkräfte freigeworden, die nun gegen Ungarn eingesetzt werden konnten.

Im August 1479 überfielen türkische Reiterhorden unter dem Feldherrn Ali-Beg das Gebiet zwischen Drau und Raab. Aber der Wojwode von Siebenbürgen, Stefan Báthory, und der heldenhafte Oberstlandrichter, Paul Kinizsi von Temesvár, besiegten sie in der Schlacht auf dem Brotfeld. Der Sieg ermutigte Matthias Corvinus, aufs neue gegen den Kaiser vorzugehen.

Gegen Ausgang des Jahres 1479 griff Mehmed II. seinen alten Plan wieder auf, die Johanniterherrschaft auf Rhodos zu zerschlagen. Der erste Versuch, den stark befestigten und ausreichend versorgten Stützpunkt des Ritterordens in kühnem Handstreich zu nehmen, scheiterte an der Standhaftigkeit des Großmeisters Pierre d'Aubusson. Im Jahr darauf unterrichtete Mehmed das in seinem Stolz gebrochene Venedig und den Herzog von Mailand, Lorenzo Medici, von seinem Plan, ein türkisches Seegeschwader auf ehemals byzantinischem Boden in Unteritalien zu landen und verwirklichte ihn an der wenig bewachten apulischen Küste bei Otranto. Am 11. August 1480 ergaben sich Kastell und Stadt, der entscheidende Brückenkopf in Italien war in der Gewalt des Paschas Gedik Ahmed, die Hälfte der Bevölkerung starb in einem Blutbad der Sieger.

Der Apostolische Stuhl rief wieder die Christen zum Türkenkampf auf und rüstete eine Kreuzzugsflotte aus. Von den europäischen Mächten zeigte sich im Grunde nur Frankreich zur Teilnahme geneigt. Am 10. September 1481 mußte die sultanische Besatzung von Otranto vor den anrennenden Neapolitanern und Ungarn kapitulieren. Inzwischen hatten die Türken abermals die Festung Rhodos angegriffen (1480) und waren wieder abgewiesen worden. Der gichtkranke Großherr wollte nun persönlich einen Sturm auf die Johanniterbastion leiten, da brachte ihm eine Arznei oder Gift am 3. Mai 1481 ein qualvolles Ende. Vielleicht hat sein ältester Sohn Bajesid, mit sich Mehmed kaum verstand, den Vater vom Leibarzt beseitigen lassen.

Mit Mehmeds II. Tod war ein Titan, ein wahrhafter »Weltenstürmer« (Franz Babinger) abgetreten, der bei seinem Tod, noch nicht fünfzig Jahre alt, die Erde vor den Osmanen hatte erzittern lassen: eine ungebändigte Persönlichkeit weltgeschichtlichen Formats, die mit allen Vorzügen und Schwächen irdischer Kreatürlichkeit behaftet war.

Der neue türkische Gebieter Bajesid II. (1481-1512), eine im Grunde mehr zu Melancholie als zu energischen Taten neigende Persönlichkeit, schaltete zunächst, gestützt auf das osmanische Heer und die seinem Vater ergebenen Magnaten, seinen jüngeren Bruder und Machtrivalen Dschem aus. Dschem war seiner Natur nach ein Schöngeist und Kunstfreund; er wurde 1481 bei Brussa, östlich vom Abullinia-See am Fuße des Mysischen Olymps in Anatolien besiegt, floh dann 1483 zum Großmeister des Johanniterordens auf Rhodos und wurde später als Geisel und Friedenspfand dem Papst überantwortet. Als er an Frankreich verschachert werden sollte, erlöste ihn der Tod 1495 von dieser neuen Drangsal.

Anders als sein streitbarer Vater, fand der unkriegerische Bajesid II. keinen Gefallen an militärischen Eroberungszügen. Lediglich 1484 zog er unter janitscharischem Druck persönlich zu Felde und eroberte die Hafenstädte Kilia am Donaudelta und Akkerman in der Dnjestrmündung; 1504 geriet das Fürstentum Moldau als späte Folge des Feldzugs von 1497 unter sultanische Hoheit. Gleichwohl ermöglichte Bajesids Anhäufen von Reichtümern seinem Sohn Selim I. (1512-1520), die Expansionspolitik seines Großvaters

Mehmed II. erfolgreich fortzusetzen. Zwischen 1515 und 1517 unterwarf er Mesopotamien, Syrien und Ägypten.

Hatte sich am Aufgang des 15.Jahrhunderts das Osmanische Reich auf das vordere Kleinasien und einen Landstreifen auf dem Balkan südlich von Serbien und Bulgarien beschränkt, so umfaßte es am Ausgang des Säkulums dank den Eroberungen Mehmeds II. die ganze Balkanhalbinsel mit Serbien, Bosnien und Albanien, zahlreiche Inseln in der Ägäis, die Krim, Südrußland, Kleinasien, das östliche Mittelmeer und das Schwarze Meer. Es war zur militärischen Großmacht aufgestiegen und hatte sich wirksam in Europa festgesetzt. Im kommenden Jahrhundert sollte es seine Herrschaft immer weiter in den Westen vortreiben und sie gleichzeitig auch in Afrika aufrichten.

Eugenio Garin

DIE KULTUR DER RENAISSANCE

Renaissance und Kultur

Der Ausdruck »Kultur der Renaissance« ist vor allem dank dem 1860 veröffentlichten großen Werk von Jakob Burckhardt »Die Kultur der Renaissance« in Gebrauch gekommen. Es handelt sich hier jedoch um einen Begriff, der Mißverständnisse hervorrufen und zweideutig ausgelegt werden kann, was übrigens oft geschehen ist. Der Begriff »Renaissance« (*Rinascita* in den italienischen Schriften des 16. Jahrhunderts, *Renaissance* in Frankreich) setzte sich erst um die Mitte des 19. Jahrhunderts durch, obwohl er auch schon längere Zeit vorher insbesondere zur Kennzeichnung eines Moments der italienischen Geschichte in Umlauf gewesen war. Die endgültige Weihe gaben ihm Werke wie der neunte Band der *Histoire de France* von Jules Michelet, der 1855 sogar mit dem Titel *La Renaissance* erschien, oder wie die Monographie über »Die Wiederbelebung des klassischen Altertums« von Georg Voigt aus dem Jahre 1859; sie wechselten den Begriff »Renaissance« damit ein für allemal gegen den des »Risorgimento« ein, der oft von frühen italienischen Historikern benutzt worden war.

So verbreitete sich allmählich die Idee einer geschichtlichen Zeit, die nicht nur italienisch, sondern europäisch, in ihren chronologischen Grenzen nicht klar umrissen, aber nach ihren Gehalten genau gekennzeichnet war. Zwischen dem in seinen spezifischen Aspekten nicht genauer deutlich gemachten Mittelalter und einem ebenfalls eher undefinierten »Modernen Zeitalter« stellte sich die Renaissance schon mit ihrem Namen als ein »neues Werden« dar oder auch als ein bevorzugter, positiver Abschnitt von unbestreitbarem Wert: als sei die Menschheit nach einem langen Schlaf – oder geradezu nach einem Tod – »auferstanden«, wiedererwachend zu einem neuen Dasein und die Schönheit des Lebens wieder entdeckend. Schon das Wort, sagte Michelet, sei »aimable«; es bezeichne eine Lebenszeit und dazu eine, in der Leben schön sei. Es war fast Pflicht, berühmte Texte zu zitieren: »Es ist eine Lust zu leben« *(juvat vivere)* von Ulrich von Hutten, oder von Niccolò Machiavelli den Beschluß der Dialoge *Dell'arte della guerra*: »Diese Provinz scheint geboren, die toten Dinge wiederzuerwecken, wie man es in der Dichtkunst, der Malerei und der Bildhauerei sieht.«

Indessen, wenn Michelet, Burckhardt oder die älteren Schriftsteller sich anschicken, diese wundersame »Wiedergeburt« oder »Auferstehung« zu erläutern, wenden sich alle einträchtig klar begrenzten Gebieten zu. Das in ihrem Namen liegende Positive der Renaissance, ihre typischen Aspekte, ihre Werte und ihre Bedeutung für die Moderne werden stets nur auf dem Felde der bildenden Künste, des Denkens und der Erziehung dargetan, also an der Kultur. Und man kann auch gerade für Italien, wo sich die Renaissance früher als in anderen Ländern und in so eindeutiger Weise entfaltete, nicht behaupten, daß der kulturellen Blüte eine ebenso glückliche Entwicklung in Wirtschaft und Politik entsprochen hätte.

Während Malerei, Architektur und Bildhauerei aufblühen, die literarischen Hervorbringungen immer verfeinerter werden und erzieherische Ideale von einzigartiger Höhe sich kundtun, ist die Wirtschaft der Städte erschüttert, verkümmert das Gewerbe und scheint einer Rückkehr zu Landwirtschaft mit quasi-feudalem Charakter zu weichen, werden die bürgerlichen Rechte unsicher, verschwinden die »Freiheiten« der Kommunen und scheint die Kirche sich immer mehr bis ins Innerste zu korrumpieren. Das Vordringen der Türken und der Fall von Konstantinopel sind wie drohende Vorboten neuer »barbarischer« Invasionen; der Aufruf eines Papstes wie Pius II. zum Kreuzzug aber scheint in einer Leere von Desinteresse und Müdigkeit zu verhallen. Als er sich im Oktober 1469 zu Mantua mit leidenschaftlichen Worten an die aus ganz Europa versammelten christlichen Fürsten wendet, entdeckt er in der eisigen Versammlung auch nicht den Schatten von Begeisterung; bitter zieht er den Schluß, daß die Zeiten Gottfrieds von Bouillon, Bohemunds und Tancreds von Hauteville für immer vergangen sind. Das sind keine Ritter mehr, die »Gott will es« rufen, es sind gelangweilte Diplomaten, die nur auf das Ende der allzu langen Rede eines Papstes warten.

Mit anderen Worten, wenn man von Wiedergeburt, von Erwachen, von neuem Leben sprechen kann, scheint dies gerade in Italien, wo sich das Phänomen am auffälligsten anließ und entfaltete, nur im Bereich des Kulturellen Sinn zu haben. Eine positive Erneuerung scheint sich nur hier zu verwirklichen, ohne unmittelbare Entsprechung in anderen Bereichen, in denen sich zwar Veränderungen vollziehen, oft tiefgreifende Veränderungen, die aber nicht alle oder nicht unmittelbar positive sind. Die Welt, die sich in den großen Werken und in den großen Figuren der frühen italienischen Renaissance widerspiegelt, ist denn auch tatsächlich eher tragisch als heiter, eher hart und grausam als friedlich und versöhnlich, eher rätselhaft und unruhig als klar und harmonisch. Leonardo da Vinci ist wie besessen von Katastrophen-Visionen und hält eine sterbende Welt in seinen Zeichnungen und Beschreibungen fest. Leon Battista Alberti beharrt in seinen Schriften auf einem blinden Schicksal, das die *virtù* der Menschen und der Familien bedränge und zerbreche. Und er zögert nicht, den Tod für die Neugeborenen herbeizurufen. Machiavelli ist der Theoretiker einer von der Wurzel her schlechten Menschheit, die in einen Kampf ohne Barmherzigkeit verstrickt und immer nur vor grausame Alternativen gestellt sei. Savonarola und Michelangelo sind beide, wenn auch auf ganz verschiedene Weise, erfüllt vom tragischen Sinn des menschlichen Lebens und der Geschichte.

Leben und Geschichte waren tatsächlich in jenem an Dokumenten menschlicher Größe so reichen 15. Jahrhundert wahrhaft tragisch in einem Italien, das von Kriegen heimgesucht und von Verschwörungen blutig geschlagen war; in jenem Italien mit seinen Herren, die mordeten und gemordet wurden, mit seinen Söldnerführern, die auf Throne stiegen und von ihnen gestürzt wurden, mit seinen dunklen päpstlichen Figuren, seiner immer spitzfindigeren und listenreicheren Diplomatie, mit seiner trostlosen Intelligenz. Derweil sahen seine großen Zentren ihre Imperien sich auflösen, ihren Handel schwinden und die Quellen ihres Reichtums versiegen. Wer die Werke von Leon Battista Alberti liest, erblickt jenseits der mit so viel Mühe konstruierten Seite immer die Trostlosigkeit und das Elend der Verbannten, den Verfall der Vermögen und den Tod der Städte und Familien. Die tragische Größe Michelangelos, nicht die morbide Anmut Raffaels, der entzauberte Realismus Machiavellis, nicht die platonischen Raffiniertheiten Baldassar Castigliones sind der sinnbildliche Ausdruck einer Kultur, die in den Gemälden Botticellis wie in den Stanzen Polizianos ein ideales Refugium gezeichnet hatte, zeitlos, jenseits eines Schicksals, das zu bitter war, als daß man es heiteren Sinnes hätte annehmen und leben können.

Die »Positivität« der Renaissancekultur ist also nicht Bewußtwerden eines glücklichen Zeitalters im menschlichen Lebenslauf. Geboren auf dem Boden der Kultur — vor allem auf dem der Kunst — hält die Bewegung der Renaissance ausschließlich auf diesem Feld ihren »positiven« Wert der Eroberung und Sicherung bestimmter menschlicher Werte und theoretischer wie moralischer Fortschritte gegen eine Wirklichkeit durch, die diese Werte und Fortschritte in einer von tiefgehenden Krisen durchwühlten und gequälten Welt verneinte. Saturns Reiche, das »Goldene Zeitalter« werden sehnlichst erwünscht, eben weil sie so weit von dieser Erde verbannt zu sein scheinen. Der Kanzler der florentinischen Republik, Leonardo Bruni (1444 gestorben), erzählt uns, daß er sich auf die Suche nach den Schriften Platons begab, als der Anprall der Bürgerkriege die Mauern der prächtigen Paläste zu erschüttern schien.

Die Renaissance — darauf muß beharrt werden — ist in der »Positivität«, die in dem Begriff selbst zu liegen scheint, nicht der ideale Reflex einer Wiedergeburt der ganzen Gesellschaft in allen ihren Aspekten: Sie ist im Gegenteil eine kulturelle Tatsache von größter Tragweite, die immer mehr in die Tiefe wirkt und immer umfassendere Rückwirkungen hat, dies indes erst nach und nach, im Laufe der Zeit. Die Lebensideale, die der italienische Humanismus des 15. Jahrhunderts mit so viel Leidenschaft gegen eine Welt bejaht, die sie ignoriert und zurückweist, können erst nach langen Kämpfen konkrete Ergebnisse in der Gesellschaft erzielen. Die religiöse Toleranz, der Glaubensfriede, die Eintracht der Glaubensrichtungen, die Kardinal Nikolaus von Cues in der Mitte des 15. Jahrhunderts so eindringlich herbeisehnt und zu denen er eine so großartige Theorie entwirft, die dann Marsilio Ficino am Ausgang des Jahrhunderts in seiner christlich-platonischen Synthese ernsthaft wieder aufgreift — sie mußten in einer von Religionskämpfen aller Art gequälten und von den Türken bedrohten Welt jahrhundertelang darauf warten, weithin anerkannte Lehrsätze zu werden. Und sie mußten aus Italien die Verbannung zu den Häretikern in die Schweiz und nach Polen auswandern, um dann nach Holland oder England unter Verfolgungen und Kriegen zurückzuströmen. Die in den ersten Jahrzehnten des 15. Jahrhunderts von Vittorino da Feltre in Mantua in der *Casa Giocosa* verwirklichte Erziehung des Menschen konnte erst mühsam nach Jahrhunderten Institutionen schaffen, die fähig waren, diese Erziehung auf alle Menschen auszudehnen. Das Christentum des Laurentius

Valla und das des Erasmus von Rotterdam entstehen in einer Zeit der Verfolgungen. Der aufgeklärten Vernunft der Humanisten scheinen die aufs neue für Hexen und für zu kühne Reformatoren und Häretiker angezündeten Scheiterhaufen und die Verbannungen und Verfolgungen der Juden in Spanien und anderswo zu antworten.

Die Renaissance findet also einen dem Begriff adäquaten Sinn nur auf dem Gebiet der Kultur. Sie ist, zuvörderst, eine Tatsache der Kultur, eine Konzeption des Lebens und der Wirklichkeit, die in den Künsten, der Literatur, der Wissenschaft und in der Sitte wirkt.

Das Bewußtsein des neuen Zeitalters

Das Bewußtsein von der Geburt eines neuen Zeitalters mit Eigenarten, die denen des voraufgegangenen Zeitalters entgegengesetzt sind, ist einer der typischen Aspekte der Kultur des 15. und 16. Jahrhunderts. Es ist allgemein ein polemisches Bewußtsein, das natürlich nicht allein das neue Zeitalter formt, aber einige seiner Aspekte bestimmt. Vor allem ist es ein klarer Wille zur Rebellion, ein Programm der Abwendung von einer alten Welt; andere Formen der Erziehung und des Zusammenlebens, eine neue Gesellschaft und ein neues Verhältnis zwischen Mensch und Natur sollen geschaffen werden. Am sichtbarsten kam die Bewegung in Italien herauf, und zwei Beweggründe charakterisierten den Beginn: zur antiken Welt und zum klassischen Wissen zurückzukehren und das Ende einer Epoche der menschlichen Geschichte, der mittelalterlichen, zu proklamieren. Der wiederaufblühende Mythos des Altertums gewann im gleichen Maß an Kraft wie die zur Klarheit gelangende Idee, daß eine zwischen der Krise der römischen Kultur und dem Sieg über die »Barbarei« gelegene Periode des Übergangs zu Ende sei. Die barbarische Welt sei nun auf dem Felde der Sprache nicht weniger besiegt als auf dem der Künste und der Kultur im allgemeinen. Francesco Petrarca sang:

Anime belle e di virtute amiche
Terranno il mondo: e poi vedrem lui farsi
Aureo tutto e pien de l'opre antiche.

Nur schöne Seelen, die das Gute stärken,
Bewohnen dann die Welt, die golden strahlet
Und schön und reich wird an antiken Werken.

(Übersetzung Jahn)

Giorgio Vasari sammelte in seinen berühmten, 1550 veröffentlichten *Vite de'più eccellenti pittori scultori e architettori* (»Leben der hervorragendsten Maler, Bildhauer und Architekten«, eine zweite durchgesehene Auflage erschien 1568) nicht ohne Wirksamkeit eine ganze Reihe von nun schon zu Gemeinplätzen gewordenen Themen, in denen Schriftsteller, Künstler und Historiker der Renaissance eben die Renaissance und ihr eigenes Werk dargestellt hatten. Um die Mitte des 16. Jahrhunderts waren einige von ihnen allgemein anerkannt und seit fast hundertfünfzig Jahren immer wiederholt worden. Der Untergang des

Römischen Reiches habe eine Zwischenzeit des Vergessens eingeleitet, einerseits beherrscht vom müden und altersschwachen Fortleben des griechischen (byzantinischen) Stils und andererseits verdorben von der blühenden Gotik, einem nicht funktionalen, so unnatürlichen wie willkürlich künstlichen und komplexen Stil. Die »guten« Bilder und Skulpturen blieben, wie Vasari im Vorwort der *Vite* sagt, unbeachtet und verschlossen »in den Ruinen Italiens begraben«, während die Künstler sich von den »Tölpeleien der modernen Art jenes Zeitalters« verführen ließen. »Die unendliche Sündflut des Üblen«, die »das elende Italien ertränkt« habe, habe nicht nur die ehrwürdigen Bauten der Antike zerstört, sondern die wahren Baukünste »ganz und gar ausgelöscht«. Vor aller Augen hätten noch »Reste von Bögen, Kolossen oder Statuen, von bemalten Pfeilern und Säulen« gestanden. Doch sei es gewesen, als hätten die »Plünderungen, die Zerstörungen, die Brände Roms« auch die Geister mit einem Schleier verhängt. Endlich – immer noch nach Vasari – hätten es Giotto und seine Schüler vermocht, sei es mit der Gnade Gottes oder unter dem Einfluß der Sterne, die Malerei »ins Freie zu führen« und zu bewirken, daß »sie wieder ganz Leben wurde«. Es sei wirklich ein Aufwachen und eine Rückkehr, die ihren Anfang in der Toskana genommen habe. Der Zäsur, welche die Barbaren in die Geschichte der westlichen Kultur gebracht hätten, entspreche als eine Art übernatürlichen Geschenks nun ein neuer Schnitt. Die Menschen und Künstler kehrten zum ursprünglichen Zustand zurück: »der aus Erbarmen sich rührende Himmel der schönen Geister, die die toskanische Erde jeden Tag neu hervorbrachte, führte sie zur frühen Form zurück«.

Vasari stellte in einer subtilen Analyse nicht nur die Formen der Dekadenz und des Erwachens, sondern auch seine allgemeine Auffassung von den Rhythmen der Geschichte dar. Die menschlichen Geschicke und mit ihnen die Entwicklung der Kultur verliefen wie das Leben der Individuen, das sich von der Jugend zum Tode hin auflöse, aber die Auferstehung zulasse. »Aus kleinem Anfang« gelangten so die Künste »zur höchsten Höhe« und stürzten dann ins »äußerste Verderben«; wie dem menschlichen Körper widerfahre ihnen »Geburt, Wachsen, Altern und Tod«. Sei »Lässigkeit der Menschen, Bösartigkeit der Jahrhunderte oder der Befehl des Himmels« die Ursache: an einem gewissen Punkt scheine notwendig alle künstlerische Tätigkeit und jede Kultur einer »zerstörenden Unordnung« zu erliegen, jenseits derer sich jedoch trotzdem der Weg zum »Fortschritt der Wiedergeburt« eröffnen könne.

Dies ist eine einfache Philosophie der Geschichte, die sich leicht das ganze 15. Jahrhundert hindurch finden läßt. Sie soll für die »Wiedergeburt« der Kultur nach dem Verfall des Mittelalters zeugen. Vasari gibt, wie schon gesagt, auch an, was ihm die Komponenten dieser Philosophie zu sein scheinen. Und er nennt sie mit Begriffen, die verdienen, hervorgehoben zu werden: das Alte und das Moderne, denen er das Antike gegenüberstellt. Das »Alte« sei auf dem Gebiet der darstellenden Kunst die byzantinische Welt (»die griechische Manier«), also ein Überleben der Klassizität, die sich immer weiter von der Wirklichkeit und der Natur entfernt habe, mit der die Klassiker des Altertums stets treu verbunden geblieben seien. Das »Moderne«, umgekehrt, ist für ihn die »gotische Manier«, ein Produkt der mittelalterlichen »Barbareien«, aber ebenfalls, wenn auch auf andere Art, vom Wirklichen und Natürlichen weit entfernt.

Im Gegensatz zum Modernen und zum Alten steht das Klassische: eine Schule wird stark, die sich, wie die Klassiker es taten, an der Wirklichkeit der Natur oder des Menschen inspiriert und diese Wirklichkeit mit der Kraft des Genius und eben nach der Lehre der Klassiker wiedererschafft. Vasari ist in diesem Punkt äußerst klar: die Natur sei ein »Beispiel«, die Antiken seien eine Schule; aus diesen Quellen schöpfe der Geist des Künstlers die Nahrung für seine eigenen originalen Werke. »Die Einfälle« der Schöpfer der Renaissance »stammten alle zu einem Teil aus ihrem Gehirn und zum restlichen Teil von den Altertümern, die sie anschauten«.

Das Werk Vasaris zeigt trefflich einen Endpunkt und einen Epilog der Renaissance-Parabel an. Er ordnet und faßt das zusammen, was seit fast anderthalb Jahrhunderten gesagt und wiederholt worden war. Etwa hundert Jahre zuvor, nicht viel nach 1447, schrieb Lorenzo Ghiberti, auch er ein Künstler, seine *Commentarii*, in denen er schon jene Linie zog, die Vasari dann deutlich machte und ergänzte. Zum Tod der antiken Kunst trugen nach Ghiberti nicht wenig das Christentum mit der Zerstörung der Tempel und der Götterbilder und der Kampf gegen das Heidentum bei. Mit den antiken Gottheiten sei auch die Kunst gestorben. »Gestorben war, was Kunst war, und die Tempel standen beinahe sechshundert Jahre bloß.« Auch die »Grobheit der Griechen« habe sie nicht ins Leben zurückrufen können. Die »Wiedergeburt« habe sich in der Toskana vollzogen, als man zur »Form der edlen antiken Bildhauer« und zu den Regeln der Natur zurückgekehrt sei.

Der Kanzler der florentinischen Republik Leonardo Bruni aus Arezzo, kein Künstler also, sondern ein Historiker und Politiker, hatte rund fünfzig Jahre vorher auf einer denkwürdigen Seite seiner *Commentarii* – seiner Erinnerungen – die Dauer des dunklen Zeitalters auf acht Jahrhunderte festgesetzt. Siebenhundert Jahre lang, vom Untergang Roms bis zu der schon das 14. Jahrhundert durchziehenden rastlosen Suche nach einer Erneuerung des Wissens, seien die gesunde Kultur und die edlen Künste, sei kurzum die klassische *humanitas* wie betäubt und erloschen gewesen. Nun aber erwache sie wieder und beginne, die menschliche Gesellschaft zu verändern. In seinen Erinnerungen bezieht sich Bruni auf die Wiederaufnahme des Studiums des Griechischen als des Mittels, an die Schätze der klassischen Poesie und Weisheit des Altertums zu gelangen; an anderer Stelle sieht er in Petrarca und seinem Werk den Anfangspunkt der tatsächlichen »Wiedergeburt«.

Jedenfalls ist die Zeit des tiefen Schlafes, ja des Todes der Kultur immer wieder auf sieben Jahrhunderte nach dem Fall Roms bemessen. Der Anfang der neuen Ära wird in die Zeit zwischen dem ausgehenden 14. und dem beginnenden 15. Jahrhundert gelegt, wenngleich anerkannt wird, daß auch schon im 14. Jahrhundert manches sich ankündigte. Die Zeugnisse sind überaus zahlreich, und sie stimmen alle überein, gerade weil sie weniger ein tatsächliches Geschehen verzeichnen, als einen Willen und ein Programm bekunden. Petrarcas Spuren folgt ein Heer von Literaten, Denkern, Künstlern und Mächtigen, die alle im Sinne haben, einen nicht mehr zufriedenstellenden Typus der Kultur durch einen neuen zu ersetzen.

Die Übereinstimmung, die dem Historiker auffallen muß, ist die über eine Orientierung für die Zukunft; es wird nicht festgestellt, was schon geschehen ist, sondern entschieden, daß etwas geschehen soll. In der Morgendämmerung des 15. Jahrhunderts wirkt die von

Der Löwe von Florenz mit dem Wappen der Stadt
Steinskulptur von Donatello, 1415–1420. Florenz, Museo Nazionale

Eine Seite in dem »Traktat über die Architektur« des Antonio Filarete
Mitte 15. Jahrhundert
Florenz, Biblioteca Nazionale Centrale

DIE KULTUR DER RENAISSANCE

Petrarca angerufene Antike noch nicht wie ein Modell, das schon da ist und nur nachgeahmt zu werden braucht; sie wirkt wie ein Anreiz zu einer Suche. Die großen Bibliotheken müssen gebildet, die Klassiker des Altertums wiederaufgefunden oder doch wenigstens gelesen, übersetzt, verbreitet und wirksam gemacht werden. Der Mythos der Antike und seine Anrufung gehen der Nachahmung der Antike voraus; die Entscheidung zu einer Erneuerung ist nicht die Folge, sondern die Voraussetzung für die tatsächliche, umfassende und allgemeine Wiedergeburt der Klassizität.

Gerade in dieser Haltung ist nun die größte Originalität der wahren und eigentlichen Renaissance zu suchen. Ihre Urheber zeigen diese Haltung ziemlich exakt sieben Jahrhunderte nach dem Fall Roms mit der Aufforderung, den im 5. Jahrhundert abgerissenen Faden der Geschichte wieder anzuknüpfen, dies jedoch mit dem klaren Bewußtsein davon, was in bezug auf die Antiken die »Modernen« gewesen seien. Die dazwischenliegenden Jahrhunderte hätten die Klassiker des Altertums zwar nicht ignoriert; sie hätten sie gekannt und benutzt, aber verfälscht: in ihrer Echtheit, in ihrer wirklichen Lehre müßten sie nun wiedergefunden werden. Und zwar müsse man sie gegen das Mittelalter und gegen die »Modernen« wiederfinden. Francesco Petrarca möchte beispielsweise nicht auf Aristoteles verzichten, und die Schriftsteller des 15. Jahrhunderts folgen ihm darin weitgehend. Er will nur den von den Scholastikern »grob und unzugänglich« gemachten und verfälschten Aristoteles zurückdrängen. Nicht anders äußerte sich später Leonardo Bruni. Laurentius Valla erklärte später, daß seit Boëthius die ganze mittelalterliche Welt nicht nur die Klassiker, sondern auch das Christentum entstellt habe. Selbst der heilige Thomas von Aquin habe den Sinn der radikalen Neuheit der christlichen Werte verkannt, und gegen St. Thomas müsse man zum heiligen Paulus zurückkehren. Die »Modernen«, wie sich die Gelehrten des 13. und 14. Jahrhunderts nannten, hätten überall die Barbarei bis zum äußersten getrieben: im Recht, in der Philosophie, in der Redekunst, in den Sprachen und in der Kunst. Antonio Averlino aus Florenz, Filarete genannt, der Architekt des Ospedale Maggiore in Mailand, der in der Mitte des 15. Jahrhunderts einen berühmten »Traktat über die Architektur« schrieb und darin eine Idealstadt zeichnete, sagte in diesem Zusammenhang über die Manier der Modernen: »Verflucht sei der, der sie erfand! Ich glaube, daß es nur Barbaren gewesen sein können, die sie nach Italien brachten.«

Die Schriftsteller des 15. Jahrhunderts sahen nicht darüber hinweg, daß auch das Mittelalter die Klassiker gelesen hatte. Valla wußte wohl, daß das Zeitalter von Boëthius und Ockham christlich gewesen war. Nur hätten die Barbaren alles barbarisch eingefärbt: ihr Latein sei nicht mehr Latein, sondern ein schrecklicher Jargon gewesen. Das Christentum habe die ursprüngliche Reinheit verloren, und die Kirche habe ihre alte spirituelle und universelle Mission vergessen, um eine von Fraktionen aufgewiegelte, zu Spaltungen und Kriegen bereite irdische Macht zu werden. Laurentius Valla, der das aussprach, brachte zugleich mit seiner Forderung nach Reformation auf religiösem Gebiet die nach Wiederherstellung der klassischen Tradition vor. Gegen die falsche Antike der Barbaren solle die wahre Antike, liebevoll restauriert und »imitiert«, nicht so sehr ein Modell zur Nachahmung als vielmehr ein Anreiz zu einer Art von Wetteifer werden. Die Rückkehr zur Antike und die Polemik gegen die Modernen schlugen um in ein Streben nach den antiken

Tugenden, in eine selbständige und echte Wiederaufnahme der fruchtbaren Strömungen der klassischen Kultur. Von hier aus ergab sich eine neue Konfrontation mit den Antiken und ein neues Ideal der Modernität.

Nicht zufällig verband sich mit der Rückkehr zu den Antiken und ihrer Entdeckung sehr bald ein Studium des Mittelalters. Dieses hörte auf, eine undifferenzierte Dunkelheit zu sein; es wurde diskutiert, studiert und analysiert. Gerade weil sich die Kultur der Renaissance als solche begreifen wollte, mußte sie sich Rechenschaft über die Zeiten geben, die ihr voraufgegangen waren. Und indem sie auch das Mittelalter definierte und darin eindrang, erkannte sie gleichzeitig die Grenzen ihrer eigenen Weise, die Klassiker zu verstehen und zu benutzen. Während Laurentius Valla gegen die mittelalterlichen Theologen und Rechtsgelehrten – sei es der heilige Thomas, sei es Bartolus von Sassoferrato – polemisierte, untersuchte Flavio Biondo die Denkmäler und Erinnerungen des Zwischenzeitalters, und Leonardo Bruni begann, den positiven Wert der wiedererlangten bürgerlichen Rechte gegen die bedrückende, nivellierende Einheit der spätrömischen Verwaltung abzuheben.

Die Renaissance, könnte man sagen, ist eine Entdeckung des Altertums gerade in dem Maße gewesen, in dem ihr die Bedeutung der mittelalterlichen Welt bewußt wurde; und sie ist eine originale Form des Klassizismus und des Humanismus in dem Maße gewesen, in dem sie sich über die Weise klar wurde, in der auch das Mittelalter das Altertum, es kritisierend und zurückdrängend, benutzt hatte. Von den Sprachen bis zu den Künsten hat die Renaissancekultur stets auf ihren beiden Fronten der philologischen Wiederherstellung und der historischen Bewußtmachung gewirkt. So hat sie sowohl passives Nachahmen als unbewußte Verfälschung vermieden. Und so hat sie schließlich, wenn auch auf andere Weise, die Früchte eines mit Liebe wiedergefundenen Altertums als die positiven Ergebnisse mittelalterlichen Bemühens genutzt.

Die Entdeckung der Klassiker

Wer die ersten Anfänge und die fernen Vorzeichen der kulturellen Explosion des italienischen Quattrocento finden möchte, müßte in der Zeit weit zurückgehen. Schon Vasari glaubte, erste Anzeichen einer unterschiedlichen Malweise um die Mitte des 13. Jahrhunderts zu bemerken. Und dennoch, die charakteristischen Grundthemen des neuen Zeitalters, die im Leben der Städte wirken, führen ins späte 14. Jahrhundert, zu einem der eigenartigsten Augenblicke der Geschichte Italiens: hier Rom, von den Päpsten verlassen und von den Kämpfen der großen Familien aufgewühlt, dort das Werk des Francesco Petrarca hoch über dem Leben Europas durch den unvergleichlichen Glanz einer einzigartigen Doktrin und einer neuen, aus den klassischen Quellen genährten Weisheit. Schon Leonardo Bruni sah kurz nach dem Tod des Dichters in ihm denjenigen, der »die antike Anmut« des »verlorenen und erloschenen Stils wieder ins Licht hob«. Die Funktion Petrarcas bei der Wiedergeburt der antiken Welt, bei der Wiederherstellung der Klassiker, beim Vorantreiben des Forschens und der Interessen, beim Wirken inmitten gegensätzlicher geistiger Kräfte tritt mit dem Fortschreiten der Geschichtsforschung immer deutlicher in Erscheinung. Zwischen Avignon und den großen Städten des nördlichen Italiens reiste er unermüdlich hin und her und verschaffte einer Kultur immer bedeutungsvollere Konsistenz, die vom Leben der Universitäten unabhängig war, ja gegen diese geradezu polemisierte und im übrigen auf das politische Leben der Städte einwirkte. Aus den von Petrarca gesammelten, durchforschten und berichtigten Codices entsteht nicht nur das Bild des alten Roms und seiner Weisheit. Aus ihnen nährt sich der Aufruf zum Engagement der Bürger, das »armselige Italien« vom Schatten der Barbarei zu befreien, die Kirche ihre antike Reinheit und das Christentum den Frieden wiederfinden zu lassen. Nicht zufällig schließt Niccolò Machiavelli seinen *Principe* mit den berühmten Versen Petrarcas:

> *Vertù contra furore*
> *Prenderà l'arme, e fia'l combatter corto,*
> *Che l'antiquo valore*
> *Ne l'italici cor non è ancor morto.*

> ... wird gegen Wut die Tugend
> zum Kampf in Waffen ziehn, kurzangebunden,
> denn die Altvordern-Jugend
> ist in der welschen Brust noch nicht geschwunden.

> *(Übersetzung Geiger)*

In dem Lied *Italia mia*, wohl um 1345 gedichtet, erfleht Petrarca die Auferstehung des Vaterlandes, das Ende der brudermörderischen Kämpfe, die Vertreibung der Barbaren und den Frieden:

> *Latin sangue gentile,*
> *Sgombra da te queste dannate some...*
> *I'vo gridando: Pace, pace, pace.*

> Lateinisches Geschlechte,
> Wirf hintern Rücken diese Schwergewichte...
> Ich rufe nichts als Frieden! Frieden! Frieden!

> *(Übersetzung Geiger)*

Als er Jahre zuvor Rom, vielmehr die Trümmer Roms besuchte, waren es eben diese Trümmer gewesen, die in ihm das Verlangen nach Größe und nach deren Erneuerung geweckt hatten. Am 15. März 1337 hatte er vom Kapitol aus bewegt an Giovanni Colonna geschrieben, dort, zwischen jenen Steinen habe er das Geheimnis einer unvergleichlichen Macht erfaßt. In diesem Rahmen steht die Begegnung des Dichters mit Cola di Rienzo. Der Volkstribun proklamierte 1350 mitten im Blutvergießen der Herrschaftskämpfe, was er beim Lesen gelernt habe, müsse er unverzüglich in die Tat umsetzen: »Mir schien, daß alles vergeblich gewesen wäre, hätte ich nicht das verwirklicht, was ich bei meiner Lektüre gelernt hatte.« Irreal war der Traum Colas, fast absurd sein Plan von der Wiedergeburt Roms und die Ausrufung Roms zur Hauptstadt der Welt. Und doch haben zuweilen bestimmte Briefe und theatralische Gesten Colas sinnbildliche Bedeutung. Sein Brief aus Avignon, datiert von Ende Januar 1343, in dem er das Jubiläumsjahr 1350 ankündigt, ist von ungewöhnlichem Wert. Die Bilder der Scipionen, der Cäsaren, der Meteller, Marceller und Fabier bleiben nicht mehr unbeweglich in den behauenen Marmorblöcken, sie dringen nun in seine

Schriften ein, in denen prophetische Inspiration und zündende Mahnung miteinander verschmelzen. Das »armselige Italien« wird wieder das »heilige Italien«, um Rom geeint. Die antike Kultur und die antike Macht werden zur Stärkung des Volkes und des Tribunen gegen die entarteten Tyrannen und gegen die barbarischen Usurpatoren auferstehen.

Colas Rethorik, seine bilderreiche, begeisterte Sprache rühren Petrarca an. Der Aufruf an die römische *libertà*, der Traum vom Neuen Rom rütteln den Dichter auf, der 1347 aus Avignon dem Tribunen Schwierigkeiten und Gefahren verheißt, doch auch preist, was ihm der Beginn einer neuen Epoche zu sein scheint. Das Volk werde die Tyrannen überwinden, und Cola, größer als Romulus, Camillus und Brutus, werde das ganze Italien in Frieden und Freiheit wiedererrichten: »Sei gegrüßt, Vater der Freiheit Roms und seines Friedens. Für Dich müssen die nun Lebenden in Freiheit sterben, für Dich werden die Nachkommen in Freiheit geboren werden!«

Der römische Tribun und der Dichter der auferstehenden Klassizität streben beide nach dem Gleichen: nach einer Erneuerung, einer geistigen Wiedergeburt, die in der Realität zu einer gesellschaftlichen und politischen Wiedergeburt der Freiheit und des Friedens führen soll. Als am 1. August 1347 Cola aus Rom ankündigte, das Römische Reich sei wiedererstanden und die italienischen Volksstämme seien wiedervereinigt, waren seine Worte eher Vision als Verkündung. Und doch ist ihr Geist derselbe, der auf lange hinaus alle die beflügeln wird, die in den klassischen Texten und Zeugnissen des Altertums die Kraft für ein Werk der bürgerlichen, moralischen und kulturellen Umformung vor allem Italiens und dann ganz Europas suchen. In diesem Sinne gewinnen die Worte Colas die Bedeutung eines Aufrufs zu nationalem Erwachen: »Wir ordnen an, erklären und proklamieren, daß die heilige Stadt Rom Hauptstadt der Welt und Fundament des christlichen Glaubens sei und alle Städte Italiens frei sein sollen. Von diesem Augenblick an bewirken, erklären und proklamieren wir, daß alle Völker und alle Bürger der Städte Italiens Bürger Roms seien und die Vorrechte der römischen Freiheit genießen.«

Die Tragödie Colas stürzte seine Träume und seine Rhetorik, aber einige seiner Grundgedanken blieben. Die Einheit der Völker Italiens in der Verteidigung der *libertates* gegen die Barbaren wird im Rahmen der klassischen Erinnerungen in der Publizistik mehr denn eines Jahrhunderts oft wiederkehren. Am Ende machten die »nationalen und bürgerlichen« Töne immer mehr den Idealen einer ganz einfach »humanen« Kultur Platz, der Formerin und Befreierin aller Menschen von den Fesseln jeden geistigen Obskurantismus; der Grundton aber blieb lange ein »nationaler«.

Im ausgehenden 15. und beginnenden 16. Jahrhundert breitete sich die Bewegung der neuen Kultur immer weiter über die Alpen hinweg aus. Mit ihr drang die Glorifizierung Athens und Roms, der Errungenschaften und des Ruhms des griechisch-römischen Altertums nach Norden. Da ist es kein Zufall, daß Schriftsteller anderer Nationalität auch andere Darstellungen der Überlieferung an die Stelle der national-lateinischen setzen oder sie ihr sogar polemisch entgegenstellen. Symphorien Champier, Leibarzt des Herzogs von Lothringen, der Universität Pavia verbunden und ehemaliger Schüler der Italiener, wird um 1516 ohne Zögern die hergebrachten Darstellungen vom langen Weg der menschlichen Kultur umstürzen. Er wird lebhaft die These verfechten, daß die nach Rom überbrachte

Weisheit der Griechen ursprünglich von Kelten und Galliern stamme. Ganz ähnlich wird am 30. August 1517, kurz vor den Wittenberger Thesen, der lange in Florenz lebende Bosniake Georg Drachisich, auch Giorgio Benigno genannt, analog dazu eine genaue Route des *transitus* des Wissens zeichnen. Sich an den Kaiser Maximilian wendend, führt er aus: »So kamen Philosophie wie Theologie aus Griechenland nach Deutschland; nur in der Sprache übertrafen wir die Deutschen. Nun lernen Griechen und Lateiner sie von dem göttlichen Reuchlin.«

Immerhin ist die Bewegung der Renaissancekultur vor allen Dingen unlösbar mit einer leidenschaftlichen Rückkehr zur klassischen, griechisch-römischen, Welt verbunden. Und diese wurde gemeinhin als die reine Quelle und das Muster einer Kultur angesehen, die degenerierte statt fortzuschreiten, als sie sich von ihren Ursprüngen entfernte. Wenn es wahr ist, daß eine solche Rückkehr keine gelehrte Exhumierung »alten Plunders« ist, sondern das Verlangen nach neuen Meistern und nach einer humanen Konzeption des Lebens, so ist ebenfalls wahr, daß der sichtbarste Ausgangspunkt ein mühevolles Suchen nach Handschriften und Monumenten, Inschriften und Erinnerungen ist. Und es ist auch ein gründliches Studium der lateinischen, griechischen und zudem der hebräischen Sprache, in der Absicht, unmittelbare Bande zum ganzen Vermächtnis des von den Vätern eroberten Wissens zu knüpfen.

Schon mehr als einmal ist gesagt worden, daß die Bewegung ihren lebhaftesten Anfang in jenen italienischen Städten nahm, die ihre Autonomie wiedererobert hatten, die von einem kräftigen Aufschwung in Handel und Gewerbe belebt waren und nun in der eigenen Herkunft nach dem Samen einer Würde und eines kulturellen Vermächtnisses suchten, das noch Hoffnungen und Ideale zu nähren imstande war. Zweifellos war das Bewußtsein der eigenen Abkunft und der Bande zu Rom und dem Reich schon sehr viel früher erwacht als im 15. Jahrhundert; und der liebevolle Kult der Erinnerungen an die Väter und die großen Meister der Vergangenheit sind beträchtlich eher als im Quattrocento zu finden. Die städtische Kultur ist mit klassischem Erbe durchsetzt. Griechisch wurde auf der italienischen Halbinsel in nicht zu unterschätzendem Ausmaß gesprochen. Im 13. Jahrhundert sah der Minorit Roger Bacon Italien als eine Art Brücke, geschlagen, die mittelalterliche Welt mit den griechischen Urbildern des abendländischen Wissens zu verbinden. Er träumte, Gelehrte würden aus ganz Europa gesandt, die Sprache zu erlernen, in der die großen wissenschaftlichen Texte geschrieben waren. Francesco Petrarca, um nur den Namen dieses großen Inspirators des Humanismus zu nennen, war ein unvergleichlicher Sucher nach den Büchern der Väter und hatte sich abgemüht, die Kenntnis des Griechischen zu fördern. Sein Ziel war, die seit Jahrhunderten stummen Schriftsteller, wie Homer und Platon, wieder zum Sprechen zu bringen.

Die großen Humanisten des ausgehenden 14. und des beginnenden 15. Jahrhunderts betrachteten sich als Erben der Lehre Petrarcas, so Coluccio Salutati und Leonardo Bruni. Aber in der Handschriftenforschung des Poggio Bracciolini, in Manuel Chrysoloras' Lehrauffassung des Griechischen, im leidenschaftlichen Bemühen Niccolò Niccolis, Bibliotheken und Museen zusammenzubringen, liegt schon etwas anderes. Geringer ist die Höhe des Genius und die künstlerische Größe, geringer die kritische Feinheit. Wenn man will, gibt es schon eine Mode: Aber das fortschreitende Herausarbeiten des antiken Ideals, das als Instrument und als Programm der Erziehung und der allgemeinen menschlichen Befreiung wiedererstehen, ist deutlich. Die berühmte Formel Michelets und Burckhardts von der Renaissance »als Entdeckung des Menschen und der Welt« birgt so viel Wahrheit in sich, als sie die Transformation einer Gelehrtenforschung in ein Erziehungsprogramm, in ein bürgerliches Engagement widerspiegelt.

Diese Transformation zeigt sich, wenn Poggio Bracciolini bedeutende Handschriften nicht nur wiederfindet, sondern sie veröffentlicht, sie verbreitet, sie in Briefen preist, die wie Manifeste klingen. Viele der von ihm aus den klösterlichen »Kerkern« befreiten Texte waren schon bekannt, aber eben nur einsamen Stubengelehrten, kleinen Gruppen von Eingeweihten. Als der Florentiner Gelehrte sie wiederfand, gelang es ihm, nicht nur ein Buch, sondern die Bedeutung der Entdeckung der Bücher überhaupt in den Vordergrund zu rücken, die Wichtigkeit der Rückkehr zu den Antiken und der Befreiung der Väter, die zu einer Befreiung der Söhne werden mußte. Ohne Zweifel war dies auch rhetorisch. Aber es war gerade diese rhetorische Würde, die eine nicht neue und nicht außergewöhnliche kulturelle Episode in ein aufsehenerregendes Ereignis verwandelte, dem ein Widerhall ohne Ende beschieden war.

Nicht nur die immer weitergreifende Entdeckung der klassischen Schriften oder das immer weiter verbreitete Studium des Griechischen sind also Ansatzpunkt und grundlegende Komponente der Renaissance. Entscheidend ist die Art der Rückkehr, ist der Mythos, den man über sie baut, ist die Kraft, mit der die Ideen in Umlauf gebracht wurden, ist die Form, in der sie erläutert wurden. Die *studia humanitatis* verwandeln die Grammatikschulen in Schulen wirklicher humaner Bildung. Die freien Künste werden wahrhaft befreiende Künste, und das nicht im Sinne einer rein geistigen, sondern einer bürgerlichen, integral humanen Freiheit.

Aus eben dieser Perspektive müssen die berühmten Entdeckungen der Handschriften im 15. Jahrhundert gesehen werden. Bei diesen Funden nimmt Poggio di ser Guccio Bracciolini (1380–1459) eine zentrale Stelle ein, der sich im Klima des noch von der prächtigen Gestalt des Kanzlers Coluccio Salutati beherrschten Florenz gebildet hatte. Salutati, der beim Tode Petrarcas als dessen Erbe in der Führung der Forschung angesehen wurde, hatte in Florenz lange eines der wichtigsten Ämter der Republik bekleidet. Als Sekretär der Ersten Kanzlei hatte er im Zentrum der florentinischen Außenpolitik lange darum gekämpft, die Freiheit der Stadt vor den Hegemonieansprüchen des viscontischen Mailand zu bewahren. Über seine berühmten, an Fürsten, Souveräne, Regierungen freier Städte und mächtige Kirchenmänner gerichteten Briefe ging das Visconti zugeschriebene Wort um, sie seien gefährlicher als eine Reiterschar. In klingendem Latein geschrieben, durchbrachen sie die bereits heilig gewordene Tradition der Kanzleien, erweckten Neugier und Bewunderung an den großen Höfen Europas. Sie redeten eine neue Sprache, eben weil sie sich des Antiken bedienten. Die Freiheit, zu deren Paladin Florenz sich machte, war die große Parole in den brausenden Satzperioden Salutatis; er sprach von den freien Städten, die schon vor der Herrschaft Roms selbständig gewesen, beim Untergang des Reiches erlöst worden und nun entschlossen seien, ihre republikanischen Freiheiten zu wahren.

DIE KULTUR DER RENAISSANCE

Der Kanzler war ein Bewunderer und Freund Petrarcas und Boccaccios gewesen; diesen folgte er auf der Suche nach klassischen Texten des Altertums und war eher Verbreiter als Entdecker der Briefe des Cicero. An der Universität Florenz ließ er einen Lehrstuhl für Griechisch einrichten und aus Byzanz einen ausgezeichneten Gelehrten darauf berufen: Manuel Chrysoloras. Mit Chrysoloras hatte nicht nur der Zustrom griechischer Meister, sondern auch der griechischen Bücher und ihrer Übersetzungen nach Florenz begonnen. In einer von politischen Sorgen beunruhigten Atmosphäre setzte die neue Forschung der griechischen Kultur mit der Übersetzung eines berühmten politischen Buches ein: Platons »Staat«. Im übrigen verband schon die Tatsache, daß im Mittelpunkt dieser »Auferstehung« der Alten eine in Italien und in Europa berühmte Gestalt wie die des Kanzlers stand, auf einzigartige Weise die Geisteswissenschaften mit dem tätigen Leben, mit der Politik. Wenn sie sich auch der Techniken der Gelehrsamkeit bediente, wie sehr sie auch Philologie war: die Wiederkehr der Erinnerung an das Vergangene brachte sich mit einem starken Akzent auf die Aktualität zur Geltung als ein lebendiges, in der zeitgenössischen Welt wirkendes Ideal.

Nicht ohne Grund betrachteten die Verfechter der Tradition das Phänomen mit Mißtrauen. Gerade in Florenz und gerade unter der Kanzlerschaft Salutatis wurde der Konflikt mit dem Papsttum von Avignon aufs härteste ausgefochten. Schon Petrarca hatte mit großem Widerhall die römische Kirche der Korruption bezichtigt. Diese Anklagen wurden nun vernichtende Urteile in einer neuen, dem Vorbild der Klassiker nachgeformten Prosa und von Männern vorgebracht, die strengen christlichen Glaubens waren, auch wenn sie aus den Quellen des heidnischen Altertums schöpften und sich auf Cato und Scipio beriefen.

Nicht nur die antiken Dichter gingen von Hand zu Hand, sondern auch Werke der »modernen« Rebellen wie der *Defensor pacis* des Marsilius von Padua, der just am Ausgang des 14. Jahrhunderts in die florentinische Umgangssprache übersetzt wurde. Es gab also hinreichend Grund, die heidnischen Schriftsteller und ihre neuen Bewunderer in die einzige, harte Anklage zu verwickeln, sie seien die Verderber und Umstürzler der geheiligten Ordnung. Kardinal Giovanni Dominici, ein Dominikaner, trägt gegen den Kanzler Salutati alles zusammen, was man seit Jahrzehnten über die Gefahren im Studium der Heiden, über die in ihren Schriften verborgene Hinterlist hier geflüstert, dort geschrien hatte. Sein Werk ist eine unermüdliche Anklage gegen die »Antiken«, die zu einem Instrument im Dienste der »Modernen« geworden seien, Politik, Religion, Familie und Erziehung zu verderben. Der Kardinal trauert der guten alten Zeit nach, in der die Kinder unter Prügeln mit wenigen frommen Büchern, ohne Spiele, mit Beten und religiösen Veranstaltungen, ohne anmutige Kleider, sondern als »Mönchlein und Nönnchen« verkleidet, herangezogen worden seien.

Weder Klage noch Schmähung des Kardinals stehen allein. Carlo Malatesta, der Generalkapitän des Bundes gegen die Visconti, ließ bei seinem Einzug in Mantua nach der Schlacht von Governolo am 28. August 1397 eine antike Statue des Vergil abreißen; er sah in ihr eine gefährliche Verführung zum Aberglauben. In jener paradoxen Schlacht, in der die Erneuerung sich durch die Wiedergeburt der Antike verwirklichen zu wollen scheint, richtet sich der schmerzliche Zorn des Salutati gegen Malatesta und die Nachfolger des Dominici. Im 16. Jahrhundert wird es Vasari so sagen: das Neue bekämpfte das »Alte«, indem es ihm das »Antike« entgegensetzte.

In diesem Klima gewann nun auch Poggio Bracciolini Gestalt. Ihm gelang es, die Suche nach den Handschriften und ihre Entdeckung einerseits zu einem schönen Abenteuer und Kunstwerk zu machen, andererseits zum Symbol der Befreiung der menschlichen Kreatur aus jahrhundertelanger Gefangenschaft und barbarischem Elend. 1414 begleitete er den Papst zum Konstanzer Konzil mit einer Gruppe von Gelehrten, die damals in der Kurie die fortschrittliche italienische Kultur repräsentierten. Poggios Briefe, die zu dem Lebendigsten der lateinischen Literatur jenes Jahrhunderts gehören, wechseln ab mit köstlichen Reisenotizen, Beschreibungen bekannter Ereignisse oder erzählenden Berichten von Entdeckungen. Im Sommer des Jahres 1416 reiste Poggio, der schon im Jahr zuvor einige unbekannte Reden des Cicero gefunden hatte, mit einigen Freunden, darunter Bartolomeo da Montepulciano und Cencio de' Rustici, in die Abtei von St. Gallen. Mit der Erlaubnis des Abtes Heinrich III. von Gundelfingen entdeckte er eine Reihe von berühmten Texten, brachte sie nach Konstanz, ließ sie übertragen und benachrichtigte unverzüglich seine Freunde und die Liebhaber des Altertums von seinen Funden.

Seine Briefe sind bezeichnende Dokumente für einen ganzen Komplex von Empfindungen: die klösterlichen Kerker, die Großen der Vergangenheit in Vergessenheit verloren, die prächtigen Handschriften zerrissen und verfallen. Die Bücher wurden zu einem lebendigen Ding, zu antiken Helden, Stimmen der Weisheit, die die Barbaren nicht zu hören vermochten. Die Liebe der aus dem Süden kommenden Enkel befreite die »Gefangenen«, restaurierte sie, ließ sie aufs neue sprechen und lud die Welt ein, ihnen zuzuhören. Quintilian, Valerius Flaccus, Vitruvius, die ciceronischen Kommentare des Asconius Pedianus kehrten aus St. Gallen heim. Den Entdeckungen Poggios folgten im Januar des Jahres 1417 weitere im »Schnee« und »Frost« des Nordens, nochmals in St. Gallen, dann auf der Reichenau, in Weingarten und Einsiedeln. Lukrez, Manilius, Silius Italicus, Ammianus Marcellinus, Statius, neue Schriften des Cicero tauchten auf. Aus den in den »Eingeweiden der Alpen« versteckten Klöstern schoß blendend hell das Licht der klassischen Welt des Altertums auf.

Einige jener Bücher waren, wie gesagt, schon bekannt. Einer der bedeutendsten Autoren wegen seiner Wirkungen auf Erziehung wie auf die Redetechniken war Quintilian; Nicolas de Clémangis besaß schon mindestens seit 1396 einen vollständigen Quintilian. Trotzdem hatte Poggio nicht unrecht, wenn er von Entdeckungen sprach. Mit ihm, mit den Kurialen des Konstanzer Konzils, mit den passionierten Gelehrten aus Florenz, Leonardo Bruni und Niccolò Niccoli, änderte sich die Situation. Hier war nicht mehr der einsame Stubengelehrte am Werk, der für sich einen Text las und mit einem anderen Gelehrten darüber sprach. Die neuen Bücher kamen weithin empfundenen Fragen und Bedürfnissen entgegen. Sie griffen wie wertvolle Instrumente in einen laufenden Prozeß ein. Vor allen Dingen wurden sie wieder veröffentlicht und in Umlauf gebracht, Abschriften wurden von ihnen angefertigt, sie wurden diskutiert, und man lauschte ihnen wie lebenden Stimmen voller Aktualität; ihre Lehren wurden befolgt, man ahmte sie nach, auf sie begründeten sich

Petrarca mit Venus und Cupido
Miniatur in einer Handschrift seiner »Trionfi«, Ende 15. Jahrhundert
München, Bayerische Staatsbibliothek

Krieger mit erbeuteten Rüstungen
Gemälde aus der Folge »Der Triumph Caesars« von Andrea Mantegna, nach 1485
Hampton Court Palace, Orangerie

neue Schulen, sie wurden in öffentlichen Bibliotheken aufgestellt. Mit Niccoli, dem Poggio seine Funde von St. Gallen mitteilte, begannen die großen florentinischen Büchersammlungen von San Marco und der Medici. Daß nun das antike Wissen aus den »Kerkern« der Klöster heraus und in die selbständigen italienischen Stadtstaaten des 15. Jahrhunderts gelangte, war ein bedeutender Schritt im Prozeß der Laisierung der Kultur, ein wesentliches Moment ihrer Verbreitung in die bürgerlichen Schichten, und es bedeutete eine neue Epoche in der Geschichte ihrer öffentlichen Wirksamkeit.

Damit nicht genug: Poggio und seine Freunde und Nachahmer bemerkten bei ihrer Bergung antiken Wissens, wie dringend die Notwendigkeit war, dessen authentische Merkmale herauszufinden. Sie rekonstruierten die Schriften zunächst noch philologisch grob, dann mit immer raffinierteren Methoden. Diesen Schriften entstieg eine ganze Kultur, der sie die eigene gegenüberstellten. So gewannen sie den Sinn für historische Dimensionen und verfeinerten ihre kritischen Fähigkeiten. Gleichzeitig ließen sie diese Arbeit und deren Ergebnisse in das Leben ihrer Zeit einfließen und sie dort fruchtbar werden. In Poggios Briefen fügen sich die Entdeckungen von St. Gallen und der Lobpreis der Klassiker harmonisch zusammen mit dem Geschmack an einem glücklichen Leben, mit dem Sinn für die Natur, mit der Bewunderung der menschlichen Tüchtigkeit, mit irdischem Engagement. In seinen Briefen sind Abhandlungen über Handschriften zu finden, Beschreibungen von Reisen in den Alpenländern, die wollüstige Morbidität der weiblichen Nacktheit in den Bädern Badens, die strenge Größe des Hieronymus von Prag, der furchtlos wie ein römischer Heros dem Scheiterhaufen zuschreitet, seine Ideen auf diese Weise verteidigend. Da gibt es weder einen Stilbruch noch einen Bruch in der Art zu empfinden. Der Entdecker des Lukrez lebt lukretianisch. Es ist wirklich eine Kultur, die sich in überlegenen Formen gestaltet.

Obwohl ein wilder Auspeitscher des korrupten Klerus und der heuchlerischen Klosterbrüder, fühlte sich Poggio als guter Christ, dessen Christentum von den antiken Vätern stammte. Er verzichtete nicht auf die Aufdeckung der von Jesus gepredigten Werte; er möchte sie ohne Mystifizierung in eine neue Synthese mit den klassischen Werten bringen. Daran arbeiten mit ihm seine Freunde. Während des ganzen Jahrhunderts werden unaufhörlich alle möglichen Handschriftenlager durchstöbert. Nach dem Konstanzer Konzil ist es das Basler Konzil, das neue Gelegenheiten zu neuen Entdeckungen im Norden Europas bietet. Diesseits der Alpen erforscht Ambrosius Traversari zwischen 1432 und 1434 systematisch die Klöster Mittel- und Norditaliens. Den italienischen Entdeckern steht zur Zeit des Basler Konzils der großartige Nikolaus von Cues zur Seite.

Erkundungen und glückliche Funde wiederholen sich noch oft in der zweiten Hälfte des Jahrhunderts. Neben den großen Zentren jenseits der Alpen, in denen das antike Erbe während des Mittelalters zusammengetragen worden war, fanden sich noch reiche Lager bisher nicht ausgebeuteter Schätze in den Abteien von Monte Cassino, Nonantola, Bobbio, im Kapitel von Verona und in den Klöstern von Mailand. Überall halten bis zum Ende des Jahrhunderts die Forscher köstliche Ernte, während Buchhändler und dann der Buchdruck nicht nur Texte von einzigartiger Schönheit und hohem moralischem Wert, sondern auch große wissenschaftliche Werke verbreiten. Diese sind aus den Originalschriften selbst geschöpft, also nicht mehr von den Arabern übermittelt, und knüpfen somit die seit Jahrhunderten zerrissenen Fäden der Forschung wieder an. Bedeutung ersten Ranges hat die Tatsache, daß mit der Entdeckung der Lateiner auch die Wiederkehr der Griechen und das Studium ihrer Sprache und Kultur fortschritt. Florenz feierte den Beginn des 15.Jahrhunderts mit der Errichtung des Lehrstuhls für Manuel Chrysoloras, der dann nach Norditalien ging. Dieser Anfang hatte Folgen, das Beispiel fand Nachahmer. Hervorragende Meister wie Johannes Argyropulos hinterlassen tiefe Spuren in Florenz und Rom. Sie schreiben Texte ab und fertigen in großer Zahl Übersetzungen an. Junge Italiener gehen nach Byzanz, um dort die Sprache zu studieren und sich an der Wissenschaft zu berauschen. Guarino von Verona und Francesco Filelfo, deren italienische Schulen ein weites Echo haben werden, behalten starke Eindrücke von ihrem Aufenthalt in Konstantinopel. Die Schule, die Guarino zunächst in Verona, dann vor allem in Ferrara führen wird, werden nicht nur Italiener, sondern auch Engländer und Schüler aus dem Norden und Osten Europas, aus Polen und Ungarn in großer Zahl besuchen. Die neue Kulturströmung fließt aus Italien zurück nach ganz Europa.

Nicht nur mit Reichtümern an Kenntnissen und Erfahrungen, und wie Filelfo sogar mit einer adligen Gattin, kamen die jungen Gelehrten von ihren Reisen zurück, sie brachten Bücher mit. Gelehrte wie der Sizilianer Giovanni Aurispa (1376–1459) sammelten sie systematisch und trieben Handel damit. Aurispa, ein ungewöhnlich gebildeter Mann, der in Bologna Zivilrecht studiert hatte, kaufte schon 1413 Handschriften von Sophokles und Euripides in Chios. Von seiner ersten Reise in den Orient brachte er neben den griechischen Tragikern auch Tukydides, Homer, Diogenes Laërtius und viele andere Texte mit. 1421 reiste er wieder in Griechenland, und dieses Mal kam er mit einer wahren Bibliothek zurück: zweihundertachtunddreißig Bände enthielt sein Gepäck, darunter das Manuskript der palatinischen Anthologie, das dann auf unbekannten Wegen nach Heidelberg gelangte. Da waren auch Aristophanes, Aristoteles, Athenaios Kyzikenos, Kallimachos, Demothenes, Dioskurides (der heutige Wiener Dioskurides), Herodot, Aischylos (der Aeschylus Laurentianus); Lukian, Pappos, Platon, Proklos, Strabon, Theophrast und viele andere, zu denen neben Historikern und Dichtern immer wieder — und das ist wichtig — Wissenschaftler und Techniker gehören. Nach den aus dem 11.Jahrhundert stammenden Codices des Athenaios Kyzikenos über die Kriegsmaschinen mit Zeichnungen der verschiedenen Instrumente (jetzt im Vatikan) verlangte es den großen Künstler Lorenzo Ghiberti. In den *Commentarii* hat er daraus die Widmung an Marcellus in die italienische Umgangssprache übersetzt.

Das Quattrocento findet in den Originalschriften die Wissenschaft und Technik der Antike wieder, nicht mehr gefiltert in mittelmäßigen Kompendien und unvollständigen arabisch-lateinischen Übersetzungen, sondern unberührt, im Urtext. Es wäre schwierig, die Früchte vollständig aufzuzählen, welche die Wissenschaft aus dieser kostbaren Aquisition geerntet hat. Sie war ein neuer Anstoß für die Forschung mit neuen Mitteln von großer Vollkommenheit.

Die Griechen und die Anfänge der Renaissance

In Griechenland, in den letzten Überresten des östlichen Reiches, war die Kontinuität der klassischen Welt, wenn auch durch allerlei Geschicke und Wandlungen hindurch, ununterbrochen gewahrt worden. Von dorther brachten nicht nur neugierige oder durch die Gelegenheit zu umsichtigen Kaufleuten gewordene Gelehrte Bücher mit, es kamen auch Menschen in großer Zahl. Die jeden Tag näher rückende türkische Bedrohung drängte die Griechen, zunächst neue Verbindungen und Hilfe, dann auch Zuflucht im Westen zu suchen. Sie kamen besonders in jene italienischen Städte, in denen sich alte Bindungen zum Altertum erhalten hatten oder neue geknüpft worden waren. Man darf nicht vergessen, daß in einem recht großen Teil Süditaliens wichtige griechische Sprachinseln sich erhalten hatten und daß es griechische Beziehungen zu Venedig und den anderen Seerepubliken oder zu Handelszentren wie Florenz gab. Kardinal Bessarion, vielleicht die eindrucksvollste Gestalt unter den vielen, die im 15. Jahrhundert nach Italien kamen, sagte, ein Grieche, der in Venedig an Land gehe, könne glauben, nach Hause zurückzukehren.

Inzwischen trug die bedrückende muslimische Drohung dazu bei, in der byzantinischen Gesellschaft selbst national-hellenische Bestrebungen zu stärken, denen es nahe lag, in der Erinnerung an die Väter Trost und Antrieb für die Verteidigung eines tausendjährigen Erbes zu suchen. Die Gefahr vor den Toren milderte jedoch die inneren Gegensätze und Kämpfe nicht, sondern verschärfte sie und spaltete die griechische kulturelle und religiöse Welt von Grund auf. In Konstantinopel bekämpfte die in Theologie und Dogmatismus befangene konservative Tradition die Bewegungen der Rebellion, die in den klassischen Ruhmestaten Ansatzpunkte für eine ideale, zur Wiedererweckung der antiken Tugenden fähige Erneuerung fanden. Diese Strömungen waren angesichts der engen, aristotelisierenden Haltungen der orthodoxen Kirche oft geneigt, nicht nur die neuplatonische Philosophie mit weiten Konzessionen wiederzubeleben, sondern auch die politischen Ideale der klassischen griechischen Stadtstaaten in einer Atmosphäre hellenischer Auferstehung wieder aufzunehmen. Zu diesen mit Mißtrauen als Häretiker und Umstürzler betrachteten Gruppen, die intellektuell an Michael Psellos aus dem 11. Jahrhundert anknüpften, gehörten die unruhigsten, aktivsten und originellsten Köpfe. Sie waren gleichzeitig auch am tiefsten davon überzeugt, daß eine geistige Erhebung, eine Wiederbelebung der antiken Ideale und Tugenden das Wunder von Thermopylä erneuern und eine Heldenfaust hervorbringen müsse, dem Vormarsch der Barbaren ein Ende zu bereiten. Die Rückkehr der antiken Götter könne die Rückkehr der klassischen Ruhmestaten bedeuten.

Es sind nun gerade die Vertreter dieser Auffassungen, Männer wie Giorgios Gemisthos Plethon, die mit der Avantgarde der italienischen Wiedergeburt zusammentreffen und sich in das kulturpolitische Spiel der Republiken und Fürstentümer einmischen. Natürlicherweise ist ihr Verhalten komplex: Wenn sich ihr Nationalismus in dem der italienischen Stadtstaaten wiedererkennt, reagiert er gern brüsk auf den Hegemonialanspruch der Lateiner. Wenn die Erfordernisse sie nötigen, sich an die römische Kirche zu wenden, macht ihr Neopaganismus und ihr Hellenismus sie gleichzeitig suspekt und empfindlich. Die zeitgenössischen Dokumente, voll gemeinsamer Bewunderung für die große Geschichte des antiken Griechenlands, spiegeln ebenfalls einhelliges Mißtrauen der Italiener gegen die streitsüchtigen und hochnäsigen Griechen ihrer Zeit, die so gern zu Streit und Rauferei bereit, so schwierig und bizarr sind. Mit wenigen Ausnahmen, vor allem Plethons, Bessarions und Gazas, erscheinen die Byzantiner als degenerierte Erben der antiken Welt, und die Lateiner fühlen sich in ihrer Auffassung vom *transitus* der antiken Weisheit nach Westen bestärkt. Die Griechen schlagen sich übrigens nicht nur mit den Erben Roms, sie zanken sich auch untereinander. So wird das Panorama kompliziert: oft gleichen diese Parteiungen so sehr denen der lateinischen Welt, daß »römische« Streithähne mitunter natürliche Verbündete bei den Griechen finden.

Als um die Mitte des 15. Jahrhunderts nach dem Florentiner Konzil über der Einheit der Kirchen der Kampf zwischen Platonikern und Aristotelikern ausbrach, hatte der äußerste Flügel der Jünger Platons unter Führung von Plethon viele unruhige Geister der italienischen *Rinascita* auf seiner Seite, während die byzantinischen Aristoteliker die lateinische Scholastik verteidigten. Eine immer schwierigere politische Lage machte dies Spiel noch komplexer. Die »gotische Barbarei«, gegen die die Humanisten im kulturellen Bereich aufgestanden waren, schien politisch endgültig besiegt. Die italienischen Stadtstaaten hatten ihre Freiheit auf den Feldern von Legnano siegreich verteidigt. Nun aber zeigten die türkischen Siege, daß andere Barbaren die letzten Reste des Oströmischen Reiches bedrohten und vernichteten. Gleichzeitig wurden die alten italienischen »Republiken« sich immer mehr der unsicheren Zeiten bewußt. Sie sahen nicht nur, daß der Vormarsch des Islams ihre Handelsplätze, Kolonien und Häfen in der Ägäis und im Orient gefährdeten; sie spürten auch die Krise in Italien und dazu eine Krisenbedrohung aus dem Norden durch wirtschaftliche Konkurrenz und die Entstehung der großen Staaten, deren Umfang und Stärke ständig zunahm. Wenn auch das Ideal der städtischen »Freiheiten« von den Florentinern gegen das unitarische Programm der Visconti zäh verteidigt wurde, so nahm doch das dunkle Bewußtsein neuer Gefahren zu. Schön vor den apokalyptischen Predigten Savonarolas hatten Propheten und Astrologen oft aus den großen Sternkonjunktionen die Ankündigung bevorstehender Katastrophen gelesen. Ein Arzt und Sterndeuter aus Ferrara, Arquato, kündigte Matthias Corvinus die *eversio Europae* und die Ankunft eines großen Irrlehrers an. Die Überfälle der Ungläubigen auf die italienischen Küsten bestätigten eine gemeinsame Gefahr.

Abseits von den Streitigkeiten und Polemiken der Griechen und mit den Griechen, abseits von allem nationalen Wettstreit und von nationalistischen Eifersüchteleien wuchs der gerade von der Grausamkeit der Spaltungen genährte Wunsch nach Begegnung, Einklang und Frieden: nach geistigem Frieden, nach Eintracht der Doktrinen noch vor dem religiösen und politischen Frieden. Vielleicht hatte es nie zuvor so bittere Polemiken und Anwürfe gegeben, die eine Literatur für sich bildeten; aber nie zuvor war auch der Friede so oft und so sehnsüchtig herbeigerufen und verherrlicht worden, hatte es so viele Versuche und universelle »Übereinstimmungen« gegeben. Besonders Kardinal Bessarion, der für die Einheit der christlichen Kirchen mit den Ungläubigen gekämpft hatte, suchte jenseits der Spaltung in Platoniker und Aristoteliker, als der beiden im Osten nicht weniger als im Westen aufeinanderprallenden Traditionen, eine tiefe Harmonie auf dem Boden der

Kultur zu finden. Andererseits mühte Pius II. sich ab, mit einem neuen Kreuzzugsgeist die ganze christusgläubige Welt wieder zu vereinigen. Nicht zufällig läßt der Brief Leonardos von Chios an ihn nach dem Fall von Lesbos den Alarmruf ertönen: eine Flut schicke sich an, ganz Europa zu überschwemmen. Konstantinopel ist gefallen, Mytilene ebenfalls. Die vorgeschobenen Linien des Westens gehen eine nach der anderen verloren. Italien betrügt sich nicht, es schickt sich an, nicht die siegreichen Tage von Legnano, sondern die bitteren Zeiten des Boëthius zu durchleben.

Man muß sich die Komplexität dieser Situation in der byzantinischen Welt und insbesondere im Italien des 15.Jahrhunderts vor Augen halten, will man die so oft erörterte und so verschieden beantwortete Frage nach der Bedeutung des Beitrags stellen, den die griechische Wanderung nach Italien für die Bewegung der Renaissance leistete. Zweifellos erschien die italienische Renaissance oft als eine symmetrische Reaktion auf zwei Arten von Barbarei: auf die griechische Plumpheit und auf die gotische Manier. Gleichzeitig schien unumgänglich, die Anfänge der in Italien einsetzenden kulturellen Erneuerung mit dem Zustrom griechischer Texte und griechischer Gelehrter in Verbindung zu bringen.

Hier gibt es also zwei gegensätzliche Auffassungen: Da ist einmal die in der Geschichtsschreibung des beginnenden 20.Jahrhunderts noch weit verbreitete Idee eines unmittelbaren Zusammenhangs zwischen der lateinischen Wiedergeburt und dem Wiedererstehen der griechischen Kultur. Man wird schließlich bis zu der Aussage gehen, die Renaissance sei die Folge der Übersiedlung der Byzantiner und einer größeren Kenntnis der griechischen Sprache in der gelehrten Welt gewesen, Folge also einer neuen Literaturwissenschaft. Offensichtlich sündigt eine solche Deutung nicht nur mit ihrer Äußerlichkeit, sondern auch mit zwei alten Fehlern, nämlich erstens mit der Überzeugung, der Fluß der Ideen sei immer nur in einer Richtung geflossen, vom Orient und von Griechenland gen Rom und den Okzident, und zweitens mit der Vorstellung, während des Mittelalters sei der Austausch zwischen griechischer und lateinischer Kultur karg und in seinen Wirkungen irrelevant gewesen. Beide Vorurteile fielen. Man entdeckte, daß es reiche mittelalterliche Beziehungen zwischen lateinischer und griechischer Welt gegeben hatte. In unserem Jahrhundert kam dann die Neigung zu einer Interpretation auf, die die von Vasari für die darstellenden Künste entworfene Vision auf die ganze Welt der Kultur ausdehnte: nämlich die Auffassung von einem Humanismus, der als Reaktion nicht nur auf das Gotische, sondern auch auf die grobe »griechische Manier« verstanden wurde. Im Bereich der Literatur, Philosophie und Theologie hätten die Griechen des 14., 15. und 16.Jahrhunderts den Lateinern ausschließlich linguistisches Werkzeug und vorher unbekannte Bücher zugänglich gemacht. Das in archaischen Disputen kristallisierte und gegenüber der lateinischen Scholastik außerordentlich rückständige byzantinische Denken sei – so wurde gesagt – in vom Okzident schon überholten Positionen steckengeblieben. Die von den Okzidentalen gefundenen und studierten Texte seien den Griechen selbst unbekannt gewesen, die sie hätten in Vergessenheit geraten lassen. Und deren Bestrebungen seien von den Lateinern innerhalb einer autonomen und schon angelaufenen Erneuerung wiederaufgenommen worden. Eben diese Erneuerung, die in Petrarca ihre hellste Stimme gefunden habe, sei es gewesen, welche die Suche nach Homer und den Tragikern, nach Platon und Plotin ausgelöst habe.

Daß eine in die Breite gehende kulturelle Revolution, fest verknüpft mit einer Umwandlung der Gesellschaft, mechanisch von einigen Büchern und einigen im Exil lebenden Professoren ausgelöst worden sein sollte, erschien als eine nicht nur unmögliche, sondern undenkbare und absurde Theorie.

Nachdem die Geschichtsschreibung im 18. und 19. Jahrhundert auf einer entscheidenden Funktion der Griechen vor und nach dem Fall Konstantinopels 1453 beharrt hatte, begannen nicht wenige moderne Gelehrte, die griechische Komponente in der Entstehung und Entwicklung der westlichen Wiedergeburt zu bagatellisieren. Dazu brachten sie eine minuziöse Analyse der byzantinischen Kultur, deren Merkmale die Uniformität und Immobilität gewesen seien. Es sei nicht wahr, so erklärt man, daß die Byzantiner, indem sie dem Okzident die griechischen Klassiker darboten, die Renaissance hervorgerufen hätten. Ja, diese Historiker gehen noch weiter: nicht nur hätten viele Humanisten herzlich wenig griechisch gekonnt oder es überhaupt nicht gekannt; nicht wenige hätten sich gegen das Sprachstudium, ja sogar gegen die Übersetzungen gewandt. Um die Mitte des 15. Jahrhunderts hätten Tommaso Seneca da Camerino und Porcellio am Hofe Sigismund Malatestas gegen das Griechische gekämpft. Seneca und nicht Sophokles, Plautus und Terenz, nicht Aristophanes, Vergil, nicht Homer, Livius, nicht Herodot und Tukydides, und Cicero mehr als Platon seien die Führer nicht nur der italienischen, sondern der europäischen Renaissance gewesen. Wenn nun auch in dieser Auffassung von einem ganz und gar lateinischen Humanismus zweifellos die begründete Vorsorge steckt, daß das Aufblühen der Kultur in der Renaissance nicht auf den puren Effekt äußerlicher Einflüsse zurückgeführt werde und erst recht nicht auf das Wirken einer Welt, die wie die byzantinische in vieler Hinsicht alt und vertrocknet war, so kann man doch nicht leugnen, daß auch diese Reaktion wie jede andere durch Einseitigkeit sündigt.

Das Bild einer starren und uniformen, ganz auf Byzanz konzentrierten byzantinischen Einheitskultur entspricht eben auch nicht der Wahrheit. Mancherlei Beben und vielerlei Kontraste sind darin zu finden; Echotöne sowohl aus dem Westen wie aus dem ferneren Orient sind zu vernehmen. Der florentinische Platonismus der gelehrten Zirkel um Cosimo il Vecchio und Lorenzo de' Medici, eines der typischsten Phänomene des Quattrocento, läßt an Michael Psellos nicht nur deshalb denken, weil in diesen Zirkeln wieder griechische Texte gelesen und übersetzt werden, sondern weil hier die von ihm verbreiteten Autoren Aufnahme finden; vor allem aber, weil er die Atmosphäre der platonisierenden Zirkel neu belebte, welche die geruhsame Einheit der byzantinischen theologischen Orthodoxie gestört hatte. Auch sind die großen Meister griechischer Studien, wie Plethon, Argyropulos und der Kardinal Bessarion, keine Grammatiker oder Sprachlehrer. Und wenn es auch stimmt, daß der blühende Nationalismus der Byzantiner und ihr Jähzorn wiederum Reaktionen der Humanisten hervorriefen, so stimmt doch auch, daß diese das Studium des Griechischen und der griechischen Welt als entscheidend ansahen, selbst wenn sie am Ende stets die Romanität priesen.

Im übrigen war ein wesentlicher Aspekt der Renaissance der mit dem Studium des Griechischen erworbene Sinn für die historischen Dimensionen des Altertums und gleichzeitig der Zugang zu einer bis dahin nur unvollkommen bekannten großen Bücherei für jedes

Wissensgebiet. Zweifellos sind während der Jahrhunderte des Mittelalters die philosophischen und wissenschaftlichen Errungenschaften des Altertums wiederholt dem lateinischen Okzident erschlossen worden: ein erstes Mal bis zum 12. Jahrhundert vorwiegend in den arabisch-lateinischen Fassungen; ein zweites Mal vom 12. Jahrhundert an auch in neuen griechisch-lateinischen Übersetzungen. Es handelte sich dabei jedoch um eine recht einseitige Betrachtungsweise, und das nicht nur wegen der muslimischen Vermittlung und wegen des Mangels an literarischen und historischen Texten. Die Philosophie war durch Aristoteles, nicht durch Platon oder Plotin, nicht durch Epikur oder Sextus Empiricus vertreten; grundlegende wissenschaftliche Texte fehlten von den Mathematikern bis zu den Geographen. Die neue Berührung mit der griechischen Kultur wurde vor allem von der Forderung nach Vollständigkeit belebt. Am 31. Mai 1468 schrieb Kardinal Bessarion aus den Bädern von Viterbo an den Dogen Cristoforo Moro einen Brief, in dem er Venedig seine aus vierhundertachtundzwanzig griechischen und zweihundertvierundsechzig lateinischen Bänden bestehende Bibliothek als Geschenk anbot. Dieser Brief ist ein bewegendes Symbol für den endgültigen Übergang der hellenischen Weisheit auf Italien. Darüber hinaus aber ist er ein eindeutiger Beleg dafür, nach welchen Kriterien in der Renaissance Bücher gesammelt wurden: von jedem Autor soviel Bücher wie möglich und in dem nach kritischer Untersuchung besten Text.

Im Mittelpunkt des Briefes Bessarions steht, was schon seit Jahrzehnten ein Gemeinplatz, deshalb jedoch nicht weniger gültig war: nur die Kultur und die Bücher der Antike könnten uns unsere menschliche Substanz bewußt machen, indem sie uns mit der Erinnerung das Gefühl dafür geben, wie wir im Fluß der Zeiten und der Vergangenheit gegenüberstehen: »Bücher sind voll von Worten der Weisen, voll von Beispielen aus alten Zeiten, voll von Bräuchen, Gesetzen und Religion. Sie leben, verkehren und sprechen mit uns, lehren, bilden und trösten uns, zeigen uns die Dinge, die unserm Gedächtnis besonders fernstehen, so als ob sie gegenwärtig sind, und stellen sie uns vor Augen. So groß ist ihre Macht, Würde und Hoheit und sogar göttliche Kraft, daß wir alle, gäbe es nicht die Bücher, ungebildet und unwissend wären, kein geschichtliches Wissen um die Vergangenheit, kein Beispiel, ja keine Kenntnis von menschlichen und göttlichen Dingen hätten. Dasselbe Grab, das den Leib der Menschen deckt, würde auch ihren Namen verschütten.«

Die Bücher jedoch, diese Bücher, trugen nicht nur dazu bei, dem Menschen die zeitliche Dimension zu vermitteln, indem sie ihn die Vergangenheit und sich selbst in seinem Verhältnis zum Entfernten und Andersartigen in Zeit und Raum verstehen ließen. Sie waren nicht nur wertvolle Mittler des Geschichtsverständnisses, moralischer und politischer Weisheit und ästhetischer Freude. Sie waren – und dies wird nie mehr vergessen werden – für jenes Europa zwischen dem ausgehenden 14. und dem 16. Jahrhundert eine erstaunliche Sammlung des Besten, was es damals auf dem Gebiet der Naturwissenschaften und der Mathematik gab.

Nach wenigen Jahren werden an Stelle grobbearbeiteter Kompendien, bescheidener Handbücher, erster Abhandlungen oder wertvoller, aber verstümmelter Fragmente in den Schulen und Akademien Euklid und Archimedes, Apollonios und Pappos, Strabon und

Ptolemaeus, medizinische und allerlei technische Abhandlungen jedermann zugänglich gemacht werden. Die Texte, von denen die Gründer der modernen Welt ausgehen werden, werden tatsächlich von Hand zu Hand gehen: Kopernikus beginnt, indem er sich auf Aristarch beruft; Galilei erklärt, von Archimedes auszugehen, und nennt ihn Meister; am Anfang von Newtons Wort zu den *Philosophiae naturalis principia mathematica* steht die berühmte, so lapidare Behauptung: »Die Alten hielten, wie Pappus sagt, bei der Erforschung der Natur am meisten von der Mechanik; die Modernen haben, nachdem die Formen der Substanz und die verborgenen Qualitäten verlassen sind, versucht, die Phänomene auf mathematische Gesetze zurückzuführen.« Zwischen den verborgenen Qualitäten und der Substanz der Scholastiker einerseits und der modernen Wissenschaft Galileis und Newtons andererseits steht feierlich das Werk eines Archimedes und eines Pappos. Mit steter Begierde verzehren sich die Humanisten auf der Suche nach diesen Büchern und in der Arbeit, sie aufs neue wirksam zu machen. Während Petrarca und Salutati sich nach der großen Dichtung Homers und der neuen Philosophie Platons sehnten, besserte Guarino aus Verona Strabon aus und ließ Vittorino da Feltre seine Schüler Euklid im Original lesen.

Wie das Bewußtwerden der Geschichtlichkeit des Menschen und seines Wissens eine der Komponenten der neuen Kultur wurde, so wurde eines ihrer zentralen Themen eben die Wiederentdeckung der Bande zwischen griechischer Kultur und römischer Welt. Und der Zank und Zorn der Griechen halfen den Lateinern, im verehrten Altertum eine Vielfalt von Stimmen mit all ihrer Gegensätzlichkeit aufzudecken: Georgios Gemistos Plethon mit seiner Vergötterung Platons und der Platoniker, Georg von Trapezunt mit seinem Haß schon auf den Namen Platon, Georgios Scholarios mit seiner Treue zu Aristoteles, Bessarion in seinem Bemühen, eine mögliche Übereinstimmung der Philosophen aufzuzeigen: sie alle zeigen lebhaft und dramatisch die Vielfalt der Stimmen menschlichen Suchens, die nicht mehr auf den gemeinsamen Nenner der Orthodoxie eines einzigen Autors zu bringen sind.

Zweifellos hatte weder der Westen im allgemeinen noch Italien viel von Gennadios zu lernen. Doch konnten sie viel von Plethon, Bessarion und Argyropulos empfangen, nicht grammatikalische Kenntnisse oder Bücher, sondern authentisches Wissen. Und sie konnten bei ihnen analoge Ideale und ähnliche Arbeitsweisen wiedererkennen und Antwort auf ihre Fragen erhalten. Gewiß haben nicht die Byzantiner die Renaissance hervorgerufen, aber sie trugen doch nicht wenig zu ihrer Entfaltung bei. Ohne das Griechische, ohne den Beitrag der großen griechischen Gelehrsamkeit wäre die Kultur der Renaissance weder gewesen noch verständlich.

Zwischen 1397 und 1534, als in Rom der letzte der großen griechischen Meister, Janos Laskaris, starb, verbreitete sich die Kenntnis des Griechischen über ganz Europa. Zusammen mit einer zuvor fast gänzlich unbekannten Sprache wurde das vollständige Corpus einer der größten Literaturen, die es je gegeben hat, wiedererobert. Von den italienischen Zentren Florenz und Venedig, Rom und Mailand aus wurde das hellenische Wissen überallhin gespült. Der in Mailand, Florenz und Venedig bereits erfolgreiche griechische Buchdruck und der Ruhm des Aldus Manutius waren ganz Europa ein Beispiel. Erasmus, Budé, Stephanus (Henri Estienne) sammelten ein in der italienischen Krise damals gefährdetes Erbe und gaben es an den Norden weiter. Im September 1506 war Erasmus nach Italien gekommen, vor allem, um sich im Griechischen zu vervollständigen; von Januar bis September 1508 war er Gast im Hause des großen Aldus Manutius in Venedig.

Dem Lateinischen und Griechischen wollte Erasmus um der Vollkommenheit des Wissens willen das Hebräische hinzufügen. Dabei ging er von einer Idee aus, die um die Mitte des Quattrocento von Humanisten wie Giannozzo Manetti gefördert und von Giovanni Pico della Mirandola wiederaufgegriffen wurde.»Drei Sprachen, ohne die alle Wissenschaft mangelhaft bleibt«, schrieb Erasmus aus Antwerpen am 18.Mai 1519 an Thomas Wolsey. Erasmus sollte das dreisprachige Kolleg *(Collegium Trilingue)* in Löwen leiten, das durch ein Vermächtnis des 1517 verstorbenen Hieronymus Busleiden begründet worden war. Busleiden war Student zu Bologna und Padua, mit Erasmus eng verbunden und Freund des Thomas Morus gewesen. Von Wilhelm Budé sind die 1529 entstandenen *Commentarii linguae graecae*, in deren Vorwort König Franz I. von Frankreich gebeten wird, jene große Schule zu schaffen, in der wie in einem Tempel der guten Studien eine höhere menschliche Bildung sich auf das Studium der beiden Sprachen, des Lateinischen und des Griechischen, gründen solle. In England kam Thomas Morus 1519 in einem berühmten Brief dem Griechischen gegen die konservativen Gruppen Oxfords zu Hilfe, die mit ihrem Kampf gegen das Griechische nach seiner Meinung nicht nur gegen jede lateinische Kultur, sondern auch gegen alle »liberalen Künste« zu Felde zogen

Der Wunsch und die Hoffnung des Bessarion wurden wahr. Die Niederlage von 1453 und der Fall von Byzanz hatten in Wirklichkeit, fast paradoxerweise, ein einzigartiges Erwachen und eine kräftige Wiederbelebung der hellenischen Weisheit bedeutet. Dank italienischer Vermittlung war Griechenland die Lehrerin des modernen Europas geworden.

Humanismus und Renaissance: Zusammenhang oder Antithese?

Die Erforschung des Altertums und das leidenschaftliche Studium der Klassiker sind zweifellos einer der hervorragenden Aspekte der Renaissance, und vielleicht der auffälligste. Aber sie waren keine Besonderheit der Renaissance und so auch weder ihre Ursache noch ihr einziger Aspekt. Einmal waren die antiken Schriftsteller, wie schon gesagt, dem ganzen Mittelalter gegenwärtig, wenn auch auf eine andere Weise und in anderem Maß. Zum zweiten erschöpfte sich die neue Kultur nicht in ihrem Studium und ihrer Nachahmung.

Über die Gegenwärtigkeit der Alten sind in der Tat zwei Dinge zu sagen: daß es eine kritisch bewertete Präsenz und ein bewußt aufgenommener Mythos war. Das griechisch-römische Altertum vor allem, aber nach und nach auch das hebräische und orientalische wurden wahrlich in einem Glorienschein absoluter Perfektion gesehen: In die Vergangenheit verlegte man in sich vollkomme Kulturen von beispielhaftem Wert. An den Anfängen entschleierte sich die Wahrheit zu einer Präsenz, die dann befleckt und verloren wird. Die Rückkehr zu den Anfängen ist wie ein Wiederbedenken und Wiederfinden des angeborenen Sinns der Dinge, wie ein Abstieg zu den tiefen Quellen der Wirklichkeit. Es ist wie eine neue Annäherung an den göttlichen Sinn des Seins. Und dennoch – eben weil es sich um ein bewußtes Wiederfinden handelt – verflocht sich die Rückkehr zu den Anfängen durch die Kritik an einer als irrend und schuldig abgelehnten Vergangenheit mit einem immer klareren Konzept des Fortschritts, und damit also mit einem Vergleich der Modernen mit den Alten.

Diese Alten waren zwar großartig und vielleicht sogar in sich vollkommen; aber eben weil sie nach langer Irrfahrt wiederbeschworen und wiedergefunden waren, verlangten diese Lehrer nicht einfach eine Wiederholung ihrer selbst, sondern luden zu einem Gespräch oder zu einem Wettstreit ein. Die Kraft, mit der die Vergangenheit auferstand, führte eine Nachahmung des Vergangenen herbei, regte aber auch eine Art von »Maieutik« an: sie war ein Anreiz, so, wie es damals geschah, einer jener Vergangenheit würdigen Kultur Leben zu geben. Wenn Nachahmung das Kennwort der neuen Kultur zu sein scheint – Nachahmung bald der Alten, bald der Natur –, so verwandelte sie sich doch in etwas vollständig anderes: sie war, mit anderen Worten, Nachahmung nicht schon dadurch, daß sie bereits erzielte Formen und Ergebnisse imitierte, sondern dadurch, daß sie Prozesse nachahmte, mit denen die Formen und Ergebnisse erzielt wurden; sie war also Nachahmung des dynamischen Geheimnisses sowohl der Dinge als auch der kulturellen Fakten.

Der polemische Aspekt der Rückkehr zu den Alten ist besonders an den Anfängen auffallender: man kehrte zur klassischen Welt gegen eine Welt veralteter und dem Menschen nicht angemessener Werte zurück. Man fand den Menschen und die Wirklichkeit nach der Art der Alten wieder. Gerade an diesem Punkt indessen zeigt sich, daß das Altertum und seine Nachahmung von verschiedenem und teilweise divergierendem Wert waren: einerseits Archetypen, die aufzunehmen und zu reproduzieren waren, andererseits ein Antrieb zur aktiven Entfaltung in einer neuen Welt mit neuen Bedürfnissen. Im ersten Fall bildete der Mythos der Antike den Beginn eines literarischen Geschmacks, die Aufforderung zu einer Art systematischer Falschmünzerei, die dekadente Raffiniertheiten erreichen konnte, jedoch ohne ursprüngliche Kraft blieb. Der Zyklus der Kultur war zwischen Athen und Rom geschlossen, und vielleicht noch zwischen Jerusalem und Rom; es blieb nichts, als ihn zu wiederholen: Die Rückkehr zur Antike wurde Herstellung der falschen Antike. Im zweiten Fall war die Schule der klassischen Autoren des Altertums Anregung dazu, sich selbst wiederzufinden und undeutlich gewordene oder verlorene Werte wiederzugewinnen, wieder einen Weg zu beschreiten, der von den Ereignissen der Geschichte an bestimmter Stelle verbarrikadiert schien.

In dieser zweiten Bedeutung wurden die Alten Lehrer nicht nur der Humanität, sondern auch der Wissenschaft und des Glaubens. Sie lehrten nicht nur die Reinheit der Sprache, sondern eine Methode, die es ermöglichte, unsterbliche Werke zu schaffen. Sie lehrten das Geheimnis der Poesie, indem sie darzustellen aufforderten, wie unverfälscht der Mensch in seinen Leidenschaften ist. Sie lehrten das Geheimnis der Wissenschaft, weil sie aufzeigten, daß Aristoteles seine Synthese nicht nur im Zwiegespräch und in der Polemik mit Platon schuf, sondern indem er sich den Dingen selbst zuwandte. Sie stellten sogar die Religion wieder her, indem sie zur Reinheit des Gotteswortes und der inspirierten Schriften jenseits aller Umwege und unter aller Verkrustung zurückriefen.

DIE KULTUR DER RENAISSANCE

Gewiß verflochten sich immer aufs neue die beiden Motive der passiven Imitation der Alten und der dynamischen Bildung an ihrer Lehre. Sie bildeten die beiden Pole einer Spannung und einer Polemik, die im Kampf gegen die grammatische Pedanterie des späten 16. Jahrhunderts seit Francesco Petrarca gipfelte. Aber es ist auch gewiß, daß die beiden Themen nicht getrennt und einander entgegengesetzt werden können: als Humanismus und Renaissance, als Renaissance und Antirenaissance, als Studium der Geisteswissenschaften und Erforschung der Natur. Mitten in ein und demselben Prozeß forderte die Entdeckung der Alten, die sich zu einem Kult der Alten machte, zum Vergleich mit den Modernen und zu ihrer Verteidigung heraus. Das Studium der klassischen Texte, das die grammatische Pedanterie und die passive Imitation gebar, zeugte zugleich die Idee des Wettkampfes mit den Klassikern und nährte das aktive Schaffen. Die Neigung, die *studia humanitatis*, die Geisteswissenschaften, zu bevorzugen – dieses Bestreben selbst war es, das den Sinn für den Wert der Natur und der Sachen, der Naturwissenschaften und der Technik stärkte.

Die Beispiele dafür sind leicht und über fast zwei Jahrhunderte hin zu finden. Diese Querelen sind schon im 15. Jahrhundert lebendig, nicht nur in zahlreichen Anzeichen, sondern in systematischen Entwicklungen. Wir finden sie bei dem großen Historiker und Altertumsforscher Flavio Biondo aus Forlì, einem Sammler klassischer und mittelalterlicher Epigraphen und Memoiren, der ohne Zögern die Errungenschaften der christlichen Überlieferung preist. Wir sehen sie das Werk des Enea Silvio Piccolomini durchziehen, das den Fortschritt der Kultur in Deutschland beschreibt. Ein Kanzler der florentinischen Republik, Benedetto Accolti, verfaßte sogar ein Cosimo il Vecchio gewidmetes Werk mit dem Titel *De praestantia virorum sui aevi*, um zu beweisen, daß sich die Modernen auf allen Gebieten mit den Alten messen können. Machiavelli stellte in dem viel zu berühmten Brief an Francesco Vettori die Erfahrung der neuen Dinge als Ergänzung zur Lektüre der Alten dar. Kardinal Egidio aus Viterbo begrüßte die Reise des Kolumbus und die Entdeckung neuer Länder als physische Erweiterung, als Vervollständigung der Welt. Die Behauptung, daß die Wahrheit mit der Zeit wachse *(veritas filia temporis)*, wird ein Gemeinplatz, ein Motto, das sich die Buchdrucker zunutze machen.

Wie die Modernen in die Schule der Alten gingen, jedoch um bei ihnen die Möglichkeit zu finden, sie zu übertreffen, so sehen sie in der Nachahmung vor allem ein Mittel, eine neue Originalität zu finden. Schon im 14. Jahrhundert fehlen die Zeugnisse hierfür nicht, im 15. und 16. Jahrhundert sind sie sogar im Überfluß vorhanden. Angesichts der Gefahr, aus der Ergebenheit Aristoteles gegenüber in die sklavisch nachahmende Ergebenheit vor Cicero zu verfallen, gingen die Kritiker daran, die anregende Funktion der Modelle und die Notwendigkeit zu analysieren, sie nicht abzuschreiben, sondern ihre Lehre aufzunehmen, um sich von ihr zu distanzieren. Am Ausgang des 15. Jahrhunderts wurden die Streitgespräche über die Nachahmung immer häufiger. Das Ideal des Altertums hatte sich nun behauptet, und es war dabei, eine übermächtige Norm zu werden, die nur noch Kopien entstehen lassen konnte. Die originalen Keime des Genies drohten erstickt zu werden. Davon ging der Versuch aus, die Bedeutung der Nachahmung zu analysieren und ihren tatsächlichen Wert herauszuschälen.

Schon Petrarca hatte den Topos vom Fleiß der Bienen aufgegriffen, die über die Blumen hinfliegen, aus ihnen den Blütenstaub saugen und daraus Honig und Wachs machen. Das heißt also, die Frucht aus den Mühen anderer zu ernten und sie in einer neuen originellen Synthese darzubieten: »Nicht den Stil dieses oder jenes Autors, sondern einen Stil unserer Art, der aus der Überarbeitung vieler Autoren hervorgeht.« Petrarca hat den Vorgang des Nachahmens subtil dargestellt: nicht einen, sondern viele Autoren lesen (Vergil, Horaz, Cicero und Boëthius); nicht einmal, sondern viele Male lesen; nicht nur lesen, sondern überdenken und zulassen, daß die Lektüre sich im Gedächtnis einlagert, vergoren wird, ein Ganzes in unserem Geist wird, ohne daß wir uns dessen noch bewußt sind. Auf den Grund des Gedächtnisses gefallen und beinahe vergessen, wird die Lektüre Anreiz zu einer neuen freien Schöpfung, die vom Modell eine leichte Tönung, einen Schatten hat, das, was die Maler *air*, Atmosphäre, nennen und was gleich der Ähnlichkeit des Sohnes mit dem Vater ist. Alles ist im Grunde verschieden, selbst wenn es ein verborgenes Etwas gibt, das eine geistige Verwandtschaft anzeigt.

Die Bemühungen der Künstler und Kritiker der Renaissance galten der äußersten Präzisierung des Themas der Ausdrucksfreiheit in bezug auf die ausgewählten Modelle und schließlich dem Versuch einer Erforschung der allgemeinen Theorien und der spezifischen Techniken der Imitation; der Imitation einmal der Autoren, insbesondere im literarischen Bereich, und zum anderen der Natur, in der bildenden Kunst. Angesichts der einreißenden gefährlichen Mode des Ciceronianismus als einer getreuen Wiederholung Ciceros lehnte Angelo Poliziano in einem bekannten Briefwechsel mit Paolo Cortesi am Ende des 15. Jahrhunderts eindeutig ab, daß ein einziger Schriftsteller die Norm abgeben könne, der zu folgen sei; wie der nicht gut gehen könne – schreibt er –, der in Fußstapfen treten wolle, so könne auch der nicht gut schreiben, der nicht den Mut habe, die von anderen eingefahrenen Geleise zu verlassen. Poliziano ging noch weiter: Jeder müsse, nachdem er die Autoren studiert habe, vor allem eines suchen: er selbst zu sein und sich selbst auszudrücken. Auf den Einwand, es werde ihm nie gelingen, Cicero zu sein, antwortete Poliziano: Ich bin nicht Cicero; ich bin ich selbst und drücke mich selbst aus. Das Studium der antiken Schriftsteller befruchte den Geist und zähme ihn, doch versklave es ihn nicht. Cosimo dei Medici schreiben Poliziano und Vasari scharf zugespitzte Formulierungen zu: »Die wenigen Genies sind himmlische Erscheinungen, keine Packesel«; »jeder Maler malt sich selbst«.

Das Streitgespräch über die Imitation akzentuiert sich im 16. Jahrhundert und wird dabei reicher und komplizierter. In seinem wohlbekannten Dialog *Ciceronianus* vergleicht Erasmus die Benutzung der großen Autoren mit einer Art Kauen und Verdauen, durch die man gegen alle servile Wiederholung zur Originalität einer neuen Schöpfung gelange. Ronsard greift in einem Sonett noch einmal den Topos der Biene auf, damit gleichsam die Erörterung über seinen eigenen Ausgangspunkt beschließend:

> *Ainsi qu'au moi d'Avril on voit de fleur en fleur*
> *de jardin en jardin l'ingenieuse abeille*
> *voleter et piller...*
> *De science en science, et d'autheur en autheur*
> *de labeur en labeur, de merveille en merveille*
> *tu volles...*

Wie im April die Biene auf der Suche
Von Blüt' zu Blüte fliegt, von Hain zu Hain...
Fliegst du von Kunst zu Kunst, von Buch zu Buche,
Rastlos von Tun zu Tun, von Schein zu Schein...

(Übersetzung Jahn)

Poliziano wie Erasmus und in der Regel alle, die den Topos der Biene benutzen, schreiben dem Altertum und der Lehre seiner Schriftsteller eine zuvörderst mäeutische Funktion zu. Die Alten hülfen der Befreiung des Geistes; von hier aus sei die Koinzidenz der *studia humanitatis* mit den *artes liberales* zu verstehen, die so genannt würden, weil sie »den Menschen frei machen«. Die Alten nachahmen soll also in jener Zeit heißen: man selbst sein, in der eigenen Zeit, tätig, wie es die Alten waren. Der Humanismus wird, mehr noch als »Entdeckung des Menschen«, nach dem Wort Burckhardts ein Mittel zu dem Zweck, daß der Mensch die eigene selbständige Schöpferkraft erreiche und behaupte.

Entsprechend der Lage der Literatur und der moralischen Disziplinen entwickelte sich auf dem Gebiet der darstellenden Künste die Problematik der Imitation der Natur. Sie durchlief die gleichen Stufen und gelangte zu analogen Ergebnissen. Die Natur nachbilden, sollte nicht heißen, dieses oder jenes Modell kopieren. Es bedeutete, jenseits der vielen partikularen Ausdrucksweisen zur Idee, zur Form, zum immanenten Grund vorzustoßen. Marsilio Ficino hatte in neuplatonischen Begriffen über diese Art zu konzipieren ausgezeichnet theoretisiert, doch muß man sich vergegenwärtigen, daß entsprechende Thesen schon lange vorher weit verbreitet waren. Nach Ficino strahlt die göttliche Kraft überallhin aus, und diese göttlichen Strahlen sind nicht nur befruchtende Wirkkräfte im Schoße der Materie, sondern allenthalben reflektierte Formen und Figuren alles Seienden. »Diese Bilder heißen in den ›Engeln‹ Beispiele und Ideen, in den Seelen Gedanken und Kenntnisse, in der Materie der Welt Bilder und Formen.« In anderen Worten: überall ist ein ideales, »geistiges« Formprinzip beseelend gegenwärtig. Die Natur beobachten heißt, mit der uns eingegebenen Vernunft zur Vernunft der Dinge vorzudringen, die vergessen und dann wieder erinnert wird, wiederentdeckt in demselben Prozeß, durch den wir sie in den Dingen mit Hilfe des universalen Lichts wieder aufzudecken uns anschicken.

Mit unterschiedlicher Betonung beharrten Künstler, Wissenschaftler und Schriftsteller, Leon Battista Alberti wie Leonardo da Vinci, auf diesem Thema der »Vernunft«, welche die Dinge regiert, der »Kenntnisse«, die latent in unserem Geiste leben, und der »geistigen Kräfte«, die die Wirklichkeit nähren. So gilt das Lehramt der Autoren sowohl der Befreiung dieser »Prinzipien« als auch der Wiederherstellung des inneren Dynamismus des Individuums und des Kosmos in ihrem korrespondierenden Zusammenhang. Die Funktion der antiken Autoren ist vor allem die des Vermittelns neben der des Ansporns: sie helfen nicht nur, die wirklichen Vorgänge zu durchdringen, in denen sich die Kraft des menschlichen Geistes bereits aktualisiert hat, sondern bringen auch wieder, was von der »Vernunft« im dynamischen Wirken der Dinge die Alten bereits erobert haben.

Die Verbindung von Mensch und Natur, von Individuum und Kosmos, und zwar unter dem doppelten Aspekt der Geschichte und der Wissenschaft, dauerte im 15. Jahrhundert an. Der Berufung auf die Ursprünge, auf die »Prinzipien«, auf die Natur (oder besser: die

Naturen) gesellte sich die Entdeckung der antiken Schriftsteller und der Erziehung des freien und wahren Menschen in deren Schule zu. Gleichzeitig schlägt der Mythos von der Rückkehr zu den Ursprüngen und zur Natur, der sich in einem polemischen Stadium antihistorisch und revolutionär darbietet, um; er tritt in sein konstruktives Stadium ein und verwandelt sich in eine Entdeckung des dynamischen Prozesses, den die Wirklichkeit und der Mensch dank dem Anstoß und der Führung der in den Dingen liegenden »Vernunft« darstellen.

Darum ist es, wenigstens was das 15. Jahrhundert angeht, schwierig, einem triumphierenden Humanismus eine Renaissance im Embryonalzustand entgegenzusetzen, so als wäre der Humanismus der Augenblick der Bestätigung des Menschen durch die Geisteswissenschaften und die Renaissance die Eroberung der Natur durch die Naturwissenschaften (und ihre Darstellung durch die Kunst) gewesen. Mensch und Natur sind miteinander verbunden, sei es auch nur in einer dauernden dialektischen Spannung. Der Mensch ist der Mikrokosmos, die verkleinerte Welt, die Zusammenfassung dessen, was in allem verstreut ist. Philosophen und Theologen, wie Nikolaus von Cues, Marsilio Ficino, Giovanni Pico della Mirandola, sagten in Begriffen mit voller theoretischer Klarheit das gleiche, was Literaten und Künstler in weniger argumentierender Form, aber dafür doch nicht weniger genau intuitiv empfanden und ausdrückten. In einer Art von Exaltation wurde die Freiheit des Menschen zurückgefordert, sein Tätigwerden im Staat verlangt, werden seine Fähigkeit, die Welt der Kultur und der Kunst zu schaffen, und sein Bestreben herausgefordert, die natürlichen Kräfte sich zu unterwerfen. Gleichzeitig feierte man die Natur als etwas Lebendiges, an den Menschen Verhaftetes, dem Menschen Entsprechendes und daher Umformbares, Gestaltungsfähiges. Dies jedoch geschieht in Formen, die vor allem im polemischen Bereich gelten und die dazu neigen, sich in rhetorischen Kundgebungen und eher in lyrischen Ausbrüchen als in mittelbaren rationalen Prozessen aufzulösen. Sie sind noch viel mehr Intuition als wohlbegründete theoretische Hypothese oder genaue Technik.

Betrachten wir die umfangreiche Literatur über den Menschen und seine Würde mit ihren Kernpunkten in den Schriften des Giannozzo Manetti (*De dignitate et excellentia hominis*, 1452 beendet), des Giovanni Pico della Mirandola (*Oratio de hominis dignitate*, 1486) und des Charles de Bovelles (*Liber de sapiente*, 1509), so finden wir alle Lehrsätze einer neuen Anthropologie, freilich oft noch eingehüllt in Begriffe der Rhetorik und der hergebrachten Redewendungen. Die Wirkkraft des Menschen, seine Stellung im Mittelpunkt des Universums, seine bevorzugte Aufgabe, die Welt der Kultur zu schaffen, seine staatsbürgerliche Funktion: alles dies ist solide gesichert.

In der berühmten Rede des Giovanni Pico aus dem Jahre 1486 erscheinen hochbedeutsame philosophische Begriffe: der Mensch sei nicht durch eine Gattung bestimmt, er individuiere nicht notwendigerweise ein Wesen; vielmehr sei er ein Akt der Wahl, der sich autonom bestimme und forme. In das in Rängen und Hierarchien geordnete Universum der klassischen Metaphysik gestellt, sei der Mensch ein Skandalon, das diese Ordnung in Gefahr bringe. So stellt sich der *Sapiens* des Charles de Bovelles als ein vollkommen paradoxes Wesen mitten in die Dinge. Entsprechend zerstören die Thesen des Nikolaus von Cues über das Unendliche die klassischen Begriffe der Physik im allgemeinen und der mittelalterlichen Kosmologie auf metaphysischer Ebene und entwerfen eine revolutionäre Theorie des Raumes. »Über« und »unter« verlieren ihre Bedeutung, wenn sie auf die unendlichen Räume und auf die in ihnen sich bewegenden Körper bezogen werden, während die Zerstörung jedweder Vergleichsmöglichkeiten zwischen dem unzugänglichen Göttlichen und der Wirklichkeit, in der es sich entfaltet, die Schwierigkeiten zu überwinden scheint, welche die Theologen einer Revolution auf dem Gebiet der naturwissenschaftlichen Theorien bereiteten.

»Es ist unmöglich«, schreibt der Cusaner im zweiten Buch (Kap. XI) seines Werkes *De docta ignorantia*, »daß die Maschinerie der Welt irgend etwas zum feststehenden und unbeweglichen Mittelpunkt habe, sei es diese Erde, die Luft oder das Feuer.« Außerdem sei die Erde, ob nun Mittelpunkt oder Peripherie, beweglich oder unbeweglich, im Bereich des Relativen inkommensurabel mit Gott; jede Aussage über das Verhältnis zwischen Welt und Gott sei nur ein Gleichnis oder ein Bild. Indem der Cusaner die ptolemäische Vorstellung vom Weltall zerbrach, erklärte er jeden Konflikt zwischen der wissenschaftlichen Erkenntnis der physischen Welt und der *docta ignorantia* Gottes für absurd und fehl am Platze.

Zur gleichen Zeit ging eine neue Art der Auffassung vom Raum unter den Künstlern (den Malern beispielsweise) um, und dazu die Forderung, von der traditionellen Schule der Optik auf Versuche in der Perspektive überzugehen, die es erlaubten, dem Maler dienliche Techniken zu verwirklichen. Der Übergang von der Untersuchung der *perspectiva communis* – jener Optik, die ihre mittelalterlichen Zeugnisse in den großen Traktaten von Alhazen (10. und 11. Jahrhundert) und von Witilo (13. Jahrhundert) gehabt hatte – zur *perspectiva pingendi* – zur Erforschung der für die Darstellung des dreidimensionalen Raumes auf einer Ebene notwendigen Techniken – war von großer Bedeutung. Fast drei Jahrhunderte lang wurde das Verhältnis zwischen Auge und Ding, zwischen dem Individuum und der objektiven Welt diskutiert und überdacht.

Von Piero della Francesca und seiner Abhandlung über die »Perspektive« bis zu Dürer wurde der Zusammenhang Auge-Licht-Ding einer mehr und mehr zwingenden Analyse unterworfen. Einerseits bietet die Perspektive den Körpern den Raum an, in dem sie sich plastisch entfalten; sie schafft einen Abstand zwischen dem Menschen und den Dingen. Andererseits nimmt sie die Dinge wieder ins Auge des Menschen auf. Einerseits reduziert sie die Erscheinungen auf exakte mathematische Regeln, andererseits führt sie sie zum Menschen zurück und macht sie vom Individuum abhängig. »Die Geschichte der Perspektive«, schreibt Erwin Panofsky, »kann einmal als ein Triumph des distanzierenden und objektivierenden Wirklichkeitssinnes aufgefaßt werden, zum anderen als ein Triumph des menschlichen Willens, der jeden Abstand aufheben möchte: sei es mit einer Konsolidierung und Systematisierung der äußeren Welt, sei es als eine Erweiterung der Ich-Sphäre.«

Nun gut, vielleicht ist auf keinem anderen Gebiet so wie in diesem möglich, die Verflechtung des künstlerischen Dranges mit den wissenschaftlich-technischen Voreingenommenheiten und die Entsprechung zwischen der Thematik des schöpferischen Menschen und der Welterkenntnis zu verstehen. Gerade in diesem Zusammenhang ist es möglich, den Unterschied und die Beziehung zwischen zwei Abschnitten des kulturellen Wandels zwischen dem 14. und 16. Jahrhundert im einzelnen zu erkennen. Das erste Stadium war das eines stürmischen und revolutionären Beginns, gekennzeichnet durch eine lebhafte Polemik und einen kräftigen erzieherischen und bürgerlichen Aufbruch, der an nationale Bestrebungen und Traditionen gebunden war und den Mythos der Befreiung der Lateiner von den Barbaren und Goten sowie den Mythos der Rückkehr zu den Alten und – allgemeiner – zu den Ursprüngen speiste. Zugleich wurde der Wert des Weltlichen, des Menschen und der Natur erfaßt und eine subtile Kritik nicht sosehr an der christlichen Religion als an den korrupten und unangemessenen Institutionen entwickelt. Die einerseits vorwiegend destruktiven, andererseits programmatischen Tendenzen verstärkten die rhetorisch-literarischen und politisch-pädagogischen Aspekte dieser frühen humanistischen Kultur. Man pries und forderte die Freiheit des Menschen von jeder Fessel, sagte aber nicht, oder doch nur sehr allgemein, wie und womit die Befreiung zuwege zu bringen sei; die Gründe für den Anspruch des Menschen wurden nicht besonders herausgestellt. Der Zusammenhang zwischen Mensch und Natur simplifizierte sich in einer Vermenschlichung der Natur und in den Theorien der universalen Beseelung; alle Dinge seien wie der Mensch, wie dem Menschen sei ihnen eine Seele eingehaucht. Die Herrschaft über die Natur wurde noch im Rahmen magischer Begriffe gesehen; die Techniken selbst verbanden sich nicht mit adäquaten theoretischen Voraussetzungen.

Das führte dennoch zu keinem klaren chronologischen Schnitt zwischen zwei unterschiedlichen Perioden, Humanismus und Renaissance, und noch viel weniger zu einer zeitlich abgegrenzten Opposition zwischen Renaissance und Antirenaissance. Der Gegensatz weist sich nicht aus, jedenfalls nicht in den Formen, in denen er oft behauptet wird, in Formen, die dazu geneigt hätten, sich in »Figuren« und »Gestalten« zu kristallisieren, wobei die Pole einer historischen Spannung und die Stadien eines Prozesses je für sich geblieben wären. Wenn wir den übertriebenen Realismus der Formeln und Begriffe, die fast als für sich bestehende Ganzheiten galten, verlassen und uns wieder den beweglichen Strömen der Geschichte zuwenden, so beobachten wir eine Konvergenz der *studia humanitatis* und der naturwissenschaftlichen Belebung, eine Verschränkung zwischen der Verherrlichung des Menschen und dem Erforschen der Natur im fortschreitenden Definieren und Determinieren der Thematik und der Richtungen, die, auch wenn sie stark im Gegensatz zueinander stehen, dennoch von jener Opposition nicht getrennt werden können, in der sie ihre Würze finden.

Wenn wir nun von der lebendigen Kultur des 14. und 15. Jahrhunderts zu jener kommen, die sich im 15. und 16. Jahrhundert entfaltete, haben wir den Eindruck eines Reifens, nicht den einer antithetischen Erscheinung. Es blieb die Thematik vom schöpferischen Menschen und von der wiedergefundenen Natur, von Freiheit und der Notwendigkeit, die klassischen Vorfahren nachzuahmen und sich den Modernen überlegen zu fühlen; aber man wechselte von den rhetorischen Tönen zu Analysen und technischen Diskussionen über. Zweifellos milderte sich sowohl die Begeisterung über die Entdeckungen als auch die abenteuerliche Freude an den Forschungen. Die negativen Aspekte der neuen Kultur und der antiken Mode gerieten ans Licht: bald das falsche Antike, bald eine krankhafte und dekadente Freude an den klassischen Verkleidungen. Im inneren Bereich der »Wiedergeburt«, aber eben aus ihr selbst heraus entfaltete sich der Kampf gegen ihre eigenen Begrenzungen und ihre Degenerationserscheinungen: gegen den Literaten und den Pedanten; gegen das grammatische Studium der toten Sprachen um ihrer selbst willen, gegen die Bibliotheken als Ersatz der Erfahrung. Sperone Speroni berichtet von Pietro Pomponazzi, seinem Philosophielehrer, in seinem *Dialogo delle lingue*, der das Vorbild für die bekannte *Défense* des Joachim du Bellay wurde: »Viele machen sich glauben, es genüge, Griechisch schreiben und lesen zu können, um Philosoph zu werden, als wäre der Geist des Aristoteles, wie der Kobold im Kristall, im griechischen Alphabet eingeschlossen.« In der Schule der Klassiker, durch das Studium der liberalen Künste nach den neuen Methoden hatten sich die Menschen auch von der Autorität der Klassiker befreit. Der Humanismus hatte seine rhetorischen Grenzen überwunden.

Die Bibliotheken – Die Erfindung der Buchdruckerkunst

Die Entdeckung der antiken Welt und vor allem der Mythos des wiederentdeckten Altertums waren der Beginn und die beherrschende Note der neuen Kultur. Die Klassiker wurden die Lehrer und die Vorbilder einer Humanität, die zu ihren Lehren zurückkehrte und dort Mittel zur geistigen Befreiung, Auskünfte politischer Weisheit und Grundlagen und Methoden für eine realistischere Beobachtung der Natur suchte. Dieser Aspekt der Renaissance war so auffällig, daß er die Historiker häufig dazu verleitete, eine ganze Epoche sich in einer Art Klassikerkult erschöpfen zu sehen. Der Fehler wird sofort offenbar, wenn man nur nach den Tempeln dieser Religion fragt und ihre Riten beobachtet: es sind Bibliotheken und Schulen, Kanzleien, Höfe und Akademien.

Eben weil sie mit einer neuen Lebensauffassung verbunden war und also auch mit einer neuen Auffassung von der Bildung und Führung des Menschen, konzentrierte die humanistische Zeit ihr Wirken auf die erzieherische Tätigkeit und auf die Organisation von Instituten, in denen diese sich verwirklichen konnte. Auch hier ist wieder – nach der heroischen Zeit des Suchens und Entdeckens – die augenfälligste Erscheinung das Wachsen der Sammlungen klassischer Texte und deren Verbreitung. Die Gefangenen der Barbaren werden, endlich befreit, in ihnen würdigen Unterkünften gesammelt. Die Klassiker, die neuen »heiligen Texte«, werden ebenso vom kleinen Schulmeister auf Papier zum eigenen Gebrauch wie in den Werkstätten auf elegant verarbeiteten Pergamenten für die fürstlichen Bibliotheken abgeschrieben.

Schon die Art der Schrift läßt auf den ersten Blick einen Bruch erkennen. Coluccio Salutati, Poggio Bracciolini, Niccolò Niccoli, Ambrogio Traversari, um nur einige zu nennen, ersetzen die »gotische« Schrift durch die *littera antiqua*, die humanistische Kursive, die klar, leicht lesbar und elegant ist. Diese Schrift lehnte sich nicht sosehr an die eigentliche Schrift der Römer, sondern eher an die karolingische Minuskel an. Die Humanisten nannten sie »Antiqua«. Sie griffen dabei auf den Namen und die Opposition des 13. Jahrhunderts zurück, in dem sich die »Modernen« genau wie in der Renaissance auf jedem Gebiet den Doktrinen, Moden und Formen der zeitgenössischen Kultur widersetzten: und der *logica modernorum* kann man auf eine Weise auch die *littera moderna* entsprechen lassen, die barbarische, mühsame und häßliche »gotische« Schrift. Auch auf diesem Gebiet sind die Humanisten *antiqui* und lehnen diejenigen ab, die sich die »Modernen« nennen, die in Wirklichkeit aber nur die »Alten« sind, um die Terminologie und die Unterscheidung Vasaris aufzunehmen. Das Neue wird im Rückgriff auf die Antike gegen alles das geboren, was alt und verbraucht ist. Tatsächlich genügt schon ein kurzer Blick auf einen Codex in humanistischer Kursive, um allein in der Graphik eine neue Art des Empfindens für das Buch und seine Funktion zu erkennen. Eine bescheidene und klare Schrift wird vorgezogen, sie soll nicht *luxurians* und *vaga* sein, um die Adjektive Francesco Petrarcas zu gebrauchen. Enea Silvio Piccolomini empfiehlt in seinem *Tractatus de liberorum educatione*, der im Februar 1450 – als Piccolomini Bischof von Triest war – geschrieben wurde und Ladislaus von Ungarn gewidmet war, insbesondere vom Pädagogischen her »die Form der antiken Buchstaben, die leichter zu lesen, klarer und den griechischen Buchstaben näher sind, von denen sie ihren Ursprung genommen haben«.

Die genaue Parallele zwischen den Bemerkungen des nachmaligen Papstes Pius II. über die Schrift und Vasaris – ungefähr ein Jahrhundert später – über die Architektur verdient Interesse. In einer berühmten Schrift klagt Vasari das »Gotische« des Mangels an Funktionalität und der schnörkelhaften und unnützen Geziertheit an: »Die Portale, die mit dünnen und gedrehten Säulchen verziert sind, damit der Wein an ihnen emporwachse, können auch das leichteste Gewicht nicht aushalten. Und für alle ihre Fassaden und anderen Ornamente schufen sie eine Flucht von kleinen Nischen, eine über die andere gesetzt, mit so vielen Pyramiden, Spitzen und Blättern, daß sie nicht nur für sich nicht stehen könnten, sondern daß es auch unmöglich scheint, sie könnten sich gegenseitig halten. Und sie brachten an diesen Bauten so viele Vorsprünge, Durchbrechungen, Konsölchen und Rebschossen an, daß sie ihren Werken die Proportionen nahmen.«

Piccolomini empfiehlt für die Schrift Funktionalität und Klarheit im Gegensatz zu den verzierten Buchstaben, die bald Schlangen, bald Fliegenspuren gleichen, obwohl die Buchstaben doch scharf sein sollen, »weder anmutig noch plump, die jedem eigene runde, viereckige, längliche oder geneigte Form bewahrend«. Mit leicht ironischem Anklang scherzt Piccolomini über das Gewicht, das er einer solch kleinen Sache verleihe, aber er betont, daß man ihren Wert in der Konzeption einer Kultur nicht unterschätzen dürfe. Ein allgemeines Verlangen nach Harmonie und Rationalität und vor allem nach Ordnung und Funktionalität müsse jeden Ausdruck und jeden Akt der menschlichen Kommunikation regeln. Die Klarheit der Schrift sei eine Komponente des Bedürfnisses nach leichterer und weitergreifender Kommunikation, wenn auch nur eine kleine. Die antiken Schriften sollten von Hand zu Hand gehen und verfügbar sein, damit eine größere Zahl von Menschen aus ihnen erhellendes Wissen schöpfen könne; nicht mehr der geizig gehütete Schatz einsamer Stubengelehrter, sondern frei zugängliche Bibliotheken.

In den Werkstätten der Buchhändler wird eifrig an der Abschrift der Texte gearbeitet. Die großen Herren betrachten es als Pflicht und Ruhm, immer reichere Sammlungen zusammenzutragen. Die humanistischen Bibliotheken vermehren sich nicht nur, sie unterscheiden sich auch in ihrer unverwechselbaren Physiognomie von den mittelalterlichen

Die Kultur der Renaissance
14./15. JAHRHUNDERT

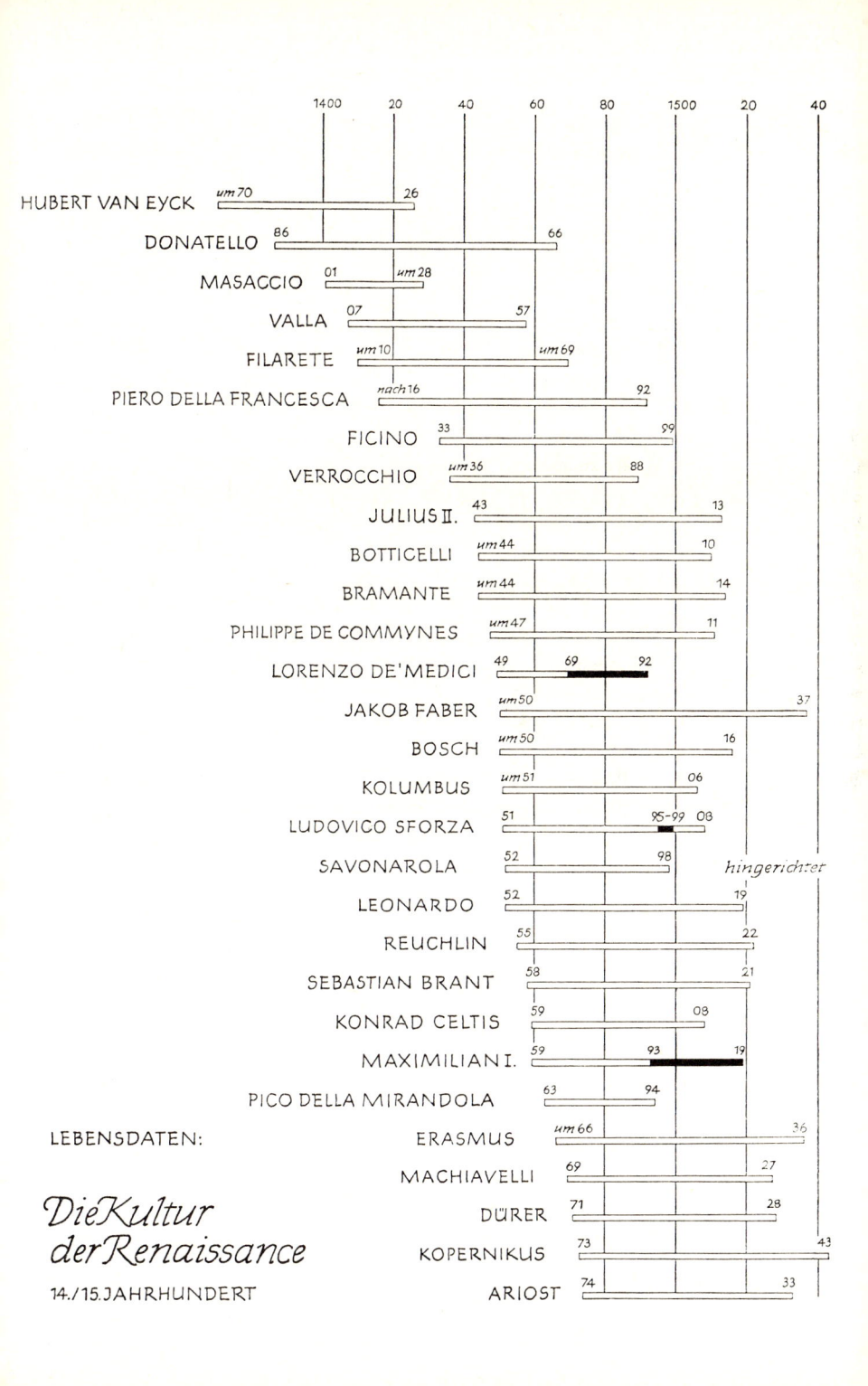

LEBENSDATEN:

Name	Von	Bis
HUBERT VAN EYCK	um 70	26
DONATELLO	86	66
MASACCIO	01	um 28
VALLA	07	57
FILARETE	um 10	um 69
PIERO DELLA FRANCESCA	nach 16	92
FICINO	33	99
VERROCCHIO	um 36	88
JULIUS II.	43	13
BOTTICELLI	um 44	10
BRAMANTE	um 44	14
PHILIPPE DE COMMYNES	um 47	11
LORENZO DE' MEDICI	49 (69–92)	
JAKOB FABER	um 50	37
BOSCH	um 50	16
KOLUMBUS	um 51	06
LUDOVICO SFORZA	51 (95–99)	08
SAVONAROLA	52	98 hingerichtet
LEONARDO	52	19
REUCHLIN	55	22
SEBASTIAN BRANT	58	21
KONRAD CELTIS	59	08
MAXIMILIAN I.	59 (93–19)	
PICO DELLA MIRANDOLA	63	94
ERASMUS	um 66	36
MACHIAVELLI	69	27
DÜRER	71	28
KOPERNIKUS	73	43
ARIOST	74	33

Sammlungen. Der später aus Florenz verbannte Messer Palla di Nofri Strozzi, der grundlegende griechische Texte aus Konstantinopel hatte kommen lassen, ließ im Jahre 1431 ein Inventar seiner Bücher aufstellen: annähernd vierhundert Handschriften, unter denen sich alle bekannten Werke des Cicero, des Livius, des Seneca und des Vergil befanden, dazu Horaz, Statius, Lucanus, Caesar, Quintilian, Valerius Maximus, Terenz, und in griechisch Hesiod, die Tragiker, Theokrit, Xenophon, Demosthenes, Polybios, Platon, Aristoteles, Plotin, um nur einige in der Reihenfolge des Inventars zu nennen. Strozzi träumte davon, seine Bücher zur allgemeinen und öffentlichen Benutzung in Santa Trinita zu lassen. Das Exil änderte ihr Schicksal. Ins Auge fällt das eindeutige Übergewicht der Klassiker und unter den Zeitgenossen das der Humanisten: Petrarca, Boccaccio, Leonardo Bruni.

Noch charakteristischer vielleicht ist die große Bibliothek der Könige von Aragon, die von Alfons V., dem Großmütigen, nach dem Sieg von 1443 gegründet wurde. Der Aragonese liebte die Kultur schon lange, ehe er nach Italien kam, und es ist uns eine 1412 in Barcelona verfaßte Aufstellung seiner Bücher erhalten: die Bibel, Isidor, Boëthius, das *Doctrinale* von Alessandro de Villadei, geschichtliche Abhandlungen und einige Sammlungen von Sprichwörtern und Sentenzen. Die herrliche, dreißig Jahre später angelegte Bibliothek erzählt kurzgefaßt die Geschichte der siegreichen Renaissance: hier die Klassiker, dort die Humanisten, die jene abschrieben, kommentierten und übersetzten. Und diese Trennung des Neuen vom Alten wird noch deutlicher, wenn die von Alfons und seinen Hofliteraten und Bibliothekaren zusammengetragenen Bände den Beständen gegenübergestellt werden, die nach dem zusammengebrochenen »Aufstand der Barone« den rebellierenden Feudalherren abgenommen worden waren und die eine minder fortgeschrittene Kultur widerspiegelten.

Ähnliche Beobachtungen legt die Mailänder Bibliothek der Visconti und der Sforza nahe. Und in Florenz erleben wir während des ganzen 15. Jahrhunderts einen geradezu einzigartigen Eifer. Mit leidenschaftlichem Ungestüm kaufte hier Niccolò Niccoli Bücher auf, schrieb sie ab und ließ sie abschreiben. In einer Art von kultureller Askese gab er sein ganzes Vermögen aus. Nicht zufrieden mit der Sammlung der Codices trug er, wie Vespasiano da Bisticci erzählt, auch »Marmorstatuen, antike Vasen, Skulpturen, Grabinschriften« zusammen und alles, was dem geschichtlichen Verständnis der Vergangenheit dienen konnte. Vespasiano da Bisticci, »der König der Buchhändler aller Welt«, trieb mit Hilfe gebildeter Bürger seiner Stadt einen blühenden Handel. Er belieferte die allenthalben aufsprießenden Bibliotheken italienischer und ausländischer Herren mit eleganten Exemplaren der Klassiker und Humanisten: von Alfons dem Großmütigen bis zu Federigo da Montefeltro und dem König von Ungarn, Matthias Corvinus. Seit Cosimo vereinigten die Medici in ihren großen Sammlungen die Früchte der Nachforschungen Salutatis und Niccolis und bereicherten diese auf großartiger Weise.

In Rom unterstützte Nikolaus V., ein gelehrter Humanist und Freund der Humanisten, die Schreiber, machte die Buchhändler mobil, schickte überall seine Boten hin, »nicht nur durch Italien, sondern bis in die entlegensten Winkel Deutschlands und Britanniens, um nachzuforschen und zu suchen«. Er ließ Griechenland absuchen und träumte davon, die Pracht der Bibliothek von Alexandrien wiederherzustellen. Er plante die Errichtung eines

Der Herzog Federigo da Montefeltro von Urbino mit seinem Sohn
Gemälde von Pedro Berruguete, nach 1477
Urbino, Palazzo Ducale

POLIPHILO QVIVI NARRA, CHE GLI PAR VE AN-
CORA DI DORMIRE, ET ALTRONDE IN SOMNO
RITROVARSE IN VNA CONVALLE, LAQVALE NEL
FINE ERA SERATA DE VNA MIRABILE CLAVSVRA
CVM VNA PORTENTOSA PYRAMIDE, DE ADMI-
RATIONE DIGNA, ET VNO EXCELSO OBELISCO DE
SOPRA. LAQVALE CVM DILIGENTIA ET PIACERE
SVBTILMENTE LA CONSIDERO E.

LA SPAVENTEVOLE SILVA, ET CONSTI-
pato Nemore euaso, & gli primi altri lochi per il dolce
somno che se haueua per le fesse & prosternate mèbre dif-
fuso relicti, me ritrouai di nouo in uno piu delectabile
sito assai piu che el praecedente. Elquale non era de mon
ti horridi, & crepidinose rupe intorniato, ne falcato di
strumosi iugi. Ma compositamente de grate montagniole di non tro-
po altecia. Siluose di giouani quercioli, di roburi, fraxini & Carpini, & di trondosi Esculi, & Ilice, & di teneri Coryli, & di Alni, & di Ti-
lie, & di Opio, & de infructuosi Oleastri, dispositi secondo laspecto de
gli arboriferi Colli. Et giu al piano erano grate siluule di altri siluatici

ΑΡΙΣΤΟΤΕΛΟΥΣ ΤΟΠΙΚΩΝ ΠΡΩΤΟΝ.

Proben der Druckkunst des Aldus Manutius
Eine Seite in der »Hypnerotomachia Poliphili« und eine Seite
der Aristoteles-Ausgabe, Venedig 1499 und 1498
Florenz, Biblioteca Nazionale Centrale

besonderen Palastes; er untersuchte und entwarf die systematische Anordnung des Materials und den Betrieb einer künftigen öffentlichen Musterbibliothek. Die von ihm gesammelten Codices waren zahlreich, auch wenn die Zeugnisse darüber nicht übereinstimmen: einige Historiker sprechen von tausend Bänden, Pius II. berichtet von dreitausend, nach Vespasiano da Bisticci waren es fünftausend.

Gewiß hat die Vatikanische Bibliothek unter Pius II. ein neues Gesicht erhalten. Sie wurde ein einzigartiges Instrument für die Verbreitung des Humanismus. Doch Büchersammlungen entstehen überall, angefangen von den kleineren der Gelehrten und Schulmeister bis zu den imponierenden Sammlungen der Feudalherren und Kirchenmänner: die griechischen Manuskripte Bessarions bereichern die Marciana, die des Kardinals Orsini kommen in die Vaticana, die hebräischen, griechischen und lateinischen Handschriften des Giannozzo Manetti, die einen Wert von »einigen Tausend Gulden« haben, wandern nach Deutschland zu den Fuggern und von dort weiter nach Heidelberg, von wo sie schließlich, im 17. Jahrhundert, in die Vaticana zurückkehren, eine Dankesgabe Maximilians I. von Bayern an Gregor XV. Die große Sammlung des Giovanni Pico della Mirandola, eine der umfangreichsten des 15. Jahrhunderts, reich an griechischen, lateinischen und orientalischen Handschriften, wurde teils zerstört, teils verstreut und ging verloren. Einige Überreste davon sind noch in der Vaticana zu finden.

Die Kriegswirren in Italien ließen am Ende des 15. Jahrhunderts jenes Erbe unermeßlich vervielfacht nach Nordeuropa zurückfließen, das in anderthalb Jahrhunderten der Suche systematisch überall aufgespürt worden war. Die Schätze von Neapel und Mailand kamen jetzt nach Frankreich und Spanien; in den europäischen Kreislauf weitete sich aus, was ein außergewöhnlicher Augenblick im Leben der italienischen Stadtrepubliken gewesen war.

Jene Bücher in Umlauf zu setzen, war außerordentlich lehrreich und ein sehr komplexer Vorgang gewesen; denn es bedeutete, die Sprache der Bücher zu lernen, ihre Bedeutung und ihre Anspielungen zu verstehen und den historischen Zusammenhang, in dem sie entstanden waren, zu rekonstruieren. Die Wissenschaften und Techniken, von denen sie sprachen, hatten wiedergefunden, die Maschinen, die sie beschrieben, rekonstruiert werden müssen. Wenn Texte unklar und beschädigt waren, hatte man andere Kopien gesucht; in Vergleichen und Disputen waren die Originalfassungen wiedergefunden worden. Um eine Schriftseite zu begreifen, waren Inschriften gesammelt und erforscht, Denkmäler untersucht worden. Die literarische Neugier hatte die Philologie und die Geschichtsforschung auf den Plan gerufen, hatte Naturwissenschaft und Technik angeregt. Auf den Schreibpulten der Dichter sammelten sich allmählich in vielen Exemplaren desselben Werkes die Lexikographen und Grammatiker des Altertums an, die Mythographen, Geographen und Naturforscher, die Ärzte und Philosophen und die enzyklopädischen Kompilationen. Um eine dunkle Stelle, ein ungewisses Wort im Gespräch zu klären, ging Angelo Poliziano von den Rechtsgelehrten zu den Naturforschern, von den Philosophen zu den Rhetorikern. Die Lehre der Klassiker war nicht nur enzyklopädisch oder universal. Sie brachte einen kontinuierlichen Kreislauf zwischen Vergangenheit und Gegenwart in Gang. Machiavellis Lehrsatz über das Miteinander von aktueller Erfahrung und Lektüre der Klassiker ist das Ergebnis dieser Disziplin.

Ciriaco de' Pizzicolli aus Ancona, eine Abenteurerseele, hatte die Ägäis durchkreuzt und den Orient bereist, um griechische Inschriften und Hieroglyphen der Obelisken zu kopieren. Seiner Leidenschaft für preziöse Dinge frönend, hatte er seine Handschriften mit dekadenten Raffinessen versehen. Flavio Biondo aus Forlì hatte Inschriften und Denkmäler aufgestöbert und beschrieben. Der Wissensdurst und der Drang, das Wissen weiterzugeben, hatten zunächst Schreibern und Schreibstuben fieberhafte Arbeit gegeben. Schließlich aber war es gelungen, eine den neuen Bedürfnissen besser angepaßte Technik zu schaffen: den Buchdruck. In jenem 15. Jahrhundert, in dem eine seltene literarische und wissenschaftliche Regsamkeit sich nicht zufällig einer einzigartigen technischen Verfeinerung in den Künsten zugesellte, reagierte gerade die Technik prompt auf die Forderung nach der größtmöglichen Breitenwirkung des Buches.

In den italienischen Städten hatte sich die Kultur auf ein immer breiteres Publikum ausgeweitet. Sie war von den Studierzimmern und Klöstern ausgegangen, hatte sich dann in den Höfen der neuen Herren konzentriert, aber auch in den Rathäusern, den bürgerlichen Wohnungen und den kleinen Schulen der Rhetoriker, nicht ohne auch in die Werkstätten des Handwerks einzudringen. Und das verschiedenartige Publikum hatte immer augenfälliger andere, leichter zugängliche und offene Formen des Ausdrucks und der Kommunikation bedingt. Für den, der nicht Latein sprach, hatte sich zu den lateinischen Texten und Abhandlungen schon im 15. Jahrhundert die Vulgärsprache gesellt. Während ein Teil der Traktatschriftsteller, Biographen und Historiker ohnehin die eigenen Werke in der Vulgärsprache verfaßte, übersetzten andere eigene und fremde Schriften, einer von den Historikern zu sehr vernachlässigten kurzen Mode folgend, in die Vulgärsprache. Jedenfalls sind in der Vulgärsprache bedeutende Werke verfaßt, so die von Matteo Palmieri und Leon Battista Alberti, um nur zwei wichtige Namen zu nennen; Giannozzo Manetti hingegen verfaßte nicht wenige seiner Schriften sowohl in Latein als auch in der Vulgärsprache, und ein Philosoph wie Marsilio Ficino machte es ebenso. In anderen Fällen ist der Übersetzer in die Vulgärsprache nicht der Autor, freilich auch er ein ausgezeichneter Humanist, darum besorgt, daß dem »Volke« der Zugang zu den großen Büchern der Antike und der Moderne nicht verwehrt werde. Donato Acciaioli brachten die *Historiae* von Bruni in die florentinische Vulgärsprache, Cristoforo Landino die *Naturalis historia* des Plinius, welche die der klassischen Sprachen nicht mächtigen Gelehrten wie Leonardo da Vinci stark interessierte.

Das Publikum der Humanisten erweiterte sich. Die humanistische Kultur wandte sich nicht nur an den, der die Schulen der Rhetorik besucht oder der in die Staatskanzleien eintreten wollte. Sie übersprang die Stränge der Universitäten, ja sie war anfänglich mehr eine Polemik gegen die Universität, zumindestens gegen einige ihrer Fakultäten, als deren eigene Sache. Aber nicht deswegen schloß sich die humanistische Kultur in den Höfen und Kanzleien ein. Bei dem Charakter der Signorien und der italienischen Stadtstaaten war es stets gerechtfertigt, von »Aristokratien« zu sprechen. Doch darf man die Natur und die Struktur dieser Aristokratien nicht vergessen und damit die tatsächliche Herkunft vieler der größten Intellektuellen des 15. Jahrhunderts »aus dem Volk«; ihnen war eine allgemeine Beteiligung des Volkes an der Kultur nicht gleichgültig.

DIE KULTUR DER RENAISSANCE 467

Die Kultur war wesentlicher Bestandteil der Politik. Daraus ergibt sich, daß eine solche Kultur notwendigerweise nach einer Verbreitung über den Kreis der Professionellen hinaus verlangte: dieses Verlangen verwirklichte sich in ihrem »zivilen« Charakter, manifestierte sich in ihren Formen und literarischen Erzeugnissen, institutionalisierte sich in den Schulen und »Akademien« und materialisierte sich eben in den Büchern, indem es zunächst die Handschriften vermehrte und dann die Buchdruckerkunst in Deutschland hervorrief und in Italien und ganz Europa schnell aufblühen ließ. Nicht zufällig wurden die Buchdrucker im ausgehenden 15. und beginnenden 16. Jahrhundert Kristallisationspunkte bedeutender kultureller Gruppierungen.

Viele der tüchtigen Verleger zu Mailand bedienten sich am Ausgang des 15. Jahrhunderts des Werkes der Humanisten, die sich um Francesco Filelfo scharten oder aus seiner Schule hervorgegangen waren. Die Klassikerausgaben von Antonio Zaroto, der von 1472 bis 1504 wirkte, oder von Filippo Lavagna sind untrennbar von den Namen Gabriele Pavero Fontanas und Bonaccorso Pisanos. Hüter und Pfleger der gedruckten Schriften waren die Schüler von Vittorino da Feltre, wie Giovanni Andrea de' Bussi, Bischof von Aleria, der in wenigen Jahren (1468–1472) die erste Sammlung lateinischer Klassiker vorbereitete, bis hin zu Aldus Manutius, dessen Name sich mit denen hervorragender Gelehrter verbindet, unter denen die Gestalt des Erasmus von Rotterdam als die größte hervorragt.

Aldus Manutius, durch die Jahrhunderte berühmt, schien Pierre de Nolhac unbestreitbar »der größte italienische Buchdrucker und der wahre Schöpfer der griechischen Typographie in Europa« zu sein. Ein ausgezeichneter Humanist, erfahrener Philologe, Bewunderer Polizianos und Freund des Giovanni Pico della Mirandola, begann er am Ende des 15. Jahrhunderts die Originalschriften der griechischen Klassiker – zunächst die Werke des Aristoteles – zu drucken. Auch die neue Philologie des Poliziano fand ihr schönstes Denkmal in der Aldinischen Ausgabe (1498). Doch stand Poliziano nicht als einziger Lateiner neben den Griechen im Katalog des Aldus. Mit ihm erschienen Bembo und in der Vulgärsprache Petrarca. 1499 kam im Dezember die berühmte *Hypnerotomachia Poliphili* in der Vulgärsprache mit ihren großartigen Illustrationen heraus, ein in jedem Sinne einzigartiges Denkmal und wie das, was sie darstellt, unter vielen anderen Aspekten des Jahrhunders ein Anzeichen morbiden Niedergangs.

Aldus hatte seine verlegerische Tätigkeit 1494 begonnen, als der Einzug Karls VIII. in Italien einen ganzen Zeitabschnitt der Geschichte abzuschließen schien. Inmitten von Kriegen und Katastrophen aller Art spürte der gelehrte Buchdrucker genau, daß ein Kreis sich schloß und eine neue Epoche anhob. Die Renaissance Italiens weitete sich nun auf ganz Europa aus. Aldus merkte, daß die humanistische Tradition sich in anderen Ländern zu entfalten begann und nahm mit dem Engländer Thomas Linacre Verbindung auf, dessen Übertragung des Proklos er veröffentlichte. Er rief Erasmus zu sich. Im August 1514 widmete er einem Ungarn die Ausgabe des Athenaios. Er empfand sehr genau, daß der Humanismus, aus dem Antrieb zu nationaler Erneuerung geboren, nun internationalen Wert und internationale Tragweite gewonnen hatte. Als Aldus am 6. Februar 1515 nach so vielen Tragödien seiner heimatlichen Erde starb, war der Sieg der Kultur über die Barbarei schon eine europäische, nicht mehr eine nur italienische Tatsache geworden. Und mit der Expansion kam die Zerstreuung bis zur neuen Reifezeit von Basel, als die hervorragenden Sammlungen der Schweizer Buchdrucker der modernen Welt in bewundernswerter Vollständigkeit das köstliche Erbe der italienischen Humanisten überlieferten. Männer wie Leon Battista Alberti und Marsilio Ficino hatten sofort in der Buchdruckkunst und der von ihr begünstigten Verbreitung der Kultur gleichsam die Krönung der Wiedergeburt erkannt. Alberti hatte in seinem Werk *De cifra* das erstaunte Lob auf den Deutschen gesungen, der »in hundert Tagen mit der Arbeit von nur drei Männern ganze zweihundert Bände druckte«. Und Ficino hatte in einem seiner Briefe an den berühmten Astronomen Paul von Middelburg als charakteristische Beispiele der Wiedergeburt in einem Atemzug den Sieg der platonischen Philosophie, die Fortschritte der Astronomie und die Erfindung des Buchdrucks genannt. »Dieses goldene Zeitalter hat die schon fast untergegangenen freien Künste, die Grammatik, die Poesie, die Redekunst, die Malerei, die Bildhauerkunst, die Architektur, die Musik und den antiken Ton der Orphischen Lyra wieder ans Licht gebracht... In Dir, lieber Paul, scheint die Astronomie zur Vollkommenheit gebracht zu sein. In Florenz ist die platonische Weisheit wieder ans Tageslicht gekommen. In Deutschland sind die Werkzeuge gefunden, die Bücher zu drucken.«

Die neue Erziehung

Eines der bekanntesten Dokumente der vom Humanismus bewirkten Revolution auf dem Gebiet der Erziehung gehört in die französische Hochrenaissance. Der Brief, den François Rabelais im vierten Jahrzehnt des 16. Jahrhunderts den alten Gargantua an den in Paris studierenden Sohn Pantagruel schreiben läßt, ist wahrlich der Lobpreis einer neuen, froheren und freieren Welt. Sie werden zu lassen, hatten die Väter sich unter Mühen gegen eine bedrückende Tradition auflehnen müssen. Gargantua hatte mit seiner Ausbildung bei einem großen Doktor der Sorbonne begonnen, einem jener *Sorbonagri*, die sich dem Studium des Griechischen widersetzt hatten, weil es eine Sprache der Häresie sei. Maître Thubal Holoferne hatte ihn gezwungen, die *Chartulae* von vorn bis hinten und dann, noch einmal, umgekehrt von hinten bis vorn auswendig zu lernen. Dem jungen Studenten wurde so über pedantischen Handbüchern und mittelalterlichen Wörterbüchern, vom Donatus bis zum *Doctrinale*, vom *Graecismus* bis zu den *Derivationes*, das Hirn ausgedörrt. Die mechanische Wiederholung der Formeln und der entnervende Gebrauch trockener Kompilationen hatten Gargantua fast erschöpft. In der Schule des »Sorbonnisten« war der Geist des jungen Mannes wie erloschen; auch seine physische Natur war abgetötet. Als einer der neuen Lehrer, Ponocrates, ihn zum Schüler genommen hatte, habe er ihn erst einmal vollkommen von innen und außen, im Hirn und in allen Organen reinigen und abschleifen müssen, ihn radikal abspülend, um ihm alle Schlacken der Vergangenheit zu nehmen.

Die neue Bildung, mit dem Ziel der Harmonie von Geist und Körper, sei im freien Spiel der Glieder und im täglichen Umgang mit den großen Männern der Vergangenheit und den realen Dingen der Welt verwirklicht worden. Die Klassiker, nun nicht in Auszügen, sondern unmittelbar mit ihrer lebendigen Stimme gehört, seien als die immerwährenden Lehrer und Vorbilder einer reinen, von allen Fehlern und Vorurteilen befreiten Humanität erschienen. »Seine ganze Zeit war von der Literatur und einer edlen Kultur angefüllt.« So habe die Literatur die Welt verwandelt. Hätte sich, so schrieb 1546 Pierre La Ramée, der berühmte Ramus – er kam später in der Bartholomäusnacht um –, ein hundert Jahre früher gestorbener Gelehrter aus dem Grab erheben können, er würde die ihn umgebende Wirklichkeit nicht wiedererkannt haben. Früher, schrieb Gargantua, »waren die Zeiten nebelhaft, voll vom Elend und Unglück der Goten, die alle gesunde Kultur ruinierten. Dann aber war mit Hilfe der göttlichen Güte den Wissenschaften wieder Licht und Würde gegeben worden. Heute«, so fuhrt er fort, »sind alle Disziplinen wieder vorhanden und die Sprachen wieder da. Die ganze Welt ist voll von weisen Männern, hochgelehrten Meistern und riesigen Bibliotheken; niemals seit den Zeiten Platons und Ciceros hat man so bequem studieren können.« Die Frauen und jungen Mädchen seien gebildet, die Reitknechte kultivierter als die Doktoren und Prediger von ehemals. Unter der Feder des Rabelais blühten Eloge und Ermahnung; die neue Kultur müsse vor allem die Klassiker in den Originalsprachen Griechisch, Latein und Hebräisch erforschen; sie müsse aus Cicero und Platon Anregungen schöpfen. Die jungen Studenten sollten sich in den Naturwissenschaften, im Recht und in der Philosophie stärken, um dann den direkten Kontakt mit der Natur zu suchen. Der fortwährende Wechsel zwischen antiken Büchern und Erfahrung (»eine lange Erfahrung der modernen Dinge und eine andauernde Lektüre der Antiken« hatte Machiavelli gesagt) wird mit Eloquenz empfohlen: »Es sei kein Meer, Fluß oder Brunnen«, empfiehlt der Vater dem Sohn, »dessen Fische Du nicht kenntest; von allen Vögeln der Luft, von allen Bäumen, Büschen und Sträuchern der Wälder, von allen Kräutern der Erde, von allen in den Tiefen verborgenen Metallen, den Edelsteinen des ganzen Orients und den Ländern im Süden soll Dir nichts unbekannt bleiben. Lies darum immer wieder sorgfältig die Bücher der griechischen, arabischen und lateinischen Ärzte ... und erobere Dir mit häufigen anatomischen Untersuchungen eine genaue Kenntnis des Mikrokosmos, also des Menschen.« Die neue Kultur und die neuen Schulen regen den Geist an und formen ihn um; Pantagruel gewinnt eine neue Gestalt: »Zwischen den Büchern lodert sein Geist auf, unaufhaltsam wie die Flamme im Stroh.«

Texte dieser Art, wenn auch nicht immer so heitere, gab es überall in Europa, und sie zeigen, daß die Menschen des 16. Jahrhunderts sich sehr wohl bewußt waren, aus der humanistischen Bildung eine neue Erziehung, ein neues Bild des Menschen gewonnen zu haben; eine neue Weltauffassung war mit der fortschreitenden Expansion der in Italien begonnenen Erneuerung entstanden. Wer in den Reden Philipp Melanchthons blättert, findet dort so etwas wie eine tiefe Dankbarkeit für dieses Werk der Befreiung, das die Italiener und insbesondere die Florentiner vollbracht hatten, als sie die mittelalterliche Tradition zerbrachen.

Die Rede zu Wittenberg aus dem Jahre 1518 *De corrigendis adolescentiae studiis* ist ganz auf der Gegenüberstellung einer »barbarischen« Vergangenheit und einer an Möglichkeiten und Hoffnungen reichen Gegenwart aufgebaut. Im Mittelalter hätten eisige Finsternis, rauhe Sitten und anhaltende Kriege geherrscht. Die scholastischen Doktoren hätten sich geradezu damit vergnügt, das sokratische Ideal in sein Gegenteil zu verkehren. Sokrates habe, obwohl alle ihn für den Weisen schlechthin hielten, als bescheidener Mensch gern bemerkt, er wisse nur, daß er nichts wisse; »jene hingegen wissen vor allem eines nicht, daß sie nichts wissen«. Mit der Wiedergeburt des Geistes hätten sich allerorten die Sitten erneuert, auch in Deutschland. »Habt den Mut zu wissen, studiert die alten Lateiner, macht die griechische Kultur zu der Euren«, mahnt feierlich der *magister Germaniae*.

In Nürnberg umreißt er 1526 scharf die Ausstrahlung des Humanismus sowohl in dessen Bewegung von Italien und insbesondere Florenz nach Europa als auch in seinen nicht nur literarischen, sondern auch politisch-ethischen und religiösen Wirkungen. »Die Lateiner wurden von der Imitation der Griechen zur Erneuerung ihrer eigenen Sprache gedrängt, die völlig verdorben war. In den Städten wurde das öffentliche Recht erneuert und endlich die niedergehende, von mönchischen Phantastereien verdorbene Religion gereinigt.«

1452 schickte Guarino von Verona, inzwischen ein alter Mann, aus Ferrara einen Brief an seinen Sohn Niccolò, der sich kritisch über die Eleganz des väterlichen Stils geäußert hatte. Bei der Lektüre dieses Briefes fällt es schwer, die oben referierten Stellen aus Rabelais nicht aufs neue zu bedenken. Der große Veroneser Meister hatte zu Beginn des 15.Jahrhunderts in Byzanz selbst die griechische Sprache und Literatur kennengelernt; er hatte aus Ferrara eines der größeren Zentren gemacht, von denen der Humanismus ausstrahlte; er hatte an seine Schule Engländer, Deutsche, Polen und Ungarn gezogen. Dem zu anspruchsvollen Sohn ruft er den schweren Schatten ins Gedächtnis, der noch vor wenigen Jahrzehnten auf der gesamten Bildung und Kultur gelastet hatte. Eine Generation habe das Studium radikal zu verändern vermocht und wahrlich neue Menschen geschaffen.

Wer eine Seite in gotischer Schrift mit einer in humanistischer Kursive vergleicht, wer sein Auge von einer in der »alten griechischen Manier« gemalten Tafel einem Freskogemälde des Masaccio oder des Piero della Francesca zuwendet, hat zweifellos sofort das Gefühl eines qualitativen »Sprungs«. Gleichermaßen empfindet den Bruch, wer die im 14.Jahrhundert benutzten Lehrbücher und Lehrmethoden betrachtet und an die von den Humanisten eingeführten Bücher und Methoden denkt. So brüsk und radikal der Bruch war, so schnell und fast überraschend vollzog er sich. Wieder zeigt sich die Erscheinung zuerst in Italien und findet sich dann in Europa, überall, freilich hier und dort mit zeitlichen Verzögerungen. Um der Jugend die Wissenschaft nahezubringen, bediente sich Meister Thubal Holoferne noch der mittelalterlichen Texte, der berühmten *auctores octo*, die so oft abgeschrieben worden waren und dann im 15.Jahrhundert noch im Buchdruck vervielfältigt wurden, wenngleich nur in den von den Herdfeuern des Humanismus weiter entfernten Randgebieten. Es waren dies die *Disticha Catonis*, die *Chartula*, der *Floretus* und der *Facetus*, der *Theodulus*, der *Thobias*, das *Liber Aesopi* und *Parabolae Alani*, die auswendig gelernt und in monotonen Kantilenen wiederholt wurden, geisttötende Schwalle von Worten, die für Generationen und Generationen die gemeinsame Grundlage der Kultur gebildet hatten. Die *Epistolae obscurorum virorum*, Robert Gaguin – der Rektor der Sorbonne – und Erasmus von Rotterdam verspotteten jene Texte nicht weniger erbarmungslos als Rabelais und nahmen dabei die Kritik und die Anklagen Guarinos von Verona und Leon

Battista Albertis wieder auf. In seinen »makkaronischen« Versen empfahl Merlin Cocajo (eine Figur Teofilo Folengos) sie zum Kochen von Würsten.

Von Bedeutung ist jedenfalls die Geschwindigkeit, mit der in wenigen Jahren auch in den bescheidensten kleinen Schulen alle alten Bücher verschwinden, an denen sich jahrhundertelang Generationen gebildet hatten. Die neuen *auctores* waren die Klassiker, und ihnen zur Seite moderne, der Lektüre und dem Verständnis der Klassiker angemessene Handbücher. Es war kein Zufall, daß das erste in Frankreich an der Sorbonne 1470 gedruckte Buch eine Sammlung der Briefe Gasparino Barzizzas, des Meisters des »Ciceronianismus« und Begründers des Humanistischen Kollegiums, war und daß Guillaume Fichet, der Freund Bessarions und Lehrer Robert Gaguins, diesen Druck herausgab. Im Vorwort wiederholte Fichet das Motiv von den wiederhergestellten Geisteswissenschaften und ihrem Licht, das über die Finsternis der Unwissenheit gesiegt habe. Mit den neuen Autoren und den neuen Textbüchern behaupteten sich neue Lehrmethoden und neue Schularten – das Kollegium, das *contubernium* –, die bald auch auf die Universitäten einwirkten und schließlich das Gleichgewicht des Unterrichts und das Verhältnis der verschiedenen Fakultäten und Disziplinen veränderten.

Die kulturelle Erneuerung des 15. Jahrhunderts hatte ihren Schwerpunkt in drei Institutionen: den neuen Schulen der freien Künste, den Kanzleien und den Höfen. Die Werkstätten der Künstler, aus denen die Meisterwerke für den Schmuck der Häuser reicher Bürger hervorgingen, und die Handwerker, die jene Häuser in der Nachbarschaft der Fürstenpaläste und Kathedralen bauten, fanden hier unmittelbar zueinander. Außerdem war die neue Kultur in den italienischen Städten eng mit dem Leben der Kanzleien und Höfe verknüpft: mit einer Art von Politik, die der Festigung der Vorherrschaft bestimmter bürgerlicher Gruppen diente. Von nationalen Themen durchzogen – nicht ohne nationalistische Töne – wandte sich der heraufkommende Humanismus der Vorbereitung der künftigen Führer der Stadtstaaten zu; er formte ihr Bewußtsein an den klassischen Idealen und gab ihnen taugliche Regierungsinstrumente an die Hand: die rhetorischen Techniken, Versammlungen zu überreden, Widersacher zu überzeugen und die Volkskräfte zu wecken; die für eine neue Organisation der Kanzleien geeigneten Kenntnisse; die Formeln zur Abfassung von für diplomatische Verhandlungen nützlichen Briefen und Reden; Ideologien für die Durchsetzung der politischen Programme; die zum Regieren der Völker nötigen historischen, ökonomischen und moralischen Kenntnisse; schließlich eine allgemeine Lebensanschauung, die in ihren Tugenden den Helden des Plutarch ähnliche Persönlichkeiten schaffen sollte und nicht zufällig im Einklang mit Quintilian die Basis der neuen Pädagogik abgab.

Plutarch, der als Biograph – und es ist der Mühe wert, dies zu unterstreichen – in der spätrömischen Zeit wenig und im lateinischen Mittelalter überhaupt nicht bekannt war, tauchte erst am Ende des 14. Jahrhunderts wieder auf, als Salutati ihn übersetzen wollte; und die Gelehrten seines Kreises, Jacopo Angeli da Scarperia und Leonardo Bruni, übertrugen ihn zu Beginn des 15. Jahrhunderts, im Wettstreit miteinander, aus dem Griechischen ins Lateinische; später folgten ihnen darin Guarino und Francesco Filelfo, Giovanni Tortelli und Lapo da Castiglionchio der Jüngere, Ognibene da Lonigo und Donato Acciaioli und nicht wenige andere. Sir Thomas North, der 1579 seine englische Übersetzung *Lives of the Noble Grecians and Romans* vorlegte, trat mit einer nicht zu überschätzenden Anmerkung hervor: Plutarch sei der nützlichste der heidnischen Schriftsteller und für eine staatsbürgerliche Erziehung am besten geeignet. Alles andere Wissen könne wohl dem einzelnen nützen oder für die Universitäten von Vorteil sein. Plutarch hingegen diene den Städten.

In anderer Form entwickelte Roger Ascham im *Schoolmaster* von 1570 das gleiche Konzept, wobei er die fast zweihundert Jahre alten Programme, Ideale und Methoden der frühen Humanisten wiederaufnahm und systematisierte.

»Ein privates Wissen, für die Universitäten besser als für die Städte geeignet.« Die Worte des Thomas North faßten sinnbildhaft die Haltung der humanistischen Kultur und Lehre der Universität gegenüber zusammen. Auch wenn die Polemik nicht offen war, selbst in den Fällen, in denen der Humanismus in die Universitäten einzudringen vermochte, störte er stets deren inneres Gleichgewicht und weckte lebhafte Gegensätze im Schoße der alten Schulen. Tatsächlich hatte ja der Humanismus seinen Mittelpunkt nicht in den großen Hohen Schulen. Die Gestalt der Universitäten war mittelalterlich. Die *studia humanitatis* hingegen setzten sich im Umkreis der Künste durch, vorwiegend in der Redekunst (Grammatik, Rhetorik und Dialektik); auch gewannen sie bald Einfluß auf die »Autoren« und hernach, da diese die großen griechischen Texte verbreiteten, auf den Unterricht in Arithmetik, Geometrie und Astronomie. Die Schulen, in denen die neuen Methoden ihr Glück machten, waren vorwiegend an Höfe und Kanzleien, weniger an berühmte Universitäten gebunden. Dort, wo die Tradition der Universität stark und alt war, setzte sich der Humanismus später und unter größeren Schwierigkeiten durch. In Bologna und Padua – die Situation war in Paris oder in Oxford nicht anders – drang die neue Kultur langsamer ein als in Florenz oder Ferrara. In Florenz war die Universität relativ spät, nämlich im 14. Jahrhundert, eingerichtet worden; in Ferrara wurde sie reformiert und blühte erst mit Leonello d'Este auf, als Guarino sich schon durchgesetzt hatte. In Florenz fand der Humanismus mit einem neuen Lehrstuhl, dem griechischen, Eingang in die Universität; und mit dem Griechischen und der Lektüre der Griechen beherrschte er dort das Hochschulleben. In Ferrara blieb der Geistes- und Naturwissenschaften einende Guarinsche Geist immer stark.

Es war nicht die Universität, die den Humanismus lebendig machte, und das vom Humanismus erneuerte Wissen fand nicht in der Universität seine Schule, oder doch erst spät, nach vielen Kämpfen und Hemmnissen aller Art. Die neuen Schulen und der sie charakterisierende literarische und moralische Unterricht zielte in eine allgemeinbildende Richtung, nicht in eine noch spezialisiertere und technisiertere wie die Universitäten. Und nach und nach, je mehr der Wert einer umfassend humanen Vorbereitung des Bürgers und des Edelmannes erkannt wurde, wandelte sich auch die Schule, deren Aufgabe diese Vorbereitung war. Die Schulen für Grammatik, Rhetorik, Dialektik, aber auch moralische Philosophie, in denen man die griechischen und lateinischen Autoren nach der neuen Methode las, die klassischen Sprachen lernte und Zugang zu den antiken literarischen wie naturwissenschaftlichen Texten fand – diese Schulen gewannen allmählich einzigartige

Bedeutung. Wie denn auch, und das ist zu betonen, von dort eine sehr viel tieferreichende Reform des gesamten Wissens ausging. Wie kürzlich von Marie Boas hervorgehoben wurde, hatte gerade mit der Kommentierung der im Urtext wiedergefundenen großen griechischen Werke, das heißt unter dem Einfluß des Studiums der *litterae*, auch die Erneuerung der Naturwissenschaften eingesetzt.»Um das Jahr 1450 war der Naturwissenschaftler entweder ein Studiosus der klassischen Welt oder aber einem Zauberer gefährlich nahe.« Noch im 16.Jahrhundert verschaffte sich ein Wissenschaftler als Humanist seine Achtung. Georg Peurbach (1423-1461) und Johannes Müller, der Regiomontanus (1436-1476), lehrten Philologie, nicht Mathematik oder Astronomie. Mit anderen Worten: auch die naturwissenschaftliche Revolution entfaltete sich durch eine polemische Distanzierung vom mittelalterlichen Wissen, zu der sie bei der Lektüre der Wissenschaftler des Altertums und insbesondere der Griechen herangereift war: Diese Lektüre verlangte vom Philologen, daß er Naturwissenschaftler werde, und sie führte den Naturwissenschaftler aus der Unterwerfung unter die Theologie und die Autorität zu jenem ursprünglichen Verhältnis zwischen Natur, Erfahrung und Vernunft zurück, aus dem sich die griechische Naturwissenschaft entwickelt hatte.

Die humanistische Kultur arbeitete daher zunächst einen neuen Schultypus heraus, der nach einer allgemeinen humanen Bildung des in einer »freien Stadt« geborenen Bürgers strebte (wie es im Titel eines weit verbreiteten, von Alessandro Piccolomini 1543 herausgegebenen Werkes heißt); dann suchte sie mit den »Akademien« – das heißt in freien Zusammenschlüssen von Gelehrten – Institutionen zu schaffen, die den Notwendigkeiten einer Forschung, die an der Universität nicht mehr die geeigneten Strukturen fand, gerecht werden konnte. So entstanden seit dem 15.Jahrhundert zahlreiche berühmte Akademien verschiedener Art und Aufgabe.

Dennoch gelang es dem Humanismus, auf diese oder jene Weise auch auf die Universitäten einzuwirken. Vor allem führten die Humanisten eine allgemeine Polemik gegen die Hochschule, die sie als die Festung einer starren und pretentiösen Kultur darstellten. Zwar knüpften die Spöttereien des Poggio Bracciolini über die Ärzte an ein schon bekanntes Streitgespräch des Petrarca und an eine alte Anekdotenliteratur an, aber jetzt gehörten sie zu einer systematischen Analyse der Grenzen der verschiedenen Fakultäten. Neben die Ärzte traten bald auch die Juristen als Zielscheibe; über ihre Barbareien machte sich Laurentius Valla mit kräftigen Worten her. Mit den Ärzten und den Juristen wurden Philosophen und Theologen, Logiker und Dialektiker der alten Manier attackiert. Philipp Melanchthon verschonte in seiner 1518 in Wittenberg gehaltenen Rede *De corrigendis adolescentiae studiis* weder Männer noch Fakultäten: »die Thomisten, Scotisten und Durandisten, die Seraphiker und Cherubiker und die übrigen, weit zahlreicheren Doktoren der kadmeischen Sippschaft« hätten jede Lehre korrumpiert. Nicht weniger schlimm erscheint ihm der Ruin der Medizin und des Rechts. Fast das gleiche hatte ein gutes halbes Jahrhundert früher Laurentius Valla mit Nachdruck erklärt. Als Professor in Pavia hatte er 1433 gegen die Juristen gekämpft und dabei riskiert, mit dem Lehrstuhl auch das Leben zu verlieren. Im März 1457, kurz vor seinem Tode, war er aufgefordert worden, in der Kirche Santa Maria sopra Minerva zu Rom eine Eloge auf den heiligen Thomas zu halten, und hatte die Gelegenheit ergriffen, die Theologie und den scholastischen Aristotelismus herb zu kritisieren, wobei er den Aquinaten keineswegs verschonte.

In den großen Anklagereden des 16. Jahrhunderts, angefangen von jener des 1492 in Valencia geborenen, aber in Paris, Löwen und Oxford lebenden Erasmusianers Juan Luis Vives bis zu der vernichtenden Kritik, die Pierre La Ramée an Aristoteles übte, rief man nicht nur gegen die alten »Autoren« nach neuen »Autoren«, gegen die alten Methoden nach anderen Methoden, man wollte andere Schulen. Als Vives in seiner Anklagerede *Adversus pseudodialecticos* von 1520 die Sorbonne »eine Alte in vollem Delirium der Senilität« nannte, verlangte er, daß an ihrer Stelle eine erneuerte Hochschule entstehen sollte. Man verlangte nach Anstalten, wie sie Guillaume Budé herbeigewünscht hatte und die 1531 im *Collège des lecteurs royaux* Gestalt annahmen. Dieses Kollegium war von Franz I. gestiftet und hatte »königliche Lektoren« für Griechisch, Hebräisch und Mathematik, bald auch für Latein, Philosophie, Physik, Astronomie, Geographie und Medizin. Auch hier sieht man, wie mit der Philologie die Naturwissenschaft siegte, mit der Formung des Menschen durch die Literatur eine neue naturwissenschaftliche Forschung sich durchsetzte.

Das 16. Jahrhundert sah überall Kollegien und Schulen mit Universitätscharakter aufblühen: in Frankreich zu Nîmes, Bordeaux und Lyon; in den Niederlanden zu Löwen, ebenso in anderen Ländern wie in England und in Deutschland. In seiner Antrittsvorlesung am Collège de Presles sagte Pierre La Ramée im Oktober 1546 feierlich: »Stellen wir uns vor, wir könnten einen alten Doktor dieser Akademie auferwecken, der vor hundert Jahren starb. Schickte er sich an, diese Gegenwart mit der Erinnerung an seine Zeit zu vergleichen, bliebe er nicht stumm vor Staunen angesichts des Aufschwungs, den die Geisteswissenschaften gemeinsam mit den Wirklichkeitswissenschaften bereits in Frankreich, in Italien und in England genommen haben? Er war nur Leute zu hören gewöhnt, die in barbarischer und grober Weise redeten. Heute würde er unzählige Menschen jeden Alters erleben, die ein elegantes Latein sprechen und schreiben. Was das Griechische anlangt, hatte er ständig gehört: das ist Griechisch, das liest man nicht. Heute würde er sehen, daß das Griechische nicht nur mit der größten Leichtigkeit gelesen wird, wann immer es nötig ist, er würde auch Gelehrten lauschen, welche die Sprache mit der größten Fachkunde zu lehren verstehen. Und was würde er sagen, wenn er die Finsternis über allen anderen Künsten von damals mit dem Licht und dem Glanz des Heute vergliche! Von den Grammatikern, Dichtern und Rednern kannte er seinen *Alexander* von Villadei, seinen *Facetus* und *Graecismus*; von den Philosophen kannte er die Schotten und Spanier, unter den Ärzten die Araber, von den Theologen gewisse Dunkelmänner, die wer weiß woher kamen. Nun würde er Terenz, Caesar, Vergil, Cicero, Aristoteles, Platon, Galenus, Hippokrates, Moses, die Propheten, die Apostel und andere wahrhafte Verkünder des Evangeliums sogar in ihrer eigenen Sprache sprechen hören.«

Ein Jahr vorher hatte ein Arzt, Franzose auch er, Jean Fernel d'Amiens, in seinem *De abditis rerum causis* den Triumph des neuen Zeitalters nicht anders dargestellt: es seien die Erde umsegelt, neue Kontinente entdeckt, der Buchdruck und die Feuerwaffen erfunden, die antiken Bücher wiedergefunden und die Wissenschaft wiederhergestellt worden. Was bei Fernel an letzter Stelle steht, nahm in der wirklichen Aufeinanderfolge der Ereignisse die erste Stelle ein. Am Beginn des 15.Jahrhunderts hatten die Humanisten, in dem Bestreben, die klassische Welt wiedererstehen zu lassen, mit jener Erneuerung der Kultur und der Erziehung begonnen, die um die Mitte des 16.Jahrhunderts bereits in rhetorischen Allgemeinplätzen besungen wurde.

Guarino von Verona, geboren 1374, hatte sich in Konstantinopel von 1403 bis 1408 im Griechischen vervollständigt und wirkte, nachdem er in Florenz, Venedig und Verona gelehrt und sich in Padua, Bologna, Trient und Rovigo aufgehalten hatte, von 1429 bis zu seinem Tode (1460) in Ferrara. Hier trug er zum Wandel der Kultur und zur Reform der »Allgemeinen Hochschule« bei, die er 1442 unter der Schirmherrschaft von Leonello d'Este eingeweiht hatte. Guarinos Schule war in mehrfacher Hinsicht bedeutend: als illustrer Meister des Griechischen wandte Guarino sich sowohl naturwissenschaftlichen als auch literarischen Texten zu und beschäftigte sich mit Ärzten (Celsus) und Geographen (Strabon) nicht weniger als mit Dichtern und Philosophen. Obgleich er unabhängig von der Universität und in enger Verbindung mit den Este seinen eigenen Weg ging – es genügt, an seine Veroneser Schule oder an seine Ferrareser »Akademie« zu denken –, trug er dazu bei, der Universität einer der charakteristischsten Renaissancestädte, eben Ferraras, einen originalen Stempel aufzudrücken. Noch einmal: er änderte radikal die Lehrmethoden und legte sie in Satzungen fest, die von seinem Sohn Battista Guarino in einem zu weiter Verbreitung bestimmten kleinen Traktat *De ordine docendi et discendi* aufgezeichnet wurden. Schließlich wurde seine in ganz Europa bekannte Schule von vielen Nichtitalienern besucht, die allerorten seine Erziehungsideale, seine Methoden und seine Kultur verbreiteten. Sogar der berühmte Vittorino da Feltre war in Venedig sein Griechischschüler.

Guarino knüpfte deutlich an die Traktatliteratur »bürgerlichen« Geistes des frühen Humanismus des 15.Jahrhunderts an. Er übersetzte die Biographien Plutarchs und machte daraus eine Art moralisch-pädagogischen Gesetzbuchs; er pries und kommentierte die Schrift Pier Paolo Vergerios des Älteren *De ingenuis moribus et liberalibus studiis adulescentiae*, die zwischen 1400 und 1402 in der Atmosphäre florentinischer Gelehrsamkeit zusammengestellt wurde, jedoch bestimmt war, gewissermaßen ein europäisches Erziehungsbrevier zu werden; Jakob Wimpheling wird es 1501 in seiner *Germania* den Autoritäten von Straßburg als eine Musterschrift hinstellen.

Der hervorragende, vom Wert des Griechischen und der griechischen Kultur überzeugte Philologe Guarino verband als der große Erzieher, der er war, stets die Geisteswissenschaften mit den Naturwissenschaften. Außerdem war er davon durchdrungen, daß die neue Kultur sich nur in neuartigen Schulen verwirklichen könne. Zur Universität hatte er, obwohl er dort als Meister der Rhetorik gelehrt hatte, keinerlei Beziehung. 1427 schrieb er aus Verona an seinen Lieblingsschüler Martino Rizzon, den Hauslehrer von zwei berühmten, gebildeten Frauen des 15.Jahrhunderts, den Schwestern Nogarola. Er wies Rizzon auf die geringen Vorteile des Medizin- und Jurastudiums hin, riet ihm ab, nach Bologna zu gehen, und lenkte ihn statt dessen nach Rom. Außerdem half Guarino, die neuen Anstalten zu verwirklichen und die alten umzuwandeln. Zur Zeit der Blüte der ersten großen pädagogischen Traktatliteratur der modernen Zeit entwickelten der Meister von Verona und Vittorino da Feltre jenen Typus von Konviktkolleg *(Contubernium)*, der die führenden Schichten der neuen Staaten und die künftigen Lehrer und Gelehrten formen sollte.

1408 hatte ein wegen seiner Studien über Cicero berühmter Professor der Rhetorik (Gasparino Barzizza) etwas Ähnliches in Padua für die venezianischen Adligen versucht. So bescheiden dieser Beginn des Barzizza auch war, er hatte doch sogleich Sympathien geweckt. Guarino begann 1420 in Verona, wo er eine öffentliche Schule im Auftrag der Gemeinde und eine private bei sich zu Hause für ausländische Schüler und Bürgersöhne unterhielt. Guarinos eigenes Kolleg hatte eine beschränkte Zahl von Studienplätzen gegen sehr hohes Schulgeld; seine Frau, seine Kinder und externe Mitarbeiter halfen Guarino. Die Schule hatte eine familiäre Atmosphäre; die Studenten waren Freunde, waren sie älter und erfahrener geworden, dann wurden sie Mitarbeiter. Leibesübungen, Spaziergänge, Schwimmen, Jagen und Tanzen wechselten mit den Unterrichtsstunden ab. Guarino »las« am Morgen einen lateinischen Autor, am Abend einen griechischen. Je vollkommener die sprachliche Vorbereitung wurde, desto zahlreicher wurden die Autoren und desto schwieriger die Texte, die man las, bis hin zu den großen philosophischen Werken von Platon und Aristoteles.

Eine besondere Würdigung verdient zweifellos, daß die Schule Guarinos nicht nur den Kindern der mächtigen Familien (sein Lieblingsschüler war Leonello d'Este), sondern auch ärmeren jungen Menschen offenstand, die Lehrer oder öffentliche Beamte werden oder die kirchliche Laufbahn einschlagen sollten. Immer herrschte der bewußte Wille vor, jede Spezialausbildung auf eine allgemeine menschliche Bildung zu gründen. Die Universität galt als die Schule, in der Spezialisten, wie Ärzte, Juristen und Theologen, ausgebildet wurden. Das humanistische Gymnasium hingegen wollte in allen Menschen die Humanität wecken (*hominibus humanitatem* – um Guarinos eigene Begriffe zu brauchen). Das Studium der antiken Sprachen, der heidnischen Meisterwerke, der großen Werke der Naturwissenschaft und des Denkens bildeten zusammen mit der *societas* des *contubernium* und den harmonischen Übungen des Körpers die Voraussetzung für jede Spezialisierung. Die humane Substanz des Menschen sollte die gemeinsame, für das städtische Leben und weltliche Wirken notwendige Basis schaffen. Und in diesem Sinne ist auch die Auswahl der Texte der »paganen« antiken Schriftsteller bezeichnend, die der christlichen Offenbarung und aller religiösen Spaltung vorausgegangen waren. Wer die Vorschriften Guarinos zur Methode liest und sieht, wie er darauf beharrt, zuerst den Geist in seiner Totalität zu bereichern und zu stärken, bevor eine einzelne Disziplin vertieft wird, begreift sofort den Sinn seiner Bemühungen.

Die Schule von Vittorino di ser Bruto dei Rambaldoni da Feltre (1378–1446) war in der *Casa Giocosa* (dem Haus der Spiele) untergebracht. Gian Francesco Gonzaga, Markgraf von Mantua, hatte dieses Haus dem Lehrer 1423 zur Verfügung gestellt. Und auch diese Schule strebte danach, einen Reiche und Arme vereinenden Unterricht »mit jeder Liebenswürdigkeit« und in aller »Freiheit« zu bieten. Die armen Schüler wurden mit den Beiträgen der vermögenderen unterhalten. Der Unterricht über die klassischen Werke ging stets mit Leibesübungen – Spielen oder Wettkämpfen – einher und vollzog sich in einer Atmosphäre herzlicher Vertrautheit. Auch für Vittorino ging die Sorge um das »Humane«

allem anderen vor: *omnis humanitatis pater* ist als Motto auf der Rückseite der Medaille eingeprägt, auf der Pisanello das Bild des Meisters dargestellt hat. Einer der Schüler Vittorinos wurde sein Biograph und schrieb über ihn: »Die Menschheit war seine Familie.« Damit ist, abgesehen von einem gewissen rhetorischen Tonfall, die Bedeutung des Renaissance-Humanismus in einem universal menschlichen Erziehungsideal wohl am besten gekennzeichnet.

Im übrigen wirkten diese Gymnasialschulen und von den Humanisten eingerichteten Kollegs auch auf die Universitäten. Nicht zufällig förderten Guarino und sein Schüler Leonello die »Reform« der »Allgemeinen Hochschule« in Ferrara, der im 16. Jahrhundert so viel Glück beschieden war. Die neuen Lehrbücher und Methoden veränderten immer stärker die Verhältnisse zwischen Fakultät und Fakultät und zwischen Lehrstoff und Lehrstoff innerhalb der Fakultäten. Griechisch diente nun nicht mehr allein der philologischen und historischen Forschung, sondern war auch unerläßlich, um Zugang zu philosophisch-naturwissenschaftlichen Quellen zu gewinnen. Das Hebräische, das freie Forscher, wie Giannozzo Manetti oder Giovanni Pico della Mirandola, ausdrücklich der Aufmerksamkeit der Studenten empfohlen hatten, erwies seine entscheidende Bedeutung in der biblischen Forschung, der theologischen Diskussion und der religiösen Kontroverse. Das Werk Johannes Reuchlins ist in diesem Sinne mit Recht berühmt, und die Reuchlin-Frage (1510–1520, der »Dunkelmännerstreit«), in der die Humanisten den theologischen Fakultäten und den Gelehrten Kölns (anläßlich der Vernichtung der hebräischen Bücher) gegenüberstanden, zeigte nicht nur unruhige Zeiten an, sondern vor allem auch, wie groß das Gewicht der erneuerten philologischen und historischen Forschungen auf dem Felde der Religion geworden war.

Zur selben Zeit traten die »realen« Disziplinen, Mathematik und Astronomie, aus der engen Begrenzung der Künste des »Quadriviums« heraus. Gerade als die Untersuchungen der »Grammatiker« und der »Historiker«, wie Valla und Poliziano, eine unvermutet hohe Bedeutung auch in den Rechtswissenschaften annahmen, eroberten auch sie eine hervorragende Stellung. Das 15. Jahrhundert erlebte den Zusammenprall scholastischer und naturwissenschaftlicher Institutionen und überwundener Klassifikationen der Naturwissenschaft mit einer lebendigen Forschung, die mit kämpferischer Polemik das Ziel verfolgte, die »Enzyklopädie« des Wissens zu verändern und wiederaufzubauen. Das 16. und 17. Jahrhundert halfen die Renaissance europäisch auszuweiten, die Institutionen anzupassen, neue zu schaffen und die alten zu erneuern, indessen sich ein Typ des Menschen, des Städters und Gelehrten, durchsetzte, der nun immer differenziertere Züge aufwies.

Ohne jeden Zweifel kristallisierte sich die humanistische Schule, die Europa zwischen dem 16. und 18. Jahrhundert kennzeichnete, in Italien im 15. Jahrhundert dort heraus, wo die politisch-ethische Traktatliteratur und die praktische Tätigkeit der neuen Lehrer konvergierten. Sie wollte auf die Bedürfnisse und Ideale der in Umbildung begriffenen Stadtstaaten antworten; und indem sie ihre Aufgabe erfüllte, bestimmte sie genau jene Bedürfnisse und Ideale. Guarino von Verona hatte in vielen seiner Briefe, besonders in denen an den Herrn von Ferrara, Leonello d'Este, das Amt einer humanen Erziehung präzisiert, die – statt den Spezialisten zu züchten – den Bürger befähigen sollte, mit den zum Führer und Verteidiger des Vaterlandes notwendigen Tugenden ausgestattet, in guten und in bösen Zeiten zur öffentlichen Verwaltung beizutragen. In Begriffen, die schon an Locke denken lassen können, bestand Guarino darauf, vor allen anderen Künsten oder Disziplinen den Beruf des Menschen zu lehren.

Mit anderen Worten: diese ganze auf die *studia humanitatis* ausgerichtete Erziehung ist eng mit dem Begriff des Bürgers verbunden, der die Jahrhunderte zwischen Quattrocento und Seicento kennzeichnet. Für den Staat sei es von höchstem Interesse, junge Menschen zu haben, die vorbereitet seien, sich neben ihrem Beruf der öffentlichen Sache anzunehmen. Dies ist im großen und ganzen der Sinn vieler Schriften Vergerios und ebenso das Anliegen großer Schriftsteller wie Leon Battista Alberti. Es ging ihnen nicht so sehr darum, die Herrscher und ihre Söhne als Angehörige der Herrenschicht zu bilden. Noch fehlten dieser Erziehung die Vision von dem den italienischen Stadtstaaten des 15. Jahrhunderts eigentümlichen bürgerlichen Leben und die in diesen Städten wirksame Vorstellung von der sozialen und politischen Funktion der angesehenen Familien. Der Mensch, so sagte man immer wieder mit Aristoteles und Cicero, sei ein politisches Wesen und nicht um seiner selbst willen, sondern für das Vaterland und das allgemeine Wohl, für die *res publica*, geboren. Die Schule müsse ihn vor allem auf die Erfüllung dieser Aufgabe vorbereiten; der tägliche Umgang mit den Klassikern bringe genau das zuwege: seine Sozialität werde an einer beispielhaften Gesellschaft entwickelt, die seine moralische Substanz in der Verbindung mit den großen Vorbildern forme und bereichere.

Diese Bildung wandte sich an jeden Menschen, betonte geradezu ihren universalen Wert, richtete sich aber zugleich konkret an alle zur Regierungsverantwortung Berufenen. Leon Battista Alberti beharrte im Prolog zu den Dialogen *Della Famiglia* beredt auf der Funktion der »Familien«, dem Fundament der staatlichen Struktur. Sie hätten »die Freiheit aufrechterhalten, die Autorität und die Würde des Vaterlandes im Frieden und Krieg erhalten, sehr bescheidene, sehr kluge, sehr starke Familien, solche, die von den Feinden gefürchtet waren und von den Freunden sich geliebt und verehrt fühlten«. Alberti schrieb noch in der heroischen Epoche der Renaissancekultur: Der Mensch solle sich in seiner Ganzheit bilden, und dies nicht nur, um für alles tauglich zu sein, sondern um soweit möglich »alles« zu sein, damit er auf keine seiner Möglichkeiten zu verzichten habe; er müsse Bürger sein, aber auch Wissenschaftler, Künstler, Techniker und Weltmann. Die humanistische Erziehung müsse auf diese Totalität hinzielen.

Nach und nach änderte sich die Perspektive: jene Totalität verdichtete sich einerseits in eine größere Technisierung, andererseits erschöpfte sie sich in der Ausformung weltlicher Sitte: nach Baldassar Castiglione sollte die Erziehung den »Hofmann« bilden, also den Mann von Welt und schönen Manieren, der einer genauer bestimmten, aber auch begrenzteren politischen Struktur entsprach. Jene Totalität und Harmonie, die bei Alberti auf den Universalmenschen zielten, verengten sich bei ihm auf eine ästhetisierende Eleganz und Raffinesse.

Die Bücher »Über die Familie« (1433–1443) Albertis begleiten den Niedergang des kommunalen Lebens und die Blüte der letzten italienischen Republiken, derweil »Das Buch des Hofmannes« (1514–1518) Baldassar Castigliones einen späteren Augenblick des europäischen politischen Lebens widerspiegelt: überall und auch in Italien behaupten sich die Monarchien. Jetzt gibt es nicht mehr den *civis* des demokratischen Florenz, sondern den Mann am Hofe und den Fürsten; und das heißt Handbücher über die politische Wissenschaft einerseits und Traktate über das anmutige Benehmen andererseits, die auf die Hofkarriere und ihre vielfältigen Erfordernisse vorbereiten sollen: vom Brillieren vor den Damen bis zum Erfolg in den Gesandtschaften durch Liebenswürdigkeit und diplomatische Geschicklichkeit. Es ist kein Zufall, daß das Buch von Alberti trotz seiner literarischen Vorzüge und seines Reichtums an moralisch-pädagogischen Intuitionen unveröffentlicht und jahrhundertelang nahezu unbekannt blieb, das Werk Castigliones aber ins Spanische, Französische, Englische und Deutsche übersetzt wurde und zusammen mit noch viel dürftigeren Werken gleicher Art im 16. Jahrhundert einzigartige Verbreitung fand.

Die Kunst des Fürsten war eine Wissenschaft für sich geworden, und so mußte sich die Kultur des »Hofmannes« als humanistische Kultur auf die Ausformung anmutiger Manieren, ehrenhafter Bräuche, eines schönen Stils und geschliffener Fähigkeiten als Sekretär, Kanzler und Schreiber von Amts- und Liebesbriefen beschränken. Die Eleganz, das Maß, die Verfeinerung des Edelmannes nahmen nun die Stelle der *virtù*, der Tugenden des Mannes ein: jener Moralität, Stärke, Intelligenz und wirklichen Tüchtigkeit. *Le parfait courtisan*, *the courtier* stellen den idealen Weltmann vor, nicht so sehr den Bürger der freien Republik als den Hofmann im Dienste eines Fürsten und seinen Mitarbeiter, der eine gute Unterhaltung führen, sich tadellos benehmen, in der Gesellschaft auftreten und sich in ihr zur Geltung bringen kann. Die Kultur ist zu einem Mittel geworden, an den neuen Höfen zu leben und zu glänzen, die Gunst der Damen zu erobern, eine politische Karriere zu machen und militärische Aufträge zu erledigen. Die *litterae* verwandelten sich immer mehr in ein formales Instrument im Dienste genau umschriebener öffentlicher Erfordernisse im Leben bestimmter gesellschaftlicher Gruppen. Sie waren zwar ein Beruf für die Schulmeister, die Herren zu erziehen; aber sie wurden mehr ein Ornament der Lebensweise als ein Mittel humaner Bildung.

So entstanden und verbreiteten sich zwei neue Figuren, die mit der absteigenden Kurve des Humanismus eng verbunden waren: der Pedant als Degeneration des Literaten und Grammatikers und der »wohlgesittete und liebenswürdige« Mann, dem die Erziehung vor allem »schönes Benehmen« bedeutete. Ein Buch wie der *Cortegiano* von Castiglione war nur noch ein Handbuch zur »technischen« Erziehung des Mannes bei Hofe, und der *Galateo* des Monsignor Giovanni della Casa befaßte sich ausdrücklich mit den »der *virtù* ähnlichen Erscheinungen«, mit der Liebenswürdigkeit, dem äußerlichen Benehmen und den »Formen«.

Indes die Gelehrsamkeit den Platz der Kultur einnimmt, die Imitation zur Gewohnheit wird und die klassischen Studien in die Pedanterie abgleiten, steigt das Ideal der *humanitas* zu »ehrbarer Verstellung« ab. Vielleicht hat niemand trefflicher als Michel de Montaigne den Krisenpunkt und die Quelle der Degeneration der humanistischen Erziehung aufgezeigt. Er stellte die Eigenheiten des *pédantisme* dar, der unserer Initiative alle Ursprünglichkeit genommen, das Zwiegespräch mit den Großen der Vergangenheit in eine lähmende Gedächtnisübung verwandelt und die Gefahr mit sich gebracht habe, einen lächerlichen *magister* als menschliches Ideal auszugeben. Bei ihm kehrt deshalb das Motiv des unmittelbaren Kontakts mit der Welt, mit den Dingen und den lebendigen Menschen immer wieder. Die »Toten«, wenn auch groß und antik, die »alten Ruinen«, wenn auch erlaucht und ehrwürdig, hatten offenbar ihre Vermittlerrolle ausgespielt. Während sich in ganz Europa die Handbücher »gesitteter Konversation« verbreiteten und schließlich sogar die Kolonisatoren Amerikas begleiten sollten, bemerkte Montaigne, es sei zwar gut, »sich geziemend auszudrücken«, doch sei dies wohl nicht etwas so Großartiges, wie manche meinten. Und er fügte hinzu, wenn es auch sicher schön sei, Griechisch und Latein zu können, so koste es doch zuviel Mühe; viel notwendiger sei es, unsere eigene Sprache zu beherrschen und die unserer Nachbarn, mit denen wir mit größerer Wahrscheinlichkeit uns zu unterhalten hätten.

Montaigne war schon über die humanistische Erfahrung hinaus, war der mit ihren Übertreibungen unzufriedene Sohn. Sein Vater hatte ihn als Kind einem deutschen Lehrer anvertraut, der kein Französisch und gut nur Latein konnte. Zu Hause sprachen bald Vater, Mutter, Dienerschaft und Knechte nach unumstößlicher Regel nur noch die lateinischen Worte nach, die das Kind stammelte. Schließlich, so erinnerte sich Montaigne, waren sogar die Dörfer rundum latinisiert; sie nahmen die lateinischen Begriffe für Werkzeuge und Geräte in den Dialekt auf. Umgekehrt wuchs der Knabe ohne Kenntnis der eigenen Sprache auf, als ob sie arabisch wäre. Das war nun freilich ein extremer Fall, der die Funktion der klassischen Bildung zunichte machte. Diese hatte nie beabsichtigt, die Modernen durch die Alten zu ersetzen; sie hatte nur die Modernen im Gegenüber zu den Antiken zum Bewußtsein ihrer selbst kommen lassen wollen.

Dennoch konnte die Pedanterie, die den »Magister« zur Witzfigur *par excellence* so vieler Komödien des 16. Jahrhunderts machte, die Tatsache nicht verdunkeln, daß die neue Erziehung in ganz Europa Manieren und Verhalten der Männer und Frauen der die staatliche Macht in den Händen haltenden Gesellschaftsschichten verwandelte. Um in der Gesellschaft zu zählen, war es nun unerläßlich, jene Bildung zu besitzen, die sich in den *studia humanitatis* nach den klassischen Vorbildern entwickelt hatte. Als Sir Thomas Elyot 1531 in London *The Boke named Governour* veröffentlichte, beschrieb er eine tatsächliche Situation: wer wolle, daß seine Söhne *governours* würden oder irgendein öffentliches Amt zum Wohle des Landes ausübten, müsse sich nach Art und Weise der neuen Methoden und Lehrer ausbilden. Nur so könnten die jungen Leute in den Stand gesetzt werden, in mächtige Stellungen aufzurücken und der Ehre und des Adels würdig erscheinen. Die humanistische Bildung, die in den europäischen Erziehungssystemen obsiegen und Jahrhunderte überdauern sollte, war die Ausbildung für alle jene, die sich anschickten, einen immer größeren Einfluß in den Staaten auszuüben. Während in den »Akademien« die Fundamente der »neuen« Wissenschaften gelegt wurden, die mit der Weisheit der Alten auch die Ergebnisse jahrhundertelangen Bemühens der Handwerkstechnik fruchtbar machen konnten, wurde einer »humanen« Kultur die Aufgabe anvertraut, im *Gentleman* die Fähigkeit zu entwickeln, die veränderten geschichtlichen Situationen und die tiefgreifenden Wandlungen der zwischenmenschlichen Beziehungen und des menschlichen Verhaltens in der Welt zu bestehen.

Baldassar Castiglione
Gemälde von Raffael, 1515/16. Paris, Louvre

Michel de Montaigne
Gemälde eines unbekannten Künstlers, zweite Hälfte 16. Jahrhundert. Chantilly, Musée Condé
Anfang einer Seite in den »Essais« von Montaigne mit Korrekturen und Ergänzungen von seiner Hand
Bordeaux, Bibliothèque Municipale

ESSAIS DE M. DE MONT.
autre fin propofée : elle n'aduoue rien, que ce qui fe faict en fa
confideration, & pour elle feule. Qui plus eft, flos iugemens
font encores malades, & fuyuent la corruption de nos meurs.
Ie voy la plufpart des efprits de mon temps,faire les ingenieux
à obfcurcir la gloire des belles & genereufes actions anciénes,
leur donnant quelque interpretation vile, & leur cótrouuant
des occafions & des caufes vaines. grande fubtilité! qu'on me
donne l'action la plus excellente & pure, ie m'en vois y four-
nir vrayfemblablement cinquante vitieufes intentions. Dieu
fçait, à qui les veut eftédre, qu'elle diuerfité d'images ne fouf-
fre noftre interne volonté ! ils le font tout par malice, ou par
ce vice de ramener leur créance à leur portée, dequoy ie viés de
parler: toft, cóme ie péfe pluftoft, pour n'auoir pas la veuë affez forte & affez nette, pour imaginer & conceuoir la fplen-
deur de la vertu en fa pureté naïfue, Comme Plutarque dict,
que de fon temps, il y en auoit qui attribuoient la caufe de la
mort du ieune Caton, à la crainte qu'il auoit eu de Cæfar: Dequoy il fe picque auecques raifon: & peut on iuger par là, có-
bien il fe fut encore plus offencé de ceux qui l'ont attribuée à
l'ambition. Ce perfonnage là, fut veritablement vn patron,

Themen und Probleme der politischen Reflexion:
»Reale Stadt und ideale Stadt«

Wer nacheinander den *Principe* Machiavellis und den *Cortegiano* Castigliones liest, muß empfinden, wie weit sie voneinander entfernt sind. Ungefähr zur gleichen Zeit — der *Principe* von Juli bis Dezember 1513, der *Cortegiano* von 1514 bis 1518 — und im gleichen kulturellen und politischen Milieu geschrieben, scheinen die beiden Bücher dem ersten Blick auf verschiedenen Planeten verfaßt zu sein. Im Buch von Castiglione läßt die Welt der Renaissance-Höfe ihr neues Ideal des Adels entstehen und legt dessen Muster fest. Begabt und aus großzügiger Familie, schön und von liebenswertem Äußern, tüchtig im Gebrauch der Waffen und ein guter Erzähler, in der Literatur belesen und erfahren in den Geschäften, muß der »Edelmann« gleichzeitig Musiker und Maler, Dichter und Philosoph, Soldat und Politiker sein. Er läßt an die Ritterepen von Matteo Maria Boiardo bis Ludovico Ariosto denken, in denen die Sehnsucht des anmutigen und höflichen *cavaliere* sich im Mythos vom »Goldenen Zeitalter« ausdrückt, dessen Rückkehr zur Erde sich ankündigt.

Es ist nicht schwer, aus den Versen Boiardos eine ganze Reihe von Themen herauszuhören, die den Platonikern lieb waren. Der Schluß des *Cortegiano* ist geradezu eine platonische Hymne: jenes Platonismus, der nicht zufällig ein spezifisches Kennzeichen vieler Seiten der Renaissancekultur im 15. und 16. Jahrhundert ist. Platonisch war die Anlage und die Voraussetzung des Buches, da Castiglione sich ausdrücklich auf »den in der Seele eingeschlossenen und vergrabenen Samen der Tugend« bezieht, den der »gute Gärtner« sprießen und Frucht tragen lasse. Das Werk schließt mit einem Hymnus auf die Liebe und die geistige Schönheit, welche die Welt durchscheine, ihren geheimen Sinn ausmache und ihr einigendes Prinzip sei. Fast als unmittelbares Gegenstück zum Hymnus an die Schönheit läßt er das an den Hof der Montefeltro in den Palast von Urbino verlegte Zwiegespräch in einer leuchtenden Morgendämmerung enden: die Gesprächspartner »öffnen die Fenster« und geben sich der Betrachtung »des hohen Gipfels des Catriberges« hin, der klar in »einer schönen rosafarbenen Morgenröte« liegt, alle Sterne sind untergegangen »außer der süßen Herrscherin des Himmels, der Venus«. Der Zusammenklang zwischen der Welt der Natur und der Welt der Menschen, zwischen der Harmonie und der Schönheit der einen wie der anderen, vermitteln im vollen Einswerden von Anmut und Liebe das Gefühl eines Triumphes von Adel und höfischem Leben, weit entfernt von den »schändlichen Höfen«, die Machiavelli zeichnete, und völlig abseits von jenem Bemühen um praktisch-technische Ausbildung.

Davon haben sich einige Historiker verleiten lassen, einen Gegensatz zwischen Castiglione und Machiavelli, zwischen dem naiven und verträumten Idealismus Castigliones und dem rüden politischen Realismus Machiavellis zu erblicken. *Il Principe*, ganz im Bann des politischen Engagements, beschreibt mit nüchternen Worten die »Natur« der Menschen, die »effektive« Wirklichkeit. Er sieht nur die wirklichen Kräfte und ihre Dynamik, zieht nur diejenigen Gesetze in Betracht, die die Prozesse der menschlichen Gemeinschaften innerhalb der kosmischen Ordnung regeln. Wie der Astronom aus der Kenntnis der

Himmelsrhythmen die Möglichkeit eines klugen Verhaltens ableitet (»der Weise beherrscht die Sterne«), so bezieht der Politiker aus der Reflexion über die in sich geschlossenen Abläufe der antiken Imperien und die unveränderliche Natur des Menschen die für die Regierung der Staaten notwendige Einsicht. Bei Machiavelli ist die Neigung zum Konkreten der menschlichen Erfahrung auf der einen Seite und das Streben nach einer rationalen Sicht der politischen Wirklichkeit auf der anderen leicht festzustellen. Ebenso leicht ist zu sehen, wie diese streng wissenschaftliche Betrachtung des Staates und die geschichtliche Betrachtung der zu Urtypen staatlichen Lebens erhobenen antiken Republiken sich gegenseitig durchdringen. Einige Themen der Politik Machiavellis, wie die Rückkehr zu den Ursprüngen, die zyklische Wiederkehr der Ereignisse, die Gültigkeit der Naturgesetze, gehören in den Umkreis der rigoros wissenschaftlichen Schau der Dinge; gleichzeitig nimmt die Kennzeichnung der Geschichte Roms als einer »ewiggültigen Idealgeschichte« eines der auffälligsten Themen des humanistischen Erbes wieder auf. Die Menschen seien Menschen, weil sie in Gesellschaften lebten; das Werden, Entfalten und Vergehen, die Zusammenstöße und Beziehungen dieser Gesellschaften untereinander aber regelten die Vernunft und Erfahrung zugänglichen Gesetze, deren sich die Regierenden für eine rationale Politik bedienen könnten. Die menschliche Natur habe wie die Struktur der politischen Körper und überhaupt das gesamte Universum ein streng rhythmisches Verhalten, in dem auch der Bereich des Unvorhersehbaren, das »Schicksal« bestimmbar sei und eine Größe bilde, die der weise Regent in die Rechnung einstellen müsse. Daß auch sein Sohn krank und daher unvorhersehbar verwundbar gewesen sei, als Alexander VI. erkrankte und starb, sei eine einzigartige und fatale Koinzidenz gewesen, die das Schicksal Cesare Borgias besiegelt habe. Im Ablauf der Ereignisse finde die blinde Fortuna immer einen Zugang; es liege beim Menschen, bei seiner Vernunft und seiner Entscheidung, das Schicksal nicht nur vorauszusehen, sondern es sich auch aus eigener Kraft nutzbar zu machen, indem er das Geschick in einen Sieg der Freiheit verwandle.

Ein Zug der Konstruktion Machiavellis ist also das einzigartige Bemühen um eine rationale Sicht der Politik und Geschichte, auf die sich präzise Verhaltensregeln gründen lassen, die wiederum der freien Initiative des Menschen sich zu behaupten erlauben. Aber diese Konstruktion sagt noch mehr: den Naturgesetzen, denen die politischen Gemeinschaften unterliegen, ihren Forderungen und ihrem Ablauf sind alle anderen Normen des Verhaltens unterzuordnen. Die Religionen und überhaupt alle moralischen Prinzipien werden unvoreingenommen mit der erklärten Absicht analysiert, sie nach ihrem Wert für die Erhaltung des Staates einzuschätzen, im Dienste der Aufgaben des Fürsten und der Bewahrung der *res publica*. Mehr als der Konflikt zwischen Moral und Politik und zwischen Religion und Politik gilt Machiavelli die These, daß Grundlage und Ziel allen Verhaltens des in Gemeinschaft lebenden Menschen die Erhaltung und die Prosperität der *res publica* sei. Jede Verhaltensnorm gehöre in diesen Umkreis; und wenn im Leben der Staaten und besonders bei ihrer Umwandlung und Erneuerung ein Fürst über die *res publica* entscheide, mache dieser sich zum Interpreten der Zweckmäßigkeit einer jeden Handlung.

Mit eiserner Folgerichtigkeit trieb Niccolò Machiavelli die Wertung des Weltlichen und des Menschlichen, welches die Geburt der neuen Renaissancekultur gekennzeichnet hatte, ihren letzten Konsequenzen zu. Innerhalb dieses irdischen Horizonts liegen alle Werte; vom Himmel kommen sie auf die Erde herab, sie werden am »allgemeinen Wohl« gemessen; die Religion ist nicht nur nicht mehr höchster und transzendenter Maßstab; selbst sie ist den Bedürfnissen der irdischen Stadt untergeordnet. Die *res publica* ihrerseits aber scheint sich inmitten der Krise der mittelalterlichen Konzeptionen im Fürsten zu verdichten; der Fürst erscheint eher mit dem Gesicht des gewalttätigen und ungezügelten Tyrannen der italienischen Fürstentümer denn als Inkarnation und Symbol eines vom gemeinsamen Willen der freien *cives* getragenen Staates. Das sind nicht mehr die Signorien der »freien« mittelalterlichen Kommunen, die inneren und äußeren Konflikten getrotzt hatten; es ist aber auch noch nicht der Staat als Organisation der öffentlichen Gewalten zum allgemeinen Wohl; es ist nur ein Condottiere, eine Ausnahme an Individualität, eine »Naturgewalt«, eben ein Fürst, einerlei ob gut oder böse, ein Individuum, das mit seiner *virtù* die Ungewißheit des Schicksals besiegt und sich zum Gott auf Erden – oder besser: in der Stadt – gemacht hat. Es war nicht einmal eine Institution, ein »Magistrat«, demgegenüber jeder *civis* die eigene Freiheit abdingbar bewahrte, weil er sich in dem wiedererkannte, was die *universitas civium* darstellte, sondern ein allmächtiger Herr auf der Erde, wie Gott der Herr allmächtig im Himmel sei. Ihm gegenüber und zu ihm symmetrisch steht der *cortegiano* als der Ausführer der Befehle; und der *cortegiano* im dunklen Sinn der Unzufriedenheit über eben diese Unterwerfung nicht unter eine Norm, sondern unter die Willkür des Menschen – dieser *cortegiano* möchte die Dinge durch eine wesentliche Realität geregelt und mit Würde transzendiert sehen.

»Fürst« und »Hofmann« entsprechen einander in der Entfaltung des politischen Lebens und der politischen Theorie. Machiavelli schaut auf die »neuen« Fürstentümer, die »plötzlich« (also unvorhergesehen) gekommen sind, die noch »nicht Bärte haben können« (das heißt tiefe Wurzeln geschlagen haben) und nicht »ihre Verstrickungen« (also sich nicht in einen entsprechenden Zusammenhang einfügen). Er gibt sich Rechenschaft über den Untergang der mittelalterlichen Ordnung, über das Ende ihrer idealen Fundamente und ihrer moralischen und religiösen Werte, die er als sinnentleert zurückweist. Die neuen Werte sucht er in der Natur des Menschen und in der antiken Geschichte, zugleich aber auch in der täglichen Erfahrung, vor der er selbst zu schaudern scheint. »In meiner Absicht, etwas Nützliches für den zu schreiben, der es versteht, schien es mir angemessener, in die wirkliche Wahrheit der Sache einzudringen statt in die Einbildung davon. Und viele haben sich Republiken und Fürstentümer vorgestellt, die sie weder in Wahrheit je gesehen noch gekannt haben. Denn soweit ist es von dem, wie man lebt, bis zu dem, wie man leben sollte, daß der, der läßt, was man tut, um zu tun, was man tun sollte, eher seine Vernichtung als seine Rettung erfährt: denn ein Mann, der in allen Dingen etwas Gutes tun will, müßte unter so vielen, die nicht gut sind, zugrunde gehen. Darum ist es für einen Fürsten, der sich erhalten will, nötig, zu lernen, nicht gut sein zu können, und diese Fähigkeit je nach der Notwendigkeit zu benutzen oder nicht.«

Die Wirklichkeit politischer Wandlung, wie er sie in Italien und Europa erlebte, machte Machiavelli die Sinnentleerung aller antiken Begriffe bewußt: Tugend und Laster, Gut und Böse verloren ihren traditionellen Wert und verwandelten sich ihm angesichts einer Welt, die, sich ändernd, auch ihrerseits die Wertskalen änderte. Sind die gewohnten Bezugspunkte gefallen, so fallen alle Maße, und die Verhältnisse verkehren sich; morgen wird das heliozentrische System die Berechnungen der Gestirne über den Haufen werfen, weil sich der Mittelpunkt verschob, auf den sich die Bewegungen der Planeten bezogen, und im moralischen Universum verschiebt noch zuvor der Bezug des irdischen Verhaltens auf den Menschen die Bedeutung, die den Ereignissen und Handlungen zukommt. Daher fragt Machiavelli, ob nicht – da sich das ganze System der Werte in der irdischen Stadt und in der Erhaltung der *res publica* verschoben habe –»die Ruchlosigkeit« vielleicht *virtù* werden könne. Und tatsächlich scheinen die Bedeutungen von *scelus* und von *virtus* bei ihm manchmal durcheinanderzugehen. Gewiß könne »man es noch nicht Tugend nennen, seine Mitbürger zu erschlagen, die Freunde zu verraten, glaubenslos, erbarmungslos, religionslos zu sein«, auch wenn alles dies dazu dienen könne, die Macht zu erobern und zu erhalten. Dennoch gebe es schätzenswerte Ruchlosigkeit und Grausamkeit; »zum Guten genutzt kann man sie heißen (wenn man das Böse gut nennen darf), falls man sie einmal anwenden muß, um sich zu sichern, dann beharrt man nicht auf ihnen, sondern verwandelt sie in so viel Nutzen für die Untertanen wie möglich«. »Ruchlosigkeiten« dieser Art können sich in den Augen Machiavellis »vor Gott und den Menschen« rechtfertigen. Der »Fürst« müsse also eher grausam als barmherzig sein (»es darf daher ein Fürst sich nicht wegen der Schande des Grausamen sorgen, damit er seine Untertanen einig und treu halte«); für ihn kehre sich die Skala der Werte systematisch um.

Die pessimistische Anschauung Machiavellis ist wohlbekannt: die Menschen seien »undankbar, unbeständig, Simulanten und Heuchler, gefahrenscheu und geldgierig«. Von Natur seien sie »schlecht«, nicht gut. Ihre Natur sei konstant (»wie der Himmel, die Sonne und die Elemente«); die Geschichte indessen sei veränderlich, »denn die Zeit treibt alle Dinge vor sich her und kann das Gute als Schlechtes und das Schlechte als Gutes mit sich bringen«. Sein Werk wurde eben in einer Zeit der Wandlungen geschrieben, und es stellte sich ihnen und beleuchtete die Aspekte des Übergangs. Das »bürgerliche Leben« der Kommunen und der letzten Republiken hatte sich in inneren und äußeren Gegensätzen verzehrt, ohne daß es den in den unabhängigen Republiken entwickelten Institutionen und Idealen gelungen wäre, es zu heilen. Die »Tyrannen« versuchten, eine neue Ordnung herzustellen. Machiavelli schaute jenseits jeder humanistischen Imitation der antiken Republiken auf die neuen »Tyrannen«, pflückte sich den positiven Aspekt ihres Wirkens heraus und stellte sie als eine geschichtliche Notwendigkeit hin. Gleichzeitig, und darin liegt seine eigentliche Größe, zog er auch die letzten politisch-ethischen Konsequenzen aus der Krise der mittelalterlichen Welt und aus dem Ende ihrer Konzeption der Wirklichkeit. In den »Betrachtungen über die I. Dekade des Livius«, die er wahrscheinlich zwischen 1513 und 1517 verfaßte, zögerte Machiavelli nicht, als er die »Religion der Römer« (I, 11–13) abhandelte, in der Religion und damit in dem Komplex der Werte, die sie auferlegt und gewährleistet, das »ideale« Instrument zu sehen, dessen sich die Regierenden bedienen, um die Bürger zu erziehen, auszurichten und zur Beachtung der Grundsätze zu bringen, die für die Erhaltung der Staaten von Nutzen sind. Das Italien des 16. Jahrhunderts habe durch die Schuld der römischen Kirche »alle Devotion und jede Religion

Erasmus von Rotterdam
Kohlezeichnung von Albrecht Dürer, 1520. Paris, Louvre

STVLTICIAE LAVS.

rerum humanarum fortunatrix, mecū adeo consentiat, ut sapiētibus istis sem= per fuerit inimicissima. Contra stultis etiam dormientibus, omnia commo= da adduxerit. Agnoscitis Timotheum illum, cui hinc etiam cognomen, & pro= uerbium ηὐδ'οντ͡Θ κύρ͡Θ αἴρει. Rursum aliud γλαυξ ἵπατη. Contra insapientes quadrant illa, ὧν π ῥαδ'γεννηθέντες, & equū habet Seianum, & aurum Tolosanū. Sed desino παρομίάζεθ, ne uidear Erasmi mei cōmentaria, suppilasse. Ergo ut ad
rem

nes, triste ifere habu= isse exitū, idignatus scripsit, Σωκράτω ὁ κόσμ Θ πεποίηκε σο φόμ εἶναι κỳ κακῶς, ἀνεῖλε τ ρ σοκράτω ὁ κόσμ Θ Ἐμ τῆ φυλαῖ κῆ, κώνειομ ὅτι πιώρ τε θυκκερ πτολύπο͡δα φα γώμ ὁ διογέῆκε ὡμόμ τέθνηκεμ Αἰχύλω γρα, φοντὶ ἐπιπεῆπωκε χε λώνη. Σοφοκλῆς ρᾶσα φαγώμ σαφυλῆς πνί= γειρ τέθνηκε κωνες οἱ καῖ α Θράκιω, εὐριπὶ= δω ἐξωγομ τομ θεῖομ

ὅμηρομ, λιμὸς κατεδαπάνησεμ. i. Socratem mundus fecit sapientem esse. Et male sustulit Socratem mundus. In carcere cicuta, quomā bibens mortuus est. Polypedē comedens Diogenes crudum mortuus est. Aeschylo scriben= ti incidit testudo. Sophocles acinū comedens uuæ, suffocatus perijt. Canes Thracij Euripidem uorauerunt. Diuinum Homerū fames confecit. Timo theum.) Hic dux erat Atheniensiū, longe omniū fortunatissimus, de ꝗ Sui= das sic scripsit, Ἐποίουμ π αὐτῷ εἰκόσιμ οἱ ζωγράφοι κοιμώμενορ, κỳ τὰς τύ χας φοβώσας αὐτῷ εἰς δίκτυα πόλ(ς, ꝭ πορθῶν τὰ αὐτᾶς, ἀυντυπόμωμοι τὶω ἐυδαι μονίαμ αὐτ, ἄλλα ξουδυιόμωμοι ἡ ἐπὶ εὐτυχία ὁ τιμοθεος, ἐφη αὐτὲ εἶναι, μᾶλλομ, ἢ τύχης, τὰ κατορθώματα. διὸ κỳ ἡ τύχη κοτεμ ὑπερομ, νεμεσκσάσης. αὐτῷ ἐ τύχης. i. Finxerūtipsum in imaginibus pictores dormiente, & fortunas ferentes ipsi in retia ciuitates, & populante eas inuentes felicitate ipsius, supbiens aūt pro= pter bonā fortunā Timotheus, dixit ipsius magis ꝗ fortunæ esse, egregie fa= cta. Quocirca infelicior euasit postea, indignate ipsi fortuna. ἡ εὐδ οὗτος κύρ Ἴος αἴρει) .i. dormietes rete capit. Hoc puerbiū ꝗdrat in eos, qbus citra labo= rē & conatū, oi rꝙ cupiūt, eueniūt. Natū ab ipso Timotheo, q uulgo, ἐντυχής .i. felix cognominat' est, qd fortunatior ꝙ prudētior haberet. γλαυξ ἵπατη) .i. noctua uolat. Noctua sacra est Mineruæ. Ea dicta est Atheniesiū male cō= sulta, in bonū uertere exitū, unde puerbiū, Noctua uolat. Ἐμ τ ῥᾳδίγεννηθεν τις) .i. ꝗ rta luna nati, puerbiū est in eos, q ex durissimis laboribus, qb aliis prosunt, ipsi nihil fructus capiunt. Quod Hercules hac luna natus ferat.
Equū habet Seianū) Vtrūꝗ puerbiū dicebaᵗ de extremo infortunio, uni= de natum sit, explicat Au. Gellius. παρομίάζεθ) .i. puerbiari, siue puer= bijs uti.. Suppilasse) .i. furtim usurpasse. Neminē nominatim taxauit, præ=
S 3 ter seipsum

»Encomium moriae (Lob der Dummheit)« des Erasmus von Rotterdam
Druck von Johannes Froben mit Randzeichnungen von Hans Holbein d.J., Basel 1515
Basel, Kupferstichkabinett der Öffentlichen Kunstsammlung

verloren«, und mit ihr jede Unterscheidung von Gut und Böse. Politischer Niedergang und moralische und religiöse Krise seien eng miteinander verknüpft. Die neuen Staaten, wollten sie sich behaupten und erhalten, müßten eine Ordnung wiederherstellen, die der Zeit, »dem Vater aller Wahrheit«, angepaßt sei. Es handele sich um eine bewußte Ordnung der menschlichen Natur, wie sie sei, bösartig und geneigt zu Unordnung und üblem Gebrauch der Freiheit: »Wie alle jene dartun, die über das bürgerliche Leben räsonieren, und wie die Geschichte mit einer Fülle von Beispielen zeigt, muß der, der eine Republik leitet und ihr Gesetze gibt, davon ausgehen, daß alle Menschen böse sind und daß sie die Bösartigkeit ihres Sinns nutzen werden, wann immer ihnen eine günstige Gelegenheit sich bietet.« Die neuen Staaten müßten, um sich zu erhalten, Mittel entwickeln, die dieser empirisch nachgewiesenen menschlichen Natur angemessen seien; solche Instrumente seien Institutionen, Werteordnungen und Ideale.

Der »Fürst« steht an der Bruchstelle zwischen der mittelalterlichen Welt und dem neuen Zeitalter, und er findet sein Gegenstück, eben weil er noch die ganze blutvolle Individualität der italienischen »Tyrannen« verkörpert, nicht im *civis*, sondern im *cortegiano*; weil die neue *res publica* sich noch nicht herausgebildet hat, spielt die Dialektik nicht zwischen *res publica* und *civis*, sondern zwischen »Fürst« und »Hofmann«. Auch entsprach einem entzauberten und in sich selbst befangenen Bild von der Wirklichkeit des Menschen und der Natur ein unruhiges Streben nach einer idealen Ordnung und Harmonie. In dem Augenblick, in dem die Politik der »Fürsten« sich als zunehmend rüder und realistisch erwies, setzte sich die platonische Philosophie als Mode und Gewohnheit durch. Solange die Stadtstaaten ihre Freiheit behielten, schien das Ideal mit der Vervollkommnung des Wirklichen übereinstimmen zu können; als die Stadtstaaten aber in inneren Kämpfen untergingen, als Katastrophen und Kriege sich häuften, wurden diesen untergehenden Städten in den bitteren wissenschaftlichen Analysen der Politik immer häufiger die aller Realität fernen Umrisse vollkommener Städte gegenübergestellt. Sie drückten weniger ein Programm als eine Sehnsucht aus, die freilich in den Dingen keinen Widerhall mehr zu finden schien. Dem hämmernden Pessimismus Niccolò Machiavellis, dem entzauberten Realismus Francesco Guicciardinis, den Kriegen, der Intoleranz und dem Niedergang aller antiken Werte widersetzte sich symmetrisch und parallel, fast zur gleichen Zeit wie der *Principe* verfaßt und veröffentlicht, die »Utopie« von Thomas Morus.

Ihm hatte Erasmus einige Jahre vorher das *Encomium moriae* gewidmet, das eine Welt begrub und ihr – neben aller Kritik – eine andere, weniger törichte, eine heitere und frohe Welt verhieß, in der Fürsten und Völker auf der Basis gegenseitiger Übereinstimmung zusammenleben würden, aus der Krieg verbannt wäre, in der Verstehen und Toleranz triumphieren würden. Aus dem Jahr 1517 stammt die Philipp von Burgund, dem Bischof von Utrecht, von Erasmus gewidmete *Querela pacis*. In der dem späteren Karl V. dedizierten *Institutio principis christiani* aus dem Jahr 1516 stellte Erasmus eindeutig den christlichen Fürsten dem Tyrannen gegenüber. Nicht zufällig steht das Werk, das die Mächtigen dieser Welt die Gerechtigkeit lehren will, unter dem Zeichen Platons, von dem folgende, den Humanisten des frühen 15. Jahrhunderts so teure Stelle in einem Zusammenhang zitiert wird, der an Guarino von Verona und seine Ratschläge für Leonello d'Este, den Herrn von

Ferrara, erinnert: »Für nichts setzt sich Platon mehr ein als für die Ausbildung derWächter seiner Republik. Er wünscht, daß sie die andern nicht an Reichtum... sondern nur an Weisheit übertreffen. Und er sagt, daß die Staaten niemals glücklich werden, solange die Philosophen nicht Herrscher werden, oder die Herrscher nicht die Philosophie lieben werden. Und man soll darunter nicht jene Philosophie verstehen, die über Prinzipien, über die *materia prima*, über die Bewegung und das Unendliche disputiert, sondern jene Philosophie, die den Geist von den falschen Meinungen des Pöbels und den lasterhaften Auffassungen befreit und derWelt zeigt, wie man nach einem ewigen göttlichen Vorbild regiert.«

Es waren dieselben Jahre, in denen Machiavelli in den Orti Oricellari diskutierte und die *Discorsi* verfaßte. Er sah, wieVico später sagen wird, auf den Abschaum Romulus'. Er beobachtete die nackte Realität der Geschichte des vergangenen Roms; in der Gegenwart beachtete er Cesare Borgia mehr als Lorenzo de' Medici: die Kleinheit mehr als die Erhabenheit des Menschen. Die Erfahrung führte ihm Füchse und Löwen vor. Erasmus blieb der humanistischen Forderung treu, dem Glauben an den geistigen, entscheidungsfreien Menschen. In dem berühmten 18. Kapitel des *Principe* sagte Machiavelli, da im Menschen stets die Bestie sei, müsse »ein Fürst es verstehen, die Bestie und den Menschen gut zu nutzen«, und er riet den Fürsten, »Schlingen« auszulegen und die wilde Grausamkeit derWölfe zu brauchen. 1523 sprach Martin Luther in seiner Schrift »Von welltlicher Überkeytt«, die er Johann von Sachsen widmete, von den Völkern, die Gott unter das Schwert der Fürsten gestellt habe. Für jene paßten meistens Schlingen und Ketten, wie für wilde Raubtiere, damit sie nicht ihrem Instinkt gemäß beißen könnten. Machiavelli und Luther sahen die in Europa um sich greifenden Kriege. Machiavelli fand, daß »mit der Kirche und mit den Priestern« die Christen »religionslos und schlecht geworden« seien und daß im Zusammenbruch der antiken Werteordnungen und im Untergang der auf sie gegründeten Institutionen mit allen Mitteln eine neue Ordnung etabliert werden müsse. Luther stellte über eine blind gewordene sündige Menschheit die unbegrenzte Macht des Schwertes.

Der Humanismus des Erasmus hingegen übernahm die einem großen Teil der Literatur des 15.Jahrhunderts eigene optimistische Schau der menschlichen Möglichkeiten. Angesichts der von Machiavelli analysierten wilden Realität bewahrte Erasmus die Hoffnung auf eine menschliche Ordnung und auf einen neuen, dem antiken nicht nachstehendenWert. Die »Utopie« von Thomas Morus, in Löwen veröffentlicht und dann von Erasmus neu herausgegeben, beschrieb die glückliche Stadt, die es nicht gab, wenn er sich auch auf die Reiseberichte Amerigo Vespuccis berief. Jenseits der Länder des Kolumbus und des Vespucci realisierte sich auf der Insel Utopia das Ideal der Freiheit und der Gerechtigkeit. Der platonische Traum stellte sich nun, nachdem er fast als ein in den italienischen Stadtstaaten realisierbares Programm erschienen war, als ein langwährendes Streben nach fernen Zielen dar, die jenseits einer abgrundtiefen Krise zu suchen waren. Nicht zufällig schließt Morus' Werk mit einer Art von Appell zu geistigem Frieden und gemeinsamem Leben. Auf der Insel Utopia gibt es verschiedene Religionen, die jedoch alle auf den Kult einer über der menschlichen Intelligenz stehenden und das ganze Universum durchdringenden Gottheit hin konvergieren. Gleichwohl nehmen die Inselbewohner, sobald sie von Christus gehört haben, sein Wort an, fasziniert vor allem von der Tatsache, daß Jesus das Leben in der Gemeinschaft gebilligt hatte.

In dem Augenblick, in dem man härter und schärfer spürte, daß die menschliche Gesellschaft geteilt und gequält war, wurde das Bedürfnis nach einer friedlichen und heiteren Stadt lebendiger und größer. Nachdem die dem frühen Humanismus teure Illusion von einer möglichen Koinzidenz der realen und der idealen Stadt vergangen war, hörte darum die Realität der einen Stadt nicht auf, auf die Idealität der anderen zu verweisen. Sie bildeten die beiden Pole, deren Spannung für viele das Drama des 16. Jahrhunderts ausmachte. Jedenfalls ist sicher, daß der spätere Heilige der römischen Kirche in Utopia nicht nur einen Plan von einzigartiger Weisheit entwarf, sondern auch die hervorstechenden Züge der humanistischen Moral mit ihrem Glauben an den Menschen, ihrer Sehnsucht nach Frieden, Gleichheit, Brüderlichkeit und menschlicher Einigung fixierte. Utopia lag »nirgendwo«, überall schienen die Füchse, Wölfe und Löwen Machiavellis zu triumphieren. Gleichwohl lebte die Hoffnung auf das neue Zeitalter und auf die glückliche Stadt als Ergebnis einer neuen Erziehung des Menschen im 16. Jahrhundert fort. 1534 schloß Barthélemy Latomus seine Antrittsvorlesung am später sogenannten *Collège de France* mit der Erinnerung an die gemeinsame Überzeugung, eine universale Wiedergeburt stehe bevor und ein neues Zeitalter ziehe herauf, das Eintracht unter den Nationen, Ordnung in den Staaten, religiösen Frieden, Glückseligkeit eines heiteren Lebens und den Überfluß allgemeiner Prosperität zu bringen vermöge. Im Jahr darauf, am 6. Juli 1535, stieg Thomas Morus aufs Schafott.

Die Verwandlung der staatlichen Struktur, die religiösen Kämpfe, die Kriege, die Gegensätze aller Art, die das 16. Jahrhundert kennzeichnen, waren eine tragische machiavellische Realität, nicht eine erasmianische humanistische Gesellschaft. *Les Tragiques* des Agrippa d'Aubigné (1552–1630) scheinen mit ihrer Todeslust das geistige Drama der Renaissance mit einer wahrhaft barocken Verzierung zu beschließen.

> ... *Ici un arbre sent des bras de sa racine*
> *Grouiller un chef vivant, sortir une poitrine;*
> *Là, l'eau trouble bouillonne, et puis, s'éparpillant,*
> *Sent en soi des cheveux et un chef s'éveillant.*
> *Comme un nageur venant du profond de son plonge,*
> *Tous sortent de la mort comme l'on sort d'un songe.*

> ... Hier spürt ein Baum, wie ihm aus Wurzelarmen
> Ein Haupt und eine Brust lebendig sprießen;
> Dort brodelt Wasser, trüb, das im Verfließen
> Schon Haare in sich fühlt, ein Haupt im Werden.
> So wie aus tiefem Sprung der Schwimmer taucht empor,
> Tritt alles aus dem Tod wie aus dem Traum hervor.

(Übersetzung Jahn)

Religiöse Kritik und Erneuerung

Eine der bekanntesten und charakteristischsten Bemerkungen von Francesco Guicciardini klingt unversöhnlich im Hinblick auf die römische Kirche und ihre Priester: »Ich weiß nicht, wem der Ehrgeiz, der Geiz und die Laschheit der Priester mehr mißfällt als mir: einmal weil jedes dieser Laster in sich hassenswert ist, zum anderen weil jedes und alle zusammen wenig zu denen passen, die ein Leben im Dienste des Herrn zum Beruf haben... Trotzdem hat mich das Wohlgefallen, das ich an vielen Päpsten gefunden habe, für meinen Teil gezwungen, ihre Größe zu lieben; wäre dieser Respekt nicht, würde ich Martin Luther so sehr wie mich selbst lieben: nicht, um mich den Gesetzen zu entziehen, die die christliche Religion, so wie sie gemeinhin ausgelegt und verstanden wird, auferlegt, sondern um diese Haufen Ruchloser in gebührende Grenzen verwiesen zu sehen, das heißt, daß sie entweder ohne Laster oder ohne Autorität bleiben.«

Francesco Guicciardini (1483–1540) diente zwei Päpsten des Hauses Medici: Leo X. (1513–1521) und Clemens VII. (1523–1534); aber sein Urteil über die römische Kirche unterscheidet sich nicht von dem, das wir in den *Discorsi* Machiavellis finden. Auch für Machiavelli haben Kirche und Priester die Italiener »religionslos und schlecht« gemacht, während politisch die Kirche die Schuld daran trage, daß Italien geteilt blieb. Beide Historiker unterschieden klar zwischen christlicher Religion und der Kirche von Rom, zwischen religiösem Gefühl, moralischer Krise und verhängnisvoller politischer Aktion. Um einen der zentralen Punkte für das Verständnis der Renaissance, nämlich das religiöse Problem, anzugehen, sollen die verschiedenen Aspekte aufmerksam betrachtet werden. Wenn die Polemik sich auch in auffallender Weise und besonders regelmäßig mit den Sitten des Klerus beschäftigte, so lagen die wichtigsten Kernpunkte vielleicht doch anderswo: auf dem Gebiet der Exegese und der Geschichte; in der Frage der hierarchischen Ordnung (Suprematie des Papstes oder des Konzils); in der Frage der Beziehungen zu den anderen Religionen; in der Frage der weltlichen Macht; und schließlich ging es um die Notwendigkeit, zum authentischen Wort Christi zurückzukehren.

Einleitend soll jedoch dem sogenannten Problem des Renaissance-»Paganismus«, des Überlebens und der Rückkehr der antiken Götter, jede Dramatik genommen werden. Tatsächlich ist viel über einen paganisierenden Humanismus und eine neopagane Renaissance geredet worden, und man hat immer wieder nicht nur literarische Geschmacksrichtungen, sondern auch angebliche Riten und Bruderschaften hervorgehoben. Man hat einen Komplex von Tendenzen des täglichen Brauchs nachgewiesen, die recht weit über eine Mode oder individuelle Kauzigkeiten hinausgingen. Die heidnischen Götter hätten nicht nur Bilder und Fresken bevölkert; sie hätten wirklich wieder Tempel und Bewunderer gefunden. Das Christentum sei in mehr als einem Fall ausgelöscht gewesen; neben einem christlichen Humanismus habe ein manchmal versteckter, manchmal offener heidnischer Humanismus gewisse für die Hochrenaissance charakteristische naturalistische Emanationen vorbereitet. Selbst der Fall des Tempels von Rimini, den Sigismund Malatesta der profanen Liebe Isottas errichtete, habe sinnbildlichen Wert.

DIE KULTUR DER RENAISSANCE

In Wahrheit scheinen die Formen des Neopaganismus, wenn man von gewissen literarischen und künstlerischen Vorlieben absieht, weder in dem, was man glaubte, und in den Riten, noch in Brauchtum und Geschmack besonders auffallend gewesen zu sein. Die antiken Götter kehrten in die Poesie und in die Kunst zurück, aus denen sie übrigens nie ganz verschwunden gewesen waren. Wenn überhaupt, kehrten sie dorthin in der echten Schönheit der antiken Mythen wieder, restauriert und historisiert: nicht mehr als schreckliche Dämonen, sondern als jünglingshafte Gottheiten der römisch-griechischen Welt. Die Schriftsteller, die sich bewußt dem Problem der antiken Religionen zuwandten, neigten im allgemeinen dazu, neben den Bildern der Sagenvorstellungen ein gemeinsames religiöses Streben der ganzen Menschheit darzustellen: an die Stelle einer primitiven »poetischen Theologie«, die in den Fabeln des Altertums Ausdruck gefunden habe, sei später eine rationale Theologie getreten, in der ohne Mühe die fundamentale Einheit des menschlichen Geschlechts im Glauben zu sehen sei.

Was die astralen Gottheiten der astrologischen und magischen Praktiken angeht, so waren sie nur die Fortsetzung der mittelalterlichen Tradition; auch sie verwandelten sich hier und fanden durch die Klassiker die Gestalt wieder, in der sie schon von Manilius, Firmicus Maternus und Ptolemaeus gesehen worden waren. Das Problem der Magie und der Astrologie in der Renaissance ist jedoch, wenigstens zum Teil, ein anderes: Es ist ein philosophisches und wissenschaftliches Problem.

Zweifellos bleiben einige Episoden und Tendenzen, derentwegen man korrekterweise von Neopaganismus sprechen kann; es sind dies freilich sporadische literarische Fälle ohne große Auswirkungen oder eben nur Ausdrucksweisen für ganz anders zu deutende Verlangen. In diesem Zusammenhang tat sich vielleicht am auffälligsten Georgios Gemistos Plethon, der byzantinische Gelehrte, hervor. Er war wegen der Einheit der Kirche auf das Konzil von Florenz gekommen und predigte dort die Rückkehr des Neuplatonismus. Als Exponent der nationalen Strömungen in Griechenland, die mit der Restauration der antiken Götter die Rückkehr der klassischen Größe erträumten, hatte er in Mistra im Despotat Morea eine Gruppe von Anhängern um sich versammelt. Auf den Spuren Platons entwarf Gemistos eine »kommunistische« Gesellschaft mit einer »zivilen« Religion. Nach dem von ihm als bald bevorstehend verheißenen Ende der »Heucheleien« (Judentum, Christentum, Islam) würden wieder die Götter Griechenlands herrschen. Er arbeitete außer über Platon und die Neuplatoniker auch über Kaiser Julian; er kannte anscheinend etwas von den kabbalistischen Mysterien, und er las und kommentierte die chaldäischen Orakel.

Seine Position ist immerhin sehr komplex. Neben dem Traum von einer nationalen Erhebung ist seine Religion – die man aus den erhaltenen Fragmenten seines von seinem großen Gegner Georgios Scholarios als gottlos vernichteten Werkes *Nómoi* rekonstruieren kann – vorzugsweise vom Kult der Naturkräfte, des Himmels, der Sterne und der Sonne, beseelt. Sie erinnert an die Thematik der *Hymni naturales* des byzantinischen Dichters und Soldaten Michael Marullos, der 1500 in Italien starb.

Jedenfalls kann man nicht sagen, daß seine Lehre großen Anhang gefunden hätte, auch wenn seine Doktrinen im esoterischen Platonismus einiger in Italien lebender Griechen nachklangen und einen gewissen Zauber auf die Anhänger der großen platonischen Mode ausübten. Viel schwieriger ist zu sagen, ob es erlaubt ist, einen Zusammenhang mit der Gruppe der römischen Akademiker, also mit jenen Literaten anzunehmen, die sich in der zweiten Hälfte des 15. Jahrhunderts in Rom um Pomponio Leto scharten. Dieser Kreis war wahrscheinlich das auffallendste Phänomen von »Paganismus« im 15. Jahrhundert, auch wenn er tatsächlich selbst im kulturellen Bereich nur sehr geringe Bedeutung hatte.

Giulio Pomponio Leto (1428–1498), ein illegitimer Sproß aus dem Adelsgeschlecht der Sanseverino, geriet 1450 nach Rom und verliebte sich so sehr in alles Antike, daß er unaufhörlich durch die Ruinen der Stadt schweifte, so daß die Leute manchmal meinten, einen Geist zu sehen. Als Lehrer an der Universität hatte er einen Kreis begeisterter Jünglinge um sich versammelt, unter denen zwei besonders hervorragten: Filippo Bonaccorsi aus San Gimignano und Bartolomeo Sacchi aus Cremona oder Callimachus Experiens und Platina, wie sie sich nach der damaligen Gewohnheit, sich klassische Namen zuzulegen, nannten.

Unter dem Pontifikat Pauls II. (Pietro Barbo, 1464–1471), der die Literaten, die seine Vorgänger in der Kurie versammelt hatten, wild befehdete, sah sich Platina des höchst lukrativen Postens des apostolischen Abbreviators enthoben, den er zur Zeit Pius' II. käuflich erworben hatte. Darob erzürnt, geriet er in Konflikt mit dem Papst, der ihn einkerkern ließ. Bonaccorsi andererseits war ein entschiedener und, wie seine späteren Taten zeigten, aktiver Mann und schon jeder Religion entfremdet. Leto selbst war unzufrieden, weil ihm nicht das Gehalt eines Professors an der Universität gezahlt wurde.

Das also war die römische Akademie: ein Kreis armer und ruheloser Gelehrter, in die Vergangenheit verliebt, die sie jedoch mehr mit dem Gemüt von Archäologen als mit dem Verstand von Politikern betrachteten. Sie kleideten ihre Namen antik ein, aber nicht aus Haß auf die Taufe, wie später gesagt wurde: In Wirklichkeit folgten sie nur einem weit verbreiteten Brauch. In den Ruinen Roms träumten sie von den republikanischen Freiheiten, wie zu seiner Zeit Cola di Rienzo es getan hatte oder wenig später Stefano Porcari, ein beredter Kavalier und Freund der Literaten von Florenz, wo er Volkshauptmann gewesen war und sich an der Kultur Leonardo Brunis und Poggio Bracciolinis berauscht hatte. Als eifriger Republikaner hatte Porcari ein Komplott gegen Nikolaus V., den humanistischsten der Päpste, geschmiedet, der ihn am 9. Januar 1453 hängen ließ. Seine Verschwörung war eine von vielen intellektuellen Verschwörungen, die, geboren aus den Schriften des Sallust und des Cicero, heimlich von irgendwelchen rivalisierenden Mächten gespeist wurden und bisweilen mit der Ermordung eines »Tyrannen« endeten – dem unverzüglich ein anderer folgte –, häufig aber ihr Ende mit der Hinrichtung der Verschwörer fanden, die auf dem Weg zum Schafott eher an Brutus denn an Christus dachten.

Die römischen Akademiker um Pomponio Leto zogen über die Priester her, wie es allgemein üblich war; es scheint, daß wenigstens einige von ihnen freie Sitten und geringen Glauben hatten, was ihnen den Ruf von Materialisten und Epikureern eintrug. Ernsthafter »Materialist« scheint nur Bonaccorsi in einigen seiner Schriften gewesen zu sein. Sie hatten absonderliche Gewohnheiten, wie die, in den Katakomben umherzuirren und nach römischer Art in die Wände Inschriften einzuritzen, die uns erhalten sind. Daß sie

DIE KULTUR DER RENAISSANCE

sich ernstlich echten heidnischen Riten hingegeben hätten, kann man nicht sagen, wenn sie auch berühmte Daten der Geschichte Roms zu feiern pflegten. Die Resolutesten, wie der Venezianer Marino Condulmer und unter den Akademikern Glaucus, Callimachus und Platina, planten einmal, für den Aschermittwoch des Jahres 1468 ein Attentat auf den Papst zu organisieren mit dem Ziel, die päpstliche Regierung zu stürzen. Das Attentat wurde in allen Einzelheiten ausgearbeitet; die Verschwörer redeten aber mit solcher Leichtfertigkeit darüber, daß die Verantwortlichen leicht verhaftet werden konnten. Callimachus und Glaucus, auf die der schwerste Verdacht fiel, flüchteten aus Rom und tauchten schließlich in Polen unter, wo Bonaccorsi später eine bedeutende politische und kulturelle Aktivität entfaltete. Der zunächst sehr harte Paul II. ließ dann die schwersten Anklagen fallen, so daß schließlich die Verschwörer ihre Freiheit wiedererhielten. Leto beschloß sein Leben als berühmter und beliebter Professor; Platina, von den Nachfolgern Pauls II. wieder in Gnaden aufgenommen, wurde ein hervorragender Bibliothekar der Vaticana und verfaßte die erste große Geschichte der Päpste von Jesus bis zu seiner Zeit, der er ein grausames Porträt des von ihm gehaßten Papstes einfügte.

Im Grunde war dies der größte Versuch, von dem wir wissen, die römische Signorie der Päpste unter dem Vorzeichen klassischer Reminiszenzen mit Gewalt zu stürzen. Sehr schwer nur läßt sich hier mehr als ein Fall von eher rhetorischem Katilinarismus finden, der die Manifestation religiöser Indifferenz mit einer »materialistischen« Spitze versieht. Hingegen fehlt es nicht an sporadischen, jedoch kuriosen Versuchen, antike Texte mit starker religiöser Inspiration, vor allem dunkler Themen, in den Ritus einzuführen. Die Mode der dem sagenhaften Hermes Trismegistos zugeschriebenen »theologischen« Büchlein, die insbesondere von Marsilio Ficino gefördert wurde, kam über eher begrenzte Zirkel nicht hinaus, die Freude am Geheimnisvollen hatten und hofften, eine esoterische Lehre zu finden, welche die Mysterien des Seins besser als die »moralischen«, so einfachen und schmucklosen Erzählungen der großen religiösen Bücher entschleiern könnte. In Wahrheit war der theologische Hermetismus, der übrigens eng mit dem astrologischen und magischen Hermetismus verbunden war, schon im Mittelalter recht verbreitet, vor allem durch den *Asclepius*, den man in der Übersetzung des Apuleius hatte.

Um das Jahr 1460 brachte ein Mönch, Leonardo da Pistoia, für Cosimo de' Medici aus Makedonien das griechische *corpus* der hermetischen Bücher mit. Cosimo gab es 1463 Ficino zum Übersetzen. 1471 in Treviso gedruckt und sofort von einem Ficinianer, Tommaso Benci, in die Vulgärsprache übertragen, fand das hermetische corpus großen Anklang und wurde vielfach abgeschrieben und nachgedruckt. Es enthielt Doktrinen, Bilder und Wunschvorstellungen, die sich vorzüglich in die ein wenig wirre, mit astrologisch-magischen Träumen, Okkultismus und Liebe zum geheimnisvollen Orient gesättigte Atmosphäre einfügten. Später verflochten sie sich mit der Kabbala, vermischten sich mit den wiederauflebenden Schriften von Ramón Lull oder den ihm zugeschriebenen Werken und waren von einem mystischen Schleier umgeben. Sie klangen wie ein Versprechen übernatürlicher Kräfte, außergewöhnlicher Offenbarungen und so fort. Ihrem Zauber entgingen auch nicht Männer wie Nikolaus von Cues, Marsilio Ficino, Giovanni Pico della Mirandola und dann die französischen Kreise des frühen 16. Jahrhunderts mit Charles de

Bovelles, Jakob Faber (Stapulensis, Jacques le Fêvres d'Etaples), Jean Symphorien Champier, nicht zu reden von einem leicht skeptischen »Magier« wie Cornelius Agrippa von Nettesheim.

Man kann annehmen, daß sich in dieser Atmosphäre nicht nur »Akademien« als intellektuelle Zirkel mit vorwiegend wissenschaftlichem Ziel bildeten, sondern manchmal auch ein zu bestimmten Zwecken organisiertes *sodalitium* mit Verbindungen zu ähnlichen Gruppen und mit religiösen Erneuerungsabsichten. Einen Widerhall davon finden wir in den Briefen des 16. Jahrhundert, beispielsweise denen des Agrippa. Es handelt sich hier jedoch im allgemeinen um Fälle, welche die Grenzen des Kulturellen nicht zu überschreiten scheinen.

Protagonist einer seltsamen Art von hermetischer Predigt, die mit rituellen Handlungen einherging, war am Ende des Quattrocento – in Rom wurde sie am 11. April 1484 gehalten – ein gewisser Giovanni Mercurio aus Correggio, der in Bologna und in Florenz verhaftet und vernommen wurde, später aber auch in Frankreich wirkte. Er war einer der vielen, die das »neue Jahrhundert« verkündeten, diesmal jedoch in hermetischer Verschlüsselung und deshalb auf italienische und französische Gelehrte angewiesen und ohne »populären« Anhang. Einem solchen Einzelfall kann also auch dann keine Bedeutung beigemessen werden, wenn die Schriften und das Klima, in dem sie zunächst in Italien und dann in ganz Europa zirkulierten, nicht wenig geschätzt wurden. Nur ist deren Bedeutung nicht in bezug auf das religiöse Leben der Völker zu suchen, sondern in der Resonanz im künstlerischen und allgemein intellektuellen Bereich: in der darstellenden Kunst, im philosophischen Denken, in den Diskussionen über die Moral und in den Schlachten, welche die wieder aufblühenden Wissenschaften den Behauptungen der Magie und den astrologischen Träumen lieferten.

In Wahrheit schlug sich die neue Kultur religiös zuvörderst in dem Sinne nieder, daß sie zum Ausdruck brachte, die die vorangegangenen Jahrhunderte durchziehenden großen Erfahrungen hätten sich erschöpft. Die Freude am weltlichen Leben und seinen Gütern in einer substantiell »profanen« Perspektive war, wenn sie die Todesfurcht auch verschärfte und das Bild vom Tode und das Gefühl für ihn veränderte, religiösen Manifestationen großen Ausmaßes nicht günstig. Über die letzte große Volksbewegung, die Devotion der Bianchi von 1399, die von der Dauphiné auf Italien übergriff und Anlaß zu einer großen Bußfahrt gab, sagte ein Chronist, Giovanni Sercambi, gerade diese Bewegung sei entstanden, weil sich damals »weder die Hochwohlgeborenen noch die Prälaten noch die Weisen« bewegten.

Das »neue Zeitalter« der Renaissance brachte keine neuen Religionen, Verehrungen oder Kulte, auch keine neopaganen; es ist vielmehr gekennzeichnet von einem Streben nach Aufklärung, Kritik und höchstens nach moralischer Reform oder Aufwertung der Innerlichkeit. Seine Schwerpunkte liegen daher in der Polemik gegen die Korruption des Klerus und dessen weltliche Macht und in dem brennenden Wunsch nach einer innerlichen Religion, nach Glaubensfrieden, gegenseitigem Verstehen und Toleranz. Die Erwartung bevorstehender Ereignisse erschütterte die Menge nicht mehr. Und während die Türken vorrückten und Tausende und aber Tausende Christen pfählten, geht der Aufruf Pius' II.

Hermes Trismegistos
Einlegearbeit von Giovanni di Stefano im Fußboden des Doms von Siena, 1488

Papst Sixtus IV. mit dem Humanisten Platina, dem ersten Bibliothekar der Vatikanischen Bibliothek
Wandgemälde von Melozzo da Forli in der Pinacoteca Vaticana, 1476/77

zum Kreuzzug ins Leere und läßt die Ankündigung des Antichristen die Seelen gleichgültig.

Nehmen wir einen der wirksamsten Prediger des 15.Jahrhunderts, den heiligen Bernardino degli Albizzeschi von Siena (1380–1444): seine Popularität beruhte auf der Einfachheit seines moralischen Tons, auf seinem Verständnis für die Fragen des täglichen Lebens und auf der Anmut seines Erzählens, die seine Predigten angenehm machte. Die Kritik an der Korruption und Heuchelei des Klerus und ganz besonders der Bettelorden war eines der Themen aller Humanisten. Dieses Motiv ist, was seine Ausgangspunkte und die Anekdoten betrifft, nicht weit von der vorangegangenen Vulgärliteratur entfernt; es artikuliert und systematisiert sich jetzt, vertieft und verbreitet sich.

Die Schismen und Konzile und die inneren Kämpfe der Kirche hatten die Reaktionen der Gläubigen verschärft. Die Humanisten verschonten nichts; schon Coluccio Salutati verhöhnte am Ende des 14.Jahrhundert die Eitelkeit der Prediger, ihre dekadente Rhetorik und das gezierte Haschen nach weiblichem Applaus. Leonardo Bruni zog in seiner Schrift *Contra hypocritas* (»Gegen die Heuchler«) heftig über das Komödiantentum und die Habgier der Mönche her. Poggio Bracciolini pries den eines antiken Helden würdigen Mut, mit dem Hieronymus von Prag den Scheiterhaufen bestieg, machte unaufhörlich die Mönche lächerlich und verdammte ihre moralische Verderbtheit. In der Schrift *De avaritia* (»Über den Geiz«) brandmarkte er ihre Bettelei, ihren Müßiggang und ihre anmaßende und verletzende Faulheit. Ohne irgendeinen Zweifel waren nicht wenige dieser Humanisten aufrichtige Christen, sicher zum Beispiel Salutati und Bruni. Alle waren gleichermaßen unerbittlich gegen die Korruption der Kirche und gegen die heuchlerische Habgier der Bettelorden. Sie schrieben Traktate, Briefe, Dialoge, die bald von den Reformatoren für ihre Polemik benutzt werden sollten: in allen die gleiche Sehnsucht nach ursprünglicher Reinheit; in allen wilde und unerbittliche Ausfälle gegen die Mönche, die Askese predigten, sich für auserwählt erklärten und bestechliche Bestecher und lasterhafte Faulenzer waren, die die Güter der Welt verdammten und sie doch aufhäuften, indem sie den ausbeuteten, der arbeitete; die die Keuschheit priesen und sich der ungehemmten Wollust hingaben.

Enea Silvio Piccolomini – als Papst: Pius II. –, der in seiner Jugend auf dem Basler Konzil ein harter Gegner der »monarchischen« Partei und ein tapferer Verteidiger der Oberhoheit des Konzils gewesen war, verglich 1440 die innere Qual der Kirche mit dem Auflaufen des Wassers in einer Schleuse bis zum Bruch. Die humanistische Kultur, die mit Nikolaus V. (1447–1455) den Stuhl Petri bestiegen hatte – gerade Pius II. war einer ihrer größten Exponenten –, brachte zugleich mit einem Bedürfnis nach Erneuerung eine starke polemische Belastung in das religiöse Leben. In der Schultheologie sah sie eine Verfälschung der Humanität der christlichen Botschaft; in den Bettelorden sah sie Ignoranz, Aberglauben und Heuchelei; in der weltlichen Macht der Kirche nicht nur Korruption, sondern die Wurzel der Glaubensspaltung. Gegen alles dies rief sie nach der ursprünglichen Reinheit der Zeit der Apostel und nach deren Innerlichkeit des Glaubens.

Laurentius Valla (1405–1457), einer der erhabensten Geister des Humanismus im 15.Jahrhundert, bewies, daß es möglich war, das Wesentliche der neuen Kultur mit den tiefsten religiösen Bedürfnissen des Jahrhunderts zu verbinden. Als aufrichtiger Christ verteidigte er in einem seiner bekanntesten Bücher »Über das wahre Gute« die Heiligkeit des weltlichen Lebens mit seinen Freuden und Vergnügen und bekämpfte die nutzlose Askese, die sterile – und oft falsche – Keuschheit der Mönche und jede Abwertung des Lebens und der Schönheit der Welt. Ein »Epikureer« im höchsten Sinne des Wortes, widmete er eine besondere Schrift von herber Polemik *(De professione religiosorum)* der systematischen, mit wildem Sarkasmus durchtränkten Demolierung der mönchischen Prätentionen. Als ein hervorragender Historiker und Philologe verfaßte er 1440 die berühmte *Declamatio*, in der er nachwies, daß die angebliche Konstantinische Schenkung eine Fälschung war; er stritt der weltlichen Macht der Kirche jede rechtliche Grundlage ab. Der große Cusaner, übrigens sein Freund, war ihm hierin vorangegangen, Enea Silvio Piccolomini folgte ihm. Immerhin hatte Valla nicht nur seltene historische und philologische Fachkenntnisse, er wünschte die geistige Einheit der Menschen gegen die von der Sucht nach Besitz genährten Spaltungen herbei; er appellierte an den christlichen Frieden, forderte, die Religion möge innere Erfahrung und damit humane Brüderlichkeit sein. Eines seiner philosophischen Werke, *De libero arbitrio* (»Über die freie Entscheidung«) – Leibniz schätzte es und benutzte lange Abschnitte –, pries, während es die scholastische Theologie ablehnte, den von der menschlichen Vernunft unerforschbaren Glauben als Beziehung der Seele zu Gott. Als Antiaristoteliker, Antithomist und Antischolastiker öffnete Laurentius Valla der Kritik an der Heiligen Schrift die Wege mit seinen *Collationes*, einer vergleichenden Studie der *Vulgata* und des griechischen Textes des Neuen Testaments, einem Werk, dessen erneuernde Bedeutung unumschränkt hervorgehoben wurde.

Von allen Seiten angegriffen und vom Prozeß bedroht, brachte Laurentius Valla den Wert der neuen Kultur für die christliche Religion zweifellos besser als jeder andere zum Ausdruck. Obwohl ein heftiger Kritiker der kirchlichen Mystifikationen, fühlte er sich als – und war er – ein tief religiöser Geist, eben weil er die zweideutige Verkoppelung der christlichen Erfahrung mit dem logischen und physikalischen Aristotelismus ablehnte. Obwohl der Erneuerer der Dialektik, stimmte er mit dem Cusaner in dem Wunsch überein, jenseits der von weltlichen Ansprüchen genährten Kriege möge die Einheit der Gläubigen, der Glaubensfriede *(pax fidei)* und die Eintracht der Menschen wiederhergestellt werden. Wenn es Ulrich von Hutten gefiel, daß Valla die Fälschung der Konstantinischen Schenkung aufgedeckt hatte, so schätzte Juan Luis Vives ebenso wie Erasmus von Rotterdam seine geistige Position. Sein Name und sein Werk wirkten für lange Zeit tief auf die ganze europäische Kultur ein; sein am weitesten verbreitetes Buch, die *Elegantiae*, sollte unter der Hülle eines Traktats über den schönen lateinischen Stil radikale Neuerungen im Recht und in der Theologie heraufführen.

Laurentius Valla, Enea Silvio Piccolomini und der Kardinal Nikolaus von Cues lebten zwischen Schismen und Konzilen, während auf der gequälten und gespaltenen Kirche Christi immer bedrohlicher die türkische Gefahr zu lasten schien. Vergeblich versuchte das Konzil von Florenz die Christen zu einigen. Der Fall Konstantinopels, der zugleich das Ende der letzten Überreste des Römischen Imperiums bedeutete, schien wahrhaft eine Epoche abzuschließen. In solch tragischer Bedrängnis machte sich das Gefühl für die menschliche Gemeinschaft um so stärker bemerkbar, das Problem der Vielfalt der Doktrinen, Religionen und Glaubensrichtungen stellte sich um so dringender. Die immer wieder anders formulierte Antwort war im wesentlichen eine: jenseits der unterschiedlichen Riten, Symbole und Worte solle die Menschheit sich wieder in Eintracht finden, denn die Religion sei in ihrem Wesen die innere Verbundenheit des Menschen zu Gott, die sich zwar verschieden äußere, aber in Wirklichkeit eine einzige sei.

In diesem Klima sind nicht nur Vallas betrübte Anrufungen des Friedens verständlich, sondern auch einzelne Dokumente wie der Brief Pius' II. an den Sultan oder die Schrift *De pace fidei* des Nikolaus von Cues. Valla, der Cusaner und Pius II. wirkten in derselben kulturellen Welt, die gegenseitigen Abhängigkeiten ihrer Schriften sind wohlbekannt. So kann Pius II. den Sultan auffordern, kritisch über den Glauben nachzudenken, Christ zu werden und – die Wunden der geteilten Menschheit heilend – die verderbte Christenheit zu erneuern. Über die Polemik und die unmittelbare Propaganda hinaus verleiht des Cusaners Schrift *De pace fidei* dem tiefsten Wunsch der humanistischen Kultur Stimme: die Einheit der menschlichen Geistigkeit wiederherzustellen, die Menschen über die Unterschiede der Riten hinweg auszusöhnen und sie miteinander und mit Gott zu versöhnen. Der zur Zeit des Falls von Konstantinopel 1453 geschriebene Dialog des Cusaners ist voll tiefen Friedensverlangens, das mit subtiler philosophischer Argumentation vorgetragen wird und in der Aufforderung gipfelt, »im Himmel der Vernunft die Eintracht der Religionen« zu verwirklichen.

Das erhabenste Ergebnis eines erheblichen Teils dieser Thematik war wahrscheinlich das Werk Erasmus' von Rotterdam (1467–1536), der dem kritischen Scharfsinn Laurentius Vallas und der Erneuerungsleidenschaft des Humanismus die einzigartige Größe des Genies hinzufügte. Im Oktober 1517 beschrieb er in einem Brief aus Basel an den Franziskaner Jean Gacy einige Züge seiner Position und einige wichtige Aspekte seines Werkes. Angesichts des theologischen Hasses und der polemischen Unmäßigkeit schickt er voraus, er könne, selbst wenn er wollte, niemanden hassen, der aufrichtig glaube. Was seinen Glauben betreffe, habe da seine Philologie vielleicht nicht die Urquellen des Christentums und die Tafeln des Neuen Gesetzes wiederhergestellt und gereinigt? »Bin ich es vielleicht nicht gewesen, der Euch den elendig entstellten Heiligen Hieronymus wiedergegeben hat? Der Euch den Heiligen Ambrosius viel genauer als je vorher dargeboten hat? Der Euch den Heiligen Hilarion mit unendlicher Mühe von allen falschen Darstellungen befreit hat? Und habe ich vielleicht nicht Irenaeus und Arnobius wieder ins Licht gestellt? Habe ich Euch nicht viele Seiten des Chrysostomos und des Athanasios geschenkt? Bin nicht schließlich ich es gewesen, der die erste Quelle aller christlichen Philosophie, nämlich das Neue Testament, aufs neue geboten, restauriert und erklärt hat?«

Sicher liebe er nicht die schier endlose Vielfalt der Orden, Regeln und Trachten; dafür habe er sich bemüht, der zu einem sophistischen Spiel herabgewürdigten Theologie die Einfachheit ihres Ursprungs, den heiligen Kirchenvätern ihre ursprüngliche Schönheit wiederzugeben; er habe die *bonae litterae* christlich gemacht, habe zur Erneuerung des Sprachenstudiums beigetragen und schließlich die Welt zu einem reineren Christentum erweckt.

Er habe die *bonae litterae* verchristlicht: an dieses Verdienst erinnerte Erasmus, als er sich von dem Franziskaner Jean Gacy heftig angegriffen sah. Tatsächlich war er vielmehr ein Schüler Vallas als ein Anhänger der in seinem Vaterland verbreiteten *Devotio moderna*; sosehr der Gedanke an jene Art von Frömmigkeit, welche die Windesheimer Kongregation und die Brüder des Gemeinsamen Lebens beherrschte, in ihm lebendig war, so geriet er doch schon in Deventer durch Hegius (Alexander van Heek, 1433–1498) unter italienischen Einfluß. Dieser wirkte auch auf Rudolf Agricola (Husman, 1444–1485), der aus der Schule der Guarini stammte, ebenfalls mit Hegius verbunden war und mit seiner Schrift *De inventione dialectica* einige der wichtigsten Ideen Vallas und dessen Kritik am Scholastizismus verbreitete.

Die *Elegantiae* und die *Dialectica* müssen dem Geist des Erasmus eindringlicher als die Mystiker der Niederlande gegenwärtig gewesen sein, als er am 25. April 1492 die heiligen Weihen empfing. In Paris wandte er sich mehr der humanen Frömmigkeit von Robert Gaguin zu – dem General der Trinitarier und Freunde Marsilio Ficinos und Giovanni Pico della Mirandolas – als der trockenen Asketik Jan Standoncks vom Collège von Montaigu. An jenem Ende des 15. Jahrhunderts ist sein Paris das Paris des Jakob Faber der 1492 voll des Platonismus der Ficinianer aus Italien zurückgekehrt war, begeistert von den hermetischen Büchern und bereit, die Mystik der Pseudo-Dionysier in den Schriften des Nikolaus von Cues wiederaufzufinden, dessen Herausgeber er 1514 wurde.

Nach Paris war er 1499/1500 in England; es war das England von Thomas Morus und John Colet (etwa 1466–1519), also des kritischen Humanismus, aber auch der *pietas* von Giovanni Pico und Savonarola vor einem platonischen Hintergrund. Und in Morus und Colet, in William Grocyn (um 1446–1519) und Thomas Linacre (1460–1524) begegnete Erasmus dem Solidesten, was die neue Kultur auf jedem Gebiet, von der Theologie bis zur Naturwissenschaft, zu bieten hatte. Außer in einem intensiven Studium des Griechischen brachte der Aufenthalt in England die entscheidende Entdeckung einer eher moralischen und religiösen als literarischen Berufung; deren erste Frucht war jenes *Enchiridion militis christiani* (»Handbuch des christlichen Streiters«), in dem er das auch von Pico gern behandelte Thema der »geistigen Waffen« zu einem Appell an die Innerlichkeit, zu einer neuerlichen Verurteilung des mönchischen Aberglaubens und zu einem Anruf an die geistige Intimität gegen die Äußerlichkeit des Ritus zuspitzte. Religion bestehe nicht aus Zeremonien: das hatte Erasmus demonstrieren wollen; er habe – so erwähnte er Colet gegenüber – *artificium quoddam pietatis*, die Kunst wahrhafter Frömmigkeit, anbieten wollen, so wie es andere für andere Wissenschaften getan hätten. Johan Huizinga konnte sich des Vergleichs zwischen *Enchiridion* und *Imitatio Christi* nicht enthalten: »Die Kunst der Frömmigkeit. Erasmus hätte sich vielleicht gewundert, wenn er hätte wissen können, daß ein anderer Traktat, der gute sechzig Jahre früher von einem anderen Augustinermönch des Tieflandes geschrieben worden war, viel länger und eindringlicher als sein Handbüchlein zur Welt sprechen sollte: die *Imitatio Christi* von Thomas a Kempis.« Vielleicht aber ist gerade im Vergleich der Tenor der neuen Religiosität besser zu verstehen. Und man versteht den Humanismus des Erasmus und sehr viel von der Renaissance, wenn man den *Enchiridion* mit dem *Moriae Encomium*, mit dem Aufruf zum Frieden und der neutestamentlichen Kritik

Thomas Morus mit seiner Familie
Miniatur eines unbekannten Künstlers, erstes Viertel 16. Jahrhundert
Englischer Privatbesitz

QVATVOR EVANGELIA, AD VETVSTISSIMORVM
EXEMPLARIVM LATINORVM FIDEM, ET AD
GRAECAM VERITATEM AB ERASMO ROTE
RODAMO SACRAE THEOLOGIAE PROFES
SORE DILIGENTER RECOGNITA.

ΕΥΑΓΓΕΛΙΟΝ ΚΑΤΑ
ΜΑΤΘΑΙΟΝ.

EVANGELIVM SECVNDVM
MATTHAEVM.

ΒΙΒΛΟΣ γενέ
σεως ΙΗΣΥ ΧΡΙ
ΣΤΟΥ, ἱοῦ Δα
βίδ, ἱοῦ ἀβρα
άμ. ἀβραάμ ἐ
γέννησεν τ᾽ ἰσα
άκ. ἰσαάκ δὲ, ἐγέννησεν τ᾽ ἰακώβ. ἰακὼβ
δὲ, ἐγέννησεν τὸν ἰούδαν, καὶ τοὺς ἀδελ
φοὺς αὐτοῦ. ἰούδας δὲ, ἐγέννησεν τὸν φα
ρὲς, καὶ τὸν ζαρὰ ἐκ τῆς θάμαρ. φαρὲς δὲ,
ἐγέννησεν τ᾽ ἐσρώμ. ἐσρὼμ δὲ, ἐγέννησεν
τὸν ἀράμ. ἀρὰμ δὲ ἐγέννησεν τὸν ἀμι
ναδάβ. ἀμιναδὰβ δὲ, ἐγέννησε τ᾽ ναασ
σών. ναασσὼν δὲ, ἐγέννησε τ᾽ σαλμών.
σαλμὼν δὲ, ἐγέννησεν τ᾽ βοὸζ ἐκ τῆς ῥα
χάβ. βοὸζ δὲ, ἐγέννησεν τὸν ὠβὴδ, ἐκ τῆς
ῥούθ. ὠβὴδ δὲ, ἐγέννησεν τὸν ἰεσσαί. ἰεσσαὶ
δὲ, ἐγέννησεν τὸν δαβίδ τὸν βασιλέα.
δαβὶδ δὲ ὁ βασιλεὺς ἐγέννησεν τὸν σο
λομῶνα ἐκ τῆς τοῦ οὐρίου. σολομὼν δὲ,
ἐγέννησεν τ᾽ ῥοβοάμ. ῥοβοὰμ δὲ, ἐγέννησεν
τὸν ἀβιά. ἀβιὰ δὲ, ἐγέννησεν τ᾽ ἀσά. ἀσὰ
δὲ, ἐγέννησεν τὸν ἰωσαφάτ. ἰωσαφὰτ δὲ,
ἐγέννησεν τὸν ἰωράμ. ἰωρὰμ δὲ, ἐγέννη
σεν τὸν

Liber generatio
nis Iesu Christi
filij Dauid, Filij
Abrahã, Abra
ham genuit Isa
ac. Isaac aut, ge
nuit Iacob. Ia
cob aut, genuit Iudã, & fratres eius.
Iudas aut, genuit Phares, & Zarã
e Thamar. Phares autẽ, genuit Es
rom. Esrom aut, genuit Aram. Arã
autem, genuit Aminadab. Amina
dab aut, genuit Naasson. Naasson
aut, genuit Salmon. Salmon autẽ,
genuit Boos, e Rhachab. Boos aut,
genuit Obed, e Ruth. Obed autẽ,
genuit Iesse. Iesse aut, genuit Dauid
regem. Dauid autẽ rex, genuit So
lomonem, ex ea q̃ fuerat uxor Vrie.
Solomon autem, genuit Roboam.
Roboam aut, genuit Abiam. Abia
autem, genuit Asa. Asa autem, ge
nuit Iosaphat. Iosaphat autem, ge
nuit Ioram. Ioram autem, genu
A   it Oziã.

IOANNES
FROBENI
VS SVIS
TYPIS
EXCV
DE
BAT

verbindet. Es geschah nicht »durch einen Zufall«, wie Huizinga sagte, daß Valla, sein Meister in den *bonae litterae,* auch »sein Führer und Kundschafter auf dem Feld der kritischen Theologie« wurde. Die *bonae litterae* waren eins mit dem kritischen Geist, der sich an die wesentlichen Fragen des menschlichen Lebens heranmachte.

Im Sommer 1504 fand Erasmus in der Bibliothek der Parc-Abtei bei Löwen eine Handschrift der unveröffentlichten Anmerkungen Vallas zum Neuen Testament. Er veröffentlichte sie unverzüglich (am 13. April 1505 in Paris) mit einer Widmung an den Engländer Christopher Fisher. Diese Publikation ist eine Art Manifest und gleichzeitig eine Apologie seiner gesamten späteren Arbeit über den Bibeltext. Erasmus wußte nur zu gut, daß der schon wegen seiner Arbeit der zersetzenden Kritik verdächtige Valla einer Verurteilung nicht entgehen konnte, weil er, nur ein niedriger Grammatiker, es gewagt hatte, sich der Königin aller Wissenschaften, der Theologie, zu nähern. Aber auch die Theologie sei, so drängte Erasmus, zugleich scherzhaft und ernst, ein Studienobjekt, der Grammatik unterworfen, die sich zwar mit kleinen Dingen beschäftige, ohne die man aber die großen nicht tun könne. Er nahm hier einen Gedanken nicht nur Vallas und Angelo Polizianos, sondern aller größeren Humanisten auf, die ihn nacheinander auf das Recht, die Philosophie und die Naturwissenschaft anwandten. Die »Grammatik«, die alle Disziplinen vor ihren Richterstuhl rief, gab sich als das neue kritische, auf den Bau eines neuen Wissenssystems gerichtete Bewußtsein.

Erasmus begab sich nach Valla auf das delikateste Gebiet: die Theologie. So plante er die Herausgabe des griechischen Originaltextes des Neuen Testaments, eine treuere Übersetzung der *Vulgata* und einen Kommentar. Erst nach anderen Reisen verwirklichte er seinen Plan, nämlich nach seinem Aufenthalt in Italien. Die Ausgabe des Neuen Testaments kam erst 1516 in Basel bei Froben heraus. Auf einem ähnlichen Weg befand sich nach 1509 Jakob Faber, der in den Kommentaren zum heiligen Paulus die Korruption der Kirche nicht ausließ und vor der Gefahr einer weiteren Zerstörung der christlichen Einheit warnte. Faber nutzte allerdings die italienischen Einflüsse in der Richtung der dionysischen und cusanischen Mystik. 1514 veranstaltete er nach der Veröffentlichung des Ruysbroek und der Hildegard von Bingen die große Ausgabe der Werke des Cusaners.

Erasmus blieb der kritischen Richtung der neuen Kultur treu; seine Thematik blieb die Vallas, wenn auch auf anderem Niveau. Wie Valla im Dialog über die Willensfreiheit erarbeitete er eine »Philosophie Christi«, die nicht den Anspruch erhob, die religiöse Erfahrung, deren innerlichen und geistigen Wert er betonte, mit den Prozessen des menschlichen Intellekts »aufzulösen«. Wie Valla wagte er es, Institutionen und Gewohnheiten der Kirche zu diskutieren, wobei er den Blick auf die Konsequenzen richtete, die das irdischpolitische Verhalten der Kirche im Leben der Völker habe.

Seine *Querela pacis* von 1517 nahm nicht nur die Polemik Vallas gegen die religiösen Orden wieder auf – er verglich sie, wie schon Valla, mit Sekten, die die Einheit der Gläubigen spalteten –, sondern rief ständig zum geistigen Frieden auf, was an den Hymnus an den Frieden

---

Textbeginn des von Erasmus herausgegebenen »Neuen Testaments« mit griechischem und lateinischem Text und einem Rahmenholzschnitt von Urs Graf. Basel, 1516

Picos denken läßt, der sich gleichermaßen gegen die Spaltungen und die bewaffneten Lösungen der religiösen Konflikte wandte. Es tue weh, die Priester im Gefolge der Heere zu sehen, schrieb Erasmus. Die Bischöfe und ihre Gefolgschaften verließen die Kirchen und weihten sich dem Kriegsdienst. Und was schlimmer sei, der Krieg sei es, der die Priester mache, der Krieg sei es, der die Bischöfe mache, der Krieg sei es, der die Kardinäle mache. Wenn seine Kritik und seine Philologie zu der Strenge der damals entstehenden neuen Naturwissenschaften neigten, nahmen seine Moral – er ist wie alle Humanisten vorwiegend ein Moralist – und seine Religion das erzieherische Erbe und die reformatorische Neigung des Denkens im 15.Jahrhundert auf. So verbreitete sich der Erasmianismus nach 1517 in ganz Europa, in Frankreich, in Spanien, England, Deutschland und Italien, und Papst Leo X., der Sohn des Lorenzo de' Medici, wirkte ihm nicht entgegen.

Der Erasmianismus wollte jene »fromme Philosophie« sein, von der die italienischen Philosophen des Kreises um Ficino und Pico gesprochen hatten; er wollte aber auch jene rigorose Kritik sein, an der Valla gearbeitet hatte. Er wollte das an die Quellen und auf seine hohe Berufung universaler Brüderlichkeit zurückgeführte wahre Christentum sein; deswegen wollte er eine Verurteilung der Mißbräuche und der Korruption der Kirche und ein wirksames Instrument moralischer Erneuerung sein.

Mit der Absicht, eine große *societas* von Gelehrten zu bilden, die nach humanistischem Geschmack durch ein dichtes Netz von Briefen miteinander verbunden war, spiegelte die Aktivität des Erasmus eine universalistische Forderung: das Bedürfnis, einer *res publica* von Intellektuellen Gestalt zu geben, deren Aufgabe es sein sollte, die Sitten der christlichen Welt, des christlichen Europas zu reformieren, um es in die Lage zu versetzen, nicht nur den Türken Widerstand zu leisten, sondern alle Völker für die menschliche Familie wiederzugewinnen. In seinem Brief an den Sultan widerlegte Pius II. den Islam lebhaft, wozu er sich der *Cribratio Alchorani* (»Siebung des Korans«) des Nikolaus von Cues bediente; gleichzeitig aber rief er nach einem neuen orientalischen Konstantin, der sich bekehren und zum Vorkämpfer einer Wiedervereinigung der Menschheit unter dem Gebot Christi sogar mit dem Schwert machen möge. Nicht zufällig fand das Wirken des Papstes Piccolomini ein Ende, als er vergeblich den Kreuzzug predigte.

Erasmus stand jenseits der Konstantinischen Kirche; von der Renaissance bezog er den Glauben, daß der Mensch und die Kultur fähig seien, die gesamte Menschheit über alle Spaltungen hinweg in einer geistigen Erneuerung wieder zu einen. Er war dem Traum des Pico della Mirandola näher, als es scheint, der sich 1489 vorgenommen hatte, die universale Eintracht der Philosophien und Glaubensbekenntnisse predigend, durch die Welt zu ziehen; also jene Umkehr zur Einheit, die bis hin zu den Botschaften an alle Fürsten und Völker der Erde des *Quod reminiscentur* von Tommaso Campanella eines der ständigen Themen der Renaissance blieb.

Weltbürger wollte Erasmus sein, wie er im September 1522 an Ulrich Zwingli aus Basel schrieb, als die lutherische Revolte schon ausgebrochen war. Seine neue aufgeklärte und friedliche Gesellschaft von Gelehrten sollte die neue *ecclesia* sein, die das vervollkommnen sollte, was der Traum der nachdenklichsten »Humanisten« von Francesco Petrarca bis Marsilio Ficino gewesen war. Der »Frömmigkeit« Italiens im 15.Jahrhundert hatte er einen Aspekt entnommen, ihn vervollkommnet und als Alternative vorgestellt: eine radikalere und tiefere moralische und religiöse Erneuerung, die nicht nur den Gelehrten, sondern allen »Verzweifelten« offen sein sollte. Der dem Thomas Morus ebenso wie Colet und Gaguin teure Giovanni Pico della Mirandola (1463-1494), dessen frühen Tod Erasmus des öfteren beklagte, hatte zunächst den geistigen Frieden auf der Ebene der Kultur gepredigt, war aber dann entschieden auf die Seite des Girolamo Savonarola übergewechselt, des »Propheten der Verzweifelten«, der trotz seiner vielen Bindungen an die Welt der Renaissance eine Erneuerung von Kirche und Gesellschaft über die Kultur kleiner intellektueller Gruppen nicht für möglich hielt.

Angefangen von dem rationalen Ferrara der Este bis zum glänzenden Florenz des Lorenzo de' Medici sah Savonarola in der Renaissance einen weiteren Grund für die moralische Krise und religiöse Dekadenz der Kirche. Die antiken Götter, die den Himmel der Astrologen, die Gemälde der Maler und die Verse der Poeten bevölkerten, hielt er für gefährliche Darstellungen eines subtilen Aberglaubens, die humanistischen Päpste schienen ihm in ihrer Absicht, Bibliotheken zu »mauern« und zu sammeln, die christliche Botschaft zu vergessen. In den um die Fürstenhöfe versammelten Literaten, Künstlern und Philosophen sah er nur die Handlanger neuer Tyranneien. Ohne Vertrauen in die gewöhnlichen Mittel schaute er auf seine Zeit, aber mit der Hoffnung auf außergewöhnliche Eingriffe. Er hatte ein Gespür für die Krise, die Italien und Europa erschütterte, und war ein Prophet des Unglücks. Auch er verkündete, nach der Vernichtung von Kirche und Gesellschaft würden sie erneuert werden, aber er sah die Erneuerung nicht als einen fortschreitenden Sieg der Kultur: er sah sie in einer Apokalypse nach härtesten Plagen kommen.

Die Ereignisse schienen ihm recht zu geben. Als ein den bürgerlichen Tugenden und dem religiösen Ernst der städtischen Welt nahestehender Geist befand er sich in engerer Verbindung mit den Gelehrten seiner Zeit, als es scheinen will. Er bekämpfte vorwiegend die rhetorischen und höfischen Seiten der Renaissance. Aus der Polemik der Humanisten bezog er Stoff für seine Invektiven gegen die römische und die allgemeine kirchliche Korruption. Selbst als er mit den mediceischen Kreisen gebrochen hatte, standen ihm nicht wenige große Intellektuelle zur Seite. Dennoch war er nicht der Calvin von Florenz, noch war Florenz das Genf Italiens. Wenn der Dominikaner auch sehr wohl einige der Gründe für die italienische Krise erkannte, bediente er sich doch in der Aktion zu oft bereits abgenutzter Mittel, und nach seiner Begegnung mit Alexander VI., seiner Niederlage und seinem Ende auf dem Scheiterhaufen hatten seine Predigten keine Folgen, von vereinzelten Aufrufen zu erneuerter moralischer Strenge abgesehen, die sich bei einigen »weinerlichen Menschen« mit verschiedenen anderen Einflüssen verbanden, darunter mancher populären Variation der *Docta ignorantia* des Cusaners. Mit seiner diffusen religiösen Unruhe war Savonarola wahrlich keine in die Renaissance verirrte mittelalterliche Erscheinung. Ohne die Renaissance wäre seine Polemik nicht denkbar, so wie ohne Savonarola wahrscheinlich bestimmte der erhabensten und tragischsten Akzente Michelangelos nicht denkbar wären.

Savonarola unterschied sich deutlich von den Volkspredigern, wie Bernardino von Siena einer gewesen war, und er brachte einen tiefen und tragischen Ton in die religiöse Meditation auch der Humanisten des 15. Jahrhunderts, nämlich jenen Ton, den wir über

Giovanni Pico della Mirandola bei Thomas Morus und John Colet wiederfinden. In dem Bogen, der sich von dem allgemeinen Geschmack – auch mancher Päpste – an den Verfallserscheinungen der neuen Kultur und dem Gefallen an dem Brauch, die spätesten Degenerationen des Antiken zu »imitieren«, bis zu der moralischen Strenge eines Morus und eines Colet spannt, nimmt das Werk Savonarolas einen Platz von bemerkenswerter Bedeutung ein. Nicht zufällig lassen sich Teile seines Erbes in der Geschichte der Häresien des 16. Jahrhunderts wiederfinden, auch wenn die italienischen Häretiker, die im Verlauf des 16. Jahrhunderts in die europäischen Länder auswandern mußten, außer den von Valla betriebenen kritischen Forderungen auch den Ruf nach der von der platonischen Tradition geliebten Innerlichkeit mitnahmen. Auf diesen Grundlagen sollte die Forderung nach Verstehen und Frieden blühen, auf der schon Männer wie Giovanni Pico beharrt hatten und die in anderen Ländern und zu anderen Zeiten in den Idealen der Toleranz Gestalt gewinnen sollte.

Die neue Philosophie: Erhöhung des Menschen und der Natur

Unmittelbar nach seiner Reise nach Italien verfaßte Erasmus 1509 im Hause des Thomas Morus in einem Zuge das berühmteste und vielleicht schönste seiner Werke, das *Moriae Encomium*, das »Lob der Torheit«, das er der sich selbst preisenden *Stultitia* (Einfalt) in den Mund legt. In funkelnder Prosa identifiziert er als die Triebfeder des menschlichen Handelns eine Art von Wahnsinn, nämlich ein spontanes Handeln, einen Schwung des Lebens, eine Emotion, ein Gefühl, das auch trotz der Vernunft wirke: eine Art von Wahnsinn, die zeugen lasse, Familien, Städte und Völker erhalte, zu heroischen Taten führe und die großen und schönen Dinge schaffe. Ohne die Torheit gäbe es keine Gesellschaft, keine guten und dauerhaften Vereinigungen. Ohne den Wahnsinn ertrügen die Völker die Fürsten nicht, die Herren nicht die Diener, die Damen nicht die Hausmägde, die Lehrer die Schüler nicht noch die Freunde den Freund und der Ehemann die Ehefrau. Ohne das Spiel gegenseitiger Schwindeleien wäre kein Bund und keine Beziehung erträglich. Ohne *Philautia* (Eigenliebe), die Schwester der Torheit, könne der Mensch nichts tun.

Johan Huizinga hat über diese Schrift ein glückliches Urteil gefällt: »Es herrscht ein Reichtum der Phantasie, gepaart mit so viel Einfachheit in Linie und Farbe, eine solche Zurückhaltung, daß ein Bild jener vollkommenen Harmonie entsteht, die das tiefste Wesen der Renaissance ausmacht.« Wegen der künstlerischen Vollkommenheit vergleicht Huizinga die Schrift mit den Werken Rabelais', jenes Rabelais, den Erasmus seinen Meister nannte. Huizinga meint, im *Encomium* mehr Verwegenheit und Kälte zu finden als in Machiavelli, mehr Vorurteilslosigkeit als in Montaigne. Im Vergleich zu dem nicht viel früher geschriebenen, lebhaften und schwerfälligen »Narrenschiff« von Sebastian Brant ist das *Encomium* voll von der Anmut des Lukian und von subtiler Tiefe, eines der wirkungsvollsten Dokumente einer neuen Art, das Leben in seiner freudvollen und zugleich bitteren Absurdheit zu sehen und zu lieben.

1509 kehrte Erasmus aus Italien zurück; er läßt an einen anderen großen Geist denken, der ebenfalls ein Bewunderer und Nachahmer des Lukian war, dessen bitter scherzhafte Dialoge im 16. und frühen 17. Jahrhundert anonym zirkulierten und zusammen mit den Werken des Lukian und mit Auszügen des Erasmus gedruckt wurden. Leon Battista Alberti war ein Moralist, Künstler, Architekt, Mathematiker und Physiker. In seinem *Momus* hatte er der Phantasie, dem Absurden, dem etwas verrückten und unsteten Leben außerhalb der Konventionen und akzeptierten Normen ein Lob gesungen. In einer Art von großem Gemälde voller mythologischer Sonderbarkeiten hatte Alberti mit phantastisch zügelloser Einbildung Götter und Menschen in eine satirische und moralische Fabel einbezogen, die so unkonventionell war, wie man sie sich nur denken kann.

Wer die von Michelet und Burckhardt geprägte Formel über die Renaissance als der Entdeckung des Menschen und der Welt überdenkt, wird sie in ihrer buchstäblichen, unbestimmten und ein wenig rhetorischen Bedeutung vielleicht ablehnen. Aber er wird ihr volle Gültigkeit zuerkennen müssen, wenn er sie in dem Sinne versteht, daß die Renaissance eine neue Konzeption des Lebens und ein neues Bild der Natur, neue moralische Ideale, neue philosophische Theorien und neue Wissenschaften hervorbrachte. Die *Stultitia* des Erasmus unterstreicht durchaus nicht nur den Bruch mit den üblichen Verhaltensweisen, sondern auch die vorurteilslose und ironische Offenheit für die fruchtbaren Widersprüche der Vitalität, den ewigen Aufstand des Gefühls gegen die Vernunft und die unendliche Unvorhersehbarkeit der möglichen Erfahrungen.

Erasmus war wie Petrarca und die Größten des 15. und 16. Jahrhunderts ein Moralist. Die Philosophie kleidete damals ihre Gedanken nicht in systematische metaphysische Konstruktionen, die in Lektionen und Traktaten für die Schule – jenen »großen Gedankendomen« der Denker des Mittelalters – dargelegt wurden, sondern in politische und moralische Betrachtungen, in Reflexionen über die Logik, die Dialektik und die Ästhetik. Sie brachte sie zumeist in der Form von Dialogen, Briefen und lebhaften, kurzen Gesprächen, eleganten und klaren Schriftsätzen vor, die für ein größeres Publikum, nicht für Berufsphilosophen und nicht für die Studenten der Universität bestimmt waren. Wer schrieb – immer am Rande der Literatur –, war durchweg kein Schriftsteller von Beruf, sondern ein gebildeter Mann, ein Künstler, ein Politiker, der über die eigene Erfahrung reflektierte, sie mit Gelesenem und Erdachtem verband und aus ihr ohne das Blendende der vergangenen scholastischen Dispute, mit spontaner Frische seine Lehren zog. Hatte sich das Publikum der philosophischen Schriften geändert, hatten sich die Autoren geändert, so änderten sich auch Ton und Perspektive. Das sollte, wohlverstanden, nicht bedeuten, daß die Schul-»Philosophie« verschwunden war; sie blieb, manchmal nicht ohne Wirksamkeit, und freilich Zielscheibe für Ironie und Invektiven, fast sich selbst überlebend. Denn auch die großen Systematiker des 17. Jahrhunderts, Francis Bacon, René Descartes oder Thomas Hobbes, John Locke, Spinoza oder Leibniz, werden keine Universitätslehrer sein und auch ihre Abhandlungen nicht für das Universitätspublikum schreiben.

Die neue philosophische Meditation war an die *studia humanitatis*, also an das Wiederaufleben der klassischen Studien, gebunden und beschäftigte sich deshalb vorzugsweise mit humanen, ethisch-politischen und logisch-rhetorischen Fragen. Sie wandte sich anderen

»Autoren« zu als jenen, welche die Universitäten des Mittelalters beherrscht hatten; die Stelle des Aristoteles und seiner arabischen Kommentatoren nahmen Schriftsteller wie Cicero und vor allem Platon ein: und zwar Platon als Beschwörer des Sokrates, nicht der Platon der großen Dialoge oder der Kosmologie und der Physik des *Timaios*. Mit Platon, mit Cicero und durch Cicero kommen Lukrez und der im X. Buch der Lebensbeschreibungen des Diogenes Laertius wiedergefundene Epikur, die Stoiker und Skeptiker wieder in Umlauf. Und wenn man auch mit Recht hier und da von Epikureismus, Stoizismus und Skeptizismus sprechen kann, so darf man nie den wirklich originalen Klang der neuen Schriften vergessen.

Es wurde von der Rückkehr Platons gesprochen. Es ist nicht einfach, sich darüber klarzuwerden, was der Platonismus in der Renaissance über zweihundert Jahre lang als erneuerndes und vorherrschendes Element gewesen ist. Und das in erster Linie, weil Platon, selbst wenn man die gesamten platonischen Werke im Original oder in den besten lateinischen Übersetzungen las, an eine große und komplexe Strömung gebunden war, die nicht nur Plotin und Proklos, sondern auch Schriftsteller der späteren mystischen Tradition einschloß. Zweitens kann man nicht übersehen, daß die Rückkehr Platons mehr als endgültige Richtungen des Denkens eine Atmosphäre bestimmte, eine Art und Weise, die philosophische Problematik zu verstehen und sie die verschiedenen Gebiete der Kultur durchdringen zu lassen. Der Platonismus bedeutete vielmehr eine Sprechweise und einen Geschmack als festgelegte Doktrinen: schließlich, wenn man will, eine Mode, die auf verschiedenen Wegen überall eindrang, in die Literatur, die darstellende Kunst, die Wissenschaften, Sitten und Gebräuche. Das läßt seine einzigartige Bedeutung, aber auch die Schwierigkeit verstehen, sein Bild zu fixieren. Das Mittelalter, also die westliche Kultur bis fast zum Ende des 14. Jahrhunderts, hatte Platon nur wenig und in sehr einseitiger Weise gekannt. Damals war ein Teil des *Timaios* weit verbreitet, der schätzungsweise um 400 von einem rätselhaften Calcidius übersetzt und kommentiert worden war. Zugleich mit Calcidius hatten Texte, wie der Kommentar des Macrobius zum *Somnium Scipionis*, ein recht entstelltes und kompliziertes Bild des Platonismus verbreitet. Die Übersetzungen des *Menon* und des *Phaidon* aus dem Griechischen ins Lateinische, die in der zweiten Hälfte des 12. Jahrhunderts (zwischen 1154 und 1160) der Erzdiakon in Catania, Henricus Aristippus, geliefert hatte, waren wenigstens bis zur Zeit Petrarcas und des Cusaners, also eben bis zum Aufkommen des humanistischen Platonismus, wenig verbreitet gewesen.

Francesco Petrarca war es, der auf den Unterschied Platons zu Aristoteles hinwies und betonte, daß er eine Art von Philosophie vertrete, die unmittelbarer auf die Fragen des Menschen zu antworten verstand, also »menschlicher«, »humaner« sei. Aristoteles, dem Philosophen *par excellence*, dessen Stimme die Wahrheit schlechthin verkündet hatte und der nicht Autor unter Autoren, sondern *der* Autor gewesen war, stellte man unter Berufung auf Platon die Vielfalt der Systeme und der Gesichtspunkte, die Pluralität der Philosophien gegenüber. Die Hinwendung zu Platon bedeutete nicht nur das Ende einer Hegemonie, sondern das Zerbrechen eines Philosophiebegriffes, die Entdeckung einer der Geistesgeschichte immanenten Dialektik, die Idee einer Entwicklung und einer aktiven, zur Erzeugung eines Fortschritts fähigen Debatte.

LEBENSDATEN:

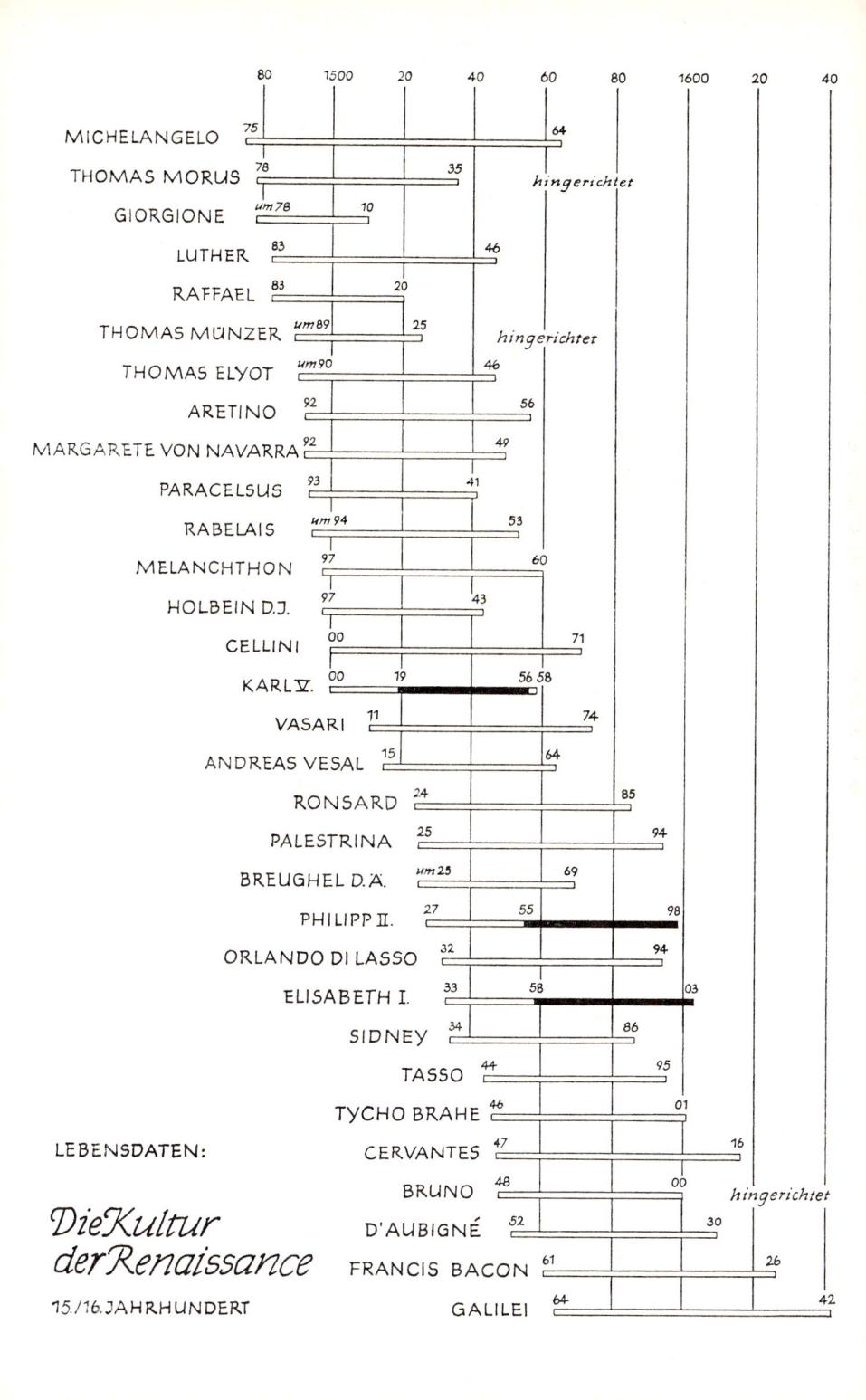

Die Kultur der Renaissance
15./16. JAHRHUNDERT

Name	geboren	gestorben	Anmerkung
MICHELANGELO	75	64	
THOMAS MORUS	78	35	hingerichtet
GIORGIONE	um 78	10	
LUTHER	83	46	
RAFFAEL	83	20	
THOMAS MÜNZER	um 89	25	hingerichtet
THOMAS ELYOT	um 90	46	
ARETINO	92	56	
MARGARETE VON NAVARRA	92	49	
PARACELSUS	93	41	
RABELAIS	um 94	53	
MELANCHTHON	97	60	
HOLBEIN D.J.	97	43	
CELLINI	00	71	
KARL V.	00 (19–56)	58	
VASARI	11	74	
ANDREAS VESAL	15	64	
RONSARD	24	85	
PALESTRINA	25	94	
BREUGHEL D.Ä.	um 25	69	
PHILIPP II.	27 (55–98)		
ORLANDO DI LASSO	32	94	
ELISABETH I.	33 (58–03)		
SIDNEY	34	86	
TASSO	44	95	
TYCHO BRAHE	46	01	
CERVANTES	47	16	
BRUNO	48	00	hingerichtet
D'AUBIGNÉ	52	30	
FRANCIS BACON	61	26	
GALILEI	64	42	

Zu Beginn des 15. Jahrhunderts wurde zum erstenmal der »Staat« übersetzt, zuerst von Manuel Chrysoloras und Uberto Decembrio, dann noch einmal von Pier Candido Decembrio für den Herzog von Gloucester, der 1441 aus London für das hochwillkommene Geschenk dankte. Eine dritte Übersetzung fertigte Antonio Cassarino (1438–1447) an, eine vierte Marsilio Ficino, der den ganzen Platon, den ganzen Plotin, Porphyrios, Proklos und Jamblichos und einen großen Teil der Texte der platonischen Überlieferungen ins Lateinische übertrug. Schon vor ihm hatten Leonardo Bruni, Francesco Filelfo, Rinuccio Aretino, Georg von Trapezunt, Rudolf Agricola, um nur einige zu nennen, um die Wette Dialoge des Platon ins Lateinische übersetzt. Das Jahrhundert war voll von der suggestiven Prosa Platons und der Figur des Sokrates. Der platonische Geschmack spürte in Italien die Dichter des *stil nuovo* auf. Die platonischen Theorien der Schönheit und der Liebe verflochten sich mit dem immer größer werdenden europäischen Ansehen Petrarcas. Gleichzeitig verbreitete sich die Idee einer Welt der Natur, in der wie in einem dunklen Spiegel die ewigen Vorbilder, die Gründe aller Dinge, zu sehen seien. Die Natur selbst wurde beseelt gesehen, von einer innersten Kraft bewegt, die sie anstößt, lebendig macht und zur Entfaltung bringt.

Die zwischen rationaler Abhandlung und Poesie stehenden platonischen Mythen verwandeln die Philosophie in eine poetische Theologie, die den gemeinsamen Hintergrund für die Auferstehung der Antike bildet. Außerdem geben die Themen der Liebe und der Beziehung zwischen der die Dinge durchleuchtenden sinnlichen und der geistigen Schönheit einer ästhetischen Schau des Kosmos Nahrung und gebären das Motiv der Gegenwart des Göttlichen in allem und damit der Rationalität des Ganzen, sie beharren auf der Kette des Seins und der Kreisförmigkeit des Wirklichen.

Le Naturant par ses hautes Idées
Rendit de soi la Nature admirable.
Par les vertus de sa vertu guidées
s'évertua son œuvre émerveillable.

Des Schöpfers Geist und hohes Urbild machte,
Daß in sich selbst Natur ein Wunder barg.
Durch Tugenden, die seine Tugend brachte,
Ward dann sein wunderbares Werk so stark.

(Übersetzung Jahn)

Das sind Verse aus der *Délie* von Maurice Scève (1544), von dem die Legende erzählt, er habe im Jahr 1533 das Grab Lauras wiedergefunden. Petrarca und Platon, Marsilio Ficino und Leo Hebraeus, um nur die großen Namen zu nennen, prägten einen großen Teil der italienischen und französischen literarischen Produktion des 16. Jahrhunderts. Margarete von Navarra sprach beredt von dem Licht, das Sokrates erleuchtete und ihn den Schierlingsbecher im Vertrauen auf die Unsterblichkeit der Seele annehmen ließ; dieses Licht strahle auch aus den Schriften Platons, und es sei ein und derselbe Geist, der in ihnen und in uns spreche und jede andere Doktrin überflüssig mache, wenn er sich offenbare.

Montaigne scherzte über die Mode Ficinos und Leo Hebraeus' und über die vielen Schriftsteller der Liebe; er stellte ihnen das spontane Gefühl eines einfachen Menschen

Giovanni Pico della Mirandola
Porträtmedaille, Ende 15. Jahrhundert
Washington, National Gallery of Art, Samuel H. Kress Collection
Erste Seite des Inventars seiner Bibliothek, 1498. Modena, Archivio di Stato

Angelo Poliziano, Cristoforo Landino, Marsilio Ficino und Gentile de' Becchi
Aus dem Wandgemälde »Verkündigung des Engels an Zacharias« von Domenico Ghirlandajo
in S. Maria Novella in Florenz, 1490

entgegen: »Mein Page liebt und versteht sich darauf. Lest ihm Leo Hebraeus und Ficino vor: sie sprechen von ihm, seinen Gedanken und dem, was er tut, und er versteht nichts davon.« Gewiß war der Platonismus keine Doktrin für das Volk. Aber an den Höfen, in den Akademien, unter Künstlern und Literaten, in der gebildeten Welt war er mehr als eine Modephilosophie: eine neue Art zu fühlen, eine Annäherung an die Dinge und an die Natur, eine Perspektive, in der die Welt, der Drang zum Göttlichen und die Präsenz des Göttlichen in der Welt begriffen wurde. Ohne diesen Platonismus ist die Renaissance nicht zu verstehen – und wir meinen den »Platonismus«, nicht Platon oder Plotin oder Proklos, sondern eine »göttliche« Philosophie, eine »fromme Philosophie«, eine »ewige Philosophie«, entstanden aus Intuitionen, Erleuchtungen und Metaphern. Ihr größter Vertreter war zweifellos Marsilio Ficino (1433–1499), von den Medici protegiert, ein wirkungsvoller Schriftsteller in der lateinischen und der Vulgärsprache, vor allem aber der Verbreiter eben jener Art von Platonismus, die das gebildete Europa überschwemmte und es mindestens bis ins späte 17. Jahrhundert durchdrang. Seine *Theologia platonica* verteidigt die Unsterblichkeit der menschlichen Seele, die Ordnung der Realität in Stufen, ihre Harmonie, ihre Schönheit als innerste, jedes körperliche Wesen durchleuchtende Geistigkeit. In seinem Kommentar zu Platons »Gastmahl« entwirft er jene Philosophie der Liebe, die in den »Liebesgesprächen« *(Dialoghi d'amore)* des Leo Hebraeus (um 1460–1530) als Philosophie der gesamten Natur in ihrem göttlichen Rhythmus Gestalt annehmen und bis zu Spinoza gelangen sollte. Dennoch steckt in Ficino mehr: die These von der tiefen Einheit der klassischen philosophischen Tradition und ihrer Fortsetzung im Christentum; diese These hat die Tendenz, sich zu der Vision von einer Harmonie der verschiedenen Doktrinen auszuweiten.

Schwer in den Rahmen des »Platonismus« zu spannen ist der gleichwohl mit ihm auf verschiedene Weise verbundene faszinierendste italienische Denker des Jahrhunderts, Giovanni Pico della Mirandola (1463–1494), der sich hauptsächlich an den traditionellen Universitäten von Bologna, Padua und Paris bildete, aber voll von neuen Fermenten war. Empfindlich gegen die rein formalen und stilistischen Ansprüche eines gewissen, schon zu rhetorischer Degeneration neigenden Humanismus, verfocht er, mit dem venezianischen Patrizier Ermolao Barbaro polemisierend, den Standpunkt, in der Philosophie zähle nicht die Eleganz der Exposition, sondern die Substanz des Gedankens. Er widmete sich dem Studium der orientalischen Sprachen, wurde einer ihrer Pioniere, war von der hebräischen esoterischen Tradition (der Kabbala) fasziniert und versuchte, die tiefe Übereinstimmung aller nach außen hin gegensätzlichen Doktrinen zu beweisen, voller Vertrauen, die *pax philosophiae* zu verwirklichen. In dieser Richtung wollte er auch praktisch arbeiten. Denkwürdig bleibt sein Versuch, 1486 in Rom auf seine Kosten einen Konvent von Gelehrten zu versammeln, um in öffentlichem Disput alle Meinungsverschiedenheiten zu überwinden. Der Papst verbot die Zusammenkunft. Einige Thesen Picos wurden verdammt, er mußte aus Italien fliehen, wurde in Frankreich eingekerkert und lebte dann in der Stille in Florenz, wo er zunächst von Lorenzo de' Medici protegiert wurde und später dem Savonarola sehr nahestand.

Besonders bemerkenswert und für seine Zeit charakteristisch waren seine Konzeption des Menschen, seine Kritik an den Naturwissenschaften und deren Erneuerung. Mit einer noch heute berühmten Schrift hatte er die Diskussion in Rom eröffnen wollen: mit der Rede über die Würde des Menschen *(De hominis dignitate)*. Das Thema war nicht neu. Im 15. Jahrhundert hatten viele darüber geschrieben. Giannozzo Manetti hatte Alfons von Aragon einen Traktat über diesen Gegenstand gewidmet (1451/52: *De dignitate et excellentia hominis*) und darin die mittelalterlichen Autoren widerlegt, die gern das Elend der menschlichen Lage betonten. Worin sich die Schrift des Pico unterscheidet, ist jedoch die Originalität, mit der sie sich von einer altertümlichen, rhetorischen Tradition abhebt, die leicht über die Kirchenväter auf klassische Quellen zurückgeführt werden kann. Pico weist auf die Bedeutung des Menschen in seiner Freiheit hin. Der Mensch sei das einzige nicht von einer Spezies, von einer Essenz bedingte Sein in der Natur; er mache sich selbst, er sei das Ergebnis seiner Werke und seiner Entscheidungen. Daher und nur daher habe er eine privilegierte Stellung im Universum.

Die Traktatschriftsteller des 15. und 16. Jahrhunderts haben das Verhältnis von *virtù* – also des freien Handelns des Individuums und seiner Fähigkeit, die Kräfte der Natur zu beherrschen – zu *fortuna* – der unvorhersehbaren, naturgegebenen Grenze der Geschehnisse, die sich dem menschlichen Zugriff entziehen – oft erörtert. Von Leon Battista Alberti bis zu Niccolò Machiavelli, um die beiden größten Namen zu erwähnen, bleibt *virtù-fortuna* ein dramatischer Gegensatz, der die zentrale Erfahrung einer Epoche exzeptioneller Individualitäten widerspiegelt, die freilich ihr Werk von unvorhersehbaren und unüberwindbaren Geschicken zerstört sahen. Pico festigt nun das metaphysische Fundament der Herrschaft des Menschen über das Geschehen und seiner Überlegenheit über alle Wesen der Wirklichkeit. Und in diesem Punkt fand seine Lehre ein großes Echo. Es genügt, an Charles de Bovelles, einen der typischsten französischen Platoniker, zu denken, der in seinem einzigartigen *Liber de sapiente* Picos Thesen über die zentrale Stellung des Menschen und seine Vorrechte originell abwandelte und zuspitzte. Pico hatte allerdings mehr die freie Selbstbestimmung des Menschen im Sinn, Bovelles betonte das Wissen, die »Weisheit«.

Nicht weniger wichtig ist der andere Kern von Picos Lehre: die Erörterung der Magie und der Astrologie, freilich in Werken, die sein früher Tod zum Teil unvollendet ließ. In seiner Schrift über die menschliche Würde hatte Pico den Menschen als Aktivität gezeichnet, die sich selbst schafft und die Natur beherrscht. Wie gewinnt man diese Herrschaft? Die Magie und die Astrologie hätten die Natur mit okkulten Kräften und Einflüssen versehen, die nur von Riten und mysteriösen »geistigen« Kräften hätten besiegt werden können. Deshalb habe es die Teufelsbeschwörungen und das ständige Durcheinander der wirksamen Gründe und Bestrebungen in den vom Determinismus des Sternenschicksals beherrschten Anschauungen gegeben, während Himmel und Erde sich mit Gottheiten füllten. Pico tat den Bastardcharakter der Magie und der Astrologie dar, er versuchte, nun den Begriff des »wahren Grundes« für die Erscheinungen zu bestimmen, um dem Menschen eine rationale und wirksame Herrschaft über die Dinge zu gewinnen. Deshalb unterschied er immer wieder zwischen »echter« Magie und Schwarzer Kunst, zwischen »echter« Astronomie und Astrologie oder, allgemeiner, zwischen Magie und Wissenschaft.

Das Werk Picos war von einzigartiger Suggestivkraft: seine hebräischen und insbesondere seine kabbalistischen Studien wirkten auf Männer wie Johannes Reuchlin (genannt Kapnion,

1455–1522), der zweimal nach Florenz kam (1482 und 1490). Picos Weltanschauung wirkte außerdem zusammen mit der ficinianischen auf die französischen Kreise von Charles de Bovelles (um 1472–1553) und Jakob Faber (Stapulensis, Jacques le Fèvres d'Étaples, um 1455–1536), um nur einige zu nennen. Wie gesagt, strahlte Picos Werk über Persönlichkeiten wie Morus und Colet auch nach England aus. Ein Echo findet sich auch am Rande des Okkultismus in Gestalten wie Cornelius Agrippa von Nettesheim (1486–1535). Nicht selten verband sich im 16. Jahrhundert das Denken Ficinos und Picos mit dem Einfluß des Nikolaus von Cues, der erhabensten philosophischen Persönlichkeit des 15. Jahrhunderts, wenngleich dieser in vieler Hinsicht mehr mit der deutschen Mystik als mit dem italienischen humanistischen Milieu verknüpft war, zu dem er immerhin enge und ständige Beziehungen pflegte. Nikolaus Krebs (1401–1464), der sich zu Deventer in der Schule der Brüder vom Gemeinsamen Leben gebildet hatte, lernte die Italiener in Padua kennen. Er traf dort auf Kardinal Cesarini und vor allem auf den großen florentinischen Naturwissenschaftler Paolo del Pozzo Toscanelli. An seinem Totenbett in Todi, wo er, im Begriff, sich am Kreuzzug Pius' II. zu beteiligen, starb, waren noch Toscanelli und der Portugiese Fernam Martins zugegen, der wie Toscanelli in die Vorgeschichte der Fahrten des Christoph Kolumbus gehört.

Den Namen des Mystikers Cusanus von der neuen Wissenschaft zu trennen, fällt schwer, zumal seine Philosophie wesentliches zur Wissenschaft von der Natur beigetragen hat, in ihren Ursprüngen und Anliegen freilich fernab von jener zu liegen scheint. Aber das Beharren auf der Inkommensurabilität von Mensch und Gott, also auf der Unmöglichkeit einer positiven Theologie, die Gott mit den menschlichen Kategorien fassen will, befreite das Denken von den scholastischen Mißverständnissen und Verwirrungen zwischen Physik und Theologie. Die *Docta ignorantia* demonstrierte, daß die Schul-»Logik« mit ihrem Versuch, sowohl die Welt als Gott zu fassen, gescheitert sei. Gleichzeitig gab die Auffassung des Cusaners vom Verhältnis Welt-Gott zusammen mit dem Begriff des Unendlichen und mit dem Wert, der den mathematischen »Symbolen« zuerkannt wurde, aller möglichen »physischen« Erkenntnis und damit der ganzen Naturwissenschaft ein völlig neues Fundament. Wenn es auch stimmt, daß die Mathematik des Cusaners in ihren Formelbildungen dem Toscanelli sehr wenig wissenschaftlich erschien, so ist ebenfalls richtig, daß der Gebrauch, den der Cusaner von seinen Begriffen des Endlichen und Unendlichen im Verhältnis von Welt und Gott machte, und die Hinweise, die er für Anwendung und Bedeutung der Mathematik gab, wahrhaft revolutionäre Folgen in der Weltauffassung hatten. Nicht nur die Prinzipien der »Physik« von Aristoteles gerieten in eine tiefe Krise, sondern es relativierten sich auch alle Maße und Proportionen des Universums. Die Anwendung der Unendlichkeitsidee auf die Welt entleerte, wenn sie auch metaphysisch verschlüsselt war, das ptolemäische System seines Sinns, riß, wie Giordano Bruno sagte, zum erstenmal die Mauern der Welt ein, brach die Gegenüberstellung von Erde und Himmel und stieß den Geozentrismus in eine Krise. Sie beseitigte, mit anderen Worten, die klassische Vision des Kosmos.

Leicht ist zu sehen, wie hier Denker und Theorien symptomatisch konvergierten: der Platonismus Ficinos, der das Licht und die Sonne – lebendes Standbild Gottes – zum idealen Mittelpunkt der Welt erhob und gleichzeitig in der Welt den harmonischen Ausdruck der göttlichen »Kunst« erblickte, die durch die Intuition des Schönen verständlich wird, das wiederum die universell einigende Kraft der Liebe weckt; dagegen der Anthropozentrismus Picos, der den sich selbst bauenden Menschen in den idealen Mittelpunkt der Wirklichkeit stellte und gleichzeitig eine rationale Wissenschaft verlangte, die nach den »echten Ursachen« fragen sollte; und schließlich die Dialektik des Unendlichen bei Cusanus, der nicht nur mit dem Geozentrismus brach, sondern die Logik und die Fundamente der Wissenschaft erneuerte und mit Toscanelli den Wert der Mathematik hervorhob. Diese Männer und ihre Freunde kämpften zur selben Zeit um ein Friedensideal: die *pax philosophica* und die *pax fidei*. Auf dem Gebiet der menschlichen Organisation verlangten sie nach der Eintracht und Einheit der irdischen Stadt. Zur selben Zeit hielten sie sozusagen die Entdeckung der Neuen Welt über die Taufe. Eindrucksvolle Begegnungen ereigneten sich. Der Cusaner war ein Freund Gutenbergs und trug zur Gründung der ersten italienischen Druckereien in Rom und Subiaco bei; er war ein Freund Vallas und Toscanellis, dessen geographische Karten auf der ersten Reise von Christoph Kolumbus eine Rolle spielen sollten. An seinem Totenbett trafen sich Toscanelli und jener Martins, der der Vermittler zwischen dem florentinischen Wissenschaftler und dem Genueser Seefahrer gewesen sein könnte. Unter den von Kolumbus mit Randbemerkungen versehenen Büchern befanden sich die geographischen Schriften Pius' II., der ebenfalls ein Freund des Cusaners war. In allen lebte der gleiche Wille nach geistiger Wiedervereinigung der Menschen, in allen, wenn auch in unterschiedlicher Perspektive eine vollkommen neue und tiefgreifend erneuernde Schau des Menschen und der Welt. Man hat den Eindruck, daß in wenigen Jahren in einem nicht eben großen Kreis von Denkern jahrhundertealte Schranken des menschlichen Denkens brechen und der Kultur sich neue und unvorhergesehene Wege öffnen. Nicht zufällig vermischen sich und verschmelzen die Vermächtnisse Ficinos, Picos und des Cusaners in den französischen Kreisen der ersten Jahrzehnte des folgenden Jahrhunderts, nicht zufällig pflegt man mit diesem Ideenerbe die Namen von Leonardo da Vinci und Nikolaus Kopernikus zu verbinden.

Neben dem Vordringen der Forschung in das außermenschliche Universum hatte die Ideenexplosion dieser Denker Rückwirkungen auf die anthropologische Forschung. Wenn Cusanus vor allem die Unendlichkeit des Kosmos als Spiegel der Unendlichkeit Gottes darstellte, so pochte Pico auf die unendlichen Möglichkeiten des Menschen. Dem außer uns liegenden Unendlichen schien symmetrisch das Unendliche in uns zu entsprechen, der kosmologischen Forschung die anthropologische Forschung, so die Analyse der Seele und des Lebens von Juan Luis Vives (1492–1540) oder die unaufhörliche Exploration des inneren Menschen des Michel de Montaigne (1533–1592) oder Niccolò Machiavellis entzauberte Vision von der menschlichen Gesellschaft. Die anthropologische Forschung wurde nicht nur von den Moralisten und Politikern erneuert, sondern auch von den Naturphilosophen und Medizinern. Das neue kulturelle Klima änderte, da es die alten geistigen Bilder zerschlug, auch die gebräuchlichen Formeln. Die aristotelischen Lehrer der Universitäten wurden sich des veränderten Klimas bewußt, sie gingen die Probleme der Methode an und bedienten sich dabei aristotelischer Formeln, die sie schließlich bis zum Zerbrechen strapazierten.

Das war, um nur ein Beispiel zu nennen, bei Pietro Pomponazzi (1462–1525) der Fall. Er war Lehrer in Padua und Bologna und zog – in seinem berühmten Buch über die Unsterblichkeit der Seele *(De immortalitate animae)*, dessen Echo noch bis ins 17. Jahrhundert nachklang – die Möglichkeit einer von der Materie getrennten Existenz der Seele in Zweifel, indem er von der aristotelischen Definition der Seele als Form oder Akt des organisch-physischen Körpers, als Potenz des Lebens ausging. Es gebe keine Funktion der Seele – auch nicht in der höchsten Sphäre des Erkennens –, die in der Lage scheine, sich von der von den körperlichen Organen abhängigen sinnlichen oder bildlichen Komponente freizumachen. So bleibe die Unsterblichkeit ein Bedürfnis und eine Hoffnung, während das von der Berufung auf die überirdische Sanktion gelöste Leben eine vollkommene Autonomie für sich gewinne. Die Werte seien der Realität immanent und verwirklichten sich im Willen des Menschen.

Die Thesen Pomponazzis lösten mit ihrem Radikalismus die heftigste philosophische Polemik des Jahrhunderts aus und dokumentieren damit den veränderten Horizont des Denkens. Als nicht weniger extrem erwies sich Pomponazzi übrigens bei dem Versuch, die Wunder und überhaupt die außergewöhnlichen Ereignisse zu erklären *(De incantationibus)*, während die Aristoteliker in Padua über das ganze 16. Jahrhundert hin originell und vorurteilslos, wenn auch in traditionellen Formen, die Probleme der neuen logischen Prozeduren und insbesondere der Methode angingen, welche die stürmische Entwicklung der Wissenschaften nun dringend verlangte. Die Schriften von Jacopo Zabarella (1532–1589), die in ganz Europa, besonders in Deutschland, gelesen wurden, wiesen schon auf jene Prozesse der Analyse hin, von denen später Galilei sprechen wird. Gleichzeitig führte die auf die rhetorischen Techniken im allgemeinen und besonders auf die juristischen Plädoyers gerichtete Aufmerksamkeit dazu, die Verfahren der Überredung in ihrem Unterschied zu der mathematischen und physikalischen Wissenschaften eigentümlichen Beweisführung zu definieren. Auf diesem Gebiet fanden die dialektischen Schriften von Pierre de la Ramée (1515–1572), welche die Forschungen des 15. Jahrhunderts von Valla und Agricola fortsetzten, außer in Frankreich auch in England, Deutschland und sogar in Nordamerika Verbreitung.

Im politischen Bereich, der jedoch eng mit den historischen Disziplinen verknüpft war, trug der Einfluß Machiavellis und in gewissem Umfang Guicciardinis dazu bei, eine jahrhundertelange Diskussion wachzuhalten. Das methodische Studium des menschlichen Handelns, des Ablaufs der Geschichte und der Struktur der Staaten nährte im übrigen einerseits die Problematik einer zyklischen Regelmäßigkeit der Geschichte, andererseits weckte es die mit der Verbreitung Ciceros und der Themen aus stoischer Quelle verbundene Idee von den der Menschheit innewohnenden Naturgesetzen, die aller historisch individuierten und differenzierten positiven Gesetzgebung vorgegeben seien und daher einen Wert vor den von Zeit zu Zeit und von Nation zu Nation variablen Gesetzen hätten. Immerhin führten Männer wie Jean Bodin (um 1530–1596), Alberico Gentili (1552–1608) oder Hugo Grotius (1583–1645) schon damals – wenigstens in mancher Hinsicht – über die Grenzen, und nicht nur die chronologischen, jener Epoche hinaus, die man die Renaissance zu nennen pflegt. Die religiösen Bewegungen, die Reformation und die Reaktion Roms darauf hatten die Friedensprogramme vernichtet; nun waren es die Häretiker, die den Frieden predigten. Die Vorstellung von der *pia philosophia* hatte sich als Traum erwiesen. Naturwissenschaft und Philosophie proklamierten zwischen Prozessen, Verfolgungen und Scheiterhaufen, zwischen Verdammungen und Indices verbotener Bücher die Autonomie der Forschung nicht nur gegenüber der Autorität des Aristoteles und jedes anderen Autors, sondern gegenüber jeder Autorität, es sei denn die der Vernunft.

Die neue Wissenschaft: die Erkenntnis des Menschen und der Welt

Während sich die Philosophen an der Zerstörung des alten Weltbildes und der organischen Systematisierung des Wissens, die Jahrhunderte überdauert hatte, beteiligten, entwickelten sich in den spezifischen Bereichen der Naturwissenschaften autonome, dem Erkennen und Handeln zugewandte Forschungsgebiete. Nicht nur das große Gerüst der schon seit geraumer Zeit in eine Krise geratenen mittelalterlichen Enzyklopädie des Wissens war eingestürzt, auch ihre einzelnen Teile waren zusammengebrochen. Just in diesen Teilbereichen wurden nun Forschungsinstrumente erarbeitet, die neue Synthesen erlauben sollten.

Das 14. Jahrhundert hatte auf dem Gebiet des Wissens geholfen, jene aristotelische Logik und Physik zu zerstören, welche die große Stärke des 13. Jahrhunderts gewesen war. Physiker wie Buridanus, feinsinnige Logiker und Physiker wie Albert von Sachsen und Marsilius von Inghen hatten die Schwierigkeiten der aristotelischen Bewegungstheorie verschärft, indem sie die heftige Bewegung, den Anfang der Bewegung und ihr Verhältnis zu dem Medium, in dem das Bewegte seinen Ort ändert, wissenschaftlich beobachteten. Anfang und Ende der Bewegung, Beschleunigung und Verzögerung, Beziehung zwischen Beweger und Bewegtem hatten die unheilbaren Aporien des Aristotelismus allmählich enthüllt. Die Dissertationen über den *impetus* hatten das Ende einer Theorie angezeigt. Die englischen Logiker in Oxford, die *calculatores* des Merton College hatten offenbar gemacht, daß andere logische Hilfsmittel nötig waren, um die Wirklichkeit zu begreifen. Das Studium der *proportiones* hatte die Aufmerksamkeit auf die Mathematik als Hilfsmittel zum Erkennen der Erscheinungen gelenkt. Die Logik und die Physik der »Modernen« schienen mit ihrem ganzen Scharfsinn viel mehr zerstört als aufgebaut zu haben und in eine Sackgasse geraten zu sein. Das gleiche läßt sich wahrscheinlich auch für andere Gebiete der wissenschaftlichen Bemühungen sagen, in denen man zwar von *experimenta* sprach, die aber seltsame Mischungen manchmal genialer Intuitionen waren, sich letzten Endes aber doch immer wieder auf okkulte und dämonische Kräfte beriefen.

Wieder ins freie Wasser zu kommen, trugen im 15. und 16. Jahrhundert verschiedene konvergierende Elemente bei, die bei den sich radikal wandelnden Vorstellungen des Humanismus neuen Weisen, die Probleme anzugehen, zum Durchbruch verhalfen und andere Probleme und Methoden in den Vordergrund stellten. Vor allem wirkte dabei die Arbeit der Humanisten mit; sie übersetzten, kommentierten und verbreiteten weithin die

DIE KULTUR DER RENAISSANCE

Schriften der großen antiken Wissenschaftler, die jahrhundertelang unbekannt oder wenig bekannt geblieben oder nur durch die arabische Kultur eingesickert waren. An zweiter Stelle sind die Techniken der Handwerker und Künstler – der »mechanischen« Künste – zu veranschlagen, deren Bedeutung bei dem Wandel in den Städten und Gebräuchen ständig wuchs, handelte es sich nun um die »schönen« oder um die nützlichen Künste, um den Bau von Kirchen oder von Befestigungen, um die Erfindung von Maschinen für den Krieg oder für Vergnügungen, um Flußregulierungen, Färben von Stoffen oder die Erfindung von Maltechniken. Wahrscheinlich war hierfür gerade die Blüte einer allen Werken zugewandten Kultur entscheidend, die Leistungen und Unternehmungen forderte und förderte und so jenen mechanischen »Künsten« Würde verlieh, die ehedem verachtet gewesen waren, weil sie nicht aus dem reinen Denken lebten, sondern auch mit Handarbeit und materiellen Dingen zu tun hatten. Wie die Bedürfnisse des Handels das Reisen und damit eine umfassendere Kenntnis der Erde förderten, so regte der Ehrgeiz die Reichen zum Bauen an und hieß sie Gemälde und Standbilder in Auftrag geben, wodurch zugleich die Blüte der Künste und das Ansehen der Künstler begünstigt wurden. Schließlich erlaubten neue Auffassungen von der Welt die Entstehung neuer Vorstellungen und Aussichten, die Forschung und Entdeckungen zu fördern geeignet waren.

⋅Was den ersten Punkt, die Leistung der Humanisten bei der Vermittlung des Vermächtnisses der antiken Wissenschaften angeht, so handelte es sich zweifellos um ein Phänomen von einzigartiger Weite. Zuvor unbekannte Texte verbreiteten sich schnell, so die Schrift *De medicina* von Cornelius Celsus, der im Mittelalter unbekannt war, 1426 zunächst von Guarino, dann von Giovanni Lamola entdeckt und später von Leonardo da Vinci weit verbreitet, erforscht und zitiert wurde. Von den griechischen Ärzten wurden das Werk des Hippokrates und Galenus neu übersetzt, ediert und kommentiert. Über Galenus arbeiteten unter anderen die Franzosen Symphorien Champier (1472–1538/39) und Rabelais, der Engländer Thomas Linacre (1460–1524) und die Italiener Niccolò Leoniceno (1428–1524) und Giovanni Manardi (1462–1536), zu schweigen von Antonio Brasavola (1500–1570), dem Verfasser eines berühmten *Index* des Galenus. Auch ist es nicht leicht, alle die Beiträge zur Botanik, Pharmakologie und Naturgeschichte anzuführen; da wäre bei den Ausgaben und den Übertragungen in die Vulgärsprache des Dioskurides und Plinius und den Studien darüber zu beginnen. Von höchster Bedeutung für die Mathematik war die Einführung des Archimedes, dessen lateinische Ausgabe Niccolò Tartaglia 1543 in Venedig herausbrachte: jenes Archimedes, der für Galilei ein entscheidender Ausgangspunkt wurde. Weiter könnte die Rede von den Werken Euklids, des Apollonios, Herons, Strabons, des Ptolemaeus und des Pappos sein. Sicher galt für das 16. Jahrhundert oft, daß »Geometrie studieren Euklid studieren bedeutete, einen geographischen Atlas machen eine Ausgabe des Ptolemaeus vorbereiten hieß, und daß ein Arzt nicht so sehr die Medizin als vielmehr Hippokrates und Galenus studierte« (George Sarton). Aber Analyse, Kommentierung und Wiederherstellung der antiken Texte führten zu einem besonderen Ergebnis: Mathematiker, Botaniker, Mediziner und Astronomen verbanden die Ehrerbietung vor den literarischen Zeugnissen einer längst vergangenen Zeit mit einem echten Bedürfnis nach Neuem. »Indem man in der Natur wiederzufinden suchte, was die griechischen Autoren in ihr gefunden zu haben erklärten, begannen die europäischen Gelehrten nach und nach zu entdecken, wie die Dinge sich wirklich verhielten« (Marie Boas).

Zur selben Zeit und in denselben Kreisen erfuhren die mechanischen Künste, die Maschinentechnik, die handwerklichen Fähigkeiten, die Landwirtschaft und die Schiffahrtskunde eine neue Bewertung. Es war ein Humanist, ein Freund von Erasmus und Morus, nämlich Vives, der 1531 in seiner Schrift *De causis corruptarum artium* die Gelehrten aufrief, in die Werkstätten zu gehen. Die Kenntnis der Natur, bemerkte er, finde sich keinesfalls in den Händen der Philosophen und Dialektiker, oft kannten Bauern und Handwerker sie besser. Wenige Jahre später (1543) bedauerte Andreas Vesalius in einer der großen Schriften der neuen Wissenschaft, im Vorwort zu seinem *De humani corporis fabrica*, daß in der Vergangenheit der anatomische Praktiker und der geistige Lehrer, der Operateur und der Mediziner, voneinander geschieden worden waren. »Diese bedauerliche Teilung der medizinischen Kunst«, schrieb Vesalius, »hat in den Universitäten das hassenswerte System herbeigeführt, nach dem einer den Körper seziert und ein anderer seine Teile beschreibt. Dieser hockt wie eine Krähe auf einem hohen Pult und schreibt verächtlich wiederholend nach, was er nicht unmittelbar gesehen, sondern in Büchern anderer gelesen hat.« Wer aber seziere, könne weder reden noch erklären. Aber eben dies begann man in der Renaissance zu versuchen: zwischen Verstand und Erfahrung zu vermitteln. Leonardo da Vinci brandmarkte in berühmt gewordenen Sentenzen »die verlogenen Naturwissenschaften aus dem Kopf«, die nicht durch die Erfahrung hindurchgegangen seien; er war zugleich aber auch der Meinung, ein gereifter Verstand bedürfe der Erfahrung nicht.

Berühmte Beispiele der Konvergenz von Künstlern und Gelehrten, die der wissenschaftlichen Revolution den entschiedensten Impuls gab, finden wir schon im frühen 15. Jahrhundert. Filippo Brunelleschi, der von 1420 bis 1436 das einzigartige Monument der Kuppel von Santa Maria del Fiore in Florenz baute, war Architekt und Bildhauer, Konstrukteur von Befestigungsanlagen und Ingenieur der Hydraulik, Fachmann für Optik und für die Theorie der Proportionen, »doch ohne literarische Bildung«. Er lernte Mathematik und Geometrie bei Paolo Toscanelli, einem der größten Wissenschaftler der damaligen Zeit, »der ihm den Verstand mit dem Natürlichen der praktischen Erfahrung schulte, was ihn oft verwirrte«. Mit beiden befreundet war der Humanist Leon Battista Alberti, der Lateinisch und Italienisch mit leichter Feder schrieb, Mathematiker war und Abhandlungen über verschiedene Künste (Architektur, Malerei, Bildhauerei) verfaßte und bedeutende optische Experimente anstellte. Paolo Toscanelli (1397–1482), ein Freund des Cusaners, Peurbachs und des Regiomontanus (Johannes Müller), war Astronom (seine Berechnungen über die Kometen sind wohlbekannt), Geograph, großer Mathematiker und Arzt; sein Name ist mit dem von Christoph Kolumbus verbunden. Der Gedankenaustausch unter Technikern, Künstlern und Wissenschaftlern riß nicht ab. Um sich darüber ein Bild zu machen, genügt es, die Abhandlungen der größten Künstler aus der Zeit zu überfliegen, angefangen von den *Commentarii* Lorenzo Ghibertis bis zur *Perspectiva pingendi* Piero della Francescas; oder Schriften wie die Roberto Valturios *De re militari*, 1472 veröffentlicht und besonders geschätzt von Leonardo da Vinci in Ramusios vulgärsprachlicher Übersetzung (1483).

DIE KULTUR DER RENAISSANCE 513

Der Kommentar des Humanisten Daniele Barbaro zu Vitruvius Pollio (1567) belegt den Reichtum dieser Verbindungen. Mit Barbaro arbeitete Palladio zusammen; außerdem bediente sich Barbaro der Dürerschen Abhandlungen über die Proportionen und den Zirkel, der *Arte del navegar* Pedro de Medinas und der *Compositio horologiorum* (»Die Zusammensetzung der Uhren«) des Sebastian Münster. Wie später Galilei, besuchte er das Zeughaus von Venedig und fragte die dort Arbeitenden aus. Der technisch-wissenschaftliche Gedankenaustausch befruchtete sowohl die 1540 im Druck erschienene *Pirotechnia* von Vanoccio Biringuccio als auch die Abhandlung *De re metallica* von Georg Agricola (Georg Bauer), die 1557, zwei Jahre nach dem Tod des Autors, in deutscher Sprache erschien. Die *Pirotechnia* war die erste metallurgische Abhandlung, die sich unmittelbar auf die Erfahrung stützte. *De re metallica*, von einem von Erasmus und Melanchthon geschätzten Gelehrten geschrieben, war zwei Jahrhunderte lang das grundlegende Werk für die Bergbautechnik. In Potosì brachten die Geistlichen es an den Altären an, weil die Bergleute dann öfter in die Kirche kamen, von dem Wunsch getrieben, aus diesem Werk Rat zu holen.

Eines der bedeutendsten Beispiele dieser Konvergenz von Technik und Kunst, von wissenschaftlicher Reflexion und philosophischer Formelbildung ist zweifellos Leonardo da Vinci (1452–1519). Der große Künstler war auch ein großer Ingenieur, aber vor allem ein einzigartiger Erforscher jeder Art von Wirklichkeit, der sich stets bemühte, die Analyse der Erscheinungen und die experimentelle Beobachtung mit der graphischen Darstellung zu verbinden, mit der er schematisierend alle Aspekte seines Studienobjekts zu durchdringen suchte. Auf Tausenden von Blättern sind seine Beobachtungen in der Verbindung von Zeichnung und Wort festgehalten. Leicht läßt sich überdies in dem immensen Material, das er zusammentrug, eine Art neuer Enzyklopädie des Wissens erkennen, die mit jener universellen »Wissenschaft des Malers« verbunden und koordiniert ist, von der Leonardo ausging und der er ständig zugewandt blieb. In diesem Material befinden sich auch Abhandlungen und Beobachtungen über die Optik; umfassende und genaue Arbeiten über die Mechanik gelten der Erforschung jener physikalischen Kräfte, welche die Basis der organischen und anorganischen Welt bilden; Beobachtungen über Biologie und Kosmologie sind verzeichnet, nicht zu sprechen von den *Quaderni d'anatomia*, den mathematischen Betrachtungen, den Plänen für Maschinen aller Art bis zu den Bemerkungen über den Vogelflug und zu den Versuchen, Apparate für den Flug des Menschen zu konstruieren.

Auch wenn man von der Bedeutung des Künstlers und Schriftstellers und von dem Bild des Genius absieht, der den Entwicklungen aller Wissenschaften vorausgeeilt wäre, bleibt Leonardo vielleicht der typischste Ausdruck eines Menschen, der alles wissen, alles sein und den Mikrokosmos realisieren wollte. Ohne große kulturelle Vorbildung, ein *omo sanza lettere*, ohne literarische Bildung, wie er sich selbst zu nennen liebte, war er von unersättlicher Neugier getrieben und hatte geniale Einfälle; er legte besonderen Wert auf Erfahrung und Beobachtung, doch war Wissenschaft für ihn das Erkennen der Gründe; zur Mechanik trug er in der zeitgenössischen Debatte über die Bewegung und ihre »Gesetze« Bedeutendes bei, doch bejahte er stets die Notwendigkeit der Mathematik für die Physik. Mit ungewöhnlichem Einfallsreichtum erforschte und konstruierte er Maschinen und benutzte sie zur Erkenntnis der Erscheinungen; er beobachtete erstaunlich viel vom Körperbau des Menschen und von den geistigen »Kräften«, die dessen »Maschine« bewegen. Dabei heißt Geist oft nichts anderes als physische Kraft. »Denn wenn der Geist eine unkörperliche Quantität wäre«, sagte er einmal, »würde diese Quantität Vakuum genannt, und es gibt kein Vakuum in der Natur.« Noch mehr Eindruck macht eine Stelle im »Atlantischen Kodex« über die Seele, die mit der reinen und einfachen Triebkraft der Maschine gleichgesetzt wird: »Der Vogel ist das nach dem mathematischen Gesetz arbeitende Instrument, das der Mensch mit all seinen Bewegungen, jedoch nicht mit soviel Kraft herzustellen die Macht hat.« Das Problem des menschlichen Fluges war für ihn also ausschließlich ein Problem der Triebkraft: »Wir können also sagen, daß einem solchen für den Menschen gebauten Apparat nur die Seele des Vogels fehlt, die der Menschenseele nachgebildet werden muß.«

Wahrscheinlich ist der Beitrag Leonardos zum tatsächlichen Fortschritt der Wissenschaft seiner Zeit nicht groß gewesen. Das tut aber dem symbolischen Wert dieser Gestalt, die in der Kunst ihre ganze Größe offenbarte, keinen Abbruch. Es bleibt das Zeugnis einer Haltung: Unabhängigkeit von jeder philosophischen oder religiösen Autorität, Vertrauen in die Vernunft, Vertrauen in die Erfahrung als unmittelbaren Kontakt mit der Natur, Vertrauen in die Maschine, die der Mensch konstruiert, Vertrauen in die nicht von der Technik gelöste, vielmehr von einem allgemeinen Wirklichkeitsbegriff integrierte Wissenschaft, wobei Wirklichkeit als durch notwendige »Gründe« gebundene »Natur« verstanden wird.

Vielleicht ist gerade diese von der neuen Kultur und ihrer vorurteilslosen Kritik an den mittelalterlichen Anschauungen bestimmte Haltung die Wurzel der beiden »Revolutionen«, die im 15. und 16. Jahrhundert die gewohnten Bezüge des menschlichen Urteilens ändern sollten: die Entdeckung der »Neuen Welt« und die Kopernikanische Hypothese. Die Reise Christoph Kolumbus' (1450/51-1506) - sie gehörte in eine ganze Reihe von Seefahrerunternehmen und hing mit geographischen Forschungen und Berechnungen über den Umfang der Erde zusammen - war vor allem ein Versuch, in der Erfahrung eine verwegene Hypothese zu verifizieren. Neben allen praktischen Folgen brachten die Beobachtungen in den neuen Ländern einen tiefgreifenden Wandel der Naturauffassung mit sich, und daraus wieder ergaben sich Probleme und Anregungen aller Art bis hin zu den schwerwiegenden theologischen Fragen über die Sintflut.

Wahrscheinlich hätte auch ohne die Reise des Kolumbus schon der allgemeine Umbruch zur heliozentrischen Hypothese geführt, wie sie Nikolaus Kopernikus (1473-1543) formuliert hat. Er kam aus Thorn und hatte in Italien studiert und promoviert, ehe er Kanonikus am Kapitel von Frauenburg (am Frischen Haff) wurde. Sein Buch *De revolutionibus orbium coelestium* (»Über die Umdrehungen der Himmelskörper«) von 1543 scheint mehr Widerhall der in der Schule des Marsilio Ficino beliebten Sonnenmystik des 15. Jahrhunderts als ein streng wissenschaftliches Buch zu sein. Man glaubt die von Cusanus gezeichnete Linie wiederzufinden in einem Weltbild, dessen Dichter Marcello Palingenio Stellato (Pier Angelo Manzolli) aus Ferrara gewesen war. Dieser war der Autor eines Werks mit lukrezianischem Anstrich, des 1534 in Venedig veröffentlichten *Zodiacus vitae*. Auch bei Kopernikus findet man sehr viel mehr den Widerhall eines Sonnenkultes als Berechnungen und strenge Beobachtungen: Wohin solle man die strahlende Lampe der Welt stellen, wenn nicht in ihren Mittelpunkt? Habe nicht Hermes Trismegistos die Sonne einen sichtbaren

DIE KULTUR DER RENAISSANCE

Gott genannt? Von wo aus solle die Sonne die wandernde Schar der Sterne regieren können, wenn nicht vom Mittelpunkt aus? Es war keine neue, sondern, wie Kopernikus sagte, eine schon von den Griechen entwickelte Idee. Und dennoch ist kaum abzuschätzen, was diese Idee alles an Neuem gegenüber dem schlichten, in sich ruhenden Bild vom Universum und der bevorzugten Stellung der Erde mit sich brachte. Kopernikus zitierte Heraklit, Ekphantos, Philolaos und Aristarch von Samos; damit besiegelte sein Buch in einer Welt, die radikal verändert, es aufzunehmen bereit war, eine vollständige Umkehrung der Perspektiven.

Tatsächlich verband es sich einer philosophischen Revolution – und einer tief beunruhigenden Verschiebung der Werte –, die in Giordano Bruno (1548–1600), dem unglückseligen Philosophen aus Nola, den beredtesten Theoretiker finden sollte. Der Wissenschaftshistoriker Alexandre Koyré hat 1957 mit Recht geschrieben, daß vieles im Werk Brunos alt, mit magischen Elementen verwoben und eine komplexe Mischung von lukrezianischen Themen und cusanischen Motiven sei. Und dennoch, fährt Koyré fort, »ist seine Konzeption so fruchtbar und so prophetisch, so rational und so poetisch, daß wir uns der Bewunderung nicht entziehen können. Sein Denken... hat die moderne Wissenschaft und Philosophie so tief beeinflußt, daß wir nicht umhin können, Bruno einen außerordentlich bedeutenden Platz in der Geschichte des menschlichen Wissens einzuräumen«.

Giordano Bruno war sich bewußt und sprach es lebhaft aus, daß die neuen astronomischen Hypothesen nicht etwa eine Teilkorrektur auf dem Gebiet einer einzelnen Wissenschaft, sondern eine radikale Veränderung der Konzeption von der Welt implizierten. Daß er zögerte, dem Neuplatonismus teure Positionen aufzugeben, daß er sich noch mit magischen Themen beschäftigte und an die Harmonie des Universums und an die Weltseele glaubte, bedeutet wenig. Er konzipierte die Welt als unendliche Welt, die Welten als unendliche Welten; er sah, daß die Schranken der ptolemäisch-aristotelischen Himmel zerbrochen waren, die Beziehungen zwischen den Wesen verschoben und die Ordnungen der Werte gewandelt. Intuitiv erfaßte er die umwälzenden moralischen und religiösen Konsequenzen des neuen Universums und der neuen Position, die dem Menschen zugewiesen war. Deshalb polemisierte er so flammend gegen jene, welche die Tragweite des Kopernikus mindern und verfälschen wollten (wie es der Theologe Andreas Osiander in seinem Werk getan hatte) und die nicht begriffen, daß ein neues Weltzeitalter begonnen hatte. Deshalb verteidigte er so verzweifelt und tragisch die Autonomie des Wissens und die Freiheit des Denkens. Begeistert, poetisch und mächtig, wie sie ist, war Brunos Hymne auf das unendliche All *(De l'infinito universo e mondi)* gewiß keine Wissenschaft und wahrscheinlich nicht einmal Philosophie; vielleicht aber war sie auch mehr: das Bewußtsein von der revolutionären Tragweite der neuen Wissenschaft. Man kann dieses Bewußtsein auch an manchen Stellen der Schrift *De natura rerum iuxta propria principia* von Bernardino Telesio (1509–1588) finden; an ihr fand auch Francis Bacon Gefallen, eben weil sie sich auf die Natur und auf die in ihr wirkenden Kräfte beruft und von der Notwendigkeit spricht, die Natur innerlich durch die Gefühlserfahrung zu begreifen, wenn man die Welt, so wie sie ist, erkennen will, anstatt im Wettstreit mit Gott imaginäre Welten zu konstruieren.

Die Philosophie Telesios, Brunos, später Tommaso Campanellas und zum Teil auch Francis Bacons suchte die Konzeption der von den neuen Forschungen und Entdeckungen gezeigten Wirklichkeit herauszuschälen, indem sie die Methode festlegte, die zu ihrer Strukturierung und Begründung nötig war: sie war das kritische Bewußtsein der neuen Zeit. Gleichzeitig war sie ein mühevoller Prozeß der Befreiung von den Resten der mystischen und magischen Motive; diese Motive hingen zusammen mit der Auffassung von der Natur als göttlich, beseelt und lebendig, die die zur Entfaltung ihres unendlichen Entwicklungsrhythmus fähigen Kräfte in ihrem eigenen Schoße trage. Ständig wurde der Versuch gemacht und immer wieder bestritten, die Wissenschaft von der Magie, die Astronomie von der Astrologie und die Mathematik von der Zahlenmystik und der Kabbala zu scheiden. Schon die frühe Renaissance hatte gefordert, die Astronomie als exakte Wissenschaft der Sternbewegungen von der vergöttlichenden Astrologie zu trennen, die künftige Ereignisse voraussehen wollte, indem sie sie aus den Einflüssen ableitete, die man den mehr oder weniger bewußt als astrale Gottheiten angesehenen Sternen zuschrieb. Genauso alt war die Unterscheidung zwischen natürlicher Magie, die sozusagen ein operatives Moment der Wissenschaft von der Natur war, und zeremonieller Magie oder schwarzer Kunst, das heißt der dämonischen Ausnutzung der geheimnisvollen Kräfte der Dinge.

Die Befreiung kam jedoch nicht mit einem Schlag, sondern unter Mühen, und auch Geister von ungewöhnlicher Größe blieben in Zweideutigkeiten befangen. Zwar kämpfte ein Arzt mit Interessen für alle Wissensgebiete wie Girolamo Fracastoro (1478–1553) gegen das Eindringen magischer Motive (Sympathien und Antipathien der Dinge) und astrologischer Motive (Theorie der kritischen Tage); aber auch ein Gelehrter von der Genialität des Paracelsus (Theophrastus Bombastus von Hohenheim, 1493–1541) mischte bedeutenden Einfällen und Beobachtungen altes Erbe bei. Und er unterschied sich damit nicht von einem Girolamo Cardano (1501–1576) oder einem Giambattista della Porta (1534/35 bis 1615). Und dennoch kamen Wissenschaft und Philosophie voran, weil die Verfahren strenger und die Forschungsinstrumente rationaler wurden und jene Überreste der Magie und des Okkultismus zurückdrängten, die Platonismus, Hermetismus und Kabbalismus mitgeschleppt hatten.

Sicher war diese Befreiung nicht leicht, wie die Nachsicht Brunos und Campanellas für die Magie oder die alchimistischen Reminiszenzen Bacons beweisen. Ein Höhepunkt der Polemik und ein Schlüssel zu diesem Prozeß war der Zusammenstoß von Johannes Kepler (1571–1630) mit dem englischen »Rosenkreuzler« Robert Fludd (1574–1637), einem Arzt und Philosophen. An diesem denkwürdigen Streit nahmen auch Männer wie Marin Mersenne (1588–1648) und Pierre Gassendi (1592–1655) teil. Kepler fand gegen den Okkultismus, den Hermetismus, gegen die Vorliebe zu Rätseln, Ziffern, Anspielungen und das Geheimnis Worte, die als Motto der neuen Wissenschaft zu gelten würdig sind. Kepler sagte über Fludd: »Er ergötzt sich vorzugsweise an den nebelhaften Rätseln der Dinge; ich versuche, die geheimnisvoll verschleierten Dinge ans Licht des Intellekts zu bringen. Für jene Methode haben die Chemiker, die Hermetiker und die Paracelsianer eine Vorliebe; diese ist den Mathematikern eigen... Wenn er und ich denselben Stoff behandeln, unterscheiden wir uns wie folgt: er entnimmt aus den Schriftstellern des Altertums das, was ich aus der Natur nehme und auf eigene Grundlagen stelle. Was er behauptet, ist ungenau und durch die Vielfalt der Meinungen verwirrt; ich gehe nach der natürlichen Ordnung vor, damit alles auf die Naturgesetze zurückgeführt sei und die Verwirrung vermieden werde. «Der Liebe für Metaphern, Symbole und Bilder stellt Kepler die mathematische Strenge entgegen.

Trotz alledem entging selbst Kepler nicht immer den Fallen der Sterndeutung, während Galilei sein Mißtrauen gegenüber den okkulten Kräften und den Einflüssen der Sterne so weit trieb, daß er der Theorie jede Gültigkeit absprach, welche die Gezeiten mit den Mondphasen in Verbindung brachte. Jedenfalls war es kein Zufall, daß gleichzeitig an so vielen Fronten das menschliche Wissen einen so plötzlichen Sprung vorwärts tat, so als hätte es in den Büchereien der Alten die Kraft wiedergefunden, die Natur, ihre »Maschine« und ihre »Gesetze« unvoreingenommen zu betrachten. Die Philosophie des 15. Jahrhunderts hatte in begeisterten Worten dazu aufgefordert, die Natur und den Menschen wiederzufinden; sie hatte oft mehr mit Hymnen als mit Argumenten die Übereinstimmung von Makrokosmos und Mikrokosmos gefeiert; Vergil zitierend hatte sie von dem »Geist« gesprochen, der die Welt »durchdringe«, und von der freien Kraft des Menschen. Nikolaus von Cues und Pico della Mirandola hatten das Unendliche in uns und außer uns gepriesen. Leonardo hatte behutsam auf die »menschliche Maschine«, auf die »physische« Übereinstimmung von Mensch und Welt hingewiesen.

Im 16. Jahrhundert wurde nun die Entdeckungsreise fortgesetzt, auf der die Geheimnisse des Menschen und der Welt ergründet werden sollten, nun aber die des physischen Menschen und der physischen Welt, und zwar an ihnen und in ihnen, nicht mehr die Geheimnisse von okkulten Kräften, von »Seelen« und »Geistern«, sondern die rationaler Gesetze, das heißt die Geheimnisse der Gleichförmigkeit von Verhaltensweisen und Rhythmen, welche der Verstand mit seinen mathematisch-logischen Mitteln verstehen und übersetzen kann. Sozusagen symmetrisch zu den Werken Vesalius' und Kopernikus' folgten einerseits die Anatomie Realdo Colombos (1516-1559) und Andrea Cesalpinos (1519-1603) und die Arbeiten über den Blutkreislauf von Fabrizio d'Acquapendente (um 1533-1619) und William Harvey (1578-1657); andererseits entstehen die Forschungsarbeiten von William Gilbert (1540-1603) über den Erdmagnetismus und die astronomischen Beobachtungen von Tycho Brahe (1546-1601). Kepler setzte an die Stelle der »Theologie« des Aristoteles eine »himmlische Physik«; und mit ihm, mit der Idee der Anziehung, wird die Hypothese des Kopernikus eine wirkliche »physikalische« Erklärung für die Sternbewegungen. Die moderne Wissenschaft entstand aus einer Art progressiver »Säkularisierung« der ersten Intuitionen der Renaissance, durch eine natürliche und rationale Interpretation des Verhältnisses Mikrokosmos-Makrokosmos und in einer Suche nach »mittleren« Begriffen für die realen Prozesse. In gewissem Sinne handelte es sich um eine unaufhörliche Zerstörung des Magischen, des »Spirituellen«, zugunsten des Rationalen, Natürlichen und Mechanischen.

Die Krönung muß man wohl im Werk Galileis suchen. Und der Versuch, es zu deuten, kann Nutzen aus einem zweifachen Vergleich ziehen: dem Vergleich einmal mit den naturalistischen Philosophien von Telesio bis zu Bruno und Campanella; und zum anderen mit der Methode und den Forschungsunternehmen Francis Bacons. Tommaso Campanella (1568-1639), Bacon (1561-1626) und Galilei (1564-1642) waren Zeitgenossen. Campanella verteidigte die Auffassungen Galileis enthusiastisch und forderte die Philosophen zur Lektüre seines großen Buches über die Natur auf. Galilei freilich fühlte sich von Campanella, seinem Magismus, seiner Beseelung des Universums und seiner poetischen Metaphysik so weit entfernt wie von Bruno. Als seinen Meister begrüßte Galilei den »Übermenschen« Archimedes und Kepler als seinen Nachbarn, ja als »Mitstreiter bei der Suche nach der Wahrheit«, wie er ihm 1597 schrieb, als er ihm für die Zusendung des *Mysterium cosmographicum* aus Graz dankte. Er spürte, daß Kepler ihm im Kampf gegen eine »perverse Methode des Philosophierens« zur Seite stehe; Kepler seinerseits beglückwünschte sich einige Monate später in einem Brief an Galilei, mit ihm zur »kopernikanischen Häresie« zu gehören. Anderseits steht Galilei, der die reife Ernte der Renaissance-Forscher einbringt, über deren Spannung, Unsicherheiten und mühsamen Richtungswechseln. Bei ihm sind die großen Probleme auf ein Höchstmaß an Klarheit und Strenge und auf das Wesentliche reduziert und von allen Zweideutigkeiten und rhetorischen Ausflüchten entblößt. Der Glanz seiner großen Werke (*Sydereus Nuncius*, 1610, *Il saggiatore*, 1623, *Dialogo sopra i due massimi sistemi del mondo*, 1632, *Discorsi e dimostrazioni matematiche sopra due nuove scienze*, 1638) ist eben die Lucidität seines Denkens. Bei ihm ist das Gleichgewicht von Anwendung der Instrumente (das Fernrohr), Entdeckungen (die Satelliten des Jupiter und die Sonnenflecken) und bewußter Theoretisierung erreicht; wie ihm auch die Funktion der Mathematik für die physikalische Erkenntnis und das Verhältnis zwischen Erfahrung und Vernunft sehr klar ist.

Dazu genügt es, an ein Beispiel zu erinnern, das in seiner Eleganz Kant beeindruckt hat. Man hatte sich lange über den *impetus* und über die Pseudoprobleme um das Mittel, in dem sich ein Körper bewegt, gestritten – ob es Ursache der Bewegung sei oder nicht. Galilei ließ diese Streitereien elegant hinter sich, indem er zu dem Schluß kam, daß man beim Studium der Bewegung der Körper von allen »Akzidentien«, wie er sie nannte, absehen müsse: nämlich von Gewicht, Geschwindigkeit und Gestalt der Körper; mit ihnen könne man, »da sie auf unendliche Weisen veränderlich« seien, »keine wirkliche Wissenschaft treiben«. Galilei betrachtete also alle Tätigkeiten und Veränderungen des Mittels, in dem sich ein Körper bewegt, als Störungen, nicht als Ursachen; er nahm im euklidischen Raum Kugeln als rein geometrische Einheiten an, die im angenommenen Zustand der Ruhe oder der Bewegung »verharrten«, bis ein Agens von außen ihren *status* verändere; so konnte er den Gesetzen der Bewegung auf die Spur kommen.

Aus dieser Klarheit ergibt sich die Reife seiner Schau der physischen Welt und der Struktur der Wirklichkeit, die verstanden werden könne, wenn man ihre Gesetzmäßigkeit und Qualitäten quantifiziere. Daraus ergibt sich die Erkenntnis der Grenzen wissenschaftlicher Forschung selbst, die abgeklärte Einschätzung jenes Aristotelismus, den er endgültig auszurotten vermag, dessen historischer Bedeutung er jedoch nicht ausweicht. Daher kommt die ruhige und klare Bestimmung der Autonomie der Wissenschaft gegenüber der Religion, aber auch die leidenschaftliche Verteidigung der Rechte der Vernunft, die auf ihrem eigenen Gebiet keinen anderen Richter außer sich selbst habe. Sein Drama mit der nachtridentinischen katholischen Kirche unterstreicht nur, wie geordnet die Harmonie seines Werkes ist. Auch auf diesem Felde »hat Galilei gesiegt«.

Angesichts des Scharfsinnes, mit dem Galilei das Verhältnis zwischen Erfahrung und Vernunft präzisiert, muß die neue Logik Bacons begrenzt erscheinen, besonders da sie die mathematischen Instrumente so gering veranschlagt. Die Sterilität Bacons in der effektiven Forschung, in der er sich ebenfalls maß, zeigt, wie weit er hinter der großartig angelegten Synthese Galileis zurückblieb. Aber das mindert nicht die Bedeutung seiner kritischen Arbeit, seiner wertvollen, ordnenden Funktion, die er mit seiner Methode bei der Organisation der neuen enzyklopädischen Systematisierungen erfüllte, und vor allem der von ihm so klar herausgearbeiteten und fruchtbaren Idee vom aktiven und konstruktiven Charakter der neuen Wissenschaft, deren entscheidende Rolle beim Aufbau einer neuen menschlichen Gesellschaft er intuitiv erfaßte. Eben deshalb wurde das 18. Jahrhundert, das Jahrhundert der Revolutionen, mehr als alles andere das Jahrhundert Bacons.

Die humanistische Kultur und die Nationalliteraturen

Eines der auffälligsten Merkmale der Renaissanceliteratur ist zweifellos, daß so viele nicht alltägliche Persönlichkeiten in sich selbst das Bild des universellen, von den Philosophen in der Theorie entworfenen Menschen zu verwirklichen suchten. Der Mensch, der alles weiß, alles tut, der alles kann und alles ist – ein Mikrokosmos als Zusammenfassung des Makrokosmos –, war nicht nur bloßes Ideal, er verkörperte sich immer wieder in außergewöhnlichen Persönlichkeiten: Leon Battista Alberti war Mathematiker, Schriftsteller und Architekt, Leonardo da Vinci Techniker und Künstler, Philosoph, Wissenschaftler und Schriftsteller, Lorenzo de' Medici (1449–1492), ein genialer Herrscher und fähiger Politiker, war auch ein nicht unbedeutender Dichter; Michelangelo war Bildhauer, Maler und Architekt von außergewöhnlichem Format, schrieb aber auch unvergeßliche Verse. Es ist daher schwer, diese Männer einzuordnen und sie in dem überkommenen Rahmen zu fassen, aus dem sie immer wieder ausbrechen. Freilich ist die Kunst die Form, in der sich diese Kultur anscheinend am besten ausgedrückt hat. Die Renaissance bedeutet in der europäischen Geschichte einen einschneidenden Wandel in den Anschauungen und Gewohnheiten, aber in den »schönen Künsten« offenbart sie eine unverwechselbare Individualität und erreicht die höchsten Höhen: das läßt sich vor allem von der Malerei, der Bildhauerei und der Architektur sagen, wenngleich der Ausgangspunkt der neuen Kultur die literarische Erneuerung gewesen ist, die ihr mit der Rückkehr zum klassischen Altertum Inhalt und Substanz verlieh.

Trotzdem, oder vielleicht gerade deswegen, war das Quattrocento kein Jahrhundert großer Dichtung. Nehmen wir Italien, wo die Bewegung entstanden war, so finden wir Moralisten, Traktatschriftsteller, Reiseerzähler und Männer, die ihre Memoiren aufzeichnen; wir finden wahrlich auch köstliche Poeten, aber keinen Dante, Petrarca, Boccaccio. Man schrieb ein elegantes, aber fleißig nach den Klassikern des Altertums wiederhergestelltes Latein; und wenn diese Sprache auch die Vulgärsprache nicht ausschloß, vielmehr dazu beitrug, diese in immer erzwungenere Formen zu pressen, so verriet sie häufig schon das Künstliche, die Mühe der Imitation – gleichsam der Intarsienarbeit. Zwar war sie nicht das »barbarische« Latein des Mittelalters, aber sie war auch nicht das Latein Ciceros. Sie war eine Kunstsprache, die sich zugleich nach den Klassikern des Altertums und nach den Kirchenvätern richten wollte, sich am ausgefallenen Wort und an schwieriger Syntax ergötzte und aus Jahrhunderten der Literatur sozusagen eine »Idee« des vollkommenen Lateins zu filtern suchte. Diese rationale Vermittlung der »Grammatik«, wie Cristoforo Landino (1424–1498) sagte, hatte eine neue Vulgärsprache von komplizierter Gesuchtheit zur Folge. Eingeklemmt zwischen dem Studium des »klassischen« Lateins und dem des erneuerten Vulgärlateins, brachte die Literatur des 15. Jahrhunderts in Italien häufiger wissenschaftliche Prosa als künstlerische Prosa und Poesie hervor. Und wenn auch an den Höfen der Herren eine gesucht raffinierte Literatur blühte, so schwieg deshalb doch die volkstümliche Muse nicht mit ihren Ritterepen und burlesken Reimen.

Die größte Dichtergestalt des Humanismus war sicherlich Angelo Ambrogini aus Montepulciano, genannt Poliziano (1454–1494), der von Lorenzo de'Medici protegiert wurde, nachdem er in Norditalien eine Zeitlang unter anderen mit den Gonzaga im Streit gelebt hatte. Als Professor der Universität Florenz, hervorragender Philologe, Jurist und Historiker schrieb er das Griechische, Lateinische und Italienische gleichermaßen elegant. Seine italienischen Gedichte von kristalliner Reinheit (*Stanze per la giostra*, 1475–1478) beweisen immer wieder aufs neue seine Fähigkeit zu einer verzauberten Schau der Natur, in der das Schauspiel der Welt in einem ewigen Frühling und einer ewigen Jugend über alle Zeiten und Geschicke hinweg magische Vollkommenheit erlangt.

> *Né mai le chiome del giardino eterno*
> *Tenera brina o fresca neve imbianca;*
> *Ivi non osa entrar ghiacciato verno,*
> *Non vento o l'erbe o li arbuscelli stanca;*
> *Ivi non volgon gli anni il lor quaderno,*
> *Ma lieta Primavera mai non manca,*
> *Ch'e suoi crin biondi e crespi all'aura spiega,*
> *E mille fiori in ghirlandette lega.*

> Im ew'gen Garten müssen Wipfelschwingen
> Nie zarten Reif, nie kalte Schneelast tragen,
> Kein Winter wagt dort jemals einzudringen,
> Kein Wind kann Gräser oder Büsche plagen;
> Kein Jahr läßt sich in den Kalender zwingen,
> Denn Frühling herrscht dort froh an allen Tagen,
> Läßt kraus und blond sein Haar im Lufthauch glänzen
> Und windet tausend Blumen bunt zu Kränzen.

> *(Übersetzung Jahn)*

So in den Stanzen, während *La favola d'Orfeo* (1480) – am Hofe zu Mantua, wie es scheint, in zwei Tagen vollendet – eines der ersten profanen Bühnenstücke war, in denen ein heidnischer Mythos in die Formen der volkstümlichen Mysterienspiele gebracht war. Doch schwieg in dem humanistisch so gebildeten Florenz auch die Volksdichtung nicht: Es finden sich dort die phantastischen und bizarren Kompositionen des Barbiers Burchiello (Domenico di Giovanni 1404–1449) zusammen mit dem *Morgante* (1460–1483) Luigi Pulcis

DIE KULTUR DER RENAISSANCE 521

(1432—1484), eines Künstlers von bewegtem Leben und beißender Ironie, der gegen die zeitgenössische Welt polemisierte, von den platonischen Nebeln am Hofe der Medici nichts wissen wollte und den religiösen Vorurteilen mit subtiler Kritik begegnete. Sein Epos in Stanzen, in dem er die Tradition der mittelalterlichen Sänger wiederaufnahm, löste in den ungewöhnlichen Geschicken seiner Riesen oder Halbriesen und seiner teuflischen Theologen mit ihren unglaublichen Abenteuern das ritterliche Erbe des Mittelalters ins Groteske auf und betrat damit die Schwelle des Schelmenromans. Bei Pulci messen sich die bizarren Launen des florentinischen Volkes mit den humanistischen, nun höfisch gewordenen Raffiniertheiten; bei Matteo Maria Boiardo, Graf von Scandiano (bei Reggio Emilia, 1441 bis 1494), führte die elegische Zärtlichkeit der Verse zum Epos *Orlando innamorato*, in dem die Welt der Ritter sich in einen universalen Sieg der Liebe verwandelte, hinter einem manchmal melancholischen, manchmal ironischen Schleier, in den der Humanismus alle seine Ideale hüllte. Der ebenfalls im ferraresischen Milieu der Renaissance lebende Ludovico Ariosto (1474—1533) legt mit seinem *Orlando furioso* (1506—1516), einem von klassischer Raffinesse, feierlicher Erhabenheit und Ironie durchwirkten Poem, eines der bezeichnendsten Werke des 16. Jahrhunderts vor. In ihm verbindet sich Einfachheit des Stils mit einer ausschweifenden Fabel von grenzenloser Freude am Phantastischen, in der sich wie in einem Wunderspiegel eine riesige und bunte literarische Erfahrung und eine tief erlittene Lebensweisheit spiegeln. In den bis ins Letzte ausgefeilten Stanzen sind Volkssprache und aristokratische Sprache, in der ritterlichen Fabel eine alte Kultur und ganze Wirklichkeitsbegriff der neuen harmonisch miteinander verbunden.

Die Geschichte der Literatur im Italien des Humanismus und der Renaissance verknüpft sich im übrigen mit der seiner Städte und Höfe; auch wenn sie nicht immer nur höfisch war, war sie verwoben in den Zusammenhang der Gegensätze und Kämpfe zwischen Volk und Herren, des Einklangs und Konflikts zwischen Volkssprache und Latein, zwischen Poesie, gelehrter Schriftstellerei und gebildeten Gesuchtheiten. Neapel nimmt an den Hof der Aragon Gioviano (Giovanni) Pontano (1426—1503) auf, der sich im eleganten Latein seiner astrologischen Poeme, seiner Liebeslieder und Gedichte über die Familienfreuden, seiner moralischen Dialoge und seiner Traktate als feinsinniger Humanist erweist. Antonio Beccadelli (genannt Panormita, 1394—1471), der sinnliche Autor der zum *Hermaphroditus* komponierten Epigramme, hatte ihn in Neapel eingeführt. Eine Zeitlang hielt sich in Neapel der Grieche Michael Marullos (1453—1500) auf, ein Ritter und Dichter der Natur. Hier wurde geboren und wirkte Jacopo Sannazaro (1455/56—1530), dessen aus zwölf Eklogen und zwölf Prosastücken bestehender Schäferroman in italienischer Sprache *L'Arcadia* voll klassischer Reminiszenzen steckt (Theokrit, Vergil, Ovid) und ganz Europa eine Mode aufzwang.

Wer von Neapel nach Rom hinaufwanderte, in das Rom der großen humanistischen Päpste des 15. Jahrhunderts oder der Kunstmäzene des 16., und dann gen Urbino, Rimini, Ferrara, Padua, Venedig, Mantua und Mailand weiterzog, begegnete den Montefeltro und Malatesta, den Este und Carrara, den venezianischen Dogen und Patriziern, den Gonzaga, Visconti und Sforza und in jeder Stadt Dichtern, Gelehrten und Künstlern; er erblickte Paläste, Tempel und Schlösser, nach rationalen Plänen erneuerte Städte, wie Ferrara, und

Idealstädte, wie Filarete oder Leonardo da Vinci sie entworfen hatten. Im Mittelpunkt erlebte Florenz im Wechsel zwischen Republik und Fürstentum nach dem »Goldenen Zeitalter« seiner ersten Humanisten-Kanzler und den Glanzzeiten des Hofes Lorenzos il Magnifico das Erscheinen der großen Werke Niccolò Machiavellis (1469–1527) und Francesco Guicciardinis (1483–1540) in der Vulgärsprache, ihrer Geschichtswerke und politischen Schriften, der Komödien und der unvergeßlichen *Mandragola* (1520) Machiavellis. Der Mensch im Spiel der Naturgewalten, den Notwendigkeiten und Gesetzen des politischen Lebens unterworfen, in der Dynamik der Leidenschaften, in der rauhen Wirklichkeit seiner irdischen Bedingungen; die Staaten im Wechsel ihrer Geschichte; die Geschichte in ihrer Veränderlichkeit und in ihren Konstanten; all dies wurde mit der Kühle des Wissenschaftlers und zugleich mit der Leidenschaft des Moralisten und dem Zynismus des entzauberten Beobachters analysiert und dargestellt. Das nämlich war Machiavelli, aber Guicciardini mit seinem Sinn für das »partikulare« Konkrete war von ihm nicht weit entfernt. Die humanistische Kultur förderte eine erbarmungslose Darstellung des Lebens, entsprechend der Naturforschung Leonardo da Vincis und zu ihr sozusagen symmetrisch. Im 16. Jahrhundert, als die große Kunst »explodiert«, entfaltet sich auch eine immer reichere Vers- und Prosaliteratur in der Vulgärsprache.

Der Venezianer Pietro Bembo (1470–1547), der seine Studien mit den platonischen Lehren der Florentiner begann, Sekretär von Päpsten und Kardinälen, ein großer Gelehrter und virtuoser Interpret der platonischen Thesen über die Liebe und die Schönheit *(Gli Asolani)* und ein Theoretiker der Sprache *(Prose della volgar lingua)*, sucht in seinen Gedichten Petrarca nachzuahmen. Die Verbreitung der »Poetik« von Aristoteles, die Erörterung der Lehre Platons über die Kunst und die Schönheit und der *Ars poetica* von Horaz, das beharrliche Studium der »Rhetorik« von Aristoteles im Vergleich mit Cicero und Quintilian erfüllten das Jahrhundert, das sich Rechenschaft darüber geben wollte, was Kunst im allgemeinen sei, aber zugleich nach Techniken verlangte, sie zu schaffen, nach Regeln und Definitionen für die neuen und die antiken literarischen Gattungen und nach Vorbildern suchte. Der Theoretiker der Sprachen (der Vulgärsprache und des Lateins), der Dichtung im allgemeinen und ihrer verschiedenen »Gattungen« wurden immer mehr; Streitgespräche brachen aus über die Vorbilder Dante und Petrarca, Ariosto und Tasso. Neben den wissenschaftlichen Abhandlungen und Nachahmungen blühten die Verse Michelangelos und »seiner« Dame Vittoria Colonna (1490–1547) auf; Teofilo Folengo (1496–1544) gab sich dem makkaronischen Latein seines *Merlin Cocajo* hin, und im *Baldus* verspottete er ein Jahrhundert und eine Welt der Krisen. Pietro Aretino (1492–1556), »der Infame«, zeichnete in einem Triumph des Nonkonformismus ein unverhülltes, von jeder Heuchelei freies Bild von den Sitten und Gebräuchen seiner Zeit. Benvenuto Cellini (1500 bis 1571) schrieb in einem ganz persönlichen Italienisch den Roman und das Heldengedicht seiner selbst. Mitten in der Tragödie der Kämpfe und religiösen Schismen und schon außerhalb des Stils der Renaissance schienen im Hintergrund die nachdenklichen Dialoge Torquato Tassos (1544–1595) und die humane, schmerzliche Poesie seiner *Gerusalemme liberata* auf.

Der Mensch wurde in den Tiefen seines Gemüts durchwühlt, die Komplexität seines Gefühlslebens auseinandergenommen, sein Verhalten im politischen Leben analysiert und bloßgestellt. Zugleich aber erhob sich über der bis zur Grausamkeit und abstoßendsten Nacktheit erbarmungslosen Darstellung die Poesie, um die Unversehrtheit der Werte der Liebe, des Glaubens und des Leidens zu preisen. Nach dem lebhaften Suchen des 15. Jahrhunderts erlebte das italienische Cinquecento in der Literatur und in den Künsten eine außergewöhnliche Zeit, die das glückliche Geschick begreifen läßt, das damals der Sprache und der Literatur der Halbinsel in ganz Europa zuteil wurde. In Frankreich wurde 1485 der *Decameron* übersetzt, 1514 die *Trionfi* Petrarcas, von 1515 bis 1524 das »Paradies« Dantes und 1519 der *Morgante* Pulcis, um nur einige zu nennen.

Im vorhergegangenen 15. Jahrhundert hatten die neuen Schulen der Humanisten ihre in die Antike verliebten Schüler über ganz Europa verstreut und so ein gemeinsames kulturelles Bewußtsein geschaffen. Nun strahlte durch die vom Humanismus verkündeten Ideale Italiens das Licht der großen Kunst überall hin. Die italienischen Kriege, die Invasionen Karls VIII. und Ludwigs XII. ließen nicht nur »alten Plunder« und Kunstgegenstände nach Frankreich wandern; auch Professoren für Griechisch, Musiker, Maler, Bildhauer und Architekten wurden dorthin gezogen. Der italienische Einfluß durchdrang die Künste von der Stickerei bis zur Goldschmiedekunst und Waffenfabrikation, vom Bankwesen bis zum Handel, von der Schiffahrt bis zur weiblichen Mode, von der militärischen Kunst bis zur Sprache. Plutarchs Vorbild des Helden – man denke an den Erfolg der Übersetzung von Jacques Amyot – und das von Castiglione gezeichnete Modell des Edelmannes setzten sich durch. Die Übersetzung der italienischen Bücher und der Unterricht im Griechischen oktroyierten Frankreich die Ideale der Renaissance.

Männer wie Guillaume Fichet, Robert Gaguin und vor allem Guillaume Budé (1468 bis 1540) hatten die neuen Lehren in Frankreich verbreitet; und während Josse Bade die neuen Bücher druckte, wandelte sich die französische Kultur. Jakob Faber (um 1450–1537) lehrte eine neue, von den florentinischen Platonikern und der Lehre des Erasmus inspirierte religiöse Geistigkeit. Die politische Anschauung der Italiener gewann Einfluß mit Philippe de Commynes, den Ludwig XI. zum Herrn von Argenton und Diplomaten in Italien gemacht hatte; er brach mit der Geschichtsschreibung mittelalterlicher Art. Seine subtilen und tiefen *Mémoires* (in zwei Teilen, um 1490 begonnen) lassen an Machiavelli denken. Margarete von Navarra (1492–1549) verkörpert den Typ des humanistischen Fürsten, dessen Bild die in Flandern und in der Bourgogne sich bildenden *rhétoriqueurs* in ihren etwas manirierten und konventionellen Werken umrissen hatten. »Die liebenswerte Mutter der Renaissance«, wie Michelet sie später nennen wird, las Platon, wenn sie auch in ihrem *Heptameron* (nicht zufällig in Nachahmung des *Decameron* Boccaccios so betitelt) für Sinnlichkeit und Realismus Verständnis zeigte. In ihrem Kreis bewegte sich Jean Fernel zwischen Wissenschaft und Magie in seinen *De abditis rerum causis* (1548) und verfaßte Maurice Scève das große didaktische Epos *Microcosme* (1562), während Bonaventure Desperriers sich der religiösen Polemik des *Cymbalum mundi* (1537) hingab und Etienne Dolet bis zur vollkommenen religiösen Indifferenz zu gehen schien. Die von neuen und freieren Ideen geförderte Krise zwang den Dichter Clément Marot (1496–1544), sich nach Ferrara und Genf zurückzuziehen, Desperriers, sich zu töten, und Dolet, den Scheiterhaufen zu besteigen. Marot, der Autor der *Adolescence Clementine*, machte sich nach dieser eleganten *badinage* 1532 an die Übersetzung von Psalmen. Kulturelle Erneuerung, Humanismus und religiöse Unruhe trafen zusammen und fanden in den aus Italien gekommenen Auffassungen ihren Platz.

Indessen verschrieb sich der Mönch François Rabelais (1494?—1553), wegen seiner Kenntnis der Sprache der Häresie, des Griechischen, verfolgt, in Montpellier und Lyon der Medizin, besuchte Rom und wurde unter dem Namen Alcofrybas Nasier der Biograph Pantagruels und dessen Vaters Gargantua. Das komische und märchenhafte Leben dieser Riesen wurde zu einem Zeit- und Lebensspiegel, dem Rabelais nach Verurteilungen an der Sorbonne auf Reisen durch Italien und bei ärztlicher Tätigkeit den Rest seiner Jahre widmete. Und immer pries er die ganze wunderbare Welt der intellektuellen Errungenschaften, inmitten derer er lebte, auf unnachahmlich spaßhafte Weise.

Aus Italien war das Licht des Humanismus gekommen. Das Sonett und die Terzine waren in die Poesie eingeführt, Platonismus und Petrarcismus hatten sich in der französischen Dichtung durchgesetzt. In Lyon hatten, nach Petrarca und Platon, Maurice de Scève, Pernette du Guillet und Loyse Labbé, »die schöne Cordière«, von der Liebe gesungen. 1549 forderte Joachim du Bellay (1522—1560) in der *Défense et illustration de la langue française*, unter Berufung auf italienische Vorbilder (und als Übersetzer Sperone Speronis) seine Landsleute auf, sich vorbehaltlos an Griechen, Lateinern und Italienern schadlos zu halten, um die Gattungen der Literatur, die Themen, die Motive und den Stil aufzunehmen und die Sprache und Literatur Frankreichs mit der Schöpfung der Epopöe, der Ode, der Tragödie und Komödie zu bereichern. Die von Lorenzo Valla im Vorwort der *Elegantiae* entwickelten Themen wurden übersetzt und adaptiert. Mit Pierre de Ronsard (1524—1585) an der Spitze schickte sich eine neue Schar von Dichtern an, neue Lorbeeren zu erringen. »Von Joacquim du Bellay angeregt«, schrieb Ronsard in dem 1550 verfaßten Vorwort zu den *Odes*, sei er von »dem brennenden Wunsch« beseelt, »die früher schwache und dahinsiechende Dichtung Frankreichs wachzurütteln«, und »sich auf einen unbekannten Weg begebend« habe er gezeigt, wie Pindar und Horaz zu folgen sei. In Blois begegnete er auf einem Fest Cassandra Salviati; sie wurde seine Laura:

> *Mignonne, allons voir si la rose*
> *Qui ce matin avoit desclose*
> *Sa robe pourpre au Soleil,*
> *A point perdu ceste vesprée,*
> *Les plis de sa robe pourprée*
> *Et son teint au vostre pareil.*

> Geliebte, schaun wir, ob der Rose,
> Die stolz ihr Purpurkleid, das lose,
> Heut früh dem Kuß der Sonne reicht,
> Nicht schon heut abend mangelt beides:
> Die Fältelung des roten Kleides
> Samt jener Farbe, die dir gleicht.

> *(Übersetzung Jahn)*

Die so oft in den Versen Ronsards erwähnten Rosen sind sicher eine Erinnerung an die Rosen und Veilchen des Poliziano, freilich ohne deren magischen Glanz, deren Melancholie und fleischliche Sinnlichkeit: sie sind raffinierter, anmutiger, wenngleich der Dichter den Namen Pindars anruft. Die zentralen Motive der Renaissance fanden ihren französischen Dichter: und hier die Anrufung an den Frieden:

> *La paix premièrement composa ce grand Monde,*
> *La paix mit l'air, le feu, le ciel, la terre et l'onde*
> *En paisible amitié...*
> *... la paix fonda les villes,*
> *La paix fertilisa les campagnes steriles...*
> *Non, ne combattez pas, vivez en amitié,*
> *Chretiens...*
>
> Der Friede ordnete zunächst die ganze Welt,
> Verband Luft, Feuer, Erd und Himmelszelt
> In Friedensfreundschaft...
> ... Der Friede schuf die Städte,
> Befruchtete das Land, das wüstgelegen hätte,
> Drum streitet nicht, lebt einträchtig zusammen,
> Ihr Christen...
>
> *(Übersetzung Jahn)*

Und die Würde des Menschen:

> *Nous ne sommes pas nés de la dure semence*
> *Des cailloux animés; d'une plus noble essence*
> *Notre esprit est formé...*
>
> Wir sind geboren nicht aus rauhem Stein,
> aus kalter Kiesel Saat; aus edlem Sein
> ist unser Geist geformt...
>
> *(Übersetzung Jahn)*

Um ihn und du Bellay waren die »Plejaden« geschart: Pontus de Tyard (1521–1605), Jean-Antoine de Baïf (1532–1589), Étienne Jodelle (1532–1573), Jean de la Pérouse (1529 bis 1554), Remi Belleau (1528–1577), Jacques Peletier aus Mans (1517–1582). Ronsard dominierte unter ihnen; die antiken Vorbilder ließen einen Reichtum an dichterischen Formen entstehen, auch wenn der Geist angesichts dieser »Sterne« dem Ausruf Michel de Montaignes zustimmte: »Richten wir die Augen zu Boden: auf die Armen, die dort liegen, das Haupt nach der Arbeit gebeugt; sie kennen weder Aristoteles noch Cato, weder Beispiele noch Gebote. Dennoch macht die Natur jeden Tag aus ihnen Vorbilder an Beständigkeit und Geduld, reiner und unmittelbarer als jene, von denen wir in der Schule eifrig lesen. Wie viele Arme sehe ich täglich, die sich nichts aus ihrer Armut machen; wie viele, die den Tod herbeiwünschen oder ihm ohne Ängste und ohne Klagen entgegensehen!«

Montaigne war in den lateinischen und griechischen Klassikern wohl bewandert. In seinem Freund Étienne de la Boétie, der 1563 starb, hatte er ein Vorbild antiker *virtus* bewundert. Als Stoiker und Skeptiker zieht er aus, die Welt mit eigenen Augen zu sehen, müde, sie in den Büchern zu suchen; er verwaltet Bordeaux; er wird weise. Die unaufhörlich korrigierten *Essais* sind das getreue Abbild einer Innerlichkeit, die von der Kultur nicht unterdrückt, sondern bereichert, gefördert und bereit gemacht wurde, sich mit unversehrt differenzierter Feinheit selbst zu verstehen und darzustellen. »Jeder schaut von sich weg, ich aber schaue in mich hinein; ich beschäftige mich nur mit mir und betrachte mich unausgesetzt; ich prüfe mich, ich freue mich meiner selbst.« Das Resultat war, über eine große Kulturerfahrung hinaus, die Prüfung des reichen und unruhigen Gewissens des neuen Menschen, der die Geschichte nachvollzogen hat und die Straßen der Erde gegangen ist, der Freuden und Leiden gekannt hat, geglaubt und gezweifelt hat und Geschmack daran findet, sich zu beobachten und mit jedem Herzschlag sich selbst darzustellen. Nicht zufällig erkannten sich in dem von Montaigne gezeichneten Porträt des Menschen alle nachdenklichen Geister Europas wieder.

Wenn die Kunst der Renaissance im literarischen Bereich vor allem Italien und Frankreich so eng miteinander verband, so faßte die Ausstrahlung der neuen Kultur das ganze Europa zusammen. Lehrer und Künstler reisten, und mit ihnen wanderten die neuen Ideen. Der Spanier Vives arbeitete in Paris, Löwen, Brügge und Oxford. Der Schotte Buchanan lehrte in Bordeaux, unter seinen Schülern war Montaigne, von Erasmus und unendlich vielen anderen nicht zu sprechen. Janus (Johannes) Pannonius (1434–1472) trug die Samen der Schule Guarinos nach Ungarn. Schon Enea Silvio Piccolomini prophezeite die Wandlung der germanischen Welt; außer Nikolaus von Cues studierten Gregorius Heimburg (1410–1472) und Albrecht von Eyb (1420–1475), der Autor der so außerordentlich erfolgreichen *Margarita poetica* in Italien; auch fehlte es nicht an Kontakten unter den Gelehrten. Es bilden sich Kreise und Akademien. Konrad Celtis (1459–1508), Herausgeber der Werke der Hrotsvit von Gandersheim, lateinischer Dichter, Gelehrter und Philologe, gründete eine *Sodalitas Literaria Rhenana*. Eine *Sodalitas Danubiana*, ebenfalls von ihm in Wien gegründet, blühte weiter unter Johannes Cuspinian (1473–1529). Celtis verfaßte nach dem Beispiel der *Italia illustrata* von Flavio Biondo eine *Germania illustrata*. Versuche einer Geschichte Deutschlands von den Anfängen an unternimmt Jakob Wimpheling (1450–1528), und Beatus Rhenanus (1485–1547) war ein großer Herausgeber klassischer Texte. Wenn auch Philologen, Gelehrte und Orientalisten (man denke nur an Reuchlin) die Lehren des Humanismus weitgehend in die deutsch sprechenden Länder aufnahmen, wenn auch der Humanismus und Erasmismus ihre Verteidiger fanden, wenn auch die neuen Erziehungsideale von Melanchthon in Wittenberg und von Sturm (1507–1589) in Straßburg verbreitet wurden, so haben doch die religiösen Kämpfe und die Abneigung gegenüber Rom einerseits und andererseits die Tatsache, daß später die katholische Reaktion in Italien Wurzeln schlug, die deutsche Welt von der eigentlichen Renaissancebewegung ferngehalten. Der von Ulrich von Hutten (1488–1523) 1520 verfaßte Dialog *Arminius* zeigte nicht zufällig Arminius als den nationalen Helden, der zum Symbol des Widerstandes gegen Rom durch alle Zeiten hindurch erhoben war.

Von Philologen, Kritikern und Denkern ganz Europas ist gesprochen worden; überall befruchtete die Rückkehr zu den klassischen Schriftstellern des Altertums nach dem italienischen Vorbild eine neue Blüte der Kultur. In Spanien hatte das 15. Jahrhundert *Los doze trabajos de Hércules* gesehen, in dem Enrique de Villena (1382–1434) die Themen Coluccio Salutatis wieder aufgriff. Antonio de Nebrija (1444–1532) hatte aus Italien eine von Valla angeregte Erneuerung der Grammatik nach Spanien gebracht und zugleich in den *Decades* historiographische Schriften nach humanistischer Art versucht. Im 16. Jahrhundert verbreiteten sich sowohl der Erasmismus wie der Platonismus, der Leo Hebraeus' »Liebesgespräche« inspiriert hatte. Nicht wenig Einfluß gewann der *Cortegiano* Castigliones, den der Dichter Juan Boscán übertrug. Valdes, Alfonso und Juan waren Erasmianer; auf die größten Dichter des 16. Jahrhunderts, wie Garcilaso de la Vega und Fernando de Herrera, hingegen wirkten vor allem der Einfluß Petrarcas und die platonische Geschmacksrichtung. Die Werke des Franziskaners Antonio Guevara, besonders der *Libro del emperador Marco Aurelio con reloj de principes* (1529), in dem er ein Bild des idealen Herrschers entwarf, fanden zu ihrer Zeit weite Verbreitung und Einfluß.

In England lebte der aus Italien eingeführte und von Erasmus angereicherte Humanismus in Thomas Linacre, William Grocyn, John Colet und Thomas Morus; die neue Erziehung wurde von Thomas Elyot und Roger Ascham in Theorien umgesetzt. Die Dichtung Petrarcas inspirierte Thomas Wyatt (1503–1542), aber der Symbolismus und der Moralismus, die in der märchenhaften Welt der »Feenkönigin« (*The Faerie Queene*) von Edmund Spenser (um 1552–1599), dem Übersetzer Marots und du Bellays, triumphierten, hielten sich nun in jener Welt, in der Männer wie Sir Philip Sidney, Fulke Greville und Sir Walter Raleigh brillierten, in einer Welt, deren Widerhall in den italienischen Dialogen Giordano Brunos zu finden ist, die aber immer wieder über die Ideale der Wiedergeburt hinausgeht.

Das von Italien ausgegangene Erwachen hatte Geschmacksrichtungen, literarische Formen und Gattungen der Dichtkunst in mannigfacher Art erneuert. Auch Schriften wie die von Horaz, Ovid und Terenz, die schon die mittelalterlichen Jahrhunderte genährt hatten, redeten nun eine andere Sprache; die Lyrik, das Heldenepos und insbesondere das Theater erneuerten sich. Indem sie in die verschiedenen nationalen Traditionen und Gegebenheiten eindrang, regte die Lehre der Klassiker zu originalen Werken an; und aus der Nachahmung – jener aristotelischen *mimesis*, von der so viel in den Dichtungen des 16. Jahrhunderts gesprochen wird – entsprangen jenseits der Gemeinschaft des humanistischen Lateins die ganz individuellen geistigen Schöpfungen der europäischen Nationen.

Die »schönen Künste«: Architektur, Bildhauerkunst und Malerei

Die erste, wenn auch noch unreife, aber bedeutende Frucht der griechischen Studien, denen das italienische 15. Jahrhundert sich öffnete, war die Übersetzung von Platons »Staat«. In Florenz zunächst und dann in Mailand und Venedig, unter dem Einfluß der italienischen Humanisten schließlich auch außerhalb Italiens las man mit besonderem Interesse eben diesen von Platon entworfenen Plan des idealen Gemeinwesens. Leonardo Bruni stellte – in seinen lobpreisenden Beschreibungen von Florenz – den Stadtstaat als den idealen Staat dar; um den »Kleinstaat« kreisten alle politischen und kulturellen Betrachtungen. Was immer man tue, werde konkret und ergänze einander im realen Körper der Stadt, ihren Gebäuden, ihrer rational bestimmten architektonischen Struktur, ihren

Raumverhältnissen und ihrem Zusammenhang mit dem umgebenden Hinterland. Bruni verurteilte Rom in den *Historiae Florentini Populi* ohne Zögern, weil das Imperium das selbständige Leben der Städte unterdrückt habe. Die Invasionen, die das Imperium zerstörten, hätten eine positive Aufgabe erfüllt, weil sie aufs neue die städtischen Möglichkeiten frei gesetzt hätten; viel später habe dann die Krise des Heiligen Römischen Reiches Deutchers Nation und der Kirche selbst es erleichtert, die *libertates* zu erringen. Nun verwirklichte sich eine freie *res publica* nicht nur in Institutionen und Magistraten; sie nahm physische Gestalt in ihren Gebäuden an.

Das Bauen kennzeichnete gerade jene aufblühenden Städte, in denen sich die Renaissancekultur am kräftigsten durchsetzte; vom Bauen Cosimo dei Medicis sind Biographien und Geschichtsbücher voll; daß Nikolaus V. großartige Bauten in Rom errichten wollte, ist wohlbekannt. 1492 ließ Sforza die Stadt Vigevano lichten, um die Piazza Grande nach den von Bramante in den Jahren 1475 bis 1485 entworfenen Plänen zu vergrößern; im selben Jahr 1492 ließ Ercole d'Este nach Biagio Rossettis Plänen Ferrara erweitern; um 1505 unternahm es Bramante in Rom, die apostolischen Paläste und die Via Giulia neu zu ordnen; das Jahr 1516 sah die Gestaltung der Piazza della SS. Annunziata in Florenz durch Antonio da Sangallo. Im ausgehenden 15. und beginnenden 16. Jahrhundert skizzierte Leonardo da Vinci seine Regulierungs-, Städte- und Baupläne. Im Manuskript B des Französischen Instituts zeichnete Leonardo da Vinci die großen Umrisse einer idealen Stadt. Ihm waren damit Leon Battista Alberti, Antonio Averlino, genannt Filarete (der in die Lombardei verpflanzte florentinische Architekt und Erbauer des Hospitals von Mailand), und der Sienese Francesco di Giorgio Martini vorangegangen. Obwohl der Utopie viel näher, waren diese übrigens fest von der besonderen Funktion der Architektur überzeugt, vom Zusammenhang zwischen Politik und Architektur, zwischen bürgerlichem Leben und Architektur; sie waren durchdrungen von der Notwendigkeit einer humanen Stadt.

Freilich ist *Sforzinda*, die Idealstadt Filaretes – in Wort und Zeichnung in dem zwischen 1460 und 1464 beendeten außergewöhnlichen *Trattato d'architettura* beschrieben –, eine einzigartige, wenn auch eindrucksvolle Phantasterei; aber er vertritt das Gesetz der Übereinstimmung von Mensch und Bau. Leonardo formuliert ganz bewußt und genau den Willen, die Stadt des Menschen auf das Prinzip der Würde des Menschen zurückzuführen, das heißt nach präzisen hygienischen, funktionalen und ästhetischen Kriterien auf Rationalität und Ordnung. In der idealen Stadt wie im einzelnen Gebäude, also im Kunstwerk des Städteplaners wie des Architekten, müsse sich ohne jede rhetorische Abschweifung eine Lebens- und Wirklichkeitsauffassung vervollkommnen und verwirklichen. So sei der Künstler – oder besser ein bestimmter Typ von »universellem« Künstler – Erbauer eines Kosmos, in den der Mensch eingefügt und in dem er der höchste und vollkommenste Ausdruck dieser Kultur sei. Diese Art von Kunst einige in sich alles: Wissenschaft, Weltauffassung, Dichtung, Moral und Politik.

Eindeutig handelt es sich hier um die Kunst Leonardos und Michelangelos und ähnlicher Gestalten, auf welche die Beobachtung von Bernard Berenson vollkommen zutrifft: »Vergißt man, daß sie Maler waren, so bleiben sie große Bildhauer; vergißt man, daß sie Bildhauer waren, bleiben sie Architekten, Dichter und sogar Männer der Wissenschaft. Keine

DIE KULTUR DER RENAISSANCE

Form, die sie nicht versucht hätten, und keine, von der man sagen könnte: ›diese drückt voll und ganz das aus, was ich meine‹... Und wir empfinden, daß der Künstler größer ist als sein Werk und daß der Mensch riesenhaft über den Künstler hinausragt.« In diesem Sinn ist die Tätigkeit der Künstler nicht eine Manifestation der Renaissancekultur unter anderen: sie ist sozusagen der sie beschließende Ausdruck. Nicht zufällig nannte Lorenzo Ghiberti Bildhauerei und Malerei »von vielen Disziplinen und mannigfachen Lehren geschmückte Wissenschaften, die unter allen Künsten die höchsten Erfindungen sind«, und Leonardo sah in der Wissenschaft des Malers den Punkt, in dem die gesamte Enzyklopädie des Wissens zusammenschieße. Alberti gar, der seine Bücher »Über die Malerei« Brunelleschi widmete, unterstrich im Gedanken an Donatello und Masaccio nicht nur, welchen Komplex von Kenntnissen soviel Stoff verlange, sondern stimmte in jenes einzigartige Lob Filippo Brunelleschis auf die Wissenschaft ein: »Wer könnte je so verstockt oder neidisch sein, Pippo, den Architekten nicht zu preisen, wenn er hier einen so großartigen, über die Himmel erhobenen Bau sieht, mächtig genug, mit seinem Schatten das ganze toskanische Volk zu überdecken, ohne Balken oder viel Holz errichtet; ein solches Kunstwerk in diesen Zeiten zuwege zu bringen, war, wenn ich richtig urteile, unglaublich; die Alten aber hätten dazu weder Wissen noch Können gehabt.« Hier zeige sich die Wissenschaft des großen Architekten, daß er die Klassiker studiert und sogar übertroffen habe, und auf wunderbare Weise auch jene Sublimierung des ganzen toskanischen Genius in der Kuppel, welche die ganze Erde überspanne.

Alberti sah in Filippo Brunelleschi (1377–1446) den vollendeten Typus des neuen Künstlers: Die neue Kultur habe ihn zusammen mit dem jungen Donatello in den ersten Jahren des 15. Jahrhunderts nach Rom getrieben, und während die Literaten Handschriften gesucht und gelesen hätten, habe er über die Weise nachgedacht, in der die Alten die erlesenen Mauern und großen Bauwerke zustande gebracht hätten, und sich bemüht, deren musikalische Proportionen wiederzufinden. Wie man in der Antonio di Tuccio Manetti zugeschriebenen Lebensbeschreibung nachlesen kann, zeichnete er während jenes Aufenthalts in Rom zusammen mit Donatello alle Bauten Roms und seiner Umgebung »mit den Längen- und Breitenmaßen und den Höhenmaßen, wie sie schätzungsweise gewesen sein konnten«. Er konstruierte Maschinen und ging dann zu Toscanelli, um die wissenschaftlichen Voraussetzungen und mathematischen Grundlagen seiner Kunst zu vertiefen. Es waren dies die Jahre, in denen die Studien über die »Perspektive« blühten.

Mit Leonardo erreichte eine Überlieferung ihren Höhepunkt, die einem bescheidenen Handwerk die neue Würde künstlerischer, eng mit der Entfaltung der Wissenschaften, mit der Technik und dem Bau von Maschinen verknüpften Tätigkeit verliehen hatte. Techniker und Festungsbaumeister, Männer wie Brunelleschi, trugen dazu bei, die soziale Stellung einer ganzen Kategorie von Handwerkern zu wandeln. Sie verliehen ihr mit einem neuen Verhältnis zu den Auftraggebern neue Würde. Zweifellos spiegelt sich die jeweiligen Verhältnisse der freien Republiken und Signorien, Fürstentümer und Kirchenmächte in der Arbeitsweise der Bildhauer, Maler, Architekten und Städteplaner. Die Formen, welche die Künste jeweils annahmen, sind nicht zu trennen von der Tatsache der kulturellen Zirkel an den Höfen und vom Einfluß der Theorien und geistigen Strömungen.

Wieviel von der venezianischen Politik die Darstellungen der Höflinge venezianischer Meister von Bellini bis zu Carpaccio spiegeln, ist schon gesagt worden; ebenso ist aus den sienesischen Fresken Ambrogio Lorenzettis die Mahnung zu guter Regierung herauszulesen; ähnlich gewahrt man in Florenz und bei den Toskanern zunächst die Vorherrschaft republikanischer Ideale, dann die Üppigkeit der fürstlichen Epoche Lorenzos und schließlich die Predigten Savonarolas. Es fällt schwer, Pollaiolo oder Botticelli anzuschauen, ohne an die Schriften der Dichter, Redner und Philosophen jener Zeit zu denken. Das Werk Mantegnas verweist nicht nur auf die Professoren von Padua, sondern auch auf den Inschriftenkenner Felice Feliciano; bestimmte Gestalten Michelangelos und sogar einige apokalyptische Zeichnungen Leonardos von Sündfluten und Weltuntergängen erinnern an Savonarola. Maler wie Masaccio oder Piero della Francesca hielten in ihren Fresken die körperliche Gestalt des Menschen fest, den das zeitgenössische Denken als das privilegierte, zur Herrschaft über die Welt fähige Wesen zeigte. Botticelli übersetzte die Bedeutung wesentlicher Formen der Wirklichkeit in seine Gemälde, wie Paolo Uccello in seinen grünen und rosafarbenen Pferden die Ausdrucksmöglichkeiten seiner außergewöhnlichen Virtuosität und seines einzigartigen technischen Könnens völlig unbekümmert um die sinnlich wahrnehmbare Natur bis zum äußersten getrieben hatte. Bald darauf wird es Leonardo gelingen, wissenschaftliche Entdeckung und malerische Symbolisierung auf zauberhafte, nie wieder erreichte Weise eins werden zu lassen. Nach Berenson: »Er faßte nichts an, was sich nicht in ewige Schönheit verwandelt hätte. Handele es sich um die Sezierung eines Schädels, um die Struktur eines Grases oder um die Anatomie von Muskeln: mit seinem Instinkt für die Linie und das Helldunkel setzte er sie für immer in lebendige Werte um; und das absichtslos, denn die meisten dieser zauberhaften Entwürfe wurden hingeworfen, um wissenschaftliche Spekulationen zu illustrieren, die gerade im Augenblick seinen ganzen Geist gefangen hielten.«

Das Geheimnis, zugleich aber das Mysterium dieser Künstler und ihr Schicksal, das einen entscheidenden Augenblick in der Geschichte der Kultur ausdrückt und zugleich dazu beiträgt, ihn zu definieren, liegt eben in jener einzigartigen Verknüpfung von Spekulation und symbolisierender Darstellung, von Wissenschaft und Bautechnik, von Philosophie und Dichtung. Brunelleschi war ein Physiker und Techniker von ungewöhnlicher Größe. In polemischen Versen stellt er Giovanni da Prato den Wert der Erfahrung vor:

Falso giudicio perde la baldanza
chè sperienza gli si fa terribile...

Das falsche Urteil ist nicht mehr so dreist,
Wenn die Erfahrung sich als stark erweist.

(Übersetzung Jahn)

Wissenschaftliche Vertiefung, Studium der Perspektive und Erkenntnis übersetzen sich in seinen Bauten in Rhythmus, Lichteffekte und Harmonie des Ganzen; theoretisches Wissen und raffinierte Technik verklären sich in der Poesie der Kuppel von Santa Maria del Fiore, in der Eleganz der Cappella dei Pazzi, in den Rhythmen von San Lorenzo und Santo Spirito. Zu seiner Raumauffassung, eigentlich einer neuen Art, Natur zu sehen und zu konzipieren, kam ein unbegrenzter Freiheitssinn, der ihn von jeder Lehrmeinung und jeder politischen Fessel frei machte und ihm unglaubliche Späße eingab (der grausame Scherz des Tischlers Grasso oder des Manetto Ammannatini hat fast sinnbildliche Bedeutung); er hatte ein völlig unabhängiges Verhältnis zur Antike bei außergewöhnlicher architektonischer Erfindungskraft. Ein moderner Historiker (P. Sampaolesi) hat im Zusammenhang mit Brunelleschi an die prophetischen Worte Roger Bacons über die Maschinen erinnert, die einmal möglich sein würden (»man kann Maschinen für die Schiffahrt ohne Ruderer konstruieren...; auch die Wagen werden sich ohne Tiere mit unglaublicher Geschwindigkeit bewegen können...; man wird eine leichte Maschine zum Heben und Senken enormer Gewichte bauen«). Nun: »Brunelleschi hat nie etwas davon geschrieben, aber er hat es gemacht, nicht empirisch, sondern von genauen theoretischen Voraussetzungen ausgehend.«

Auf seinen Spuren fiel es Michelozzo (1396–1472) nicht schwer, die Wünsche der florentinischen Gesellschaft zu erfüllen. Eine neue Art von öffentlichen Gebäuden, Wohnhäusern, Palästen und Landhäusern verbreitete sich überall, auch über die Toskana hinaus. Averlino arbeitete in der Lombardei, Leon Battista Alberti nahm den schon von Boccaccio und später 1414 von Bracciolini wiederentdeckten Vitruvius wieder auf. Mit ihm beschäftigten sich auch Raffael und Antonio da Sangallo, Bramante und Leonardo. 1511 wurde er von Fra Giocondo veröffentlicht und illustriert. Die Idee der Übereinstimmung von Makrokosmos und Mikrokosmos konkretisierte sich im anthropomorphen Charakter der Architektur, in der Bestimmung der harmonischen Maßverhältnisse nach dem menschlichen Modell.

Unterdessen hatte Brunelleschis Freund Donatello (1386–1466) Einfluß auf Maler wie Mantegna in Padua und gleichzeitig auf Architekten und Bildhauer, während sowohl Ghiberti wie Luca della Robbia und Baumeister von Grabmälern wie Bernardo Rossellino und der Donatello-Schüler Desiderio da Settignano am Werk sind. Die Grabdenkmäler für Bruni und Marsuppini verwandelten den gotischen Sarkophag und kündeten zugleich vom Gefühl für den Ruhm als eine weltliche Dimension.

In der Malerei ist es nicht leicht, dem Bogen nachzugehen, der sich von Masaccio zu Michelangelo spannt; er läßt sich nicht mit dem alten Thema der Rückkehr zu den Klassikern des Altertums erklären, in der doch die neuere Forschung eine immer größere Komplexität von Komponenten erkennt, indem sie die ganze schöpferische Originalität jener angeblichen Wiedergeburt oder Imitation aufweist. Hingegen ist richtig, daß wir uns »einer geistigen und formalen Würde, einer vorher und nachher in der Geschichte der nachklassischen Kunst nie wieder erreichten Harmonie und Ausgeglichenheit« gegenüberfinden (R. Wittkower).

Die neue Richtung hatte mit Giotto begonnen. Sie erstarkte aufs neue mit Masaccio (1401–1428). Die Gestalten der Brancacci-Kapelle in der Kirche del Carmine zu Florenz verwirklichten die Dimensionen, die der Mensch im Bewußtsein des 15. Jahrhunderts annahm. In Florenz folgten dann die Könnerschaft Paolo Uccellos, die Kraft Andrea del Castagnos sowie Angelico und Lippi, Pollaiolo, Baldovinetti und die Werkstatt Verrocchios, schließlich erhoben sich über eine Schar einzigartiger Künstler Botticelli und Leonardo. Es ist eine ganze Welt von unvergleichlicher Humanität und Intensität; wer sie nicht eindringlich betrachtet, erfaßt nicht die Dimensionen einer Epoche und ihre Poesie und begreift nicht ihre Fähigkeit, die Dinge und den Lauf der Ereignisse hinter ihrer äußeren Erscheinung zu sehen und zu erforschen, um dadurch die Bedeutung der äußeren Erscheinungen von ihren Wurzeln her nach kunstvoller philologischer und historischer, naturwissenschaftlicher und philosophischer Auflösung neu zu finden.

Auch hier war der Weg komplex: Er führt von der Dichte der florentinischen und toskanischen Welt zum vielfältigen Reichtum Venedigs, von der humanistischen »Klassizität« Mantegnas zwischen Padua und Mantua zur strengen und kühnen Feierlichkeit Piero della Francescas (1416–1492), den Luca Pacioli später glücklich den »Monarchen der Malerei« nannte. Die ganze Skala der Nuancen einer Kultur fixierte sich in Bildern und in prächtigen Standbildern und Denkmälern von Condottieri und gewann in Kirchen, Palästen und Festungen Gestalt. Ein neuer Kanon der menschlichen Gestalt wurde festgelegt, ein Modell, in dem die Menschen einer Epoche ihr Ideal erkannten und dem sie sich anglichen. In der Architektur formte sich derweil die Wohnstatt der Menschen und ihrer Gottheiten heraus; der Gottheiten, die nicht die auferstandenen heidnischen Götter waren, sondern das Universum und seine Prinzipien, wie sie damals im Rückgang auf die klassischen und christlichen Ursprünge und vor allem im Bewußtwerden des realen irdischen Geschicks des Menschen und der Realität der Erde neu gedacht wurden. Daraus speist sich die Spannung, die auch die vollkommen durchkomponierten Werke belebt, und zugleich auch deren Distanz; daher die Komplexität der Anspielungen und der Symbole, die zum Verstehen eines Bildes oder eines Basreliefs als Ergänzung und Kommentar die ganze, den zeitgenössischen Gelehrten zugängliche Bibliothek verlangt; daher schließlich so häufig das Gefühl eines nicht entzifferten Rätsels, unerschöpflich wie das Rätsel der Dinge. Diese Empfindlichkeit für die Herzschläge der Kultur der Zeit finden wir bei Botticelli während seiner Zeit im Kreis Lorenzos bis zu der mit Savonarola, vom Frühling und der Geburt der Venus bis zu den Dante-Illustrationen des Cristoforo Landino; wir finden sie bei Mantegna, begegnen ihr bei Giorgione; bei Leonardo finden – oder ahnen – wir weniger eine befriedete Zusammenfassung als eine polemisch erzwungene Energie. Bei Michelangelo erleben wir die Behauptung einer einmaligen Kraft, einer persönlichen Wandlung innerhalb eines völlig neukonstruierten Kosmos.

Der Austausch zwischen den »schönen Künsten« und den anderen Kulturemanationen ist kontinuierlich und vital, doch gerade in den »Künsten« läßt sich die Expansionskraft einer Kultur und ihrer äußeren Kontakte besonders leicht feststellen. Einerseits erleben wir im 15. Jahrhundert die Verbindung von neuer italienischer und flämischer Malerei mit der »Gegenwärtigkeit« Roger van der Weydens, Petrus Christus' und Jean Fouquets in Italien und der Hochschätzung der Italiener für van Eyck, Hugo van der Goes und Memling. Andererseits beobachten wir neben dem Einfluß von Florenz den Austausch mit anderen italienischen Kulturzentren und das Gewicht der freigebigen Höfe wie dem von Urbino, von Pius II. ganz zu schweigen, der von Bernardo Rossellino sein Heimatdorf Corsignano in das prächtige Pienza umwandeln läßt, und von Nikolaus V., der mit seinen Planungen vorwegnimmt, was im folgenden Jahrhundert, als der Ruhm von Florenz zunehmend verblaßte, Julius II., Leo X. und Clemens VII. aus Rom machen werden.

Kuppel des Doms S. Maria del Fiore von Florenz
Bau des Filippo Brunelleschi, 1420–1436

Ein Gefangener
Unvollendete Steinskulptur von Michelangelo, um 1519
Florenz, Galleria dell' Accademia

Nicht weniger bemerkenswert und ganz der Veränderung der übrigen Aspekte der Kultur entsprechend sind die unterschiedlichen Wandlungen, welche die Künste – wenn auch in gemeinsamer Sprache – in den verschiedenen Zentren durchmachen, in Venedig beispielsweise oder in Ferrara, Parma oder Umbrien; überall überlagern sie die heimische Tradition oder lassen sich – wie gerade in Venedig – auf exotische Einflüsse oder »orphische« und »pythagoreische« Wirkungen ein. Das erklärt die Individualität und Einzigartigkeit der Werke etwa des mysteriösen Giorgione (1477–1510), des leuchtenden Tizian (um 1485 bis 1576), des beweglichen, morbiden und wollüstigen Correggio (Antonio Allegri, um 1489 bis 1534).

Inzwischen ging um die Wende vom 15. zum 16. Jahrhundert der künstlerische Primat entschieden von Florenz auf Rom über. Päpstliche Mäzene, unter ihnen zwei Medici, riefen die großen Künstler an ihren Hof, Architekten, Bildhauer und Maler: Bramante, Raffaello Sanzio, Fra Giocondo, Antonio da Sangallo. Neben die antiken Denkmäler reihten sich harmonisch die neuen, prächtigen Bauten ein. Alle Künstler überragte gigantisch Michelangelo Buonarroti (1475–1564), der sich von seinen florentinischen Erfahrungen mit dem Platonismus und Savonarolismus her einer immer tiefer erlebten Religiosität näherte.

Er hatte bis zur völligen Erschöpfung Leichen seziert, worüber er eine Abhandlung verfassen wollte, weil ihm die Schrift von Dürer »eine recht schwache Sache« zu sein schien. Als er alt geworden war und diesen Plan aufgegeben hatte, »begann er mit Messer Realdo Colombo, einem ausgezeichneten Anatom und Chirurgen, zu verhandeln«. Neben das Buch der Natur stellte er die Bücher der Menschen, Dante vor allen, aber auch Petrarca und die Bibel.

In Werken wie dem Moses, den Statuen für die Medici-Gräber (Herzog Giuliano von Nemours und Herzog Lorenzo von Urbino) oder dem Jüngsten Gericht möchte man spontan die tiefste Weisheit einer ganzen Kultur erkennen. Die Auffassung der Welt, die sich in den Statuen vom David bis zu den Gefangenen, von Moses bis zur Nacht, zur Morgenröte und zur Abenddämmerung ausdrückte, und die Vision, die das Jüngste Gericht beseelt, haben in der ganzen Geschichte des Abendlandes ein Gegenstück nur in der unvergleichlichen Verschmelzung von Denken und Dichtung, die in einigen begnadeten Augenblicken der griechischen Kultur und in den erhabensten Versen von Dantes »Göttlicher Komödie« Wirklichkeit wurde. Michelangelo lebte in einer mit ungewöhnlichen Männern gesegneten Zeit; doch ließ er nicht nur den ebenfalls großen Luca Signorelli (1450–1523) hinter sich, der ihm in der Darstellung des Jüngsten Gerichts im Dom zu Orvieto vorangegangen war, sondern auch Raffael (1483–1520), der in der ganz und gar humanistischen Harmonie seiner Ausdrucksformen hinter der sublimen Tragik Michelangelos zurückbleibt. Die Schule von Athen führt uns in den Traum des 15. Jahrhunderts vom »philosophischen Frieden« zurück, den sie in der Weite einer großartigen, prachtvollen Vision preist. Jener Friede, jene Formen und jenes Licht stellen uns deutlich die Welt des geordneten und ausgeglichenen humanistischen Denkens vor Augen. Von Michelangelo hingegen erzählt Condivi, daß er »mit großem Eifer und mit Aufmerksamkeit... die Schriften Savonarolas« zu lesen pflegte, »dem er immer herzlich zugetan und dessen lebhafte Stimme ihm im Sinn geblieben war«. Der tragische Sinn des Lebens und eine immer tiefere religiöse Erfahrung gaben den Expressionen Michelangelos eine Größe und einen Reichtum, den Raffael nicht einmal in den glücklichsten Augenblicken der »Stanzen« erreichte. Die Eleganz der von Castiglione in seinem *Cortegiano* so liebenswert nachgezeichneten Welt der Montefeltro, aus der Raffael kam, verlieh ihm einzigartige Anmut, die ganz der Sanftheit seines Lehrers Perugino entsprach. Daraus entstand ein humanes Maß, daß vollkommen schien; mit einem Glück ohnegleichen stellte er die Ideale der Ausgewogenheit und der Harmonie der humanistischen Kultur dar – man denke nur an Platon und Aristoteles in seiner Schule von Athen.

Die Komplexität dagegen, die unversöhnten Kontraste, die schreckliche Unbegreiflichkeit des menschlichen Schicksals, den Kampf mit den Naturgewalten, die Schuld, den Schmerz, die Begegnung mit Gott, dem Gott, der für den Menschen stirbt, der erlöst und verdammt: alles dies hingegen finden wir im Moses, in der Pietà, im Jüngsten Gericht, in der Nacht, in den Gefangenen: und das neben der herrlichen Jugend des David. Nur noch Leonardo gibt uns – in ganz anderer Weise – mit seiner entfesselten Natur, jenem Spiel der physischen Kräfte, jenem von Geist und Gott verlassenen All, mit seinem ewigen Suchen und Versuchen ein gleiches Empfinden vom Menschen und seiner Lage, seinem Elend und seiner Größe. Und seine wundervollen und rätselhaften Frauen wie seine strahlenden Madonnen in den Felsen erlauben uns, die Tiefe einer Spannung und ihre Auflösung in der Harmonie der Formen zu ermessen.

Leonardo da Vinci und Michelangelo haben nicht nur das wohl erhabenste Wort der Renaissance gesprochen. Sie zeigen deutlicher als alles, was Literaten, Wissenschaftler und Philosophen geschrieben haben, den Sinn und den Wert der Renaissance.

Richard Konetzke

ÜBERSEEISCHE ENTDECKUNGEN
UND EROBERUNGEN

Eine neue Epoche der Menschheitsgeschichte

Ein halbes Jahrtausend trennt uns heute Lebende von dem Zeitalter der überseeischen Entdeckungen. Im Jahre 1460 starb Heinrich der Seefahrer, der die Erforschung der afrikanischen Atlantikküste und die Erkundung und Besiedlung der Atlantikinseln organisiert hatte. Zehn Jahre später erreichten die Portugiesen die Guineaküste und begannen, sich der Reichtümer jener afrikanischen Gegenden an Gold, Elfenbein und Pfeffer zu bemächtigen und das lukrative Geschäft des Handels mit Negersklaven zu betreiben. Die Umsegelung des Kaps der Guten Hoffnung durch Bartolomeu Dias im Jahre 1488 öffnete den Weg in den Indischen Ozean und ermöglichte es den Schiffen Vasco da Gamas, im Jahre 1498 Indien zu erreichen. Die Überquerung des Atlantischen Ozeans durch Christoph Kolumbus im Jahre 1492 führte zur Entdeckung Amerikas.

Eine neue Epoche der Menschheitsgeschichte begann. Europäer traten in Übersee mit exotischen Ländern und fremdartigen Menschen in Berührung, bemächtigten sich der Naturschätze und agrarischen und gewerblichen Erzeugnisse jener fernen Räume, unterwarfen sie ihrer Herrschaft und durchdrangen sie mit den Gestaltungen ihres Kulturlebens. Die europäische »Weltgeschichte« nahm ihren Anfang.

Die epochemachende Bedeutung der überseeischen Entdeckungen wurde bereits von den Zeitgenossen empfunden. Der spanische Chronist López de Gómara bezeichnete die Entdeckung Amerikas als »das größte Ereignis seit der Erschaffung der Welt, ausgenommen die Fleischwerdung und den Opfertod unseres Erlösers«. Der italienische Humanist Pietro Martire d'Anghiera, der seine spanische Wahlheimat nicht mehr verlassen wollte, um dem Schauplatz der überseeischen Begebenheiten nahe zu bleiben, erklärte: »Was seit dem Anfang der Welt getan und geschrieben worden ist, ist nach meiner Ansicht noch wenig, wenn wir es vergleichen mit diesen neuen Ländern und Meeren, jenen mannigfachen Völkerschaften und Sprachen, jenen Edelmetallschätzen und jenen Perlenvorkommen.«

Erstaunen ergriff die Europäer bei der Kunde von der ungeahnten Mannigfaltigkeit der tropischen Naturlandschaften, von den Seltsamkeiten ihrer Tier- und Pflanzenwelt, von der Beschaffenheit und Lebensart der Menschen jener entfernten Zonen. Die Wunder der Schöpfung taten sich vor ihren Blicken auf. López de Gómara beginnt seine *Historia de las Indias* mit dem Ausruf: »Die Welt ist so weit und so schön und hat eine solche Verschiedenartigkeit der Hervorbringungen, daß es den in Erstaunen versetzt, der es recht bedenkt und betrachtet.« Die Wißbegier des erkennenden Geistes empfand beglückende Befriedigung in der Erfahrung so vieler neuer Dinge. Anghiera schrieb an seinen früheren Lehrer in Rom: »Man sagt mir, lieber Pomponius, daß Ihr vor Freude in die Höhe sprangt und daß Euer Vergnügen sich mit Tränen mischte, als Ihr meine Briefe laset, in denen ich Euch von der bisher verborgenen Welt der Antipoden Kunde gab. Ihr tatet und empfandet, wie es einem durch seine Gelehrsamkeit ausgezeichneten Manne zukommt. Welch' köstlicheren Leckerbissen als diese Neuigkeiten könnte man einem klaren Verstand darbieten? Welches geistige Glück empfinde ich nicht, wenn ich mich mit kundigen Leuten unterhalte, die aus jenen Gegenden gekommen sind! Es ist wie der Fund eines Schatzes, der mit einmal strahlend sich dem Blick eines Geizigen darbietet. Der Geist weitet sich aus, wenn er so ruhmreiche Ereignisse betrachtet.«

Der abendländische Mensch lernte die gesamte bewohnbare Erde als Schauplatz irdischen Lebens begreifen. Wie sollte er nun sein Verhältnis zu den menschlichen Wesen fremdartiger Rassen und Kulturen bestimmen, mit denen er in Berührung kam? López de Gómara urteilte: »Die Menschen sind, abgesehen von der Hautfarbe, wie wir und stammen wie wir von Adam ab, wenn sie auch in Gesittung und Sitten unterschieden sind.« Der spanische Humanist ließ sich bei diesem Eindruck von dem alten antik-stoischen und christlichen Menschheitsbegriff leiten, der keine Völker- und Rassenunterschiede in der geistigen Bewertung der Menschen kennt. Aber es bildete und verbreitete sich im Abendland auch die Auffassung, daß die Neger Afrikas und die Indianer Amerikas Barbaren seien und nicht als richtige, vernunftbegabte Menschen gelten können. So war die Einstellung der Europäer zu den Eingeborenen der neu aufgefundenen Erdteile seit den Anfängen von schicksalhafter Problematik.

Das sensationelle Aufsehen, das die großen überseeischen Entdeckungen bei Zeitgenossen erregten, mochte sich wohl bald legen, und die Vorgänge jenseits der Meere konnten bei den nicht unmittelbar beteiligten Europäern in Vergessenheit geraten. Aber der Fortgang der geschichtlichen Ereignisse sollte Größe und Bedeutung des Entdeckungszeitalters immer stärker zum Bewußtsein bringen. Die Welt ist seitdem nicht nur rapide europäisiert worden, sondern Europa selbst hat in wachsendem Maße die Einwirkungen aus der Überseewelt erfahren. Die industrielle Revolution, die von England ihren Ausgang nahm, ist durch die wirtschaftlichen Folgen der transozeanischen Expansion vorangetrieben worden. Adam Smith schrieb in seinem berühmten Werk *Wealth of Nations* (1776): »Die Entdeckung Amerikas und die Fahrt nach Ostindien um das Kap der Guten Hoffnung sind zwei der größten und bedeutendsten Ereignisse, von denen die Menschheitsgeschichte zu berichten weiß.« Als eine der hauptsächlichen Wirkungen könne angegeben werden, daß diese Entdeckungen »das Handelssystem zu einem Grad von Glanz und Größe erhoben, wie er auf andere Weise nie hätte erreicht werden können«. Die westindischen Zuckerpflanzer und die Liverpooler Sklavenhändler brachten hauptsächlich die Geldmittel auf, die zum Ausbau der englischen Industrie notwendig waren.

Nicht minder sichtbar wurden die Folgen für das europäische Staatenleben. Das amerikanische Gold und Silber, so sah man, stärkte die Staatsgewalten in Europa. Die Konflikte der großen europäischen Mächte dehnten sich über die Welt aus. Der französische Advokat

Carle erkannte im Jahre 1790, daß die Entdeckung Amerikas die entgegengesetzten Teile der Erde miteinander verbunden habe, damit sie sich untereinander gleichzeitig in allen Weltgegenden zerstören. Ein Funke, der in *einer* Hauptstadt Europas entzündet werde, stecke die Alte und die Neue Welt in Flammen. Im 20. Jahrhundert sollte schließlich das von den Europäern entdeckte und kolonisierte Amerika das Schicksal Europas bestimmen.

Kolonialismus und Geschichtswissenschaft

Die europäischen Kolonisationen, die von dem Zeitalter der Entdeckungen ihren Ausgang nahmen, werden heute lebhaft kritisiert und in ihren Methoden und Leistungen scharf verurteilt. Kolonialismus ist zum Inbegriff alles Bösen in der Welt geworden. Der Nationalismus junger Völker, die unter europäischer Herrschaft sich erst zu politischen Willensgemeinschaften entwickelten und ihre staatliche Selbständigkeit erreicht haben oder erstreben, sucht seine Rechtfertigung in leidenschaftlichen Anklagen gegen die tyrannische Unterdrückung und kapitalistische Ausbeutung durch die Europäer, und eine solche Beurteilung der europäischen Kolonialgeschichte dient wiederum der Propaganda in den weltpolitischen Auseinandersetzungen der Gegenwart. Aber kein Antikolonialismus kann die Umgestaltungen rückgängig machen, die die europäische Expansion im Weltgeschehen hervorgerufen hat. Auch wo ehemalige Kolonialvölker sich von europäischer Oberhoheit losgelöst haben, tragen sie so vieles mit sich und in sich weiter, was sie von den Europäern übernommen haben.

In einer solchen Gegenwartssituation muß es ein dringendes Anliegen der Geschichtswissenschaft sein, uns zu unterrichten, wie es wirklich mit diesem halben Jahrtausend europäischer Weltgeschichte gewesen ist. Zunächst bedarf es dazu der Erforschung und Betrachtung der historischen Voraussetzungen und Triebkräfte, die europäische Völker auf den Weg der Weltentdeckung und Weltherrschaft geführt haben. Dieses geschichtliche Verstehen eines europäischen Vorgangs ist lange durch die Beengtheiten einer nationalen Geschichtsschreibung beeinträchtigt worden. Denn nicht ein geeintes Abendland hat die überseeische Ausbreitung vorangetragen, sondern das Entdeckungszeitalter steht im Zeichen der politischen und kirchlichen Spaltung Europas. Souveräne und rivalisierende Einzelstaaten bemächtigten sich der seefahrerischen und kolonisatorischen Unternehmungen, und der Nationalgeist der beteiligten europäischen Völker ist durch das stolze Bewußtsein ihrer Leistungen in der Entdeckung, Eroberung und Besiedlung ferner Erdteile mächtig belebt worden. Wie man die Taten der eigenen Nation verherrlichte und zugleich das Vorgehen der konkurrierenden Nation verunglimpfte, entstanden die kolonialen Geschichtslegenden, insbesondere die *leyendas negras*, die von der antikolonialistischen Propaganda dann aufgegriffen wurden. Da nunmehr die Zeiten eines Wettkampfes europäischer Mächte um Kolonialbesitz vorüber sind, ist es der Geschichtsschreibung leichter geworden, die beengt nationalgeschichtliche Sicht der europäischen Expansion aufzugeben und dafür das gemeinsam Europäische jener Bewegung besser zu erkennen. Der Streit um nationale

Prioritäten bei der Entdeckung oder Besitznahme überseeischer Gebiete verliert in einer Gesamtschau der europäischen Kolonisationen an historischem Interesse. Eine vergleichende Betrachtung der verschiedenen Kolonialsysteme der Spanier, Portugiesen, Franzosen, Engländer und Holländer läßt viel mehr Übereinstimmendes erkennen, als es die isolierende Schau aus einer einzelnen Nationalgeschichte zu sehen vermag, ermöglicht aber auch, das wirklich Besondere und Eigentümliche in den überseeischen Kolonisationen der verschiedenen europäischen Völker genauer zu erfassen.

Andererseits bietet die moderne Entwicklung der allgemeinen Geschichtswissenschaft Möglichkeiten zu einer umfassenderen und vertieften Erkenntnis jenes weltgeschichtlichen Vorgangs der europäischen Ausbreitung. In Rankes Weltgeschichte lesen wir: »Indem das Abendland durch das Vordringen der Türken auf den engsten Umkreis von Gebiet beschränkt wurde, den es jemals gehabt hat, wurde ihm durch die abenteuerlichen Unternehmungen von ein paar Seefahrern, die obendrein nicht recht wußten, was sie wollten, die aber gerade durch jene Einschränkungen veranlaßt waren, sie zu durchbrechen, eine neue, eine doppelte Welt, im Orient und Occident erschlossen.« Es ist bis heute die weit verbreitete Vorstellung geblieben, daß der Anstoß zu den Entdeckungsfahrten das Streben der abendländischen Völker nach einer unmittelbaren Handelsverbindung mit Asien gewesen ist, die über Land durch die vordringenden Türken unterbrochen worden war, und daß einige seefahrende Abenteurer wider Erwarten das Glück hatten, neue Länder zu entdecken. Aber weder ein einzelnes Ereignis, wie das Vordringen der Türken, noch die Zufälligkeiten persönlichen Entdeckerglücks können ein weltgeschichtliches Geschehen wie die europäische Ausbreitung erklären, die eine lange Vorgeschichte hat. Es mußten sehr viele Voraussetzungen gegeben sein, ehe die Überquerung der Weltmeere durch die Europäer Wirklichkeit werden konnte. Die Aufgabe der Geschichtsforschung ist es, die Entstehung und das Reifen der Idee der Weltentdeckung im Abendland aufzuzeigen und die Entwicklung der wissenschaftlich-technischen, wirtschaftlichen und politischen Kräfte zu verdeutlichen, die die Europäer befähigten, von der überseeischen Welt Besitz zu nehmen.

Die wissenschaftlichen und technischen Voraussetzungen der Entdeckungsfahrten

Wo beginnt nun die Vorgeschichte der großen Entdeckungen des 15. Jahrhunderts? Diese Frage läßt sich nicht allgemein beantworten. Der historische Ansatzpunkt wird bei der Betrachtung der einzelnen bewegenden und wirksamen Kräfte jeweilig verschieden sein. Alexander von Humboldt sah die Antriebe zu den Weltentdeckungen vornehmlich in den Fortschritten der menschlichen Intelligenz und betrachtete die Kolumbustat als eine Begebenheit »in der Geschichte der Weltanschauung«. Die befruchtenden Keime der großen Entdeckungen, so sagte er, seien bereits in den Schriften antiker Autoren ausgestreut worden. »Indem ich Untersuchungen über die Ereignisse anstellte, welche zu der Entdeckung einer anderen Halbkugel geführt haben, bemühte ich mich vor allen Dingen, jene

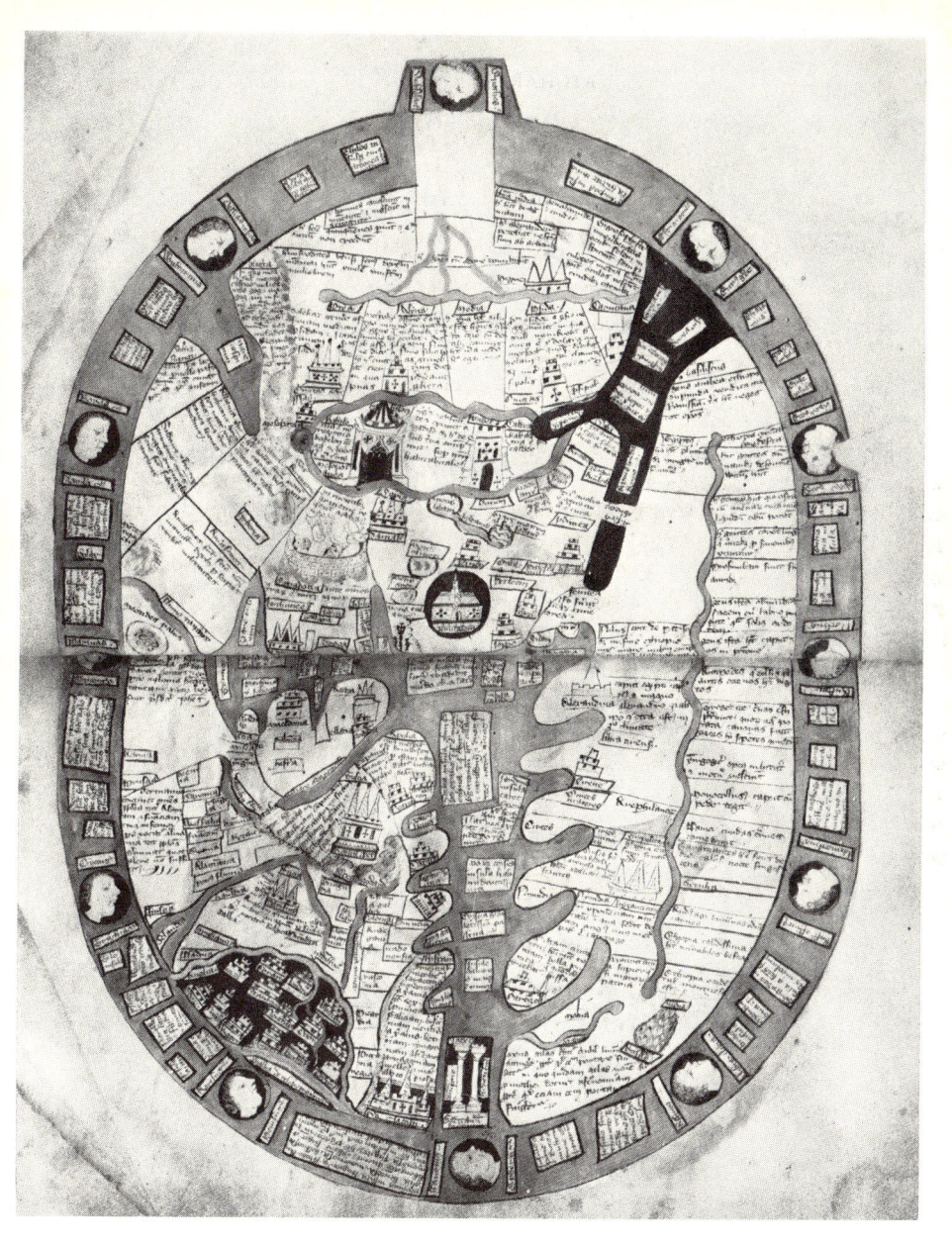

Weltkarte mit Jerusalem als Mittelpunkt
Miniatur in dem »Polychronicon« des Ranulf Higden, vor 1363
London, British Museum

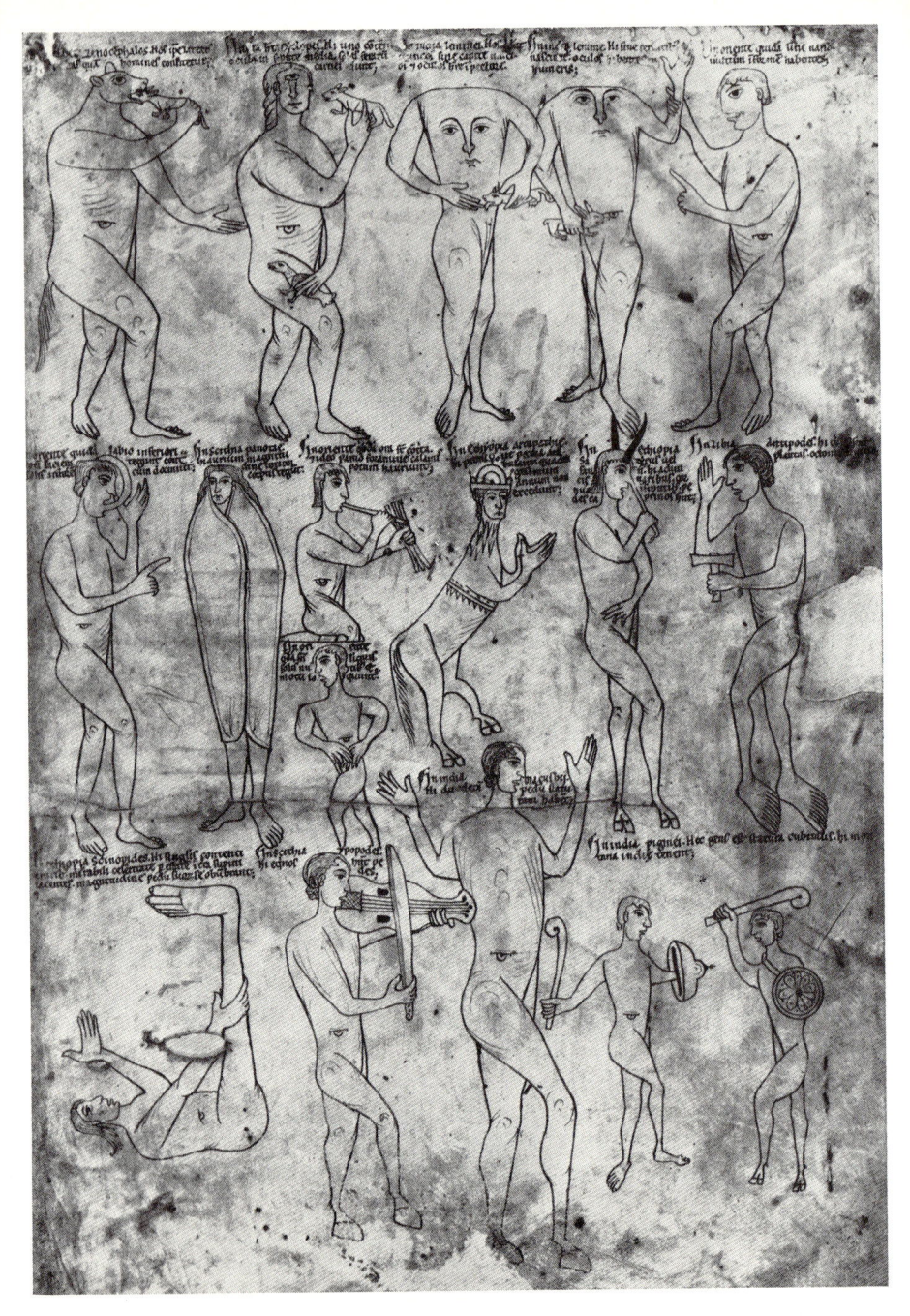

Darstellung von Menschenrassen
Zeichnungen in einer Bibel aus der Prämonstratenserabtei Arnstein bei Koblenz, um 1100
London, British Museum

Gedankeneinheit und Meinungsverbindung hervorblicken zu lassen, die den Schluß des 15.Jahrhunderts, trotz aller angeblichen Barbarei des Mittelalters, an die Zeiten des Aristoteles, Eratosthenes und Strabo anknüpften.«

In der Tat reicht die geistesgeschichtliche Kontinuität der Idee der Weltentdeckungen bis in die Antike zurück. Die astronomischen und geographischen Werke des Altertums bildeten die wissenschaftliche Grundlage für die überseeischen Fahrten der Portugiesen und Spanier im 15. und 16.Jahrhundert, und die Begründungen, die Kolumbus für seinen Entdeckungsplan gab, sind unmittelbar oder mittelbar antiken Autoren entnommen.

Grundlegend für das Weltbild im Entdeckungszeitalter sind die antiken Vorstellungen und Lehrmeinungen über den Erdkörper gewesen. Die Griechen betrachteten anfänglich die Erde als eine auf dem Weltmeer schwimmende runde Scheibe, die ein wenig nach Süden hinneige wegen des Gewichtes, mit der sie durch die üppige Vegetation der Tropengegenden belastet sei. An die Ränder der Scheibe verlegte man das Elysium und die Insel der Seligen. »Die Fruchtbarkeit des Bodens, die Milde des Klimas, die physische Kraft der Bewohner, die Unschuld der Sitten, alle diese Güter wurden den äußersten Grenzen der Erdscheibe zugeschrieben« (A. von Humboldt). Das bot einen starken Anreiz für Entdeckungsreisen nach den entferntesten Teilen der Erdoberfläche. Diese Vorstellungen blieben lebendig, auch als längst die Kugelgestalt der Erde anerkannt worden war, und wirkten fort in den Mythen, die im großen Zeitalter der Entdeckungen das Paradies, den ewigen Jungbrunnen, das Volk der Amazonen, das Goldland und andere Wunschträume und Fabeln nach dem jenseitigen Lande des ozeanischen Meeres, nach der »Neuen Welt«, verlegten.

Die Erkenntnis von der Kugelgestalt der Erde entstand zuerst bei den Pythagoreern Unteritaliens und setzte sich in der griechischen Wissenschaft durch. War man aber erst einmal von der sphärischen Form der Erde überzeugt, so ergab sich die Vorstellung, daß das westliche Weltmeer Europa mit Asien verbindet. Bereits im Altertum sprach eine Reihe von Forschern die Meinung aus, daß jenseits des Atlantischen Ozeans in nur mäßig großer Entfernung Asien liegen müsse. Damit war die Idee der Westfahrt, die zur Entdeckung Amerikas führen sollte, bereits in der Antike konzipiert.

Wenn man die Vorstellung von der Kugelgestalt der Erde gefaßt hatte und sich auf der Kugeloberfläche in unbekannte Weiten wagen wollte, mußte man nach der Größe der Erdkugel fragen. Die Griechen kannten bereits das Ermittlungsverfahren zur Berechnung eines Erdmeridians. Eratosthenes errechnete 250000 Stadien, was, wenn man die ägyptische Stadie zugrunde legt, 39690 Kilometer sind und dem tatsächlichen Erdumfang von 40000 Kilometern sehr nahe kam. In unserem Zusammenhang ist von größerer Wichtigkeit, daß Ptolemaeus, dessen astronomisches Lehrbuch, der *Almagest*, in arabischer Vermittlung bis zum Ende des Mittelalters maßgebend blieb, als Größe des Erdumfangs nur 180000 Stadien angab, was nach griechischem Maßstab 33300 Kilometer und nach ägyptischem Maßstab 28350 Kilometer sind. Danach erschien also die Erde erheblich kleiner, als sie in Wirklichkeit war. Kolumbus ist durch diesen Irrtum des Ptolemaeus in seinem Plan sehr ermutigt worden, denn entsprechend diesem geringeren Erdumfang schätzte er die Entfernung zwischen Westeuropa und Ostasien erheblich geringer ein, als sie tatsächlich ist. Diese Auffassung konnte Kolumbus auch bei Seneca finden, der schreibt: »Wie weit ist es von den äußersten Küsten Spaniens zu denen von Indien? Bei gutem Segelwind nur wenige Tage Seefahrt.«

Für die Geschichte der Entdeckungen war ferner bedeutsam die Entwicklung der Vorstellungen über Gestalt, Lage und Größe der Ländermasse auf der Erde. In der Antike wurde die *Oikumene* als eine auf allen Seiten vom Meer umgebene Festlandsmasse aufgefaßt, so daß sie gleichsam eine große Insel bilde. Aristoteles lehrte, daß die bewohnte Erde im Norden am Polarkreis und im Süden an der tropischen Zone ende und sich weit von Westen nach Osten ausdehne und eine kompakte Masse bilde, deren Zusammenhang nur durch den Ozean unterbrochen werde. Diese angenommene Lage und Ausdehnung der bewohnten Landinsel hatte zur Folge, daß die Reisen und Entdeckungszüge vorwiegend die Richtung gegen Osten und Westen nahmen.

Der viel geringere Ausdehnungsdrang der Mittelmeermenschen nach Norden und Süden ist weiter erklärlich durch die wirkliche oder behauptete Unwirtlichkeit dieser nördlichen und südlichen Ränder der Festlandsinsel. Nordeuropa oder gar die arktischen Regionen boten keinen Anreiz für den Südländer, und wenn man, wie Aristoteles oder Strabo, die tropische Zone für unbewohnbar hielt, fürchtete man eine Annäherung an diese Gegenden, wo die unerträgliche Sonnenglut alles Leben versehrt. Es ist aber zu erwähnen, daß es in der Antike auch Wissenschaftler, wie Polybios und Ptolemaeus, gab, die die Länder am Äquator für durchaus bewohnbar hielten. Aber die allgemein verbreitete Furcht vor den Tropen hat die Menschen lange von der Südfahrt an der westafrikanischen Küste abgeschreckt, während sie längst ihre Reisen nach dem östlichen China ausgedehnt hatten.

Es gab aber auch eine verbreitete Lehrmeinung unter den antiken Geographen, daß es ähnliche bewohnte Festlandsmassen wie auf der nördlichen Erdkugel auch auf der entgegengesetzten Erdoberfläche gebe. Platon und Aristoteles glaubten an das Vorhandensein von Antipoden. Man folgerte sogar, daß es auf der Südhälfte mehrere Inseln gebe, die durch Meere getrennt seien.

Neben der Auffassung, daß im Westen nur ein verhältnismäßig geringfügiges Meer Europa und Asien trenne, entstand in der Antike jedoch bereits die Annahme, daß der westliche Ozean aus zwei Meeren bestehe und durch Landmassen geschieden werde. In solcher Vorstellung schrumpfte das Weltmeer zu Binnenmeeren zusammen, die zwischen Festlandsmassen eingebettet liegen. Bei dieser Beschaffenheit der Erdoberfläche mußte das Wagnis einer Westfahrt in den Ozean sich wesentlich vermindern, denn man konnte erwarten, in nicht allzu großer Entfernung Land anzutreffen. Aber solche Ideen, die auf die Existenz eines amerikanischen Kontinents hindeuteten, verloren sich gegenüber der durch die Autorität des Aristoteles gestützten Meinung, daß zwischen der äußersten Küste Spaniens und dem Anfang Indiens nur Wasser, und zwar nur ein kleines Meer liege.

Hat die von Platon berichtete Sage vom versunkenen Land Atlantis jenseits der Straße von Gibraltar auf die Entdeckungsfahrten des 15. Jahrhunderts einen Einfluß gehabt? Zwar finden sich in den nur fragmentarisch erhaltenen Briefen und Aufzeichnungen von Christoph Kolumbus keine Erwähnungen der Insel Atlantis, aber seine Zeitgenossen hat diese antike Sage lebhaft beschäftigt. Las Casas, der Geschichtsschreiber der Entdeckung Amerikas und ein persönlicher Bekannter des Christoph Kolumbus, widmet ihr das achte

Kapitel seiner *Historia de las Indias*. Unter Berufung auf Marsilio Ficino (1433–1499), das Haupt der platonischen Akademie in Florenz, sowie auf Plinius, Seneca und die Kirchenväter wagt Las Casas zu behaupten, die Erzählung Platons sei keine Fabel, sondern wirkliche Historie. Er folgert daraus, daß, wie es in solchen Meereskatastrophen geschehe, einzelne Inseln als Überreste des versunkenen Landes zurückblieben oder auch neu aus dem Meer auftauchten, und hält die Kanarischen Inseln für Teile von Atlantis. Diese Vorstellung von Inseln im Atlantischen Ozean als Reste des versunkenen Festlandes Atlantis habe, so meint Las Casas, schon in früheren Zeiten Anlaß zu Entdeckungsfahrten in das westliche Meer gegeben. Er hält es für möglich, ohne es direkt behaupten zu können, daß Kolumbus Platons Erzählung gelesen hat, wonach »die Insel Atlantis als Tor und Weg zu anderen benachbarten Inseln und zum Festland erschien«. Daraus schließt Las Casas: »Kolumbus konnte vernünftigerweise glauben und hoffen, daß, obgleich jene große Insel verloren und versunken war, andere zurückgeblieben sein würden oder wenigstens das Festland und daß, wenn man sie suchte, man sie finden würde.« Zwar ist damit keineswegs bewiesen, daß Kolumbus durch Platons Altantis-Erzählung zu seiner Westfahrt angeregt worden ist, aber Las Casas' Bericht bezeugt, daß die Sage von der versunkenen Atlantis damals tatsächlich als eine Ermunterung und Bestätigung für die Idee ozeanischer Entdeckungen aufgefaßt wurde. Auch Fabeln und Sagen können Geschichte machen.

Wissenschaft und Praxis führten auch zur Entwicklung der Kartographie im Altertum. Zunächst wurden die zahlreichen Erfahrungen und Beobachtungen der Seefahrer durch mündliche Erzählung weitergegeben. Später schrieb man sie als Segelanweisung auf. Sie enthielten Angaben über die Küstenbeschaffenheit, Berggipfel, Vorgebirge, Häfen, Ansiedlungen, Gezeiten und über Entfernungen und Reisedauer. Solche Segelanweisungen für das Mittelmeer waren von großem Nutzen für die Navigation.

Die graphische Darstellung von Segelrouten stieß aber auf Schwierigkeiten. Die ersten Seekarten waren Zeichnungen der Schiffahrtswege und Küstenlinien für kleine Gebiete. Sie boten nur ungefähre Darstellungen der Länderverteilung um das Mittelmeerbecken. Eratosthenes (275–195 v. Chr.) war der erste, der eine methodische Gradmessung für die Kartenaufnahme ausführte. Vervollkommnet wurden die antiken Karten durch Marinus von Tyrus, der Breitenparallelen und Meridiane als gerade Linien zeichnete, die sich im rechten Winkel schneiden. Für Seekarten größerer Teile der Kugeloberfläche der Erde ergab sich das Problem der Projektion einer Kugelfläche auf Plankarten, das erst durch Gerhard Mercator im Jahre 1569 gelöst werden sollte. Alle Karten bis zu dieser Zeit weisen in der graphischen Darstellung so erhebliche Abweichungen von der Wirklichkeit auf, daß ihr Gebrauch sehr fragwürdig war. Aber die Entwicklung der Kartographie hat die Kenntnis von der Oberflächenbeschaffenheit der Erde stark ausgedehnt und den Entdeckungsfahrten so viel Anregung gegeben, daß dieser Fortschritt der geographischen Wissenschaften nicht außer acht gelassen werden kann.

Eine wesentliche Voraussetzung für die Hochseeschiffahrt war die Entwicklung der Astronomie, denn die Kenntnis von dem Stand und dem Lauf der Gestirne ermöglichte es dem Schiffer, sich auf dem Meere zu orientieren. Als Wegweiser am nächtlichen Sternenhimmel dienten die Sternenkataloge, die zuerst die Astronomen von Alexandria anlegten und die

die Lage der Sterne in den zwölf Zeichen des Tierkreises für den Ablauf eines Jahres angeben. Die einfachen Beobachtungen der Sterne mit dem bloßen Auge waren aber zu ungenau, um den Standort eines Schiffes mit größerer Sicherheit zu ermitteln. Für exaktere astronomische Ortsbestimmungen bedurfte man spezieller Instrumente. Es galt, mit ihrer Hilfe die geographische Breite und Länge zu bestimmen. Durch die Konstruktion des Astrolabiums durch Hipparch wurde den Seefahrern ein Instrument gegeben, die Gestirnshöhen auf See zu messen und so den Breitengrad zu ermitteln. Das Astrolabium ist das älteste astronomische Beobachtungsinstrument der Seefahrer und diente in technisch verbesserter Form noch der Schiffahrt des 15.Jahrhunderts als ein wichtiges Hilfsmittel.

Geographische Vorstellungen des frühen Mittelalters

Die wissenschaftlichen Erkenntnisse der Antike sind nach den Worten Alexander von Humboldts »durch eine lange Reihe von Männern tieferer Einsicht und gründlicherer Geistesbildung durch das ganze Mittelalter bis zu den Zeiten des Kolumbus« erhalten und weitergegeben worden. Das frühe Mittelalter bedeutete allerdings gegenüber der Antike einen Rückfall in die Unwissenheit. Die geographischen Wissenschaften existierten kaum, und die kartographischen Darstellungen sanken zu einem groben Schema herab. Die Lehre von der Kugelgestalt der Erde wurde von den Kirchenvätern meist bekämpft. In den Klöstern und Kollegiatschulen bewahrten einzelne Individuen die Überlieferungen des Altertums, aber in den breiteren und kirchlich maßgebenden Kreisen kehrte man zu der alten Vorstellung zurück, daß die Erde eine vom Ozean umflossene Scheibe sei. Die Kirchenväter suchten es als lächerliche und absurde Idee abzutun, daß es Antipoden gebe, Menschen auf der gegenüberliegenden Seite der Erdkugel, die mit dem Kopf nach unten an der Erde hängen.

Die wissenschaftlichen und technischen Leistungen der Araber

Das Erbe der Antike ist aber in der arabischen Kulturwelt aufbewahrt und lebendig erhalten worden. Zu dieser arabischen Welt gehörten seit dem 8.Jahrhundert auch der größte Teil Spaniens und Sizilien. Die arabische Wissenschaft hat nicht nur das griechische Gedankengut übernommen, sondern auch persische und indische Einflüsse erfahren. Sie beschränkte sich aber nicht auf die Sammlung und Sichtung eines ausgedehnten und mannigfachen Wissensstoffes, sondern hat dieses überlieferte Wissen kritisch geprüft, verbessert und ergänzt. Arabische Wissenschaftler haben die exakte Beobachtung, Beschreibung und Messung betrieben und damit das Vordringen der Erfahrungswissenschaft gegenüber dem erstarrten Wortwissen eingeleitet. Die Entwicklung einer neuen wissenschaftlichen Vernunft bahnte sich an.

In der Astronomie haben die Araber bemerkenswerte Fortschritte gemacht und originale Leistungen vollbracht. Das Weltbild der arabischen Astronomen beruhte auf der Erkenntnis der Kugelgestalt der Erde, die sich im Mittelpunkt des sphärisch gewölbten Himmels befinde. Der Astronom Azarquiel (gestorben 1100), der in Toledo und Córdoba wirkte, stellte neue Theorien über die Fixsterne und die eliptische Bahn der Planeten auf. Die arabischen Abhandlungen von Massalā aus dem Ende des 8. Jahrhunderts und Aben Assafar (11. Jahrhundert) über den Bau und Gebrauch des Astrolabiums lehrten, wie man die geographische Breite eines Ortes durch die Beobachtung der Höhe der Sonne oder der Sterne bestimmen kann. Sie wurden ins Lateinische übersetzt und ihre Erkenntnisse in christliche Handbücher der Astronomie aufgenommen, zum Beispiel in die *Libros del Saber de Astronomía*, die auf Befehl des kastilischen Königs Alfons des Weisen verfaßt worden sind. Araber verbesserten die Instrumente zur Messung der Gestirnshöhe, das Astrolabium und den Quadranten, und sind wahrscheinlich auch die Erfinder des Jakobstabes, eines Winkelmeßinstruments, gewesen. Die Beobachtung der Mittagshöhe der Sonne zur Ermittlung der geographischen Breite ergab aber nur an bestimmten Tagen ein richtiges Ergebnis, in der Zeit der Tag- und Nachtgleiche, dem Frühlings- und Herbstanfang und in der Zeit der Sommer- und Winterwende. Für jeden anderen Tag des Jahres mußte man aber die entsprechende Sonnendeklination kennen. Erst durch die rechnerische Kombination der Winkel der gemessenen Sonnenhöhe und der Sonnendeklination des betreffenden Tages läßt sich die Breitenlage feststellen. Die arabische Astronomie war nun in der Lage, die täglichen Stellungen der Himmelskörper mit größerer Exaktheit vorauszubestimmen und in Almanachen und in Tabellen zusammenzustellen. Die Toledanertafeln des spanisch-arabischen Astronomen Azarquiel aus der zweiten Hälfte des 11. Jahrhunderts führten die alexandrinischen Aufstellungen aus der Antike fort und vermittelten dem christlichen Mittelalter diese unentbehrlichen Hilfsmittel einer astronomischen Nautik. Portugiesische Seefahrer des 15. Jahrhunderts benutzten die Deklinationstabellen des Azarquiel, die auch Christoph Kolumbus gekannt hat.

Die arabische Geographie brachte ebenso bedeutende Werke hervor. Ihre hervorragendste Leistung ist die große Weltkarte des Gelehrten Idrīsī, die dieser im Auftrage und am Hofe König Rogers II. von Sizilien in fünfzehnjähriger Arbeit anfertigte und 1154 zum Abschluß brachte. Diese Karte, die nur in Nachzeichnungen überliefert ist, gibt eine Vorstellung von der Weite des Weltbildes der Araber in jener Zeit. Im »Rogerbuch« hat Idrīsī einen erläuternden Text zu seiner Weltkarte gegeben. Er und zahlreiche andere arabische Geographen beeinflußten aufs stärkste die christliche Kartographie, die im Spätmittelalter den Aufschwung der atlantischen Hochseeschiffahrt begleitete und anregte.

Die nautischen Wissenschaften im Hoch- und Spätmittelalter

Die Entwicklung der nautischen Wissenschaften, die die überseeischen Entdeckungsfahrten der Europäer ermöglichten, ist dann weiter im Hochmittelalter mächtig vorangetrieben worden, in jener ersten Blütezeit der christlich-abendländischen Kultur während des 11. und 12. Jahrhunderts. Das geistige Erwachen Europas vollzog sich durch die Wiederentdeckung der antiken Philosophie und Wissenschaft, durch die Berührung mit der Weisheit des Morgenlandes und durch die Bekanntschaft mit den wissenschaftlichen Leistungen der Araber. Eine ungeheure Ausdehnung des Wissensstoffes und eine Erweiterung des Gesichtskreises waren die Folge. Die griechischen Texte wurden im Abendland aus ihren arabischen Übersetzungen und Kommentaren bekannt. Die naturwissenschaftlichen Schriften des Aristoteles dienten dazu, das sich erweiternde Wissen von der Natur zu ordnen und die Erscheinungen des Kosmos in einem umfassenden geistigen System zu begreifen. Das rationalistische Denken entfaltete sich.

Aber kaum hatte man Aristoteles verstanden und sich angeeignet, da begann man schon über ihn hinauszuwachsen. Im späten 13. und im 14. Jahrhundert bildete sich eine eigenständige empirische Wissenschaft heraus, die sich von der scholastischen Gebundenheit löste. Albertus Magnus zum Beispiel ist auch als selbständiger Beobachter der Natur hervorgetreten und zeigte sich bereit, von der Lehre des Aristoteles abzuweichen, wenn die Tatsachen es erforderlich erscheinen lassen. Er sagt, daß »die Naturwissenschaft nicht einfach die Aufnahme dessen ist, was einem erzählt wird, sondern die Erforschung von Ursachen in den natürlichen Erscheinungen«, und er bezeichnet die Erfahrung als besten Lehrmeister in diesen Dingen. Die mathematische und experimentelle Methode wird zur Grundlage der naturwissenschaftlichen Erkenntnis.

Mit der Ausdehnung des Erfahrungswissens, die wiederum mit den neuen wirtschaftlichen Tätigkeiten und dem Aufstieg des Bürgertums im Mittelalter verbunden war, nahmen die Fertigkeiten im Alltagsleben rapide zu, und Technik und Erfindungen schritten in ungeahntem Maße fort. Vom 11. bis zum 13. Jahrhundert vollzog sich die erste große technische Revolution des christlichen Abendlandes.

Die mittelalterliche Astronomie beruhte zunächst auf der Aneignung von Ptolemaeus' berühmtem Werk *Almagest*, das 1160 aus dem Griechischen und 1175 aus dem Arabischen in das Lateinische übersetzt wurde. Der Engländer Sacrobosco hat es benutzt zu seiner vielgelesenen Einführung in die Astronomie (*De sphaera*, um 1240). Wohl kein anderes kosmographisches Handbuch hat im Spätmittelalter eine solche Verbreitung gefunden, und noch zu Ende des 15. Jahrhunderts lernten portugiesische Seefahrer aus ihm die Grundbegriffe der Astronomie, die in der Nautik unerläßlich waren. Von ähnlicher Bedeutung auf diesem Gebiet war der Normanne Nikolaus von Oresme durch seine Übersetzung des Aristoteles und seine Abhandlung über den Himmelsraum. Ferner ist das kosmographische Werk des französischen Kardinals Pierre d'Ailly *Imago Mundi* (um 1410) hervorzuheben, das Kolumbus eifrig studiert hat.

Die Fortschritte der abendländischen Astronomie hatten ihre praktisch-technischen Auswirkungen in der Verbesserung der Instrumente des Astrolabiums, Quadranten und Jakobstabes. Man war nun in der Lage, die täglichen Stellungen der Himmelskörper mit größerer Exaktheit vorauszubestimmen und vervollkommnete astronomische Almanache oder Tabellen herauszubringen. Das geschah in den Alfonsinischen Tafeln, die der kastilische König Alfons X. durch eine Kommission von Gelehrten in den Jahren 1248 bis 1252 herstellen ließ. Zweihundert Jahre später, zwischen 1473 und 1478, verfaßte der spanische Jude Zacuto aus Salamanca seinen *Almanach Perpetuum*, den sein Schüler José Vizinho in

Portugal bekanntmachte und im Jahre 1496 drucken ließ. Der portugiesische König Johann II. beauftragte eine Kommission von Mathematikern und Astronomen, praktische Tabellen für die Sonnendeklination an den einzelnen Tagen des Jahres anzufertigen. Von solchen handschriftlichen *Regimentos* der Portugiesen stammt ein in der Münchener Staatsbibliothek erhaltener Frühdruck. In Portugal und Spanien sind auch die *Ephemeriden* bekanntgeworden, die Johannes Müller von Königsberg (Regiomontanus) 1475 in Nürnberg gedruckt herausgab und die die Positionen der Sonne, des Mondes und der damals bekannten Planeten für die Jahre 1475 bis 1506 vorausberechneten. Diese astronomischen Jahrbücher enthielten keine Angaben der Sonnendeklinationen und waren nicht für die Schiffahrt bestimmt. Kolumbus besaß ein Exemplar der *Ephemeriden* des Regiomontanus in der Ausgabe von 1481 und benutzte sie auf seinen Reisen für die Wettervorhersage, da bei bestimmten Stellungen der Planeten Unwetter befürchtet wurde.

Hilfsmittel der Nautik

Man mag verwundert sein, daß die Hilfsmittel der astronomischen Wissenschaft erst so spät für die Nautik nutzbar gemacht wurden. Aber Messungen der Sonnen- und Polhöhe und Berechnungen der Bahnen und Konstellationen der Gestirne dienten zunächst dazu, das Horoskop zu stellen und Voraussagen für das menschliche Leben zu machen. Astronomie war noch aufs engste mit Astrologie verbunden. Ferner benutzte man die astronomischen Instrumente, um die geographische Breite für die Anfertigung von Landkarten zu bestimmen, die auf diese Weise wesentlich vervollkommnet wurden. Als die Portugiesen ihre Erkundungsfahrten in den westafrikanischen Gewässern unternahmen, führten bei Landungen an der Küste mitfahrende Astronomen mit ihren Instrumenten Messungen durch, um die Breitenlage des betreffenden Ortes festzustellen. Die astronomische Navigation folgte erst später und ist im Mittelmeer bis ins 16. Jahrhundert hinein nicht praktiziert worden. Die portugiesischen Hochseefahrten im Atlantik machten sie jedoch zu einer Notwendigkeit. Zunächst segelte man an der afrikanischen Westküste nach Süden. Aber die ständigen Gegenwinde bei der Rückkehr zwangen die Piloten, sich nach Westen in den Ozean vorzuwagen, um die Zone der veränderlichen Winde aufzufinden. Je weiter sie dann nach Norden gelangten, desto eher hatten sie Aussicht, westliche Winde anzutreffen, die sie zur Iberischen Halbinsel zurückbrachten. Man mußte also auch auf hoher See die geographische Lage des Schiffes bestimmen lernen.

Es ist nun behauptet worden, daß dies schon in den Zeiten Heinrichs des Seefahrers geschah. Aber die vorgebrachten Argumente haben sich nicht als beweiskräftig erwiesen. Die Portugiesen betrieben als erste Seefahrer die astronomische Schiffahrt wahrscheinlich seit etwa 1480. Zunächst nahm man die Messungen nach dem Polarstern vor, und erst später benutzte man zur Bestimmung der Schiffsposition die Mittagshöhe der Sonne. Die Kenntnisse, die eine astronomische Nautik voraussetzte, waren aber bei einfachen Seeleuten nicht vorhanden. So steuerten auch weiterhin häufig portugiesische und spanische Piloten ihre Schiffe auf hoher See nach der Richtung und der Abschätzung der zurückgelegten Entfernungen. Das gilt insbesondere für die Hochseefischer, die auf ihren Fangfahrten bis nach Neufundland ihren Erfahrungen und ihrem seemännischen Instinkt folgten. Die astronomische Navigation gehörte zur Zeit des Kolumbus noch nicht zur allgemeinen berufsmäßigen Ausbildung des Schiffskapitäns, aber man nahm bei größeren Expeditionen Kenner der nautischen Astronomie an Bord. Kolumbus selbst ist mit diesen technischen Fortschritten der Navigation in Portugal bekannt geworden. Er hat auf seiner ersten Reise Astrolabium und Quadranten mitgenommen und mit diesen Instrumenten die Höhe des Polarsterns und wahrscheinlich auch die Mittagshöhe der Sonne gemessen, allerdings auch bei den Berechnungen der geographischen Breite erhebliche Fehler gemacht.

Die spanischen Amerikafahrten nach dem Jahre 1492 bewiesen, daß die geringe theoretische Vorbildung der Steuerleute viele Schiffsunfälle mit beträchtlichen Verlusten an Menschenleben verursachten und daß die bloße Seemannserfahrung für weitere Entdeckungsfahrten in unbekannten Gewässern nicht genügte. Der spanische König Ferdinand der Katholische schuf darum im Jahre 1508 in der *Casa de la Contratación* von Sevilla das Amt eines *Piloto Mayor*, der die Schiffspiloten der Amerikafahrt zu unterrichten und zu prüfen hatte, daß sie das Notwendige zur Handhabung des Quadranten und Astrolabiums wissen, »damit sie in der Verbindung der Praxis mit der Theorie sich dieser Instrumente auf den genannten Reisen bedienen können«. Künftig sollte niemand mehr ohne einen Navigationsschein, den nach entsprechendem theoretischen Examen der *Piloto Mayor* in Sevilla ausstellte, ein Schiff nach Amerika steuern dürfen. Zum ersten *Piloto Mayor* wurde der Florentiner Amerigo Vespucci ernannt, der auf Seefahrten in spanischen und portugiesischen Diensten seine theoretischen Kenntnisse und praktischen Fähigkeiten der Navigation bewiesen hatte.

Ein anderes technisches Hilfsmittel, dessen Benutzung für die überseeischen Entdeckungen unerläßlich war, ist der Kompaß. Die Entdeckung der nordweisenden Kraft der Magnetnadel und ihre Auswertung für die Seefahrt sind in der Wissenschaft viel erörterte und bis heute umstrittene Fragen. Eine sichere Tatsache ist es, daß der Kompaß zuerst von den Chinesen erfunden wurde. Die erste deutliche Beschreibung der Magnetnadel in China stammt aus der Zeit um 1080, aber ihr Gebrauch zur Bestimmung der Himmelsrichtung geht wenigstens bis zur Mitte des 10. Jahrhunderts zurück und diente wohl hauptsächlich der Geomantie, der Wahrsagekunst aus zufällig im Sand markierten Punkten. Aus dem Ende des 11. Jahrhunderts ist die Verwendung des Schiffskompasses in China bezeugt. In Europa findet sich die früheste, kritisch gesicherte Erwähnung des Kompasses in einem 1190 verfaßten Werk des Engländers Alexander Neckam, der die Magnetnadel für jeden als selbstverständlich hinstellt, der »ein gut ausgerüstetes Schiff haben will«. Das chronologisch nächste Zeugnis enthält eine um 1205 verfaßte Dichtung des Franzosen Guyot de Provins. Die Abhandlung *De magnete* des Franzosen Petrus Peregrinus de Maricourt aus dem Jahre 1269 beweist, daß der Kompaß damals schon geraume Zeit in Gebrauch war.

Es ist bisher nicht geklärt, auf welche Weise der chinesische Kompaß im christlichen Abendland bekanntgeworden ist. Die häufige Annahme, daß die Araber den Kompaß von den Chinesen übernommen und weiter an die Christen übermittelt haben, ist unbeweisbar.

MVNDI

lingua sua gaots io eſt Septaʒ nominauerūt. pro eo quia circūſepta ſit mari. Fortunate inſule ſuo noīe ſignificāt omnia fere bona. qū felices fructuū vbertate naturaliter em padoſa poma ſilue parturiūt. fortuitis vitibus iuga colliū veſtiunt. vnde gentiliū error eſt propter ſoli fecū ditatem eas eſſe paradiſum. harum prima Hebriona diciˉ. Secūda Ju niona. Tercia Theode. Quarta Capraria. Alia Minaria que aere nebulo ſo ꝯ cōcreto ē. Mox Caninaria canib9 imenſe magnitudinis plena. Om nes auibus plene nemoroſe palmifere nucee pinee mellis copia aialibuſ q̃ ſilueſtribus ac piſcibus abundātes. Site ſunt autē in oceano cōtra leuā Mauritanīe inter meridīe ꝯ occaſum occiduo proxime ꝯ inter ſe iteriecto mari diſcrete. Gorgodes inſule oceani obuerſe ſunt promōtorio qd̄ vo catur Eſperacer9. q̃s incoluerūt Gorgones femine alite perniciate birſu to ꝯ aſpero corpore. Et ex bus iſule cognoiāre. diſtāt āt a otinenti terra bidui nauigatione. Eſperidū inſule vocate a ciuitate Eſperida q̃ fuit in fines Mauritanie. Sūt eni Gorgodes ſite ſub Athlanteū litt9 ī itimos maris ſin9. Jn quaʒ ortu fingūt fabule dracone peruigilem aurea mala ſeruāte. Fert͡ ibi ee maris eſtuariū / adeo ſinuoſis lateribus tortuoſum vt videtib9 peul lapſ9 angueos imitet͡. Criſe ꝯ argire iſule in Jndico oce ano ſite ſunt. adeo fecūde copia metalloꝝ vt pleriq̃ eas aurea ſupficie ꝯ argentea habere dixerūt. vn ꝯ vocabuli ſortite ſunt. Chilos iſula ioie vires oni tp̃e folia b; De Taprobana iſula Jndie ſpāliter Ca. xlii.

Eo ꝯ Taprobana iſula Jndie q̃ ſcdm Droſiū vece ciuitates otinet ꝓpter ſui admiratoēʒ ſpecialiter dicendū ē. Jpſa. n. ſubiaceꜩ ad eu rum ex qua oceano Jndic9 icipit. pates i lōgitudine octigentis. lxxv. mi libus paſſuū. Jn latitudine duceñs. xxv. milibus ſtadioꝝ. Sdidit͡ āt amne iterfluo reqā ꝯ gēmis. pars ei9 beſtus ꝯ elephātus ple na ē. parte vo boies tenet͡ boies. n. ibi ſunt corpore grauiores vltra ont um meſuram. rutulis comis. ceruleis ocul. trucioris ſoni. nullo lingue cō mercio alteri. genti ſodiant cū negociatoribus alus. Jn ripa fluminis mer ces expoñt. ac vix dplaceaȼ mutuāt. Etas illis vltra humanā fragili tatem plixa. vt imature pereat qui cētenar9 morit͡. nulli per diē ſomn9 Annona ſemp eodē tenore. edificia humilia ꝯ parua. vrbē neſciūt. redun dant pomis. culturas ꝯ venatū amāt. verū Tygridū ꝯ Elephātum vena tionibus delectātur. pſertim ꝯ teſtudinū quaʒ ſupficie dom9 familiaruʒ capaces operiūt. Jn hac autē dicūt i vno āno duas ee eſtates ꝯ duasbz emes. ꝯ bis floribus vinare locuʒ. Seo vltra premiſſa q̃ ab Piſodoro recita ta ſunt Plini9 ꝯ Solin9 de hac iſula plura ſcribūt. vn dicit Solinus q̃ ibi ſeptētriones nequaq̃ vident. nec virgilie. Sed vbi Canopus ſto dariū ꝯ amplisſim9 Sole orieñteʒ dextera habet. occidente ſiniſtra. Lunā ab octaua in ſextamdecimam tantum ſupra terram vident. Ad eam curſu Romanorum nauium ſeptē dierū iter factū eſt. mare vadoſum iteriacet.

Darstellung von Kompassen
Eine Seite in dem »Tractatus de magnete« von Petrus Peregrinus de Maricourt
in einer Handschrift aus dem 14. Jahrhundert
Wien, Österreichische Nationalbibliothek

Man hat neuerdings vermutet, daß der Kompaß über Land nach Westen gewandert ist und durch asiatische Steppenvölker und Russen nach Europa gebracht wurde. Andererseits hat man auch eine unabhängige Erfindung des Kompasses in Europa behauptet.

Für unseren Zusammenhang ist die Tatsache wichtig, daß der Kompaß nicht eine plötzliche Revolution in der europäischen Schiffahrt hervorgerufen hat. Nur langsam und als zusätzliches Hilfsmittel der Nautik bürgerte sich sein Gebrauch ein. Auch der Aberglaube widersetzte sich der Mitnahme eines solchen Instrumentes, das der Schwarzen Kunst verdächtig war. Von seinen italienischen Landsleuten sagte zwischen 1260 und 1270 Brunetto Latini, ein Lehrer Dantes: »Kein Pilot wagt die Wasserbussole zu gebrauchen, obgleich er weiß, daß sie auf See sehr nützlich sein würde, aus Furcht, man könne ihn der Zauberei beschuldigen. Und die Seeleute würden seinem Befehl zum Auslaufen nicht folgen, wenn er ein Instrument mitnähme, das ganz und gar das Aussehen hat, als sei es mit Hilfe von Höllengeistern erfunden.« In langsamer Entwicklung bürgerte sich der Seekompaß in der Schiffahrt ein, und seine Anwendung wurde um die Mitte des 15. Jahrhunderts allgemein üblich. Er machte verschiedene Verbesserungen durch. Vor allem wurde der primitive Schwimmkompaß durch die aufgesetzte, frei bewegliche Magnetnadel ersetzt, die mit einer Windrose verbunden war.

Nun fällt aber die Nordweisung der Magnetnadel nicht mit dem geographischen Nordpol zusammen, und es ist eine viel erörterte Frage, wann zuerst diese magnetische Mißweisung, die für die nautische Kursbestimmung eingerechnet werden muß, in Europa erkannt worden ist. Es erscheint glaubhaft, daß bereits vor der Entdeckung Amerikas die Seefahrer die magnetische Abweichung bemerkt haben. Christoph Kolumbus beobachtete auf seinen Westfahrten, wie die Abweichung sich von Ort zu Ort änderte und die Magnetnadel hundert Meilen westlich der Azoren auf einen Kompaßgrad nach Nordwesten überging.

Geographische Karten und Reisewerke

Der Gebrauch des Kompasses auf den Schiffen forderte die Benutzung von Seekarten, die über die Fahrtroute orientierten und in die man die jeweilige Position des Schiffes eintrug. Zu diesem Zwecke zeichneten seit dem 13. Jahrhundert die Kartographen *Portulane* oder Segelkarten, deren Angaben auf unmittelbarer Erfahrung beruhten. Die Portulanen stellten nur verhältnismäßig kleine Ausschnitte von der Erdoberfläche dar und dienten nur der Schiffahrt in kleinen Meeren wie im Mittelmeer und der Ostsee, wo kaum vierundzwanzig Stunden vergingen, ohne daß Land in Sicht kam. Mit Hilfe des Kompasses konnte man sich auf der angegebenen Fahrtrichtung halten, so daß man die Portulanen auch Kompaßkarten genannt hat.

Die Portulanen nutzten nichts mehr auf den ozeanischen Schiffsfahrten. Mit der astronomischen Nautik bot sich aber zugleich die Möglichkeit, den Segelkurs auf einem quadratischen Gradnetz nach der ermittelten geographischen Breite einzutragen. Die älteste bisher bekannte Karte dieser Art ist die des Portugiesen Pedro Reinel um 1500.

Bei Fahrten in unbekannte Gewässer suchten die Entdecker ihre Pläne nach dem Bild der Weltkarten zu gestalten, die seit Ende des 13. Jahrhunderts mit einer bis dahin unbekannten Genauigkeit gezeichnet wurden. Neben Italienern waren Katalanen die Schöpfer dieser modernen Kartographie. Insbesondere wirkte bahnbrechend die Kartographenschule von Palma de Mallorca, das damals eine Handelsstadt mit weltweiten Verbindungen war. Am berühmtesten sind die Karten von Angelino Dulcert auf Mallorca (1339) und die Katalanische Weltkarte des Juden Abraham Cresques (1375), die der aragonesische König Peter IV. dem König Karl V. von Frankreich schenkte. Cresques' Sohn, der an dieser Weltkarte mitgearbeitet hatte und nach seiner Taufe den Namen Jaime Ribes annahm, wurde von Prinz Heinrich dem Seefahrer nach Portugal geholt.

Solche bebilderten Karten zeigen alle bekannten oder vermuteten Länder und Inseln des Erdballs. Sie sind Weltbilder und Wunschbilder zugleich. Das beweist eindrucksvoll die Weltkarte, die der Florentiner Kosmograph Toscanelli gezeichnet und an den portugiesischen Kanonikus Fernâo Martins de Roriz gesandt hat, durch den sie Christoph Kolumbus kennenlernte. In seinem Begleitbrief schrieb Toscanelli: »Auf ihr ist der ganze Westen der bewohnten Welt von Irland bis nach Guinea eingetragen nebst allen Inseln, auf die man unterwegs trifft. Ihnen gegenüber im Westen ist der Anfang von Indien mit den Inseln und Orten gezeichnet, wohin Ihr Euch nach dem Äquator wenden könnt, und in welcher Entfernung, das heißt in wieviel Meilen Ihr zu diesen Gegenden kommen könnt, die alle möglichen Gewürze, Edelsteine und Geschmeide in Fülle bergen.« Geographische Irrtümer der Weltkarten haben mitunter die Weltgeschichte bestimmt.

Die Kartographie vervollkommnete sich auch durch die Fortschritte der Geographie. Die Erdbeschreibung dehnte sich auf fremde Länder aus, für deren Merkwürdigkeiten die Menschen des ausgehenden Mittelalters eine große Neugier bekundeten. Wissenschaft und Fabel waren in der damaligen Geographie noch eng verbunden. Wahrhafte oder erfundene Reiseberichte regten die Phantasie der Entdecker an. Die Erlebnisse und Beobachtungen, die Marco Polo im Jahre 1298 von seiner Reise an den Hof des Großkhans von China niederschrieb, öffneten die Blicke des Abendlandes in eine bisher verschlossene Welt und haben auf die erdkundlichen Vorstellungen der folgenden Jahrhunderte bis zu Kolumbus hin den größten Einfluß ausgeübt. Wie sehr diese Berichte gerade den Entdecker Amerikas beschäftigt haben, zeigen die vielen Randnoten, die er in sein Exemplar von Marco Polos Buch eintrug. Es mußte ihn fesseln, was der venezianische Kaufmann von Indiens Bodenschätzen und Naturerzeugnissen, seinen Gewürzen, Seidenstoffen und Luxusartikeln zu erzählen wußte.

Als Reiseschilderung durch die damals bekannte Welt wurde im Spätmittelalter mit großem Eifer das »Buch von den Wundern der Welt« gelesen, das angeblich der in England geborene und 1371 in Lüttich gestorbene Ritter und Medizinprofessor Jehan de Mandeville über seine mehr als dreißigjährige Weltreise verfaßte. Aber die neuere Forschung hat dieses Reisebuch als ein Phantasieprodukt entlarvt, das anscheinend ein belgischer Arzt unter dem Pseudonym Mandeville als ein mittelalterlicher Jules Verne nach den geographischen Handbüchern mit außerordentlichem Geschick zusammengestellt hat. Zunächst in zahlreichen Handschriften verbreitet, erschienen die ersten französischen und italienischen

Druckausgaben dieser erdichteten Reise im Jahre 1480, und bald folgten Drucke in deutscher, lateinischer, spanischer und englischer Sprache. Mandeville berichtete auch, er habe in seiner Jugend von einem Manne vernommen, daß er die gesamte Erde umsegelt habe.

In die geographische Romanliteratur gehört wohl auch der *Libro del Conocimiento*, den ein spanischer Franziskaner 1348 oder wenig später in Form einer Reiseschilderung verfaßte, obgleich manche Forscher annehmen, daß es sich auch um tatsächliche, ganz oder teilweise durchgeführte Reisen handle. Auf jeden Fall hat der unbekannte Franziskaner uns ein wichtiges geographisches Werk hinterlassen, das uns das Weltbild der Menschen um die Mitte des 14. Jahrhunderts verdeutlicht.

Die mittelalterliche Geographie erfuhr nun neue Belebung durch den aufkommenden Humanismus in Italien. Aus diesen geographischen Studien hat auch Christoph Kolumbus manche Kenntnisse geschöpft. Wenigstens eins dieser wissenschaftlichen Bücher von deutlichem Renaissancegeist befand sich in der Bibliothek des Kolumbus und ist mit Randnoten versehen. Es ist das kosmographische Hauptwerk des Aeneas Silvius, die *Historia rerum ubique gestarum* (Venedig 1477).

Das neue Schiff

Die wichtigste technische Voraussetzung für die Verwirklichung kühner Entdeckerpläne blieb aber der Bau hochseetüchtiger Schiffe, die für eine wochenlange Fahrt über den Ozean geeignet waren. Es mußte erst ein Schiffstyp entwickelt und erprobt werden, der die notwendige Stabilität und Manövrierfähigkeit gegenüber Winden und Wellen des Atlantik besitzt.

Die Galeere der Mittelmeervölker ist nie auf dem Ozean heimisch geworden, wenn wir ihr auch auf Fahrten in den atlantischen Gewässern begegnen. Im Atlantik, an west- und nordeuropäischen Küsten, kam in den ersten Jahrzehnten des 13. Jahrhunderts ein neuer Schiffstyp auf, der das schlanke, leichte Wikingerboot verdrängte. Es war die Kogge, ein mächtiges, schweres Schiff, kurz und gedrungen, mit einem Mast und einem viereckigen Segel – eine Erfindung von Seeleuten, die an die stürmischen Gewässer des Atlantischen Ozeans gewöhnt waren. Baskische Piraten brachten im Jahre 1303 solche nordischen Segelschiffe nach dem Mittelmeer. Nach deren Vorbild bauten die Italiener das mittelmeerische Rundschiff zu einem größeren, leistungsfähigeren Handelsschiff um.

An der Kogge ist auch eine wichtige Veränderung am Steuer vorgenommen worden. Das Schiff wird jetzt nicht mehr durch ein Steuerruder an der rechten Bordseite, dem »Steuerbord«, gelenkt, sondern durch ein Hinterruder, eine schwere Bohlenwand am Heck, die in eiserne Angeln gehängt ist und am oberen Ende durch einen Querbalken, die Ruderpinne, bewegt wird. Das war ein bedeutender technischer Fortschritt, der sich während des 13. Jahrhunderts im Ostseeraum vollzog. Der Steuermann bekam das Schiff viel stärker in seine Gewalt. Man hat in dieser Neuerung eine Revolution im Schiffahrtswesen sehen wollen, die erst die Ozeanüberquerung ermöglicht habe. Aber seit der Einführung des Hinterruders bis zur Kolumbusfahrt sollten noch mehr als zwei Jahrhunderte vergehen.

Im Atlantikraum, und zwar an den portugiesischen und kastilischen Küsten, entstand zu Ende des 14. und Beginn des 15. Jahrhunderts ein verbesserter Schiffstyp, die Karavelle. Es ist ein kleines, längliches Fahrzeug von fünfzig bis hundert Tonnen. Sein mittlerer Hauptmast hat ein großes viereckiges Segel, das zu Fahrten mit gutem Wind sehr geeignet ist, während die dreieckigen, lateinischen Segel der beiden Masten am Bug und Heck für kleinere Fahrt und schwierigere Bewegungen dienen. Die Karavelle hatte hervorragende Segeleigenschaften und lief in den Händen eines geschickten Steuermannes fast unabhängig vom Wind. Sie war auch außerordentlich stark und fest gebaut. Segeltüchtigkeit und Stabilität hatten die Karavelle in der zweiten Hälfte des 15. Jahrhunderts zum modernsten Überseefahrzeug gemacht. Kolumbus selbst urteilte, daß die drei Schiffe, mit denen er im Jahre 1492 ausfuhr, für eine Ozeanfahrt sehr tauglich waren. Sein Lieblingsschiff, die »Niña«, sollte wenigstens dreimal die Hin- und Rückreise nach Amerika machen und dabei fünfundzwanzigtausend Seemeilen zurücklegen. Die Schiffe des Kolumbus waren nicht, wie man so häufig wiederholt, kleine Nußschalen, die wie durch ein Wunder über das Weltmeer gelangten. Die Technik hatte das Beste geleistet, was für Segelschiffe dieser Größe möglich war. Sich ihr mit Geschick und Beharrlichkeit bedient zu haben, ist das Verdienst des Kolumbus.

Ein Überblick über die wissenschaftlich-technischen Voraussetzungen der überseeischen Entdeckungen zeigt, wie neue Erkenntnisse und Fertigkeiten bald sich im gesamten Abendland verbreiteten und wie rege der Austausch der wissenschaftlichen und technischen Fortschritte zwischen den romanisch-germanischen Völkern des Mittelalters gewesen ist. Kein Beitrag einer einzelnen Nation zu diesem Wissen und Können darf darum isoliert betrachtet werden. Es gab »einen unleugbaren technischen Kosmopolitismus« (B. Gille).

Ökonomische Triebkräfte

Die Entwicklung von Wissenschaft und Technik seit der Antike bis zum ausgehenden Mittelalter ist eine wesentliche Bedingung, aber nicht die alleinige Triebkraft zu den überseeischen Entdeckungen des 15. Jahrhunderts gewesen. Diese europäische Expansion ist nicht nur in den Fortschritten der menschlichen Intelligenz begründet und als bloße Selbstentfaltung der Idee der Weltentdeckung zu verstehen. In ihr wurden noch andere Kausalitäten wirksam, die sich aus den konkreten Wirklichkeiten des historischen Lebens ergaben. Es ist insbesondere auf die elementare Gewalt des Ökonomischen in der geschichtlichen Welt zu achten, auf den »unwiderstehlichen Drang wirklicher oder scheinbarer Bedürfnisse«, wie Alexander von Humboldt es nennt.

Für eine wirtschaftsgeschichtliche Sicht des Entdeckungszeitalters wird man die Kontinuität der Entwicklung nicht bis zur Antike zurückverlegen, sondern seinen Ausgang von der wirtschaftlichen Revolution im Mittelmeerraum nehmen, die sich seit dem 11. Jahrhundert vollzog. Bis dahin beherrschten Sarazenen und Byzantiner Schiffahrt und Handel im Mittelmeer. Die italienischen Küsten waren den verheerenden Angriffen und Plünderungen der sarazenischen Seeräuber ausgesetzt. Die erfolgreiche Abwehr und schließlich die Beseitigung der Sarazenengefahr gingen von den Städten Pisa und Genua aus.

Seeraub

In diesen Kämpfen wurden die Italiener ihrerseits zu Seeräubern, die islamische Handelsschiffe kaperten und Küstenstädte plünderten. Bereits im Jahre 1034 wagten die Pisaner einen Raubzug an die nordafrikanische Küste. Diese See-Expeditionen boten die große Chance, Gold und andere Kostbarkeiten zu gewinnen. Piratengold wurde die Grundlage für den wirtschaftlichen Aufschwung Pisas und Genuas. In den Kreuzzügen sicherten sich die oberitalienischen Seestädte nicht nur hohe Einnahmen aus dem Transport der Kreuzfahrer und des erforderlichen Nachschubes. Sie bedangen sich für ihre Mitwirkung auch einen erheblichen Anteil an der Kriegsbeute aus, die sich bei der rücksichtslosen Plünderung kleinasiatischer Städte ergab. Piratenbeute und Plünderungsgut brachten die Mittel zur raschen Bildung von Kapitalien zusammen, die zur Entstehung größerer gewerblicher und kommerzieller Unternehmungen notwendig waren.

Seeraub ist nun bis ins Zeitalter der Entdeckungen eine häufig praktizierte Methode zur wirtschaftlichen Bereicherung geblieben und hat einen steten Anreiz für die Ausdehnung der Seefahrten im Atlantik gebildet. Neben dem Piraten, der jedes Schiff angreift, um Beute zu machen, gab es den Korsaren, der sich von einem Fürsten oder einer Stadtobrigkeit einen Erlaubnisbrief ausstellen läßt, die Schiffe eines feindlichen Landes zu kapern und zu berauben. Der Kaperkrieg war zu einer rechtlich geregelten Institution geworden. Einzelne Geldgeber finanzierten die Ausrüstung von Schiffen für einen Piratenzug und erhielten einen entsprechenden Beuteanteil. Es bildeten sich auch Kapergesellschaften, die das investierte Kapital mit fünfzig bis hundert Prozent aus den Gewinnen des Seeraubes verzinsten. Condottieri des Meeres traten mit ihren Schiffen in die Dienste rivalisierender Staaten und führten einen gewinnbringenden Kaperkrieg. Die Handelsschiffahrt ging häufig mit Piraterie zusammen. Der Kauffahrteifahrer überfiel, wenn sich eine günstige Gelegenheit bot, ein anderes Handelsschiff und raubte es aus.

Von den Häfen der Iberischen Halbinsel aus ist ebenfalls Seeraub betrieben worden. Die kantabrisch-baskische Marine hat während des Hundertjährigen Krieges zwischen Frankreich und England ausgedehnte Beutezüge auf dem Meere unternommen. Die Chronik *El Victorial* erzählt von den legendären Kreuzer- und Kaperfahrten des kastilischen Seehelden Pedro Niño. Die Katalanen beteiligten sich ebenfalls an der im Mittelmeer üblichen Seeräuberei. Der Gouverneur von Katalonien, Galcerán de Requesens, war durch seine häufigen und grausamen Piratenzüge bekannt. Für die Bewohner Andalusiens bildeten die Kaperei maurischer Schiffe und die Landungen an den afrikanischen Küsten, bei denen man raubte, plünderte und Gefangene mitschleppte, ein regelmäßiges Geschäft mit lukrativen Gewinnen. Die Kanarischen Inseln blieben seit der Mitte des 14. Jahrhunderts das Ziel von Fahrten kastilischer, katalanischer, italienischer und französischer Piraten, die

Menschen und Vieh auf den Inseln raubten. Und nun dehnten die portugiesischen und spanischen Beutezüge ihren Aktionsradius immer weiter in den atlantischen Inselraum und nach den westafrikanischen Küsten aus. Kolumbus selbst hat auf den Seefahrten in seiner Jugend diesem Brauch entsprechend sich am Seeraub beteiligt und scheint sogar auf Schiffen des berüchtigten französischen Seeräubers Coulon (Kolumbus), eines Namensvetters, gedient zu haben. Piratenfahrten sind eine gute Schule zur seemännischen Ausbildung gewesen.

Fernhandel

Mit den Kreuzzügen und der Verdrängung der arabisch-syrischen Händler dehnte sich der Betätigungsraum italienischer Kaufleute nach dem Orient aus. Der Handel in ganz Europa nahm nach Umfang und Mannigfaltigkeit der Handelswaren rapide zu. Den Vorrang unter den in der Levante erworbenen Gütern hatten die Gewürze, die in der mittelalterlichen Küche und Heilkunde eine so große Rolle spielten: Nelke, Muskatnuß, Ingwer, Zimt und vor allem der Pfeffer. Eine steigende Nachfrage fanden die Parfümerien und Drogen sowie Farbpflanzen und Alaun. Begehrte Luxusartikel waren Edelsteine und die kostbaren orientalischen Teppiche und Webereistoffe, wie Seide, Damast, Brokat und Atlas. Während im frühen Mittelalter der Fernhandel wesentlich dem Luxusbedürfnis einer kleinen Schicht weltlicher und geistlicher Herren diente, entstand jetzt eine breitere Käuferschicht. Die Ausdehnung des Handels hat wieder zur Entfaltung der Gewerbetätigkeiten beigetragen. Zugleich stieg die europäische Bevölkerung etwa seit dem Jahre 1000 beträchtlich an und erreichte zu Ende des 13. Jahrhunderts eine Höchstzahl. Diese einander sich fördernden und treibenden Momente brachten eine starke Dynamik in das europäische Leben. Es entwickelten sich ökonomische Expansivkräfte, die im Spätmittelalter in die überseeische Welt hinausdrängten.

Die italienischen Kaufleute suchten nun von der Levante aus einen unmittelbaren Zugang zum fernen Asien, aus dem die Gewürze und die begehrten Luxusgüter des Orients kamen. Der Weg über Ägypten nach dem Indischen Ozean blieb ihnen versperrt, da die Ägypter sich den lukrativen Zwischenhandel mit den Orientwaren sicherten, die sie von arabischen Kaufleuten bezogen, und den Fremden nicht die Weiterreise über Kairo hinaus gestatteten. Aber vom Schwarzen Meer aus, auf der »lateinischen« Handelsstraße, auch »Mongolenweg« genannt, der den Machtbereich des Islams im Norden umging, gelangten italienische Reisende nach Indien und China. Das große mongolische Steppenreich, das Tschingis-Khan begründet hatte, erleichterte es den Republiken Genua und Venedig, einen unmittelbaren Handel mit jenen asiatischen Ländern herzustellen. Aus der nicht geringen Zahl solcher italienischen Handelsreisenden ist der Venezianer Marco Polo am bekanntesten geworden, der sich von 1271 bis 1295 in China aufhielt und die Gunst Khubilai-Khans gewann, worüber sein bereits erwähntes Reisebuch berichtete. Der Florentiner Francesco di Balduccio Pegolotti verfaßte zwischen den Jahren 1310 und 1340 ein Lehrbuch für die Praxis des Kaufmanns und gab darin auch Ratschläge für Chinareisende mit Angaben der Reisestationen und Reisekosten. Die Genuesen haben sich dagegen sehr zurückgehalten, Berichte von ihren Asienreisen bekanntzugeben und damit ihre Geschäftsgeheimnisse preiszugeben. Dieser Reiseverkehr nach dem Fernen Osten wurde zu Ende des 14.Jahrhunderts durch Vorgänge in Innerasien, die Eroberungen Tamerlans und die nationale Revolution der Ming-Dynastie in China, wieder gesperrt. Der Mongolenweg hörte auf, die Handelsstraße italienischer Kaufmannskarawanen zu sein. Später hat das Vordringen der Türken den Asienhandel der Italiener noch mehr erschwert. Die orientalische Welt war im 15.Jahrhundert europäischen Augen verschlossen. Dem venezianischen Kaufmann Nicolo Conti gelang es nur dadurch, daß er die arabische Sprache beherrschte und in Ägypten zum Islam übertrat, nach dem Fernen Osten vorzudringen. Es ist mit gutem Grund vermutet worden, daß Conti, der seine Reiseerlebnisse niederschrieb, der Gewährsmann für die Kenntnisse über Ostasien gewesen ist, die der Florentiner Kosmograph Toscanelli durch seinen Brief nach Portugal an Kolumbus vermittelte. Die wandernden Kaufleute, die die Weiten des asiatischen Kontinents durchzogen, wurden zu Pionieren der überseeischen Entdeckungen.

Sklavenhandel

Die italienischen Kaufleute fanden in der Levante noch ein besonders einträgliches Geschäft: den Sklavenhandel. Die Sklaverei war im hohen Mittelalter zurückgegangen, als sich die Auffassung durchsetzte, daß Christen nicht zu Sklaven gemacht werden dürfen, und durch die Ausbreitung des Christentums in Europa die Sklavenfanggebiete immer mehr schwanden. Im 13.Jahrhundert nahm der Sklavenhandel erneut einen großen Aufschwung. Südosteuropa und die Küstengebiete des Schwarzen Meeres lieferten die Menschenware für die Sklavenmärkte. Italienische, insbesondere genuesische Händler kauften vor allem auf der Krim tatarische, kirgisische und georgische Kriegsgefangene oder versklavte Kinder, die ihnen die Eltern verkauften. Ein großer Teil dieser Sklaven wurde nach Ägypten exportiert, wo sie die Harems und Kasernen der Mamlüken bevölkerten. Viele orientalische Sklaven kamen auf die Sklavenmärkte italienischer Städte oder fanden in westlichen Mittelmeerländern, zum Beispiel in Katalonien und Andalusien, hauptsächlich als Hauspersonal Absatz. Im 15.Jahrhundert stammten die Sklaven überwiegend aus den Balkanländern, wo die Türken von ihren Feldzügen zahlreiche christliche Kriegsgefangene mitschleppten und an italienische Sklavenhändler verkauften. Andererseits gerieten auch gefangene Türken in die Sklaverei, oder türkische Untertanen wurden von Sklavenjägern geraubt. Die Katalanen galten als besonders spezialisiert in Razzien an der kleinasiatischen Küste, wo sie türkische Einwohner fingen und verschleppten. Die Gewinne, die aus dem Sklavenhandel und dem Ertrag der Sklavenarbeit angehäuft wurden, trugen wesentlich zu dem wirtschaftlichen Aufschwung im Spätmittelalter, insbesondere zur Entwicklung der Industrie in den italienischen Städten bei.

Die Eroberung Konstantinopels durch die Türken (1453) wirkte sich darin aus, daß die Zufuhren von Sklaven aus der Levante zurückgingen und die Sklaven auf italienischen Märkten teurer wurden. Da öffneten sich im westlichen Mittelmeer neue Märkte für den Sklavenhandel. Das Schwarze Afrika begann die europäische Wirtschaft mit unfreien Arbeitskräften zu versorgen. Zunächst brachten Handelskarawanen Negersklaven nach nordafrikanischen Küstenplätzen zum Verkauf. Dann führten die atlantischen Entdeckungsfahrten die europäischen Kaufleute unmittelbar ins tropische Afrika. In diesem neu erschlossenen Sklavenhandel haben die Italiener nicht mehr eine führende Rolle gespielt, aber sich als geschäftstüchtige Lehrmeister der anderen Nationen erwiesen.

Das große Sklavengeschäft im atlantischen Raum ist die Domäne der Portugiesen und Spanier geworden. Auf der Iberischen Halbinsel hatte sich durch die Reconquistakriege der Brauch erhalten, gefangene oder unterworfene Ungläubige zu Sklaven zu machen. Bei der christlichen Wiedereroberung Andalusiens im späten Mittelalter wurde es üblich, die Bewohner derjenigen Orte, die bis zuletzt Widerstand geleistet hatten, als Gefangene wegzuschleppen und als Sklaven zu behandeln. So geschah es noch in dem letzten Maurenkrieg auf der Halbinsel, dem Feldzug gegen Granada (1482–1492). Die Katholischen Könige ließen die Einwohner der im Kampf eroberten Städte als Sklaven verkaufen, um mit diesen Erlösen Kriegsdienste zu belohnen und die Kriegskosten einzubringen. Außerdem waren während des 15. Jahrhunderts in den Grenzgebieten organisierte Raubzüge in das Maurenreich Granada üblich geworden, wobei man Bewohner als Gefangene fortschleppte, deren Auslösung man sich in klingender Münze bezahlen lassen konnte, oder die man, wenn niemand etwas für sie bot, arbeiten ließ, als Arbeitskräfte vermietete oder als Sklaven verkaufte.

Solche Sklavenfangexpeditionen wurden nun nach den nord- und westafrikanischen Küstenorten und weiter in den Atlantikraum hinein ausgedehnt. Seefahrten, die bisher unbekannte Inseln entdeckten oder genauer erkundeten, finanzierten sich durch organisierten Menschenraub. Seit dem 14. Jahrhundert wurden die Kanarischen Inseln von Seefahrern aus Katalonien, Mallorca, Portugal und Kastilien angelaufen, um Eingeborene dieser Inseln zu fangen und auf die Sklavenmärkte zu bringen. Die spanische Eroberung der Kanarischen Inseln gab weitere Gelegenheit, große Mengen der einheimischen Bevölkerung, der Guanchen, zu Sklaven zu machen. Man unterschied wie in den Maurenkriegen zwischen den Eingeborenen, die kriegerischen Widerstand leisteten und darum der Versklavung verfallen waren, und denen, die sich ohne Kampf unterworfen hatten und ihre Freiheit behalten sollten. Auch Aufstände der Unterworfenen gaben einen legalen Anlaß, diese Bevölkerungen in die Sklaverei zu verkaufen. Aber auch viele friedliche Guanchen erlitten das gleiche Schicksal. Die Einnahmen aus dem Sklavenhandel brachten zu einem erheblichen Teil die Kapitalien auf, die für die Eroberung dieser Atlantikinseln erforderlich waren. Die spanische Krone besaß nicht die Mittel, um auf eigene Kosten die Kolonisation der Kanarischen Inseln durchzuführen. Sie übertrug darum diese Aufgaben an Privatpersonen, die sich hierfür anboten und die Expeditionen finanzierten. Diese Unternehmer erhielten neben anderen Rechten und Befugnissen das sogenannte »Fünftel« (*el quinto*), das der Krone bei allen Eroberungen an der Kriegsbeute und den Kriegsgefangenen zustand.

tissimū bz qui nulli tributarij é Moies insule ydolatre sūt
et oēs nude ābulant mares et femine ħ quilibz verecūda
opit pāno vno Nullū bladū bñt excepto riso Carnibº ri
so et lacte viuūt habūdanciā bñt seminū solūm de quibº
oleū faciūt bñt biricios meliores mūdi qui ibi crescūt Li
nū eciā bñt de arboribº de quibº dcm̄ e sup in regno sama
rā In hac isula lapides pciosi inueniūt qui dicūt Rubini
qui regionibº alijs nō inueniūt vel bñt. Multi eni eciā
saphiri et topacij et amatiste ibi sunt multiqz alij lapides p
ciosi Rex huius insule habet pulchriore rubinū qui vnqz
fuit visus in hoc mūdo habet enim vniº palme longitudi
ne et ad mensurā grossiciei brachij hois Est āt splendidº
sup modū omni macula carens adeo vt ignis ardens vide
atur esse Magnº kaam Cublay nuncios suos direxit ad
illū rogans vt prefatū lapidē illi donaret et ipe donaret ei
valore vnius ciuitatis Qui rñdit qz lapis ille suorz erat an
cessorū nulli eū vnqz homini daret Huiº insule hoies bel
licosi non sunt sed valde viles Quando autē bella cū ali
bus habent de alienis ptibus stipendiarios vocant et spe
cialiter sarracenos

De regno maabar   Capitulū xxiij.
Ltra insulā seylā ad miliaria xl inueniť maabar q̄ ma
ior india nūcupať Nō aūt é insula ħ terra firma. In
hac puincia quiqz reges sūt Prouicia é nobilissiā et ditis
sima sup modū In pmo huiº puicie rex é noīe Seudeba
i quo regno sūt margarite i copia maxiā In mari eni huiº
puincie é maris brachiū seu sinus inť firmā terrā et insulā
q̄dā vbi nō est aquaz pfūditas vltra decem vel duodeci
passus et alicubi vltra duos Ibi inueniūt margarite sup
dcē Mercatores eni diuersi societates adinuice faciunt ↄ
bñt naues magnas et puas hoiesqz cōducunt qui descen
dūt ad pfundū aquarū et capiunt cōchilia in quibus sunt

Eine Seite in dem Reisebericht des Marco Polo in einer Ausgabe von 1485
mit Randbemerkungen von Christoph Kolumbus
Sevilla, Biblioteca Capitular Colombina

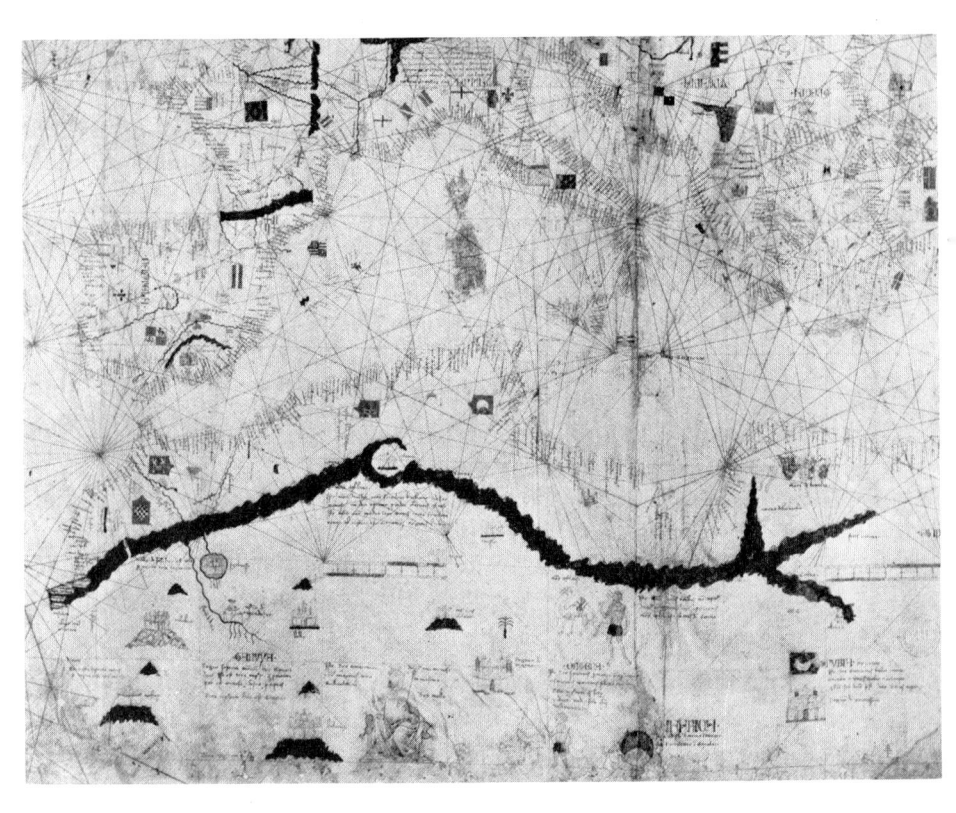

Südeuropa und Nordafrika
auf der Weltkarte des Angelino Dulcert, 1339
Paris, Bibliothèque Nationale

Da auf den Inseln zunächst wenig Reichtümer zu holen waren, suchten die Unternehmer ihre Gläubiger mit Überlassung von Sklaven oder Erlösen aus deren Verkauf zufriedenzustellen. Andererseits verkauften sie Guanchensklaven den europäischen Siedlern als Arbeitskräfte. Für die schwere Arbeit auf den Zuckerplantagen erwies sich dann die Nutzung von importierten Negersklaven als lohnender.

Denn inzwischen hatten die Portugiesen in ihren Entdeckungsfahrten an der westafrikanischen Küste die Wohngebiete der Neger erreicht. Seit dem Jahre 1441 begannen sie mit dem Verschiffen von Negern für die europäischen Sklavenmärkte. Jetzt wurde zuerst der materielle Nutzen aus den langjährigen und beharrlich fortgeführten Seefahrten des Prinzen Heinrich sichtbar, deren hohe Kosten manchen Unwillen erregt hatten. In den Jahren von 1441 bis 1448 sind von Río de Oro und Guinea tausend bis zweitausend Neger abtransportiert worden. In der folgenden Zeit sollen die Portugiesen aus der Küstengegend vom Senegal bis Sierra Leone jährlich wenigstens dreitausendfünfhundert Sklaven verschickt haben. Die Negerexporte aus Guinea sind für die Jahre 1450 bis 1505 auf hundertvierzigtausend Menschen geschätzt worden. Neben Getreide und Kleidungsstücken waren zunächst marokkanische Pferde ein beliebter Tauschgegenstand für schwarze Menschen. Um 1460 bekam man in der Gegend von Río de Oro noch fünfundzwanzig bis dreißig Sklaven für ein Pferd. Am Senegal bot man nur noch zehn bis zwölf Sklaven für ein Pferd, und später stiegen die Preise für die Menschenware noch weiter an. In den Gegenden der Goldküste machte die Tsetsefliege die Einfuhr von Pferden nutzlos, und im Tausch wurden besonders Wolltuche entgegengenommen.

Die Negersklaven kamen nicht nur nach Portugal, sondern wurden auch nach Spanien und Italien verkauft, teilweise sogar von andalusischen Seeleuten unmittelbar aus Guinea geholt. Sie stellten die Arbeitskräfte für landwirtschaftliche und gewerbliche Betriebe, dienten aber auch als Kapitalanlage, indem der Herr seinen Sklaven ein Handwerk erlernen und ausüben ließ und die Einnahmen aus dieser Arbeit in Empfang nahm. Eine moralische Beurteilung dieser Zustände muß sich bewußt sein, daß in jener Zeit die Sklaverei eine von Kirche, Staat, Recht und Sitte anerkannte Einrichtung war. Man rechtfertigte die Versklavung der Ungläubigen und Heiden vor allem aus der Vorstellung heraus, daß sie auf diese Weise zum christlichen Glauben bekehrt und so ihre Seelen vor der Verdammnis gerettet werden können.

Wenn in der zweiten Hälfte des 15. Jahrhunderts Sklaven eine so begehrte und einträgliche Handelsware im portugiesisch-spanischen Atlantikraum wurden, ist es verständlich, daß auch die ersten Entdecker und Eroberer Amerikas an das Sklavengeschäft dachten. Christoph Kolumbus erbot sich, den Katholischen Königen so viel Eingeborene der Westindischen Inseln als Sklaven nach Spanien zu schicken, wie die Majestäten verlangen sollten, und erblickte in solchen Sklaventransporten den Gegenwert für die Lieferungen von Zuchtvieh, Saatgut und Lebensmitteln aus dem Mutterlande. Indianersklaven sollten Europa mit billigen Arbeitskräften versorgen und für die finanziellen Aufwendungen entschädigen, die die überseeischen Expeditionen erforderlich machten. In der Tat hat Kolumbus verschiedene Male amerikanische Eingeborene zum Verkauf als Sklaven nach Spanien geschickt. Es waren andere als ökonomische Erwägungen entscheidend, wenn die spanischen Monarchen bereits im Jahre 1496 den anfänglich erlaubten Verkauf dieser Sklaven wieder einstellen ließen und im Jahre 1500 den Transport von Indianersklaven nach Spanien oder anderen Gegenden gesetzlich verboten. Damit ist nicht die Versklavung der Eingeborenen Amerikas überhaupt abgeschafft worden, was erst im Jahre 1542 geschah, aber es wurde das Menschenreservoir der Neuen Welt dem europäischen Sklavenhandel verschlossen, der für die Kapitalbildung und Industrialisierung im Abendland so bedeutsam geworden war. Dagegen begann nun Amerika das große Absatzgebiet für Negersklaven zu werden, die dort in den Plantagen und Bergwerken zum großen Teil die indianische Arbeitskraft ersetzten und deren Verschiffung von Afrika nach Amerika den europäischen Sklavenhändlern so große Kapitalgewinne eintrug.

Die Suche nach dem Goldland

Ähnlich wie das Sklavengeschäft wurde die Suche nach Edelmetallvorkommen zu einem ökonomischen Antrieb für die überseeischen Entdeckungen. Die starke Vermehrung des Warenhandels im Mittelmeergebiet hatte einen gesteigerten Bedarf an Zahlungsmitteln zur Folge und machte die Erhöhung des Umlaufs an Gold- und Silbermünzen notwendig. Es kam nun hinzu, daß die Kostbarkeiten des Orients meist mit Gold oder Silber bezahlt werden mußten, da das Abendland nur teilweise einen gleichwertigen Warenexport anbieten konnte. Diese passive Handelsbilanz brachte eine ständige Verringerung der Bestände an Edelmetallen im christlichen Abendland und machte die immer neue Auffüllung der Gold- und Silberverluste erforderlich. Ferner führte die Ausdehnung der staatlichen Betätigungen, die mit der Entstehung der modernen Staaten einsetzte, zu einem ständig anwachsenden Geldbedarf der Herrscher. Wirtschaft und Staat zeigten einen förmlichen Goldhunger. Die alten Goldländer des Mittelmeergebietes waren seit langem nicht mehr ergiebig in der Ausbeute des Edelmetalls.

Da eröffnete sich seit dem 13. Jahrhundert eine neue Goldquelle im Innern Afrikas, das Sudan-Gold. Aber die Fremden wurden von diesem geheimnisvollen Goldland ferngehalten, so daß nur unbestimmte Nachrichten über seine Lage nach Europa drangen. Wir wissen heute, daß das mittelalterliche »Dorado« im Negerreich Melli oder Mali am oberen Senegal und Niger lag, wo Negergoldwäscher den kostbaren Goldstaub aus dem Flußsand gewannen und ihn für Salz, Kupfer und andere Waren eintauschten. Auf Karawanen durch die Sahara, die nach der Einführung und Verbreitung des Kamels als Transportmittel möglich geworden sind, gelangte das Sudan-Gold nach Nordafrika. Hier tauschten nun die europäischen Kaufleute den größten Teil ihrer mitgeführten geringwertigen Waren gegen Goldkörner oder Goldmünzen ein, die die afrikanischen Herrscher prägen ließen. Neben Italienern beteiligten sich Katalanen an diesem Goldhandel.

Eine andere Karawanenstraße führte an die Westküste Marokkos. Dort wurde das Gold von spanischen Kaufleuten erworben. Seit Ende des 14. Jahrhunderts ist Andalusien mit den Städten Sevilla und Cádiz der große Goldmarkt geworden, wo die Genuesen und andere Ausländer ihre Goldreserven ergänzten. Auch Säcke voll Silber wurden aus Kastilien exportiert. Bereits um die Mitte des 15. Jahrhunderts, also vor der Entdeckung Amerikas, war Spanien ein großer Umschlagplatz für Edelmetalle.

Zentren des Goldhandels

– – – – – Karawanenstraßen
─────── direkte Handelsbeziehungen

Es ist verständlich, daß europäische Kaufleute versuchten, den unmittelbaren Zugang zu dem reichen Goldland Innerafrikas zu finden. Zu verlockend waren die phantastischen Erzählungen von den ungeheuren Goldschätzen. Da sollte der Negerkönig jenes Reiches im Hof seines Palastes einen massiven Goldblock haben, der durchbohrt war, um an ihm sein Lieblingspferd anzubinden. Da waren nicht nur die Würdenträger und Diener reich mit Gold geschmückt, auch die Hunde trugen goldene Halsbänder. Auf mallorquinischen Weltkarten wird der »Kaiser von Mali« abgebildet, wie er in der einen Hand ein Zepter und in der anderen einen ungeheuren Goldklumpen hält. In einem Sprichwort der Zeit hieß es, daß »eine Reise zu den Schwarzen« das Allheilmittel gegen die Armut sei.

Da der Landweg in das Innere Afrikas zuviel Schwierigkeiten bot, bildete sich der Plan, auf dem Seewege an der westafrikanischen Küste entlang einen leichteren Zugang zu dem Sudan-Gold zu eröffnen. Italienische Seefahrer und Kaufleute wurden veranlaßt, aus dem Mittelmeer in atlantische Gewässer vorzudringen, und die portugiesischen Entdeckungsfahrten nach Westafrika wurden auch von dem Wunsch vorangetrieben, das afrikanische Dorado zu finden. Als die Portugiesen im Jahre 1456 Guinea erreichten, konnten sie die ersten Handelsverbindungen zu den Goldzonen herstellen, aber erst an der sogenannten Goldküste, wo das Fort São Jorge da Mina erbaut wurde, begann um das Jahr 1475 das afrikanische Gold, im Tauschhandel von den Negern erworben, in großen Mengen nach Portugal abzuströmen. Während der Regierung des Königs Emanuel I. (1495–1521) sollen jährlich zwölf Schiffe, schwer mit Gold beladen, im Hafen von Lissabon eingelaufen sein. Man schätzte damals die monatlichen Eingänge auf zehntausend Gold-Cruzados.

Diese ungeheuren Reichtümer Guineas lockten auch andere europäische Seefahrer an. Es erschienen bald flämische Schiffe an der Goldküste. Vor allem aber suchten die Kastilier Anteil an den afrikanischen Goldreichtümern zu gewinnen. In den Häfen Andalusiens verbreitete sich derart das Gerücht von dem Goldreichtum Guineas, daß nach den Worten des Chronisten Hernando del Pulgar »alle danach strebten, zu diesem Lande zu fahren, und es kam vor, daß man von einer Reise zehntausend Goldpesos, jeder im Wert von zwei aragonesischen Gulden, mitbrachte«. Ein wahres Goldfieber packte die Menschen. Im Jahre 1478 segelten von Sevilla und anderen Häfen Andalusiens fünfunddreißig Karavellen nach der Goldküste ab. In dem portugiesisch-kastilischen Erbfolgekrieg (1474–1479) ist zur See auch um den Besitz des Sudan-Goldes gekämpft worden, das die kastilischen Monarchen an sich ziehen wollten. Aber im Frieden von Alcáçovas (1479) mußten die Katholischen Könige das Schiffahrts- und Handelsmonopol Portugals nach Guinea anerkennen. Es mußte ihnen darum verlockend erscheinen, als wenige Jahre später der Genuese Christoph Kolumbus ihnen versprach, den Seeweg nach den fernöstlichen Wunderländern Cathay und Zipangu zu entdecken, wo nach den Schilderungen Marco Polos »ungeheure Schätze an Gold, Silber und Edelsteinen zu gewinnen sind«. Kolumbus glaubte in Gegenden zu kommen, wo das Gold als Metall aus der Erde zu gewinnen ist und nicht wie in Guinea als Handelsware erworben zu werden braucht. Ihn erfüllte ein mythischer Glaube an die Macht und die werteschaffende Kraft des Goldes. Er schrieb an die Katholischen Könige: »Gold ist höchst vortrefflich, aus dem Gold wird ein kostbarer Schatz, und mit ihm macht derjenige, der ihn besitzt, in der Welt, was er will, und kann sogar die Seelen in das Paradies bringen.« Die Dynamik des Goldes, die die entstehende kapitalistische Welt erlebte, erwies sich als ein gewaltiger Antrieb in der überseeischen Ausbreitung Europas.

Das portugiesische Fort São Jorge da Mina (Elmina) an der Goldküste
Bau aus dem letzten Viertel des 15. Jahrhunderts

Portugiesische Soldaten auf der Leopardenjagd
Bronzeplatte aus Benin, 17. Jahrhundert
Berlin, Stiftung Preußischer Kulturbesitz, Staatliche Museen, Museum für Völkerkunde

Ersatz für orientalische Gewürze und Farbstoffe

Gold und Sklaven waren die gesuchtesten Handelswaren, deren Erwerb die Menschen des Spätmittelalters in bisher unbekannte Weltgegenden lockte. Das Begehren nach exotischen Erzeugnissen, insbesondere nach Gewürzen, bestärkte dieses Streben in die Ferne. Der Karawanenhandel durch die Sahara lieferte seit dem Anfang des 13. Jahrhunderts nach Nordafrika auch den afrikanischen Pfeffer, *Malaguetta* oder Paradieskörner genannt. Dieses aus Guinea stammende Produkt fand in Europa als Gewürz und Heilmittel Absatz und ersetzte den echten Pfeffer. Wahrscheinlich haben Italiener den Prinzen Heinrich den Seefahrer angeregt, die portugiesischen Seefahrten nach den Gegenden des afrikanischen Pfeffers auszudehnen. Der Genuese Usodimare berührte auf einer Fahrt in portugiesischen Diensten 1455 am Fluß Gambia zuerst das Ursprungsland jenes Gewürzes, und bis zum Jahre 1470 hatten die Portugiesen die gesamte »Pfefferküste« entdeckt. Der Lissabonner Kaufmann Fernão Gomes erhielt vom König das Monopol des Malaguetta-Handels. Bis zum Jahre 1513 konnten sich die Portugiesen fast den alleinigen Handel mit dem afrikanischen Pfeffer sichern, der in den Niederlanden einen guten Absatz fand. Erst im letzten Viertel des 15. Jahrhunderts wurde es offenkundig das Ziel der portugiesischen Afrikafahrten, den Seeweg nach den Ursprungsländern der asiatischen Gewürze aufzufinden.

Die Entwicklung der Tuch- und Seidenindustrie verstärkte die Nachfrage nach Farbstoffen, war doch das Färben von Textilien die Kunstfertigkeit einer besonderen Handwerkerzunft geworden. Aus dem Orient wurden Indigo und Brasilholz bezogen und als feinere Färbemittel für teure Gewebe verwendet. Die neuentdeckten Atlantikinseln konnten nun andere wichtige Farbstoffe in größeren Mengen liefern, vor allem das Drachenblut aus dem Harz des Drachenbaumes, den karminroten Farbstoff aus der Koschenille, einer Schildlaus, und violett färbende Substanzen aus der wild wachsenden Orseille, einer Algenart. Der Markt für die Farbstoffe verlagerte sich aus dem östlichen Mittelmeergebiet nach dem Westen.

Ausdehnung des Getreide- und Zuckerrohranbaus

Piraterie und Handel stellten, soweit nicht der Staat die Kosten übernahm, die Kapitalien für die Ausrüstung überseeischer Fahrten zur Verfügung, und Geschäftsleute finanzierten die Besiedlung und Kultivierung der neuentdeckten Inseln und Länder. Das späte Mittelalter ist eine Zeit großer Binnenkolonisationen gewesen. Im 15. Jahrhundert rückte die Siedlungsexpansion in überseeische Gebiete vor. Diese Wanderbewegung, die von Portugal und Spanien vorangetragen wurde, war aber keine bäuerliche Landnahme in neu erschlossenen Siedlungsräumen, sondern hatte einen vorwiegend kommerziellen Charakter. Auf der Iberischen Halbinsel war die Epoche der bäuerlichen Kolonisationen der Reconquista längst vorüber. In den südlichen, zuletzt zurückeroberten Gebieten ging die Ausbildung des Großgrundbesitzes weiter. Während die Viehzucht eine große Ausdehnung annahm, stagnierte der Ackerbau. Bei allgemein anwachsender Bevölkerung machte sich darum ein steigender Mangel an Brotgetreide bemerkbar. Portugal war ständig auf Getreideeinfuhren aus dem Ausland angewiesen, und die andalusischen Städte lebten in steter Sorge, sich in Zeiten schlechter Ernten vor dem Hunger zu schützen. Portugal bezog Getreide vor allem aus Marokko, und es erscheint glaubwürdig, daß die portugiesische Eroberung von Ceuta (1415) und von Alcácer Ceguer (1458) auch die Absicht verfolgte, die Herrschaft über marokkanische Gebiete zu sichern, von deren Getreidelieferungen Portugal abhängig war. So ist wahrscheinlich die erste überseeische Expansion der Portugiesen in nicht geringem Maße durch die beängstigende Sorge um das tägliche Brot bestimmt worden. Die folgende Besitznahme und wirtschaftliche Erschließung der Atlantikinseln diente in den Anfangszeiten gerade dem Anbau von Getreide. Die Kolonisation von Madeira seit dem Jahre 1425 und der Azoren seit 1439 machte diese Inseln in den nächsten Jahrzehnten zu hauptsächlichen Lieferanten von Weizen und Gerste für das Mutterland und die westafrikanischen Garnisonen.

Seit 1460 drang nun auf den portugiesischen Atlantikinseln das Zuckerrohr vor und machte auf Madeira die Getreidekultur tot. Damit gewann ein kapitalistischer Agrarbetrieb die Oberhand, der der europäischen Expansion neue Antriebe gab. Das Zuckerrohr, das von Indien über Ägypten zum Mittelmeergebiet gelangte, wurde vor allem auf den Inseln Cypern und Sizilien angebaut und wanderte weiter nach Westen zur Iberischen Halbinsel, wo sein Anbau in den Gegenden von Valencia und Granada und im portugiesischen Algarve sowie in der Nähe von Coimbra reiche Erträge brachte. Der Zuckerrohranbau, der zur Plantagenwirtschaft tendierte und für die Einrichtung der Zuckerrohrmühlen die Investierung großer Kapitalien erfordert, war damals bei den hohen Zuckerpreisen und dem sich ausbreitenden Zuckerkonsum ein außerordentlich gewinnbringendes Unternehmen. Madeira wurde ein im ganzen Abendland berühmter Zuckermarkt und lieferte den Zucker unmittelbar nach England und den Niederlanden. Der Zuckerrohranbau erfolgte auch auf den Azoren und den portugiesischen Inseln im Golf von Guinea.

Von Madeira gelangte das Zuckerrohr nach den Kanarischen Inseln, wo es rasch heimisch wurde. Die Eroberer von Gran Canaria und Teneriffa verteilten größere Ländereien an diejenigen, die Zuckerrohr anpflanzten und die Zuckerherstellung betrieben, und ließen Zuckermühlen erbauen. Ausländische, vor allem genuesische Kapitalien betätigten sich in diesen gewinnbringenden Anlagen, und portugiesische Fachleute führten den Zuckerrohranbau und die Technik der Zuckerbereitung ein. Kanarischer Zucker fand in Europa einen großen Absatz und brachte den Kanaren den Namen »Zuckerinseln« ein. Zucker der Atlantikinseln wurde auch nach dem östlichen Mittelmeergebiet verschifft, wo einst der Anbau des Zuckerrohrs seinen Ausgang genommen hatte.

Diese Erfolge der Zuckerrohrpflanzungen konnten zur Suche nach bisher unbekannten Atlantikinseln verlocken, um sie ebenfalls für die Zuckergewinnung zu nutzen. Als die Spanier und Portugiesen die Neue Welt entdeckten und kolonisierten, führten sie auch dort den Zuckerrohranbau ein. Man hat von einer Dynamik des Zuckers in den überseeischen Entdeckungen gesprochen. Der Zuckerrohranbau »zieht Kapitalien und Menschen über den Atlantik« (Fernand Braudel).

Die Kapitalbeschaffung

Die Ausdehnung des Fernhandels und die Finanzierung der überseeischen Unternehmungen beruhten auf den Fortschritten im Geld- und Kreditwesen, wie sie in Italien sich vollzogen hatten. Der Wechselbrief erleichterte den internationalen Zahlungsverkehr und mobilisierte die für den Handel notwendigen Kapitalien. Die Entstehung der Banken ermöglichte die Anhäufung von Geldmitteln, die als Kredite für die Ausrüstung der Schiffe zu Handels- und Entdeckungsfahrten in Anspruch genommen werden konnten. Die westeuropäischen Länder sind in der Entwicklung solcher kapitalistischer Techniken gegenüber Italien zurückgeblieben, doch war während des 15. Jahrhunderts der Gebrauch der Wechselbriefe in Spanien und Portugal viel weiter verbreitet als in den nördlicheren Ländern. Bei dem Risiko und den ungewissen Gewinnchancen der Atlantikfahrten machte anfänglich die Kapitalbeschaffung besondere Schwierigkeiten. Häufig war es nur dadurch möglich, daß der Staat gänzlich oder teilweise die erforderlichen Kosten einer See-Expedition übernahm und das private Unternehmertum sich an der Befrachtung der Schiffe beteiligte. So vereinbarte Prinz Heinrich der Seefahrer mit dem Venezianer Cadamosto, daß er, der Prinz, eine Karavelle bereitstellt und der italienische Kaufmann die mitzunehmenden Handelswaren liefert. Der Gewinn sollte jedem Partner zur Hälfte zufallen.

Auf ähnliche Weise beteiligte sich Christoph Kolumbus vermutlich mit einem Achtel an den Kosten für seine erste Entdeckungsreise und bedang sich dafür ein Achtel von den Handelsgewinnen aus, abgesehen von den sonstigen Einnahmen, die ihm als Leiter der Expedition zufallen sollten. Da er selbst diese Gelder nicht aufbringen konnte, lieh er eine Summe von italienischen Kaufleuten in Sevilla und von den Brüdern Pinzón, die auch persönlich an der Entdeckungsfahrt teilnahmen. Das Unternehmen des Kolumbus, das zur Entdeckung Amerikas führte, entsprach also in seiner geschäftlichen Organisation einem bestimmten Typ der *Commenda*: der hauptsächliche Kapitaleigner war die Krone, während der kapitallose Gesellschafter Kolumbus seinen Plan, sein Können und eine finanzielle Einlage beibrachte, die er von einigen Kreditgebern erhielt.

Italienische Kaufleute im Atlantikhandel

Zum Verständnis der einzelnen wirtschaftlichen Antriebe in den überseeischen Entdeckungen muß man die Verlagerung des Mittelmeerhandels vom Osten nach dem Westen betrachten, die im 15. Jahrhundert besonders wirksam wurde. Bereits seit dem Ende des 13. Jahrhunderts fuhren die genuesischen Galeeren regelmäßig durch die Straße von Gibraltar bis zu flandrischen und englischen Häfen. Italienische Kaufleute bemächtigten sich zu einem erheblichen Teil auch des Zwischenhandels der atlantischen Küstenländer. In dieser Handelsexpansion nach dem Westen, der man eine revolutionäre Bedeutung in der mittelalterlichen Wirtschaft beimißt, spielten die Genuesen die führende Rolle. Ihre

Konkurrenz mit den Venezianern, die ein tatsächliches Monopol im ägyptischen Orienthandel, insbesondere mit Gewürzen, besaßen, drängte sie, ihre Märkte im Westen auszudehnen, wo sie sich besonders dem Handel mit Getreide, Farbstoffen, Seide und Zucker widmeten und sich als Geldleiher betätigten. Sodann gefährdete die militärische Expansion des ottomanischen Türkenreiches um die Mitte des 15. Jahrhunderts die genuesischen Handelskolonien im östlichen Mittelmeer und am Schwarzen Meer; mit der Plünderung der genuesischen Handelsfaktoreien auf der Krim durch türkische Truppen im Jahre 1476 brach die Handelsstellung der Genuesen in der Levante zusammen. Indessen hatte aber Genua wertvolle kommerzielle Positionen im Westen, besonders in Nordafrika, Spanien und Portugal aufgebaut.

Genuesische Kaufleute hatten sich in Ceuta niedergelassen und waren an der Atlantikküste Marokkos besonders in den Häfen Saleh, Arzila und Larache anzutreffen. Genuesische Handelszentrale für den afrikanischen Raum wie für die europäischen Atlantikküsten war Cádiz geworden, das im letzten Viertel des 15. Jahrhunderts »das zweite Genua« hieß. Verschiedene italienische Kaufmannsfamilien wurden hier ansässig und verschwägerten sich mit vornehmen, häufig adligen Familien der Stadt. In Sevilla, der Hauptstadt Andalusiens, besaßen die Genuesen seit dem Jahre 1251 einen *Fondaco*, ein Handelshaus mit eigenem Stadtviertel. Im 15. Jahrhundert hatten in dieser Handelsmetropole alle großen Handelshäuser Genuas und andere italienische Firmen ihre Vertretungen. In Sevilla treffen wir die Centurioni, Berardi, Pinello, Spinola, Di Negro, Doria und andere Italiener, mit denen der Genuese Christoph Kolumbus in Verbindung trat und die an den überseeischen Kolonisationen der Spanier sich kommerziell und finanziell beteiligten.

Die Tätigkeit italienischer Kaufleute in Lissabon reicht bis in das 13. Jahrhundert zurück. Unter ihnen erlangten wiederum die Genuesen eine vorherrschende Stellung, aber auch Mailänder, Florentiner, Venezianer begründeten in der portugiesischen Hauptstadt ihre Handelsniederlassungen. Diese Fremden bemächtigten sich zu einem großen Teil des portugiesischen Außenhandels. Sie führten Südfrüchte, Weine und Leder insbesondere nach den Niederlanden, England und Irland aus. Das genuesische Handelshaus der Lomellini erhielt im Jahre 1456 das Monopol der portugiesischen Korkausfuhr. Die Genuesen betätigten sich ferner im Zuckerrohranbau Algarves und der Insel Madeira. Auch in Lissabon wurden verschiedene italienische Kaufmannsfamilien seßhaft und heirateten in portugiesische Adelsfamilien ein.

Die italienischen und vor allem die genuesischen Kaufleute haben die wirtschaftliche Entwicklung Kastiliens und Portugals mächtig gefördert und der maritimen und kommerziellen Expansion dieser Länder einen starken Auftrieb gegeben. Sie stellten Kapitalien für die atlantischen Expansionen und Kolonisationen zur Verfügung, vermittelten neue Techniken des Fernhandels und kapitalistische Methoden agrarischer und gewerblicher Produktionssteigerung und spornten ihren Unternehmungsgeist an.

Portugiesen und Spanier in Seefahrt und Seehandel

Bei Anerkennung aller dieser fremden Einwirkungen aus dem Mittelmeer darf man aber nicht die eigenen Kräfte übersehen, die die Bewohner der Atlantikländer zu seemännischer und händlerischer Betätigung hingelenkt haben. Es waren keine von außen veranlaßten Improvisationen, wenn im 15.Jahrhundert sich portugiesische und spanische Seeleute in bisher unbefahrene Meere vorwagten. Der Kampf um ihre Unabhängigkeit von Kastilien hatte die Portugiesen frühzeitig zum Bau einer Flotte gezwungen. Der Fischfang führte die portugiesischen Schiffer weg von den Küsten auf die hohe See, sowohl in die Gewässer westlich von Marokko wie in die Nähe Englands und der Bretagne. Seit Ende des 12.Jahrhunderts nahmen portugiesische Kaufleute über See den unmittelbaren Handel mit den Niederlanden, England, der Bretagne und der Normandie auf und errichteten Faktoreien in Brügge, London und in verschiedenen französischen Häfen. Im Jahre 1293 schlossen sich Kaufleute der Westküste Portugals zu einer Gemeinschaft zusammen, um ihre Handelsinteressen in Nordeuropa wirksamer zu vertreten. Die Ernennung des genuesischen Kaufmanns Manuel Pessagno zum Admiral der portugiesischen Flotte im Jahre 1317 und die Verpflichtung genuesischer Fachleute für das Schiffswesen setzten planmäßig den Ausbau der Marine fort. Die Beteiligung der Portugiesen an Schiffahrt und Handel nahm im ausgehenden Mittelalter beträchtlich zu. Portugiesische Schiffe, Seeleute und Händler waren während des 15.Jahrhunderts in Häfen Italiens und des östlichen Mittelmeers viel häufiger anzutreffen, als es bisher bekannt war. Es zeigt sich ein Schiffsverkehr vom Atlantik in das Mittelmeer hinein, der der von Italien ausgehenden Schiffsbewegung nach den Atlantikhäfen entgegenläuft.

Auch die Anfänge der spanischen See- und Handelsmacht sind älter als die Niederlassungen der Italiener in Spanien. Die kantabrische Küste von der Biscaya bis nach Galicien hatte im Mittelalter eine rege Schiffahrt entwickelt. Seit dem Jahre 1296 bestand ein Bund der kastilischen Seestädte, die *Hermandad de las Villas de la Marina de Castilla*, zur wirksamen Vertretung ihrer Handels- und Schiffahrtsinteressen, ähnlich dem Städtebund der deutschen Hanse. Die kastilische Marine galt in den Zeiten des Hundertjährigen Krieges zwischen England und Frankreich als stärkste Flottenmacht und errang große Erfolge im Kaperkrieg gegen englische Schiffe und beim Plündern der englischen Küsten. Schiffe aus kantabrischen und andalusischen Atlantikhäfen unternahmen seit Ende des 14. Jahrhunderts auch Handelsfahrten in das Mittelmeer, und als die Portugiesen im Jahre 1415 Ceuta an der Straße von Gibraltar eroberten, nahmen die baskische und galicische ebenso wie die portugiesische Handelsschiffahrt nach mittelmeerischen Ländern beträchtlich zu. Im 15. Jahrhundert taten sich die Basken durch ihren vorzüglichen Schiffsbau und ihre ausgedehnten Seefahrten hervor. Sie ließen sich in andalusischen Seestädten, besonders in Cádiz, nieder und bewiesen einen seefahrerischen und kaufmännischen Unternehmungsgeist, der dem der Genuesen um nichts nachstand. Baskische wie portugiesische Fischerboote fuhren bis Neufundland zum Kabeljaufang aus und ermöglichten die großen Lieferungen von Stockfisch, der damals als Nahrungsmittel so begehrt war.

Nachdem die kastilischen Könige im Verlauf der Reconquista die Küsten Andalusiens gewonnen hatten, ließen sie dort eine Flotte erbauen. Auch in Kastilien halfen dabei die Genuesen, die eine größere Zahl von Schiffen lieferten. Sevilla und Cádiz entwickelten sich zu Metropolen des kastilischen Überseehandels. Unter den Atlantikhäfen Andalusiens ragten ferner im Zeitalter der Entdeckungen hervor: Palos, am Río Tinto bei Huelva, mit seinen kühnen und wettererprobten Seeleuten, die den Kampf mit den Portugiesen um den Sklavenhandel in Guinea nicht scheuten, Sanlúcar, an der Mündung des Guadalquivir, Ausgangspunkt vor allem für die Fahrten nach den Kanarischen Inseln, und Puerto de Santa María, in der Bucht von Cádiz, die Basis für den Hochseefischfang und die Plünderungsfahrten an die nordafrikanische Küste. Auch die Stadt Jerez de la Frontera unterhielt eine eigene Flotte. Kastilische Kaufleute ließen sich in wachsender Zahl an französischen, niederländischen und englischen Handelsplätzen nieder und vermittelten die Ausfuhr kastilischer Wolle und anderer Landesprodukte, wobei sie sich meist kastilischer Schiffe bedienten. Diese Tatsachen widerlegen die alteingewurzelte Vorstellung, daß Kastilien im Mittelalter eine bloße Landmacht war und nur wider Willen und wider alle Vernunft zu einer See- und Kolonialmacht geworden ist, weil der Zufall es wollte, daß ein genuesischer Abenteurer den kastilischen Monarchen seinen Entdeckungsplan anbot und bei ihnen Gehör fand.

In Aragon hatten die Katalanen einen großen Anteil an der Schiffahrt und dem Fernhandel gewonnen. Ihre wirtschaftliche Expansion richtete sich nach Nordafrika und über Sizilien nach der Levante. Man bezog aus dem Orient vor allem Gewürze und Drogen und bezahlte mit dem Sudangold, das man im nordafrikanischen Handel einkaufte. Die katalanische Schiffahrt drang in den Atlantischen Ozean vor und stellte unmittelbare Handelsbeziehungen mit England und Flandern her. Sie richtete sich auch nach den westafrikanischen Küsten und Inseln. Katalanen und Mallorquiner unternahmen im 14. Jahrhundert zahlreiche Reisen nach den Kanarischen Inseln. Im 15. Jahrhundert blieben die Katalanen spürbar hinter dem schnelleren Schiffsverkehr und den fortgeschritteneren Handelsmethoden der Italiener zurück. Die Besetzung Ceutas durch die Portugiesen und die kastilische Ausbreitung im afrikanischen Atlantikraum engten das Betätigungsfeld katalanischer Seefahrer ein. Die aragonesischen Könige konnten auch keine Rechtsansprüche auf Westafrika und die afrikanischen Atlantikinseln erheben, zumal Aragon im Vertrag von Soria (1291) sich als Interessenzone in Nordafrika die Gebiete östlich vom Fluß Muluya bis nach Tunis vorbehalten und die Gegenden westlich dieses Flusses Kastilien überlassen hatte. In der zweiten Hälfte des 15. Jahrhunderts befand sich Katalonien in einem wirtschaftlichen Niedergang, der nach dem Bürgerkrieg von 1462 bis 1472 katastrophale Ausmaße annahm. Als die Epoche der großen ozeanischen Entdeckungen nahte, blieb Katalonien abseits von den großen Begebenheiten auf den Weltmeeren; nur einzelne Katalanen konnten sich an den kastilischen Expeditionen beteiligen.

Unter diesen Umständen entwickelte sich in portugiesischen und spanischen Städten ein kaufmännisches Unternehmertum von Reedern und Handelsherren, die zu wirtschaftlicher Macht und sozialem Ansehen gelangten. Die Geschichte dieser großen Kaufmannsfamilien bedarf noch eingehender Erforschung. Zahl und Eigenart der Angehörigen dieses bürgerlichen Standes und ihre Stellung zur Krone und zur Aristokratie in den wichtigsten Städten müssen noch genauer untersucht werden, ehe ein gesichertes Urteil über die Bedeutung dieser Bevölkerungsschicht für die maritime Expansion im ausgehenden Mittelalter möglich ist. Es darf aber bereits jetzt behauptet werden, daß der weltoffene und wagemutige Handelsgeist des kaufmännischen Bürgertums auch in Portugal und Spanien eine wirkende Kraft in den überseeischen Entdeckungen gewesen ist, wo neue Märkte und Gewinnchancen erschlossen werden konnten.

Ausländische Konkurrenz in Spanien

Der Aufschwung der seemännischen und fernhändlerischen Betätigungen in den iberischen Küstenlandschaften rief die Feindschaft der Einheimischen gegen die fremden Kaufleute hervor, die eine privilegierte Stellung in Handel und Schiffahrt erreicht hatten. Die Klagen richteten sich insbesondere gegen die Genuesen und Florentiner, die beschuldigt wurden, nicht nur den Fernhandel, sondern auch den Detailverkauf der importierten Waren an sich zu reißen, und die Italiener wiederum beklagten sich über die vielen Schikanen und Belästigungen, denen sie ausgesetzt waren. Die Beschwerden über die ausländische Kaufmannschaft wiederholten sich auf den Ständetagungen der portugiesischen, kastilischen und aragonesischen Reiche. Die Vertreter der Städte forderten von den Monarchen Maßnahmen zur Beschränkung der Handelsfreiheiten der Ausländer und erbaten die Vertreibung der fremden Kaufleute oder wenigstens eine Befristung ihres Aufenthalts. Die Cortes von Lissabon des Jahres 1459 ersuchten König Alfons V., die Genuesen und Florentiner auszuweisen, da diese dem Land nur Schaden und keinerlei Nutzen bringen. Auf den portugiesischen Cortes von 1481 bis 1482 wurde behauptet, daß die Genuesen und Florentiner nichts weiter täten, als dem Lande Gold und Silber zu entziehen und die Geheimnisse der von den Portugiesen entdeckten afrikanischen Länder und Atlantikinseln auszukundschaften. Genuesen und Juden hätten den Handel mit dem Zucker von Madeira an sich gerissen.

Die kastilischen Cortes von 1447 beklagten sich darüber, daß die ausländischen Kaufleute die eingeführten Waren zurückhielten, um die Preise in die Höhe zu treiben, und daß sie sich beim Einkauf der auszuführenden Waren übermäßig bereicherten, wodurch die Bewohner Kastiliens viel Schaden erlitten. Insbesondere werden die Warenspekulationen der Genuesen in Sevilla erwähnt. Der König möge darum den ausländischen Kaufleuten eine Frist stellen, in der sie ihre Handelsgeschäfte abwickeln müßten und nach deren Ablauf die Rückreise anzutreten hätten. Besonders energisch drängte die reiche und einflußreiche Kaufmannschaft von Barcelona die aragonesischen Herrscher, die Italiener aus dem Lande zu vertreiben.

Die Monarchen der iberischen Reiche gaben häufig diesen ausländerfeindlichen Vorstellungen ihrer Untertanen kein Gehör und schützten die Italiener in der Wahrnehmung der ihnen verliehenen Privilegien, da sie die finanzielle und kommerzielle Hilfe der Fremden nicht entbehren konnten. Aber die freie Handelstätigkeit der italienischen Kaufleute erfuhr doch eine zunehmende Beschränkung durch staatliche Eingriffe. Maßnahmen zur Förderung der heimischen Schiffahrt sollten die Vorherrschaft ausländischer Schiffe im Warentransport beseitigen. Kastilische Städte und Seefahrer hatten sich beklagt, daß die fremden Kaufleute ihre Waren auf ausländischen Schiffen verfrachteten, so daß die kastilischen Schiffseigentümer ihre Fahrzeuge nicht mehr unterhalten könnten und sie mit großen Verlusten verkaufen müßten. Darauf erließ König Heinrich III. am 27. Januar 1398 folgende Verordnung an die Obrigkeiten der Städte: »Wenn irgendwelche Kaufleute, seien es Genuesen, Piacentiner, Katalanen, Franzosen, Engländer oder andere Personen irgendwelcher anderer Reiche und Herrschaften, künftig ihre Waren in der Stadt Sevilla oder in irgendeiner der anderen Städte oder Orte meiner Reiche zu verfrachten haben, sollt ihr sie zwingen und anhalten, daß sie um eben den Preis lieber die Schiffe der Untertanen meiner Reiche befrachten als die Schiffe der Ausländer, um die erwähnten Waren zu verladen, denn es ist meine Gnade und mein Wille, daß alle Waren irgendwelcher Art, die aus meinen Reichen ausgeführt werden, auf Schiffen meiner Reiche verladen werden.«

Die Katholischen Könige wiederholten in ihrem Erlaß vom 21. Juni 1494 das Edikt Heinrichs III. Ihre Verordnung vom 3. September 1500 »hinsichtlich des Mißbrauchs und Nachteils, der sich bemerkbar machte, daß die Ausländer durch die Schiffsfrachten alle Gewinne und Vorteile unter Verfall unserer Handelsmarine wegnehmen«, bestimmte, daß kein Einheimischer sich fremder Schiffe bediene, und drohte den Zuwiderhandelnden mit hohen Strafen.

In Aragon hatte König Jakob I. im Jahre 1227 jedem ausländischen Schiff verboten, in Barcelona Ladung für Syrien, Ägypten und Nordafrika zu übernehmen, solange in diesem Hafen ein katalanisches Schiff zur Verfügung stehe. Im Jahre 1453 erließ König Alfons V. ein Edikt, wonach der Außenhandel seiner Reiche nur auf einheimischen Schiffen erfolgen dürfe.

Eine Einschränkung für die Betätigung italienischer Kaufleute ergab sich auch aus den staatlichen Maßnahmen, den Abfluß von Gold und Silber in das Ausland zu verhindern. In Erneuerung früherer Erlasse ordneten die Katholischen Könige an, daß ausländische Kaufleute, die Waren nach Kastilien einführen, den Gegenwert nur in Produkten und Waren des Landes ausführen dürfen. König Ferdinand verbot in Aragon die Ausfuhr der katalanischen Münzen von gutem Feingehalt. Einzelne Bestrebungen, die Importe ausländischer Manufakturen zu beschränken, setzten sich jedoch in der Handelspolitik der spanischen Reiche nicht durch. In Portugal wurde den Ausländern der Detailhandel und der Aufkauf bestimmter Rohstoffe verboten. Im Jahre 1472 erging ein königlicher Erlaß über die Kontrolle der von den fremden Kaufleuten eingeführten Waren und der dafür exportierten Handelsgüter und Edelmetalle.

Die kastilischen und portugiesischen Könige hielten jedoch eine Vertreibung der italienischen Kaufleute für unvernünftig und schädlich und lehnten derartige Vorschläge auf den Ständeversammlungen ab. Die Herrscher der Reiche Aragon aber ließen sich im Interesse der einheimischen Kaufmannschaft zu einem solchen fremdenfeindlichen Vorgehen bestimmen. Im Jahre 1401 verkündete König Martin I. ein allgemeines Gesetz, wonach innerhalb von drei Monaten alle Italiener mit ihrem Hab und Gut auszuweisen seien. Es wurde ihnen auch untersagt, mit Untertanen des Königs Handelsgesellschaften zu gründen. Von diesem Gesetz wurden aber nicht die Genuesen und Pisaner betroffen, die auf Grund von Verträgen Handelsprivilegien besaßen.

In den Jahren, die der Entdeckung Amerikas und des Seeweges nach Ostindien vorangingen, behaupteten die italienischen Kaufleute in Kastilien und Portugal ihre hervorragende Stellung im Warenhandel und Geldgeschäft. Die Katholischen Könige erteilten oder bestätigten ihnen Schutzbriefe, gewährten ihnen Rechtshilfe und genehmigten die Naturalisierung einzelner Genuesen. Einem Florentiner Kaufmann erlaubten sie im Jahre 1477 eine Handelsfahrt nach Guinea, und Genuesen durften sich an der Kolonisierung der Kanarischen Inseln beteiligen. Sie sandten Italiener auch zur Einziehung des Kreuzzugsablasses aus und nahmen ihre Hilfe für Kredit- und Handelsgeschäfte in Anspruch. In Portugal genoß die Genueser Kaufmannsfamilie der Lomellini die besondere Gunst der Krone. Aber die kastilische und portugiesische Monarchie unterwarf die ausländischen Kaufleute den Landesgesetzen und konnte mit strengen Strafen gegen die Fremden vorgehen. Im Jahre 1477 ließen die Katholischen Könige einen genuesischen Kaufmann wegen Unehrerbietigkeit gegen die königliche Autorität aufhängen.

Diese Lage der Ausländer ist auch zu berücksichtigen, um das Verhalten der portugiesischen und kastilischen Könige gegenüber dem Genuesen Christoph Kolumbus zu verstehen, dessen Entdeckungs- und Handelsprojekt auf die Mißgunst und das Mißtrauen gegen die Profitgier der Italiener stoßen mußte. Beide Kronen wachten eifersüchtig darüber, sich das ausschließliche Schiffahrtsrecht nach ihren Entdeckungszonen zu sichern. Die Mitwirkung von Ausländern an solchen Fahrten war darum sorgfältig zu prüfen und zu überwachen: trotz ihrer Geldschwierigkeiten infolge des Krieges gegen Granada wiesen die Katholischen Könige die finanzielle Hilfe der Genueser Handelshäuser und Banken in Sevilla für die erste Kolumbusreise ab. Die entstehenden Nationalstaaten auf der Iberischen Halbinsel waren entschlossen und stark genug, eine selbständige Beteiligung der Italiener an den überseeischen Entdeckungen auszuschließen. Die großen wirtschaftlichen Chancen, die sich hier gerade dem privaten Handelskapital der Genuesen zu bieten schienen, konnten nur so weit verwirklicht werden, wie es mit den spanischen und portugiesischen Staatsinteressen vereinbar war und gute Beziehungen zu den Monarchen der iberischen Staaten es erlaubten.

Adlige Grundherren als Unternehmer und Kolonisatoren

Es wäre nun aber doch nicht richtig, wenn man das kaufmännische Bürgertum, das in den italienischen Handelsstädten zu einem revolutionären Element im Wirtschaftsleben geworden war und dann auch in portugiesischen und spanischen Städten aufstieg, als den alleinigen Träger der maritimen Expansion des Abendlandes betrachten wollte. Es bedeutete eine allzu einseitige Analyse der historischen Wirklichkeit, die überseeischen Entdeckungen nur aus der Entstehung des abendländischen Bürgertums und des kapitalistischen

Geistes zu erklären und überhaupt in ein festes Entwicklungsschema der ökonomischen Produktionsstufen einzuordnen. In der europäischen Ausbreitung sind auch soziale, religiöse und politische Motive erkennbar, die ihre eigene Geschichte haben, auch wenn sie mit ökonomischen Vorgängen verknüpft sind. Erst neuerdings hat die Forschung auf die Bedeutung zu achten begonnen, die der adlige Grundherr in den wirtschaftlichen und kolonisatorischen Betätigungen des Entdeckungszeitalters gewonnen hatte. Man wird zu ihrem Verständnis an die allgemein europäische Situation des Adels im ausgehenden Mittelalter anzuknüpfen haben. Die Ausdehnung des Fernhandels und das vermehrte Angebot orientalischer Waren steigerten die Lebensansprüche der adligen Gesellschaft. Auch in Spanien machte sich während des 14. und 15. Jahrhunderts eine zunehmende Verfeinerung des Lebens in Kleidung, Wohnung und in den Tafelsitten bemerkbar. Kostbare Wand- und Fußteppiche, feinste Tucharten, kunstvolle Keramik- und Porzellangegenstände, eine verschwenderische Fülle an Schmucksachen und Juwelen, dies alles fand sich in den spanischen Adelshäusern. Eine lebhafte Bautätigkeit setzte ein: Die Adelsburgen wurden verschönert, Befestigungen ausgebaut und neue Adelspaläste errichtet. Werke der bildenden Kunst schmückten die Wohnsitze der großen Grundherren. Der Luxusaufwand war notwendig geworden, um Achtung und Geltung in dieser feudalen Welt zu bewahren.

Die höheren Ansprüche an eine standesgemäße Lebensführung zwangen die Adligen zur Beschaffung neuer Geldmittel. Das Geld konnte überhaupt als entscheidender Faktor für die soziale Einschätzung eines Menschen betrachtet werden, denn mit Geld konnte man sich den vielbewunderten Luxus leisten. Der Erzpriester von Hita dichtete um die Mitte des 14. Jahrhunderts:

> Sei jemand ein einfältiger und grober Bauer,
> das Geld macht ihn adlig und gelehrt,
> je mehr einer davon hat, umso größer ist sein Ansehen.
> Wer keine Geldmittel hat, ist nicht von selbst ein Herr!

Nun nahmen aber im Spätmittelalter die bisherigen Einkünfte der adligen Grundherren beträchtlich ab. Die Agrarkrise des 14. und 15. Jahrhunderts, die sich durch den starken Rückgang der bäuerlichen Bevölkerung als Folge der Pestepidemien und der Abwanderung in die Städte einstellte und in den sinkenden Preisen der Agrarprodukte zum Ausdruck kam und zu der großen Zahl von »Wüstungen« *(despoblados)* führte, war zugleich eine Krise der Herrenschicht. Die in Geld umgewandelten Abgaben der Bauern waren durch häufige Münzverschlechterung entwertet und hatten vielfach nur noch symbolische Bedeutung.

Auf verschiedenen Wegen suchte der Adel die unerläßliche Vermehrung seiner Einnahmen zu erreichen. Er war eifrig auf neue Erwerbungen von Grundbesitz und Grundherrschaften bedacht. In Kastilien konnte er hierfür die anarchischen Zustände nutzen, die durch Regentschaftsregierungen und schwächliche Herrscher während des 15. Jahrhunderts eingetreten waren. So vermochten die großen Adelsfamilien für die Unterstützung des Monarchen sich viele königliche Schenkungen an Land und Leuten zu sichern oder durch Beteiligung an Aufständen Königsgut zu usurpieren, sich königliche Rechte anzueignen und freie Städte in grundherrliche Abhängigkeit zu bringen.

Die auf diese Weise entstandenen adligen Territorialherrschaften in Andalusien schlossen viele Häfen der Atlantikküste ein. Alonso Pérez de Guzmán el Bueno hatte für seine tapfere Verteidigung von Tarifa die Grundherrschaft über die Stadt Sanlúcar de Barrameda an der Mündung des Guadalquivir erhalten. Später wurden dieser Adelsherrschaft die Städte Ayamonte, Huelva, San Juan del Puerto, La Palma, Gibraltar und andere Ortschaften Westandalusiens unterworfen. Mit der Verleihung der Stadt Niebla und ihres Territoriums (1371) erfolgte die Erhebung der Guzmáns in den Grafenstand, und im Jahre 1445 erlangten die Grafen von Niebla den Titel eines Herzogs von Medina Sidonia. Die Herrschaft dieses Adelshauses erstreckte sich im Entdeckungszeitalter über den größten Teil der heutigen Provinz Huelva und weite Gebiete der Provinzen Sevilla und Cádiz.

In diesen Gegenden hatte sich auch die Adelsfamilie der Cerda festgesetzt. Luis de Cerda, im Jahre 1479 zum Herzog von Medinaceli erhoben, war vor allem Grundherr der bedeutenden Hafenstadt Puerto de Santa María in der Bucht von Cádiz. Zu einer großen Territorialherrschaft in Andalusien gelangte ferner die Adelsfamilie der Ponce de León, die Grundherren der Stadt Marchena waren und die Grafschaft Arcos erlangten. Rodrigo Ponce de León hatte sich in den Wirren der Regierungszeit Heinrichs IV. der Stadt Cádiz bemächtigt, deren Besitz ihm der König im Jahre 1466 formell verlieh. Für die Dienste, die er als *Capitán General* im Krieg gegen das Maurenreich Granada geleistet hatte, erhoben ihn die Katholischen Könige zum Marquis von Cádiz.

So waren die wichtigsten andalusischen Küstenstädte in den Besitz adliger Grundherren gekommen. Weiter landeinwärts gelegene Flußhäfen, wie Sevilla und Jerez de la Frontera, waren wohl königliche Städte, aber das Mündungsgebiet des Guadalquivir beherrschte der Herzog von Medina Sidonia, und über die Mündung des Guadalete in der Bucht von Cádiz machte der Herzog von Medinaceli seine Autorität als Stadtherr von Puerto de Santa María geltend und erhob von den passierenden Handelsschiffen der Stadt Jerez willkürlich erhöhte Abgaben. In dieser Lage wird es verständlich, daß die Katholischen Könige mit der Gründung der Stadt Puerto Real sich einen eigenen Hafen in der Bucht von Cádiz zu schaffen suchten. Nach dem Tode des ersten Marquis von Cádiz im Jahre 1492 erreichten die Monarchen schließlich durch einen Vertrag mit dessen Erben, daß die für die Atlantikschiffahrt so wichtige Hafenstadt Cádiz im Jahre 1493 wieder der Krone zufiel, während der Herzog von Medina Sidonia im Jahre 1502 gezwungen wurde, Gibraltar den kastilischen Königen zu übergeben. Die erste Kolumbusfahrt ging von dem auf Königsland gelegenen Hafen Palos am Río Tinto aus.

Der kastilische Adel, der die andalusischen Küsten beherrschte, betätigte sich nun selbst in Schiffahrt und Seehandel. Die Herzöge von Medina Sidonia und Medinaceli und der Marquis von Cádiz unterhielten eigene Flotten und richteten Schiffswerften ein. Sie verwendeten ihre Flottenmacht in den Fehden, die sie gegeneinander um die Erweiterung ihrer Besitzungen und Gerechtsame führten, und insbesondere zwischen dem Herzog von Medina Sidonia und dem Marquis von Cádiz ist es zu Seekämpfen gekommen, in denen Schiffe und Küstenorte überfallen wurden.

Die adligen Grundherren benutzten ihre Schiffe vor allem aber zu wirtschaftlichen Unternehmungen. Sie nahmen an der einträglichen Thunfischerei teil, denn der Thunfisch war der einzige große Seefisch jener atlantischen Küstengewässer und wurde in großen Mengen, in Olivenöl konserviert, nach den Mittelmeerländern und nach Westeuropa bis nach England hin verkauft. Thunfisch in Öl hatte als Handelsware eine ähnliche Bedeutung wie die Salzheringe des Nordens. Die Herzöge von Medina Sidonia besaßen das Privileg des Thunfischfanges an der andalusischen Küste bei Cádiz. Als der Herzog von Medina Sidonia im Jahre 1456 den König Heinrich IV. mit vielen Festlichkeiten empfing, nahm er seinen königlichen Gast auch auf eine Ausfahrt der Fischerboote mit, um ihm den Fang des Thunfisches zu zeigen, worüber, wie die Chronik berichtet, der König »großes Vergnügen« bekundete. Der Marquis von Cádiz erhob nun den Anspruch, in der Nähe dieser Stadt die Thunfischerei frei betreiben zu können, was ein weiterer Anlaß zu den Feindseligkeiten zwischen den benachbarten Adelshäusern wurde.

Die Schiffe der andalusischen Grundherren dehnten ihre Fahrten nach den nord- und westafrikanischen Gewässern aus und beteiligten sich an den Expeditionen, die nach der Landung an einem Küstenplatz Beute und Gefangene zurückbrachten. Kastilische Adlige beteiligten sich auch an den Handelsfahrten nach den atlantischen Inseln und der westafrikanischen Küste. Als nach der Entdeckung Guineas so viele andalusische Seefahrer nach jenen goldreichen Gegenden Westafrikas segelten, fehlten auch die Schiffe der adligen Grundherren nicht. Während des kastilisch-portugiesischen Erbfolgekrieges ermunterten die Katholischen Könige durch besondere Vergünstigungen ihre Untertanen zu Handelsfahrten nach Guinea und erteilten auch hohen Adligen Lizenzen zu solchen Unternehmungen. Der Herzog von Alba wurde 1478 ermächtigt, eine Karavelle bis zur Größe von fünfundvierzig Tonnen nach Guinea zu schicken, aber der Herzog, der anscheinend nicht über eigene Schiffe verfügte, verkaufte die Lizenz für hunderttausend Maravedis an einen Florentiner Kaufmann in Sevilla. Eine gleiche Lizenz erhielt in demselben Jahr der Graf von Benavente, Rodrigo Alonso Pimentel, dem die Katholischen Könige als besonderen Gnadenerweis außerdem die Abgabe des königlichen »Fünftels« von den aus Guinea mitgebrachten Waren erließen. Eigenmächtig schickte der Marquis von Cádiz, der im Erbfolgekrieg heimlich auf der Seite des portugiesischen Königs stand, Karavellen nach Guinea, um sich die Handelsgewinne der Westafrikafahrten nicht entgehen zu lassen.

Der andalusische Adel suchte in seinen maritimen Betätigungen nicht allein Beute und Handelsgewinne, sondern dachte auch an eine Ausdehnung seiner Besitzungen in Übersee. Die Kolonisation der atlantischen Inseln und der westafrikanischen Küste haben adlige Grundherren begonnen, die spanische und portugiesische Krone folgten erst später dem Vorgehen ihrer großen Vasallen.

Luis de la Cerda, ein Urenkel Alfons' X. von Kastilien und in erster Ehe vermählt mit der Tochter des Guzmán el Bueno, des Verteidigers von Tarifa und Grundherrn von Sanlúcar de Barrameda, erwarb in französischen Kriegsdiensten ein großes Vermögen und faßte den ehrgeizigen Plan, sich auf den Kanarischen Inseln ein eigenes Reich zu errichten. Er wandte sich an den Papst Clemens VI. in Avignon, um sich mit den zu erobernden Ländern, die keinem christlichen Fürsten gehörten und von Heiden bewohnt waren, belehnen zu lassen. Der Papst verlieh ihm darauf im Jahre 1344 in feierlicher Form Titel und Insignien eines Fürsten der Kanarischen Inseln und übertrug ihm diese Inseln als erbliches Kirchen-

ÜBERSEEISCHE ENTDECKUNGEN UND EROBERUNGEN

lehen mit allen Hoheitsrechten, einschließlich der Münzprägung und der Begründung und Ausstattung von Kirchen und Klöstern. Aber Luis de la Cerda kam nicht dazu, von seinem kanarischen Inselreich Besitz zu nehmen. Obgleich König Peter IV. von Aragon ihm weitgehende Unterstützung in der Ausrüstung der Expedition gewährte, widerrief er auf Protest Genuas seine Zusagen und verbot im Jahre 1347 die Ausfahrt der Flotte Cerdas aus dem Hafen von Barcelona.

Der erste Eroberer und Besiedler einiger Kanarischer Inseln wurde dann der Franzose Jean de Béthencourt, Grundherr von Grainville in der Normandie. Auf seiner Expedition des Jahres 1402 begann er die Besitznahme der Inseln Lanzarote, Fuerteventura und Hierro, und auf seiner zweiten Reise im Jahre 1405 brachte er hundertsechzig französische Kolonisten auf die Inseln. Auch wenn dem normannischen Adligen Ideale des fahrenden Ritters und Glaubensstreiters vorgeschwebt haben mögen, so bleiben doch wirtschaftliche Interessen in seiner Unternehmung erkennbar. Für die Textilindustrie seiner normannischen Heimat mußten die Farbstoffe der Kanarischen Inseln, Orseille und Drachenbaumblut, sehr begehrte Waren sein. Die Franzosen tauschten normannische Eisenwaren mit den Landesprodukten der Inselbewohner aus. Béthencourt, durch verschwenderischen Aufwand verschuldet, brauchte neue Einnahmen und hatte sich auch durch Kaperung englischer Handelsschiffe zu bereichern versucht. Aus der feudalen Gesellschaft gingen die ersten Kolonialgründer des Entdeckungszeitalters hervor.

Die erste Initiative für die kastilische Kolonisation in Westafrika ging ebenfalls von einem Feudalherrn aus. Juan de Guzmán, erster Herzog von Medina Sidonia, berichtete dem König Johann II., daß das Land, das kürzlich gegenüber den Kanarischen Inseln entdeckt worden war und sich von Kap Agüer bis Kap Bojador erstreckt, erobert werden könnte und daß die Gewässer dieser westafrikanischen Küste sehr fischreich seien. Er erbot sich, im Dienste des Königs jene Gegenden zu erobern und in Besitz zu nehmen. Johann II. entsprach seinem Rat und verlieh im Jahre 1449 dem Herzog als erblichen Besitz das Gebiet landeinwärts zwischen den beiden genannten Kaps mit dem Recht, Abgaben zu erheben und die niedere und hohe Gerichtsbarkeit auszuüben. Die Krone behielt sich die Oberhoheit und das Bergregal über Gold, Silber und andere Metalle vor. Wir wissen nicht, ob der Herzog von Medina Sidonia eine Expedition zur Eroberung und Kolonisierung dieser westafrikanischen Küstengebiete unternommen hat; sicher ist aber, daß solche Pläne die afrikanischen Unternehmungen Heinrichs des Seefahrers störten und den Einspruch Portugals hervorriefen. Im Jahre 1454 verhandelte der Herzog von Medina Sidonia als Gesandter Johanns II. am portugiesischen Hofe über die Konflikte, die sich aus den kastilischen Westafrikafahrten ergeben hatten.

Der zweite Herzog von Medina Sidonia, Enrique de Guzmán, erlangte während des kastilisch-portugiesischen Erbfolgekrieges nochmals eine königliche Konzession für die Errichtung einer Grundherrschaft im atlantischen Entdeckungsraum. Die Katholischen Könige verliehen ihm die Kapverdeninsel Antonio Noli, die der Genuese dieses Namens zu kolonisieren begonnen hatte und die die kastilischen Monarchen unter ihren Schutz stellten. Aber im Friedensvertrag von Alcáçovas (1479) mußte Kastilien auf die Kapverden verzichten.

Diese Vorgänge erklären das Interesse, das die Herzöge von Medina Sidonia und Medinaceli an dem Kolumbusplan nahmen, wie sie es auch verständlich machen, daß Kolumbus sich nach seiner Ankunft in Spanien mit den beiden Herzögen in Verbindung setzte. Der Herzog von Medina Sidonia hielt sich jedoch aus uns nicht bekannten Gründen zurück. Viel aufgeschlossener zeigte sich der Herzog von Medinaceli. In der ihm gehörenden Hafenstadt Puerto de Santa María empfing er mehrmals den Genuesen und ließ sich von dessen Ideen überzeugen. Er war bereit, die drei oder vier Karavellen, um die Kolumbus für seine Entdeckungsfahrt bat, zur Verfügung zu stellen und die Kosten von drei- bis viertausend Dukaten zu übernehmen, zumal ihm die Ausgaben für ein so großes Unternehmen recht gering erschienen. Der Herzog gab den Befehl, sogleich die Schiffe in Puerto de Santa María auf Kiel zu legen. Er bedurfte aber für dieses Vorhaben der Erlaubnis der Katholischen Könige, die ihm jedoch verweigert wurde, da die von Kolumbus vorgebrachte Sache noch nicht sicher sei und geprüft werden müßte. Der Herzog von Medinaceli bat dann die Königin, ihm wenigstens einen Anteil an dem Unternehmen des Kolumbus zuzugestehen und den Hafen Puerto de Santa María zum Ausrüstungs- und Ausgangshafen zu bestimmen, was die Königin für den Fall zusagte, daß der Vorschlag des Genuesen angenommen werde. Als aber nach Jahren die Verhandlungen mit Kolumbus schließlich zum Abschluß kamen, wählten die Monarchen den Hafen Palos für die Ausfahrt der Schiffe. Es ist bezeichnend, daß die Katholischen Könige von dem Angebot des Herzogs, sich an den Kosten der Entdeckungsfahrt zu beteiligen, keinen Gebrauch machten, obgleich man bei den Verzögerungen der Angelegenheit auf die schwierige Finanzlage der Krone infolge der Kosten des Krieges gegen Granada hinwies.

Nach der Rückkehr des Kolumbus von seiner ersten Reise schrieb der Herzog an die Königin, sie möge ihm erlauben, jährlich einige seiner Karavellen nach den neuentdeckten Ländern zu schicken. Er begründete seine Bitte mit dem Hinweis, daß er in seinem Hause Christoph Kolumbus zwei Jahre lang Unterhalt gewährt habe, als dieser sich zum König von Frankreich begeben wollte, um dessen Unterstützung für seine Entdeckungsreise zu gewinnen. Wiederum lehnte die Königin ab. Die kastilischen Herrscher wollten jeden Einfluß des hohen Adels auf die überseeischen Unternehmungen ausschalten und diese der Aufsicht und dem ausschließlichen Nutzen der Krone vorbehalten. Im Jahre 1505 erbot sich der Herzog von Medina Sidonia, die Insel Jamaica auf eigene Kosten zu kolonisieren, aber König Ferdinand antwortete schroff: »Ich habe es anders bedacht, und kommen Wir nicht mehr darauf zu sprechen.«

Grundherrliche Unternehmungen in der portugiesischen Expansion

Eine noch weit größere Bedeutung erlangte der grundherrschaftliche Adel in der überseeischen Expansion der Portugiesen. Da in Portugal die Reconquista bereits um 1250 abgeschlossen war, hatte der Adel keine Möglichkeit mehr, im Maurenkrieg Beute und neue Ländereien zu gewinnen. Die wirtschaftliche Depression in Europa seit der Mitte des 14. Jahrhunderts machte sich bei dem nie übermäßig reichen portugiesischen Adel besonders fühlbar, der den Rückgang seiner Einnahmen durch königliche Schenkungen, willkürliche Erhöhung der bäuerlichen Abgaben und grundherrlichen Renten und durch Bandenkämpfe auszugleichen suchte. Der hohe Adel, der größtenteils aus Mitgliedern und Nachkommen der königlichen Familie bestand, konnte vor allem unter der Regierung Alfons'V. (1438–1481) seine Privilegien ausdehnen und seine Besitzungen fast als selbständige Landesherren regieren. Daneben gab es einen weniger vornehmen und weniger begüterten Hof- und Dienstadel. Zur Vermehrung seiner Einkünfte beteiligte sich der Adel im 15. Jahrhundert an den Überfällen auf maurische Schiffe der Reiche Granada und Fez, wobei auch die Schiffe christlicher Seefahrer nicht verschont wurden. Ebenso brachten ihm Razzien an der nord- und westafrikanischen Küste und auf den Kanarischen Inseln reiche Beute ein. Auch Infanten des königlichen Hauses unternahmen solche Piratenzüge. Die militärische Eroberung Marokkos entsprach überdies dem Streben des Adels nach kriegerischen Taten und nach Ausdehnung seiner Besitzungen.

Die weiteren überseeischen Entdeckungen Portugals begannen als Unternehmungen eines mächtigen Feudalherrn, des Prinzen Heinrich des Seefahrers. Dieser vierte Sohn König Johanns I. und einer englischen Prinzessin hatte das Herzogtum Coimbra und andere ausgedehnte Grundherrschaften mit ihren Gerichtsbarkeiten und Gerechtsamen erhalten und war zum Großmeister des Christusordens ernannt worden, auf den die reichen Güter des aufgelösten Templerordens übergegangen waren. Die grundherrlichen Renten und vor allem die Einkünfte des Christusordens ermöglichten dem Prinzen Heinrich, Kapitalien anzuhäufen, die er für die Finanzierung seiner Entdeckungsfahrten und Kolonisationsunternehmungen brauchte. Als Entschädigung für deren hohe Kosten übertrug ihm die Krone Schiffahrts-, Fischfangs- und Handelsmonopole in den neuentdeckten überseeischen Gebieten.

Die erste Etappe der portugiesischen Kolonisation im Atlantikraum vollzog sich in den überlieferten Formen lehnsrechtlicher und grundherrschaftlicher Institutionen. Im Jahre 1433 verlieh König Duarte die Inseln der Madeiragruppe dem Infanten Heinrich als Lehen mit allen Rechten und Einnahmen, der König behielt sich nur die Verhängung der Todesstrafe vor und ließ die Appellation in Zivilsachen an das königliche Hofgericht zu. Auch die Münzprägung blieb königliches Regal. Prinz Heinrich durfte dagegen alle öffentlichen Arbeiten ausführen lassen und die Ländereien den Siedlern zuteilen, aber er hatte die allgemeinen Privilegien zu berücksichtigen, die die Krone generell den Kolonisten zubilligte. Während der Minderjährigkeit König Alfons'V. eignete sich der Prinz weitere Rechte an, die seine lehnsrechtliche Abhängigkeit lockerten; doch im Jahre 1452 stellte Alfons V. die königliche Autorität in ihrem früheren Umfang wieder her. Die Azoren wurden ebenfalls dem Infanten zur Kolonisierung verliehen. Die Ausdehnung seiner grundherrlichen Rechte und Besitzungen war ohne Zweifel ein starker Antrieb in den Unternehmungen Heinrichs des Seefahrers.

Aber auch andere hohe Adlige und Mitglieder der königlichen Familie wurden mit Lehnsschenkungen von Atlantikinseln bedacht. Heinrichs Bruder Pedro besaß die Azoreninsel San Miguel. Im Jahre 1453 verlieh der portugiesische König die Insel Corvo an den Herzog von Braganza, einen Bastardsohn Johanns I. Hierbei handelte es sich um eine

Landschenkung mit vollem Erbrecht, wobei die lehnsrechtliche Bindung in der Anerkennung der Oberhoheit der Krone Portugal und in dem Verbot einer Veräußerung der Insel bestand. Der Krone verblieb auch das Recht, Münzen zu prägen und über Krieg und Frieden zu entscheiden. 1457 übertrug König Alfons V. seinem jüngeren Bruder Ferdinand, Herzog von Beja, alle Inseln, die die von ihm ausgerüsteten Schiffe entdecken würden, und 1460 verlieh er Ferdinand und seinen direkten männlichen Nachkommen die Azoreninseln Terceira und Graciosa, wobei dem Christusorden bestimmte Einnahmen vorbehalten wurden.

Diese adligen Grundherren und Infanten des königlichen Hauses bedurften für die Kolonisation der Atlantikinseln der Hilfe kapitalkräftiger Unternehmer und gaben die Inseln oder Teile davon als Unterlehen an solche Kolonisatoren weiter. So verlieh Prinz Heinrich der Seefahrer einen Teil der Insel Madeira als erbliches Afterlehen an Tristão, den er »Ritter meines Hauses« nannte. Tristão und seine Erben sollten die Zivil- und Strafgerichtsbarkeit ausüben, doch war die Appellation an den Infanten gestattet. Ihnen stand der zehnte Teil der Einnahmen des Infanten für diesen Inselteil zu. Tristão erhielt auch andere wirtschaftliche Vergünstigungen, etwa das Monopol, Mühlen zu erbauen.

Besonderes Interesse verdient die Belehnung des Bartolomeo Perestrello mit der Insel Santo im Jahre 1446. Dessen Vater war im Jahre 1385 aus Piacenza in Portugal eingewandert und sein Sohn um 1400 in Lissabon geboren worden. Dieser Bartolomeo Perestrello wurde dann der Schwiegervater des Genuesen Christoph Kolumbus. Er wird als der erste bezeichnet, der im Auftrag des Prinzen Heinrich Santo besiedelte, wo er den Getreideanbau und die Viehzucht einführte, Bewässerungskanäle anlegte und Mühlen baute. Die Belehnung scheint also die Belohnung für die bei ihrer Kolonisation geleisteten Dienste gewesen zu sein.

Prinz Heinrich belehnte noch einen anderen Ausländer mit einer Insel; er übertrug die Azoreninsel Terceira an den Flamen Jacome von Brügge. Es erwies sich als schwierig, Unternehmer für die Kolonisierung der entfernten Atlantikinseln zu finden.

Nach dem Tode Heinrichs des Seefahrers gingen die portugiesischen Atlantikinseln wieder in den unmittelbaren Besitz der Krone über. Die Könige haben nun auch in der Folgezeit tatsächlich oder angeblich neuentdeckte Inseln im »Ozeanischen« Meer als erblichen Besitz und mit grundherrlichen Rechten an private Personen vergeben, die sich zur Kolonisierung der Inseln verpflichteten. Fernão Telles, Mitglied des königlichen Rates, erhielt im Jahre 1474 alle jenseits der Kapverden von ihm entdeckten und besiedelten Inseln, und 1486 verlieh König Johann II. dem Flamen Ferdinand van Olmen die sagenhafte Insel der »Sieben Städte«, deren Entdeckung der Flame auf eigene Kosten vorbereitete. Van Olmen mußte sich verpflichten, Johann II. als seinen König und Oberherrn anzuerkennen. Neben der Gerichtsbarkeit sollte ihm der zehnte Teil aller Abgaben auf diesen Inseln zustehen. Angesichts dieser Voraussetzungen und Vorgänge versteht man die Forderungen des Kolumbus, deren Erfüllung ihm die Stellung eines mächtigen Grundherrn in den von ihm zu entdeckenden Inseln und Ländern verschaffen sollte. Die feudale Welt des Mittelalters mit ihren Leitbildern und Lebensformen war im Zeitalter der Entdeckungen noch eine die Geschichte gestaltende Macht.

Kreuzzugs- und Missionsidee

Es ist üblich geworden, die überseeischen Entdeckungen und Eroberungen der Portugiesen und Spanier als Kreuzzüge zu bezeichnen und darin eine Fortsetzung der Kriege gegen die Ungläubigen auf der Iberischen Halbinsel zu sehen. Der Kreuzzugsgeist sei durch die Reconquista, die Wiedereroberung der vom Islam beherrschten Gebiete der Halbinsel, bis zum Ausgang des Mittelalters lebendig geblieben und habe in der Unterwerfung der Heiden in überseeischen Ländern weitergewirkt, als die portugiesische Reconquista mit der Besitznahme Algarves (1250) und die kastilische Reconquista mit der Einnahme Granadas (1492) abgeschlossen worden war. Der junge Ranke hatte es schon so gesehen, wenn er schrieb: »In der Tat bilden in Spanien und Portugal Völkerwanderung, Kreuzzüge und Pflanzungen nur ein einziges in seinem Gang zusammenhängendes Ereignis.«

Die Auffassung, daß die Conquistadoren neuentdeckter Erdteile Kreuzfahrer gewesen und zur Verbreitung des christlichen Glaubens ausgezogen sind, läßt sich mit zahlreichen Quellenaussagen begründen. Portugiesische und spanische Monarchen bezeichneten immer wieder den Krieg gegen die Mauren und die Unterwerfung der Heiden als Unternehmungen »zum Dienste Gottes«. Prinz Pedro und Prinz Heinrich der Seefahrer betonten, daß die hauptsächliche Absicht in den afrikanischen Expeditionen es sei, »Gott zu dienen«. Hernán Cortés behauptete ebenso, daß er in Mexico »für die Ehre Gottes« kämpfe. Bis zu den einfachen Seeleuten und Soldaten blieb etwas von dem stolzen Bewußtsein lebendig, daß sie alle Mühen und Gefahren ihrer Entdeckungs- und Eroberungszüge im Dienste Gottes ertragen und ein gottgefälliges Werk vollbringen.

Ebenso lassen sich viele Zeugnisse zusammentragen, daß die Missionsidee in den überseeischen Entdeckungen lebendig war. Die Bekehrung der Muselmanen und Heiden erscheint danach als das wichtigste Anliegen der europäischen Expansion. Nach den Worten des Chronisten Gomes Eanes de Zurara war es »der große Wunsch« Heinrichs des Seefahrers, »den heiligen Glauben unseres Herrn Jesu Christi zu verbreiten und ihm alle Seelen zuzuführen, die sich retten wollten«. Der Infant »wollte durch seine Arbeiten und Ausgaben die verlorenen Seelen auf den rechten Weg bringen, denn er wußte, daß er dem Herrn kein größeres Geschenk machen könnte«. Christoph Kolumbus schrieb von seiner ersten Reise, daß man auf ihr Fürsten und Völker Indiens erkunden wolle, »damit man wisse, welche Wege man einschlagen muß, um unseren allerheiligsten Glauben daselbst zu verbreiten«. Auf seiner zweiten Reise erhielt er von den Katholischen Königen die Instruktion, daß er »auf allen Wegen und mit allen möglichen Mitteln versuche und bemüht sei, die Bewohner der genannten Inseln und Länder dahin zu bringen, daß sie sich zu unserem heiligen katholischen Glauben bekehren«. Auf Grund derartiger Textstellen schrieb Joaquim Bensaude ein Buch mit dem Titel »Der Kreuzzug des Infanten Heinrich«, und auch Kolumbus ist nach ähnlichen Äußerungen als Kreuzfahrer und Heidenapostel hingestellt worden.

Der Historiker wird sorgfältig zu erwägen haben, ob er den Begriff »Kreuzzug« für die Charakterisierung der überseeischen Entdeckungen verwenden darf. Er muß sich bewußt sein, daß die Motive menschlichen Verhaltens mit dessen Begründungen oder Rechtfertigungen nicht ohne weiteres gleichzusetzen sind, und er hat ferner zu berücksichtigen, daß die Kreuzzugsidee im Laufe der Jahrhunderte große Wandlungen und Umbildungen erfahren hat. Sind denn die Maurenkriege der Reconquista, deren Fortführung man in den überseeischen Entdeckungen sieht, Kreuzzüge gewesen, oder in welchem Sinne sind sie als Kreuzzüge zu verstehen?

Die Reconquistakriege auf der Iberischen Halbinsel begannen bereits im 8. Jahrhundert, also lange vor der abendländischen Kreuzzugsbewegung, und sind wenig von dem Kreuzzugsgeist beeinflußt worden, der Ende des 11. Jahrhunderts fanatisch erregte Volksmassen zu kriegerischer Wallfahrt nach dem Heiligen Lande und zu unerbittlichem Kampf gegen die Ungläubigen antrieb und der mit der Bezwingung der Herrschaft des Teufels das Reich Christi und der Kirche ausdehnen wollte. Der Unterschied zwischen Maurenkriegen und Kreuzzügen tritt uns in den steten Streitigkeiten mit ausländischen Kreuzfahrern entgegen, die den spanischen Christen zu Hilfe eilten. Während die fremden Ritter in fanatischem Glaubenshaß die Feinde des Kreuzes gern ausgerottet hätten, schützten und schonten die spanischen Könige die unterworfene muslimische Bevölkerung und schritten gegen das Ausplündern und Niedermetzeln von Mauren und Juden ein. Eine tiefgreifende Kreuzzugsbewegung, die die Reconquista unter die Idee des Heiligen Krieges stellte, hat es auf der Iberischen Halbinsel nicht gegeben. »Man suchte weder die Ausdehnung eines religiösen Glaubens durch das Schwert noch den bloßen Kampf gegen Völker einer anderen Religion« (Claudio Sánchez Albornoz).

In der christlichen Reconquista ging es zunächst um Verteidigung und Selbstbehauptung gegen die Macht des Islams und um die Wiederherstellung Spaniens, wie es vor der arabischen Invasion bestanden hatte. Juan Manuel schrieb im 14. Jahrhundert: »Es gibt Krieg zwischen den Christen und den Mauren, und es wird ihn geben, bis die Christen die Länder zurückgewonnen haben, die die Mauren besetzt haben. Denn wegen des Gesetzes und der Religion, die sie haben, würde zwischen beiden kein Krieg geführt. Christus hat niemals befohlen, daß man jemand töte oder unterdrücke, damit er seinen Glauben annehme, denn er will keinen erzwungenen Dienst.« Gewiß stellten die spanischen Könige in den vom Islam zurückeroberten Gebieten den christlichen Glauben wieder her und wandelten Moscheen in christliche Gotteshäuser um. Aber dies taten sie für die christlichen Eroberer und Siedler, die sich im neuen Herrschaftsbereich niederließen. Den unterworfenen Muselmanen sicherten sie das Recht zu, frei ihren Glauben auszuüben und weiter nach ihren Sitten zu leben. Diese muslimischen Untertanen waren wertvolle Arbeitskräfte, die man in der Wirtschaft nicht entbehren oder ersetzen konnte.

Noch bei der Eroberung Granadas im Jahre 1492 garantierten die Katholischen Könige den Bewohnern dieses letzten Maurenreiches auf der Halbinsel die Freiheit ihrer Person, ihres Eigentums und ihrer Religion. Nicht nur der Staat, sondern auch die Kirche fanden sich im allgemeinen mit dem friedlichen Zusammenleben von Christen, Muselmanen und Juden in deren besonderen Stadtvierteln ab. Über das Seelenheil dieser Ungläubigen machte man sich keine Sorge, mitunter widersetzten sich sogar christliche Kreise der Bekehrung der Mauren.

ÜBERSEEISCHE ENTDECKUNGEN UND EROBERUNGEN

Im 15. Jahrhundert, also in der Zeit der großen überseeischen Entdeckungen, erinnerten die Maurenkriege in Spanien am allerwenigsten an Kreuzzüge. Die Grenze mit dem Maurenreich von Granada war Schauplatz heroischer Einzelkämpfe zwischen Christen und Mauren, von denen die Volks- und Hofdichtung der Romanzen kündet. Sie war Tummelplatz ritterlichen Sports, aber auch Ort der Verbannung und Zuflucht wilder Bandenführer. Sie bot vor allem Gelegenheit zu einträglichen Geschäften, zum Handel der verschiedensten Art, insbesondere jedoch zu organisiertem Raub. Adlige Herren und Städte Andalusiens widmeten sich gewohnheitsmäßig solchen Einfällen in das Land der Mauren. Für diese Art von Maurenkrieg hatten sich feste Formen herausgebildet. Man beschloß, besonders wenn es irgendwie Mangel oder Not gab, einen Raubzug ins Maurenland, man hatte dafür seine Kundschafter, um eine möglichst günstige und ungeschützte Gegend ausfindig zu machen, und man vereinbarte den Gewinnanteil des einzelnen Teilnehmers nach den mitgeführten Waffen und sonstigen Beiträgen. Die Mauren übten nun ähnliche Einfälle in christliches Gebiet. Dieses Leben bildete ein hartes Geschlecht von Kriegern und Abenteurern, gewöhnte an die Unbeständigkeit irdischen Gutes und ließ mehr das Genießen des Augenblicks schätzen als ökonomisches Arbeiten auf lange Sicht. Als dann nach der Eroberung des Königreichs Granada die Möglichkeit zu solchen Maureneinfällen aufhörte, ist es verständlich, daß gerade die andalusischen Gegenden die zahlreichsten Conquistadoren der Neuen Welt stellten, wo man die alten Lebensgewohnheiten der maurischen Grenze in den Indianerkriegen fortführen konnte. Gelegentlich heißt es auch ausdrücklich in Chroniken der spanischen Eroberung Amerikas, daß die Soldaten in den Indianerorten plünderten, wie »in Ländern von Mauren«.

Dennoch fehlte den spanischen Maurenkriegen des Mittelalters nicht ein religiöser Charakter. Wenn der Spanier sein altes Land zurückerobern und der Herrschaft der Ungläubigen ein Ende bereiten wollte, fühlte er sich als Streiter für die höhere Ehre und den Ruhm Gottes. Er glaubte, daß die göttliche Vorsehung hinter seinem kriegerischen Tun stehe und Heilige ihm durch ihr unmittelbares Eingreifen im Getümmel der Schlachten helfen. Das Bewußtsein, daß Gott durch sie gewaltige Taten vollbringe, hat iberische Menschen in den Entdeckungen und Eroberungen ferner Welten immer wieder vorwärtsgetrieben.

Die religiöse Rechtfertigung der Maurenkriege ergab sich für den mittelalterlichen Spanier auch daraus, daß die Päpste für die unmittelbare Teilnahme an dem Kriege oder für Geldspenden den Kreuzzugsablaß gewährten. Solche Ablässe wurden von den Herrschern auch für überseeische Expeditionen erbeten. So erhielt König Alfons V. von Portugal zur Finanzierung der Besatzungskosten in Marokko vom Papst im Jahre 1459 die Abtretung des Ablasses, der für den Türkenkrieg ausgeschrieben war, und im Jahre 1485 gewährte die Kurie König Johann II. zur Fortsetzung der Eroberung Afrikas einen vollkommenen Ablaß, wie er für einen Kreuzzug nach dem Heiligen Lande üblich war. Ebenso nahmen die Katholischen Könige die päpstlichen Kreuzzugsbullen in Anspruch, um ihre geplanten Eroberungen in Nordafrika zu finanzieren.

Wenn man jede kriegerische Expedition, die die Kirche durch Verleihung eines Ablasses sanktioniert und unterstützt, als Kreuzzug bezeichnet, könnte man auch den überseeischen

Unternehmungen Portugals und Kastiliens einen Kreuzzugscharakter zusprechen, aber man ist darum nicht berechtigt, bei den Teilnehmern einer solchen Unternehmung eine Kreuzfahrergesinnung vorauszusetzen, wie sie auf den Kreuzzügen zur Eroberung des Heiligen Landes vom 11. bis 13. Jahrhundert anzutreffen war. Im übrigen blieben päpstliche Ablaßbullen auf die Expeditionen nach Afrika beschränkt. Nur für die Eroberung der Kanarischen Inseln erhielt der Normanne Béthencourt im Jahre 1403 noch eine Kreuzzugsbulle, die aber im Jahre 1414 vom Papst widerrufen wurde. Die portugiesischen und spanischen Niederlassungen in Amerika und Ostindien sind von den Päpsten nicht den Kreuzzügen gleichgesetzt und nicht durch Gewährung von Kreuzzugsbullen unterstützt worden. Weder die Entdeckung Amerikas durch Christoph Kolumbus noch die Seereise Vasco da Gamas nach Ostindien sind kirchenrechtlich als Kreuzzüge zu betrachten.

Nun ist allerdings auch versucht worden, die überseeischen Entdeckungen der ursprünglichen Kreuzzugsidee unterzuordnen und als ihr letztes Ziel die Befreiung des Heiligen Landes von der Herrschaft der Ungläubigen anzunehmen. Man hat dem Infanten Heinrich den Plan zugeschrieben, die Macht des Islams, der durch das Vordringen der Türken die abendländische Christenheit gefährdete, in einem umfassenden Angriff zu zerstören, durch die Umsegelung Afrikas der muslimischen Herrschaft in den Rücken zu fallen und ihre Verbindungen nach den Handelsreichtümern Afrikas und Indiens abzuschneiden. Dieser vermutete Kreuzzugsplan Heinrichs des Seefahrers ist schon deshalb unwahrscheinlich, weil das Türkenreich, dessen Hauptstadt seit 1453 Konstantinopel war, durch einen derartigen Angriff gar nicht erreicht oder durch Unterbrechung des afrikanisch-ostindischen Handels nicht betroffen werden konnte. Das Sultanat der Mamluken in Ägypten und Syrien trennte den türkischen Herrschaftsbereich von den Zugängen zum Indischen Ozean und befand sich in häufigen Kriegen mit den osmanischen Sultanen, die es im Jahre 1517 eroberten. Die Feinde der Portugiesen in ihren afrikanischen Unternehmungen waren die Mauren Marokkos, die sie von Süden her zu umfassen versuchten.

Die portugiesischen Könige haben für den Kreuzzug gegen die Türken, zu dem der Papst seit 1453 immer wieder die christlichen Fürsten aufrief, wohl Hilfe zugesagt und auch zu diesem Zweck Schiffe in das Mittelmeer entsandt, aber mit den Entdeckungsfahrten stehen solche Unterstützungen in keinem Zusammenhang. König Alfons V. benutzte jedoch die von ihm für den Türkenkrieg ausgerüstete Flotte zu der afrikanischen Expedition von 1458. Unmittelbar waren die Besitzungen der spanischen Monarchie durch das Vordringen der Türken im Mittelmeer bedroht. Die Katholischen Könige zeigten sich darum auch bereit, die Führung in einem Kreuzzug gegen das Osmanenreich zu übernehmen. Der Nürnberger Arzt Hieronymus Münzer ermunterte auf seiner Spanienreise des Jahres 1494 die Monarchen, daß sie den Kreuzzug nach dem Heiligen Land unternehmen, den die Könige von Frankreich und England aufgegeben hatten. »Nichts sehe ich, was den Siegen Eurer Majestäten noch hinzuzufügen bleibt als die Wiedereroberung des Grabes des Heilandes in Jerusalem.« Ferdinand der Katholische, der den Titel eines Königs von Jerusalem führte, erwog, wie sein Rat Palacios Rubios ihn verschiedentlich äußern hörte, die Rückgewinnung des Heiligen Landes.

Der legendäre Priesterkönig Johannes
am rechten Rand einer Karte des Atlasses von Abraham Cresques, 1375
Paris, Bibliothèque Nationale

Ankunft von Pilgern im Heiligen Land
Miniatur in einer Handschrift der Reisebeschreibung des Jehan de Mandeville, Anfang 15. Jahrhundert
London, British Museum

Einer weit gespannten Phantasie mochte es da wohl scheinen, daß für diese Offensive gegen den Islam die Verwirklichung des Kolumbusplanes eine Hilfe bedeuten könnte. Der Genuese war selbst auf eine solche Idee gekommen. Als er bei der Belagerung von Baza im Feldlager weilte, sollen zwei Franziskanermönche aus Ägypten ihm den jämmerlichen Zustand der Heiligen Kirche in Jerusalem geschildert haben. Er kam dabei auf den Gedanken, die Reichtümer, die er von seiner Entdeckungsfahrt erhoffte, den Königen für einen Kreuzzug zur Befreiung des Heiligen Landes anzubieten. Nach Las Casas lebte er in dem Glauben, »daß Gott ihn würdige, daran helfen zu dürfen, das Heilige Grab zu gewinnen«.

In der Tat vertrat Kolumbus die Auffassung, daß man, wenn man vom Kap San Vicente geradenwegs nach Westen fahre, über Jerusalem zurückkehren würde und also die Muselmanen im Rücken fassen könnte. Er versicherte auch den Herrschern, er werde so viel Gold und Gewürze von seiner Entdeckungsfahrt zurückbringen, daß sie mit diesen Gewinnen die Eroberung Jerusalems unternehmen könnten. Er fand mit solchen Versprechungen keinen Glauben und schrieb später, als er diesen Vorfall erwähnte: »Eure Hoheiten lachten und sagten, daß es ihnen gefiele und daß sie ohnedies dazu geneigt wären.« Offenkundig haben die Katholischen Könige den Kolumbusplan nicht als Teil ihrer Strategie des Türkenkrieges betrachtet. Wenn die Entdeckungsreise des Kolumbus nur als Kreuzzugsunternehmen verstanden worden wäre, würde sie wohl nicht verwirklicht worden sein. Dennoch hielt Kolumbus auch nach seinen westindischen Entdeckungen an der Kreuzzugsidee fest. Er bedauerte, daß die Königin Isabella wegen vieler anderer Regierungsangelegenheiten und ihrer Unpäßlichkeit den überseeischen Angelegenheiten nicht die notwendige Sorge widmen könne. Er schrieb der Königin: »Dies bekümmert mich... wegen Jerusalem, das ich Eure Hoheit bitte, nicht gering zu erachten.«

Aus Kreuzzugsideen wird es auch gedeutet, daß Heinrich der Seefahrer den legendären Priesterkönig Johannes auffinden und mit den Christen seines Reiches sich zum Kampf gegen die Ungläubigen verbünden wollte. Der Ursprung dieses Mythos und sein geschichtlicher Hintergrund sind umstritten. Der Name wird als Umdeutung des amharischen Wortes *zan* oder *jan* (»mein Herr«) zu spanisch Juan oder portugiesisch João erklärt. Die erste bekannte Erwähnung des *presbyter Iohannes* findet sich in der Chronik Ottos von Freising. Der Name des Priesters Johannes ist in Europa durch den Brief verbreitet worden, den er angeblich im Jahre 1165 an den byzantinischen Kaiser Manuel I. Komnenos wie an den Papst und den deutschen Kaiser gerichtet haben soll. Darin beschreibt er die Macht und Größe seines Reiches mit all seinen Wundern der Tier- und Pflanzenwelt. Der Brief ist die Fälschung eines wahrscheinlich geistlichen Verfassers. Die Frage ist nur, welchen Zweck der Fälscher mit dem Brief verfolgte, und ob er die Existenz des Priesterkönigs frei erfand oder ihn als wirklich vorhanden auffaßte.

Drei Theorien über die Entstehung dieser Legende vom Priesterkönig Johannes stehen sich gegenüber. Die asiatische These sieht als sein Urbild den Herrscher des nestorianischen Qara-Qytai-Reiches, Yel-Lü-Tashih, der durch seinen Sieg über die Seldschuken vom Jahre 1141 so große Hoffnungen im Abendland erweckt hatte. Später sei dann die Fabel nach Abessinien verlegt worden. Eine andere These behauptet den afrikanischen Ursprung der Legende. Danach ist der Priester Johannes der Herrscher von Äthiopien, einem Lande, das im 4. Jahrhundert zum Christentum bekehrt und nach den arabischen Eroberungen von den Verbindungen mit dem Abendland abgeschnitten wurde. Schließlich hat man der Legende eine allegorische Deutung gegeben. Der Brief sei die Utopie eines Geistlichen, der eine ideale Gesellschaftsordnung schildert, wo Friede und Gerechtigkeit herrschen und die religiöse Frömmigkeit die Europas weit übertrifft.

In der Zeit der portugiesischen Afrikafahrten betrachtete man das Land südlich von Ägypten als das Reich des Priesters Johannes. Die römische Kurie hatte den Kaiser von Äthiopien eingeladen, Vertreter zu dem ökumenischen Konzil von Florenz zu entsenden, die in der Tat dort im Jahre 1441 eintrafen. Vom Heiligen Stuhl entsandte Franziskaner vermochten jedoch nicht, bis nach Äthiopien vorzudringen, dessen christlichen Kaiser man in Rom für einen Herrscher über viele Könige und zahllose Völker hielt. Um dieselbe Zeit bemühte sich Heinrich der Seefahrer, von dem Land des Priesters Johannes nähere Kunde zu erhalten; die Suche nach diesem Priesterkönig blieb ein Ziel der portugiesischen Entdeckungen bis zur Expedition Vasco da Gamas im Jahre 1498. Vergeblich hatte man gehofft, den Weg zu ihm durch den Senegal zu finden, in dem man einen Arm des Nils vermutete. Andererseits faßte man das afrikanische Äthiopien als einen Teil von Indien auf, so daß man vom »Priester Johannes von Indien« sprach und auch Christoph Kolumbus ihn in seine Entdeckerpläne einbezog. Von Absichten über ein Bündnis mit dem Priesterkönig für einen Kreuzzug gegen den Islam erfahren wir nichts mehr.

Das alte Kreuzfahrerideal, die Eroberung des Heiligen Landes, mag als unbestimmte Vorstellung oder als Wunschtraum da und dort in Entdeckungsplänen noch fortgelebt haben, aber eine bewegende Kraft für die Erkundung von Ländern jenseits der Weltmeere ist es nicht gewesen. Einer solchen religiösen Sinngebung der europäischen Ausbreitung versagten sich gerade jene Mächte, die im Mittelalter Träger der Kreuzzugsbewegung gewesen waren, die Ritterorden und die Kirche. Keiner der Kreuzritterorden, die sich in Spanien und Portugal niederließen oder dort in den Maurenkriegen neu entstanden, hat sich an den überseeischen Expeditionen beteiligt. Heinrich der Seefahrer hat als Verwalter des Christusordens, dessen reiche Einkünfte für die Organisation seiner Atlantikfahrten nutzen können, aber eine persönliche Mitwirkung der Ordensritter in diesen Unternehmungen nicht erfahren. Sein Adoptivsohn und Erbe erklärte ausdrücklich, die Ritterorden seien begründet worden, um Portugal gegen die Ungläubigen zu verteidigen und nicht, um sie in Afrika anzugreifen. König Alfons V. bemühte sich vergeblich, die Ritterorden zur Errichtung von Niederlassungen in Marokko zu bewegen.

Der portugiesische Klerus sträubte sich gegen die hohen Abgaben, die ihm für die Finanzierung der afrikanischen Expeditionen auferlegt wurden, und bat in seinen Beschwerden beim Papst insbesondere um eine entsprechende Herabsetzung der Beiträge für diejenigen Kleriker, die dem afrikanischen Feldzug Alfons' V. »nicht ohne hohe Ausgabe und Gefahr« gefolgt waren. Auch das Papsttum entfaltete keine eigene Initiative in der überseeischen Expansion des christlichen Abendlandes. Die römische Kurie intervenierte in diesen Angelegenheiten nur, wenn sie darum angegangen wurde. Von den bisher bekannten neunundsechzig Papstbullen, die sich mit Fragen der portugiesischen Expansion befassen, ist nicht eine einzige vom Papst selbst veranlaßt worden, auch wenn in den Bullen die Formel *motu proprio* (aus eigenem Antrieb) gebraucht wird, wie die Untersuchungen von Ch.-M. de Witte ergeben haben. Die Eroberung Marokkos stand bei diesen Bullen im Vordergrund des Interesses. Nur sieben der neunundsechzig Bullen beziehen sich auf die portugiesischen Entdeckungen, und drei weitere betreffen die Kanarischen Inseln. In diesen päpstlichen Erlässen sind aber kirchliche Grundsätze ausgesprochen, die auf die Gestaltung der überseeischen Welt von Bedeutung werden sollten. Insbesondere kam in ihnen die Sorge für die Ausbreitung der Kirche und für die Predigt des Evangeliums unter Ungläubigen und Heiden zum Ausdruck: eine ohne Zutun der römischen Kurie in Gang gesetzte Expansionsbewegung europäischer Völker wurde von der Ordnungsmacht der katholischen Kirche erfaßt und beeinflußt.

Früher und unmittelbarer als die Papst- und Episkopalkirche hat der Ordensklerus auf die abendländischen Entdeckungsreisen eingewirkt. Es geschah dies durch die zu Anfang des 13. Jahrhunderts gegründeten Bettelorden der Dominikaner und Franziskaner, die das urchristliche Apostolat wieder erneuerten. Ein lebhafter Missionseifer trieb diese Mönche in fremde und ferne Länder, um durch hingebende und beständige Predigt das Christentum in der Welt zu verbreiten. So missionierten Franziskaner in Nordafrika und im Vorderen Orient und Dominikaner in Nubien und Äthiopien. Bettelmönche drangen nach Innerasien vor, wohin sie nachfolgenden italienischen Kaufleuten den Weg wiesen. Im Jahre 1246 suchte der Franziskanermönch Giovanni da Pian del Carpine im päpstlichen Auftrag den Großkhan der Mongolen in seiner Hauptstadt Karakorum auf und gab in seiner *Historia Mongolorum* einen schlichten und glaubhaften Bericht von seiner Reise. Weitere Franziskaner und Dominikaner erreichten die Mongolei und Persien. Unter ihnen ist der flämische Franziskaner Wilhelm von Rubruk besonders bekannt geworden, der im Jahre 1253 mit dem Großkhan in Karakorum Religionsgespräche führte und seine Beobachtungen und Erlebnisse in einem wertvollen Reisewerk aufzeichnete. Die Wirkungsmöglichkeit christlicher Mission unter den Mongolen stellte sich als gering heraus, aber große Aussichten eröffneten sich dem Christentum in China unter der Regierung Khubilai Khans (1260–1294), des Gönners Marco Polos. Dieser meinte, »daß, wenn der Papst geeignete Männer ausgesandt hätte, das Evangelium zu predigen, der Großkhan das Christentum angenommen haben würde, für welches er, wie man weiß, eine große Vorliebe besaß«.

Es fügte sich unglücklich, daß der vom Papst im Jahre 1288 entsandte Franziskanermönch und Erzbischof Johannes von Montecorvino erst 1292 oder 1293 in China eintraf, als der einflußreiche Marco Polo bereits abgereist war und der alte Khan – er starb 1294 – nicht mehr geneigt war, seinen Glauben zu wechseln. Dennoch hat Montecorvino, von dem Franziskaner Arnold von Köln und anderen Mönchen unterstützt, vierzig Jahre lang als Missionar in China gewirkt und Tausende zum Christentum bekehrt, darunter auch einzelne Fürsten, die mit ihren Untertanen die Taufe nahmen. Doch im Verhältnis zu der Masse der Bevölkerung Chinas waren diese Erfolge gering, und als im Jahre 1368 die nationale Ming-Dynastie zur Herrschaft kam, wurden die fremden Religionsgemeinschaften und mit ihnen auch die Christen unterdrückt.

Aus Marco Polos Bericht erhielt sich aber im Abendland die Vorstellung, daß die Christenheit eine große Stunde in China versäumt habe und es eine heilige Pflicht sei, dieses Missionswerk im Fernen Osten wieder aufzunehmen. Als einen solchen Missionsauftrag hat auch Christoph Kolumbus seine Entdeckungsfahrt aufgefaßt. In der Einleitung zum Bordbuch seiner ersten Reise schrieb er: »Im gleichen Monat (Januar 1492) wurde von Euren Königlichen Hoheiten in Ihrer Eigenschaft als katholische Fürsten und Bekenner und Verbreiter des heiligen christlichen Glaubens sowie als Feinde der Sekte Mohammeds und jedes anderen Götzendienstes und Ketzertums beschlossen, mich, Christoph Kolumbus, nach jenen Gegenden Indiens zu senden, von denen ich Euren Hoheiten Mitteilung gemacht habe, und mich zu dem Fürsten und Großkhan zu schicken, der in unserer Sprache König der Könige heißt. Dieser Fürst, wie auch schon seine Vorfahren, hatte Botschafter nach Rom gesandt, um Lehrer unseres allerheiligsten Glaubens zu erbitten, worauf jedoch der Heilige Vater nicht eingegangen ist, so daß viele Völker in Götzendienst und Sünden gestorben sind. Eure Hoheiten beschlossen, mich, Christoph Kolumbus, in die genannten Länder Indiens zu schicken, um die Fürsten, Völker und Landschaften daselbst kennenzulernen, ihre Zustände, Neigungen und Anlagen zu erforschen, damit man wisse, welche Wege man einschlagen muß, unseren allerheiligsten Glauben daselbst zu verbreiten.«

Kolumbus sollte also einen Seeweg nach Indien entdecken und dort zunächst die Möglichkeiten der Heidenmission erkunden, die nach Marco Polos Bericht durch päpstliche Schuld unterlassen worden war. Fast genau zweihundert Jahre waren seit dem Tode Khubilai Khans vergangen, aber Kolumbus und seine Zeitgenossen glaubten, in Asien dieselben Verhältnisse anzutreffen, die sie aus Marco Polos Reisebuch kannten, und an das anknüpfen zu können, was damals gewesen und seitdem den Blicken der Europäer entschwunden war.

Auf der Iberischen Halbinsel selbst betätigte sich der Missionseifer der Bettelorden in der Bekehrung der starken nichtchristlichen Minderheiten, der Mauren und Juden. Die friedliche Eroberung der Seelen dieser Ungläubigen ist in Wort und Schrift vor allem von drei katalanischen Bettelmönchen gefördert worden, den Dominikanern Ramón de Penyafort und Ramón Martí und dem Franziskaner Ramón Lull. Dann unternahm zu Anfang des 15. Jahrhunderts der Dominikaner San Vicente Ferrer seine unermüdlichen Reisen, um der maurischen und jüdischen Bevölkerung die christliche Heilslehre zu verkünden. Die antijüdische Stimmung in den breiten spanischen Volksschichten förderte diesen Missionsfeldzug der Bettelorden und drängte zu Zwangsbekehrungen, die die Monarchen bisher entschieden verboten hatten. Aber die religiös-soziale Volksbewegung setzte sich durch, und am 31. März 1492 befahlen die Katholischen Könige die Vertreibung aller Juden, die nicht zum Christentum übertreten wollten, aus der spanischen Monarchie.

Eine gleiche Wendung bahnte sich in der Behandlung der muslimischen Minderheit an. Der Franziskanermönch und Erzbischof Jiménez de Cisneros vertrat die Auffassung, daß die friedliche Predigt des Evangeliums unter den Muselmanen des Reiches Granada, denen die Katholischen Könige im Jahre 1492 die freie Ausübung ihrer Religion garantiert hatten, nicht genüge, daß »die Rettung der Seelen keinen Aufschub dulde und daß jeden Tag viele Mauren verlorengingen, die mit dem Blute Christi erkauft waren«. Auf sein

Betreiben hin geboten die Katholischen Könige am 14. Februar 1502 allen nichtchristlichen Mauren, das Königreich Granada innerhalb von zwei Monaten zu verlassen. Die spanischen Monarchen hatten sich überzeugt, daß eine allmähliche friedliche Assimilierung von Bevölkerungen verschiedener Religionen nicht möglich sei und daß die religiöse Einheit von der Staatsräson geboten werde. Die mittelalterliche Toleranz, die sich in dem friedlichen Nebeneinanderleben von Christen, Juden und Muselmanen bekundet hatte, wurde von der Intoleranz des aufsteigenden modernen Machtstaates abgelöst. Diese neue Religionspolitik mußte sich auf die überseeischen Kolonisationen der iberischen Völker auswirken.

Einen weiteren Antrieb erhielt die Missionsidee in den Papstbullen, die den portugiesischen und kastilischen Königen entdeckte und noch unbekannte Inseln und Festländer des Ozeanischen Meeres mit der Verpflichtung übertrugen, die Eingeborenen im katholischen Glauben unterweisen zu lassen. Eine Vernachlässigung dieses Missionsauftrags konnte zur Anfechtung der verliehenen Besitzrechte in Übersee führen.

Franziskanertum und überseeische Entdeckungen

Franziskanische Religiosität und europäische Expansion haben in einem geschichtlich bedeutsamen Zusammenhang gestanden. Wie in der Frömmigkeit des heiligen Franz von Assisi die Natur und alles Kreatürliche eine neue Würde erhielten, so gaben sich die Mönche seines Ordens liebevoll auch der Beobachtung fremder Länder hin. Ein offener Sinn für die Weite der Welt und für die Erforschung unbekannter Erdteile lebte in ihren Klöstern. Man hat darauf aufmerksam gemacht, daß in den geographischen Reiseschilderungen der franziskanischen Missionare sich eine neue realistische Sehweise herausbildete. Diese Weltaufgeschlossenheit der Bettelmönche traf sich mit dem kaufmännischen und seefahrerischen Drang nach fernen, unbekannten Weltgegenden.

Die Franziskanermönche gewannen überdies engen Kontakt zu den breiten Volksschichten und nahmen an deren täglichen Nöten im Dienste der Nächstenliebe teil. Ihre innerweltliche Frömmigkeit ging auf die Laien über und wirkte auf die Entstehung und Formung des Laiengeistes im ausgehenden Mittelalter ein. Franziskanerreligiosität wurde eine volkstümliche Bewegung gerade auch in den portugiesischen und spanischen Hafenstädten und konnte in Regungen des Spiritualismus eine »Mystik der Entdeckungen« hervorrufen. Diese geistig-religiöse Welt, in der die Seefahrer und Entdecker jener Zeit lebten, bedarf noch einer genaueren Erforschung.

Christoph Kolumbus war nach Las Casas' Worten »besonders der Verehrung des heiligen Franz ergeben«. Er wird bereits in Portugal persönliche Bekanntschaften mit Franziskanermönchen gehabt haben oder ist sogar, wie man vermutet, Tertiarier der Franziskaner gewesen. Als er nach Spanien kam, suchte er wohl auf Empfehlungen alsbald das Franziskanerkloster La Rábida an der Mündung des Río Tinto gegenüber von Huelva auf. Der Guardian des Klosters, Frater Juan Pérez, ließ aus der nahen Hafenstadt Palos den ihm gut bekannten Arzt García Hernández holen, der in der astronomischen Wissenschaft bewandert war. In diesem Kloster lernte Kolumbus auch den gelehrten Kosmographen und Astronomen Frater Antonio de Marchena kennen, der Vorsteher der Kustodie Sevilla der Franziskaner-Observanten war. In einem Franziskanerkloster traf Kolumbus sachkundige Personen, um mit ihnen theoretische und praktische Fragen seines Entdeckungsplanes zu erörtern. Der Klosterguardian Juan Pérez machte dann seinen Einfluß auf die Seeleute von Palos geltend, indem er sie ermunterte, sich für die Entdeckungsreise des unbekannten Genuesen Kolumbus anheuern zu lassen, und hat wohl auch die Brüder Pinzón zur Teilnahme bewogen. Franziskanermönche ließ Kolumbus an sein Sterbelager rufen, und im Franziskanerkloster Valladolids fanden seine Gebeine eine erste Ruhestätte.

Die ersten Missionen in Übersee

Mönche der Bettelorden nahmen frühzeitig an den überseeischen Entdeckungsfahrten teil. Schon auf der Expedition der Brüder Vivaldi im Jahre 1291 fuhren zwei Franziskaner mit. Bettelmönche begleiteten die portugiesische Expansion seit ihren Anfängen. Der Franziskaner João de Xira riet als Beichtvater des Königs Johann I. zu der portugiesischen Expedition nach Ceuta im Jahre 1415 und begeisterte die Teilnehmer bei ihrer Ausfahrt für den Kampf gegen die Ungläubigen. Franziskaner-Observanten begründeten in Ceuta bald nach dessen Eroberung ein Kloster, und der Infant Pedro hat hierfür eine päpstliche Bulle erbeten, damit der katholische Glaube verteidigt und verbreitet werde und die Ungläubigen jener Gegend sich ihm unterwerfen. Auch in den später eroberten marokkanischen Städten wurden Klöster der Franziskaner und Dominikaner errichtet.

Tatsächlich ist aber von den Portugiesen kaum etwas zur Bekehrung der Muselmanen Marokkos unternommen worden. Für Heinrich den Seefahrer war der Krieg gegen die Mauren Nordafrikas an sich ein gottgefälliges Werk. Nach seiner Vorstellung gewann man damit größte Ehre und höchste Lebensfreude. Der Chronist Zurara berichtete von der Freude, als »die unsrigen sahen, wie die Wellen sich von dem Blut jener Ungläubigen rot färbten«. Ein solch rücksichtslos geführter Kampf gegen die verachteten und gehaßten Mauren ließ sich nur dadurch noch mit der Missionsidee verbinden, daß man die gewaltsame Unterwerfung als Voraussetzung für ein künftiges Bekehrungswerk hinstellte. Rettung der verlorenen Seelen und Ausbreitung des wahren Glaubens dürfen dabei nicht als heuchlerische Rechtfertigung militärischer Eroberungen verstanden werden. Wer als Christ gegen die Anhänger des Islams kämpfte, empfand sich als Streiter für die Herrschaft Gottes in dieser Welt.

Die Brüder Heinrichs, João und Pedro, vertraten dagegen die Auffassung, daß der Krieg gegen die Ungläubigen, bloß weil sie nicht Christen sind, kein Dienst an Gott sei und daß es kein Recht gebe, Muselmanen wegen ihrer andersartigen Religion anzugreifen. Diese Ablehnung des Glaubenskrieges verband sich mit den Tendenzen im portugiesischen Bürgertum, die überseeische Expansion als Ausweitung des friedlichen Handels zu betreiben, während die Anhänger mittelalterlichen Rittertums in ihr vorzugsweise den Schauplatz neuer kriegerischer Taten erblicken mochten.

Die Missionsfrage gewann nun einen anderen Aspekt, als man in den westafrikanischen Entdeckungen nicht mehr auf mohammedanische Glaubensfeinde, sondern auf heidnische Völkerschaften traf, die man als unwissende Götzendiener mit Geringschätzung betrachtete, aber nicht als religiös Abtrünnige verfolgte. Die Portugiesen haben sich durch keinen Missionseifer davon abhalten lassen, afrikanische Neger in Mengen als Sklaven zu verschleppen, aber die Versklavung damit zu rechtfertigen versucht, daß diese Heiden auf diese Weise zum Christentum bekehrt und zu einer höheren Zivilisation gebracht werden können.

Aus dem Fortgang der Entdeckungen ergaben sich jedoch Umstände, die die Begründung der Heidenmission im portugiesischen Westafrika begünstigten. Seit etwa 1448 richteten die Portugiesen ihre Bemühungen darauf, dauerhafte und friedliche Handelsbeziehungen mit den Eingeborenen herzustellen. Prinz Heinrich verbot ausdrücklich seinen Leuten, den Negern Böses anzutun und sie zu Gefangenen zu machen. Er meinte, wenn die Afrikaner in guten Beziehungen zu den Christen stehen, werden sie leicht den christlichen Glauben annehmen. Im Jahre 1458 schickte er einen Priester zum Häuptling von Gambie, damit er diesen über die christliche Heilslehre unterrichte. Die portugiesischen Könige haben in den folgenden Jahren die Entsendung von Missionaren nach Guinea und dem Kongo unterstützt.

Eine rege Tätigkeit entfalteten die Mönchsorden in der Kolonisierung der portugiesischen Atlantikinseln. Franziskanerpater befanden sich auf der Expedition, die 1418/19 die Insel Madeira in portugiesischen Besitz nahm. Sie kamen ebenso nach den Azoren und den Kapverdischen Inseln. Da diese Atlantikinseln unbewohnt waren, beschränkte sich ihr Wirken auf die seelsorgerische Betreuung der europäischen Kolonisten. Doch waren die Klöster der Bettelorden auf diesen Inseln auch Ausgangsstation für die Heidenmission in Westafrika.

Die ersten Impulse zur Bekehrung der Eingeborenen auf den Kanarischen Inseln, der Guanchen, kamen ebenfalls aus den Bettelorden. Ein spanischer Franziskanermönch hatte im Jahre 1350 auf diesen Inseln noch keine Missionstätigkeit gefunden. Um diese Zeit planten einige Kaufleute von Mallorca, deren Seefahrer Beutezüge nach den Kanaren unternommen hatten, eine Unternehmung zur Missionierung der Guanchen, wobei sie verschleppte Eingeborene, die die katalanische Sprache erlernt und das Christentum angenommen hatten, als Dolmetscher in ihre Heimat zurückbringen wollten. Der Papst gab seine Zustimmung und ernannte den Franziskanermönch Frater Bernardo im Jahre 1351 zum ersten Bischof der Kanarischen Inseln, der jedoch sein Amt nicht antrat.

In den folgenden Jahren sind aber Missionare nach den Inseln gekommen und haben erfolgreich mit dem Bekehrungswerk begonnen. Die Mallorquiner begnügten sich damit, auf ihren Fahrten mit den Guanchen friedlich Handel zu treiben, was durch deren Christianisierung erleichtert wurde. Aber die Plünderungszüge anderer christlicher Seefahrer riefen die Feindschaft der Guanchen gegen alle Fremden hervor und machten der Missionstätigkeit ein gewaltsames Ende. Um 1360 fanden fünf Mönche und zwei Kleriker den

Märtyrertod, und im Jahre 1393 erlitten dreizehn Ordensbrüder, die 1386 nach der Insel Gran Canaria gekommen waren, das gleiche Schicksal.

Mit den Expeditionen des Normannen Béthencourt kamen erneut Franziskanermönche nach den Kanarischen Inseln, die der Lehnsoberhoheit des Königs von Kastilien unterstellt wurden. Zur Förderung der Heidenmission wurden mit päpstlicher Ermächtigung einige Franziskanerklöster der Kustodie Sevilla bestimmt, Missionare nach den Kanarischen Inseln zu entsenden und zurückkehrenden Mönchen Aufnahme zu gewähren. Auch das Kloster La Rábida stand in enger Beziehung zu dem Apostolat auf den Kanarischen Inseln.

Als die Katholischen Könige die drei großen Inseln, Gran Canaria, La Palma und Teneriffa, unmittelbar ihrer Krongewalt unterstellt hatten und die Eroberung und Kolonisation dieser Inseln anordneten, bekannten sie sich zu der Aufgabe, die heidnischen Eingeborenen zum Christentum zu bekehren. Es wurde üblich, an die Guanchen die formale Aufforderung zu richten, freiwillig die christliche Taufe und die spanische Herrschaft anzunehmen. Juan Rejón ließ zum Beispiel den Bewohnern von Gran Canaria sagen,»wie die Spanier im Auftrage ihrer Herren, der Katholischen Könige, gekommen seien ... um sie, wenn sie Christen werden, unter ihren Schirm und Schutz zu nehmen, und niemand werde sie beunruhigen, und sie würden friedlich und ruhig auf ihrem Lande mit ihren Frauen und Kindern, ihrem Vieh und ihrer Habe leben, aber wenn sie nicht täten, was man ihnen sagen ließ, müßten sie bis in den Tod verfolgt oder auf Schiffe gebracht und von den Inseln entfernt werden«. Die Eingeborenen, die sich der Unterwerfung und Bekehrung widersetzten oder Aufstände gegen die spanische Herrschaft anzettelten, sollten nach dem Kriegsrecht der Zeit behandelt werden, das es erlaubte, die in einem gerechten Kriege eingebrachten Gefangenen zu Sklaven zu machen.

Dieser grundsätzliche Standpunkt der spanischen Krone ist nun aber häufig nicht beachtet worden. Die Geldgier der Eroberer, Gouverneure und Händler scheute nicht davor zurück, christliche und friedliche Eingeborene als Sklaven zu verschleppen. Der Gouverneur Alonso de Lugo etwa lockte in Teneriffa Eingeborene auf die Schiffe und verkaufte sie in Spanien als Sklaven. Lugo hielt sich auch vielfach nicht an das gegebene Wort und verletzte die mit den Kanariern geschlossenen Verträge, indem er Eingeborene, die sich unterworfen hatten, mit List und Gewalt zu Sklaven machte.

Damit wird der folgenreiche Konflikt zwischen der missionarisch-zivilisatorischen Sendungsidee und den materiellen Interessen in der überseeischen Expansion Europas sichtbar. Die hemmungslose Gewinnsucht des entstehenden Kapitalismus drohte die neuentdeckten Gebiete der brutalen Ausplünderung durch die Europäer auszuliefern und unsagbares Leid über die Eingeborenenbevölkerungen zu bringen. Aber die religiös-ethischen Kräfte im christlichen Abendland waren lebendig genug, um in der kirchlichen Heidenmission wie in der Aufrichtung einer staatlichen Rechtsordnung den verhängnisvollen Auswirkungen des ökonomischen Materialismus entgegenzuwirken.

Auch in den spanischen und portugiesischen Kolonisationen Amerikas sind die Mission und der Schutz der Eingeborenen in erster Linie von den Franziskanern und Dominikanern übernommen worden, denen die Augustiner, Mercedarier und vor allem die Jesuiten folgten. Die Soldaten, Händler und Abenteurer, die auszogen, um jenseits des Weltmeeres

Das Königspaar Isabella von Kastilien und Ferdinand von Aragon im Gebet vor der Mutter Gottes
Gemälde eines unbekannten Meisters, um 1490. Madrid, Museo del Prado

König Johann II. von Portugal
Miniatur in dem »Livro dos Copos«, 1484
Lissabon, Arquivo Nacional da Torre do Tombo

schnell Reichtümer, sozialen Aufstieg oder Ruhm und Macht zu erlangen, waren keine Kreuzfahrer und Apostel und machten sich keine Sorge um das Seelenheil der Andersgläubigen. Der Dominikanermönch Antonio de Montesinos rief Erstaunen und Unwillen hervor, als er bei der Adventspredigt des Jahres 1511 in Santo Domingo seine spanischen Zuhörer fragte: »Welche Sorge macht ihr euch, daß die Indianer das göttliche Wort erfahren, ihren Herrn und Schöpfer erkennen, getauft werden, Messe hören und die Sonn- und Festtage heiligen?«

Christliche Mission und ihr Kampf um Gerechtigkeit für die Indianer schienen die wirtschaftlichen Interessen der Eroberer zu beeinträchtigen. Dies erklärt die häufige Feindseligkeit spanischer und portugiesischer Siedler gegen Bettelorden und Jesuiten.

Der Staat und die überseeischen Entdeckungen

Das Zeitalter der großen Entdeckungen ist zugleich die Epoche der Entstehung des modernen Staates, der als anstaltsmäßiger Herrschaftsverband erstaunlich schnell auf der Iberischen Halbinsel emporstieg.

Die Vermählung der kastilischen Thronerbin Isabella und des aragonischen Thronerben Ferdinand im Jahre 1469 führte zur Vereinigung der Reiche Kastilien und Aragon und zur Bildung der spanischen Monarchie. Das Nebeneinander unabhängiger Staaten, wie es sich in den Kriegen der Reconquista ausgebildet hatte, wurde durch eine dynastische Staatengemeinschaft abgelöst, die die gesamte Iberische Halbinsel mit Ausnahme Portugals umfassen sollte. Die Personalunion der verschiedenen Erbländer führte zu einer gemeinsamen Regierung des Herrscherpaares, dem Papst Alexander VI. im Jahre 1496 den Titel »Katholische Könige« verlieh. Nach dem Abkommen von Segovia (1475) war Isabella I., als natürliche Herrin und gesetzmäßige Thronerbin, Königin von Kastilien, und ihr Ehegemahl wurde als Ferdinand V. ebenfalls zum König von Kastilien proklamiert, blieb also nicht auf die Stellung eines Prinzgemahls beschränkt. In ihren gemeinsamen Erlassen steht der Name Ferdinand vor dem Namen Isabella, aber in der folgenden Aufzählung der Kronländer werden zuerst Kastilien und León genannt und danach Aragon und Katalonien. Die Rechtsprechung übten beide Herrscher gemeinsam aus. Isabella behielt sich über Ämterbesetzungen, Gnadenerweise und Einnahmen in Kastilien die alleinige Entscheidung vor, während Ferdinand für die Außenpolitik zuständig war, aber unter Beratung mit seiner Gemahlin. Andererseits machte Ferdinand seine Gemahlin zur Mitregentin in den aragonischen Erbländern, aber Königin von Aragon ist Isabella nicht geworden.

Es ist für die Geschichte Spaniens in jener Regierungszeit ein glücklicher Umstand gewesen, daß es keine sichtbaren Differenzen in dieser Herrscherehe gab und daß die Fähigkeiten Isabellas und Ferdinands sich gut ergänzten. Es ist deshalb auch unmöglich, den Anteil des Königs und der Königin an den Maßnahmen ihrer Regierung auseinanderzurechnen. Das trifft auch für die Entscheidung über den Plan des Kolumbus zu, die eine

Angelegenheit der Krone Kastilien war. Es ist eine Legende, daß die Entdeckungsfahrt des Kolumbus allein dem Edelmut, der Begeisterungsfähigkeit und der Intuition der kastilischen Königin zu verdanken sei. Die Mitwirkung Ferdinands ist unverkennbar, der nach dem Tode seiner Gemahlin gelegentlich sogar behauptete, er selbst sei die Hauptursache gewesen, daß die westindischen Inseln entdeckt und besiedelt worden sind.

Die Anfänge der neuen Regierung in Kastilien waren mühsam und schwierig. Der vierjährige Erbfolgekrieg — der König von Portugal hatte Isabella und Ferdinand ihr Thronrecht in Kastilien streitig gemacht und war in ihr Land eingefallen — war zugleich ein offener Bürgerkrieg, in dem ein großer Teil des Adels auf portugiesischer Seite stand. Die beiden jungen Herrscher mußten gleichzeitig gegen die portugiesische Invasionsarmee und gegen aufständische Granden weit hinter der Front kämpfen. Die zeitgenössischen Chronisten malen ein düsteres Bild von den anarchischen Zuständen in Kastilien und von der sittlichen Verwilderung der Menschen in den unaufhörlichen Aufständen und Fehden der Großen und Mächtigen des Landes.

Da geschah das spanische Wunder, das die Zeitgenossen in Erstaunen versetzte. Der Klugheit und umsichtigen Führung König Ferdinands und der Standhaftigkeit und unermüdlichen Tätigkeit der Königin Isabella gelang es in wenigen Jahren, den König von Portugal zum Frieden zu zwingen, den Bürgerkrieg zu beenden und eine starke monarchische Gewalt zu begründen; der selbstherrliche und unbotmäßige Adel mußte sich dem königlichen Willen beugen. Mit unnachsichtiger Strenge wurde Recht gesprochen und das Gerichtsurteil vollstreckt. Die Könige begründeten die *Santa Hermandad* zur strafrechtlichen Verfolgung aller Verbrechen, die auf dem flachen Lande und in kleinen, nicht ummauerten Ortschaften verübt wurden. Die Entstehung des rationalen Staatswesens zeigte sich in der Reorganisation der Zentralbehörden; Ratskollegien wurden fortgebildet oder neugegründet und erhielten ihre Kompetenzen nach regionalen oder fachlichen Gesichtspunkten zugeteilt. Es war darum leicht möglich, nach den überseeischen Entdeckungen eine besondere Zentralbehörde für die Neue Welt vom Kastilienrat abzusondern und als Indienrat *(Consejo Real y Supremo de las Indias)* zu konstituieren. Mit den bürgerlichen Juristen, die vorzugsweise in diese Ratskollegien berufen wurden, entstand ein der Krone ergebenes Beamtentum. Auch die territorialen und lokalen Verwaltungseinrichtungen wurden ausgebaut, so daß sich ohne größere Schwierigkeiten die besonderen Behörden bilden ließen, die zur staatlichen Leitung und Überwachung der überseeischen Unternehmungen notwendig wurden.

Die innere Staatsbildung wirkte sich sogleich in großen auswärtigen Aktionen aus. Eine erste kriegerische Expansion erfolgte in dem Feldzug gegen das Maurenreich von Granada, der von 1482 bis 1491 die Kräfte und Hilfsmittel Kastiliens in Anspruch nahm und die Kampfeslust des Adels nach außen ablenkte. Die Nachricht von der Einnahme Granadas im Jahre 1492 machte weithin in Europa starken Eindruck. In Rom wurde der christliche Sieg über die Ungläubigen mit großen Festen gefeiert.

Danach errang König Ferdinand, den Traditionen seiner aragonischen Vorfahren folgend, mit dem Besitz von Sizilien und Neapel eine Vormachtstellung in Italien; weithin im Abendland spannen sich die Fäden der spanischen Diplomatie. Heiratsverbindungen verknüpften die Familie der Katholischen Könige mit den bedeutendsten europäischen Herrscherhäusern. Die spanische Mittelmeermacht übernahm eine führende Stelle im Kampf gegen die vordringenden Türken. Machiavelli kennzeichnet das Neue dieses spanischen Machtaufstiegs: »Man muß König Ferdinand wohl zu den Emporkömmlingen rechnen, weil er aus einem machtlosen Herrscher zum ersten König der Christenheit aufgestiegen ist.« Die dynamische Kraft dieser neuen spanischen Monarchie sollte sich nun auch in der ozeanischen Ausbreitung bemerkbar machen. Spanien war stark genug geworden, um seine Seefahrer in fernen Meeren zu schützen und seine Herrschaftsansprüche in Übersee gegen rivalisierende Mächte zu verteidigen.

In Portugal entstand eine starke, nationale Monarchie mit der Dynastie Aviz, die durch die soziale Revolution der Jahre 1383 bis 1385 zur Herrschaft gelangte. Mit dem Sieg des städtischen Bürgertums stieg nach den Worten des Chronisten Fernão Lopes »eine neue Welt und eine neue Generation von Menschen« auf. Mit Hilfe der Städte und der im römischen Recht gebildeten Juristen gelang es, die monarchische Gewalt zu stärken und den hohen Adel zu bändigen, der auf seiten Kastiliens stand und die portugiesische Unabhängigkeit gefährdete. Das Bündnis mit England im Kampf gegen Kastilien führte zur Vermählung des portugiesischen Königs Johann I. mit Philippa, der Tochter des Herzogs von Lancaster. Die Söhne aus dieser Ehe, Duarte, Pedro und Heinrich der Seefahrer, sollten die Wegbereiter der überseeischen Expansion Portugals werden.

In der Regierung Alfons'V. (1438–1481), der nach dem frühen Tod seines Vaters von Adligen erzogen worden war, gewannen die Adelsgewalten aufs neue die Vorherrschaft. Die feudale Staats- und Gesellschaftsordnung wurde wiederhergestellt, wo der *rey cavaleiro*, wie Alfons V. genannt wurde, als Erster unter den Großen des Landes erscheint und ihnen großzügig Land und Einkünfte schenkte. In dieser Zeit der erneuten Feudalisierung Portugals hat Heinrich der Seefahrer seine hauptsächlichen Expeditionen im afrikanischen Atlantikraum unternommen. Alfons V. lenkte die kriegerischen Kräfte des Landes auf die Eroberung Marokkos und griff dann in den kastilischen Erbfolgestreit ein. Er vermählte sich mit Juana la Beltraneja, der umstrittenen Tochter und Erbin Heinrichs IV. von Kastilien, deren Thronrecht von Isabella von Kastilien und ihrem Gemahl Ferdinand von Aragon angefochten wurde. Hätte er die Erbansprüche seiner Gemahlin durchsetzen können, dann wäre die überseeische Expansion der iberischen Völker unter einer vereinigten portugiesisch-kastilischen Monarchie vor sich gegangen und nicht in der Rivalität zwischen Portugal und Kastilien. Aber Alfons V. unterlag im Erbfolgekrieg, in dem er bezeichnenderweise Unterstützung beim hohen kastilischen Adel fand, und mußte im Frieden von Alcáçovas (1479) Isabella und Ferdinand als rechtmäßige Herrscher Kastiliens anerkennen und damit auf territoriale Machterweiterung seiner Dynastie auf der Iberischen Halbinsel verzichten. Diese Ereignisse zwangen Portugal, seine Kräfte auf die überseeische Ausbreitung zu konzentrieren.

Eine neue Epoche der inneren und äußeren Politik Portugals begann unter dem Nachfolger Alfons' V., König Johann II. (1481–1495), einem Renaissancefürst in seinen Neigungen für Prunk und Festlichkeiten wie in seiner klugen und rücksichtslosen Politik. Gestützt auf das Bürgertum, festigte er die Krongewalt und brach die Macht des Feudaladels.

Der mächtigste Vasall, der Herzog von Braganza, dem, wie es heißt, halb Portugal gehörte, wurde wegen Hochverrats hingerichtet, und der Herzog von Viseu, der gegen den König konspiriert hatte, von diesem persönlich erdolcht. Johann II. sah im Staat die Gesamtheit der Untertanen. Im Bewußtsein des Königs verkörperte sich das Recht in der Herrscherperson, aber zugleich fühlte sich der Herrscher als Diener des Rechts. Die Chronik seiner Regierung berichtet: »Obgleich Herr der Gesetze, machte sich Johann II. sogleich zu ihrem Diener, indem er zuerst ihnen diente.« Seine Zeitgenossen nannten ihn den »vollkommenen Fürsten«.

Die Stärkung und Steigerung der königlichen Macht wirkten als Antrieb zu einer äußeren Vergrößerung des portugiesischen Reiches. Während Alfons V. militärische Eroberungen in Nordafrika und auf der Iberischen Halbinsel erstrebt und für die überseeische Ausbreitung geringes Verständnis gezeigt hatte, widmete sich Johann II. mit großer Hingabe und Beharrlichkeit der Fortführung der atlantischen Entdeckungsfahrten. Nach dem Urteil von Christoph Kolumbus »verstand der König im Entdecken mehr als irgendein anderer«.

Kastilien und Portugal waren zu kraftvollen Monarchien emporgestiegen, als die entscheidende Phase in der langen Vorgeschichte der Entdeckung Amerikas und Ostindiens herannahte. Der Staat nahm die ausschließliche Souveränität auf den Meeren und über die in ihnen entdeckten Inseln und Länder in Anspruch. Päpstliche Bullen verbrieften christlichen Herrschern das Recht, fremden Seefahrern die Schiffahrt in bestimmten Entdeckungszonen zu verbieten. Seeleute, die ohne eine entsprechende staatliche Erlaubnis in solchen verbotenen Gewässern fuhren, mußten damit rechnen, daß ihr Schiff gekapert und die Besatzung gefangengenommen oder über Bord geworfen wurde. Ein freies Ausschwärmen abenteuernder Kräfte auf dem Atlantischen Ozean bedeutete ein allzu großes Risiko und konnte vor allem keinen dauernden Gewinn aus einer erfolgreichen Entdeckungsfahrt erhoffen lassen. Als Kolumbus seinen Entdeckungsplan gefaßt hatte, wußte er, wie sein Sohn Ferdinand es ausdrückte, daß »eine solche Unternehmung nur einem Fürsten zukam, der sie verwirklichen und verteidigen könnte«. So wurde das endgültige Schicksal planender Intelligenz und wagemutiger Initiative der Entdecker von politischen Entscheidungen bestimmt.

Der Staat suchte in den überseeischen Entdeckungen nicht nur eine Ausdehnung von Macht und Herrschaft, sondern auch eine wesentliche Steigerung seiner Einnahmen, die bei den ständig wachsenden Anforderungen der Innen- und Außenpolitik unerläßlich wurde. Die Herrscher der iberischen Reiche des Spätmittelalters haben darum die lukrativen Handelsgewinne für ihre Finanzen nutzbar gemacht. Sie sind sogar königliche Kaufleute geworden, die sich am Fernhandel beteiligten. So unterhielt zum Beispiel König Alfons V. von Aragon eigene Schiffe für den Handelsverkehr im Mittelmeer und verkaufte Getreide an den Kaiser von Byzanz oder Öl, Nüsse, Seife an den Sultan von Ägypten; der portugiesische König Ferdinand I. exportierte auf eigene Rechnung Weine und andere Waren und führte dafür ausländische Erzeugnisse ein, und König Johann II. beteiligte sich mit Schiffen, die er bauen ließ, am Handel mit Flandern und der Levante. Im Jahre 1487 beanspruchte er sogar das Monopol für die Zuckerausfuhr nach dem östlichen Mittelmeer und für die gesamte Lederausfuhr.

Die portugiesische Krone nahm nun auch die Erwerbschancen wahr, die der Kolonialhandel bot. Der afrikanische Handel war Kronregal und wurde von königlichen Faktoreien betrieben oder an private Personen oder Handelsgesellschaften verpachtet. Während der Regierung Johanns II. besaß die Krone das Monopol, aus Guinea Gold, Sklaven, Gewürze und Elfenbein einzuführen und dorthin Pferde, Teppiche, Leinwand, englische Tuche, Stichwaffen, Kupfer- und Zinnschüsseln und einige andere Sachen zu exportieren. Dem privaten Handel war gestattet, in Guinea Bisamratten, Papageien, Seehunde, Affen, Baumwolle, Körbe und ähnliche Produkte von geringem Wert einzutauschen. Größere Betätigungsmöglichkeit hatte die Kaufmannschaft auf den Atlantikinseln. Für Handelslizenzen beanspruchte die Krone einen prozentualen Gewinnanteil, der je nach Zeit und Warenart zwischen einem Viertel und einem Zwanzigstel schwankte.

Die kastilischen Könige sind nicht im selben Maße kaufmännische Unternehmer gewesen. Sie sicherten sich aber für die Erteilung der Erlaubnis zu Handelsfahrten nach den Kanarischen Inseln oder Guinea ein Fünftel von deren Ertrag. Als die Katholischen Könige den Handel mit den westindischen Inseln monopolisierten und von staatlichen Faktoreien ausüben ließen, erhob sich ein lebhafter Widerstand bei den ausgewanderten Spaniern. In kastilischer Tradition, so erklärte man, seien die Könige »keine Bauern, noch Kaufleute«, und sie haben jene überseeischen Länder nicht für ihren eigenen Nutzen erworben, »sondern um ihren Untertanen zu helfen und deren Lage zu erleichtern«. Die spanische Krone sah später ihren eigenen Nutzen in den ständig steigenden Abgaben, die sie von der privaten Kolonialwirtschaft forderte.

Finanzpolitische Interessen des modernen Machtstaates haben in bedeutsamer Weise den Fortgang der portugiesischen und spanischen Entdeckungen gefördert und gelenkt.

Erste Entdeckungen im afrikanischen Atlantikraum

Araber

Obgleich die Araber den Indischen Ozean und sogar die Randmeere des Pazifik befuhren und ihre Flotte seit dem 10. Jahrhundert das westliche Mittelmeer beherrschte, haben sie eine auffallende Scheu vor Seefahrten im Atlantischen Ozean gezeigt. Sie hatten große Teile der iberischen Atlantikküste und der Atlantikhäfen Marokkos in Besitz genommen, aber ihre Schiffahrt beschränkte sich auf den Handelsverkehr zwischen diesen europäischen und den afrikanischen Küstengegenden des islamischen Machtbereichs. Die südliche Grenze ihrer afrikanischen Seefahrt war die Gegend zwischen Massa und dem Draa, und die Araber haben auch nur wenige Versuche unternommen, die Seeverbindungen mit west- und nordeuropäischen Ländern aufzunehmen.

Arabische Autoren haben diese merkwürdige Abneigung gegen die Atlantikschiffahrt zu erklären versucht. Der arabische Geograph Idrīsī (1100–1166), der in Ceuta geboren wurde, schrieb: »Kein Schiffer wagt das Atlantische Meer zu befahren und in die offene See hinauszusteuern. Man begnügt sich mit dem Kreuzen daselbst, ohne die Ufer aus dem

Gesicht zu verlieren ... Bisher hat kein Mensch etwas Verläßliches über den Ozean erforschen können wegen seiner schwierigen Schiffahrt, dem Mangel an Licht und der Häufigkeit der Stürme.« Eine andere arabische Überlieferung aus der ersten Hälfte des 11.Jahrhunderts besagt: »Auf diesem Meer treibt man keine Schiffahrt wegen der Dunkelheit der Luft, der Dicke des Wassers, der Verwirrung der Fahrstraßen und wegen vieler vorhandener Möglichkeiten, sich zu verirren, ungerechnet die nur geringen Vorteile, die man bei der Rückkehr von einer so weiten Reise heimbringen kann.«

Der Atlantische Ozean erschien den Arabern unheimlich und gefährlich. Er war für sie der »Finstere Ozean«, wo sich am Tage die Sonne verbirgt, was wohl auf den Sommernebel der marokkanischen Küste zu beziehen ist. Die Dickflüssigkeit des Wassers, das einen verpesteten Gestank ausströmen soll, umschreibt wohl die Anschwemmungen von Sargassokraut. Schrecken und Gespenster erwarteten den Seefahrer, der sich auf das offene Meer wage. Die Alten errichteten darum, so erzählten die Araber, »in diesem Meer und an seinen Küsten Zeichen, die davor warnten, sich hier in Abenteuer zu stürzen«. Der arabische Autor Masudi berichtet: »An dem Ende, wo sich die zwei Meere vereinigen, errichtete der König Herkules Säulen aus Kupfer und Stein. Auf diesen Säulen sind Inschriften und Figuren, die mit ihren Händen die Unmöglichkeit anzeigen weiterzufahren, denn der Ozean ist nicht beschiffbar, und es finden sich in ihm keine bebauten Länder noch irgendwelche Bewohner, und man kennt nicht seine Breite und Länge.«

Ein Geograph in Bagdad will wissen, daß im äußersten Westen, auf spanischem Boden, ein Bronzereiter zu sehen sei, »der mit seinem ausgestreckten Arm zu sagen scheint: Hinter mir ist kein gebahnter Weg mehr; wer sich weiter wagt, den verschlingen Ameisen«. Diese Sage ist auch in die christlich-mittelalterliche Literatur eingegangen. So schreibt Jean de Beauvis im 15.Jahrhundert: »Es gibt ein Steinbild, das Schlüssel in der Hand hält und damit anzeigt, daß jenseits dieser Stelle kein bewohntes Land mehr zu finden ist.«

Wie soll man sich diese Legende von den warnenden steinernen oder bronzenen Standbildern erklären, die in der Nähe der Straße von Gibraltar an den Säulen des Herkules aufgestellt worden waren?

Es scheint, daß der Ursprung der Legende in einem gewaltigen Tempelbau zu suchen ist, der in Cádiz dem Herkules errichtet worden war und dessen oberer Teil eine Statue krönte. »Dieses Standbild, das nach Westen blickte, stellte eine in einen Mantel gehüllte Person dar, und der Mantel reichte von den Schultern bis zum halben Bein. In seiner linken Hand, die nach Westen ausgestreckt war, hielt die Figur einen eisernen Schlüssel und in der rechten Hand eine Bleitafel.« Tempel und Statue wurden von Ibn Maimūn (1242–1248) zerstört. So berichtet ein arabischer Text aus dem 15.Jahrhundert, der aber Quellen aus dem 13. und 14.Jahrhundert kompiliert. Auf dieses Herkules-Standbild in Cádiz, das damals eine Insel war, würden also die Vorstellungen von menschlichen Figuren auf atlantischen Inseln oder Küsten zurückzuführen sein. Aber es ist dabei bezeichnend, daß der auf das Weltmeer weisende Herkules in arabischer Deutung zu einem Mahnmal der Gefahren des Ozeans geworden ist. Derartige Überlieferungen der Araber mußten die christlichen Seefahrer der folgenden Jahrhunderte in dem Glauben an die Gefahren der Atlantikschiffahrt bestärken.

Nur legendäre Nachrichten haben sich über einige Hochseefahrten der Araber in den afrikanischen Gewässern erhalten. Da heißt es, daß acht Abenteurer islamischen Glaubens in der ersten Hälfte des 12. Jahrhunderts von Lissabon aus eine Entdeckungsfahrt im Atlantik unternommen und einige Inseln erreicht hätten. Im 13. Jahrhundert sollen zwei Handelsschiffe von widrigen Winden weit nach Süden an die Saharaküste verschlagen worden sein und Schiffbruch erlitten haben. Möglicherweise waren es arabische Seefahrer, die den Weg nach den Kanarischen Inseln fanden, aber einen regelmäßigen Handelsverkehr mit dieser Inselgruppe richteten sie nicht ein. Die Azoren, Madeira und die Kapverdischen Inseln sind ihnen unbekannt geblieben. Eine arabische Entdeckung Amerikas, die man mitunter behauptete, hat es nicht gegeben, es sei denn, man meine damit die nicht auszuschließende Möglichkeit, daß ein Schiff von Sturm und Strömungen bis nach den westindischen Inseln verschlagen worden ist, ohne wieder zurückzukehren. Bei der Scheu und Uninteressiertheit der Araber, den Atlantischen Ozean zu befahren, waren von ihnen keine überseeischen Entdeckungen in diesem Raum zu erwarten.

Wikinger

Viel seetüchtiger und wagemutiger im Atlantik als die Araber zeigten sich die nordgermanischen Wikinger. Sie entdeckten und besiedelten Grönland, und von dort erreichte der Norweger Leif Erikson im Jahre 1000 das amerikanische Festland, wahrscheinlich an der Küste des heutigen Staates Massachusetts, von ihm Vinland genannt. Sie folgten dabei den günstigen Wind- und Strömungsverhältnissen im Nordatlantik, die die Schiffahrt von der Nordsee bis nach Island, Grönland und Labrador antrifft. Fahrten von Grönland nach Nordamerika fanden nach dieser ersten Entdeckung häufiger statt, aber im späten Mittelalter rissen die Verbindungen mit den amerikanischen Küsten ab: die Wikinger waren sich nicht der Bedeutung ihrer Entdeckungen bewußt geworden. Bis zu ihnen waren die Nachrichten nicht vorgedrungen, die das christliche Abendland von Indien und China erhalten hatte und die den Plan nahelegten, auf der Fahrt nach Westen die asiatischen Länder zu suchen.

Andererseits hat man in West- und Südeuropa anscheinend keine Kunde von den Wikingerfahrten nach Vinland erhalten. Das christliche Abendland besaß keine Vorstellung, daß jenseits des Atlantischen Ozeans ein neues Land entdeckt worden war. Man hat wohl vermutet, daß Kolumbus von den Normannenfahrten nach Amerika erfahren und durch solche Kenntnis zu seiner Westfahrt angeregt oder ermuntert worden sei. Man bezieht sich dabei auf eine Äußerung des Kolumbus, die dessen Sohn Ferdinand und Las Casas überliefern. Danach habe er im Jahre 1477 eine Reise weit über die Insel Thule hinaus unternommen, die nach Ptolemaeus äußerstes Ende der Welt im Westen sein sollte und mit Island identifiziert wurde. Aber in seinem Bordbuch von der ersten Reise hat Kolumbus vermerkt: »Ich sah den ganzen Osten und den Westen auf der Fahrt nach Norden, nämlich England.« Danach ist also England das nördlichste Land gewesen, das er besucht hat. Selbst wenn Kolumbus etwas von den normannischen Entdeckungen gehört hätte, dürfte es ihn kaum interessiert haben, denn die Inseln und Länder, die er suchte, lagen in viel südlicheren Zonen. Es hätte auch die Kolumbusfahrt nicht beeinflußt, wenn tatsächlich deutsche und dänische Seefahrer, ein Pining, Pothorst und Scolvus, in den siebziger Jahren des 15.Jahrhunderts Labrador oder einen anderen Teil von Nordamerika erreicht haben sollten.

Italiener

Die Geschichte der christlich-abendländischen Entdeckungen in den afrikanischen Atlantikgewässern beginnt mit der Expedition zweier Genuesen, der Brüder Ugolino und Vadino Vivaldi. Nach zeitgenössischen Annalen bereiteten sie mit Unterstützung anderer Bürger Genuas im Jahre 1291 eine Reise vor,»die vordem kein anderer zu unternehmen versucht hatte. Sie rüsteten nämlich zwei Galeeren aufs beste aus mit Lebensmitteln, Trinkwasser und anderen Notwendigkeiten, die darin untergebracht wurden, und sandten sie im Monat Mai in der Richtung nach Ceuta aus, um durch den Ozean nach den indischen Ländern zu fahren und dort nützliche Waren einzuhandeln. Unter ihnen befanden sich die genannten zwei Brüder de Vivaldi selbst sowie zwei noch jugendliche Mönche.« Die Expedition erfolgte zu derselben Zeit, als der Venezianer Marco Polo in Ostasien weilte. Man kann vermuten, daß die Handelsrivalität zu Venedig, dessen Kaufleute damals den direkten Warenhandel über Land nach China betrieben, den Anlaß zur Ausrüstung der genuesischen Entdeckungsfahrt abgegeben hat. Die Vorteile der erstrebten Seeverbindung mit den »indischen Ländern«, wie man die Gegenden des Fernen Ostens bezeichnete, waren offenkundig. Die Genuesen konnten hoffen, durch die billigeren Transportkosten des Seeweges dem venezianischen Karawanenhandel Konkurrenz zu machen und dem teuren Zwischenhandel über Ägypten zu entgehen.

Über den Verlauf der Expedition der Brüder Vivaldi sind keine Nachrichten überliefert. Nach der Umsegelung des Kaps Noun blieben die Seefahrer verschollen. Ihre Absicht war es gewiß, nach der Umsegelung Afrikas Indien zu erreichen, aber nicht auf dem Westweg über den Atlantischen Ozean, wie man auch vermutet hat. Der Sohn des Ugolino Vivaldi suchte um 1325 nach den Spuren seines Vaters an der ostafrikanischen Küste. Die Erinnerung an die wagemutigen Seefahrer lebte in Italien weiter. Dantes Phantasie stellte sich vor, wie Vivaldi von den Meereswellen verschlungen wurde, als er am Horizont einen neuen geheimnisvollen Erdteil vor sich auftauchen sah.

Eine Folge der Vivaldi-Fahrt und der späteren Versuche, die verschollenen Seefahrer aufzufinden, scheint die Wiederentdeckung der Kanarischen Inseln gewesen zu sein, die das Altertum als die »Glückhaften Inseln« gekannt hatte. Petrarca weiß aus alten Überlieferungen zu berichten, daß »eine bewaffnete Flotte der Genuesen« zu diesen Inseln gelangte. Genuesische Annalen oder Dokumente, die darüber Kunde geben, sind nicht bekanntgeworden. Einige der Kanarischen Inseln sind zum ersten Male auf einer Karte eingetragen, die der Katalane Dulcert im Jahre 1339 gezeichnet hat. Die heutige Insel Lanzarote heißt auf dieser Karte *Insula de Lanzarotus Marocelus*. Daneben findet sich das Wappen Genuas. Marocelli oder Malocelli ist der Name einer alten und sehr bekannten genuesischen Kaufmannsfamilie. Auch im *Libro del Conoscimiento*, das um 1350 verfaßt wurde, wird von der Insel Lanzarote gesagt, daß ihr Entdecker »ein Genuese dieses Namens« gewesen sei.

Bei dieser spärlichen Überlieferung ist bezweifelt worden, daß die Expedition des Lanzarotto Malocelli eine genuesische Unternehmung war. Man hat zu beweisen versucht, daß der Genuese zu den seemännischen Fachleuten gehörte, die der genuesische Kaufmann Manuel Pessagno als Admiral der portugiesischen Flotte unterhielt, und daß er seine Fahrt nach den Kanarischen Inseln in portugiesischen Diensten unternommen hat. Es ist jedenfalls offenkundig, daß von Genua keine Initiative zu Fahrten nach den Atlantikinseln ausging.

Dagegen begann nun Portugal, seine Aufmerksamkeit auf die Entdeckungen im Atlantik zu richten. Den Anstoß scheinen italienische Kaufleute gegeben zu haben, die sich in Portugal niedergelassen hatten. Es bildete sich in der Entdeckung und Kolonisierung der Atlantikinseln ein italienisch-portugiesisches Unternehmerkonsortium, das bis in das 15.Jahrhundert hinein immer wieder in Erscheinung trat. Der Stadtstaat Genua konnte den händlerischen Betätigungen im Atlantikraum keinen wirksamen Schutz gewähren. Die italienischen Kaufleute förderten ihre wirtschaftlichen Interessen, indem sie ihre Kenntnisse und Kapitalien den aufsteigenden Monarchien der Iberischen Halbinsel zur Verfügung stellten.

Eine solche gemeinsame Unternehmung von Portugiesen und Italienern war die Entdeckungsreise des Jahres 1341. Nach einem angeblich von Boccaccio verfaßten Manuskript berichteten florentinische Kaufleute aus Sevilla: »Am 1. Juli dieses Jahres liefen zwei Schiffe, die vom portugiesischen König mit allem Bedarf ausgestattet waren, und mit ihnen ein gut armiertes, mit Florentinern, Genuesen, kastilischen Spaniern und anderen Spaniern bemanntes kleines Schiff aus und gewannen die hohe See.« Der Florentiner Angiolino del Tegghia de Corbizzi und der Genuese Niccoloso de Recco sollen die Führer der Expedition gewesen sein. Von gutem Winde begünstigt, erreichten die Schiffe nach fünf Tagen die Kanarischen Inseln. Die Besatzung trieb Tauschhandel mit den primitiven Eingeborenen, deren Sprache den Europäern unverständlich war, und nahm vier Kanarier gewaltsam mit, die nach Erlernen des Portugiesischen oder Italienischen später als Dolmetscher dienen konnten. Der wirtschaftliche Gewinn soll kaum die Kosten der Fahrt gedeckt haben.

Die Kanarischen Inseln wurden nun bald nach ihrer Wiederentdeckung ein Streitobjekt der internationalen Politik. Die päpstliche Belehnung mit diesen Inseln an Luis de la Cerda rief den Protest des portugiesischen Königs Alfons IV. hervor. In seinem Schreiben an Papst Clemens VI. vom 12. Februar 1345 machte er geltend, daß die Kanarischen Inseln seinem Lande am nächsten lägen, daß diese Inseln bereits von seinen Leuten erkundet und Landesprodukte und Menschen in sein Reich gebracht worden seien und daß die bereits angeordnete Expedition zur Eroberung der Inseln wegen der Kriege mit dem König von Kastilien und mit den Mauren habe suspendiert werden müssen. In ähnlicher Weise erhob König Alfons XI. von Kastilien gegen die päpstliche Lehnsübertragung Einspruch und begründete seine Besitzrechte auf die Kanarischen Inseln: Schiffe seiner Untertanen hätten diese Inseln angelaufen, und die Eroberung Afrikas sei ein altes Recht seiner Krone. Die portugiesisch-kastilische Rivalität in der Herrschaft über die Kanarischen Inseln kündigte sich an, aber im 14.Jahrhundert kamen die beiden iberischen Nachbarreiche nicht dazu, die Inseln in Besitz zu nehmen.

Die Republik Genua hatte, wie bereits erwähnt, König Peter IV. von Aragon daran gehindert, Luis de la Cerda die versprochene Unterstützung für die Ausrüstung seiner Expedition nach den Kanarischen Inseln zu gewähren, aber wir erfahren nicht, ob sie in gleicher Weise Einspruch gegen die portugiesische Eroberung der Kanaren erhob. Aber an Portugals maritimer Expansion beteiligten sich genuesische Seefahrer und Kaufleute, während das kanarische Königtum Luis de la Cerdas die für Genua gefährliche Konkurrenz der Katalanen begünstigen mußte.

Katalanen

Die Katalanen von Mallorca, das bis zu seiner Wiedervereinigung mit den Ländern der Krone Aragon im Jahre 1343 ein selbständiges Königreich bildete, haben als tüchtige Kaufleute und Seefahrer auf der Suche nach einträglichen Handelsfahrten alsbald die Kunde von den genuesischen Entdeckungen im Atlantik benutzt, um Reisen nach den Kanarischen Inseln zu unternehmen. Im Jahre 1342 wurden auf Mallorca zwei private Expeditionen für diese Zwecke ausgerüstet. Die Leiter der beiden voneinander unabhängigen Reisen, Francesco des Valer und Domingo Gual, erhielten vom König Kapitänstitel und Kommandogewalt für ihr Vorhaben, »nach den Gegenden der neu im Westen entdeckten Inseln zu segeln, die gewöhnlich die Glückhaften Inseln genannt werden«. Im Jahre 1346 wurden die Kanarischen Inseln von der mallorkinischen Expedition des Jaime Ferrer angelaufen, deren Ziel aber die afrikanische Küste am Senegal war. Weitere Kanarenfahrten – auch von Katalanen des Festlandes unternommen – sind aus den Jahren 1352, 1369, 1370 und 1386 bekannt; ihr Ziel war hauptsächlich die Insel Gran Canaria.

Die Katalanen tauschten auf den Kanarischen Inseln Farbstoffe, Tierfelle, Talg und andere Landesprodukte ein, brachten aber auch Eingeborene der Inseln als Sklaven zurück. Gegen diese rein kommerzielle Ausbeutung der Inseln kämpfte die erwachende Missionsbewegung an. Der Franziskanerpater und neuernannte Bischof der Kanaren, Frater Bernardo, betrieb mit Unterstützung der einflußreichen religiösen Bruderschaften die Organisation eines Missionsunternehmens nach den Kanarischen Inseln, um die als Sklaven verschleppten Eingeborenen zu befreien und in ihre Heimat zurückzubringen. Die privaten Geschäftsinteressen bereiteten diesen Plänen Schwierigkeiten. Da wandten sich die Förderer des Missionswerkes an ihren Landesherrn, König Peter IV., und erreichten dessen Unterstützung. Der aragonische König ordnete eine Untersuchung an, ob zweihundert Eingeborene der Insel Canaria auf hinterhältige Weise gefangen und nach Mallorca verschleppt worden seien. Sollte dies zutreffen, so seien diese Sklaven den Leitern der geplanten Expedition zum Rücktransport in ihre Heimat zu übergeben.

Peter IV. gab seine ausdrückliche Genehmigung für die Missionsexpedition, und sein Stellvertreter auf Mallorca ernannte Arnaldo Roger zum Kapitän und obersten Befehlshaber. In dieser Ernennungsurkunde wird die Bekehrung der Eingeborenen zum katholischen Glauben als Ziel der Unternehmung angegeben, zugleich aber die politische Besitznahme der Kanarischen Inseln in Aussicht genommen. »Wenn es mit Gottes Hilfe geschähe, daß ihr die genannten Inseln oder eine von ihnen erwerben könntet, sollt ihr sie als Lehen unseres Herrn, des Königs von Aragon, behalten.« König Peter IV. schwebte also vor, die Kanarischen Inseln unter seine Herrschaft zu bringen und die Lehnsoberhoheit der Krone Aragon über diesem atlantischen Inselreich aufzurichten. Heidenmission und überseeische Herrschaftsgründung sind seit den Anfängen der europäischen Expansion eine historisch bedeutsame Verbindung eingegangen. Aber die aragonische Monarchie war ein Mittelmeerreich und lag dem atlantischen Schauplatz zu fern, um in den Machtbereich der iberischen Atlantikstaaten Portugal und Kastilien erfolgreich einzudringen.

Die Kolonisation der Kanarischen Inseln

Wenn man von der unklaren Episode des Genuesen Malocelli auf Lanzarote absieht, haben Normannen mit der europäischen Kolonisation auf den Kanarischen Inseln begonnen.

Jean de Béthencourt, ein adliger Grundherr aus einer der ältesten Familien der Normandie, hatte die Eroberung und Besiedelung der Kanarischen Inseln ins Auge gefaßt. Obgleich er dem französischen König Karl VI. und dessen Bruder, dem Herzog von Orléans, in Hofämtern gedient hatte und sich der Gunst der königlichen Familie erfreute, fand er für seine Expedition keine königliche Hilfe. Die französische Krone interessierte sich nicht für überseeische Unternehmungen und ließ die Gelegenheit ungenutzt, auf die noch nicht von christlichen Fürsten in Besitz genommenen Kanarischen Inseln Herrschaftsansprüche zu erheben. So blieb die französische Niederlassung auf diesen Atlantikinseln eine private Angelegenheit.

Béthencourt bereitete die kanarische Expedition gemeinsam mit einem anderen Adligen, Gadifer de la Salle, vor, der ebenfalls zum Hofstaat des Herzogs von Burgund gehörte. La Salle hatte in den Jahren 1378 und 1386 an Kreuzzügen des Deutschen Ordens teilgenommen, und 1390 begleiteten er und Béthencourt ein französisches Kreuzfahrerheer nach Tunis. Beide suchten in fernen Kriegszügen ihr Glück, und beide waren christliche Ritter, die nach den Worten einer zeitgenössischen Chronik die Reise nach den Kanarischen Inseln »zur Ehre Gottes und zur Erhaltung und Verbreitung unseres heiligen Glaubens« unternahmen. Sie waren aber, wie bereits erwähnt, auch adlige Grundherren, die neue Besitzungen und größere Einkünfte erstrebten.

Das Ziel Béthencourts war die dauernde Besetzung und Besiedlung einiger Kanarischer Inseln. Ein Recht zu solcher Besitznahme konnte er nur aus der Tatsache ableiten, daß es sich um Heidenland handelte, das noch nicht unter der Herrschaft eines christlichen Fürsten stand. Eine päpstliche Belehnung mit den Inseln, wie sie Luis de la Cerda erhielt, hat Béthencourt nicht erreicht, obgleich er sich durch seinen einflußreichen Vetter, Robin de Braquemont, an der Kurie von Avignon darum bemüht zu haben scheint. Die Meuterei seiner Soldaten und die unzureichenden Hilfsmittel seiner Expedition überzeugten Béthencourt schließlich, daß er ohne Unterstützung eines Fürsten die Kanarischen Inseln nicht erobern könne. Er begab sich an den Hof des kastilischen Königs Heinrich III. und bot ihm die Inseln an, wenn der König ihm dafür Schutz und Hilfe gewähre. Der offenkundig überraschte König nahm das Angebot an, wohl durch die Fürsprache Robin de Braquemonts bestimmt, der damals als Abgesandter des französischen Königs am kastilischen Hofe weilte. Béthencourt erhielt im Dezember 1402 die Inseln Lanzarote und Fuerteventura als aufgetragenes Freilehen, wobei seine Verpflichtung sich auf das allgemeine Treuegelöbnis beschränkte. So ist die Krone Kastilien ohne ihr Zutun in den Lehnsbesitz einiger Kanarischer Inseln gekommen. Als baskische und andalusische Seefahrer nach ihrem einträglichen Beutezug vom Jahre 1393 König Heinrich III. unterrichteten, daß die Kanarischen Inseln leicht und mit wenig Kosten zu erobern seien, hatten sie kein Gehör gefunden.

Durch Béthencourt wurden die Inseln Lanzarote, Fuerteventura und Hierro erobert und kolonisiert. Französische Bauern- und Handwerkerfamilien siedelten sich an, Rechtsbräuche und Gewohnheiten der Normandie wurden eingeführt, und bis Ende des 15. Jahrhunderts erhielt sich der normannische Dialekt des Französischen auf diesen Inseln. Die Grundherrschaft war die Form für die wirtschaftliche Erschließung des Siedlungsraumes. Als oberster Lehnsträger behielt sich Béthencourt besondere Privilegien vor, zum Beispiel das Monopol des Handels mit dem Orseille-Farbstoff; Untervasallen lebten auf befestigten Herrensitzen. Der Handel der Inseln mit der Normandie war von kurzer Dauer; er richtete sich hauptsächlich nach den andalusischen Häfen.

Bereits im Dezember 1405 verließ Béthencourt die Kanarischen Inseln und bestimmte einen Verwandten, Maciot de Béthencourt, zu seinem bevollmächtigten Vertreter. Dieser übertrug im Jahre 1418 im Auftrage Béthencourts das Insellehen mit allen Rechten an Enrique de Guzmán, Grafen von Niebla, der wiederum Maciot als stellvertretenden Gouverneur auf den Inseln bestätigte. Béthencourt entschloß sich zu dieser anscheinend nicht als endgültig aufgefaßten Veräußerung seiner Herrschaft auf den Kanarischen Inseln aus Rücksicht auf die englische Besetzung der Normandie.

Im Jahre 1430 erteilte der kastilische König Johann II. dem Grafen von Niebla die Erlaubnis, seine Rechte auf die Kanarischen Inseln zu verkaufen, jedoch nicht an einen religiösen Orden oder an einen Ausländer. So gingen die Inseln Lanzarote, Fuerteventura und Hierro durch Kauf an Guillén de las Casas über, dessen Vater Alfonso de las Casas bereits 1420 von Johann II. die Inseln Teneriffa, Gran Canaria, Las Palmas und La Gomera erhalten hatte. Maciot de Béthencourt wurde durch die Abtretung der Insel Lanzarote abgefunden. Die Familie Las Casas oder Casaus war französischen Ursprungs, der Großvater von Alfonso de las Casas hatte das Amt eines königlichen Schatzmeisters für Andalusien inne. Der spätere Indianerapostel Bartolomé de las Casas war mit dieser mächtigen Familie der Grundherren der Kanarischen Inseln nicht näher verwandt.

Alfonso de las Casas verteilte die Kanarischen Inseln, die ihm der kastilische König verliehen hatte, an seine drei Söhne und an seinen Vetter Juan de las Casas, dessen einzige Tochter und Erbin sich mit Fernán Peraza verheiratete. Im Jahre 1445 gingen alle Besitzrechte auf die Kanarischen Inseln an Fernán Peraza über, und nach dessen Tode (1452) wurde alleinige Erbin seine Tochter Inés, die mit Diego García de Herrera vermählt war. Beide verzichteten 1477 in einem Vertrag mit den Katholischen Königen gegen eine entsprechende Entschädigung auf die drei großen Inseln, Gran Canaria, Las Palmas und Teneriffa. Die Herrscher erklärten, es sei ihre Absicht, diese Inseln, für deren Unterwerfung Herrera und seine Frau keine hinreichenden Mittel besäßen, »unter ihren Schutz zu stellen und die Unterwerfung auf Kosten der Kasse der Krone von Kastilien vorwärtszubringen«. Die endgültige Eroberung und Befriedung dieser Inseln zog sich bis zum Ende des 15.Jahrhunderts hin. In ihrer Besitznahme und Besiedlung entwickelten und erprobten sich Grundsätze und Methoden, die in der spanischen Kolonisation Amerikas wirksam werden sollten.

Die portugiesischen Entdeckungen im 15. Jahrhundert

Die Zeit Heinrichs des Seefahrers

Aus der Frühzeit der Entdeckungen wissen wir die Namen einzelner Seefahrer, aber was auf ihren Fahrten persönliches Können und heroischer Einsatz bedeutet haben, vermögen wir nicht zu ermessen. Wir erfassen ihre Leistungen nur aus den allgemeinen Bewegungen jener Zeit, aus dem Wirken kollektiver Kräfte. Dagegen scheinen sich die portugiesischen Entdeckungen des 15.Jahrhunderts um einen außergewöhnlichen Menschen, eine große Persönlichkeit zu konzentrieren. Prinz Heinrich der Seefahrer, so sagt man, ist der geistigseelische Urheber der portugiesischen Entdeckungen gewesen. »Unter seiner Leitung wurden die Portugiesen, die vor dem Kap Bojador zaghaft umzukehren pflegten, die unerschrockensten Seeleute ihrer Zeit. Solche Tüchtigkeit vermag ein Volk durch die Impulse edler Fürsten in überraschend kurzer Zeit zu erwerben!« (O. Peschel). Man läßt mit dem portugiesischen Infanten das Entdeckungszeitalter überhaupt beginnen oder bezeichnet ihn als den Gestalter dieser Geschichtsepoche. Prinz Heinrich habe »seinem Volk und der ganzen Menschheit recht eigentlich den Weg nach Indien wie nach Amerika gewiesen ... Er allein ist es gewesen, der den Samen für die stolzen Erntetage eines Kolumbus, eines Vasco da Gama, eines Magalhães ausgestreut hat« (R. Hennig).

Die Kritik hat sich gegen diese Vorstellung von einer einsamen geschichtlichen Größe Heinrichs des Seefahrers gewendet, es als eine Simplifizierung aufgezeigt, auf ihn alle Initiative zu den Begebenheiten zurückzuführen, und manche Schattenseiten im Charakterbild des Helden zu erkennen geglaubt. Die Verteidiger des Infanten antworten mit dem Schillerzitat: »Es liebt die Welt das Strahlende zu schwärzen und das Erhabene in den Staub zu ziehen.« Die moderne Wirtschafts- und Sozialgeschichte ist auch hier bemüht, die singuläre Erscheinung des großen Mannes auf die sie prägenden Strukturen zurückzuführen und das Bewegende in dem Fortgang der Entdeckungen aus den Wandlungen der allgemeinen Verhältnisse zu erklären.

Die Geschichtswissenschaft ist heute noch zuwenig in der Lage, solche widersprüchlichen Beurteilungen Heinrichs des Seefahrers auf Grund eines gesicherten Tatsachenwissens zu überwinden. Es gibt noch keine wissenschaftliche Biographie des Prinzen Heinrich, und sie ist auch nicht zu der fünfhundertjährigen Wiederkehr seines Todes im Jahre

1960 vorgelegt worden, wenn aus diesem Anlaß auch viele wertvolle Vorarbeiten für eine Gesamtdarstellung erschienen sind. Die Schwierigkeiten liegen vor allem in der sehr bedingten Glaubwürdigkeit der Chroniken und in der lückenhaften Überlieferung der Dokumente. Die einzige zeitgenössische Chronik, die *Chronica dos feitos de Guinee* von Gomes Eanes de Zurara, verdient nach neueren quellenkritischen Untersuchungen die Wertschätzung nicht, die ihr als Geschichtsquelle entgegengebracht worden ist. Sie ist ein rhetorischer Lobpreis auf den Prinzen Heinrich und beruht auf anderen, uns nicht erhaltenen Erzählungen, ohne die erreichbaren Dokumente heranzuziehen. Nur einige Beispiele können hier angeführt werden, in denen nachweisbar Heinrich der Seefahrer entscheidend auf die Ereignisse der portugiesischen Entdeckungen eingewirkt hat.

Die portugiesische Expansion in Übersee begann mit der Eroberung der marokkanischen Stadt Ceuta gegenüber von Gibraltar. Diese Unternehmung war schon im Jahre 1409 geplant worden und scheint zuerst von dem königlichen Finanzaufseher João Afonso vorgeschlagen worden zu sein. Prinz Heinrich war damals erst fünfzehn Jahre alt, so daß seine Mitwirkung an diesem Entschluß sehr unwahrscheinlich ist. Er hat sich aber in seinem jugendlichen Tatendrang für diese Unternehmung begeistert und sie seinem Vater gegenüber als gottgefälliges Werk hingestellt. Die Expedition nach Ceuta, das für Schiffahrt und Handel eine beherrschende Stellung einnahm, bedeutete den ersten Schritt für eine portugiesische Eroberung Nordafrikas. Am 25. Juli 1415 lief eine Flotte von etwa zweihundert Schiffen aus der Mündung des Tejo aus und führte angeblich fünfundvierzigtausend Mann nach Afrika hinüber. Prinz Heinrich nahm mit seinen älteren Brüdern Duarte und Pedro an der Expedition teil, auf der wir auch ausländische Abenteurer wie den Südtiroler Ritter und Liederdichter Oswald von Wolkenstein antreffen. Am 21. August 1415 wurde unter dem Oberbefehl des Königs die Stadt Ceuta erstürmt, wobei Prinz Heinrich sich durch Tapferkeit auszeichnete und als Belohnung zum Herzog von Viseu erhoben wurde. Der Prinz wurde auch mit verschiedenen Aufgaben zur Verteidigung der Stadt beauftragt und führte 1419 eine Flotte mit Unterstützungen herbei, um die Stadt gegen Angriffe der Mauren Nordafrikas und Granadas zu behaupten.

Nach der Darstellung der Chronisten faßte der portugiesische Infant sogleich den Plan zu Entdeckungsexpeditionen an der westafrikanischen Küste. Der deutsche Chronist Valentin Ferdinand berichtet in seiner Beschreibung der Westküste Afrikas (1507): »Der Infant Don Heinrich, der Sohn des Königs Johann I., beschloß nach der Eroberung Ceutas, die Küste gegen Südwesten hin zu erforschen. Denn er hatte von den Mauren erfahren, daß sie sich des Goldhandels wegen nach Westen begaben.« Außer der Suche nach dem Ursprungsland des Saharagoldes ging es dabei um die militärische Sicherung der portugiesischen Vorherrschaft in Nordafrika. Durch ein weiteres Vordringen nach Süden konnte man hoffen, die Mauren des Reiches Fez im Rücken zu fassen und Verbündete im Kampf gegen diese Feinde zu finden. Die Behauptung Ceutas war andererseits wesentlich für die Fortsetzung der portugiesischen Westafrikafahrten, die marokkanische Häfen als Stützpunkte und Versorgungsbasen benötigten.

Da geriet die portugiesische Expansion in Nordafrika in eine ernste Krise. Am königlichen Hofe wurde unter Führung des Infanten Pedro die Auffassung vertreten, daß die

Besetzung und Verteidigung Ceutas allzu hohe Kosten verursachten und darum die Räumung des Platzes geboten sei. Das entsprach den Interessen der Kaufmannschaft an dem Handel in Nordafrika, der durch militärische Aktionen Einbuße erlitt. König Johann I., die treibende Kraft in diesen Anfängen eines portugiesischen Imperiums, hielt dagegen an der Absicht fest, die marokkanische Besatzungszone durch die Eroberung von Tanger, Alcácer oder Arzila zu erweitern, und ermahnte in seiner Todesstunde den Thronfolger Duarte und den Infanten Heinrich, den Maurenkrieg in Afrika fortzusetzen. Duarte, der ihm 1433 auf dem Thron folgte, entschloß sich zu einem Angriff auf Tanger und erreichte für diese Unternehmung im Jahre 1436 einen päpstlichen Kreuzzugsablaß. Die Rivalität mit Kastilien drängte jetzt Portugal weiter auf der begonnenen Bahn der überseeischen Expansion. Heinrich der Seefahrer suchte sich der Kanarischen Inseln zu bemächtigen, die seit 1402 unter kastilischer Lehnsoberhoheit standen. Er entschloß sich im Jahre 1424 zur Eroberung der Insel Gran Canaria, aber die Expedition unter Fernando de Castro scheiterte am Widerstand der kriegerischen Kanarier. Darauf bemühte sich der Prinz, durch Verhandlung mit dem kastilischen König die Abtretung wenigstens zweier Inseln zu erreichen, aber Johann II. von Kastilien lehnte die auch vom portugiesischen König unterstützte Bitte um Lehnsübertragung der Kanarischen Inseln an den Prinzen Heinrich ab. Im Jahre 1434 landete erneut eine portugiesische Expedition auf einer der Kanarischen Inseln, konnte sich aber dort nicht behaupten.

Um einen Rechtstitel für die Eroberung der Kanarischen Inseln zu erlangen, erbat und erhielt der portugiesische König Duarte eine vom 15. September 1436 datierte Papstbulle, die Portugal für die Verbreitung des Christentums diejenigen Kanarischen Inseln verlieh, die nicht von einem christlichen Fürsten in Besitz genommen waren. Auf Protest Kastiliens schränkte der Papst diese Bulle mit der zusätzlichen Erklärung ein, daß er nicht die Herrschaftsrechte des kastilischen Königs habe beeinträchtigen wollen. Schließlich gelang es König Duarte, sich die Kreuzzugsbulle vom 25. Mai 1437 zur Fortführung des Maurenkrieges in Nordafrika zu sichern. Dagegen war von kastilischer Seite in den *Allegationes*, die im Jahre 1436 der Bischof Alonso García de Santa María für die Verhandlungen an der Kurie verfaßte, geltend gemacht worden, daß der Krone Kastilien die Eroberung der Kanarischen Inseln sowie der nordafrikanischen Provinzen Mauretanien und Tingitanien gehöre, die angeblich Teile des spanischen Westgotenreiches gewesen waren.

Prinz Heinrich war in diesen Jahren der entschiedenste Vorkämpfer für eine energische Fortsetzung der portugiesischen Expansion im afrikanischen Atlantikraum. In seiner Denkschrift von 1436 begründete er seinen Rat, daß der König, sein Bruder, weiter die Mauren Nordafrikas bekriegen müsse, denn ein solcher Kampf sei höchster Lebenszweck und Dienst an Gott und eine Verpflichtung gegenüber dem Erbe des Vaters. Der König entschloß sich in diesem Sinne zu der Expedition gegen Tanger, um damit zugleich einer Verwirklichung kastilischer Ansprüche zuvorzukommen und die portugiesische Machtbasis in Marokko über das isolierte Ceuta hinaus zu verbreitern. Aber der portugiesische Angriff auf Tanger im Jahre 1437, vom Prinzen Heinrich allzu ungestüm und unbedacht vorangetrieben, endete mit einer Katastrophe. Das portugiesische Heer mußte kapitulieren und erhielt freien Abzug erst nach dem eidlichen Versprechen Heinrichs, Ceuta an die Mauren zurückzugeben. Die Portugiesen räumten jedoch Ceuta nicht, und der als Geisel zurückgelassene jüngere Bruder Heinrichs, der Infant Ferdinand, starb in marokkanischer Gefangenschaft. Dieser Rückschlag wurde im Jahre 1458 durch die Eroberung von Alcácer-Seguer aufgeholt, an der Prinz Heinrich ebenfalls beteiligt war.

Indessen hatte der Infant seit vielen Jahren jene Entdeckungsfahrten an der westafrikanischen Küste organisiert, die ihm den Beinamen »der Seefahrer« eingebracht haben, obgleich er persönlich an ihnen nicht teilgenommen hat. Die Schwierigkeiten dieser maritimen Erkundigungen sind lange falsch verstanden worden. Man hat behauptet, daß erst durch den unermüdlichen Druck, der von dem Prinzen ausging, die ängstlichen Portugiesen den Mut faßten, sich auf ihren Schiffen von den Küsten zu entfernen. Aber es ist eine Legende, daß die portugiesischen Seefahrer zu jener Zeit noch nicht gewohnt waren, sich weit in die offene See hinauszuwagen. Die bereits erwähnte Entwicklung der portugiesischen Atlantik- und Mittelmeerschiffahrt im 14. Jahrhundert widerlegt solche Vorstellungen. Auf Befehl eines einzigen Mannes wird nicht ein ganzes Volk zu Seefahrern.

Die westafrikanischen Entdeckungen waren notwendigerweise zunächst Küstenfahrten, um den Verlauf der Küste nach Süden zu erkunden. Diese Küste hinter Kap Noun war felsig und steil, mit weit ins Meer hinausragenden Riffen und Untiefen besetzt und häufig durch diesige Luft verhüllt. Die Annäherung an die Küste war gefährlich, insbesondere bei den Kaps Juby und Bojador, um so mehr, wenn Wind und Strömungen das Schiff nach der Küste trieben. Für die Segelschiffahrt waren die vorherrschenden Winde und ihre monatlichen Veränderungen bedeutsam. Es war leicht, mit Hilfe der Passatwinde von Europa nach dem Senegal zu segeln, aber wie sollte man bei ständigen Gegenwinden zurückkommen? Nicht die Schrecken der unbekannten Ferne, sondern die Furcht vor der Unmöglichkeit einer Rückkehr hielt die portugiesischen Seeleute zurück, ähnlich wie die Schiffsmannschaften des Kolumbus bei ihrer Westfahrt mit ständigen Rückenwinden besorgt sich fragten, wie sie unter diesen Umständen wieder zurücksegeln sollten. Es erforderte eine lange Zeit der tastenden Versuche, bis man um die Mitte des 15. Jahrhunderts die beste Rückkehrroute durch weites westliches Ausholen in den Ozean hinein gefunden hatte. Es kam hinzu, daß die Küsten der Sahara kein Holz für Schiffsreparaturen boten und die wenigen vorhandenen Süßwasserquellen schwer zu ermitteln waren. Die Versorgung der Schiffe mit hinreichenden Mengen an Trinkwasser und Lebensmitteln stellte in diesen Tropengegenden schwer zu lösende Probleme.

Wir wissen nicht genau, in welchen Jahren die eigentlichen Entdeckungsfahrten der Portugiesen an der westafrikanischen Küste begannen, aber es wird zwischen 1419 und 1425 gewesen sein. Die Quellen stimmen darin überein, daß die Initiative vom Prinzen Heinrich ausging. Solange keine sicheren Gewinne aus solchen Fahrten bekannt waren, scheuten die Kaufleute die Kosten und das Risiko so weiter Unternehmungen. Es war darum unerläßlich, daß jemand für die Organisation von Entdeckungsexpeditionen die Kapitalien besaß und sie einzusetzen bereit war, auch wenn mit einem Nutzen daraus noch nicht gerechnet werden konnte. Die geschichtliche Funktion Heinrichs des Seefahrers in der portugiesischen Expansion ist es, sich mit aller Entschiedenheit in den Dienst dieser Bewegung gestellt und ihr die finanziellen Mittel zugeführt zu haben, über die er als Verwalter des Christusordens verfügen konnte. Die starke Opposition in Portugal gegen die kostspieligen Entdeckungsreisen ist dadurch unwirksam gemacht worden.

Nun dürfen gewiß nicht alle Westafrikafahrten von 1419 bis 1460 der Initiative des Prinzen Heinrich zugeschrieben werden. Die private Schiffahrt nahm seit der Umschiffung von Kap Bojador beträchtlich zu, und auch der Staat, besonders während der Regentschaft des Infanten Pedro, förderte diese Fahrten. Eine einheitliche Planung und Leitung der gesamten portugiesischen Expansion durch Heinrich den Seefahrer ist nicht anzunehmen.

Das tatkräftige und beständige Vorantreiben der westafrikanischen Erkundungen durch Prinz Heinrich begann im Jahre 1433, nach dem Tode seines Vaters. Sein erster großer Erfolg war die Umsegelung des Kaps Bojador durch Gil Eanes im Jahre 1434, und 1436 erreichte der von ihm entsandte Afonso Baldaia den Rio de Oro. Der unglückliche Eroberungszug gegen Tanger veranlaßte einen vorübergehenden Stillstand in diesen Unternehmungen, aber seit 1441 wurden die Erkundungen südlich von Kap Bojador fortgeführt. Im Jahre 1444 kam man am Senegal mit dem »Land der Neger« in Kontakt, und im Jahre 1446 stießen die Portugiesen auf den Gambia-Fluß. Bis zum Tod Heinrichs des Seefahrers (1460) wurden die Entdeckungen bis Sierra Leone ausgedehnt. Von 1433 bis 1460 ist damit die westafrikanische Küste zwischen dem 26. und dem 7. Grad nördlicher Breite erforscht worden.

In der Zeit Heinrichs des Seefahrers erfolgte auch die Besitznahme und Besiedlung der meisten Atlantikinseln durch die Portugiesen. Die Wiederentdeckung der Inseln der Madeira-Gruppe im Jahre 1419 ist nicht vom Prinzen Heinrich veranlaßt worden, sondern war das Ergebnis einer Seefahrt zweier Angehöriger des prinzlichen Hofhalts, die sich auch erboten, die Insel zu besiedeln. Heinrich hat nicht selbst, wie die Chronisten berichten, die Ermächtigung zur Kolonisation erteilt, sondern sein Vater Johann I. Erst im Jahre 1433, nach der Thronbesteigung seines Bruders Duarte, wurde Heinrich mit diesen Inseln belehnt. Die von ihm geförderte Kolonisierung Madeiras war das erste portugiesische Experiment dieser Art im Atlantik und betraf ein dichtbewaldetes Gelände, auf dem es weder Menschen noch Nutztiere und Pflanzen für die menschliche Ernährung gab. Die ersten Siedler führten Vieh ein und bauten Weizen an, Weinreben wurden angepflanzt, und Prinz Heinrich ließ von der Insel Kreta Reiser der Malvasierrebe bringen, die vorzüglich gedieh. Noch mehr Erfolg hatte der Zuckerrohranbau. In dreißig Jahren war die verlassene Urwaldinsel zu einem bedeutenden Exportgebiet wertvoller Agrarprodukte geworden.

Im Jahre 1439 erhielt Prinz Heinrich die königliche Erlaubnis, auch die Azoren zu besiedeln, die von den Portugiesen 1427 oder 1432 entdeckt worden waren. Viehzucht und Getreideanbau entwickelten sich günstig, aber das eingeführte Zuckerrohr sollte hier keine bedeutende Rolle spielen. Zu Heinrichs Lebzeiten ist auch noch die Kolonisation der Kapverdischen Inseln begonnen worden, die im Jahre 1456 der Venezianer Cadamosto gesichtet und die seit 1458 von seinem Landsmann Antonio de Noli im Auftrag des Prinzen Heinrich erkundet und besiedelt worden sind. Für den Fortgang der portugiesischen Expansion ist es bezeichnend, daß auf den entdeckten und besetzten Atlantikinseln, die keine unmittelbaren Handelsgewinne boten, Siedlungskolonien entstanden, deren Anlage die

Krone kapitalkräftigen Unternehmern übertrug und mit Überlassung von staatlichen Hoheitsrechten belohnte. Dieses System grundherrschaftlicher Kolonisationen sollte Portugal auch in Brasilien anwenden.

Heinrich der Seefahrer hat in hervorragendem Maße an der Gestaltung des Zeitalters der überseeischen Entdeckungen mitgewirkt. Er hat wesentlich dazu beigetragen, den Portugiesen einen Vorsprung in der maritimen Ausbreitung zu sichern und die westafrikanischen Atlantikgewässer zu einer Domäne der portugiesischen Schiffahrt zu machen. Es wäre aber irrig, wenn man sich vorstellen wollte, diese geschichtlichen Begebenheiten seien von Heinrich dem Seefahrer nach einem einheitlichen Plan in Szene gesetzt worden. In den Geschichtsbüchern pflegt man zu erzählen, Prinz Heinrich habe an der Südwestspitze von Portugal, in Sagres, eine Seefahrerschule und nautische Forschungsstätte gegründet, Kosmographen, Geographen, Kartographen und andere Wissenschaftler um sich gesammelt und die wissenschaftlichen Erkenntnisse systematisch in der Organisation der Entdeckungsfahrten ausgewertet. Merkwürdigerweise wissen die alten Chroniken und zeitgenössischen Dokumente nichts von dieser berühmten Seefahrerschule von Sagres. Sie ist eine spätere Legende. Es hat keinen wissenschaftlichen Planungsstab gegeben, der von Sagres aus die portugiesischen Entdeckungsfahrten vorbereitete und lenkte. Was allein feststeht, ist die Tatsache, daß Prinz Heinrich nach 1443 in der Nähe von Kap Vicente eine Stadt erbauen ließ, die er *Vila do Infante* taufte und die den Schiffen vom und zum Mittelmeer bei Stürmen einen geschützten Hafen bieten sollte. Aber bis heute hat man nicht mit Sicherheit ermitteln können, wo diese später zerstörte Stadt gelegen hat, ob am Kap S. Vicente oder an der Ponta de Sagres.

Keine Quelle vor der zweiten Hälfte des 16. Jahrhunderts erwähnt die angeblichen großen Kenntnisse des Infanten in Mathematik, Astronomie und Astrologie. Der Chronist Zurara sagt in seinem Lobpreis über den Prinzen Heinrich nichts von dessen Liebe zu den Büchern, und von der Bibliothek des angeblich Gelehrten in Sagres haben wir keine Überlieferung, während uns die Kataloge der Büchersammlungen seiner Brüder, der Infanten Duarte und Ferdinand, erhalten sind. Die Vorstellung von dem Asketen der Wissenschaften, der in der Zurückgezogenheit von Sagres ganz dem Umgang mit Büchern und Gelehrten lebte, entspricht nicht den historischen Zeugnissen, die uns Heinrich den Seefahrer als einen tätigen Menschen des praktischen Lebens zeigen. Er verstand es, durch bessere Bewirtschaftung der Besitzungen des Christusordens, durch Entwicklung der Landwirtschaft und Errichtung von gewerblichen Betrieben die Einkünfte bedeutend zu erhöhen, und zeigte sich in der Ausnutzung der ihm vom König gewährten Wirtschaftsmonopole als guter Organisator und Kaufmann. Durch seinen häufigen Aufenthalt in Lagos und anderen Hafenstädten hatte er unmittelbaren Kontakt mit der seefahrenden Bevölkerung. Ohne Zweifel war er dabei auch für die nautischen Wissenschaften interessiert. Aus der Verbundenheit mit dem tätigen Leben und der Gesamtheit der vorandrängenden Kräfte seiner Zeit ist Heinrich der Seefahrer zu seiner geschichtlichen Leistung gekommen.

ÜBERSEEISCHE ENTDECKUNGEN UND EROBERUNGEN 607

Die portugiesische Umsegelung Afrikas und der Seeweg nach Ostindien

Nach Heinrichs Tode im Jahre 1460 trat für ein Jahrzehnt in dem Fortgang der portugiesischen Entdeckungen ein Stillstand ein. Weder König Alfons V., mit marokkanischen Eroberungsplänen beschäftigt, noch dessen Bruder Ferdinand, den Heinrich zu seinem Erben eingesetzt hatte, verstanden die Bedeutung der überseeischen Unternehmungen und waren überdies durch Rivalitäten entzweit. Im Jahre 1468 pachtete der Lissabonner Kaufmann Fernão Gomes den Handel mit der Guineaküste und verpflichtete sich dabei, während der nächsten fünf Jahre weitere hundert Meilen der westafrikanischen Küste zu entdecken. In seinem Auftrage fuhren Seefahrer die Pfefferküste ab und gelangten bis zum Golf von Guinea. Der portugiesisch-kastilische Erbfolgekrieg gefährdete die maritimen Errungenschaften der Portugiesen in Westafrika, denn die Katholischen Könige versuchten, den Guineahandel gewaltsam an sich zu bringen. Aber durch Verzicht auf seine kastilischen Thronansprüche konnte König Alfons V. im Frieden von Alcáçovas (1479) die westafrikanische Entdeckungszone südlich der Kanarischen Inseln für Portugal behaupten.

König Johann II. (1481–1495), dem sein Vater seit 1474 die westafrikanischen Angelegenheiten übertragen hatte, wurde der tatkräftige Fortführer des Lebenswerkes Heinrichs des Seefahrers. Er ließ im Jahre 1482 den befestigten Stützpunkt São Jorge da Mina (Elmina, heute Cape Coast) erbauen, der 1486 zur Stadt erhoben wurde. Ebenso befahl der König die Errichtung eines Forts auf der Insel S. Tomé und deren landwirtschaftliche Erschließung insbesondere durch den Zuckerrohranbau. Gleichzeitig ergriff der König die Initiative zu Erkundungen des weiteren Verlaufs der westafrikanischen Küste. Mit einer solchen Expedition beauftragte er den Seefahrer Diogo Cão, der im Frühjahr 1482 die Reise antrat. Cão verfolgte die Küste, die von Kamerun an wieder nach Süden abbog, über die Äquatorlinie hinaus bis zum Kap São Agostinho, heute Kap Santa María (13 Grad 26 Minuten südlicher Breite). Auf dieser Fahrt erreichte er die Mündung des Kongo und die Küstengegenden der späteren portugiesischen Kolonie Angola. Er war von Johann II. beauftragt worden, an den wichtigsten Stellen der afrikanischen Küste statt der bisher üblichen Holzkreuze steinerne Pfeiler mit Inschriften aufzustellen, die die Zeit der Ankunft und den Namen des Entdeckers wiedergeben. Der erhaltene *Padrão*, den Diogo Cão am Kap S. Agostinho errichtete und der 2,16 Meter hoch ist, hat folgende Inschrift: »Ära der Erschaffung der Welt 6681, Jahr der Geburt unseres Herrn Jesus Christus 1482, der sehr erhabene, sehr ausgezeichnete und mächtige Fürst, der König Johann II. von Portugal, befahl, dieses Land zu entdecken und diesen Wappenpfeiler aufzustellen durch Diogo Cão, Ritter seines Hauses.«

Ende Sommer des Jahres 1485 fuhr Diogo Cão auf Befehl des Königs zu einer zweiten Entdeckungsreise aus, die noch etwa vierzehnhundert Kilometer weiter südlich bis zum Kap Cross (21 Grad 48 Minuten südlicher Breite) führte. Er fuhr auch mit seinen drei Schiffen weit den Kongo hinauf und wurde vom König des Kongoreiches empfangen, der die Bitte aussprach, der portugiesische König möge ihm christliche Missionare und europäische Bauern und Handwerker schicken. Martin Behaim erwähnt auf seinem Erdglobus, daß er an dieser Expedition des Diogo Cão teilgenommen habe. Es ist ungeklärt, ob Cão auf dieser Reise gestorben ist oder beim König in Ungnade fiel. Die Auffindung der Südspitze Afrikas, der er so nahe gekommen war, sollte ihm versagt bleiben.

Am portugiesischen Hofe war man enttäuscht, daß so weit im Süden immer noch kein Ende Afrikas gefunden worden war, und es tauchten wieder Zweifel auf, ob überhaupt ein Zusammenhang zwischen dem Atlantischen und Indischen Ozean bestehe. Johann II. faßte jetzt den Plan, sich auf einem doppelten Wege über diese Frage Klarheit zu verschaffen. Er sandte im Mai 1487 Pedro de Covilhã und Alfonso de Paiva, wohl jüdische Neuchristen, aus, damit sie als Kaufleute verkleidet Indien und das Land des Priesters Johannes erreichen. Die Reisenden, die des Arabischen kundig waren und amtliche Pässe und einen auf das Florentiner Bankhaus der Medici ausgestellten Kreditbrief mit sich führten, gelangten über Kairo nach Aden. Hier trennten sich ihre Wege. Covilhã fuhr zu Schiff nach Cananor und Calicut an der Malabarküste und war damit der erste Portugiese, der nach Vorderindien gelangte und sich persönlich über die Wege des Gewürzhandels informieren konnte. Von Goa aus kehrte er nach Aden zurück und besuchte von dort aus die damals bedeutende Handelsstadt Ormuz am Eingang des Persischen Golfs. Er schloß sich dann in Zeyla gegenüber von Aden einer Handelsfahrt entlang der Ostküste Afrikas an und erreichte Sofala (Moçambique).

Covilhã hatte die Routen des arabischen Dreieckshandels im Indischen Ozean und die sie bestimmenden Monsunwinde kennengelernt und schickte einen handschriftlichen Bericht über seine Erlebnisse nach Lissabon. Bei seiner Rückkehr nach Ägypten mußte er erfahren, daß sein Reisegefährte Paiva auf dem Wege nach Abessinien gestorben war. Auf Befehl Johanns II. sollte er nun den Auftrag ausführen, sich zum Reich des Priesters Johannes zu begeben, das, wie man vermutete, sich weit nach Süden, bis in die Gegend Angolas erstreckte. Covilhã kam an den Hof des Negus von Äthiopien und erfuhr eine freundliche Aufnahme und ehrenvolle Behandlung, durfte aber das Land nicht wieder verlassen.

Parallel zu den Erkundungsreisen von Covilhã und Paiva sollten die Entdeckungsfahrten an der westafrikanischen Küste weitergeführt werden. Mit dieser Aufgabe betraute der portugiesische König einen nichtadligen Ritter, Bartolomeu Dias. Im August 1487 verließen die drei Schiffe der Expedition, denen die erfahrensten Steuerleute der Westafrikafahrten zugewiesen waren, den Hafen von Lissabon. In der Nähe von Kap das Voltas (heute Diaz Point, 28 Grad 28 Minuten südlicher Breite) zwangen starke Gegenwinde die Schiffe zu einem Kurs ins offene Meer, so daß sie sich etwa dreihundert Seemeilen von der Küste entfernten. Sie gelangten in eine Zone veränderlicher Winde und konnten daraufhin die Fahrt nach Süden fortsetzen. Auf einer südlichen Breite zwischen 35 und 40 Grad bekamen sie Westwind und steuerten wieder in östlicher Richtung die Küste an. Zu ihrer Überraschung sichteten die Seefahrer kein Land. Dias ließ Kurs nach Norden nehmen, bis die Küste wieder auftauchte und die Schiffe in die Mossel Bay einliefen. Die Portugiesen hatten die Südspitze von Afrika umsegelt. Mit günstigen Winden setzte man die Fahrt an der afrikanischen Ostküste bis zum heutigen Great Fish River (33 Grad 30 Minuten südlicher Breite) fort, aber auf Verlangen des Schiffsvolks und bei dem Mangel an Proviant mußte sich Dias zur Umkehr entschließen. Jetzt entdeckte er das afrikanische Südkap, das er, wie der Chronist João de Barros in der zweiten Hälfte des 16. Jahrhunderts schrieb, »Stürmisches Kap« benannte und das von Johann II. in »Kap der Guten Hoffnung« umgetauft wurde. Aber nach einer handschriftlichen Notiz des Bartholomäus Kolumbus, der bei der Rückkehr der portugiesischen Schiffe in Lissabon im Dezember 1488 zugegen war, hat Dias selbst den Namen Kap der Guten Hoffnung gegeben. Dias hatte eine bedeutende Entdeckerleistung vollbracht. Er ist etwa zweitausenddreihundert Kilometer weiter an der afrikanischen Küste entlanggefahren, als es den Seefahrern vor ihm gelungen war. Der Seeweg nach Indien war nun geöffnet.

Seit Ende 1488 war in Lissabon die Umsegelung Afrikas bekannt, und wohl Mitte 1491 traf dort der Bericht Covilhãs über die Schiffahrt im Indischen Ozean und die Entfernung zwischen Ostafrika und Vorderindien ein. Warum zögerten die Portugiesen noch fast ein Jahrzehnt, um die Seeverbindung mit den Ursprungsländern der Gewürze herzustellen?

Neuerdings ist eine arabische Reisebeschreibung bekanntgeworden, wonach im Jahre 1495 portugiesische Schiffe auf dem Wege nach Indien bei Sofala, im Kanal von Moçambique, in einen gewaltigen Monsunsturm gerieten und untergingen. Nach dem Urteil nautischer Fachleute ist diese Nachricht durchaus glaubwürdig. Johann II. hätte also nach Abschluß des Vertrages von Tordesillas (1494), der ihm das asiatische Indien als Entdeckungszone überließ, sogleich eine Expedition ausgerüstet, um jene reichen Länder in Besitz zu nehmen. Diese Schiffskatastrophe, wie sie so häufig seemännischem Wagemut im Entdeckungszeitalter ein Ende bereitete, wäre also die Ursache dafür gewesen, daß erst dem König Emanuel I. (1495-1521), der den Beinamen »der Glückliche« führt, ohne sonderlich eigenes Verdienst zufiel, was Tatkraft und Ausdauer Heinrichs des Seefahrers und Johanns II. vorbereitet hatten.

Am 8. Juli 1497 lief schließlich eine wohlausgerüstete Flotte von vier Schiffen aus, um unter Führung Vasco da Gamas, eines Adligen am königlichen Hofe, die Seeverbindung zwischen Portugal und Indien aufzunehmen. Von den Kapverdischen Inseln nahmen die Schiffe zunächst Kurs nach Südwesten weit in den Ozean hinein und fuhren dann nach Süden weiter, bis am 4. November die Insel St. Helena in Sicht kam. Man hatte die günstigsten Windverhältnisse für die Umschiffung Afrikas herausgefunden. An der afrikanischen Ostküste verlief die Fahrt bis Melinde, nördlich von Sansibar, wo Vasco da Gama einen arabischen Steuermann an Bord nahm. Am 20. Mai 1498 ging die Flotte im Hafen von Calicut vor Anker. Es war eine merkwürdige Begegnung zwischen Okzident und Orient. Die Portugiesen erstaunten über die wunderbaren Dinge der exotischen Welt Indiens. Die Bewohner Calicuts wiederum eilten zu Tausenden nach dem Hafen und umdrängten in den Straßen die fremden, seltsamen Menschen, die Bärte und geschlossene Kleider trugen. Bald bekam man die Feindschaft der arabischen Kaufleute zu spüren. Man konnte nur wenig Gewürze eintauschen. Für die Rückfahrt nach Afrika war kein arabischer Pilot zu finden. Am 29. August segelten die Schiffe von Calicut ab, und erst am 7. Januar 1499 konnten sie im Hafen von Melinde vor Anker gehen. Krankheiten wüteten unter der Schiffsbesatzung. Nur zwei Schiffe und kaum die Hälfte der Ausgefahrenen gelangten im Sommer 1500 nach dem Hafen von Lissabon zurück.

Die Entdeckung Amerikas durch Christoph Kolumbus

Mit den Begebenheiten der portugiesischen Entdeckungen hängt aufs engste die Entstehung der Pläne für eine ost-westliche Überquerung des Atlantiks zusammen, deren Verwirklichung Kolumbus zum Entdecker Amerikas machte.

Christoph Kolumbus war Genuese, wenn es auch nicht aufgegeben wird, über das angebliche Geheimnis einer anderen Herkunft des Entdeckers zu spekulieren. Er wurde im Jahre 1451 als Sohn eines Tuchwebers und Händlers in Genua geboren und wird wie üblich eine öffentliche Schule besucht haben, wo er Lesen, Schreiben und Rechnen lernte und mit dem im Schriftverkehr üblichen Kaufmannslatein vertraut wurde. Dann trat er in die praktische Lehre ein und nahm schon in jungen Jahren an Handels- und Kaperfahrten teil, die ihm Gelegenheit gaben, Erfahrungen in der Seefahrt zu sammeln.

Entscheidend sollte für Kolumbus der Aufenthalt in Portugal werden, wo wir ihn als Handelsreisenden des Genueser Bank- und Geschäftshauses Centurione antreffen. Er fand gute Aufnahme in der genuesischen Kolonie Lissabons und vermählte sich mit Felipa Moniz Perestrello, deren Großvater aus der italienischen Stadt Piacenza stammte und im Jahre 1385 in Portugal eingewandert war. Sein Schwiegervater Bartolomeo Perestrello hatte im Auftrag Heinrichs des Seefahrers die Kolonisierung der Insel Porto Santo begonnen und dafür im Jahre 1446 die Insel als erbliches Lehen erhalten, war aber bereits 1458 gestorben. Durch seine Heirat kam Kolumbus mit einflußreichen Familien am portugiesischen Hof in Verbindung; zeitweise lebte er auf den Besitzungen seiner Schwiegereltern auf Porto Santo.

In dieser Umwelt wird Kolumbus eine gute Gelegenheit gehabt haben, sich über Fahrten und Erlebnisse portugiesischer Entdecker zu unterrichten. Las Casas hebt hervor, daß damals viele Schiffe nach Porto Santo und Madeira kamen und Nachrichten über neue Entdeckungen brachten. Die Neigung des Kolumbus für die »Dinge des Meeres und die Kosmographie« trat offen hervor, und seine Schwiegermutter, die dies bemerkte, erzählte ihm von den gleichen Neigungen ihres verstorbenen Gatten und gab ihm Aufzeichnungen, Seekarten und nautische Instrumente aus dessen Nachlaß. Aus solchen Studien und Unterhaltungen mit Seefahrern sei Kolumbus, so behauptet sein Sohn Ferdinand, zu der Überzeugung gekommen, daß westlich der Kanarischen und Kapverdischen Inseln viel Land liege, das man zu Schiff erreichen und entdecken könne. In diesem Glauben bestärkten ihn Berichte von Stücken unbekannter Holz- und Rohrarten, die von westlicher Meeresströmung auf Porto Santo und den Azoren angeschwemmt worden waren. Auch die Seekarten jener Zeit verzeichneten im westlichen Ozean verschiedene Inseln, zum Beispiel eine Insel namens Antilla und die Inseln der »Sieben Städte«. Kolumbus wird auch davon Kenntnis erhalten haben, daß einzelne portugiesische Seefahrer auf der Suche nach diesen Inseln weite Fahrten in den westlichen Atlantik unternahmen.

Auf Grund von Gerüchten über das Vorhandensein ferner Inseln im »Ozeanischen Meer«, das als Entdeckungszone Portugals beansprucht wurde, hat die portugiesische Krone in den Jahren 1462 bis 1486 eine Anzahl von Konzessionen an Privatpersonen erteilt, die zu entdeckenden Inseln als erbliches Lehen und unter Verleihung staatlicher Hoheitsrechte in

Besitz zu nehmen. Gelegentlich wird berichtet, daß solche Inselsuche im Atlantik erfolglos verlief, in anderen Fällen erfahren wir nichts über die Ergebnisse dieser Fahrten. Es ist allzu gewagt, ohne dokumentarische Beweise eine portugiesische Vorentdeckung Amerikas zu behaupten, weil vor der Kolumbusreise Entdeckungsfahrten nach Westen geplant und unternommen worden sind. Niemand hat jedenfalls eine Kunde zurückgebracht, daß er westindische Inseln oder amerikanisches Festland entdeckt habe, es sei denn, man wollte das Seemannsgarn für ernst nehmen, daß ein sterbender Steuermann als letzter Überlebender einer Schiffsbesatzung dem Kolumbus verraten haben soll, wie sie, vom Sturm abgetrieben, eine oder mehrere Inseln Indiens angelaufen hätten. Kolumbus habe so von dem Vorhandensein von Land im Westen gewußt, aber dieses Geheimnis für sich behalten.

Kolumbus ist ebenfalls mit den portugiesischen Plänen bekannt geworden, den Seeweg nach Indien durch die Umschiffung Afrikas zu suchen. Er hat, wie er schreibt, öfters an Fahrten von Lissabon nach Guinea teilgenommen und das Kastell São Jorge da Mina gesehen, das die Portugiesen an der Goldküste im Jahre 1482 errichtet hatten. In dem Bordbuch seiner ersten Reise vergleicht er Natur und Menschen auf den westindischen Inseln mit Beobachtungen, die er in Guinea gemacht hat. Sein Bruder Bartholomäus soll, wie ein Zeitgenosse berichtet, bei der kartographischen Aufnahme der von den Portugiesen jenseits von São Jorge da Mina gemachten Entdeckungen, die die weitere Ausdehnung Afrikas in südlicher und sogar in südwestlicher Richtung erwiesen, den Gedanken einer Schiffahrt nach Westen geäußert und mit ihm erörtert haben. Ob es sich bei diesen Besprechungen der Brüder nur um Entdeckungsfahrten nach Westen handelte oder ob dabei schon der Gedanke aufkam, auf der Westfahrt Indien zu erreichen, wissen wir nicht.

Das Problem, auf westlicher Fahrt über den Atlantischen Ozean die Ostküste Asiens zu erreichen, war keineswegs neu und wurde auch am portugiesischen Hofe diskutiert. Ein Lissabonner Kanonikus und Arzt, Fernão Martins, hatte sich schon vor Jahren in Florenz über Fragen der Entdeckungen mit dem Arzt Paolo del Pozzo Toscanelli unterhalten, der einen großen Ruf als Mathematiker und Kosmograph besaß und eng mit Nikolaus von Cues befreundet war. Nun befragte der Domherr im Auftrage des Königs Johann II. den Florentiner schriftlich über den kürzesten Weg nach Indien. Toscanelli begründete in seinem Antwortschreiben vom 25. Juni 1474 die Auffassung, daß der Seeweg nach Indien in westlicher Richtung kürzer sei als der, den die Portugiesen über Guinea hinaus suchten. Er fügte eine eigenhändig gezeichnete Karte bei. Eine Abschrift des Toscanelli-Briefes an den portugiesischen Domherrn ist auf dem Vorblatt eines Exemplars von Aeneas Silvius' *Historia rerum ubique gestarum* aufgefunden worden, das sich im Besitz des Kolumbus befand.

Kolumbus erfuhr von diesem Briefwechsel und korrespondierte daraufhin persönlich mit Toscanelli. Las Casas behauptet, das erste Antwortschreiben Toscanellis, in das dieser seinen früheren Brief an Fernão Martins nochmals einfügte, im lateinischen Original gesehen zu haben, und veröffentlicht dieses und ein zweites Schreiben Toscanellis in spanischer Übersetzung, in dem es heißt: »Ich habe Kenntnis genommen von Deinem hochherzigen und großartigen Plan, auf dem Wege nach Westen, den die Dir gesandte Karte anzeigt, zu den Ländern des Ostens zu segeln... Es freut mich, daß Du mich richtig verstanden hast. Die genannte Reise ist nicht nur möglich, sondern wahr und sicher und ehrenvoll, und sie vermag unberechenbaren Gewinn und höchsten Ruhm in der ganzen Christenheit zu bringen.«

Toscanelli berechnete, daß die Entfernung von Lissabon nach China über See »nahezu ein Drittel des Erdumfanges« betrage, und vergrößerte damit noch erheblich den Irrtum, den Ptolemaeus in der Schätzung der Ausdehnung des Meeres zwischen den europäischen und asiatischen Küsten begangen hatte. Kolumbus kam aus solchen Irrtümern und eigenen falschen Berechnungen zu der Annahme, daß die Entfernung zwischen Lissabon und »Cathay« (China) nur 78 Grad ausmache, während es in Wirklichkeit 229 Grad sind. Es gab damals aber katalanische und italienische Weltkarten, die viel richtiger in ihren Entfernungsangaben waren, so daß es wohl möglich gewesen wäre, Kolumbus' Angaben in Zweifel zu ziehen.

Kolumbus hielt das Vorhaben, Indien in westlicher Richtung aufzufinden, für so sicher begründet, daß es für ihn keine Bedenken hinsichtlich des Gelingens einer solchen Expedition gab. Für die Verwirklichung seiner Idee bedurfte er der staatlichen Unterstützung, und er legte im Jahre 1483 dem portugiesischen König Johann II. seinen Plan vor. Er bat den König um die Ausrüstung von einigen Karavellen und die Lieferung von Artikeln für den Tauschhandel und von Lebensmitteln für eine einjährige Reise. Als Lohn für die Mühen und Gefahren, die er zu bestehen bereit war, forderte er neben persönlichen Ehrungen die Ernennung zum Vizekönig und Gouverneur der von ihm entdeckten Inseln und Länder und den zehnten Teil von allen Einnahmen, die dem König aus den Entdeckungen zufallen würden.

Das Projekt wurde einer Kommission von Sachkennern zur Prüfung vorgelegt, aber die Behandlung der Angelegenheit zog sich durch das ganze Jahr 1484 hin, und das Ergebnis war die Ablehnung des Kolumbusplanes durch den König. Die Gründe für diesen Mißerfolg des Genuesen können wir nur vermuten. Portugiesische Geographen scheinen die Landmasse Asien für weniger ausgedehnt und das Weltmeer zwischen Europa und Asien für bedeutend größer gehalten zu haben; die wissenschaftliche Begründung von Kolumbus' Vorhaben war anfechtbar. Stimmte seine Berechnung eines Längengrades am Äquator mit nur 83,86 Kilometer? Johann II. schickte im Jahre 1485 einen seiner Astronomen in die Äquatorgegenden von Guinea, um Längenmessungen an verschiedenen Orten durchzuführen. In der Tat beträgt der Abstand eines Längengrades auf dem Äquator 111 Kilometer. Es konnte also der von den Portugiesen seit Jahren verfolgte Plan, Indien auf dem östlichen Seewege um Afrika herum zu erreichen, als sicherer und vorteilhafter erscheinen.

Außerdem mußte die Übernahme neuer und nicht absehbarer Kosten für die atlantischen Westfahrten abschrecken, denn das kleine Portugal mit seinen 1 100 000 Einwohnern hatte bereits durch die Besatzungen in den marokkanischen Plätzen und die Organisation der Westafrikafahrten schwere finanzielle Lasten zu tragen. Ferner bildeten die außergewöhnlichen persönlichen Ansprüche des Kolumbus ein Hindernis für die Annahme seines Planes. Die portugiesische Krone hatte bisher Lizenzen zur Entdeckung und Besiedlung von Atlantikinseln nur erteilt, wenn die Unternehmer sich zur Übernahme der Kosten verpflichteten. Dagegen war König Johann II. darauf bedacht, sich das Monopol für den Handel nach Westafrika und Indien zu sichern. Erreichte Kolumbus tatsächlich das Indien

Der Vertrag von Tordesillas, 1494
Die erste Seite des Dokuments in der portugiesischen Fassung
Sevilla, Archivo General de Indias

Der Kapitulationsvertrag des Kolumbus vom 17. April 1492
in einer Abschrift aus demselben Jahr
Barcelona, Archivo de la Corona de Aragón

der Gewürze und anderer Handelsreichtümer, dann konnten durch die ihm gewährten Privilegien die von der Krone erhofften Gewinne geschmälert werden. Im übrigen machte, wie der portugiesische Chronist Barros berichtet, der Genuese Christoph Kolumbus auf Johann II. den Eindruck eines »geschwätzigen und prahlerischen Menschen, der seine Fähigkeiten zeigen will und der mehr phantastisch und voller Einbildungen über seine Insel Zipangu ist, als gewiß in dem, was er sagte«. Aus diesen Gründen habe er ihm wenig Vertrauen entgegengebracht.

Im Jahre 1485 kam Christoph Kolumbus nach Spanien, um die Unterstützung der Katholischen Könige für seine Entdeckungsfahrt zu gewinnen. Durch persönliche Verbindungen und Empfehlungsbriefe erreichte er im Januar 1486 einen Empfang am Hofe. Er trug, wie es heißt, mit viel Phantasie seinen Plan vor, fand aber bei den Herrschern keinen rechten Glauben; sie versprachen jedoch, die Angelegenheit zu prüfen. Immerhin war das Interesse des Herrscherpaares geweckt. Wir wissen, daß König Ferdinand kurz darauf bei einem Valencianer Kaufmann ein Exemplar des Ptolemaeus, auf den sich Kolumbus besonders berufen hatte, bestellte und das Buch ihm im März 1486 zugesandt wurde. Aber die Katholischen Könige waren durch den Krieg gegen Granada voll in Anspruch genommen, der Plan des Kolumbus war jetzt nicht opportun. Man übertrug die Angelegenheit einer Kommission zur weiteren Prüfung, was die Entscheidung erst einmal hinausschob.

Wir kennen nicht die Zusammensetzung dieser Kommission, ihr sollen aber mehr Juristen und Theologen als Sachverständige in kosmographischen und nautischen Fragen angehört haben, was darauf hinzudeuten scheint, daß mehr die internationale Rechtslage der von Kolumbus vorgeschlagenen Fahrt zur Debatte stand als ihre wissenschaftliche Begründung. Über die Verhandlungen der Kommission sind keine Aufzeichnungen vorhanden, und alle dramatischen Schilderungen, wie Kolumbus gegen den Unverstand und die höhnische Abweisung der Räte seine Pläne verteidigte, sind Erfindungen der Phantasie. Die Beratungen zogen sich von 1486 bis 1490 hin. In dieser Zeit unterstützten die Katholischen Könige den Genuesen wohl mit gelegentlichen Geldzahlungen, doch muß seine wirtschaftliche Lage in diesen Jahren schwierig gewesen sein, wenn er auch noch einiges durch Bücherverkauf und Kartenzeichnen verdient haben mag. Mehr aber mußte das jahrelange Warten besonders einen so impulsiven und empfindlichen Menschen wie Christoph Kolumbus bedrücken und zermürben.

Und dann kam schließlich der ablehnende Bericht des Sachverständigenausschusses. Es liegt kein Quellenmaterial über die Begründung dieser Entscheidung vor. Kolumbus sah darin nur die Verständnislosigkeit, Unwissenheit und persönliche Feindschaft der Ausschußmitglieder. Die Katholischen Könige, die mit dem ablehnenden Gutachten der Kommission keineswegs alles Interesse an dem Entdeckungsplan verloren hatten, vertrösteten Kolumbus auf die Zeit nach Beendigung des Krieges gegen Granada. Doch dieser, enttäuscht und verbittert, war nun, wie es heißt, entschlossen, Spanien zu verlassen und seine Dienste dem König von Frankreich anzubieten. Er nahm im Laufe des Jahres 1491 wieder im Kloster La Rábida Aufenthalt. Den Franziskanermönchen dieses Klosters bleibt das geschichtliche Verdienst, Kolumbus festgehalten und ihm neue Hoffnungen gemacht zu haben.

Der Guardian des Klosters, Juan Pérez, vermittelte erneut am königlichen Hofe und schrieb an die Königin Isabella. Bereits vierzehn Tage später war der Bote mit dem Auftrag an Juan Pérez zurück, sich sofort zur Königin ins Feldlager von Santa Fé vor Granada zu begeben. Der Franziskanerpater folgte der Aufforderung und wird in einer Audienz der Königin den Plan des Kolumbus nochmals ausführlich dargelegt und nachdrücklich befürwortet haben. Isabella gewährte daraufhin Kolumbus eine größere Geldunterstützung und lud ihn an ihren Hof, wo er im Herbst des Jahres 1491 eintraf.

Aber noch waren viele Schwierigkeiten zu überwinden. Der entscheidende Endkampf gegen die Stadt Granada war im Gange. Man mußte in dieser Lage politische Verwicklungen vermeiden. Die Verwirklichung der Kolumbusfahrt im Auftrage der Katholischen Könige ließ ein Wiederaufleben der überseeischen Rivalitäten mit Portugal befürchten, was in dem Augenblick, da die spanischen Kräfte im Feldzug gegen Granada gebunden waren, gefährliche Rückwirkungen hätte haben können. Als dann der Krieg gegen Granada seinen siegreichen Abschluß gefunden hatte, fielen die stärksten Bedenken gegen den Kolumbusplan weg.

Aber eine andere Schwierigkeit drohte noch im letzten Augenblick alles zum Scheitern zu bringen. Die Bedingungen und Forderungen des Kolumbus erschienen der Krone unannehmbar. Dieser verlangte als Belohnung für seine zu leistenden Dienste die Erhebung in den Adelsstand, die Verleihung der Würde eines »Admirals des Ozeanischen Meeres« und die Ämter eines Generalgouverneurs und Vizekönigs für die entdeckten Länder auf Lebenszeit und für seine erstgeborenen Nachkommen, das Vorschlagsrecht für die Ernennung der Verwaltungsbeamten in den neuen Besitzungen, Mitbestimmung in den wirtschaftlichen Maßnahmen und Anspruch auf den zehnten Teil aller Einnahmen aus den zu erwartenden reichen Entdeckungen. Selbst Las Casas, der Freund und Verteidiger des Kolumbus, meint, daß man diese Forderungen »damals für sehr hoch und anmaßend hielt, wie sie es auch waren und auch heute so beurteilt werden müssen«.

Solche Zugeständnisse hätten die Herrschaft der Katholischen Könige über die erwarteten Entdeckungen zu einer losen Lehnsoberhoheit gemacht und mußten doppelt gefährlich erscheinen, da die staatlichen Hoheitsrechte in die Hände eines Ausländers übergingen. Man suchte nach Formeln für eine Kompromißlösung, aber Kolumbus blieb hartnäckig und unzugänglich und wollte nicht ein Tüpfelchen von seinen beanspruchten Würden und Rechten preisgeben. Als keine Einigung über die strittigen Fragen zu erreichen war, wurden die Verhandlungen ergebnislos abgebrochen. Noch im Januar 1492 ließen die Katholischen Könige mitteilen, Kolumbus sei verabschiedet. Ohne jede Hoffnung verließ der Genuese den königlichen Hof. Doch kaum war er zwei Meilen von Granada entfernt, da holte ihn ein königlicher Bote ein und überbrachte ihm die Aufforderung, sofort umzukehren. Die Könige nahmen ihn freundlich auf und beauftragten den Sekretär Juan de Colmoa, mit dem Pater Juan Pérez als Vertreter des Kolumbus die einzelnen Bestimmungen des Kapitulationsvertrages zu vereinbaren, der am 17. April 1492 unterzeichnet wurde. Wie war es zu diesem plötzlichen Umschwung gekommen?

Es ist nicht möglich, die einzelnen persönlichen Einwirkungen auf die spanischen Monarchen in diesen entscheidenden Tagen genauer zu verfolgen und in ihrer Bedeutung

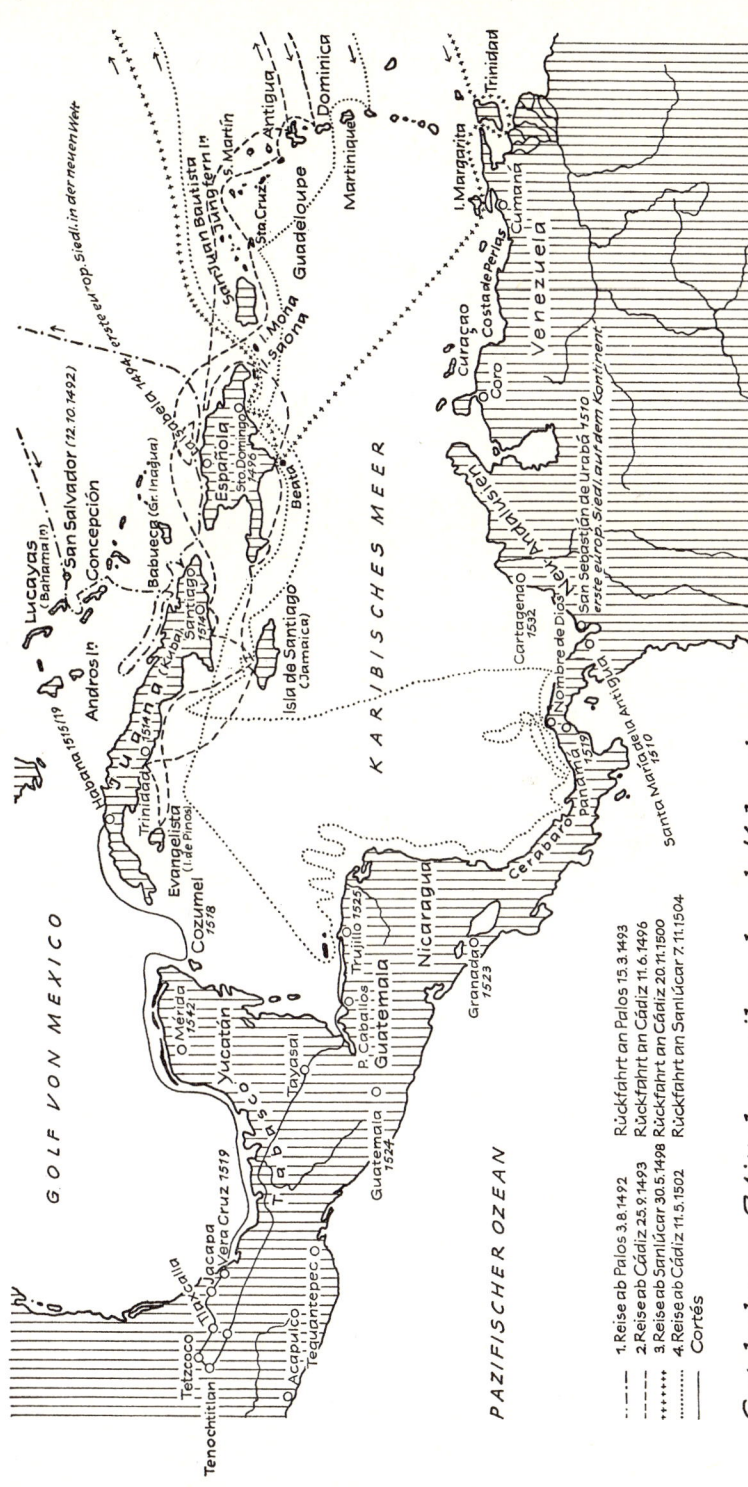

Entdeckung Mittelamerikas durch Kolumbus

- — · — · — 1. Reise ab Palos 3.8.1492
- — — — —   2. Reise ab Cádiz 25.9.1493
- ++++++++ 3. Reise ab Sanlúcar 30.5.1498
- — — —   4. Reise ab Cádiz 11.5.1502
- ········· Cortés

Rückfahrt an Palos 15.3.1493
Rückfahrt an Cádiz 11.6.1496
Rückfahrt an Cádiz 20.11.1500
Rückfahrt an Sanlúcar 7.11.1504

abzuschätzen. Die kolumbinische Tradition schreibt das Hauptverdienst dem Rechnungsführer des Hofhalts Ferdinands des Katholischen, Luis de Santángel, zu, der aus einer konvertierten Judenfamilie stammte und das besondere Vertrauen des Königs erworben hatte. Dieser Santángel soll der Königin Isabella in eindringlichen Worten vorgestellt haben, welche Vorteile sich ihr aus der Unternehmung des Kolumbus für die Erhöhung der Staatsgewalt, für den Wohlstand ihrer Reiche und auch zum Dienste an Gott und zum Nutzen der Kirche ergeben könnten, und ihr vor Augen geführt haben, welche Vorwürfe sie sich zeitlebens machen würde, wenn ein anderer König Kolumbus' Plan annehme und glücklich und erfolgreich unter Schädigung ihrer Reiche und ihres Ansehens durchführe.

Das Aufbringen der Gelder für die Ausrüstung der drei Schiffe des Kolumbus und für die Besoldung der Mannschaft war schwierig, da die königlichen Kassen nach dem Krieg gegen Granada erschöpft waren. Es wird berichtet, daß Isabella ihren Schmuck angeboten habe, um den entsprechenden Kredit zu beschaffen, aber entweder erinnerte sich die Königin nicht, daß ihr Schmuck bereits verpfändet war, oder sie besaß noch hinreichend unversetzten Schmuck. Auf jeden Fall ist die Expedition des Kolumbus nicht auf diese Weise finanziert worden. Santángel erbot sich vielmehr, die erforderliche Summe vorzustrecken, und lieh einen Betrag von 1 190 000 Maravedis (nach einer anderen Version waren es 1 400 000 Maravedis) aus den im voraus erhobenen Steuern der *Santa Hermandad*, deren Einziehung Santángel zusammen mit dem Genuesen Pinelo, einem Freund des Kolumbus, gepachtet hatte. Diese Summe sollte aus den Einkünften eines vom Papst gewährten Ablasses zurückgezahlt werden. Da aber diese Ablaßgelder bereits verausgabt waren, wurde der Kredit später von den Steuergeldern der *Santa Hermandad* abgezogen. Insgesamt waren die Kosten, mit denen Amerika entdeckt wurde, sehr gering. Sie sind auf 25 000 Goldpesetas nach dem Stand des Jahres 1914 geschätzt worden.

Als Ausgangsort der Expedition bestimmten die Katholischen Könige den Hafen Palos am Río Tinto in der Nähe von Huelva. Der Stadtrat mußte zwei geeignete Karavellen für eine Fahrt »nach gewissen Gegenden des Ozeanischen Meeres« zur Verfügung stellen. Es waren die »Pinta« und die »Niña«. Ein größeres Schiff von etwa hundertzwanzig bis zweihundert Tonnen, die »Santa María«, wurde ihrem Eigentümer, dem Basken Juan de la Cosa, abgekauft. Weit schwieriger war die Anheuerung der Schiffsmannschaft. Die Seeleute hatten kein Vertrauen zu dem unbekannten Ausländer Kolumbus. Erst als Martín Alonso Pinzón, ein reicher Bürger und erfahrener Seemann in Palos, und seine Brüder sich an der Expedition beteiligten und für sie warben und auch der Baske Juan de la Cosa als Steuermann der »Santa María« mitfuhr, fand sich die erforderliche Schiffsbesatzung zusammen. Auch Pero Vázquez, ein alter Seemann in Palos, der an Entdeckungsfahrten Heinrichs des Seefahrers teilgenommen hatte, ermunterte die Leute zu der Reise, auf der sie reiche Länder finden würden. Die meisten der etwa hundert Teilnehmer waren Andalusier, die übrigen vor allem Basken. Einige Portugiesen, ein weiterer Genuese, außer Kolumbus, und ein konvertierter Jude gehören zu den feststellbaren Namen.

Am 3. August 1492 bei Tagesanbruch lichteten die drei Schiffe im Hafen von Palos die Anker und fuhren am Kloster La Rábida vorbei durch die Mündung des Río Tinto und Odiel in das offene Meer hinaus. Die kleine Flotte schlug nicht sogleich einen westlichen

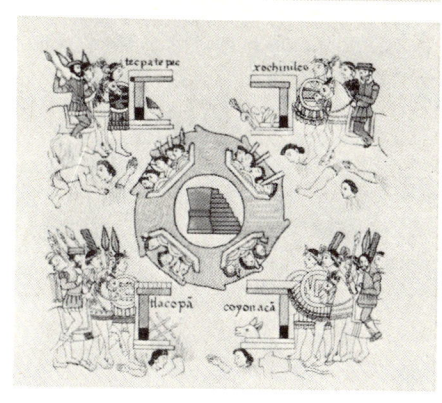

Die Eroberung Mexicos durch Hernán Cortés
Kopien nach den Zeichnungen in der im 16. Jahrhundert entstandenen
und verlorengegangenen Handschrift »Lienzo de Tlaxcala«

Gastlicher Empfang für Cortés und Marina durch die
Tlaxcalteken

Empfang des aztekischen Herrschers durch Cortés
im Palast des Axayacatl

Die Einschließung der Hauptstadt Mexico Tenochtitlan
durch mexicanische Truppen

Die tlaxcaltekischen Stammesfürsten mit ihren Gaben
vor Cortés und Marina

Angriff der Azteken auf die Spanier im brennenden
Palast des Axayacatl

Quauhtemoc, der letzte Herrscher der Azteken,
als freiwilliger Gefangener vor Cortés

Eine Seite der von Cortés an Kaiser Karl V. in den Jahren 1519–1527 gesandten Berichte
über die Eroberung von Mexico in der Handschrift eines Sekretärs
Wien, Österreichische Nationalbibliothek

Kurs in den Atlantik ein, sondern steuerte zunächst die Kanarischen Inseln an. Wenn Kolumbus von hier aus, so weit südlich, seine Westfahrt begann, werden ihn dazu die Kenntnis von den hier für Atlantikfahrten günstigen Winden und die kartographische Einzeichnung der Insel Zipangu auf dieser geographischen Breite veranlaßt haben. Die Kanarischen Inseln waren zudem der am weitesten in den Atlantik vorgeschobene spanische Stützpunkt, wo Kolumbus die Schiffsvorräte ergänzen und einige Ausbesserungsarbeiten an den Schiffen vornehmen lassen konnte.

Am 6. September ging die Fahrt von der Insel Gomera aus auf dem 28. Breitengrad nach Westen weiter. Das Wetter war günstig, die Luft mild »wie im April in Andalusien«, vermerkte Kolumbus in seinem Tagebuch. Ein ständiger Ostwind hielt die Schiffe in guter Fahrt, und erst am 22. September kam ein Gegenwind auf, den Kolumbus begrüßte, weil er die Befürchtungen seiner Leute, sie würden bei gleichbleibenden Ostwinden niemals wieder nach Spanien zurückkehren, zerstreuen konnte. Je länger man unterwegs war, um so erwartungsvoller spähten die Leute nach Land aus, doch immer wieder wurden aufsteigende Hoffnungen enttäuscht. Bange Sorge bemächtigte sich der Gemüter. Kolumbus vermerkt in seinem Tagebuch, daß die Leute zu murren begannen, und Las Casas berichtet, wie Kolumbus harte, unverschämte Worte zu hören bekam, die ihn tief betrübten, aber wie er sie geduldig überhörte und den Leuten wieder Mut zu machen wußte, indem er ihnen vorstellte, welcher Lohn ihnen bevorstünde, wenn sie noch kurze Zeit aushielten, und welche Schande sie erwartete, wenn sie jetzt in die Heimat zurückkehrten. Aus solcher Situation ist das Gerücht entstanden, es sei zu einer offenen Rebellion der Schiffsmannschaft gekommen, aber keine vorhandene Geschichtsquelle rechtfertigt eine solche Darstellung.

Am 7. Oktober änderte Kolumbus den Kurs der Schiffe von Westen nach Westsüdwesten. Hätte er die alte Fahrtrichtung weiter beibehalten, wäre er an den westindischen Inseln vorbeigesegelt und auf den amerikanischen Kontinent in der Gegend von Florida gestoßen. Am 12. Oktober 1492, um zwei Uhr nach Mitternacht, erscholl auf der voraussegelnden »Pinta« der Ruf: Licht! Land! und wie vereinbart, wurde ein Kanonenschuß ausgelöst und die Flagge gehißt. Darauf erging an die Schiffe der Befehl, die Segel einzuziehen und dicht beieinanderzubleiben, bis der anbrechende Tag eine bessere Sicht gestatte. Am Morgen fuhren die Schiffe näher an die Küste heran, und Kolumbus, Martín Alonso Pinzón und einige andere Leute setzten in einem Boot an Land. Der Admiral pflanzte das königliche Banner auf und nahm in aller Form von der Insel im Namen der Katholischen Könige Besitz. Er taufte die Insel, die die ihn erstaunt umringenden Eingeborenen Guanahani nannten, San Salvador in Dankbarkeit an den Erlöser oder in Erinnerung an die Sevillaner Kirche San Salvador. Es ist die heutige Watling-Insel der Bahama-Gruppe.

Kolumbus segelte auf südwestlichem Kurs weiter, entdeckte einige andere Inseln und traf am 28. Oktober auf die Nordküste von Kuba. Er glaubte, das asiatische Festland erreicht zu haben und im Reich des Großkhans zu sein. Auf der Weiterfahrt lief er die Insel Haiti an, die er *La Española* nannte, da sie nach Bodenbeschaffenheit und Vegetation an Landschaften Kastiliens erinnerte. An ihrer Küste lief das Hauptschiff, die »Santa María«, auf eine Sandbank auf und konnte nicht wieder flottgemacht werden. Da die beiden übrigen Schiffe nicht alle Leute aufnehmen konnten, ließ Kolumbus achtunddreißig Mann als

Besatzung des am 25. Dezember 1492 begründeten Forts Navidad, der ersten spanischen Niederlassung in der Neuen Welt, zurück. Auf der Rückreise schlug Kolumbus einen nördlicheren Kurs ein. In der Nähe der Azoren gerieten die beiden Schiffe in einen gefährlichen Sturm und wurden voneinander getrennt. Die »Niña«, auf der Kolumbus an Bord war, fand Zuflucht in einem Hafen der Azoreninsel Santa María; vor der andalusischen Küste wurde sie von einem neuen Sturm gezwungen, in die Mündung des Tejo einzulaufen, und erreichte erst am 15. März 1493 den Ausgangshafen Palos. An demselben Tage noch folgte die »Pinta« unter dem Kommando von Pinzón nach.

Ende April wurde Kolumbus am königlichen Hofe in Barcelona ehrenvoll empfangen und beauftragt, das Entdeckungswerk fortzusetzen. Am 25. September 1493 segelten die siebzehn Schiffe der zweiten Expedition von Cádiz ab. Auf der Weiterfahrt von den Kanarischen Inseln schlug Kolumbus einen etwas südlicheren Kurs als auf der ersten Reise ein und entdeckte damit den kürzesten Seeweg von Europa nach Westindien. Am 3. November, in der äußerst günstigen Fahrzeit von weniger als vier Wochen, kamen Inseln der Kleinen Antillen in Sicht. Im Frühjahr 1494 unternahm Kolumbus von der Insel La Española aus eine Expedition, deren Ziel die Auffindung der Provinz und Stadt Cathay im Lande des Großkhans war. Er entdeckte die Insel Jamaika und viele kleinere Inseln und fuhr einige Wochen an der Küste von Kuba entlang, in dem er eine Verlängerung des asiatischen Festlandes vermutete.

Am 30. Mai 1498 trat Kolumbus mit sechs Schiffen vom Hafen Sanlúcar de Barrameda seine dritte Reise an. Während er nach der Ankunft an den Kanarischen Inseln die eine Hälfte der Flotte auf der Fahrtlinie der zweiten Reise unmittelbar nach der Insel La Española schickte, fuhr er mit den übrigen drei Schiffen nach den Kapverdischen Inseln weiter, nahm von dort einen südwestlichen Kurs, der ihn an die Küste Brasiliens geführt hätte, bog dann aber auf dem 10. Breitengrad nach Westen ab und sichtete am 31. Juli eine Insel, die er als Dank an den Dreieinigen Gott Trinidad nannte. An der gegenüberliegenden Orinocomündung berührte Kolumbus als erster Europäer, ohne sich dessen bewußt zu sein, das südamerikanische Festland, an dessen Küste er bis zur Insel Margarita entlangfuhr, um von dort Kurs auf die Insel La Española zu nehmen. Auf seiner vierten Reise, die am 11. Mai 1502 von Cádiz ihren Ausgang nahm, erreichte Kolumbus das mittelamerikanische Festland am Kap Honduras, segelte an der Küste von Honduras, Nicaragua und Costa Rica entlang, ging an der Stelle vor Anker, wo sich heute die Einfahrt zum Panamakanal befindet, und dehnte die Erkundung bis in den Golf von Darién hinein aus.

Weitere spanische Entdeckungen in der westlichen Hemisphäre

Man hat sich gewöhnt, die Reisen anderer spanischer Seefahrer, die den Spuren des Kolumbus folgten und die amerikanischen Küsten weiter erkundeten, als die »kleineren Reisen« zu bezeichnen. Die bedeutendste entdeckerische Leistung in der unmittelbaren Nachfolge des Kolumbus war die Expedition von Yáñez Pinzón, der am 26. Januar 1500

Brasilien in der Nähe des Kaps Agustín erreichte und in nordwestlicher Weiterfahrt die Mündungsgebiete des Amazonas und Orinoco sichtete. Die Durchfahrt nach Indien, die man in den entdeckten Ländern einer Neuen Welt vermutete, war aber bisher nicht gefunden worden. König Ferdinand der Katholische beauftragte den hervorragenden Seefahrer Juan Díaz de Solís, die brasilianische Küste weiter nach Süden zu erkunden und das südliche Ende des amerikanischen Kontinents zu umsegeln. Solís erreichte im Februar 1516 das Mündungsgebiet des Río de la Plata, wurde aber bei einer Landung von Eingeborenen erschlagen, worauf die Expedition die Heimreise antrat. Erst im Jahre 1520 fand der Portugiese Magalhães in spanischen Diensten die südliche Durchfahrt zum Stillen Ozean.

Zu den »kleineren Entdeckern« gehört auch der Florentiner Amerigo Vespucci, dessen Reisen jedoch in der Geschichtsschreibung sehr umstritten sind. Seine im Druck erschienenen Reisebriefe sind weit verbreitet gewesen, vor allem weil sie in die »Einführung in die Kosmographie« aufgenommen wurden, die als Einleitung zu dem Kartenwerk des Gymnasialprofessors Martin Waldseemüller im Jahre 1507 erschien. In dieser »Einführung« wird vorgeschlagen, dem entdeckten vierten Weltteil nach Amerigo Vespucci den Namen Americo oder America zu geben. Nach der von Alexander von Humboldt begründeten Auffassung war Waldseemüller auch der Verfasser der »Einführung in die Kosmographie«, und diesem deutschen Gymnasialprofessor ist darum die Ehre zuteil geworden, als Taufpate der Neuen Welt zu gelten und ihr den Namen Amerika beigelegt zu haben. Neue kritische Untersuchungen sind zu dem Ergebnis gekommen, daß diese »Einführung« von dem Freund und Mitarbeiter Waldseemüllers, dem Geographen Mathias Ringmann, verfaßt worden und dieser darum der Urheber des Namens Amerika ist.

Bereits vor der Fahrt des Magalhães war der Pazifische Ozean auf dem Wege über die Landenge von Panama erreicht worden. Vasco Núñez de Balboa, der in den ersten spanischen Niederlassungen am Golf von Darién von einem großen Meer im Süden erfahren hatte, führte eine Expedition durch den dichten Urwald und über reißende Flüsse und rauhes Gebirge nach jener angegebenen Gegend. Seinen Leuten beim Aufstieg zum letzten Gebirgshang vor der Meeresküste vorauseilend, sichtete er den Ozean, warf sich auf die Knie und erhob die Arme zum Himmel. Als alle beisammen waren, wurde das *Te Deum laudamus* angestimmt. Der Amtsschreiber setzte ein Schriftstück auf, das dieses Ereignis in offizieller Form beglaubigte. Darin heißt es: »Vasco Núñez war der erste, der jenes Meer erblickte und es den Unterzeichneten zeigte.« Es folgen die Namen der siebenundsechzig Spanier, die von den hundertneunzig Teilnehmern bis zuletzt die furchtbaren Strapazen des Marsches überstanden hatten. Man schrieb den 25. September 1513. Kaum zwanzig Jahre nachdem Kolumbus die ersten Westindischen Inseln gesichtet hatte, war es den spanischen Entdeckern gelungen, den kürzesten Landweg über den amerikanischen Kontinent herauszufinden und den ersten europäischen Kontakt zwischen den Küsten des Atlantischen und des Pazifischen Ozeans herzustellen.

Es verging kein weiteres Jahrzehnt, bis die Spanier auch Mittelamerika vom Atlantik bis zum Pazifik durchquert hatten. Dies war das Ergebnis der Eroberung Mexicos, die Hernán Cortés von Kuba aus im Jahre 1519 unternahm und im Jahre 1521 beendete. Noch während der Kämpfe um die aztekische Hauptstadt erhielt der Conquistador Kunde von einem »Südmeer«, das zwölf bis vierzehn Tagereisen entfernt liegen sollte. Sogleich faßte er den Plan einer Entdeckungsfahrt in jenen Meeresteilen, von denen er glaubte, daß dort »sich viele Inseln finden müssen, die reich an Gold, Perlen, Edelsteinen und Gewürzen sind«. Aber erst mußte der Verlauf der Pazifikküste erkundet werden. Wie weit erstreckte sie sich nach Süden und Norden? Cortés ließ zunächst in südlicher Richtung die Suche nach einer mittelamerikanischen Meerenge fortsetzen. Er beauftragte seinen Unterführer Diego Ordaz, den Fluß Coatzacoalcos von seiner breiten Mündung im Golf von Mexico hinaufzufahren. Dabei stellte es sich heraus, daß es sich um keine Meeresstraße handelte, aber der Flußlauf wies in die Richtung zur pazifischen Küste. Damit war der Isthmus von Tehuantepec aufgefunden. Cortés nutzte diese schmalste Landbrücke Mexicos für seine Flottenbaupläne aus. Er begründete an der Pazifikküste die Hafenstadt Tehuantepec und verlegte dorthin die Schiffswerften.

Im Auftrage von Cortés führte im Jahre 1524 Pedro de Alvarado eine Expedition zur Erkundung der pazifischen Küste von Tehuantepec aus in südöstlicher Richtung, um die vermutete Durchfahrt nach Indien zu suchen. Er fand sie nicht, entdeckte aber Guatemala und durchzog das Gebiet von El Salvador, bis er Kontakt mit Expeditionen gewann, die Pedrarias Dávila von Panama aus nach Nicaragua entsandt hatte.

Gleichzeitig schickte Cortés einen anderen seiner Hauptleute, Cristóbal de Olid, mit einigen Schiffen aus, um in derselben Richtung an der Atlantikküste entlangzufahren und von dieser Seite her die Meeresverbindung ausfindig zu machen. Olid ging zu den Feinden des Cortés über, und dieser entschloß sich, die Expedition selbst durchzuführen. Mitte Oktober 1524 brach er von Mexico mit einem stattlichen Heereszug auf. Auf unsagbar schwierigen Märschen durch tropischen Urwald durchquerte er mit seinen Leuten die Halbinsel Yucatan bis zum Golf von Honduras, zog an der honduranischen Küste bis Trujillo weiter und unternahm von dort aus einen Vorstoß nach Nicaragua hinein. Als Entdeckungsexpedition war es ein großer Erfolg. Cortés hatte die Geheimnisse gelüftet, die über jenen zentralamerikanischen Landschaften lagen. Er hatte festgestellt, daß Yucatan nicht, wie man bisher vermutete, eine Insel, sondern ein Teil des amerikanischen Festlandes war, und er hatte in Nicaragua den Kontakt mit den Spaniern aufgenommen, die aus der Provinz Panama vorgedrungen waren. Damit war der Nachweis erbracht, daß es zwischen Mexico und Panama keine Meerenge gibt, die die Durchfahrt vom Atlantischen zum Stillen Ozean ermöglicht.

Cortés hatte sich auch bemüht, die mexicanische Atlantikküste vom Panucofluß in nördlicher Richtung nach Florida hin zu erkunden. Er plante Entdeckungsfahrten von dort an der nordamerikanischen Ostküste entlang bis zu den Neufundland-Bänken des Kabeljaufangs, »denn man hält es für sehr sicher, daß an jener Küste es eine Meerenge gibt, die in die Südsee führt.« Finde man, so schrieb er weiter dem Kaiser Karl V., jene Durchfahrt, so würde sich die Reise nach den Gewürzinseln um zwei Drittel des Weges verkürzen und viel weniger gefährlich sein. Diese Pläne hat Cortés jedoch nicht verwirklichen können.

Die Eroberung Mexicos durch Hernán Cortés hat entscheidend dazu beigetragen, die Festlandgestalt Amerikas endgültig zu erweisen. Seit Ende 1525 stand als Ergebnis der

Entdeckungsexpeditionen fest, daß die vermutete Meerenge, die Atlantik und Pazifik verbindet, ein Mythos und keine Wirklichkeit war. Der amerikanische Doppelkontinent, so mußte man einsehen, stellte eine geschlossene Landbarriere dar und ließ seine Umschiffung nur an der äußersten Südspitze zu.

Die Erkenntnis dieser geographischen Gegebenheit hat nun Cortés zu verstärkter Aktivität angetrieben, um die pazifischen Küsten Amerikas zu erforschen und in westlicher Weiterfahrt über den Ozean den Weg nach Ostasien zu finden, also den Kolumbusplan zu verwirklichen. In seinem Bericht vom 3. September 1526 konnte er dem Kaiser mitteilen, daß er drei Schiffe zu einer Erkundungsfahrt im Hafen Zacatula abfahrbereit liegen habe. Er dachte von hier aus den Weg nach den Gewürzinseln auffinden zu können. Es schien keine zu weite und schwierige Reise zu sein. Nach Erzählungen der Indianer befänden sich auf diesem Seewege Inseln, die reich an Perlen und Edelsteinen seien. Man vermutete, daß der Weg von Mexico nach den Molukken nicht weit sein könnte.

Am 31. Oktober 1527 segelte die kleine Flotte unter Saavedra Cerón nach Westen ab. Es waren drei sehr kleine Schiffe, aber sie waren in der Neuen Welt gebaut. Die erste amerikanische Flotte trat ihre Fahrt über den Stillen Ozean an. Saavedra Ceróns Molukkenfahrt war von Unglück verfolgt. Das Flaggschiff wurde im Sturm von den beiden übrigen Schiffen getrennt und blieb verschollen. Die beiden anderen Schiffe erreichten nach fast zwei Monaten die Insel Guam der Marianengruppe. Auf der Weiterfahrt traf man auf die Philippinen und landete auf der Insel Mindanao. Alvaro de Saavedra Cerón gebührt der geschichtliche Ruhm, als erster auf der Westfahrt von der Neuen Welt her den Stillen Ozean nördlich des Äquators überquert zu haben. Aber alle Versuche einer Rückfahrt scheiterten an den starken Gegenwinden. Erst Andrés de Urdaneta entdeckte im Jahre 1565 den segelgünstigen Rückweg nordwärts an der japanischen Küste entlang und in einem Bogen nach Kalifornien hin. Durch die Kombination der Segelrouten des Saavedra Cerón und des Urdaneta war es möglich geworden, eine Seeverbindung zwischen der pazifischen Küste Amerikas und dem ostasiatischen Raum herzustellen. In den Jahren 1532 bis 1539 hat Cortés noch fünf Expeditionen an der pazifischen Küste ausgerüstet. Ihre hauptsächlichen Leistungen liegen in der Entdeckung und Erkundung Kaliforniens.

Es folgte nun von Panama aus die Entdeckung der pazifischen Küste Südamerikas. Bereits Balboa hatte unbestimmte Kunde von reichen Ländern weiter im Süden erhalten, und es mehrten sich nun die Nachrichten von einem großen Reich mit befestigten Städten. Die erste Entdeckungsfahrt von Panama aus an der südamerikanischen Westküste entlang unternahm im Jahre 1522 der Baske Pascual de Andagoya. Aber der Entdecker des großen Indianerreiches Peru weiter im Süden sollte Francisco Pizarro werden. Er schloß sich für diese Unternehmung mit Diego de Almagro und Hernando de Luque zur gemeinsamen Aufbringung der Kosten zusammen. Auf der ersten Expedition, die im Herbst 1524 von Panama absegelte, gelangte Pizarro bis zum vierten nördlichen Breitengrad. Die Fahrt an der südamerikanischen Westküste entlang bereitete große Schwierigkeiten. Die Segelschiffe wurden von einer südnördlichen Meeresströmung, heute »Humboldtstrom« genannt, und von südlichen Winden aufgehalten. Der Küstenstrich, auf den sie trafen, war mit regenfeuchtem Urwald bedeckte Tropenzone. Zeitweise schienen Gewitter, Stürme und Regengüsse die kleinen Fahrzeuge zertrümmern zu wollen. Zehn Tage wurden sie auf dem Meere umhergetrieben. Dazu gingen die Lebensmittel zu Ende, und das Wasser war knapp. Schließlich legten die Spanier an der Küste an, aber die tropische Landschaft war nicht weniger feindselig und trostlos als das Meer. Die einzige Nahrung, die man fand, waren Muscheln, die man an der Küste auflas, oder Beeren und unbekannte Kräuter, deren Genuß mitunter Vergiftungserscheinungen zur Folge hatte. Pizarro schickte ein Schiff nach Panama zurück, um Lebensmittel heranzuschaffen. Entschieden lehnte er die Rückkehr der ganzen Expedition ab. Endlich, nach sechs Wochen, kam das ausgesandte Fahrzeug mit reichlichen Lebensmittelvorräten zurück. Man schiffte sich in dem Landungshafen, den man Puerto de la Hambre (Hungerhafen) getauft hatte, wieder ein und segelte bis zum Río San Juan weiter. Dann trat man die Rückfahrt an.

Auf einer zweiten Expedition, die Mitte März 1526 von Panama absegelte, gelangte Pizarro bis Punto de Pasado, etwa einem halben Grad südlicher Breite. Damit war zum erstenmal von Europäern der Äquator an der pazifischen Küste Amerikas überschritten. Man erreichte die nördlichen Grenzen des Inkareiches, die Gegenden der Herrschaft von Quito. Auf der Weiterfahrt sichtete man Túmbez, die erste Stadt von beträchtlicher Größe. Hier erhielt Pizarro nähere Nachrichten über das Inkareich. Nachdem er noch bis zum neunten Grad südlicher Breite weitergesegelt war, entschloß er sich zur Rückreise, um Verstärkungen für die Eroberung Perus zu holen. Ende Januar 1531 konnte die neue Expedition von Panama aus in See stechen, aber erst Anfang 1532 kam sie in Túmbez an. Von hier aus unternahm Pizarro mit zweiundsechzig Reitern und hundertsechs Fußsoldaten den steilen Aufstieg in das Hochland der Anden und eroberte mit dieser kleinen Schar das Großreich der Inka. Von Peru aus unternahm dann Pedro de Valdivia die Entdeckung und Eroberung Chiles.

Die Erkundung Südamerikas wurde durch Expeditionen vom Río de la Plata aus ergänzt. Einige Schiffbrüchige der Expedition des Solís, die sich auf die Insel Santa Catalina gerettet hatten, machten sich um 1525 auf die Suche nach der Sierra de la Plata, dem Silbergebirge, von dem man durch die Eingeborenen Kunde erhalten hatte. Ihr Führer war Alejo García. Er zog durch Südbrasilien, durch das Gebiet der Guaraní-Stämme, deren Sprache und Sitten er kannte, überschritt den Paraná, wanderte weiter nordwärts durch das heutige Paraguay, durchquerte mit einer wachsenden Gefolgschaft von Indianern den Chaco, erstieg das Hochland der Anden und gelangte bis in die Gegend östlich von Potosí, also in der Tat bis zum peruanischen Silbergebirge. Als erster Europäer betrat Alejo García das Inkareich. Es war einer der phantastischsten Entdeckungszüge in der Neuen Welt. Auf dem Rückweg wurde er von Indianern erschlagen.

Um einer von Brasilien drohenden portugiesischen Expansion im Río de la Plata-Gebiet zu begegnen, beauftragte Karl V. im Mai 1534 Pedro de Mendoza mit der Sicherung dieser Region. Im August 1535 verließ Mendoza Spanien mit fünfzehnhundert Mann auf elf Schiffen, der größten Expedition, die bisher nach Amerika ausgelaufen war. Am 2. Februar 1536 begründete Mendoza mit der Errichtung des Forts Puerto de Nuestra Señora de Santa María del Buen Aire die spanische Herrschaft im La Plata-Gebiet. Das Fort war auf die Dauer jedoch nicht zu halten, und 1541 verlegte Domingo Martínez de Irala den

ÜBERSEEISCHE ENTDECKUNGEN UND EROBERUNGEN

Rest der Besatzung von Buenos Aires in das 1537 gegründete Asunción, das für längere Zeit die Ausgangsbasis weiterer Entdeckungszüge wurde. Im Jahre 1547 stieß von hier aus eine Expedition unter der Führung Iralas auf der Suche nach der Sierra de la Plata durch den Chaco bis in das Hochland von Peru vor, wohin inzwischen aber schon die Leute des Francisco Pizarro gelangt waren.

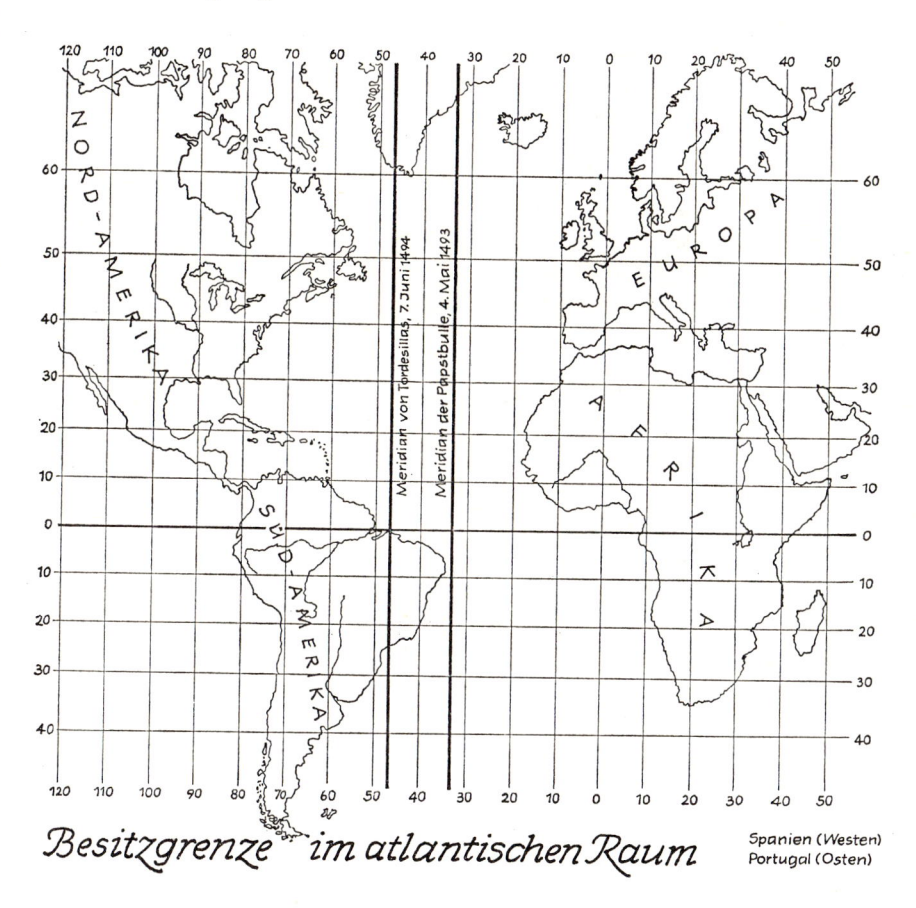

Besitzgrenze im atlantischen Raum Spanien (Westen) Portugal (Osten)

Die Entdeckung der Magellanstraße hatte den spanischen Seefahrern von Süden her die Fahrt in den Pazifik und nach den asiatischen Gewürzinseln freigegeben. Magalhães selbst war es nur vergönnt, einen Teil des weiteren Weges nach den Molukken zurückzulegen. Seine drei Schiffe fuhren zunächst die chilenische Küste hinauf und nahmen dann Kurs auf Nordwesten und schließlich auf Westnordwesten. Eine leichte, beständige Brise begünstigte die Fahrt, und die für Seeleute des Atlantik ungewöhnlich ruhige See gab den Anlaß, den unbekannten Ozean das »Stille Meer« zu nennen, ja ihm sogar den Namen »Meer der Damen« zu geben, da man selbst schwächlichen Frauen das Steuerruder anvertrauen konnte. Etwa drei Monate dauerte die Überfahrt, bis die Marianen-Inseln erreicht wurden, aber die furchtbaren Qualen des Hungers und Durstes und der Skorbut hatten die Seefahrer aufs äußerste geschwächt und elf Teilnehmern den Tod gebracht. Auf der Weiterfahrt entdeckte man die Inselgruppe der Philippinen. Bei der Landung auf der Insel Cebu wurde Magalhães am 27. April 1521 von Eingeborenen erschlagen. Ein Schiff mußte als unbrauchbar zurückgelassen werden, aber die beiden übrigen Fahrzeuge gelangten an ihr Ziel. Unter ungeheurer Freude der Besatzung landete man an der Molukken-Insel Tidore, deren einheimischer Herrscher die Spanier freundlich aufnahm und als Verbündete gegen die auf den Molukken vordringenden Portugiesen betrachtete. Aber nur das Flaggschiff »Victoria« war noch einigermaßen seetüchtig und trat unter dem Kommando von Juan Sebastián del Cano die Heimreise um das Kap der Guten Hoffnung an. Am 6. September 1522 lief es mit nur noch achtzehn Seeleuten in den Hafen von Sanlúcar ein, von dem die Expedition des Magalhães drei Jahre zuvor ausgelaufen war. Europäische Seeleute hatten zum ersten Male die Erde umsegelt.

Die Spanier in Peru haben, wie Cortés in Mexico, Fahrten in den Stillen Ozean ausgerüstet, wozu sie durch Erzählungen von Indianern über reiche Inseln im westlichen Weltmeer ermuntert wurden. Der Gouverneur Lope García de Castro organisierte eine Entdeckungsexpedition, deren Oberbefehl er seinem Neffen Alvaro de Mendaña übertrug. Dieser überquerte vom Hafen Callao aus den Pazifik, entdeckte im Jahre 1568 die Salomon-Inseln und kehrte auf einem nördlicheren Kurs nach Kalifornien zurück. Auf einer neuen Ausfahrt von Callao fand Mendaña im Jahre 1595 die Marquesas und die Inselgruppe von Santa Cruz.

In geringem Maße haben sich die Spanier um die Erkundung der Atlantikküste Nordamerikas bemüht, da diese nördlichen Gegenden als wertlos galten. Das spanische Vordringen nach Norden begann mit einer Unternehmung, die vermeintliche Insel Bimini nördlich von Kuba zu erobern; dort sollte sich der Jungbrunnen befinden, dessen Wasser dem Menschen die Jugendkraft zurückgebe. Ponce de León segelte im Jahre 1513 mit zwei Schiffen zur Entdeckung von Bimini ab und landete an der nordamerikanischen Halbinsel, die er für eine Insel hielt und der er den Namen *Florida* gab. Als er dann im Jahre 1521 mit der Kolonisation seines Inselreiches beginnen wollte, wurde er nach der Landung durch einen Indianerpfeil schwer verwundet und starb auf der Rückfahrt.

Im Jahre 1520 schickten die Oidoren, Beamte der obersten Verwaltungs- und Gerichtsbehörde *(Audiencia)* der Insel La Española, Lucas Vázquez de Ayllón und Juan Ortíz de Matienzo, zwei Schiffe aus, die die nordamerikanische Küste bis zum 37 Grad nördlicher Breite erkundeten. Die von Ayllón im Jahre 1526 versuchte Gründung von San Miguel de Guadalupe in sumpfigen Küstengegenden des heutigen North Carolina scheiterte. Auf der Karte des spanischen Kosmographen Ribero von 1529 ist diese Gegend und die von Virginia als *Tierra de Ayllón* (Ayllons Land) bezeichnet. Der Verlauf einer Fahrt, die der Portugiese Esteban Gómez Ende 1524 in spanischen Diensten von La Coruña aus unternahm, um die vermutete nordwestliche Durchfahrt zwischen Florida und Labrador zu entdecken, ist nicht näher bekannt. Die Expeditionen von Pánfilo de Narváez im Jahre 1528 und von Hernando de Soto im Jahre 1539 zur Begründung von

Niederlassungen in Florida blieben erfolglos, aber auf diesen Zügen gelangten Spanier weit ins Innere Nordamerikas und überquerten den Mississippi in der Nähe der heutigen Stadt Memphis. Erst als die Gefahren sichtbar wurden, die sich durch die Niederlassung von Franzosen und Engländern für die Sicherheit der spanischen Herrschaft im Karibischen Raum ergaben, erkannte die spanische Regierung die Notwendigkeit, an der nordamerikanischen Ostküste vorgeschobene Posten als Flankenschutz zu begründen.

Die portugiesische Ausbreitung in Amerika und Asien

Der portugiesische König hatte die Unterstützung des Kolumbusplanes abgelehnt. Nachdem aber dieser Plan im Auftrag der Krone Kastiliens verwirklicht worden war, machte er sogleich geltend, daß nach den vertraglichen Abmachungen die von Kolumbus entdeckten Inseln und Länder ihm gehörten. Die Portugiesen vertraten die Auffassung, daß die im Abkommen von Alcáçovas (1479) vereinbarte Grenzlinie, die die afrikanischen Gewässer südlich der Kanarischen Inseln als portugiesischen Schiffahrts- und Entdeckungsbereich festlegte, nach Westen in den Atlantischen Ozean hinein verlängert werden müßte, womit ganz Mittel- und Südamerika an Portugal gefallen wären. Die Katholischen Könige bestritten dagegen, daß jener Friedensvertrag der portugiesischen Krone Rechtsansprüche auch auf den westlichen Ozean gebe, und forderten nach dem Vorschlag des Kolumbus, die portugiesische und kastilische Entdeckungszone nicht durch einen Breitengrad, sondern durch einen Längengrad von Pol zu Pol zu trennen. Sie erwirkten im Jahre 1493 vier nacheinander verbesserte päpstliche Edikte, die in der spanischen Staatskanzlei aufgesetzt worden waren und alle Entdeckungen jenseits einer Meridianlinie, die hundert Meilen westlich der Azoren und der Kapverdischen Inseln verläuft, als päpstliche Schenkungen mit der Verpflichtung zur Heidenmission der Krone Kastilien übertrugen. Die Bullen von 1493 sind keine Teilung der Welt durch den Papst gewesen und überhaupt nicht durch die Initiative des Papstes Alexander VI. zustande gekommen. Diese päpstlichen Schenkungsurkunden dienten allerdings den spanischen Herrschern dazu, im Rechtsstreit mit Portugal ihren Anspruch auf Westindien in prozeßgerechter Form zu begründen.

Die Streitigkeiten, die sich aus der Kolumbusfahrt ergaben, sind durch den spanisch-portugiesischen Staatsvertrag von Tordesillas (1494) beigelegt worden. Es war eine Kompromißlösung, wobei Portugal auf seinen totalen Herrschaftsanspruch auf das westliche Weltmeer bis nach Indien hin verzichtete und dafür die Verlegung der Grenzlinie von hundert auf dreihundertsiebzig Seemeilen westlich der Kapverdischen Inseln einhandelte. Erst durch den Vertrag von Tordesillas ist eine Teilung des westlichen Ozeans, dessen Breite auf siebenhundertvierzig Seemeilen berechnet wurde, zustande gekommen, aber nicht durch die Papstbulle von 1493, die nur den westlichen Bereich Portugals im afrikanischen Meer durch die Hundert-Meilen-Zone begrenzte.

Man hat angenommen, daß der König von Portugal bald nach Abschluß des Vertrages von Tordesillas Expeditionen in den westlichen Ozean ausschickte, um die portugiesischen

Besitzungen innerhalb der ihm zugefallenen Meereshälfte zu ermitteln. So berichtet Duarte Pacheco, daß er im königlichen Auftrag 1498 eine Fahrt nach Westen unternommen habe, aber seine Angaben sind zu ungenau, um daraus eine Ankunft in den Gegenden des heutigen Brasilien zu beweisen. Nach unseren bisherigen Kenntnissen beginnt die portugiesische Geschichte in Amerika, als der Portugiese Pedro Alvares Cabral am 22. April 1500 die brasilianische Küste sichtete und am 25. April in der Bucht von Porto Seguro, heute Bahia Cabrália, an Land ging. Er nannte das entdeckte Land *Terra da Vera Cruz*, wohl im Hinblick auf das Kreuz des Südens am südlichen Sternenhimmel. War diese portugiesische Entdeckung Brasiliens ein Zufall?

Cabral war am 8. März 1500 mit einer Flotte von dreizehn Schiffen von Lissabon abgefahren, um die durch Vasco da Gama aufgefundene Seeverbindung mit Ostindien zu sichern und den Handelsverkehr mit jenen orientalischen Ländern einzurichten. Man hat zu beweisen versucht, daß Cabral zugleich beauftragt war, Entdeckungen in jenen westlichen Gegenden durchzuführen, die nach dem Vertrag von Tordesillas zum portugiesischen Herrschaftsbereich gehörten, aber keine historische Quelle bestätigt eine solche Annahme. Wahrscheinlich ist die portugiesische Entdeckung Brasiliens die unbeabsichtigte, wenn auch nicht überraschende Folge der Windverhältnisse gewesen, die die portugiesische Ostindienfahrt antraf. Das nautische Problem bei einer solchen Fahrt bestand darin, die Windstillen von Guinea und die starken südöstlichen Gegenwinde, die vom afrikanischen Südkap her wehten, zu umsegeln. Cabral griff auf seiner Fahrtroute nun noch weiter nach Westen aus, als es Bartolomeu Dias und Vasco da Gama getan hatten. Er schlug, nachdem er an den Kanarischen und Kapverdischen Inseln vorbeigefahren war, einen südsüdwestlichen Kurs ein, wie ihn Kolumbus auf seiner dritten Reise genommen hatte, aber ohne wie dieser auf dem zehnten Breitengrad nach Westen abzubiegen. Es war derselbe Seeweg, der kurz zuvor Yáñez Pinzón nach Brasilien geführt hatte. In der Tat hat Cabral die günstigste Segelstrecke nach dem Kap der Guten Hoffnung gefunden, die von der Segelschiffahrt bis in die Gegenwart beibehalten worden ist. Nur mußte Cabral erst durch Sturmschäden und den Verlust von vier Schiffen die Erfahrung machen, daß es notwendig ist, noch weiter an der brasilianischen Küste nach Süden hinabzufahren und dann erst nach Osten abzuschwenken, um ein Sturmzentrum zu umgehen und gute Westwinde anzutreffen.

Schon der Schiffssekretär Pedro Vaz de Caminha hatte in seinem Brief an König Emanuel vom 1. Mai 1500 darauf hingewiesen, daß das von ihm als Insel angesehene Land Vera Cruz, obwohl es weder Gold und Silber noch andere Kostbarkeiten aufweise, als Anlegeplatz und Etappenstation »für die Reise nach Calicut«, also für die portugiesische Ostindienfahrt, wertvoll sei. In diesem Sinne nahm der portugiesische König auch die Nachricht von den neuen westlichen Entdeckungen auf, die keinerlei Sensation hervorrufen konnte angesichts des Interesses, das seit der Reise Vasco da Gamas auf Ostindien gerichtet war. Er berichtete den Katholischen Königen über die Reise Cabrals und meinte von dem entdeckten Land Vera Cruz, das er *Santa Cruz* nannte: »Es scheint, daß unser Herr durch ein Wunder wollte, daß es aufgefunden würde, denn es ist sehr nützlich und notwendig für die Schiffahrt nach Indien.«

Wir wissen wenig über die Expeditionen nach der brasilianischen Küste in den nächsten Jahren. Es scheint, daß König Emanuel einige Schiffe zu Erkundungsfahrten ausgeschickt hat. Die Ostindienflotte unter João da Nova (1501–1502) lief wiederum die Küste Brasiliens an. Auf den portugiesischen Brasilienfahrten dieser Jahre begegnet uns auch Amerigo Vespucci. Da zunächst nicht an die Begründung von Siedlungskolonien in Brasilien gedacht war, richtete sich fürs erste das Interesse an diesen neuen Entdeckungen auf den Handel, und zwar besonders auf die Verschiffung von Brasilholz, das als rötlicher Farbstoff sehr begehrt war und seit langem aus den tropischen Gegenden Asiens bezogen wurde. Dieses Farbholz gab nun dem Land den Namen Brasilien, der bereits im Jahre 1511 belegt ist und die erste Bezeichnung Vera Cruz oder Santa Cruz verdrängte. Nur die Kirche hielt noch bis zur Mitte des 16. Jahrhunderts an dem religiös bedeutungsvollen Namen Santa Cruz fest.

Für die weitere Entdeckung Brasiliens durch die Portugiesen wurde es von Wichtigkeit, daß die Krone das Handelsmonopol für das Brasilholz in Anspruch nahm, aber nicht in der Lage war, diesen Handel auf eigenen Schiffen und in königlichen Faktoreien auszuüben. Darum verpachtete der portugiesische König den Farbholzhandel dieser neuen Kolonie im Atlantik 1502 auf zwei Jahre und dann auf weitere Jahre an einen Bürger von Lissabon, Fernão de Loronha. Für dieses Handelsgeschäft hatte Loronha jährlich viertausend Dukaten an den König zu zahlen. Er übernahm weiter die Verpflichtung, jährlich sechs Schiffe auszuschicken, um die Küste dreihundert Seemeilen weiter zu erkunden und ein Fort in dem entdeckten Gebiet zu erbauen und zu unterhalten. Die portugiesischen Farbholzhändler konzentrierten ihre Tätigkeit um Bahia und Pernambuco, und auf diese Küstengegenden blieb zunächst auch der Name Brasilien beschränkt. Aber das Eindringen ausländischer Handelskonkurrenten in die weiten und ungesicherten brasilianischen Küstenlandschaften veranlaßte die Krone zu einem unmittelbaren Eingreifen. König Johann III. beschloß die Entsendung einer starken Expedition, deren Leitung er einem vornehmen Adligen des Hofes, Martim Afonso de Sousa, übertrug. In drei Erlassen vom 20. November 1530 ernannte er Sousa zum Flottenkapitän mit weitgehenden Vollmachten und beauftragte ihn, Entdeckungsfahrten an der Küste zu unternehmen, in den entdeckten Gebieten, soweit sie nach der Demarkationslinie zur portugiesischen Eroberung gehören, Hoheitszeichen aufzurichten, im Namen des Königs dort Gouverneure einzusetzen und Richter und andere Beamte zu ernennen. Es ging jetzt um die effektive Besitznahme der neuen Entdeckungen und die Aufrichtung der portugiesischen Staatsgewalt in diesen Gebieten. Schon damals war die portugiesische Vorstellung, daß Brasilien von der Amazonas-Mündung bis zur La-Plata-Mündung reiche, die man schon erkundet hatte. Ein portugiesisches Kartenblatt des Jahres 1519 zeigt zwei portugiesische Fahnen nördlich des Amazonas und südlich des Río de la Plata, und in anderen Karten zeichnete man das Mündungsgebiet dieser beiden Ströme diesseits der imaginären Demarkationslinie von Tordesillas. Sousa gab seinem Bruder Pero Lopes den Auftrag, die Küste des heutigen Uruguay zu erkunden und in den La-Plata-Strom hineinzufahren, um an dessen Ufern portugiesische Hoheitszeichen aufzustellen.

Aber die genaue Erkundung und Besetzung des prätendierten Herrschaftsraumes in Südamerika zog sich lange hin. Das Vordringen an der brasilianischen Nordküste erfolgte erst in den letzten Jahrzehnten des 16. Jahrhunderts. Die von den Portugiesen entdeckten Gebiete Brasiliens beschränkten sich auf die Küstengegenden. Was jenseits des schmalen, kolonisierten Küstensaumes lag, war Urwald mit allen seinen Schrecken und Gefahren. Die große Westbewegung der portugiesischen Kolonisten, die zur Entdeckung des weiten Hinterlandes Brasiliens führte, setzte erst im 17. Jahrhundert ein.

Auf der Fahrtroute, die die Küste Brasiliens berührte, um das Kap der Guten Hoffnung zu umsegeln, haben die Portugiesen verschiedene Inseln im Südatlantik entdeckt. So erscheint es sicher, daß Schiffe der vierten Ostindienflotte im Mai 1502 zum ersten Male die heute brasilianische Insel Trindade gesehen haben. Der Kommandeur der achten Ostindienexpedition, Tristão da Cunha, wurde im Jahre 1506 der Entdecker der nach ihm benannten Inselgruppe. Von ihr vierhundert Seemeilen in südsüdöstlicher Richtung entfernt liegt auf dem 40. Grad südlicher Breite die Gough-Insel, deren Entdeckung portugiesischen Schiffen im Jahre 1505 zugeschrieben wird und die zunächst ihren Namen nach dem Oberpiloten der Flotte, Gonçalo Alvares, erhielt.

Die ostafrikanische Küste ist in einzelnen Abschnitten von Vasco da Gama auf seiner ersten Ostindienreise erkundet worden, die von ihm nicht berührten Küsten wurden auf den folgenden Fahrten nach Indien bekannt. Auch die Inseln, die die Küste Ostafrikas umsäumen, wurden dabei gesichtet und mit portugiesischen Namen versehen. Diogo Dias entdeckte im Jahre 1500 die Insel Madagaskar, die »Insel des heiligen Laurentius« benannt wurde; die Ostküste der Insel ist von portugiesischen Schiffen Ende 1508 abgefahren worden. Als die Portugiesen weiter in den Indischen Ozean vordrangen, waren ihre Entdeckungen nicht mehr unsicheres Suchen in unbekannten Weiten wie in der westlichen Hemisphäre, sondern die europäischen Seefahrer fanden im Orient einen bereits organisierten Schiffahrts- und Handelsverkehr vor und konnten sich für ihre Reisen arabischer und später malaiischer und chinesischer Steuerleute und arabischer Seekarten bedienen. So erklärt es sich, daß in kaum fünfzehn Jahren ihnen die asiatischen Küsten bis nach Kanton hin bekannt geworden sind.

In ihrem Bemühen, die arabische Handelskonkurrenz in Ostindien auszuschalten, erkundeten die portugiesischen Seefahrer die Küsten Arabiens. Die Insel Sokotra an der Einfahrt zum Golf von Aden wurde im Jahre 1503 von der Expedition des Vicente Sodré entdeckt, der weiter an der südarabischen Küste entlangfuhr. Affonso d'Albuquerque setzte diese Erkundungen in einem viel größeren Umfang fort, drang in den Persischen Golf ein, besetzte Ormuz und einige andere Stützpunkte und kreuzte an den nördlichen Küsten des Arabischen Meeres, bis er nach Vorderindien weiterfuhr. Portugiesische Schiffe drangen durch die Straße von Bab-el-Mandeb in das Rote Meer ein und setzten ihre Fahrt bis zu den Kamaran-Inseln fort. Der Mittelpunkt der portugiesischen Seeherrschaft in Asien wurde Goa. Von dort segelten die Schiffe an der Küste nordwärts bis nach Diu; auf der Fahrt nach Süden gelangten sie zur Insel Ceylon. Die Portugiesen besuchten auch die weit im Indischen Ozean gelegenen Inseln der Malediven, Seychellen und Maskarenen. Die Expedition des Diogo Lopes de Sequeira, an der auch Magalhães teilnahm, fuhr an Ceylon vorbei ostwärts weiter, traf auf die Nikobaren-Inseln und erreichte am 11. September 1509 Malakka, das die Portugiesen im August 1511 eroberten. In den folgenden Jahren wurden die Küsten des Golfs von Bengalen erforscht. Es heißt, daß der Seefahrer João Coelho im Jahre 1516 der erste Portugiese war, der Wasser aus dem Ganges trank. Alsbald fanden die Portugiesen auch den Zugang zu den Gewürzinseln. Im Dezember 1511 fuhr eine kleine Flotte unter dem Befehl von António de Abreu von Malakka ab, segelte an der Ostküste von Sumatra entlang und nördlich von Java und den Kleinen Sunda-Inseln vorbei bis zur Insel Wetar und bog dann nördlich nach dem Molukken-Archipel ab, bis sie die Inseln Buru, Amboina und Ceram erreichte. Ein Schiff setzte die Erkundungen dieser Inselgruppe weiter fort und legte an der Insel Ternate an. Daß die Portugiesen auf ihren Molukkenfahrten während der ersten Hälfte des 16. Jahrhunderts auch die Nordküste Australiens erreicht haben, läßt sich nicht beweisen. In Malakka trafen die Portugiesen mit chinesischen Seefahrern und Kaufleuten zusammen, aber es vergingen noch verschiedene Jahre, bis sie zu den Küsten Chinas gelangten. Erst im Jahre 1557 begründeten sie die Niederlassung Macao, die erste europäische Besitzung auf chinesischem Boden. Die erste Reise der Portugiesen nach Japan fand wahrscheinlich im Jahre 1541 statt.

Französische und englische Entdeckungen des 16. Jahrhunderts

Die Portugiesen und Spanier hatten die überseeische Welt entdeckt und sie sich gleichzeitig in Interessensphären aufgeteilt. Die anderen europäischen Völker der Atlantikküste wollten einen solchen Ausschluß von dem Befahren der Weltmeere und der kommerziellen und kolonialen Betätigung in den anderen Erdteilen nicht hinnehmen. Als erste bestritten französische Seefahrer und Kaufleute, besonders aus der Bretagne und der Normandie, einen solchen Monopolanspruch der Entdeckernationen. Sie fanden gegen hohe Bezahlung portugiesische und spanische Piloten, die ihnen die Schiffahrtswege wiesen. Kurz nach der Entdeckung Brasiliens durch Cabral gelangten französische Schiffe nach jenen Küsten Amerikas. Im Jahre 1504 lief der Franzose Paulamier de Gonneville mit seinem Schiff »L'Espoir« die brasilianische Küste an, scheiterte aber bei dem Versuch, auf der Weiterfahrt um das Kap der Guten Hoffnung Ostindien zu erreichen. Andere französische Schiffe fuhren nach den portugiesischen Gebieten in Südamerika aus, um sich an dem einträglichen Brasilholzhandel zu beteiligen. Ihre Zahl muß beträchtlich zugenommen haben, denn der König sandte von 1516 an bewaffnete Schiffe nach Brasilien, um die französischen Eindringlinge aus dem portugiesischen Hoheitsbereich zu vertreiben. In welchem Maße die französischen Seeleute an der Erkundung der brasilianischen Küstengegenden Anteil gehabt haben, läßt sich nicht feststellen.

Die französische Gefahr in Brasilien verschärfte sich noch in den folgenden Jahren. Der Franzose Villegagnon hatte dem Admiral Coligny den Plan unterbreitet, an der Küste Mittelbrasiliens eine französische Kolonie zu gründen. Coligny erreichte es in der Tat, daß König Heinrich II. mehrere Fahrzeuge für eine solche Expedition zur Verfügung stellte. Mit diesen Schiffen erschien Villegagnon im November 1555 in der Bucht von Rio de Janeiro, begründete auf einer kleinen Insel das Fort Coligny und errichtete, nachdem weitere Einwanderer nachgefolgt waren, ein zweites Siedlungszentrum auf einer anderen Insel. Verfolgte reformierte Glaubensbrüder suchten hier eine Zufluchtsstätte. Im Jahre 1560 konnte aber der portugiesische Generalgouverneur Mem de Sá mit aus Portugal herangeführten Verstärkungen den Angriff auf die Franzosen in der Bucht von Rio de Janeiro eröffnen. Das Fort Coligny und andere Plätze wurden schnell eingenommen, aber kleinere französische Siedlungen auf den Inseln und auf dem Festland behaupteten sich. Als Mem de Sá Anfang 1567 neue Verstärkungen erhalten hatte, konnte er auch diese französischen Stellungen einnehmen und zerstören.

Die Franzosen, von der brasilianischen Ostküste vertrieben, besuchten jetzt regelmäßig die Nordküste Brasiliens und unterhielten dort einen einträglichen Handel. Im Jahre 1594 begründeten Seefahrer aus Dieppe eine Niederlassung auf der Insel an der Mündung des Maranhão (Amazonas). Aus ihr ging später die französische Kolonie *France Equinoctiale* hervor.

Französische Fischerboote fuhren in den ersten Jahren des 16. Jahrhunderts nach der nordamerikanischen Küste und trieben Fischfang auf der Höhe von Neufundland und Labrador, dessen Küste eine Zeitlang »Land der Bretonen« hieß. Unter den französischen Seeunternehmern trat die Familie Ango in Dieppe hervor, die italienische Seefahrer in ihre Dienste nahm. Neben Guinea- und Brasilienfahrten organisierte sie Reisen nach Ostindien. In den Jahren 1529 bis 1530 gelangten ihre Schiffe bis Sumatra. Ango und einige andere Franzosen finanzierten die Entdeckungsreise des Venezianers Giovanni da Verrazano, der die nordamerikanische Küste von North Carolina bis Neuschottland abfuhr, um die nördliche Durchfahrt nach China zu suchen. Ein erfahrener Seemann aus St. Malo, Jacques Cartier, entdeckte auf seinen Reisen der Jahre 1534 und 1535 die Küsten Kanadas gegenüber der Anticosti-Insel und fuhr den St.-Lorenz-Strom hinauf bis in die Gegend von Montreal. In den Jahren 1541 und 1542 schickte der französische König zwei Expeditionen nach Kanada, um das Land zu erobern und zu besiedeln. Aber im Frieden von Crépy (1544) verzichtete die französische Krone auf koloniale Unternehmungen und erkannte den Rechtsanspruch der beiden iberischen Königreiche an, daß ihnen allein die entdeckten und noch zu entdeckenden Inseln und Länder Indiens gehörten.

Das französische Königtum bekundete im Zeitalter der Entdeckungen kein Verständnis und kein Interesse für die Vorgänge auf den Weltmeeren, sondern überließ die Teilnahme an den überseeischen Unternehmungen der Initiative der seefahrenden und handeltreibenden Bevölkerung der Atlantikküste. Christoph Kolumbus, so ist überliefert, wollte bei einem Scheitern seiner Verhandlungen am spanischen Königshof seinen Entdeckungsplan dem König von Frankreich vortragen, aber er hätte schwerlich dessen Unterstützung gefunden. Karl VIII. war damals mit seinen Plänen zur Eroberung Neapels beschäftigt, wozu er sich gegen entsprechende Zugeständnisse die Neutralität der spanischen Monarchie sichern wollte. Außerdem hatte er im Jahre 1485 das französische Bündnis mit Portugal erneuert. Das Kolumbusprojekt wäre ihm als eine Störung seiner politischen Pläne erschienen.

Die französische Monarchie blieb auch im 16. Jahrhundert noch allzusehr eine Mittelmeermacht, um die atlantische Wendung der Geschichte Europas gestalten zu helfen. »Frankreich kam zu spät für die ozeanische Politik« (G. A. Rein). Als Coligny sein Amt als Admiral von Frankreich benutzte, um französischen Protestanten eine neue Heimat in überseeischen Kolonien zu verschaffen, versagte die Krone ihm die Unterstützung. Wie man die brasilianische Niederlassung in Rio de Janeiro im Stich ließ, so blieb es bei Protesten des französischen Königs, als Philipp II. von Spanien im Jahre 1565 die neue hugenottische Kolonie in Florida grausam vernichten ließ. Colignys energische Förderung der ozeanischen Unternehmungen sei, so meint man, einer der Gründe zur Veranstaltung der Pariser Bartholomäusnacht von 1572 gewesen.

Kolumbus hatte seinen Bruder Bartholomäus nach England geschickt, um den König jenes Inselreiches für die Unterstützung einer Entdeckungsfahrt nach Indien zu gewinnen. Zwar behaupten Las Casas und Ferdinand Kolumbus, daß Bartholomäus nach langem Zögern schließlich einen zusagenden Bescheid am englischen Hofe erhalten habe, als sein Bruder bereits von Spanien aus die Westindischen Inseln entdeckt hatte. Andere Berichte stimmen jedoch darin überein, daß es nicht zu einer Vereinbarung mit dem englischen Monarchen gekommen ist. Wahrscheinlich hat Bartholomäus Kolumbus zwischen den Jahren 1485 und 1488 in England verhandelt und ist dann nach Spanien gekommen, wo er nach Zeugenaussagen sich für den Entdeckungsplan seines Bruders eingesetzt hat. Die Verhältnisse in England waren für eine staatliche Unterstützung maritimer Unternehmungen nicht günstig. Die Außenpolitik des ersten Tudorkönigs Heinrich VII. verfolgte das Ziel, England von den festländischen Wirren fernzuhalten, aber der gemeinsame Gegensatz zu Frankreich führte zu einem engeren Einvernehmen zwischen dem englischen und spanischen Herrscherhause durch den Vertrag von Medina del Campo (1489), der auch die Heirat der Tochter der Katholischen Könige, Katharina, mit dem englischen Thronfolger festlegte und Erleichterungen für den englischen Handel mit Spanien brachte. Unter diesen Umständen war nicht anzunehmen, daß der englische König über den Kolumbusplan sich in einen Konflikt mit den spanischen Monarchen hätte treiben lassen.

Wenn auch das Interesse der englischen Krone an den überseeischen Entdeckungen gering war, so hatten sich doch Seefahrt und Seehandel der Engländer bereits beträchtlich entfaltet. Insbesondere ist die englische Westküste mit dem Hafen Bristol die Wiege der späteren englischen Seemacht gewesen. Hier entwickelte sich auch der Typ des *adventurer*, der sein Glück auf den Meeren versuchte. Seeleute aus Bristol haben seit etwa 1480 Fahrten gen Westen unternommen, um die sagenhaften Inseln *Brasil* oder der »Sieben Städte« zu suchen. Einen sichtbaren Erfolg scheinen diese Seereisen nicht gehabt zu haben, denn die ersten tatsächlichen Entdeckungen der Engländer in Nordamerika sind mit dem Namen des Italieners Giovanni Gabotto verknüpft, der in Venedig das Bürgerrecht erhalten hatte, aber seinem Familiennamen nach wohl nicht aus Genua stammte, wie mitunter angegeben wird. Es ist umstritten, in welchem Jahr Gabotto nach Bristol kam und von dort seine erste Entdeckungsfahrt unternahm. Ein Venezianer dieses Namens, Johan Caboto geschrieben, begegnet uns in Spanien, insbesondere in Valencia, in den Jahren 1490 bis 1493, was die Vermutung bestärkt, daß Caboto aus katalanisch-valencianischen Landschaften stammt, wo dieser Name häufiger vorkommt. Ist der Valencianer Caboto mit dem Venezianer Gabotto identisch, so kann dieser nicht die Expeditionen der Bristoler vor der Entdeckung Amerikas durch Christoph Kolumbus veranlaßt und geleitet haben. Möglicherweise hat

Gabotto den Entdecker persönlich kennengelernt, als dieser im April 1493 den Katholischen Königen in Barcelona über den Verlauf seiner Reise berichtete und dort bis zum Juni blieb. Gabotto scheint mit diesen neuen Kenntnissen von den westindischen Entdeckungen sich nach England begeben und seine Dienste dem englischen König angeboten zu haben, denn der spanische Gesandte in London nennt ihn in seinem Bericht des Jahres 1498 ausdrücklich »einen anderen Genuesen als Kolumbus«, der überseeische Entdeckungsfahrten vorgeschlagen habe.

Es sind zwei Reisen Gabottos überliefert, die erste von 1496 bis 1497 und eine zweite im Jahre 1498. Auf der ersten Unternehmung entdeckte Gabotto die Südküste von Neufundland und das Mündungsgebiet des St.-Lorenz-Stromes. John Day, ein englischer Kaufmann, der Handelsreisen nach Spanien unternahm, hat einen Brief mit Zeichnung über diese Entdeckungen der Engländer im Jahre 1497 an den *Señor Almirante Mayor* in Spanien gerichtet, mit dem nur Christoph Kolumbus, der *Almirante Mayor del Mar Océano*, gemeint sein kann. Der Engländer versprach ihm weitere Neuigkeiten über englische Entdeckungsfahrten zu übermitteln und erbat dafür Nachrichten des Großadmirals über solche Entdeckungen. Dieser Brief zeigt das rege Interesse der Kaufmannschaft westeuropäischer Länder an den Entdeckungsexpeditionen und ihr Bemühen, die neuesten Ergebnisse dieser Fahrten auszukundschaften. Die zweite Reise führte Gabotto anscheinend nach der Ostküste Grönlands und über die Davis-Straße nach dem Baffin-Land und weiter an der Küste von Labrador, Neufundland und Neuschottland entlang. Es war also die Fahrtroute, die die Wikinger zur Entdeckung Amerikas geführt hatte.

Die Engländer fanden auf ihren Amerikafahrten auch die Unterstützung seetüchtiger und kundiger Portugiesen, eine Zusammenarbeit, die durch die englisch-portugiesische Allianz erleichtert wurde. Auf der zweiten Reise Gabottos fuhr der Portugiese João Fernandes mit, der als angesehener Grundbesitzer auf der Azoreninsel Terceira unter dem Beinamen *Labrador* bekannt war, von dem die größte Halbinsel Nordamerikas ihren Namen erhalten hat. Nach dem Tode Gabottos erhielten im Jahre 1501 drei Kaufleute aus Bristol und drei Portugiesen aus Terceira, darunter João Fernandes, gemeinsam Patente des englischen Königs für Entdeckungsreisen. João Fernandes hatte bereits im Jahre 1499 ein Privileg des portugiesischen Königs für Entdeckungen im westlichen Atlantik ausgestellt bekommen. In Portugal scheint nicht die Absicht bestanden zu haben, die portugiesischen Kenntnisse von atlantischen Entdeckungen vor den Engländern geheimzuhalten.

König Heinrich VIII. (1509–1547) war allzusehr mit innerpolitischen und kontinentaleuropäischen Angelegenheiten beschäftigt, um sich mit den überseeischen Entdeckungen zu befassen. Zwischen den Jahren 1517 und 1536 sind nur drei Expeditionen bekannt, die von England nach dem in Nordamerika neu aufgefundenen Land ausliefen, wobei die Suche nach einer nordwestlichen Durchfahrt nach Asien eine Rolle spielte. Unter der Regierung Eduards VI. (1547–1553) begann ein größeres öffentliches Interesse an den Seereisen sichtbar zu werden. Im Mai 1553 fuhr eine Expedition von drei Schiffen unter Leitung von Hugh Willoughby ab, um in nordöstlicher Richtung eine Durchfahrt nach Asien zu suchen. Bei der Fahrt um das Nordkap geriet Willoughby mit zwei Schiffen zu weit nach Norden und kam mit der gesamten Besatzung im Wintereis der Arktis um. Das dritte Schiff unter dem Kommando von Chancellor konnte im Hafen von Vardö überwintern und erreichte auf der Weiterfahrt im nächsten Frühjahr das Weiße Meer, wo man zum größten Erstaunen auf russische Fischerboote traf. Zar Iwan IV. lud Chancellor und einige seiner Leute nach Moskau ein, empfing die unverhofften Gäste seines Reiches freundlich und versprach in einem Schreiben an Eduard VI. die Gewährung von Handelsprivilegien an die englischen Kaufleute. Chancellor trat daraufhin mit seinem Schiff die Heimreise an. In der Fortführung der Entdeckungen im Nördlichen Eismeer gelangte der Engländer Stephen Borough im August 1556 bis zu den südlichen Inseln vor Nowaja Semlja. Erst 1580 unternahmen englische Seefahrer wiederum einen erfolglosen Versuch, die Nordostpassage aufzufinden.

In der Zeit der Königin Elisabeth verstärkten sich die Bemühungen der Engländer, in die spanisch-portugiesische Kolonialwelt einzudringen und überseeische Gebiete neu zu entdecken. Humphrey Gilbert griff wieder den Plan auf, in nordwestlicher Richtung einen Seeweg nach Ostasien und Indien zu finden. Er unterbreitete im Jahre 1566 der Königin seine Vorschläge für die »Entdeckung einer Durchfahrt nach Cathay und all den anderen reichen Teilen der Welt, die bisher noch nicht gefunden sind«. Als die Königin dieses Gesuch ablehnte, stellte Gilbert den Gedanken einer englischen Kolonialgründung an der nordamerikanischen Küste in der Nähe von Neufundland in den Vordergrund, womit sich allerdings die Suche nach der nordwestlichen Durchfahrt vorteilhaft verbinden ließ. Der königliche Freibrief vom 11. Juni 1578, den man wohl die »Magna Charta eines Größeren Britannien« nennen kann, ermächtigte ihn, Engländer in Amerika anzusiedeln.

Nach Humphrey Gilberts Tode beteiligte sich sein Stiefbruder Walter Raleigh mit einigen anderen an einer neuen Gesellschaft, die unter dem Namen *The Colleagues of the Fellowship for the Discoverie of the Northwest Passage* am 6. Februar 1584 einen Freibrief erhielt, um »die Durchfahrt nach China und den Molukken-Inseln auf nordwestlichem, nordöstlichem oder nördlichem Wege« zu erforschen. Doch bald darauf, am 25. März 1584, erlangte Raleigh einen anderen Freibrief der Königin, um innerhalb der nächsten fünf Jahre ferne Länder zu entdecken, die nicht schon von einem christlichen Fürsten in Besitz genommen oder von Christen bewohnt waren. Bereits am 27. April 1584 sandte er zwei Schiffe aus, die auf dem Wege über die Kanarischen Inseln und Westindien die nordamerikanische Küste erreichten und das Land am Pamlico Sound (North Carolina) in Besitz nahmen. Die Expedition traf Mitte September wieder in England ein und gab Raleigh einen sehr günstigen Bericht von der Beschaffenheit und den Erzeugnissen des erforschten Gebietes, das nach der jungfräulichen Königin Virginia benannt wurde.

Dann griff Raleigh einen neuen Plan auf: die Entdeckung und Eroberung eines englischen Kolonialreiches in den Tropen Südamerikas, in Guayana. Seine Hoffnung, auf der Expedition des Jahres 1595 dort das Goldland zu finden, erfüllte sich nicht, aber die Ideen und Antriebe zur Begründung eines englischen Imperiums in Übersee waren sichtbar geworden.

Wie Europäer in wenigen Jahrzehnten sich über die ihnen bisher unbekannte Erde ausgebreitet haben, wie sie mit ihren kleinen Segelschiffen die Weite der Ozeane bezwangen und mit wenigen Leuten gewaltige Reiche sich untertan machten, gehört zu den erstaunlichsten Taten, von denen die Menschheitsgeschichte zu berichten weiß. Das Neue lockte unwiderstehlich in die Ferne, und das gerade erst Erreichte wurde alsbald zurückgelassen, wenn die Hoffnung auftauchte, noch wunderbarere Dinge sehen und noch kostbarere Schätze erringen zu können. Man müßte die Fülle der einzelnen Episoden und der persönlichen Schicksale portugiesischer, spanischer und anderer europäischer Entdecker erfassen können, um die epische Größe dieses geschichtlichen Geschehens recht zu empfinden und es nicht bloß als ein Faktum zu registrieren und unwillkürlich nach den Maßstäben der technischen Leistungen unserer Zeit zu werten. Auf welche Weise nun europäische Herrschaft und abendländische Kultur sich der entdeckten Erdteile bemächtigten, wie sich unter diesen Einwirkungen Dasein und Lebensweise der außereuropäischen Völker veränderten und welche Folgen sich aus diesen Wandlungen für das alte Europa ergaben, das gestaltete fortan eine neue Weltgeschichte.

UNIVERSALGESCHICHTE
IN STICHWORTEN

NAMEN- UND SACHREGISTER

QUELLENVERZEICHNIS
DER ABBILDUNGEN

UNIVERSALGESCHICHTE IN STICHWORTEN

1418

POLITIK Paris öffnet den burgundischen Truppen unter Herzog *Johann* (47) die Tore. Deren Schreckensherrschaft fällt eine große Zahl Armagnacs mit ihrem Führer Graf *Bernhard* zum Opfer. Der Dauphin *Karl* (15) residiert als neues Haupt der *Orléans* in Bourges, während sich seine Mutter *Isabella* (47), die sich Burgund angeschlossen hat, mit dem kranken *Karl VI.* (50) in Troyes befindet. Die Hanse gibt sich ihr großes Verfassungsstatut (24.6.).

PAPSTTUM Das Konzil zu Konstanz löst sich auf, ohne die wesentlichen Reformfragen beantwortet zu haben. *Martin V.* (50) schließt Konkordate mit der englischen und der deutschen Nation und den romanischen Nationen ab und verbietet Appellationen an ein Konzil.

KUNST *Filippo Brunelleschi* (41) fertigt mit *Donatello* (32) das Modell zur Kuppel des Doms von Florenz an.

1419

POLITIK Beginn der Hussitenkriege: blutiger Aufruhr in der Prager Neustadt. König *Wenzel* von Böhmen (58) stirbt. Seinen Bruder und Erben König *Sigismund* (51) erkennt die hussitische Bewegung nicht als König von Böhmen an. Den bewaffneten Widerstand gegen *Sigismund* organisiert *Jan Zischka* (etwa 49). *Heinrich V.* (32) vollendet die Unterwerfung der Normandie durch die Eroberung von Rouen. Herzog *Johann* von Burgund (48) wird bei Montereau an der Yonne von Anhängern des Dauphin *Karl* (16) ohne dessen Wissen ermordet. Sein Sohn *Philipp II.*, *der Gute* (23), regiert bis 1467. Die portugiesischen Entdeckungsfahrten, wissenschaftlich und organisatorisch geleitet von *Heinrich dem Seefahrer* (25), Infant von Portugal, erreichen Madeira.

KULTUR Die Universität in Rostock wird gegründet.

1420

POLITIK *Sigismund* (52) läßt sich im Prager Veitsdom zum König von Böhmen krönen, kann aber die Stadt selbst nicht einnehmen. Er wird von den Hussiten am Wyschehrad geschlagen. Vertrag von Troyes zwischen *Heinrich V.* von England (33), *Philipp* von Burgund (24) und *Isabella* von Frankreich (49): *Heinrich* heiratet *Katharina* (19), die Tochter *Karls VI.* (52), und wird als dessen Nachfolger und als Regent zu seinen Lebzeiten anerkannt (21.5.).

PAPSTTUM *Martin V.* (52) ruft zum Kreuzzug gegen die Hussiten auf, die ihre Grundforderungen in den 4 Prager Artikeln formuliert haben: freie Lehre der Heiligen Schrift, Laienkelch, Besitzlosigkeit der Geistlichen, Bestrafung der Unmoral.

1421

POLITIK Niederlage *Sigismunds* (53) gegen die Hussiten bei Habern. Der böhmische Landtag in Czaslau erklärt ihn offiziell als König von Böhmen für abgesetzt. Sieg der Franzosen über ein englisches Ritterheer bei Baugé. Mailand gewinnt durch den vorübergehenden Anschluß der Republik Genua Zugang zum Meer. Der Hafen Livorno kommt an Florenz. Venedig breitet sich auf Kosten des Patriarchats Aquileja aus. Auf *Mehmed I.* (34) folgt sein Sohn *Murad II.* (20) als Herrscher der Osmanen (bis 1451).

1422

POLITIK Vernichtende Niederlage *Sigismunds* (54) durch die Hussiten unter *Zischka* bei Deutsch-Brod (6.1.). Die böhmischen Stände wählen den Jagiellonen *Sigismund Korybut* zum Landesverweser. *Heinrich V.* von England (35) stirbt. Sein Sohn und Nachfolger *Heinrich VI.* (1) wird auch zum König von Frankreich proklamiert, da *Karl VI.* (54) ebenfalls stirbt. Die Regentschaft in England übernimmt sein Onkel *Humphrey*, Herzog von Gloucester (31), in Frankreich sein Onkel *Johann*, Herzog von Bedford (33). Ihm tritt als französischer König *Karl VII.* (19) entgegen. Die Türken belagern unter *Murad II.* (21) zum erstenmal Konstantinopel.

1423

POLITIK König *Sigismund* (55) verleiht nach dem Aussterben der Askanier (1422) das Herzogtum Sachsen-Wittenberg an *Friedrich den Streitbaren* (53), Markgraf von Meißen; der Name Sachsen geht seitdem auf die Markgrafschaft über. Krieg Mailands gegen Florenz. Die kriegerischen Auseinandersetzungen in Oberitalien dauern mit Unterbrechungen bis 1454 an. Die Türken fallen in Morea ein. Saloniki unterstellt sich venezianischer Schutzherrschaft.

PAPSTTUM *Martin V.* (55) beruft entsprechend den Bestimmungen des Dekrets »Frequens« eine Synode nach Pavia und Siena ein, löst sie aber auf, als das Superioritätsdekret von 1415 erneuern will.

KULTUR *Vittorino da Feltre* (47) geht auf Einladung des *Gian Francesco Gonzaga* nach Mantua, wo er später sein humanistisches Lehrinstitut, die »Casa Giocosa«, gründet.

1424

POLITIK Zusammenschluß der Kurfürsten im Binger Kurverein gegen die hussitische Gefahr und zugleich gegen König *Sigismund* (56). Sieg der Engländer unter Herzog *Johann* von Bedford (35) über die Truppen *Karls VII.* (21) bei Verneuil. *Jakob I.* (30) wird nach 18jähriger Gefangenschaft in England König von Schottland (bis 1437).

KUNST *Lorenzo Ghiberti* (46) vollendet die zweite Bronzetür am Baptisterium zu Florenz.

1425

POLITIK Großfürst *Wasilij I.* von Moskau (54) stirbt. Die Vormundschaft für seinen Sohn *Wasilij II.* (10) übernimmt dessen Großvater *Witold*, Großfürst von Litauen (75). Höhepunkt der litauischen Macht. *Manuel II. Palaiologos* (75), Kaiser von Byzanz, resigniert über die ausbleibende Hilfe aus dem Westen gegen die Osmanen, dankt zugunsten seines Sohnes *Johannes VIII.* (34) ab.

1426

POLITIK Krieg der Hanse und Holsteins gegen König *Erich* von Dänemark (44) wegen dessen Bestreben, die deutschen Kaufleute im Ostseehandel zu benachteiligen (Sundzölle) und das Herzogtum Schleswig zu erobern; er endet 1435. Die Taboriten, die radikale Partei der Hussiten, gehen zur Offensive gegen die umliegenden deutschen Gebiete über. Niederlage eines Reichsheeres bei Aussig. Bündnis zwischen Venedig und Florenz gegen Mailand im Kampf um die Vorherrschaft in der Lombardei und der Toskana.

1427

POLITIK Sieg der Hussiten über ein Reichsheer bei Mies. Auf einem Frankfurter Reichstag wird ein Reichskriegssteuergesetz für den Hussitenkrieg erlassen. Der Sieg *Ludwigs I.*, Landgrafen von Hessen (25), über Erzbischof *Konrad* von Mainz bei Fritzlar sichert jenem die Vorherrschaft in Hessen. *Georg Brankowitsch* (52) folgt nach dem Tode seines Onkels *Stephan Lazarewitsch* als Fürst von Serbien (bis 1456) und bemüht sich gegen die vordringenden Türken um Anlehnung an den Westen.

1428

POLITIK Herzog *Philipp* von Burgund (32) zwingt Herzogin *Jakobäa* von Bayern (27), die letzte Vertreterin des niederländischen Zweiges der Wittelsbacher, ihm ihre Erblande, die Grafschaften Hennegau, Holland und Seeland, als Landvogt und Erben zu übertragen. 1436, nach *Jakobäas* Tod, werden sie dem burgundischen Staat eingegliedert. Friede von Ferrara zwischen Mailand und Venedig: Mailand tritt Brescia und Bergamo an Venedig ab.

1429

POLITIK *Philipp* von Burgund (33) erwirbt durch Kauf ein weiteres Reichslehen, die Grafschaft Namur. *Jeanne d'Arc* (etwa 18) begibt sich nach Chinon (Touraine) an den Hof *Karls VII.* (26), sammelt eine kleine Truppenschar um sich und sprengt die englische Belagerung von Orléans (7.5.). Sie führt *Karl* nach Reims, wo er zum König gesalbt wird (16.7.). Kongreß in Luck (Wolhynien) mit zahlreichen europäischen, besonders osteuropäischen Herrschern über die Hussitenfrage und den Deutschen Orden. König *Sigismund* (61) verspricht Großfürst *Witold* von Litauen (79) Hilfe beim Erwerb der Königskrone für Litauen, um Polen zu schwächen.

KUNST In Florenz Baubeginn der Pazzi-Kapelle von *Brunelleschi* (52).

1430

POLITIK Nach dem Tod zweier Vettern bringt Herzog *Philipp* von Burgund (34) die Herzogtümer Brabant und Limburg in seinen Besitz. *Jeanne d'Arc* wird vor Compiègne von burgundischen Truppen gefangen und den Engländern ausgeliefert. Durch eine Akte des englischen Parlaments wird das Wahlrecht für das Unterhaus auf Personen mit einer bestimmten Einkommenshöhe beschränkt. Großfürst *Witold* von Litauen (80) stirbt. Der vom litauischen Adel zum Nachfolger gewählte Bruder König *Wladislaws* von Polen, *Swidrigiello*, unterliegt im Kampf gegen den vom polnischen Adel gewählten *Sigismund Korybut*. Litauen sinkt zu einem Lehen Polens ab. Die Türken erobern Saloniki, Makedonien und Epirus mit der Stadt Joannina.

1431

POLITIK Ein letztes Kreuzheer unter dem Kardinallegaten *Julian Cesarini* (33) gegen die Hussiten erleidet bei Taus eine schwere Niederlage (14.8.). Der Versuch König *Sigismunds* (63), im Bunde mit Herzog *Filippo Maria Visconti* von Mailand (39) Venedig niederzuwerfen, endet mit der Niederlage Mailands. *Jeanne d'Arc* (etwa 20) wird in Rouen unter Vorsitz des Bischofs *Pierre Cauchon* (etwa 60) wegen Ketzerei zum Tode verurteilt und verbrannt (30.5.). *Heinrich VI.* (10) wird in Paris zum französischen König gekrönt. Die Portugiesen besetzen die Azoren.

PAPSTTUM Nach dem Tode *Martins V.* (63) folgt der Venezianer *Gabriele Condulmer* (48) als Papst *Eugen IV.* (bis 1447). Das noch von seinem Vorgänger einberufene 17. allgemeine Konzil in Basel fügt sich nicht der Auflösung durch den neuen Papst.

LITERATUR *Laurentius Valla* (25) »De vero bono« (1433 neubearbeitet).

1432

POLITIK Im Vertrag von Grodno wird die Union Litauens mit Polen dadurch gefestigt, daß die russischorthodoxen Adligen Litauens die Rechte des katholischen Adels erhalten.

PAPSTTUM Das Baseler Konzil erneuert unter Vorsitz des reformfreundlichen Kardinallegaten *Cesarini* (34) das Superioritätsdekret von 1415. Behandelt werden Glaubensfragen, Kirchenreform, Sicherung des Friedens und allgemeine Angelegenheiten.

KUNST Der von *Hubert* (etwa 62) und *Jan van Eyck* (etwa 42) geschaffene Altar wird in Gent dem kirchlichen Gebrauch übergeben (6.5.). *Donatello* (46), Bronzestatue des David (oder um 1435?).

1433

POLITIK *Sigismund* (65) erreicht bei Papst *Eugen IV.* (50) ein Nachgeben in der Konzilsfrage und seine Krönung zum Kaiser. Nach dem Tode König *Johanns I.* von Portugal (76) folgt dessen Sohn *Eduard I.* (42) auf den Thron.

PAPSTTUM *Eugen IV.* hebt seine Auflösungsbulle auf und erkennt die Arbeit des Baseler Konzils an. *Nikolaus von Cues* (32) legt der Versammlung seine Schrift »De concordantia catholica«, eine Verteidigung der Konzilsrechte, vor. »Prager Kompakten«: Vergleich zwischen Konzilsgesandten und den gemäßigten Hussiten (Utraquisten) mit dem Zugeständnis des Laienkelches (30.11.).

1434

POLITIK Entscheidende Niederlage der Taboriten, die die Prager Kompakten nicht anerkennen, gegen Calixtiner und Katholiken bei Lipan. Die portugiesischen Seefahrer erreichen Kap Bojador an der afrikanischen Westküste. *Cosimo de' Medici* (45) erringt, gestützt auf seinen Reichtum und das niedere Volk, die Herrschaft in Florenz. Aufstand im schwedischen Bergbaugebiet von Dalarne unter Führung *Engelbrecht Engelbrechtssons* (etwa 44) gegen König *Erich* (52). König *Wladislaw II.* von Polen (86) stirbt. Sein Sohn und Nachfolger *Wladislaw III.* (10) steht unter der Vormundschaft des Krakauer Bischofs *Zbigniew Oleśnicki.*

KUNST *Jan van Eyck* (etwa 44), Kaufherr *Giovanni Arnolfini* und seine Frau.

1435

POLITIK Friede von Wordingborg beendet den Krieg zwischen Dänemark, der Hanse und Holstein (15.7.): König *Erich* (53) bestätigt *Adolf VIII.* (34) den Besitz von Schleswig und der Hanse ihre Vorrechte im Ostseehandel. Friedenskongreß von Arras bringt keine Einigung zwischen England und Frankreich, aber Herzog *Philipp* von Burgund (39) schließt Frieden mit *Karl VII.* (32) gegen Anerkennung seiner politischen Selbständigkeit. Nach dem Tode des Herzogs von Bedford (46) wird Herzog *Richard* von York (24) englischer Regent in Frankreich. Mit dem Tode Königin *Johannas II.* (62) von Neapel aus dem Hause Anjou beginnt der Kampf um ihre Erbschaft zwischen *Alfons V.* von Aragon-Sizilien (39) und *René* von Anjou (26). Genua befreit sich von der Herrschaft Mailands.

1436

POLITIK »Iglauer Kompakten« (5.7.): Endgültiger Friedensschluß zwischen Kaiser *Sigmund* (68), Konzilsgesandten und Vertretern Böhmens. *Sigismund* zieht als König von Böhmen in Prag ein: Ende der Hussitenkriege. Die Franzosen erobern Paris zurück. Ermordung *Engelbrechtssons* (etwa 46) in einer schwedischen Adelsverschwörung.

LITERATUR *Leon Battista Alberti* (32) »Della pittura« (»Über die Malerei«).

1437

POLITIK Kaiser *Sigismund* (69) stirbt. Erbe ist der Gemahl seiner Tochter *Elisabeth* (28), der Habsburger *Albrecht V.* (40) von Österreich. In Ungarn und Böhmen wird er zum König gewählt (bis 1439). Nach der Ermordung König *Jakobs I.* von Schottland (43) folgt sein Sohn *Jakob II.* (7). König *Duarte I.* von Portugal (46) belagert vergeblich Tanger.

PAPSTTUM Bruch zwischen *Eugen IV.* (54) und dem Baseler Konzil, dessen Haltung gegenüber Rom sich zusehends versteift. *Eugen* verlegt das Konzil nach Ferrara, wohin auch seine führenden Vertreter wie *Cesarini* (39) und *Nikolaus von Cues* (36) folgen (18.9.).

1438

POLITIK Einstimmige Wahl Herzog *Albrechts* von Österreich (41) zum deutschen König *Albrecht II.* Nach *Duartes I.* (47) Tod wird sein Sohn *Alfons V.*, der Afrikaner (6), König von Portugal (bis 1481). Der Adlige *Karl Knutsson* (29) wird zum Reichsverweser von Schweden gewählt.

PAPSTTUM Auf dem Konzil in Ferrara wird über die Union mit der griechischen Kirche verhandelt. *Gemistos Plethon* trifft als Laienberater der byzantinischen Delegation in Ferrara ein. *Karl VII.* erläßt die Pragmatische Sanktion von Bourges, die die Baseler Dekrete anerkennt und dem französischen König entscheidenden Einfluß auf die französische Kirche zubilligt (7.7.).

1439

POLITIK König *Albrecht II.* (42) stirbt auf der Rückkehr von einem Feldzug gegen die Türken. Friedensverhandlungen zwischen England und Frankreich in Calais scheitern an der starren Haltung des englischen Königs, *Heinrichs VI.* (18). In Frankreich wird für die Aufstellung eines stehenden Heeres eine direkte königliche Steuer eingeführt. Die entlassenen Söldnerscharen *Karls VII.*, die »Armagnaken«, fallen ins Elsaß ein. Der dänische Reichstag setzt König

Erich (57) ab und wählt dessen Neffen, Herzog *Christoph III.* von Bayern (21), zum dänischen König (bis 1448).

PAPSTTUM Die deutschen Fürsten erkennen einige der Baseler Reformdekrete in der Mainzer Akzeptation an. Das Baseler Konzil setzt *Eugen IV.* (56) ab und wählt *Amadeus VIII.* von Savoyen (56) als *Felix V.* zum Gegenpapst. *Eugen* verlegt das Konzil von Ferrara nach Florenz, wo in Anwesenheit Kaiser *Johannes' VIII.* (48) und des Patriarchen von Konstantinopel die Union mit der griechischen Kirche geschlossen wird. Erzbischof *Bessarion* von Nikaia, Teilnehmer des Unionskonzils, tritt zur römischen Kirche über und wird von Papst *Eugen IV.* zum Kardinal erhoben.

1440

POLITIK Herzog *Friedrich V.* von Steiermark (25), das Haupt des Hauses Habsburg, wird zum deutschen König *Friedrich III.* gewählt (bis 1493). *Ladislaus Postumus*, nach dem Tode seines Vaters *Albrecht* geboren, wird als Herzog von Österreich anerkannt, auch zum König von Ungarn gekrönt. Eine Adelsopposition krönt *Wladislaw III.* von Polen (16) zum König von Ungarn. In Böhmen tritt *Ladislaus* und dessen Vormund *Friedrich III.* der Führer der nationaltschechischen Partei, *Georg Podiebrad* (20), entgegen. Im »Preußischen Bund« schließen sich Adel und Städte gegen die Ordensherrschaft zusammen. *Karl VII.* (37) muß eine Verschwörung der französischen Großen mit dem Dauphin *Ludwig* (17), die »Praguerie«, niederwerfen. Sieg des Bundes Venedig-Florenz-Genua bei Anghiari in dem aufs neue ausgebrochenen Krieg gegen Mailand.

KULTUR *Laurentius Valla* (34) greift mit dem Nachweis, die sogenannte Konstantinische Schenkung sei gefälscht, die weltliche Herrschaft des Papstes an. *Heinrich VI.* von England gründet das College zu Eton und das King's College der Universität Cambridge.

1441

POLITIK Der Friede von Kopenhagen beendet den seit 1430 zwischen der Hanse und Holland geführten Kaperkrieg: Die Hanse kann das Eindringen der Holländer in den Ostseehandel nicht verhindern. Die Portugiesen erreichen Kap Blanco an der Westküste Afrikas. Großfürst *Wasilij II.* von Moskau (26) verweigert seine Zustimmung für die von seinem Metropoliten *Isidor* mitunterzeichnete Florentiner Union mit der römischen Kirche. König *Christoph* von Dänemark (23) wird in Schweden anerkannt.

1442

POLITIK Auf dem Frankfurter Reichstag wird die »Reformation« *Friedrichs III.* (27) zur Einschränkung der Fehde erlassen. *Alfons V.* von Aragon und Sizilien (46) beendet mit der Eroberung Neapels den Kampf um das Königreich gegen *René* von Anjou (33). Er wird von Papst *Eugen IV.* (59) belehnt und residiert fortan in Neapel, während er seinem Bruder *Johann* (45) die Regentschaft in Aragon überträgt. *Christoph* von Dänemark (24) wird auch in Norwegen als König anerkannt.

KULTUR *Enea Silvio Piccolomini* (37), von *Friedrich III.* in seine Kanzlei berufen, wird vom König zum »poeta laureatus« gekrönt — es ist die erste Dichterkrönung in Deutschland.

1443

POLITIK *Friedrich III.* (28) kämpft gemeinsam mit Zürich gegen die übrigen Eidgenossen unter der Führung von Schwyz, um deren Streit zur Rückgewinnung des Aargaues für Habsburg zu nutzen. Auf seine Bitte hin schickt ihm *Karl VII.* (40) die Armagnaken zur Hilfe. Sieg eines Kreuzfahrerheeres unter dem ungarischen Heerführer *Johann Hunyadi* (etwa 58) bei Nisch über die Türken. *Georg Kastriota*, genannt *Skanderbeg* (38), setzt sich in den albanischen Bergen fest und kämpft gegen die Türken.

PAPSTTUM *Eugen IV.* (60) kehrt nach Beseitigung der chaotischen Republik in Rom nach dort zurück und führt das Konzil von Florenz nach Rom.

LITERATUR *Leon Battista Alberti* (39) »Della famiglia« (»Über die Familie«). *Laurentius Valla* (37) »De libero arbitrio« (Dialog über die Entscheidungsfreiheit des Menschen).

1444

POLITIK Die Armagnaken schlagen die Eidgenossen bei St. Jakob an der Birs, lassen sich aber zum Friedensschluß bewegen und ziehen ins Elsaß. *Friedrichs III.* (29) Versuch, den Aargau zurückzuerobern, ist gescheitert. Die »Soester Fehde« zwischen Herzog *Adolf I.* von Kleve (71) und *Dietrich von Mörs*, Erzbischof von Köln, endet 1449 mit dem Sieg Kleves, dem sich das bisher kölnische Soest anschließt. Die vernichtende Niederlage eines christlichen Heeres unter *Wladislaw* von Polen und Ungarn (20), *Johann Hunyadi* (etwa 59) und Kardinal *Cesarini* (46) bei Varna öffnet den Türken endgültig den Weg auf den Balkan (10.11.). *Ladislaus* (4) wird als König von Ungarn anerkannt.

1445

POLITIK *Karl VII.* (42) beginnt seine Heeresreform mit der Aufstellung von regelmäßig besoldeten berittenen Ordonnanzkompanien. Portugiesische Seefahrer erreichen Kap Verde.

PAPSTTUM *Friedrich III.* (30) erkennt *Eugen IV.* (62) gegen kirchliche Zugeständnisse in seinen österreichischen Erblanden an.

KULTUR Baubeginn des Chors von St. Lorenz zu Nürnberg.

1446

POLITIK Gründung eines gegen die Fürsten gerichteten süddeutschen Städtebundes unter Führung von

Nürnberg, Ulm, Augsburg und Eßlingen. Die ungarischen Stände wählen *Johann Hunyadi* (etwa 61) zum Reichsverweser für den minderjährigen König *Ladislaus* (6). *Murad II.* (45) unterwirft das byzantinische Despotat Morea.

PAPSTTUM *Eugen IV.* bannt die Führer der auf der Seite des Baseler Konzils stehenden Fürstenopposition, Erzbischof *Dietrich* von Köln und Erzbischof *Jakob* von Trier (etwa 46). Das Konzil in Basel bestätigt die von Abt *Johann von Hagen* begründete Bursfelder Kongregation.

1447

POLITIK Herzog *Philipp* von Burgund (51) bemüht sich vergeblich bei *Friedrich III.* (32) um die Verleihung des Königstitels. Nach dem Tode Herzog *Humphreys* von Gloucester (56) gilt *Richard von York* (36) als erster Kronprätendent, da *Heinrich VI.* (26) noch kinderlos ist. Ausrufung der Republik in Mailand nach dem Aussterben der *Visconti* mit dem Tode *Filippo Marias* (55). *Kasimir IV.* (20), bereits seit 1440 Großfürst von Litauen, wird König von Polen.

PAPSTTUM *Eugen IV.* (64) einigt sich in den Fürstenkonkordaten mit den deutschen Fürsten. Nach *Eugens* Tod folgt Kardinal *Tommaso Parentucelli* (50) als *Nikolaus V.* (bis 1455).

KULTUR *Johannes Gutenberg* (etwa 48) druckt zu Mainz mit beweglichen Lettern einen Kalender, das älteste Druckwerk, nach dem neuen Verfahren.

1448

POLITIK Kurfürst *Friedrich II.* (35) von Brandenburg unterwirft Berlin-Cölln der landesherrlichen Gewalt. Beginn des Krieges zwischen dem Markgrafen von Ansbach, *Albrecht Achilles von Zollern* (34), und der Reichsstadt Nürnberg, die sich in dem 1453 beendeten Kampf erfolgreich gegen *Albrecht* behauptet. *Karl VII.* (45) organisiert die französische Infanterie. Sieg *Murads II.* (47) bei Kosovo (Amselfeld) über ein ungarisches Heer. *Konstantin XI.* (43) folgt nach dem Tode seines Bruders *Johannes VIII.* (57) als Kaiser von Byzanz. *Christian I.*, Graf von Oldenburg (22), wird nach dem Tode *Christophs III.* (30) König von Dänemark. In Schweden wird *Karl VIII. Knutsson* (39) gewählt.

PAPSTTUM *Friedrich III.* (33) und *Nikolaus V.* (51) schließen das »Wiener Konkordat« für die deutsche Nation ab (17.2.). Das Baseler Konzil wechselt nach Lausanne über.

KULTUR *Regiomontanus* (12), seit einem Jahr Student in Leipzig, berechnet ein astronomisches Jahrbuch.

1449

POLITIK *Karl VII.* (46) von Frankreich erobert nach dem Wiederbeginn der Kämpfe gegen England Rouen. Vertrag zwischen den Großfürstentümern Litauen und Moskau bestätigt die Grenze zwischen den beiden rivalisierenden Mächten in Osteuropa.

PAPSTTUM *Felix V.* (66) tritt zurück. Das Konzil in Lausanne erkennt *Nikolaus V.* (52) an und löst sich auf. Ende der Konzilsperiode.

1450

POLITIK Beginn der »Münsterischen Stiftsfehde«, aus der bei deren Ende 1457 das Herzogtum Kleve wiederum gegenüber Erzbischof *Dietrich* von Köln gestärkt hervorgeht. *Karl VII.* (47) erobert die ganze Normandie. Der für den englischen Verlust verantwortlich gemachte Günstling *Heinrichs VI.*, *Suffolk* (54), wird ermordet. An seine Stelle tritt *Edmund Beaufort*, Herzog von Somerset (51), als Kronprätendent ein Konkurrent *Richards von York* (39). Erfolgloser Bauernaufstand in Kent und Sussex unter *Jack Cade*. Der Condottiere *Francesco Sforza* (49) ergreift die Herrschaft über Mailand und läßt sich zum Herzog wählen.

PAPSTTUM Kardinal *Nikolaus von Cues* (49), zum Bischof von Brixen ernannt, reist als päpstlicher Legat durch das Reich und predigt die kirchliche Erneuerung.

1451

POLITIK Herzog *Philipp* von Burgund (55) gliedert nach dem Tode *Elisabeths* von Görlitz das ihm von ihr übertragene Herzogtum Luxemburg seinen Landen an. Das Stift St. Gallen tritt der Eidgenossenschaft bei. Französische Truppen unter *Dunois* (etwa 48) erobern Bordeaux und Bayonne. Der Großkaufmann *Jacques Coeur* (etwa 51), Mitglied des französischen Kronrates und Verwalter der staatlichen Finanzen, wird vom Adel gestürzt, seines riesigen Vermögens enteignet und verbannt. *Murad II.* (50) stirbt. Es folgt sein Sohn *Mehmed II.*, der Eroberer (22).

1452

POLITIK *Friedrich III.* (37) wird von *Nikolaus V.* (55) zum Kaiser gekrönt; letzte Kaiserkrönung in Rom. *Georg Podiebrad* (32) läßt sich auf einem Prager Landtag zum Verweser des Königreichs Böhmen wählen. *Johann Hunyadi* (etwa 67) tritt als Reichsverweser von Ungarn zurück, *Ladislaus* (12) wird selbst die Herrschaft übertragen. *Friedrich III.* verleiht den Markgrafen von Ferrara, Modena und Reggio, dem Haus Este, die Herzogswürde für Modena und Reggio.

KULTUR *Johannes Gutenberg* (etwa 53) beginnt in Mainz den Druck der 42zeiligen Bibel.

KUNST *Lorenzo Ghiberti* (74) vollendet die dritte Bronzetür (»Paradiesestür«) am Baptisterium zu Florenz.

LITERATUR *Leon Battista Alberti* (48) »De re aedificatoria« (»Über die Baukunst«).

1453

POLITIK *Ladislaus* (13) wird, nachdem er die Statthalterschaft *Podiebrads*, des tatsächlichen Herrschers von Böhmen, verlängert hat, in Prag zum König gekrönt. In der Schlacht bei Castillon schlagen die Franzosen die englischen Truppen unter *Talbot* (69). Guyenne ist ganz in französischer Hand, England behält als einzigen Festlandsbesitz Calais. *Alvaro de Luna* (etwa 65), Konnetabel von Kastilien, Günstling König *Johanns II.* (48) und eigentlicher Regent, wird vom Adel gestürzt. *Mehmed II.* (24) belagert und erobert mit großer Übermacht das sich heldenhaft verteidigende Konstantinopel. Kaiser *Konstantin XI.* (48) fällt.

KULTUR *Poggio Bracciolini* (73) wird Kanzler von Florenz; er arbeitet an einer Geschichte der Stadt.

LITERATUR *Nikolaus von Cues* (52), »De pace fidei«.

KUNST *Donatello* (67), Reiterstandbild des *Gattamelata*.

1454

POLITIK Der »Preußische Bund« sagt dem Deutschen Orden den Gehorsam auf und erkennt die Oberhoheit König *Kasimirs IV.* (27) von Polen an. In dem sich bis 1466 hinziehenden Kampf siegt der Orden zunächst in der Schlacht bei Konitz über Polen. Die Stadt St. Gallen tritt als zugewandter Ort der Eidgenossenschaft bei. Der Friede von Lodi zwischen Mailand und Venedig, dem sich auch Florenz anschließt, beendet die Kämpfe in der Lombardei und Toskana. *Mehmed II.* (25) läßt in Konstantinopel einen neuen Patriarchen, *Gennadios*, einsetzen, der die Union mit Rom widerruft.

1455

POLITIK *Richard von York* (44), im Vorjahr zum Reichsprotektor für den kranken König *Heinrich VI.* (34) ernannt, verdrängt *Somerset*. Beginn der »Rosenkriege« zwischen den Häusern *Lancaster* (mit dem Zeichen einer roten Rose) und *York* (weiße Rose), die bis 1485 andauern. *Somerset*, der Führer der *Lancaster*-Partei, wird bei St. Albans geschlagen und getötet.

PAPSTTUM *Nikolaus V.* (58) stirbt. Es folgt der spanische Kardinal *Alonso de Borja* (77) als *Calixtus III.* (bis 1458).

1456

POLITIK *Heinrich VI.* (35) von England übernimmt wieder formell die Regierung. Vernichtende Niederlage einer türkischen Übermacht bei Belgrad gegen ein christliches Heer unter Führung von *Johann Hunyadi* (etwa 71) und *Johannes Capistranus* (70), eines der größten Wanderprediger seiner Zeit. Beide sterben nach dem Sieg an der Pest.

PAPSTTUM *Calixtus III.* (78) erläßt seine Kreuzzugsbulle gegen die Türken.

KULTUR Gründung der Universität zu Greifswald durch die Bürgerschaft.

KUNST Nach *Leon Battista Albertis* (52) Entwurf Baubeginn der Fassade von Sta. Maria Novella in Florenz.

1457

POLITIK *Kasimir IV.* von Polen (30) zieht in die mit ihm verbündete Stadt Danzig ein und besetzt die Marienburg. Neuer Sitz des Hochmeisters wird Königsberg. *Stephan III. der Große* (etwa 22) wird Fürst der Moldau (bis 1504). *Christian I.* von Dänemark (31) wird in Uppsala zum König von Schweden gekrönt, *Karl VIII.* (48) flieht vor ihm.

KULTUR Herzog *Albrecht VI.* von Österreich stiftet die Universität zu Freiburg im Breisgau (21.9.).

1458

POLITIK Nach *Ladislaus' Postumus* Tod (1457) erhält Kaiser *Friedrich III.* (43) Niederösterreich mit Wien und sein Bruder *Albrecht VI.* (40) Oberösterreich. Die böhmischen Stände wählen *Georg Podiebrad* (38) zum König von Böhmen. Ungarischer König wird *Matthias Hunyadi*, genannt *Corvinus* (15), der Sohn *Johann Hunyadis*. *Alfons V.* (62), König von Aragon und Sizilien und Neapel, stirbt. Nachfolger in Aragon und Sizilien wird sein Bruder *Johann II.* (61), zugleich König von Navarra, und in Neapel sein Sohn *Ferdinand I.* (35). *Mehmed der Eroberer* (29) unterwirft die letzten christlichen Herrschaften in Griechenland mit Ausnahme der venezianischen Küstenplätze.

PAPSTTUM *Calixtus III.* (80) stirbt. Nachfolger wird Kardinal *Enea Silvio de' Piccolomini* (53) als *Pius II.* (bis 1464).

1459

POLITIK Kaiser *Friedrich III.* (44) wird von einem Teil des ungarischen Adels zum König gewählt, kann sich aber nicht gegen *Matthias* (16) durchsetzen. *Muhammad II.* (30) unterwirft Serbien.

PAPSTTUM Auf dem Fürstenkongreß von Mantua erreicht *Pius II.* (54) gegen Widerstände die Zustimmung der Fürsten zu einem Kreuzzug gegen die Türken.

KULTUR In Florenz wird unter *Cosimo de' Medici* (70) eine Platonische Akademie gegründet. Die deutschen Steinmetzen beschließen in Regensburg eine Hüttenordnung für alle Berufsangehörigen »in duetschen landen« nach dem Muster der Straßburger Bauhütte.

1460

POLITIK Die Eidgenossen erobern von den Habsburgern den Thurgau. Nach Herzog *Adolfs VIII.* Tod (1459) wählen die Stände Schleswigs und Holsteins König *Christian I.* von Dänemark (34) zum Nachfolger. Die *York* siegen bei Northampton über die *Lancaster*. *Richard von York* (49) wird als Nachfolger *Heinrichs VI.* (39) anerkannt. Königin *Margarete* (31) und die *Lancaster* besiegen und töten *Richard* bei Wakefield. Die Interessen der *York* vertritt der »Königsmacher« *Richard Neville* (32), Graf von Warwick, der *Richards* Sohn *Eduard* (18) unterstützt. *Jakob II.* von Schottland (30) stirbt. Nachfolger ist sein Sohn

Jakob III. (9). *Mehmed II.* (31) bricht den letzten Widerstand in Morea.

PAPSTTUM *Pius' II.* (55) Bulle »Execrabilis« verbietet unter Strafe jede Appellation an ein allgemeines Konzil.

1461

POLITIK Kampf zwischen Kaiser *Friedrich III.* (46) und seinem Bruder Erzherzog *Albrecht VI.* von Österreich (43) um den habsburgischen Besitz, endet mit *Albrechts* Tod 1463. *Eduard IV.* (19) wird von der York-Partei zum König proklamiert und siegt bei Towton entscheidend über seine Gegner. König *Heinrich VI.* (40) und Königin *Margarete* (32) fliehen nach Schottland. *Karl VII.* (58) stirbt, französischer König wird sein Sohn *Ludwig XI.* (38). Krieg *Johanns II.* (64) von Aragon im Bunde mit *Ludwig XI.* gegen die aufständischen Katalanen, endet 1472. *Ludwig XI.* erhält für die Hilfe Roussillon und Cerdagne.

PAPSTTUM *Pius II.* (56) erreicht bei *Ludwig XI.* die vorübergehende Aufhebung der Sanktion von Bourges.

1462

POLITIK Kurfürst *Adolf II.*, Erzbischof von Mainz, unterwirft die freie Stadt Mainz (4.7.). Der Sieg *Friedrichs I.*, des *Siegreichen*, von der Pfalz (37) über seine Gegner, besonders Baden und Württemberg, sichert seiner Herrschaft die Vormachtstellung am Oberrhein. Lyon erhält durch Ordonnanz *Ludwigs XI.* (20.10.) das Privileg, jährlich vier Messen abzuhalten; den Schaden hat Genf. Die Niederlage Markgraf *Albrecht Achilles'* (48) bei Giengen gegen Herzog *Ludwig IX., den Reichen* (45), von Bayern-Landshut bedeutet das Scheitern seines Versuchs, ein geschlossenes fränkisches Territorium zu bilden. Bauernunruhen im salzburgischen Pongau, Pinzgau und Brixental. *Muhammad II.* (33) erobert das genuesische Mytiline (Lesbos) und das griechische Kaisertum Trapezunt. Nach dem Tode seines Vaters *Wasilij II.* (47) wird *Iwan III.* (22) Großfürst von Moskau (bis 1505).

PAPSTTUM *Pius II.* (57) hebt die »Prager Kompakten« auf.

KULTUR *Marsilio Ficino* (29) wird zum Leiter der Platonischen Akademie in Florenz bestellt.

1463

POLITIK *Friedrich III.* (48) erkennt *Matthias Corvinus* (20) als König von Ungarn an gegen Zusicherung der habsburgischen Nachfolge bei dessen kinderlosem Tode. *Ludwig XI.* (40) löst die 1435 Burgund verpfändeten Städte an der Somme ein. *Mehmed II.* (34) erobert Bosnien. *Matthias* von Ungarn erobert den Nordwesten (Jajce) zurück. Nach der Eroberung des venezianischen Küstenplatzes Argos durch die Türken erklärt Venedig den Krieg, der bis 1479, hauptsächlich auf der Peloponnes und den griechischen Inseln, geführt wird. *Iwan III.* gliedert das Fürstentum Jaroslawl dem Großfürstentum Moskau ein.

PAPSTTUM *Pius II.* erläßt seine Kreuzzugsbulle gegen die Türken (22.10).

1464

POLITIK *Ludwig XI.* erläßt Verbote gegen die Genfer Messen zugunsten der neuen Messestadt Lyon. Niederlage der Königin *Margarete* (35) gegen die Truppen *Eduards IV.* (22) bei Hexham. *Eduard* heiratet die nicht standesgemäße *Elisabeth Woodville*. Ein Aufstand gegen *Christians I* Herrschaft in Schweden führt zur vorübergehenden Rückkehr *Karls VIII. Knutsson* (bis 1465).

PAPSTTUM *Pius II.* (59) stirbt beim Aufbruch zum Kreuzzug gegen die Türken. Nachfolger wird der Venezianer *Pietro Barbo* (47) als *Paul II.* (bis 1471).

LITERATUR *Antonio Filarete* (etwa 64) widmet seinen »Trattato d'architettura« dem *Piero de' Medici* (48).

1465

POLITIK Die Verschwörung der französischen Großen mit *Ludwigs XI.* (42) Bruder Herzog *Karl* von Berry und *Karl dem Kühnen* (32), dem Sohn Herzog *Philipps* von Burgund, in der »Ligue du bien Public« zwingt den König nach der Schlacht bei Monthléry zu einem Frieden auf Kosten der Krone. *Heinrich VI.* (44) von England wird im Tower gefangengesetzt.

KUNST Baubeginn der Marienkirche in Zwickau.

1466

POLITIK Zweiter Thorner Frieden zwischen dem Deutschen Orden und Polen: Pommerellen, Kulmerland, Ermland mit Elbing und Marienburg werden in Personalunion mit Polen vereinigt. Für die restlichen Gebiete erkennt der Hochmeister den König von Polen als Oberherrn an.

PAPSTTUM Nach einem in Rom geführten Ketzerprozeß wird *Georg Podiebrad* (46) von *Paul II.* (49) exkommuniziert und abgesetzt.

KUNST *Piero della Francesca* (etwa 50) vollendet seinen Freskenzyklus mit der Legende vom heiligen Kreuz im Chor von S. Francesco in Arezzo.

KULTUR Die erste gedruckte Bibel in deutscher Sprache erscheint in Straßburg.

1467

POLITIK Herzog *Philipp* von Burgund (71) stirbt. Nachfolger wird sein Sohn *Karl der Kühne* (34). *Mehmeds II.* (38) Angriff auf Albanien bleibt wegen der erbitterten Verteidigung unter *Skanderbeg* (62) wiederum erfolglos. *Karl VIII. Knutsson* (58) kehrt endgültig nach Schweden zurück und kann sich bis zu seinem Tode (1470) gegen *Christian I.* von Dänemark (41) behaupten.

KULTUR Die deutschen Drucker *Arnold Pannartz* und *Konrad Schweinheim* haben die Druckkunst nach Italien gebracht, sie drucken in Rom *Ciceros* »Epistolae familiares«.

1468

POLITIK Die Schließung des Londoner Stalhofes führt zum gemeinsamen Vorgehen der Hansestädte gegen England (Handelssperre). *Karl der Kühne* (35) nimmt *Ludwig XI.* (45) gefangen und nötigt ihn im Vertrag von Péronne zur Anerkennung seiner Unabhängigkeit von Frankreich. Er heiratet *Margarete von York* und schließt ein Bündnis mit *Eduard IV.* (26). *Christian I.* (42) tritt als Mitgift seiner Tochter *Margarete* (12) an *Jakob III.* von Schottland (17) die norwegischen Orkney- und Shetland-Inseln ab. Nach dem Tod *Skanderbegs* (63), des Führers des albanischen Freiheitskampfes gegen die Türken, können diese das Land unterwerfen.

KULTUR Kardinal *Bessarion* (73) bietet der Stadt Venedig seine Bibliothek zum Geschenk an (31. 5.)

1469

POLITIK Im Vertrag von St. Omer verpfändet Herzog *Sigmund* von Tirol (42) *Karl dem Kühnen* (36) seine oberelsässischen und angrenzenden rechtsrheinischen Gebiete (Breisach) gegen das Versprechen der Hilfeleistung gegen die Eidgenossen (9. 10). *Matthias Corvinus* (26) macht sich zum Vollstrecker der Absetzung *Podiebrads* (49) und läßt sich in Brünn zum König von Böhmen krönen. Die Heirat *Isabellas* (18), der Schwester und Erbin König *Heinrichs IV.* von Kastilien, mit *Ferdinand* (17), dem Sohn und Erben *Johanns II.* von Aragon, bereitet die Einigung Spaniens vor. *Lorenzo de' Medici, il Magnifico* (20), folgt seinem Vater *Piero* als Herr von Florenz (bis 1492).

1470

POLITIK *Warwick* (42) flieht mit *Eduards* Bruder Herzog *Georg von Clarence* (21) nach Frankreich und versöhnt sich dank *Ludwigs XI.* (47) Vermittlung mit Königin *Margarete* (41). Ein Angriff *Warwicks* und der Lancaster mit französischer Unterstützung zwingt *Eduard IV.* (28) zur Flucht an den burgundischen Hof. *Heinrich VI.* (49) wird wieder auf den Thron gesetzt. Die Osmanen erobern die venezianischen Besitzungen Pteleon (an der thessalischen Küste) und Negroponte (Euböa). König *Karl VIII. Knutsson* (61) stirbt. Reichsverweser von Schweden wird sein Neffe *Sten Sture der Ältere* (etwa 20).

1471

POLITIK Reichslandfriedensgesetz Kaiser *Friedrichs III.* (56) auf dem Reichstag zu Regensburg. *Georg Podiebrad* (51), König von Böhmen, stirbt. Die Wahl *Ladislaus'* (15), Sohn *Kasimirs IV.* von Polen, führt zum Krieg mit *Matthias* von Ungarn (28), der ebenfalls die Krone beansprucht. Mit burgundischer und hansischer Hilfe kehrt *Eduard IV.* nach England zurück. Er besiegt und tötet *Warwick* bei Barnet und besiegt Königin *Margarete* bei Tewkesbury, *Heinrich VI.* wird im Tower ermordet. *Alfons V.* von Portugal (39) erobert Tanger. Portugiesische Seefahrer erreichen die afrikanische Goldküste. Die Este erhalten von Papst *Paul II.* Herzogsrang für Ferrara. Großfürst *Iwan III.* (31) unterwirft die Republik Groß-Nowgorod. Nach der Niederlage gegen den Reichsverweser *Sten Sture* am Brunkeberge bei Stockholm muß sich *Christian I.* (45) vollkommen aus Schweden zurückziehen (10. 10.).

PAPSTTUM Nach dem Tode *Pauls II.* (54) folgt Kardinal *Francesco della Rovere* (57) als *Sixtus IV.* (bis 1484).

1472

POLITIK *Ludwig XI.* (49) wirft die »Ligue du bien Public« nieder. *Karl der Kühne* (39) läßt sich das Herzogtum Geldern verpfänden. *Johann II.* von Aragon (75) erobert Barcelona. Daraufhin wird er von den Katalanen wieder anerkannt. Großfürst *Iwan III.* von Moskau (32) heiratet die byzantinische Prinzessin *Zoë*, die Nichte des letzten Kaisers.

LITERATUR *Georg Peurbachs* (49) »Theoricae novae planetarum« (von seinem Schüler *Regiomontanus* (36) herausgegeben).

1473

POLITIK Ergebnislose Zusammenkunft *Friedrichs III.* (58) und *Karls des Kühnen* (40) in Trier. *Karl* erreicht nicht die Königskrone, errichtet aber zentrale Zentralbehörden für seine Lande und verbietet Appellation nach Paris. Kurfürst *Albrecht Achilles* (59) von Brandenburg verfügt in der »Dispositio Achillae« die Unteilbarkeit der Kurmark.

KUNST Baubeginn der Sixtinischen Kapelle in Rom.

1474

POLITIK Im Frieden von Utrecht erhält die Hanse für die *Eduard IV.* (32) geleistete Hilfe die Sicherung ihrer Vorrechte in England, der Stalhof wird wieder eröffnet. Herzog *Sigmund* von Tirol (47) und die Eidgenossen erkennen in der »Ewigen Richtung von Konstanz« gegenseitig ihren Besitzstand an. Der »Konstanzer Bund« vereinigt Herzog *Sigmund*, die Eidgenossen und die oberrheinischen Gegner Burgunds zum Kampf gegen *Karl den Kühnen* (41). Die Bürger von Breisach vertreiben die burgundische Besatzung und enthaupten den burgundischen Landvogt *Peter von Hagenbach* (51). *Karl die Kühne* rückt in das Erzstift Köln ein. *Heinrich IV.* von Kastilien (49) stirbt. Seine Schwester *Isabella* (23) wird Königin (bis 1504). *Iwan III.* (34) gliedert das Fürstentum Rostow dem Großfürstentum Moskau ein.

KUNST *Giovanni Bellini* (etwa 44) Bildnis eines *Fugger*.

1475

POLITIK *Friedrich III.* (60) eröffnet den Reichskrieg gegen *Karl den Kühnen* (42) und entsetzt die von diesem belagerte Stadt Neuß. *Karl der Kühne* verspricht seine Tochter *Maria* (18) dem Sohn *Friedrichs III.*, *Maximilian* (16). Er vertreibt Herzog *René* von Lothringen (66) und zieht in Nancy ein. *Eduard IV.* (33) landet in Calais, schließt aber mit *Ludwig XI.* (52) den Frieden von Picquigny, in dem er auf seine französischen Thronansprüche gegen Geldzahlung verzichtet. Sieg *Stephans des Großen* von der Moldau (etwa 40) über ein türkisches Heer an der Racova. Die Türken erobern den bedeutenden genuesischen Handelsplatz Kaffa auf der Krim und besetzen die ganze Halbinsel.

KUNST Neubau des Uspenskij Sobor (Mariä-Entschlafungs-Kathedrale) im Kreml zu Moskau durch *Aristotele Fieravanti*.

1476

POLITIK Ein Angriff *Karls des Kühnen* (43) auf die Eidgenossen endet mit seinen Niederlagen bei Grandson und Murten. Der »Pfeifer von Niklashausen« *(Hans Böhm)* sammelt mit seinen revolutionären Predigten in Franken Bauernmassen um sich. Sieg *Ferdinands* von Aragon (24) bei Toro über König *Alfons V.* von Portugal (44), der als Verlobter der als illegitim geltenden Tochter *Heinrichs IV.*, *Johanna* »*la Beltraneja*«, gegen *Isabella* die Herrschaft in Kastilien beansprucht. Neuorganisation der »Hermandad«, des städtischen Schutzbundes, zu einer politisch-militärischen Organisation der Krone zur Bändigung des Adels in Kastilien, später auch in Aragon.

1477

POLITIK Niederlage und Tod *Karls des Kühnen* (44) bei Nancy durch die vereinigten eidgenössischen, Tiroler, elsässischen und lothringischen Truppen. Die niederländischen Stände zwingen seine Erbtochter *Maria* (20) zum »Großen Privileg«, durch das die von den burgundischen Herzögen eingeführte Zentralisation beseitigt wird. Durch die Heirat *Maximilians* (18), *Friedrichs III.* Sohn, mit *Maria* kommt Habsburg in den Besitz der burgundischen Länder. *Ludwig XI.* (54) zieht das Herzogtum Burgund und die Städte in der Picardie als erledigte französische Lehen ein. Zur endgültigen Einigung zwischen *Maximilian* und *Ludwig* über das burgundische Erbe kommt es nach langen Kämpfen 1493.

KULTUR Graf *Eberhard im Barte* gründet die Universität in Tübingen.

1478

POLITIK *Eduard IV.* (36) läßt seinen Bruder *Georg von Clarence* (29) hinrichten. Die Medici werfen eine Verschwörung der *Pazzi* in Florenz nieder. *Iwan III.* (38) gliedert die Republik Nowgorod in das Großfürstentum Moskau ein. (14.1.)

1479

POLITIK Im Frieden von Olmütz einigen sich König *Matthias* von Ungarn (36) und *Ladislaus* (23) im Streit um die böhmische Krone: Beide führen den Titel König von Böhmen, *Ladislaus* als Herr von Böhmen und *Matthias* als Besitzer der böhmischen Nebenlande Mähren, Schlesien und Lausitz. *Maximilian* (20) besiegt bei Guinegate die französischen Truppen im Kampf um Burgund. *Johann II.* von Aragon (82) stirbt. Durch die Thronbesteigung seines Sohnes *Ferdinand II.* (27), der als Gemahl *Isabellas* bereits König von Kastilien ist, werden die beiden spanischen Königreiche vereinigt. Das Königreich Navarra kommt an die Grafen von Foix. Frieden zwischen den Türken und Venedig: Die Türken erhalten das Gebiet von Skutari, Negroponte und Lemnos.

KULTUR König *Christian I.* gründet die Universität in Kopenhagen.

1480

POLITIK Durch den Tod *Renés* von Anjou (71) fällt die Grafschaft Anjou an die französische Krone. *Ludovico Sforza*, *il Moro*, (28) übernimmt die Herrschaft in Mailand. Die Osmanen besetzen vorübergehend (bis 1481) Otranto in Süditalien. Die Johanniter wehren einen osmanischen Angriff auf die Insel Rhodos erfolgreich ab. Nach dem ergebnislosen Versuch von Resten der Goldenen Horde, im Bunde mit Litauen gegen Moskau vorzugehen, gilt die praktisch längst nicht mehr vorhandene Oberherrschaft der Tataren über das Großfürstentum endgültig als erloschen.

KUNST *Sandro Botticelli* (36), in Wettbewerb mit *Domenico Ghirlandajo* (31), Fresko des heiligen *Augustinus* in Florenz.

LITERATUR *Angelo Poliziano* (26) »Favola d'Orfeo«.

1481

POLITIK Freiburg i. Ü. und Solothurn werden in die Eidgenossenschaft aufgenommen. Durch den Tod *Karls* von Maine fallen die Grafschaften Maine und Provence und die Ansprüche auf Neapel an die französische Krone. *Ferdinand* (29) und *Isabella* (30) nehmen mit dem Krieg gegen Granada, das letzte muslimische Königreich in Spanien, die Reconquista wieder auf. Die Inquisition gegen die nichtchristliche Bevölkerung, Mauren und Juden, wird erneuert. Nach dem Tod *Alfons' V.* (49) folgt *Johann II.* (26) als König von Portugal (bis 1495). *Christian I.* (55) stirbt. Sein Sohn *Johann* (26) wird König von Dänemark und Norwegen (bis 1513). Nach dem Tode *Mehmeds II.* (52) wird sein Sohn *Bajazit II.* (34) Sultan der Osmanen (bis 1512).

KUNST *Sandro Botticelli* (37), *Perugino* (etwa 31), *Domenico Ghirlandajo* (32) und andere Künstler werden zur Ausmalung der Längswände der Sixtinischen Kapelle von Papst *Sixtus IV.* nach Rom berufen.

Michael Pacher (etwa 46) vollendet den Hochaltar von Sankt Wolfgang in Oberösterreich.

1482

POLITIK *Matthias Corvinus* von Ungarn (39) greift Kaiser *Friedrich* (67) in seinen österreichischen Erblanden an. *Maximilians* Gemahlin *Maria* von Burgund (25) stirbt. Krieg *Jakobs III.* von Schottland (31) gegen *Eduard IV.* von England (40). Portugiesische Schiffe unter *Diego Cao* erreichen die Kongomündung.

LITERATUR *Marsilio Ficino* (49) »Theologia Platonica«.

KULTUR *Johann von Dalberg* (37), pfälzischer Kanzler, wird Bischof von Worms; sein Hof zu Ladenburg und Heidelberg bildet sich zum Mittelpunkt des deutschen Frühhumanismus aus.

1483

POLITIK Nach dem Tode *Ludwigs XI.* (60) wird sein Sohn *Karl VIII.* (13) König von Frankreich (bis 1498). *Eduard IV.* von England (41) stirbt. Seine Söhne *Eduard V.* (13) und *Richard* (10) hatte er seinem Bruder, Herzog *Richard von Gloucester* (31), anvertraut. Der läßt sie für illegitim erklären und sich selbst als *Richard III.* zum König krönen. *Eduard* und *Richard* im Tower ermordet. *Johann II.* von Portugal (28) wirft eine von *Ferdinand* (31) und *Isabella* (32) von Kastilien und Aragon unterstützte Adelsrevolte unter dem Herzog von Braganza nieder. Die Herzegowina wird dem Osmanischen Reich einverleibt.

PAPSTTUM *Sixtus IV.* (69) billigt die Ernennung des Dominikaners *Thomas de Torquemada* (63) zum spanischen Großinquisitor.

1484

POLITIK Einberufung der Generalstände nach Tours, wo zum erstenmal alle Provinzen vertreten sind, zur Steuerbewilligung. *Berthold von Henneberg* (42), der Führer der Reichsreformbewegung, wird Erzbischof von Mainz (bis 1504). Die Türken erobern die Moldauhäfen Kilia und Akkermann.

PAPSTTUM *Sixtus IV.* (70) stirbt. Ihm folgt Kardinal *Giovanni Battista Cibo* (52) aus Genua als *Innozenz VIII.* (bis 1492). Er erläßt seine Bulle »Summis desiderantes« gegen Zauberei und Hexenwesen.

1485

POLITIK König *Matthias* von Ungarn (42) erobert Wien und verlegt seine Residenz dorthin. Teilung der wettinischen Lande im Vertrag von Leipzig zwischen Herzog *Albrecht dem Beherzten* (42) und seinem Bruder Kurfürst *Ernst* (44), den Begründern der ernestinischen (Wittenberg) und albertinischen Linie (Meißen). *Heinrich Tudor* (28), Graf von Richmond, Erbe der *Lancaster*, landet von der Bretagne aus in Milford Haven und besiegt und tötet bei Bosworth *Richard III.* (33), den letzten König aus dem Hause *York*. Er besteigt den Thron als *Heinrich VII.* (bis 1509) und versöhnt durch seine Heirat mit *Eduards IV.* Tochter *Elisabeth* (19) auch die *York*. Damit sind die Rosenkriege beendet. *Iwan III.* (45) gliedert das Fürstentum Twer dem Großfürstentum Moskau ein.

KUNST *Sandro Botticelli* (41) vollendet Altarbild der Madonna mit den beiden Johannes.

1486

POLITIK *Maximilian I.* (27) wird zu Lebzeiten seines Vaters, Kaiser *Friedrichs III.* (71), zum deutschen König gewählt. Erlaß eines Reichslandfriedensgesetzes durch den Kaiser. *Friedrich III., der Weise,* (23) wird Kurfürst von Sachsen (bis 1525).

LITERATUR *Pico della Mirandola* (23) »De hominis dignitate«.

1487

POLITIK Reorganisation der Sternkammer durch *Heinrich VII.* (30) als Staatsgerichtshof für England. *Bartolomeu Dias* (etwa 37) umfährt die Südspitze Afrikas, das später so genannte »Kap der guten Hoffnung«.

KULTUR Der »Hexenhammer« wird in Straßburg erstmals gedruckt.

1488

POLITIK Zusammenschluß des Adels und der Städte Schwabens in Eßlingen zum Schwäbischen Bund zur Abwehr der Übergriffe mächtiger Nachbarn, besonders Bayerns. Ihm treten auch Graf *Eberhard V.* (43) von Württemberg, Herzog *Sigmund* von Tirol (61) und Markgraf *Christoph I.* von Baden (35) bei. Die aufständischen Bürger von Brügge nehmen *Maximilian I.* (29) gefangen, müssen ihn aber freilassen, als sein Vater und deutsche Fürsten gegen die Stadt ziehen. König *Jakob III.* von Schottland (37) fällt im Kampf gegen den rebellierenden Adel. Nachfolger ist sein Sohn *Jakob IV.* (15).

KUNST *Giovanni Bellini* (etwa 58) Madonna mit vier Heiligen, für den Altar der Frari-Kirche von Venedig. *Peter Vischer d. Ä.* (etwa 28) erster Entwurf für das Sebaldusgrab in Nürnberg.

1489

POLITIK Städtische Revolution in Zürich mit Hinrichtung des Bürgermeisters *Hans Waldmann* (etwa 54) und bäuerliche Unruhen im Untertangebiet der Stadt. *Ferdinand* von Aragon und Kastilien (37) erobert Malaga. Venedig erwirbt von der Kreuzfahrerdynastie der *Lusignans* die Insel Cypern. Die Republik Wjatka fällt unter die Herrschaft des Großfürstentums Moskau.

KUNST Baubeginn des Palazzo Strozzi in Florenz.

1490

POLITIK Herzog *Sigmund* von Tirol (63) überträgt seine Lande *Maximilian I.* (31). König *Matthias* von Ungarn (47) stirbt. *Maximilian* erobert die habsburgischen Besitzungen in Österreich zurück. Sein weiteres Vordringen nach Ungarn wird durch die Wahl des Jagiellonen *Ladislaus* (34), Königs von Böhmen, zum ungarischen König (als *Ladilaus II.*, bis 1516) verhindert. *Maximilian* schließt auf dem Wege der Prokuration die Ehe mit *Anna* (14), Herzogin der Bretagne.

KULTUR *Girolamo Savonarola* (38) hält in Florenz seine erste Predigt in S. Marco (1. 8.).

1491

POLITIK Im Frieden von Preßburg erkennt *Maximilian I.* (32) die Vereinigung der böhmischen und ungarischen Krone in der Hand *Ladislaus* (35) an. Dieser sichert *Maximilian* das Nachfolgerecht im Falle seines erbenlosen Todes zu. *Karl VIII.* (21) zwingt *Anna* von Bretagne (15), von ihrem Ehevertrag mit *Maximilian* zurückzutreten, und heiratet sie selbst. Damit wird er Herzog der Bretagne. *Stephan III.* (56), Fürst der Moldau, schließt Frieden mit den Türken, die ihn zur Tributzahlung zwingen.

KULTUR *Johann Froben* (31) gründet in Basel eine eigene Druckerei.

1492

POLITIK Vertrag von Etaples: Friede und Freundschaft zwischen England und Frankreich. Granada, die Residenz der letzten muslimischen Könige auf spanischen Boden, wird von aragonesischen und kastilischen Truppen erobert. Im Dienste der Königin *Isabella* (41) segelt der Genuese *Christoph Kolumbus* (41) nach Westen zur Erkundung des Seeweges nach Indien und landet auf der Bahama-Insel Guanahani (12. 10.), dann auf Kuba und Haiti. Der Franziskaner *Francisco Ximénes de Cisneros* (56) wird Beichtvater *Isabellas* und gewinnt starken Einfluß auf ihre politischen Entscheidungen. Mit dem Tode *Lorenzo de' Medicis* (43) endet der politische und künstlerische Höhepunkt von Florenz. *Kasimir IV.* von Polen stirbt (65). Sein Sohn *Johann I. Albrecht* wird zum König von Polen (bis 1501), sein Sohn *Alexander* zum Großfürsten von Litauen gewählt (bis 1506). Die Konkurrenz zwischen Litauen und Moskau geht in offenen Krieg über. Großfürst *Iwan III.* (52) gründet gegenüber dem livländischen Handelsplatz Narwa die Festung Iwangorod.

PAPSTTUM *Innozenz VIII.* (60) stirbt. Nachfolger wird der Spanier *Rodrigo de Borja* (62) als *Alexander VI.*

KUNST *Veit Stoß* (47) Grabmal König *Kasimirs IV.* von Polen im Dom zu Krakau.

LITERATUR *Piero della Francescas* (76) Untersuchung über die Perspektive erscheint zu Florenz im Druck.

1493

POLITIK *Maximilians* (34) Sieg über eine französische Übermacht bei Salins führt zum Frieden von Senlis mit *Karl VIII.* (23). *Maximilian* behauptet endgültig das burgundische Erbe bis auf die Picardie und das Herzogtum Burgund. Nach dem Tode seines Vaters, *Friedrichs III.* (78), tritt *Maximilian* die Nachfolge in den habsburgischen Erblanden und im Reich an. Im Elsaß erste Bauernverschwörung unter dem Symbol des Bundschuhs. Im Frieden von Barcelona tritt *Karl VIII.* die Grafschaften Roussillon und Cerdagne an Spanien ab. *Kolumbus* unternimmt seine zweite Fahrt zur Erforschung und Kolonialisierung seiner Entdeckungen (bis 1496).

PAPSTTUM In der Bulle »Inter caetera divinae« (4. 5) teilt *Alexander VI.* (63) mit einer Linie 100 Meilen westlich der Azoren alle noch nicht unter christlicher Herrschaft stehenden Gebiete zwischen Spanien und Portugal auf. (Westlich dieser Linie die spanischen Gebiete.)

KUNST *Tilman Riemenschneider* (33) Adam und Eva. *Veit Stoß* (etwa 48) Grabplatte des Kardinals *Zbigniew Olesnicki* im Dom zu Gnesen.

LITERATUR *Hartmann Schedel* (53) Weltchronik mit Holzschnitten vornehmlich nach *Michael Wolgemut*, dem Lehrer *Dürers*, und *Wilhelm Pleydenwurf*, erscheint zu Nürnberg.

1494

POLITIK *Maximilian I.* (35) heiratet *Bianca Maria Sforza* (22), die Nichte Herzog *Ludovico Sforzas* von Mailand (42). *Karl VIII.* (24) fällt in Italien ein. Die demokratische Partei in Florenz vertreibt *Piero de' Medici* (23). An seiner Stelle übernimmt der Bußprediger *Girolamo Savonarola* (42) die Führung in der Stadt. Der Vertrag von Tordesillas (7.6.) verlegt die Demarkationslinie zwischen dem spanischen und portugiesischen Besitz weiter nach Westen. *Iwan III.* von Moskau (54) hebt das Hansekontor in Nowgorod auf.

LITERATUR *Johannes Reuchlin* (39) »De verbo mirifico«. *Sebastian Brant* (36) »Das Narrenschiff«.

1495

POLITIK Praktischer Anfang der Reichsreform auf dem Reichstag zu Worms mit vier Gesetzen: »Ewiger Landfrieden«, Kammergerichtsordnung (als oberstes Reichsgericht), »Gemeiner Pfennig« (allgemeine Reichssteuer) und »Handhabung des Friedens und Rechts« (Verpflichtung *Maximilians* und der Reichsstände auf Einhaltung der Reformgesetze). Die Grafschaft Württemberg wird zum Herzogtum erhoben. *Karl VIII.* erobert Neapel. Die Liga von Venedig zwischen Venedig, Mailand, Papst *Alexander VI.*, *Maximilian I.*, *Ferdinand* und *Isabella* von Spanien zwingt *Karl* zum überstürzten Rückzug. *Emanuel I.* (26) wird nach dem Tode seines Schwagers *Johann II.* (40) König von Portugal (bis 1521).

1496

POLITIK Besiegelung des habsburgisch-spanischen Bündnisses durch die Heirat Erzherzog *Philipps des Schönen* (18) mit *Johanna der Wahnsinnigen* (17). *Johann I. Albrecht* von Polen erläßt das »Petrikauer Statut« zur Stärkung des polnischen Kleinadels gegen die Magnaten.

1497

POLITIK Weitere Verbindung Habsburgs mit Spanien durch die Heirat *Margaretes* (17) Tochter, *Maximilians I.* (38), mit *Johann* (19), dem spanischen Thronerben, der aber bald darauf stirbt. So fällt nach dem Tode *Ferdinands* (1516) die spanische Krone an Habsburg. Graubünden tritt der Eidgenossenschaft bei. *John Cabot (Giovanni Caboto*, etwa 72), der 1484 in englische Dienste getretene italienische Levantekaufmann, entdeckt Labrador. Die englische Kaufmannsgilde der »Merchant Adventurers« erhält von *Heinrich VII.* das Handelsmonopol für die Niederlande. Nach der Niederlage bei Retebro und der Eroberung Stockholms durch *Johann* von Dänemark (42) muß *Sten Sture* (etwa 47) diesen als schwedischen König anerkennen.

PAPSTTUM *Alexander VI.* (67) exkommuniziert *Savonarola* (45).

1498

POLITIK *Karl VIII.* (28) stirbt über seinen Vorbereitungen zu einem zweiten italienischen Feldzug. König von Frankreich wird *Ludwig XII.* (36, regiert bis 1515). Der portugiesische Seefahrer *Vasco da Gama* (etwa 38) erreicht nach Umsegelung des Kaps der Guten Hoffnung (1497) Indien und landet in Calikut und Goa. *Savonarola* (46) wird in Florenz zum Tode verurteilt und verbrannt.

KUNST *Albrecht Dürer* (27) »Apokalypse« (sein erster Holzschnittzyklus).

1499

POLITIK Versuche, die Schweiz in die Reichsordnung von 1495 einzuordnen, führen zum »Schwabenkrieg«. Im Frieden von Basel (22.9.) muß das Reich seine Forderungen fallenlassen: die Schweiz ist praktisch aus dem Reich ausgeschieden. *Ludwig XII.* besetzt Mailand und bald ganz Norditalien außer Venedig und dem Kirchenstaat, mit denen er ein Bündnis eingegangen ist. *Kolumbus* (48) entdeckt auf seiner dritten Fahrt (1498—1500) das südamerikanische Festland an der Orinocomündung. Der Florentiner *Amerigo Vespucci* (48) erreicht auf mehreren Fahrten (bis 1504) die südamerikanische Küste; nach ihm wird der neue Kontinent Amerika genannt (1507).

1500

POLITIK Auf dem Reichstag zu Augsburg stimmt *Maximilian I.* (41) der Errichtung eines ständischen Reichsregiments zu. Durch den Sieg bei Hemmingstedt hindern die Bauern von Dithmarschen König *Johann* von Dänemark (45), ihr Land zu unterwerfen. *Pedro Alvares Cabral* (40) entdeckt die »Terra Sanctae Crucis« (Brasilien).

KUNST *Raffael* (17) erhält den Auftrag auf ein Altarbild mit der Krönung des heiligen *Nikolaus*.

1501

POLITIK Basel und Schaffhausen treten der Eidgenossenschaft bei. *Ludwig XII.* (39) von Frankreich und *Ferdinand* von Aragon (49) erobern Neapel. *Johann I. Albrecht* (42) stirbt. Sein Bruder Großfürst *Alexander* von Litauen (40) wird König von Polen (bis 1506) und stellt damit die Union zwischen beiden Reichen wieder her.

LITERATUR *Konrad Celtis* (42) veröffentlicht die von ihm aufgefundenen Werke der *Hrotsvit* von Gandersheim. *Jakob Wimpheling* (51) »Germania« (Streitschrift).

1502

POLITIK *Jos Fritz* (etwa 32) organisiert den ersten Bauernaufstand unter dem Symbol des Bundschuhs im Bistum Speyer. *Iwans III.* von Moskau (62) Versuch, die Ostsee zu erreichen, scheitert durch die Niederlage am Smolina-See gegen den livländischen Deutschordensmeister *Wolter von Plettenberg*. *Kolumbus* (51) unternimmt seine vierte und letzte Reise in die neuentdeckten Gebiete (bis 1504).

LITERATUR *Konrad Celtis* (43) »Amores« (mit Holzschnitten von *Albrecht Dürer*).

KULTUR *Friedrich der Weise* von Sachsen gründet die Universität zu Wittenberg.

1503

POLITIK Im Waffenstillstand mit Litauen sichert sich Großfürst *Iwan III.* (63) die Dnjeprgrenze.

PAPSTTUM *Alexander VI.* (73) stirbt. Nach dem nur knapp einen Monat währenden Pontifikat *Pius' III. (Francesco Todeschini-Piccolomini)* folgt *Giuliano della Rovere* (60) als *Julius II.* (bis 1513).

1504

POLITIK Einigung zwischen *Maximilian I.* (45) und *Ludwig XII.* (42) im Vertrag von Blois über das Herzogtum Mailand, mit dem *Ludwig* belehnt wird. Königin *Isabella* (53) stirbt. Ihr Gemahl *Ferdinand* (52) kann die Regentschaft in Kastilien erst nach dem Tode seines Schwiegersohnes *Philipp des Schönen* (1506) durchsetzen, und zwar für seinen Enkel *Karl (V.)*. *Ludwig XII.* muß das Königreich Neapel aufgeben, das an Spanien fällt.

LITERATUR *Erasmus von Rotterdam* (38) »Enchiridion militis christiani«.

Der Ferne Osten

China

200—300

POLITIK Das durch Cliquenkämpfe am Hofe (Eunuchen) geschwächte *Han*-Reich kann sich gegen verschiedene Rebellionen, vor allem den Aufstand der »Gelben Turbane« (184), nur mit Hilfe selbständiger lokaler Militärmachthaber halten. Unter ihnen wirft sich *Ts'ao Ts'ao* (gestorben 220) zum Thronprotektor auf. Sein Sohn setzt jedoch den letzten *Han*-Kaiser ab und gründet eine eigene, die *Wei*-Dynastie (220—265) im Norden, während zwei andere Militärführer, *Liu Pei* und *Sun Ch'üan* im Südwesten die *Shu-Han*-Dynastie (221—263), im Südosten die *Wu*-Dynastie (222—280) ins Leben rufen. Ständige Feldzüge zwischen diesen »Drei Reichen«; *Chu-ko Liang* (181—234) Feldherr von *Shu-Han*. Im Nordreich Wei Einführung des »Chiu-p'in«-Systems für die Auswahl der Beamten nach »moralischen« Kategorien. In Wei verdrängt die konservative Familie *Ssu-ma* die Herrscher-Familie *Ts'ao* (227) und gründet bald auch eine neue Dynastie: *(West-)Chin* (265—317), die die beiden Südreiche unterwirft und das Reich vorübergehend eint (280). Die Wiedereinführung des Feudalsystems (277) und die allgemeine Abrüstung (280) schwächen jedoch das Reich, das der ständigen Bedrohung an dessen West- und Nordgrenze durch nomadische Hsiung-nu-, Hsien-pe-i und Tanguten-Stämme nicht gerecht wird. Teils gewaltsam, teils als Hilfstruppen herbeigerufen, sickern die Fremdvölker in das durch Massenabwanderungen nach dem Süden unterbevölkerte Nordchina ein.

KULTUR Zeichen eines neuerwachten Individualismus auf vielen Gebieten: Ritter- und Heldenverehrung (General *Kuan Yü* von Shu-Han wird zum chinesischen Kriegsgott); Betonung der Autorenschaft bei literarischen Werken, Entwicklung persönlich gehaltener Dichtformen (»Fu«); das »Jen-wu-chih« des *Liu Shao* (gestorben 245) als erster Versuch einer psychologischen Erfassung des Menschen. Verfall des Konfuzianismus, Erstarken des religiösen »Neo-Taoismus« (»Hsüan-hsüeh«): *Wang Pi* (226—249); *Hsiang Hsins* (223—300) und *Kuo Hsiangs* (gestorben 312) »Chuang-tzu«-Kommentar; weltabgewandte, taoistische Dichtungen der »Sieben Würdigen vom Bambushain«, taoistischer Intellektualismus in den »Ch'ing-t'an«, den »reinen Gesprächen«; Traktate über Alchemie. Daneben allmähliches Vordringen des Buddhismus: Übersetzung von Sutras; Jātaka-Erzählungen und andere buddhistische Werke beeinflussen chinesische Literatur; 3700 Mönche in Ch'ang-an und Lo-yang (um 300). Interesse an Geographie durch Erschließung neuer Länder: *P'ei Hsius* (224—271) Atlas; Lokalchroniken spiegeln lokales Selbstbewußtsein. Technische Erfindungen: Nutzbarmachung der Kohle, Aufkommen des Tees als Getränk.

300—400

POLITIK Die *West-Chin*-Dynastie bricht unter dem Druck von Invasionen fremder Nomadenstämme (vor allem der Hsien-pei) und von Aufständen naturalisierter Hsiung-nu und Tanguten zusammen (317), kann sich aber im Süden noch für eine Zeit halten (Ost-*Chin* 317—420). Das Reich wird für fast 300 Jahre in eine unter Fremdherrschaft stehende Nord- und eine von einheimischen Dynastien regierte Süd-Hälfte gespalten. Der Norden ist aufgesplittert in eine Vielzahl teils nebeneinander, teils nacheinander regierender Dynastien mit ethnisch verschiedenartigen Führungsschichten (»Sechzehn Staaten« 304—439). Ein Strom chinesischer Flüchtlinge ergießt sich nach dem Süden. Viele bis dahin zum Teil nicht einmal sinisierte Gebiete werden dabei kolonisiert (Reisanbau, Handel). Gegenüber den zunächst führenden Nordchinesen setzt sich allmählich ein südlicher Adel durch. Die aristokratische Sozialstruktur mit mächtigen Sippenverbänden an der Spitze (Privatheere, beginnender Großgrundbesitz, Anlegung von Genealogien) wird auch für den Norden vorbildlich. Ständige Cliquenstreitigkeiten und Bauernrevolten.

KULTUR Das Einströmen der Fremdvölker verstärkt den Einfluß des Buddhismus in Nord- und Südchina. Übersetzung und Lehre der buddhistischen Schriften zunächst in einer stark dem chinesischen Denken (Taoismus) angeglichenen Form durch die Mönche *Tao-an* (312—385), *Chih Tun* (314—366) und *Hui-yüan* (334—416). Erste Pagode (350). Allgemeine Verschiebung der Kulturzentren nach dem Süden. Individualismus in Kunst und Literatur: Porträtmalerei bei *Ku K'ai-chih* (etwa 345—406), Kalligraphie (und erstes Selbstporträt) bei *Wang Hsi-chih* (303 bis 379); der Dichter *T'ao Yüan-ming* (365—427) als Ideal des Einsiedlers. Späte Hochblüte des Taoismus. Handelsverkehr im Süden mit Indien, Ceylon und Konstantinopel.

400—500

POLITIK Der Norden wird unter der starken *Wei*-Dynastie (386—535), an deren Spitze der T'o-pa-Stamm (Hsien-pei) steht, 439 geeint. Erneuerung der Großen Mauer, Kriegsexpeditionen bis nach Sinkiang. »Chün-t'ien«-Landreform, die bis ins 8. Jahrhundert Gültigkeit behält (485). Chinesischer Adel lehnt (im Gegensatz zum Volk) Verwandtschaftsverbindungen mit T'o-pa ab, nimmt aber zum Teil Nomadenkleidung (Hosen, Schuhe) an. Sinisierung der T'o-pa: Verlegung der Hauptstadt von P'ing-ch'eng nach Lo-yang (493—495), Übernahme des »Chiu-p'in«-Systems bei der Beamtenauslese aus dem Süden, Einführung chinesischer Familiennamen (496). Die Gebiete nördlich der Grenze werden von den Juan-juan-Nomaden besetzt (402—552). Im

Süden wird der Bauernaufstand des *Sun En* von *Liu Yü* unterdrückt (398—410), der an Stelle von *Ost-Chin* eine eigene, die *(Liu-)Sung*-Dynastie (420—479) gründet. Sie wird von der *Ch'i*-Dynastie (479—502) abgelöst. Führungsschichten in vielfacher Verzahnung bilden sich aus Adeligen, die auf Landgütern wie selbständige Fürsten leben, und aus Militärbefehlshabern.

KULTUR Hochblüte des Buddhismus im Norden, der von den T'o-pa als Gegengewicht zum chinesischen Konfuzianismus gefördert wird: Der Missionar *Kumārajīva* trifft von Kucha aus in Ch'ang-an ein (402) und organisiert umfangreiche Übersetzungsarbeiten (bis 411, hierdurch auch chinesische Philologie angeregt). Chinesischer Mönch *Fa-hsien* besucht Indien und Ceylon (399—414). Höhlentempel bei Yün-kang und Lung-men, deren steinerne Monumentalplastik gräko-indische Züge aufweist. Erste Buddhistenverfolgungen (446—452) bedeutungslos. Im Süden Ausbildung einer überfeinerten, anspielungsreichen Literatur. Abfassung geographischer und agronomischer Werke, Berechnung der Zahl Pi (π).

China

500—600

POLITIK Im Norden spaltet sich über der Streitfrage, wie weit die T'o-pa chinesische Sitten annehmen sollten, die *Wei*-Dynastie in eine *Ost-Wei-* (534—550) und eine *West-Wei*-Dynastie (535—557). Versuche, in *West-Wei* die Sinisierung rückgängig zu machen, schlagen fehl: die in Nordchina eingedrungenen Fremdvölker sind bereits fast gänzlich aufgesogen. *Su Ch'o* (498—546) reformiert für den *West-Wei*-Herrscher den Beamtenapparat auf konfuzianischer Grundlage. In beiden Machtbereichen verlieren die T'o-pa bald die Führung: die *Nord-Ch'i*-Dynastie (550—577) folgt der *Ost-Wei-*, die *Nord-Chou*-Dynastie (557—580) der *West-Wei*-Dynastie. Ein Militärkommandeur der *Nord-Chou, Yang Chien*, zwingt 581 seinen Kaiser zum Rücktritt, gründet die *Sui*-Dynastie (581—618) und unterwirft bis 589 das ganze Reich. Die Türken (T'u-chüeh), die mit einem 582 gegründeten Reich die Juan-juan abgelöst haben, und die T'u-yü-hun unterstellen sich China (584). Im Süden folgen die *Liang-* (502—557) und die *Sui*-Dynastie (557—589) der *Ch'i*-Dynastie in der Periode bis zur Wiedervereinigung des Landes. Das Beamtensystem wird unter den *Sui* neu organisiert, das staatliche Prüfungssystem wieder eingeführt.

KULTUR Hochblüte des Buddhismus im Süden: Kaiser *Wu-ti* der *Liang* (regierte 502—550) fördert die Lehre leidenschaftlich: Buddhismus Staatsreligion (504), Anordnung, alle taoistischen Tempel zu zerstören (517). Landung des Mönches *Bodhidharma* in Kuangchou und Einführung des Ch'an-(Zen-) Meditationsbuddhismus (um 520, der Tradition nach). Daneben Entstehung zahlreicher Sekten. Buddhistische Klöster gewinnen durch Großgrundbesitz, Geldleihen u. ä. wirtschaftliche Bedeutung; über 30000 Tempel allein in Nordchina (550). Erste kritisch-polemische Studien über den Buddhismus (*Fan Chen*, 507). Früheste Zeugnisse der Literaturkritik (500, 513). Anthologien (»Wen-hsüan«, 501—531, des *Hsiao T'ung*).

600—700

POLITIK Unter Kaiser *Yang-ti* (604—618) der *Sui* Unterwerfung der T'u-yü-hun (609), Eroberung von

Indien

500—600

POLITIK Norden: Auflösung des *Gupta*-Reiches, unbedeutende Provinzialkaiser, Hochkommen von Soldatenkaisern: *Vishnuvardhana-Yashodharman* von Mālwa Diktator von fast ganz Nordindien (um 533), danach die *Gupta* (Nebenlinie) von Mālwa, die gegen Ende des Jahrhunderts von den *Maukhari* besiegt und nach Bihār verpflanzt werden; *Maitraka* von Valabhī in Saurāshtra und Gujarāt; *Maukhari*-Kaiser von Kanauj; *Pushyabhūti* von Thānesar, Markgrafen der *Maukhari* gegen die Barbaren. Die Hephtaliten werden aus Mālwa und Bihār verdrängt (zwischen 520 und 533), der Hunnenkönig *Mihirakula* zieht sich nach Kashmir zurück (um 530). Das Hephtaliten-Reich wird von den verbündeten West-Türken und Sasaniden zerschlagen (zwischen 583 und 591). Andere Barbaren, die Shūlika und Gūrjara, rennen gegen die indische Kulturwelt an, werden aber von den *Maukharī* besiegt und allmählich im Grenzlande angesiedelt.

Süden: Nach *Harishenas* Tode (um 515) Auflösung des Vākātaka-Reiches, Vordringen der Kalachuri aus Mahārāshtra nach Mālwa. Im südlichen Dekhan das Chālukya-Reich von Bādāmi von *Kīrtivarman I.* (566 bis 598) und *Mangalesha* (598—610) gegründet. An der Ostküste wird das Pallava-Reich durch *Simhavishnu Potarāja* (um 574—600) erneuert, der die Chola und Pāndya unterwirft.

KULTUR Niedergang des Buddhismus, Vorherrschen des Sonnenkultes. Sanskrit-Literatur zerfällt in den östlichen Gauda- und den südlichen Vidarbha-Stil. In der Kunst Beginn einer ähnlichen Spaltung. Ausbreitung der *Gupta*-Kultur nach Süden; Hauptmonumente: Bodhgayā, Nālandā, spätere Ajantā-Höhlenklöster, Aihole (erste *Chālukya*-Hauptstadt) und Bādāmi, frühe Elephanta-Höhlen.

600—700

POLITIK Norden: Nach der Ermordung des Maukharī *Grahavarman* durch die späten *Gupta* dehnt Kaiser

China

Cham (Nord-Vietnam) (605), erfolglose Feldzüge gegen Koguryo (in Korea) (612–614). Maßlose staatliche Bautätigkeit durch Zwangsarbeiter (Große Mauer, nord-südliche Kanalverbindung, Paläste) schwächt die Dynastie. *Li Yüan* und sein Sohn *Li Shih-min* erheben sich und gründen die *T'ang*-Dynastie (618–907). Verbesserung und Durchorganisierung der Regierungsverwaltung, Verfeinerung der Staatsprüfungen, »Chün-t'ien«-Steuersystem wieder eingeführt, Miliz. Ausdehnung des Reiches nach allen Seiten: T'u-yü-hun abermals unterworfen (635), erfolgreiche Kämpfe gegen Ost-Türken (625, 629), Sieg über die West-Türken (657), Eroberung von Sinkiang und des Tarim-Beckens (639–648), Unterwerfung von Korea (644, 660/61, 668); Auseinandersetzung mit dem 607 gegründeten tibetischen Großreich (T'u-fan): Heirat einer chinesischen Prinzessin mit einem tibetischen König (641), unglückliche Kämpfe gegen Tibeter im Tsinghai-Gebiet (670–678, neuer Feldzug 695); Champa und Annam erobert (679). Der Stamm der Uiguren an der Nordgrenze mit den *T'ang* verbündet. Kaiserin *Wu* übernimmt Regentschaft für den unmündigen Thronfolger (683), nimmt den Kaisertitel an und ruft die Dynastie *Chou* aus (690).

KULTUR Weitere Pilgerreisen chinesischer Buddhistenmönche nach Indien: *Hsüan-tsang* (629–645) und *I-ching* (671–695). Daneben allmähliches Wiedererstarken des Konfuzianismus: Erlaß, Gedächtnistempel für *Konfuzius* im ganzen Reich zu errichten (630), *K'ung Ying-ta* (574–648) verfaßt staatlich anerkannte Klassikerkommentare. Unter Kaiserin *Wu* starke Förderung des Buddhismus, aber auch Versuch einer Verschmelzung von Buddhismus und Konfuzianismus. Einströmen fremder Religionen durch Vorstöße nach dem Westen: Zarathustra-Kult, nestorianisches Christentum, Manichäismus, Judentum, Islam. In der wissenschaftlichen Literatur Neigung zum Systematisieren: Geschichtsschreibung unter staatlicher Kontrolle; erstes Werk der Geschichtskritik (»Shih-t'ung« des *Liu Chih-chi*, 661–721); Enzyklopädien. Anfänge der Druckkunst.

Indien

Harshavardhana Pushyabhūti von Thānesar (606–647) sein Reich über ganz Nordindien aus. Sieg über *Shashānka* von Bengalen, im Bunde mit *Bhāskaravarman* von Kāmarūpa (Assam). Danach chinesisch-tibetische Invasion. Längs der Westgrenze, vom Himalaya durch Rājasthān bis Gujarāt und Mahārāshtra, entstehen Gūrjara-Pufferstaaten. In Kashmir herrscht die *Kārkota*-Dynastie (seit 622).
Süden: Der Chālukya *Pulakeshin II.* (610–642) erobert fast den ganzen Dekhan, schlägt *Harshavardhana* von Thānesar an der Narmadā, nimmt den Pallava Āndhradesha ab und gründet dort das »Östliche« *Chālukya*-Reich unter seinem Bruder *Vishnuvardhana* (624–641), wird schließlich von den Pallava in Bādāmī belagert und getötet. Reich von *Vikramāditya I.* erneuert (um 655), Mysore und Gujarāt erobert. Blüte des *Pallava*-Reiches unter *Mahendravarman I.* (etwa 600–630), Verlust von Āndhradesha, *Narasimhavarman I. Māmalla* besiegt die Chālukya und tötet *Pulakeshin II.*

KULTUR Spätblüte der *Gupta*-Kultur, Hinduismus voll entwickelt. Im Süden Sieg des Shivaismus. Aufstieg des tantrischen Buddhismus (Vajrayāna). Sanskrit-Literatur Dandin, Subandhu, Harshavardhana von Thānesar, Bāna (sein Hofdichter). Tamil-Literatur der *Nāyanār*- und *Ālvār*-Heiligen, Aufkommen des Kanaresischen. Der chinesische Pilger-Gelehrte *Hiuen Tsang* am Hofe Harshavardhanas. Entstehen der drei mittelalterlichen Kunststile (Nāgara, Vesara, Drāvida). Monumente: Bhuvaneshvara (Parashurāmeshvara-Tempel), Ellorā (buddhistische Höhlen), Ajantā-Höhlen (späte Wandmalereien), Elephanta.

700–800

POLITIK Kaiserin *Wu* wird zum Rücktritt gezwungen, *T'ang*-Dynastie neu errichtet (705). Palastintrigen (Eunuchen) schwächen den Thron. Einteilung des Reiches in fünfzehn Provinzen (733). Größte Ausdehnung des Reiches: erfolglose Schlacht gegen die Araber am Fluß Talas (751). Unter Kaiser *Hsüantsung* (713–756) glanzvoller kultureller Höhepunkt. Staatsgewalt gleitet jedoch mehr und mehr in die Hände regionaler Militärkommandeure. Der Aufstand eines von ihnen (*An Lu-shan*) zwischen 755 und 763 kann nur mit Hilfe der Uiguren niedergeschlagen werden. Die fortdauernde Selbständigkeit von Militärkommandeuren bezeichnet die lang dauernde Agonie der Dynastie. 763 Hauptstadt Ch'ang-an

700–800

POLITIK Norden: Sindh von *Muhammad ibn al-Qāsim* für die Kalifen erobert (711/12); weiteres Vordringen durch Kashmir, die Gūrjara und Chālukya abgeschlagen, aber Valabhī endgültig zerstört (um 780). Kashmir, von den Chinesen unterstützt, wird Großmacht unter *Lalitāditya-Muktāpīda* (um 725–756), der *Yashovarman* von Kanauj und *Jīvitagupta II.* von Gauda (Bihār), Gujarāt, den Dekhan und Orissa unterwirft (730–747), aber in Zentralasien umkommt. Danach Auflösung des Kashmir-Reiches. Aufstieg der *Pāla*-Dynastie in Bihār und Bengalen, Eroberungen *Dharmapālas* (um 769–815); in Orissa die *Bhauma-Kara*-Dynastie, in Rājasthān Aufstieg der Gūrjara-Pratīhāra.

China

vorübergehend von Tibetern eingenommen, 786 Tibeter geschlagen. — Einführung der »Doppelsteuer« an Stelle des »Chün-t'ien«-Steuersystems fördert die Ausweitung des Großgrundbesitzes.

KULTUR Allgemeine religiöse Toleranz. Taoismus staatlich gefördert, da der Familienname der Herrscherfamilie *(Li)* mit dem des *Lao-tzu* angeblich identisch: *Lao-tzu* erhält Ehrentitel (742). Höchste Blüte des Buddhismus unter Kaiser *T'ai-tsung* (regierte 763 bis 780). Daneben Herausbildung der konfuzianischen, fremdenfeindlichen »Ku-wen«-Bewegung, die zur einfachen, klassisch-strengen Stilform (und Weltanschauung) des Altertums zurückführen will: *Han Yü* (768—824) als ihr erster, machtvollster Vertreter; er und *Li Ao* (gestorben 844) Vorläufer des Neo-Konfuzianismus. Unter Kaiser *Hsüan-tsung* goldenes Zeitalter der Dichtung (etwa 2200 mehr oder minder berühmte Poeten). Am Hofe verkehren die Dichter *Wang Wei* (699—759), *Li T'ai-po* (699—762), *Tu Fu* (712—770), *Po Chü-i* (772—846). In der Metropole Ch'ang-an (über 2 Millionen Einwohner) reger kultureller Austausch mit der ganzen damaligen Welt (Beginn des arabischen China-Handels). Die Gründung berühmter Akademien (u. a. Han-lin-Akademie) zieht Gelehrte aus Japan, Korea und Zentralasien an. Prachtvolle Palast- und Tempelbauten, Weiterentwicklung der Wasserfarbenmalerei (Fresken des *Wu Tao-tzu*, um 700—792); bedruckte Stoffe, Bronzespiegel; Grabplastik vermittelt lebendigen Eindruck des reichen kulturellen Lebens der Zeit.

800—900

POLITIK Der Hof gerät allmählich völlig in die Gewalt der Eunuchen: Kaiser *Hsien-tsung* von ihnen ermordet (820), seitdem kontrollieren sie die Thronfolge. Cliquenverbände von Eunuchengruppen und mächtigen Familien. Militärgewalt in der Hand lokaler Heerführer. »Regionale Kommandanturen« werden zu nahezu selbständigen Staaten, die nach außen oft noch erfolgreich kämpfen: neuer Sieg über die Tibeter (803), Zurückschlagung einfallender Uiguren (843), Eroberung von Tongking (866). Bauernrevolten, vor allem im Yang-tzu-Gebiet (seit 859) unterstützen den Aufstand des *Huang Ch'ao* (gestorben 884), der 875 beginnt, ganz China erfaßt (Shantung, Lo-yang, Ch'ang-an, Kanton) und erst 883 mit Hilfe der Sha-t'o-Türken niedergeschlagen werden kann.

KULTUR Zunehmende wirtschaftliche Macht der buddhistischen Klöster provoziert eine vernichtende Buddhistenverfolgung (844—845), die geistig zum Teil auch auf die »Ku-wen«-Bewegung zurückzuführen ist; nur die wenig organisierte, taoistisch gefärbte Ch'an- (Zen-) Sekte bleibt unbeschädigt. Entwicklung des Liedgedichtes (»Tz'u«) und der in schlichtem Stil abgefaßten Kurzgeschichte. Erfindung des Porzellans. Ältestes erhaltenes gedrucktes Buch der Welt: buddhistisches Sutra mit Illustration (868).

Indien

Süden: Der Chālukya *Kīrtivarman II.* plündert Kānchīpuram. Nach Abzug *Lalitādityas* werden die Chālukya von dem Rāshtrakūta *Krishna-Rāja I.* gestürzt (755).

KULTUR Fortschreitende Feudalisierung. Shivaismus wird die führende Richtung des Hinduismus: *Shamkarāchārya* (778—820), Schöpfer der Advaita-Vedānta-Philosophie. Literatur in Sanskrit *(Bhavabhūti,* Hofdichter *Yashovarmans),* Prākrit *(Vākpatirāja).* Philosophie *Gaudapāda.* Tempel von Mārtānd, Malot, Gwālior (Teli-ka-Mandir), Pahārpur, Bhuvaneshvara (Vaital Deul), Ellorā (Kailāsa 757 geweiht).

800—900

POLITIK Norden: Erholung des Kashmir-Reiches unter der *Utpala*-Dynastie (855—939). Bald danach geraten Afghānistān und der Punjāb unter die Hindu-Shāhī-Dynastie. Die Gūrjara-Pratīhāra erobern Kanauj (836 Hauptstadt) und Nordindien, Blütezeit unter *Bhoja Ādivarāha* (836—885) und *Mahendrapāla* (885—908). Die *Pāla* in der Defensive.
Süden: Die Rāshtrakūta breiten sich über den ganzen Dekhan, Mysore und Gujarāt aus, bedrängen die Östlichen *Chālukya* und *Pallava.* Der *Pallava Aparājita* von *Āditya I. Chola* gestürzt (897).

KULTUR Erste Blüte der mittelalterlichen Hindu-Kultur. Sanskrit- und Prākrit-Literatur *(Rājashekhara,* Hofdichter *Mahendrapālas),* kanaresische Literatur am Rāshtrakūta-Hof. Kunst: Tempel von Avantipur und Pātan (Kashmir), Osiān (Rājasthān), Deogarh (Zentral-Indien), Ellorā (Lankeshvara-Tempel). Islamisch: Brahmanābād-Mansūra (Sindh). Spätbuddhistische Philosophie in Nālandā, großer Einfluß auf Ost- und Südostasien.

China

900—1000

POLITIK Niedermetzelung der Eunuchen (903). Im Streit verschiedener Militärkommandeure geht die Dynastie unter (907), das Reich zerbricht: Im Norden lösen sich in raschem Wechsel die »Fünf Dynastien« ab (907—960), von denen drei von Sha-t'o-Türken gegründet werden, im Süden bestehen zahlreiche Staatsgebilde nebeneinander (die »Zehn Staaten«, 907—979). Im äußersten Nordosten Gründung des Khitan-Reiches Liao (907, 937—1125): Sein Herrscher *A-pao-chi* nimmt 916 den Kaisertitel an. Im Nordwesten entsteht der Tanguten-Staat Hsi-hsia (996—1227). 960 gelingt *Chao K'uang-yin*, einem Heerführer von *Nord-Chou*, der letzten der »Fünf Dynastien«, die Wiedervereinigung des Landes unter einer eigenen, der *Sung*-Dynastie (960—1279). Um erneuten Zerfall des Reiches zu verhindern, Neuorganisierung des Staatsaufbaus mit betonter Zentralisierung (drei Superministerien für Wirtschaft, Militär, Verwaltung), Einrichtung einer Zensurbehörde, Entmachtung der Militärkommandeure (Abrüstung, Entmilitarisierung der Gesellschaft). Daraus resultierende äußere politische Schwäche durch eine Politik der Tributzahlungen weitgehend ausgeglichen. Korea und Annam gehen verloren. Ausdehnung des Überseehandels. Zahlreiche staatliche Bauprojekte. Gentry nimmt an Zahl ab, an Einfluß zu.

KULTUR Buddhismus weiter geschwächt: Zerstörung von 30 336 Klöstern und Einschmelzung von Bronzestatuen zur Münzprägung durch Kaiser *Shih-tsung* (regierte 954—960) der *Nord-Chou*-Dynastie. Demgegenüber wachsender Einfluß des Konfuzianismus: Drucklegung der »Neun Klassiker« (953), Nachforschung nach alten Texten amtlich angeordnet (984), Bibliothek »Chung-wen-yüan« gegründet (978), Kompilierung von riesigen Enzyklopädien (»T'ai-p'ing-yü-lan«, 983, und andere), allgemeine Erweiterung der Bildung durch verbreitete Anwendung des Druckverfahrens; Privatschulen. Beginn einer Periode der »Rückbesinnung«. Analoge Entwicklung in der bildenden Kunst: Maler-Akademien. Hervortreten der Landschaftsmalerei (im Gegensatz zur individualistischen Personenmalerei): *Kuan T'ung* (1. Hälfte 10. Jh.).

1000—1100

POLITIK Verträge statt militärischer Initiative: Friede von Shan-yüan, der den *Liao* Jahresentschädigungen gewährt (1005), leitet Zeit des »erkauften Friedens« ein. Die *Liao* anderseits werden sinisiert. Revolutionierende Verwaltungsreformen (1069—1085) *Wang An-shihs* (1021—1086) versuchen staatliche Planwirtschaft auf allen Gebieten einzuführen. Unter Kanzlerschaft des Konfuzianers *Ssu-ma Kuang* Reformen aufgehoben (1086), noch einmal kurzfristig eingeführt (1094). Erfindung des Papiergeldes, Inflation. Herrscher von Hsi-hsia nimmt Kaisertitel an (1038), zunehmende Bedrohung von außen.

Indien

900—1000

POLITIK Norden: Das Sultanat Ghazna in Süd-Afghānistān gegründet (962), Hindu-Shāhīs werden aus Kābul verdrängt. In Kashmir regiert die Königin *Diddā* (950—1003). Auflösung des Pratīhāra-Reiches, Kanauj von *Indra III*. *Rāshtrakūta* gestürmt (um 915), daraufhin sind die *Pratīhāra* nur noch Schattenkaiser unter der Vormundschaft der *Chandella* von Jejakabhukti. Nordindien zwischen *Chandella* und *Paramāra* geteilt: die *Chandella* unterwerfen die nordindische Ebene. Die *Paramāra* stoßen von Mālwa nach Süden vor, plündern die Rāshtrakūta-Hauptstadt Mānyakheta (972). Aber *Vākpatirāja II. Munja* wird von dem Westlichen *Chālukya Taila II.* besiegt und hingerichtet (995).

Süden: Das Rāshtrakūta-Reich dehnt sich unter *Indra III.* (914—917) und *Krishna III.* (939—968) zeitweilig von Mysore bis zum Himalaya aus, bricht aber an innerer Schwäche zusammen (974). An seiner Stelle wird die »Westliche« *Chālukya*-Dynastie (von *Taila II.*) gegründet.

KULTUR Shivaismus auf der Höhe, Reform des Vishnuismus durch *Nāthamuni* (Shrī-Vaishnava-Sekte). Literatur in Sanskrit (*Yogeshvara*, Bengalen, *Abhinavagupta*, Kashmir) und Kanaresisch. Kunst: Tempel von Khajurāho, Bhuvaneshvara (Lingarājā), Sīkar (Harshanātha), Ellorā (Jaina-Höhlentempel), Shravana-Belgola (Gommateshvara-Koloß).

1000—1100

POLITIK Norden: In Kashmir politischer Zerfall unter *Harsha* (1089—1101). Im Punjab die Hindu-Shāhīs gestürzt (1026), Sultan *Mahmūd* von Ghazna (998—1030) plündert Nordindien bis Kāliñjar im *Chandella*-Reich (1021) und Somnāth in Saurāshtra (1026), erobert den Punjāb (Festung Kāṅgrā-Nagarkot 1009), sein Nachfolger *Mas'ud* wird von den Seldschuken unterworfen (1038). Der letzte Pratīhāra*Rājyapāla* von dem *Chandella Ganda* ermordet (1018). Nach der Niederlage durch *Mahmūd* von Ghazna 1019 werden die *Chandella* durch die Kalachuri von Chedi verdrängt. Unter *Gangeyadeva* (um 1025—1041) und

China

KULTUR *Fan Chung-yen* (989—1052) und *Ou-yang Hsiu* (1007—1072) führen »Ku-wen«-Bewegung weiter. Neo-Konfuzianismus behandelt (im Gegensatz zum älteren Konfuzianismus) kosmologische und metaphysische Themen und verarbeitet dabei buddhistisches Gedankengut: *Chou Tun-i* (1017—1073), *Shao Yung* (1011—1077), *Chang Tsai* (1020—1077), *Ch'eng Hao* (1032—1085), *Ch'eng I* (1033—1108); rein konfuzianisch ausgerichtete Geschichtsschreibung: *Ssuma Kuangs* (1019—1086) »Tzu-chih t'ung-chien« nach dem Muster des »Ch'un-ch'iu«. Der Dichter *Su Tung-po* (1036—1101) und die Dichterin *Li Ch'ing-chao* (geboren 1084). Der »Künstler-Staatsmann« als Ideal.

Indien

Lakshmī-Karna (1041—1070) werden die Kalachuri die Vormacht in Nordindien; sie vernichten Bhoja von Dhāra und werden dann selbst von einer Gegenkoalition gestürzt. Restauration der Chandella unter *Kīrtivarman*. Aufstieg der *Gāhadavāla* (Gahārwār) in der Ganges-Ebene. Renaissance des Pāla-Reiches unter *Rāmapāla* (1084—1126). In Orissa Blütezeit unter *Anantavarman Chodaganga* (1076 bis 1147). Die Paramāra stoßen unter *Bhoja* von Dhāra (1010/1021—1065) bis in den Dekhan und nach Gujarāt vor, *Bhoja* wird von den verbündeten Kalachuri, Solankī und den Westlichen Chālukya besiegt und getötet. Aufstieg der Solankī von Gujarāt unter *Jayasimha Siddharāja* (1064—1143).

Süden: *Someshvara II. Chalukya* stürzt *Lakshmī-Karna* (1070); dann Bürgerkrieg zwischen *Someshvara II.* und *Vikramāditya VI.* Die Chola entwickeln sich zu einer Weltmacht vom Ganges bis nach Ceylon, Malaya und Sumatra unter *Rājarāja dem Großen* (985—1016), *Rājendra I.* und *Rājādhirāja*. Unter dem Östlichen Chālukya *Kulottunga I.* (1070—1118) Vereinigung der beiden Reiche.

KULTUR Höhepunkt der mittelalterlichen Hindu-Kultur. Beginnende Zersetzung des Shivaismus, weiteres Vordringen des Vishnuismus *(Rāmānuja)*. Literatur in Sanskrit: *Kshemendra*, *Somadeva*, *Padmagupta*; weiterer Aufstieg der Volkssprachen Prākrit, Apabhramsha, Tamil: *Kamban*; Telugu: *Nanniah*. Kunst: Riesentempel von Bhuvaneshvara (Lingarājā), Khajurāho, Gwāliōr (Sās-Bahu).

1100—1200

POLITIK Gründung des Jürched-Reiches *Chin* im Norden (1115—1234). Bündnis der *Sung* mit *Chin* gegen *Liao* (1118). Untergang von *Liao* (1125). Einnahme der chinesischen Hauptstadt (K'ai-feng) durch die *Chin* und Gefangennahme des »Künstler-Kaisers« *Hui-tsung* (regierte 1101—1126) und seines Sohnes *Ch'in-tsung* (1126). Verlust ganz Nordchinas. *Sung*-Dynastie 1127 in Hang-chou durch Kaiser *Kao-tsung* (1127—1163) neu konstituiert (»Süd-Sung-Zeit«, 1127—1280). Massenflucht von Nordchina nach Süden. General *Yüeh Fei* (1103—1143). Friedensschlüsse mit *Chin* (1141/1165) legen China Tributpflicht auf. *Chin* versucht sich durch Verbot chinesischer Kleidung (1183) vor Sinisierung zu bewahren. *Tschingis Khan* beginnt mongolische Stämme zu einen (seit 1188).

KULTUR Höhepunkt des Neo-Konfuzianismus: *Chu Hsi* (1131—1200) als Staatsmann, Philosoph und Historiker Begründer einer neuen, bis in die Moderne hinein wirksamen rationalistischen Richtung des Konfuzianismus. Kompilation der »Vier klassischen Bücher«. *Lu Hsiang-shan* (1139—1193) als Vertreter einer idealistischen Richtung. Blüte der Lieddichtung, der Landschaftsmalerei und der privaten Geschichtsschreibung. Hohes Interesse an Kunstsammlungen, Bibliophilie, Gartenarchitektur, Botanik, Tanz und

1100—1200

POLITIK Norden: In Kashmir gerät die Monarchie gegen den Adel in die Defensive. Ghazna von dem Ghoriden *'Alā' ad-Dīn Husain* zerstört (1150), Lahore Hauptstadt (1161), Ende der Ghaznawiden-Dynastie (1186). Die Chauhān von Shākambarī erobern den Ost-Punjāb zurück; *Vigraharāja IV.* (1153—1163) nimmt Delhi; *Prithvīrāja III.* wird von den Ghūriden bei Tarāin besiegt und getötet (1192); das Chauhān-Reich löst sich auf. In der Gangesebene der *Gāhadavāla*-Dynastie, von den Ghūriden vernichtet (1193). Die Solankī von Gujarāt erleben unter *Kumārapāla* (1143—1174) ihren Höhepunkt, danach Niedergang. In Bengalen werden die Pāla von den Sena verdrängt, Hindu-Gegenreformation; die Sena stürzen bald darauf selbst (1197—1202). Der Ghūride *Mu'izz ad-Dīn* besiegt die Chauhān, die Gāhadavāla (1192/93), seine Generäle erobern Ājmer, Bihār und Bengalen (1197). Einfälle in Gujarāt.

Süden: Zerfall des Westlichen Chālukya-Reiches, die Hoysala von Mysore, die Kākatīya von Warangal und die Yādava von Deogiri werden so gut wie selbständig, der Kalachuri *Bijjala* erobert die Hauptstadt Kalyānī. *Someshvara IV.* wieder eingesetzt (1183), Westliche *Chālukya*-Dynastie beseitigt (1190). Letzte Blüte des Chola-Reiches unter *Kulottunga II.* (1133 bis 1150), seit *Rājarāja II.* Auflösung.

China

ähnlichem. Hang-chou als Zentrum hoch kultivierter Lebensart.

1200—1300

POLITIK *Tschingis Khan* nennt sich Kaiser (1206). *Süd-Sung* schließt dritten Friedensvertrag mit *Chin* (1208). Hsi-hsia und die Uiguren unterwerfen sich den Mongolen (1209), *Tschingis Khan* erobert den Nordteil des *Chin*-Reiches einschließlich Peking (1211—1215) und stirbt kurz vor der Zerstörung Hsi-hsias (25.8.1227). Sein Nachfolger wird Ögödei. Der Khitan *Yeh-lü Ch'u-ts'ai* bringt als Leiter der mongolischen Staatskanzlei (1231) die Mongolen von dem Plan ab, China zu einem Weideland zu machen. Die Mongolen vernichten *Chin* (1234), erobern Korea (1247) und Tongking (1257). Der Enkel *Tschingis Khans*, *Khubilai Khan* (regierte [1222] 1279—1295), ruft mongolische *Yüan*-Dynastie ([1222] 1279—1368) für China aus. Belagerung der chinesischen Schlüsselstellung Hsiang-yang (1268—1273). Wen *T'ien-hsiang* (1236—1282) als militärischer Führer der chinesischen Verteidigung. Hang-chou erobert (1276), letzte Kronprätendenten der *Sung* geschlagen (1280). Mißglückte Expeditionen gegen Japan (1274, 1281), Kriegszüge durch Indochina bis nach Java (1282/83). *Marco Polo* in China (1275—1292?). Rassenpolitik soll Assimilierung der Mongolen verhindern: Verbot der Mischehe, der Erlernung des Mongolischen, des Waffen- und Pferdebesitzes für Chinesen; Einführung von vier sozialen Klassen (Mongolen, zentralasiatische Fremdvölker, Nordchinesen, Südchinesen). Förderung des Kaufmannsstandes. Verbesserte Verkehrsbedingungen (Poststationen). Papiergeld als Standardwährung.

Mongolen: Eroberungen in Persien, Mesopotamien, Armenien und Georgien (ab 1230.) Ausbau der Hauptstadt Karakorum. Vormarsch nach Rußland unter *Batu* (1236—1239). Unterwerfung der Wolgabulgaren. Angriff auf die Kiptschak (1237). Eroberungen russischer Städte: Susdal (21.12.1237) und Wladimir (8.2.1238). Eroberungen im Nordkaukasus. Eroberung von Kiew (6.12.1240). Vorstoß nach Sandomierz in Polen. Vernichtung der Ungarn in der Feldschlacht bei Mohi, König *Bela IV.* entkommt (1241). Brand von Krakau. Die Nordarmee überschreitet die Oder, Breslau erobert, Schlacht bei Liegnitz: Vernichtung des deutsch-polnischen Ritterheeres (9.4. 1241) Die Mongolen ziehen aus Ungarn weg. *Plano*

Indien

KULTUR Überfeinerung und Auflösung der Hindu-Kultur, der volkstümliche Buddhismus wird in Bengalen unterdrückt. Die shivaitische Lingāyat-Sekte. *Rāmānuja* macht in Mysore den Vishnuismus zur Staatsreligion. Jainismus in Gujarāt führend. Literatur in Sanskrit *(Jayadeva, Bilvamangala, Dhoyi)* und Prākrit *(Hemachandra)*, Ritterepos *Vishaladeo Raso* (1165); Tamil *(Sekkilar)*, in Persisch und Arabisch *(Firdausī, Al-Bīrūnī)*. Hindu-Kunst: Tempel von Nāgdā, Chitorgarh, Kumbhāriā, Palitāna, Girnār, Lakkundi, Kuruvatti. Islamische Kunst: Qutb-Mīnār und Moschee, Delhi.

1200—1300

POLITIK Norden: Die Hindu verteidigen sich in Rājasthān, Zentral-Indien und Bengalen. In Orissa letzte Blüte unter *Narasimha I.* (1238—1264). Der Ghūride *Mu'izz ad-Dīn* ermordet (1206). Delhi-Sultanat: *Aibak* (1206 bis 1210), *Iltutmish* (1210—1236), *Balban* (1266 bis 1287), *Khiljī*-Dynastie (1290—1320): *A'lā ad-Dīn* (1296—1316). Mongolen-Einfälle, Gujarāt (unter der *Vāghelā*-Dynastie) erobert (1297). Bengalen unter *Bughrā Khān* selbständiges Sultanat (1287).

Süden: Untergang des Chola-Reiches (1256—1279), Pāndya von Madurai werden die Großmacht des Südens, in Mysore die Hoysala, im Dekhan die Kākatīya *(Pratāparudra I.)* und Yādava *(Singhana* und *Krishna).*

KULTUR »Shaiva-Siddhānta« des *Meykandār*, Mahānubhava-Sekte, *Jñāneshvar* (Mahārāshtra), Vishnuismus: *Mādhva* (»Dvaita-Vedānta«). Islamische Mission: *Mu'īn ad-Dīn Chishtī, Bakhtyār Kākī*. Literatur in Tamil *(Vedāntadeshika)*, in Telugu *(Tikkana* und *Errapragada)*, erste Werke auf Malayalam; in Persisch *(Amīr Khusrau* und *Mīr Hasan Delhavī)*. Kunst: Tempel von Konārka und Purī (Orissa), Kirādu, Jālor (Rājasthān), Warangal, Somnāthpur (Mysore), Große Moschee und Gräber Sultān *Gharīs* (Delhi), *Arhai-Din-kā-Jhompras* in Ajmer.

China

Carpini und Benedikt der Pole reisen im Auftrag Papst *Innozenz' IV.* zu den Mongolen (1245). Wahl *Güyüks* zum Großkhan (1246). Wahl *Möngkes* zum Großkhan. *Khubilai Khan* wird mit der Verwaltung der Länder südlich der Gobi beauftragt. Feldzug gegen das Sung-Reich. Eroberung von Bagdad durch *Hülägü* (1258). Vorstöße nach Polen (1259/60). Wahl *Khubilais* zum Großkhan. Mamlūken-Sieg über *Hülägü* bringt mongolischen Vormarsch nach Ägypten zum Stehen (1260). *Berke* wird Khan der Goldenen Horde in Rußland (1257–1267). Neue Einfälle in Polen (1279/80). Mongolen der Goldenen Horde fallen in Polen ein (1289, und wieder 1299).

KULTUR Konfuzianismus und Buddhismus (Steuerbefreiung für Klöster) von Mongolen geachtet, Islam, nestorianisches Christentum und Katholizismus (Franziskanermönche) toleriert. Dagegen Verbrennung taoistischer Schriften (1281). In der Literatur Förderung umgangssprachlicher volkstümlicher Werke, die auch für Nicht-Chinesen leichter verständlich sind, von der jetzt kaltgestellten chinesischen Bildungsschicht aber verachtet werden: Roman und vor allem Drama. Werke des popularisierten Konfuzianismus: »Drei-Zeichen-Klassiker« des *Wang Ying-lin* (1223–1296) und »24 Beispiele der Kindesliebe«.

1300–1400

POLITIK Papst *Clemens V.* ernennt *Johann von Montecorvino* zum Erzbischof von Khanbalik (Peking, 1307). Mißernten und unfähige Verwaltung lösen Aufstandsbewegungen im ganzen Reich aus (Bewegung der »Roten Turbane«, seit 1340). Ehemaliger Bettelmönch *Chu Yüan-chang* (regierte 1368–1398) stellt sich an die Spitze dieser halb national-religiösen, halb sozial-revolutionären Bewegungen, vertreibt den letzten Mongolenkaiser (*Shun-ti*, regierte seit 1333) und gründet *Ming*-Dynastie (1368–1662). Alle Exekutivorgane (»Sechs Ministerien«, Zensorat, Oberster Gerichtshof, Reichsakademie, alle Verwaltungsinstanzen und Militärbehörden) direkt dem Kaiser unterstellt. Dieses autoritäre Staatswesen bleibt bis Ende des 19.Jahrhunderts im wesentlichen bestehen. Mongolen: Zerfall der Ilkhanherrschaft in Persien (um 1359). Zusammenbruch der Mongolenherrschaft in China (1368).

KULTUR Konfuzianismus der *Chu Hsi*-Richtung kann sich festigen.

1400–1500

POLITIK Kaiser *Yung-lo* (1403–1424) usurpiert den Thron. Annam unterworfen (1407). Ständige Feldzüge gegen die Mongolen (seit 1410): Verlegung der Hauptstadt nach Peking (1421, Nanking bleibt zweite

Indien

1300–1400

POLITIK Norden: Kashmīr Sultanat (1339). Delhi: *A'lā ad-Dīn* (1296–1316) erobert Ranthambhor (1303), Jālor, Chitorgarh in Rājasthān und Mālwa (1305).Die Yādava und Kākatīya werden tributpflichtig (1306), wenige Jahre später Untertanen. *Mubārak Khiljī* unterwirft die Pāndya und Hoysala. *Tughluq*-Dynastie (1320–1398/1412): *Ghiyās ad-Dīn; Muhammad* (1325–1351): Krise durch Überspannung der Staatsmacht, allgemeiner Aufstand, es bilden sich das Sultanat Ma'bar (Madurai, 1334–1378) und das Bahmanī-Sultanat (Dekhan, 1345/47); *Fīrōz Shāh* (1351 bis 1388): Reformen, danach Auflösung, Mālwa, Gujarāt und Jaunpur werden unabhängig (1392), Delhi von *Tamerlan* geplündert (1398). In Bengalen gewinnt die *Ilyās*-Dynastie die Macht (1345), Regentschaft von *Rāja Ganesha* von Dinājpur (1396), (Hindu-Restauration). Im Dekhan Gründung des großen Reiches von Vijayanagar (1336).

KULTUR In Vijayanagar die Dichterin *Gangā Devī*, im Norden der vishnuitische Missionar *Rāmānanda* (1299–1410?), Gujarāt: *Vasanta-Vilāsa*. Delhi: *Nizām ad-Dīn Auliyā*. Kunst: Tughlaqābād, Sirī, Kotila-i *Fīrōz Shāh* in Delhi.

1400–1500

POLITIK Norden: Blüte Kashmīrs unter *Zain al-'Ābidīn* (1420–1470), Delhi und Punjāb Provinzen des Tīmūriden-Reiches unter *Khizr Khān* (1390–1421), *Sayyid*-Dynastie gegründet (1414). *Bahlōl Lodī* annektiert das Sharqī-Sultanat Jaunpur (1394–1486/89). Expansion von Mālwa unter *Hoshang Shāh* (1405 bis 1435), Māndū Hauptstadt, neue Dynastie mit *Mahmūd Khiljī* (1433). *Ahmad I.* (1411–1422) gründet Ahmedābād in Gujarāt, Eroberung der umliegenden Rājatümer und von Saurāshtra durch *Mahmūd Bēgadā* (1458–1511), neue Hauptstadt Champaner. In Rājasthān Große Rājputen-Föderation unter Führung von Chitorgarh (Mewār): *Mahārānā Kumbha-*

China

Hauptstadt), Ausbau der Großen Mauer, Verbesserung der nord-südlichen Kanalverbindung (»Kaiserkanal«). Ständige Plünderungen der östlichen Küstengebiete durch japanische Seeräuber (seit Anfang des Jahrhunderts). Chinesische Flotte segelt mit über 50 Kriegsschiffen durch Malakkastraße bis zum Persischen Golf und an die Ostküste Afrikas (1405—1433). Innenpolitisch erbitterter Kampf der durch Staatsprüfungen aufgestiegenen Literaten mit den Eunuchen um den Einfluß beim Thron (seit etwa 1450). Ansätze zu kapitalistischen Wirtschaftsformen, aber keine Weiterentwicklung zum Kapitalismus, da Handel grundsätzlich vom Konfuzianismus abgelehnt. Ausweitung des Handels bis nach Indonesien.

Mongolen: Chinesische Truppen schlagen den Großkhan *Öldzeitü,* Zerstörung von Karakorum (1410). Niederlage der vordringenden Oiraten durch ein chinesisch-mongolisches Heer unter dem Ming-Kaiser *Yung-lo.* Oiratische Hegemonie über die Mongolei (ab 1434). Vernichtung der Oiraten bei Tasbürtü (1468). Thronbesteigung *Dayan Khans* (1479): Renaissance des Großkhanats.

KULTUR Verhärteter Konfuzianismus wird Staatsreligion und ideologische Grundlage der absolutistischen Regierung. »Achtgliedriger Aufsatz« und neokonfuzianische Doktrin werden zum literarischen Wertmaßstab. Philologische Arbeiten. »Yung-lo ta-tien« in 22 000 Kapiteln (11 095 Bänden) wird als größte Enzyklopädie der Geschichte fertiggestellt (1407). Buddhismus und Taoismus Volksreligionen.

1500—1600

POLITIK Die ersten europäischen (portugiesischen) Kaufleute erreichen Asien auf dem Seeweg (1513/14); sie werden in Macao konzentriert (1557); Spanier besetzen die Philippinen (1565). Japanische Seeräubereinfälle wachsen sich in Südostchina zu Invasionen aus (bis um 1660) und bewirken Abschließung Chinas. (Verbot für Chinesen, die Landesgrenzen zu überschreiten, für Fremde, chinesische Bücher zu erwerben.) Die Kämpfe gegen die Mongolen dauern mit kurzen Unterbrechungen bis etwa 1570 an. Japan fällt in Korea ein (1592/93, 1597/98).
— Die Manchu-Stämme vereinigen sich unter ihrem Herrscher *Nurhachi* (gestorben 1626): er nennt sich Nachkomme der Jürched-Chin und gründet die »Bannerorganisation« (1583). Mongolen: Bedrohung der chinesischen Grenzgebiete durch den Großkhan *Bodialagh* (1532). Übertritt des *Altan Khan* der Tümet zum Buddhismus führt zur Massenbekehrung der Mongolen (1578).

KULTUR *Konfuzius* erhält einen amtlichen Ehrentitel verliehen (1530). Neo-konfuzianischer Idealismus: *Wang Yang-ming* (1472—1529). Der Buddhismus lamaistischer Prägung breitet sich von Tibet nach der Mongolei aus (2. Hälfte des 16. Jahrhunderts).

Indien

karna (1433—1468). In Bengalen herrscht *Jalāl ad-Dīn Muhammad* (1414—1431), Massenbekehrungen im heutigen Ost-Pakistan; Staatsreform des *A'lā ad-Dīn Husain* (1493—1518). In Orissa letzte Blüte unter der *Sūryavamshī*-Dynastie (1434—1542).

Süden: Bahmanī-Sultanat: Reformen von *Tāj ad-Dīn Fīrōz* (1337—1422); *Ahmad Shāh Walī* verlegt Hauptstadt von Gulbarga nach Bīdar (1424); Kriege mit Orissa und Vijayanagar, Reformen des Ministers und Regenten *Mahmūd Gāwān* (1466—1481). Auflösung des Staates: Bījāpur, Ahmadnagar und Berār werden unabhängig (1490/91). In Vijayanagar Militär-Reformen *Devarayas II.* (1422—1446).

KULTUR Wiedererwachen der Hindu-Kultur, Vishnuitische Reform (*Nar Singh Mehta* 1414—1481). Aufblühen der Volksliteratur in Bengalen *(Krittivāsa, Mālādhara Basu, Chandīdās),* Orissa, Gujarāt und Rājasthān *(Bhalāna).* Renaissance der mittelalterlichen Tempelarchitektur in Rājasthān; Blüte der Gujarātī-Malerei, Beginn eines neuen Stils unter *Rāja Mān Singh Tomār* von Gwāliōr (1486 bis 1516). Entwicklung lokaler Stile in den verschiedenen Sultanaten.

1500—1600

POLITIK Norden: *Ibrāhīm Lodī* (1517—1526) erobert Gwāliōr, überwirft sich mit seinen Großen, wird vom Großmogul *Bābur* besiegt und getötet. Bengalen: Verfall, Gaur 1538/39 von *Humāyūn* besetzt, selbständige *Sūr*-Dynastie (1552—1576). Mālwa erlebt die Diktatur *Medinī Rāis* und wird von Gujarat annektiert. In Gujarāt Kulturblüte unter *Muzaffar II.* (1511—1526), *Bahādur Shāh* (1526—1537) annektiert Mālwa, nimmt Chitorgarh (1535) und wird von *Humāyūn* besiegt. Die letzten drei Sultane Gefangene ihrer Minister, Gujarāt von *Akbar* annektiert (1572—1583). Großmogul-Reich: *Bābur* kommt aus Samarkand nach Kābul (1504), besiegt *Ibrāhīm Lodī* bei Pānipat (1526) und *Sāngrām* bei Khānua (1527). *Humāyūn* (1530 bis 1556) erobert Gujarāt und Mālwa, Gaur (in Bengalen), wird selbst aber besiegt (1540) und flieht nach Persien; er erobert später den Punjāb zurück (1555). — Interregnum der afghanischen *Sūr*-Dynastie: *Shēr Shāh* (1540—1545) erobert Mālwa und Rājasthān, dann *Islām Shāh* (1545—1554); Zerfall in vier Sultanate und Vernichtung (1555—1556). — *Akbar der Große* (1556—1605); Sieg über *Sūr*-General *Hemū* 1556; Beginn der hindufreundlichen Politik (1562), Hindu gleichberechtigt (1564), Aufstand der alten Mogul-Großen (1564—1567), »Heiliger Krieg« der Muslime gegen *Akbar* (1580), »Dīn-i Ilāhī« (1582). Eroberungen: Mālwa (1562), Gondwāna (1564), Chitorgarh (1568), Gujarāt (1572—1583), Bengalen (1576), Orissa (1590), Kashmīr (1586), Kandahār (1595), Berār (1596), Ahmadnagar (1600).

Süden: Bījāpur: Verzweifelte Verteidigung gegen die Teilstaaten des früheren Bahmaniden-Reiches, durch Vijayanagar gerettet; nach der Schlacht von Talikota

China

Gründung der Jesuitenmission in China (seit 1581): *Matteo Ricci* (1552—1610). Blütezeit des chinesischen Romans.

Indien

(1565) Blüte unter *Ibrāhīm II.* (1580—1626). Golkonda: *Qutb-Shāhī*-Dynastie von *Sultān-Qulī Qutb al-Mulk* gegründet (1512), Höhepunkt unter *Ibrāhīm* (1550—1580), Hyderabad von *Muhammad-Qulī* gegründet (1589). Vijayanagar: Blütezeit unter *Krishnadeva Rāya* (1509—1529); die folgenden Kaiser *Achyūta* und *Sadāshiva* Gefangene des Ministers *Aliya Rāma-Rāja*: Oberhoheit über die Dekhan-Sultanate; schwere Niederlage durch die verbündeten Sultane bei Talikota (1565), Vijayanagar geplündert.

KULTUR Vishnuitische Reformen gehen weiter. Hindi-Literatur: *Mirā Bāī* (1498—1546 bis 1560/63), *Sūrdās* (1483—1563), *Tūlsīdās* (1532—1623) und *Malik Muhammad Jayasī, Keshavadās*; in Telugu: »Die Acht Elefanten«; in Persisch: *Faizī, Abū'l Fazl, al-Badāōnī*. Palastburgen von Purāna Killa, Agra, Allahābād und Lahore, Residenz Fathpur-Sikrī, Ajmer, Grabmäler zu Delhi, Gwālior. Imperialer Mischstil in Baukunst und Malerei.

1600—1700

POLITIK Aufstand der Sekte »Weißer Lotos« in Shantung (1622) leitet eine durch Hungersnot, Korruption (Eunuchen) und Mißwirtschaft verursachte Periode innerer Unruhen ein. *Nurhachis* Sohn *Abahai* unterwirft Korea (1627, 1636/37), und die Innere Mongolei, fällt nach Nordchina ein (1629—1636) und ruft die *Ch'ing*-Dynastie aus (1636). Banditenbanden (*Li Tzu-ch'eng*, 1605—1645) überschwemmen Nordchina; *Li* nimmt Peking, *Ming*-Kaiser *Ch'ung-chen* (regierte seit 1628) erhängt sich (1644). Chinesischer General *Wu San-kuei* (1612—1678) ruft die Manchu zu Hilfe, die *Li* schlagen, aber eigene *Ch'ing*-Dynastie in China (1644—1911) errichten (Einführung der Zopf-Tracht als Symbol der Unterwerfung unter Manchu-Sitte). *Ming*-loyale Truppenführer leisten Widerstand in Südchina und Formosa (bis 1683), darunter auch Aufstand *Wu San-kueis* und seiner Anhänger (1673—1681). Ausdehnung des Reiches unter Kaiser *Shun-chih* (regierte 1644—1661) und *K'ang-hsi* (regierte 1661—1722): Festsetzung der russisch-chinesischen Grenze (1689), ganz Zentralasien unterworfen (1690—1697). Holländer in China (seit 1610). Einführung von »neun Adels- und neun Beamtenklassen, sowie der »Bannerorganisation« im Militärwesen soll unter anderem Aufsaugen des manchurischen Bevölkerungsteils verhindern.
Mongolen: Letzter Versuch einer Zentralisierung der mongolischen Macht durch *Ligdan Khan* (1604). Redaktion der mongolischen Übersetzung des buddhistischen Kanons (1628/29). Nach *Ligdan Khans* Tod Übergabe des alten mongolischen Kaisersiegels an den Manchu-Kaiser (16.10.1635).
KULTUR Konfuzianismus Staatsreligion. Staatliche Förderung von Kunst und Wissenschaft. Blüte der katholischen China-Mission: erste Kirche in Peking (1601), Jesuiten erhalten als Berater für Naturwissenschaft und Technik einflußreiche Stellungen

1600—1700

POLITIK Norden: *Jahāngīr* (*Salīm*, 1605—1627) unterwirft den Mahārāna von Udaipur (1614), rückt langsam im Dekhan vor; Aufstand des Prinzen *Khurram* (1623). *Shāhjahān* (*Khurram*, 1628—1658) gewinnt Qandahār zurück (1632), erobert Huglī (portugiesisch, 1632) und den Nizāmshāhī-Staat (das frühere Ahmadnagar, 1633), Shāhjahānābād (Delhi) gegründet (1638), Zentralasiatische Expedition (1645—1647), Bürgerkrieg zwischen vier Prinzen (1657—1658). Unter *Aurangzēb* (1659—1707) Hindu-Verfolgung, verschiedene Hindu-Aufstände im Norden (1669—1683), Mogul-Heer im Karāpa-Paß (Afghānistān) vernichtet (1674). *Aurangzēb* beherrscht den Dekhan (1680).
Süden: Vijayanagar: *Aravīdu*-Dynastie von Vellore 1649 gestürzt; Nachfolgestaaten der *Nāyak* in Madurai, *Tirumāla* (1623—1659). Bijāpur: *Bīdar* annektiert (1618), dringt in das Vijayanagar-Reich vor (1620), Kriege mit den Moguln, von *Aurangzēb* unterworfen (1686). Golkonda: Expansion nach Süden (seit 1638), *Mīr Jumla* geht zu den Moguln über (1655), Hyderābād von den Mogul geplündert (1656), Golkonda erobert (1687). Marāthen: *Shivājis* Staatsgründung (1647), er wird in Pūrandhār belagert und gefangen (1666), *Mahārāja* (1674—1680), *Shambhūjī* (1680—1689) Zerfall. Mogul: Aurangābād Kaiserresidenz (1680). Erfolglose Feldzüge gegen die Marāthen.
KULTUR Sieg der islamischen Orthodoxie, Institutionalisierung der Hindu-Reformsekten (Sikh, Vallabhāchārya u.a.). Hohe Kulturblüte (bis etwa 1660): Im Dekhan frühe Urdū-Literatur, Tanz, Musik, Bauten von Bijāpur (*Ibrāhīm Rauza, Gol-Gumbaz*), Golkonda und Hyderābād. Persische und arabische Literatur am Mogul-Hofe. Hindu-Literatur: *Ādi Granth, Sundar, Bihārī-Lāl Chaube* (1603—1663). Kunst: *Akbars* Grab zu Sikandra, *Jahāngīrs* Gartenpaläste in

China

am Hofe. Steigendes Interesse an der philologisch-kritischen Untersuchung überlieferter Schriften: textkritische und kritisch-historische Schriften.

1700—1800

POLITIK Kaiser *Yung-chēng* (regierte 1722—1735): Straffe Kontrolle der Regierungsverwaltung. Prinzenschulen, Einrichtung des Großen Staatsrats. Kaiser *Ch'ien-lungs* Regierung (regierte 1735—1796/1799) politische und kulturelle Glanzzeit der *Ch'ing*-Dynastie: Niederschlagung von Aufständen der Dsungaren (1729—1759), Gurkha (1792), Muslime (1758—1781); Tibet chinesisches Protektorat (seit 1750). Bevölkerung wächst von etwa 250 auf etwa 400 Millionen an.

KULTUR Kompilation riesiger Nachschlage- und Sammelwerke unter staatlicher Förderung, Enzyklopädien (»T'u-shu chi-ch'eng«, in über 10000 Heften, 1725), Textsammlungen, Bronzekataloge und ähnliches deuten auf eine konservative kulturelle Grundeinstellung hin. Kommission zur Erfassung der gesamten Literatur des Landes gebildet (1773), 2300 Werke werden völlig, 350 teilweise verboten. Katholische Missionen durch »Ritenstreit« entscheidend geschwächt (seit 1705), Verbot aktiver katholischer Missionstätigkeit (1723). Anfänge der politischen und wirtschaftlichen »Öffnung« Chinas durch den Westen: Russische Handelsniederlassungen in Peking (1727), Vertrag mit Frankreich (1787), britische (1793) und holländische Gesandtschaft (1794) in Peking.

Indien

Kashmir (Mischstil). Marmorner Reichsstil seit *Shāhjahān*: Mausoleen von Shāhdāra, Paläste zu Āgra und Lahore, Shāhjahānābād (Delhi); unter *Aurangzēb*: Moscheen (Aurangābād), Verfall der Kunst.

1700—1800

POLITIK Norden: Auflösung des Mogul-Reiches. *Bahādur Shāh I.* (1707—1712), Reich nur noch Militär-Okkupation; *Jahāndār* (1712), Kaiser sind nur noch Werkzeuge der Großen. *Farrukhsiyar* (1713—1718), Auflösung der Verwaltung, Rājasthān unabhängig. *Muhammad Shāh* (1719—1748), die Provinzen machen sich selbständig, *Nādir Shāh* von Persien geplündert (1739), Afghānistān verloren. *Ahmad Shāh* (1748—1754), die kaiserliche Garde aufgelöst. *'Ālamgīr II.* (1754—1759), Delhi von *Ahmad Shāh Durrānī* von Afghānistān geplündert. *Shāh 'Ālam II.* (1760 bis 1803), die Marāthen werden bei Pānipat vernichtend geschlagen (1761), der Kaiser flüchtet an den Hof von Oudh, kehrt nach Delhi zurück und wird geblendet (1788). Bengalen: *Sirāj ad-Daula* (1756/57), von den Engländern bei Plassey (Palasi) besiegt, *Mīr Ja'far* (1757—1760), *Mīr Qāsim* (1760—1765), Bengalen wird von den Engländern annektiert. Oudh: *Safdar-Jang* (1739—1754) Wezīr von *Ahmad Shāh*. *Shujā 'ad-Daula* (1754—1775), der Wezīr von *Shāh 'Ālam II.*, wird von den Engländern bei Buxar und Kora besiegt (1764/65); *Āsaf ad-Daula* (1775—1797) gerät in englische Abhängigkeit; seit 1814 Könige, Oudh annektiert (1856). Punjāb wird afghānisch (1759), Guerilla-Krieg der Sikh, *Ranjīt Singh* (1799 bis 1839) gründet vorübergehend ein großes Reich, Auflösung (bis 1847).

Süden: Die Nawābs von Arkot (1698—1801) von Engländern abhängig (seit 1749). Nizām von Hyderābād: *Nizām al-Mulk Āsaf-Jāh* (1713—1748) wird in Delhi Großwezīr (1737—1740). *Nizām 'Alī* (1761 bis 1803) führt zahlreiche Kriege mit den Marāthen, mit Mysore, den Engländern und Franzosen, Diktatur von *de Bussy* und *Raymond*, britische Vasallen (1803 bis 1948). Marāthen: *Shāhū* (1708—1749) wird nomineller Mahārāja, die Macht liegt aber bei den Peshwā von Poona: *Bālājī Vishvanātha* (1714—1720), *Bājī Rāo I.* (1720—1740) und *Bālājī Bājī Rāo* (1740—1761) erobern ganz Indien; aber ihre großen Heerführer *Sindhia*, *Holkar*, *Gāekwād* und *Bhonsle* machen sich selbständig; Thronfolgekämpfe; in drei Kriegen werden sie von den Engländern endgültig unterworfen (1818).

KULTUR Verrohung des Volkes bei einer gekünstelten und erotisierten Hofkultur, Pietismus (Shāh *'Abd al-Latīf* in Sindh, *Rāma-Prasāda* in Bengalen). Goldenes Zeitalter der Urdu-Poesie: *Mīr Tāqī*, *Sauda*. Bengalī-Literatur: *Bharata-Chandra Rāy Gunakara*, *Rāma-Vasu*; Marāthī-Literatur am Peshwā-Hofe.
Barocke und Rokoko-Entwicklung der Mogul-Kunst; schließlich Einbruch der europäischen Kunst. Blüte von Musik und Tanz (Bayaderen), Singspiel.

NAMEN- UND SACHREGISTER

A

Aargau, Kanton der Schweiz 640
Abagha, Ilkhan von Persien 369
Abahai, Sohn des Nurhachi, Fürst der Manchu, Gründer der Ch'ing 658
Abdallah, Abu Abdalhāh (Boabdil), letzter Maurenkönig in Spanien 412
Aben Assafer, arabischer Astronom 545
Abessinien (Äthiopien) 581 ff., 608
Ablaßhandel 379
Abreu, António de, portugiesischer Seefahrer 629
Abu'l-Fazl, Mogul-Minister und Geschichtsschreiber 180 f., 658
Abullonia-See (Apollinia, Abuliond Göl), Nordwestanatolien 427
Acamapich, aztekischer Herrscher 73
Acapulco, Mexico 73, *Kartenskizze 59*
Acciaioli (Acciaiuoli), Donato, florentinischer humanistischer Gelehrter 466
Accolti, Benedetto, Kanzler der Republik Florenz, italienischer humanistischer Jurist und Geschichtsschreiber 455
—, »De praestantia virorum sui aevi«, »Über die Vorzüge der Großen der Gegenwart« 455
Ackerbau, China 195 f., 200, 216, 218, 221 f., 226, 228, 237 ff., 297 f., 650
—, Mongolenreiche 345 f., 358, 370
Ackerbau und Feldbaukulturen, Altamerika **26–31**, 35, 39, 44, 60, 65, 90, 101 f., 111
aclla kuna (Sonnenjungfrauen) 103
Adel; Altamerika 60, 76, 89, 92, 94, 103, 107
—, China 192, 196 f., 204 f., **216 bis 220, 222–225**, 228, 230, 233 ff., 238, **241–244**, 247, 255, 270, 279 f., 308, 312, 315, 649, 653, 658
—, Indien 125 ff., 146, 157 f., 165, 179
—, Mongolenreiche 346, 365, 367
—, Spanien 569 ff.
Aden, Südarabien 608

Adena, vorgeschichtliche Kultur im Osten der USA 27
Ādi-Grānth, Heilige Schrift (1604) der Sikh 183, 658
'Ādil-Shāhī, Dynastie von Bījāpur 151 f., 170, 172
Āditya I., Chola-Kaiser 117, 125, 652
Ādityasena, Kaiser der späten Gupta-Dynastie 117
Adobe, luftgetrocknete Lehmziegel 39, 44, 46, 48, 66 f., 96
Adolf VIII., Graf von Holstein und Herzog von Schleswig 417, 639, 642
Adolf I., Herzog von Kleve 640
Adolf II. von Nassau, Erzbischof von Mainz, Kurfürst 643
Adoption, China 252, 256
Adria, Adriatisches Meer 425 f.
Adrianopel (Hadrianopolis), Thrakien 422 f.
Ägäisches Meer (Ägäis) 425 f., 428, 448, 466
Ägypten 365, 367 f., 428, 554 f., 562, 568, 580 ff., 596, 608, 656
Aesop (Aisopos), griechischer Fabeldichter 470
—, »Liber Aesopi«, mittelalterliche Sammlung von Fabeln nach der Art des Aesop (von Galterus Anglicus, Kapellan Heinrichs II. von England?) 470
Afghanen 174 f., 177 f.
Afghanistan 118, 170, 173, 239, 353, 356, 369, 652 f., 658 f.
Afonso, João, Finanzaufseher Portugals 602
Afrika 378, 412 f., 538, 556, 558 ff., 579, 580, 582, 596 f., 607 ff., 611
—, Nord- 561, 564, 566, 568, 583, 586, 592, 602 f.
—, West- 566, 572 f., 587, 604 ff., 607 f.
—, Ost- 609, 628
Āgamas, indische religiöse Schriften 137
Āghōris, indische shivaitische Asketensekte 137
Agincourt, siehe Azincourt
Agra, am Jumna, Zentralindien 154, 164, 167, 169, 171, 184 f., 658 f.

Agricola (eigentlich Bauer), Georg, Arzt und Mineraloge 513
—, »Bermannus, sive de re metallica dialogus« (Basel 1530); »Bergwerksbuch« (Basel 1557) 513
Agricola (eigentlich Huysman), Rudolf (Roelof), Humanist aus Friesland, Universitätslehrer zu Heidelberg 496, 504, 509
—, »De inventione dialectica libri III« (gedruckt Köln 1539) 496
Agrippa von Nettesheim, Heinrich Cornelius, Arzt, Philosoph und Schwarzkünstler 492, 507
Agustín, Kap, Brasilien, südlich von Recife 619
Agüer, Kap, Westafrika 573
Ahmad Sarhindī, Shaikh, indischmuslimischer Reformator 170
Ahmad Shāh I., Sultān von Gujarāt 152, 656
Ahmad Shāh, Mogul-Kaiser 174 f., 177, 659
Ahmad Shāh Durrānī, Afghānen-König 174, 659
Ahmad Shāh Walī, Bahmaniden-Sultān 151, 657
Ahmadnagar, Dekhan 151 f., 169 f., 657 f.
Ahmedābād, Gujarāt 152, 156, 656
Ahnenkult, China 332 f., *Abb. 197*
—, Mongolen 346
Ah Puch, Todesgott der Maya 84
Ahuitzotl, aztekischer Herrscher 73
Aibak (Qutb ad-Dīn), Mamlūken-Sultān von Delhi 147 f., 156, 655
Ailly, Pierre d' (Petrus Alliacus, Peter von Ailly), französischer Kardinal, Theologe und Kosmograph 380, 546
—, »Imago mundi« (Das Bild der Welt 1483) 546, *Abb. 548*
Aimara, Indianervolk, auch Colla genannt 97, 100, 105 f., 108
Aischylos (Aeschylus), attischer Tragiker 446
—, Aeschylus Laurentianus (Aeschylus Medici), Handschrift der erhaltenen sieben Dramen in der Bibliotheca Laurentiana, Florenz 446

NAMEN- UND SACHREGISTER

Äjmer, Nordindien 122, 148, 156, 185, 654f., 658, *Kartenskizze 123*
Akbar, Mogul-Kaiser 151, 166, 168ff., 180, 184f., 657f., *Abb. 165, 172f.*
Akkerman (Maurocastro), Dnjestrmündung 426f., 646
A'lā ad-Dīn Hasan Bahman Shāh, Gründer der Bahmanider 151
'Alā' ad-Dīn Husain, Herrscher der Ghūriden 147, 654
A'lā ad-Dīn Khiljī, Sultān von Delhi 148, 155, 162, 180, 655f.
'Alā' ad-Dīn Muhammad, Chwārezmschāh 353, 356
'Ālam I., Shāh, siehe Bahādur Shāh
'Ālam II. ('Alī Gauhār), Shāh, Mogul-Kaiser 175, 177, 659
'Ālamgīr II., Mogul-Kaiser 174, 659
Alanus ab Insulis (Alain von Lille), französischer Zisterzienser, Bischof von Auxerre, scholastischer Philosoph 470
—, »Parabolae Alani«, »Doctrinale altum sive liber parabolarum«, Lehrdichtung 470
Alāol (Sayyid), Bengalī-Dichter 182
Alba, Herzog von, kastilischer Grande 572
Albanien, Landschaft, Balkan 419, 422, 424ff., 428, 643f.
Albert von Sachsen (Albert von Helmstedt), Naturforscher und Philosoph, Bischof von Halberstadt 510
Alberti, Leon(e) Battista, italienischer Humanist 432f., 457, 466, 468, 470, 478f., 501, 506, 512, 519, 528f., 531, 639, 641f.
—, »Della famiglia«, »Über die Familie«, Dialog (1433 bis 1438, 1441–1443) 478, 640
—, »Della pittura libri III«, »Über die Malerei« (1436; gedruckt Basel 1540) 529, 639
—, »De re aedificatoria libri X«, Über die Baukunst (1452; zuerst gedruckt 1485) 641
—, »Momus« (etwa »der berufene Nörgler«; zwischen 1443 und 1450) 501
Albizzi, Adelsgeschlecht aus Arezzo 414
Albrecht III. Achilles von Zollern, Sohn Friedrichs II., des Eisernen, Markgraf von Ansbach, Kurfürst von Brandenburg 641, 643f.
Albrecht II., Sohn Herzog Albrechts IV., Herzog (Albrecht V.) von Österreich, König von Ungarn und Böhmen, deutscher König 399, 407, 418, 420f., 639 *Stammtafel 402f.*,

Albrecht IV., der Weise, Sohn Herzog Albrechts III., Herzog von Bayern zu München 409, *Stammtafel 402f.*
Albrecht VI., Sohn Herzog Ernsts des Eisernen, Herzog von Österreich 642f., *Stammtafel 402f.*
Albrecht III., der Beherzte, Herzog von Sachsen 408, 646, *Stammtafel 402f.*
Albuquerque, Affonso d', portugiesischer Vizekönig in Indien 628
Alcácer Ceguer (Ksar is-Seghir), an der Nordküste Afrikas zwischen Ceuta und Tanger 562, 603f.
Alcáçovas, Süd-Portugal 560, 573, 591, 607, 625
Alchimie 516, 649
Aleman, Louis, bekannt als »Kardinal von Arles« 381
Alessio (Lezhja), Albanien 425
Alexander III. der Große, König von Makedonien 353
Alexander (V.), vorher Petros Philargi (de Candia), Kardinal-Erzbischof von Mailand, Gegenpapst 380
Alexander VI., vorher Rodrigo (de) Borgia, Kardinaldiakon und Bischof von Valencia, Papst 385f., 392, 412, 482, 499, 589, 625, 647f.
Alexander, Sohn König Johanns I. Albrechts von Polen, Großfürst von Litauen, König von Polen 647f.
Alexander von Villadei (Alexandre de Villedieu), französischer Grammatiker, Lehrer des Lateinischen 464, 468, 474
—, »Doctrinale puerorum«, Lehrbuch der lateinischen Grammatik 464, 468
Alexandreia, Ägypten 464, 543
Alfons V., der Weise (der Großmütige), Sohn Ferdinands des Gerechten, König von Aragon, König (Alfons I.) von Neapel 382f., 410f., 414, 464, 506, 592, 639f., 642
Alfons X., der Weise, Sohn König Ferdinands III., König von Kastilien 545f., 572
Alfons XI., Sohn Ferdinands IV., König von Kastilien 597
Alfons, Sohn des König Juans (Johanns) II. von Kastilien, von 1465–68 Herrscher von Kastilien 411
Alfons IV. der Kühne, Sohn des Diniz, König von Portugal 597
Alfons V., der Afrikaner, Sohn König Eduards (Duarte), König von Portugal 567f., 575f., 579f., 582, 591f., 607, 644f.

Alfonso von Bisceglia und Quadrata 385
Algaroe, südportugiesische Landschaft 562, 564, 577
Algonkin, nordamerikanische Sprach- und Völkergruppe 27f.
Alhazen, Abū 'Alī al-Hasan ibn al-Hasan, arabischer Naturforscher und Mathematiker 459
Ali-Beg, türkischer Feldherr 427
Almagro, Diego de, spanischer Conquistador 621f.
Alpaka, domestizierte Kamelart derAnden 102, 110
Altai, Gebirge am Nordwestrand Innerasiens 346, 352, 357, 365
Altaische Sprache 258
Altan, Khan der Tümet 371, 657
Altertum 434f., 440, 443
Altiplano, Hochebene von Bolivien 98, 101, 104
Altithermal, postglaziales Klimaoptimum 26
Älvār, südindische vishnuitische Heilige und Dichter 134, 138, 141, 651
Alvarado, Pedro de, spanischer Conquistador, Eroberer Guatemalas 620
Alvares, Gonçalo, portugiesischer Seefahrer 628
Amaru, Sanskrit-Dichter 131
Amazonas, Strom in Südamerika 28f., 94, 619, 627, 630, *Kartenskizze 31, 99*
Ambachai Khan, Verwandter von Tschinghis Khan 347, 351
Amber, Kachwāha-Hauptstadt in Nordindien 151, 163, 186
Amboina, Molukkeninsel 629
Ambrosianische Republik (Mailand) 413
Ambrosius, lateinischer Kirchenlehrer, Heiliger 495
Ambrosius der Kamaldulenser, Ambrogio Traversari, italienischer Kamaldulenser, humanistischer Gelehrter 445
Amerika 25, 30, 34, 78, 88f., 105, 109, 378, 412, 537ff., 541f., 549, 552, 557f., 563, 569, 579f., 588, 592, 610, 620, 622, 625f., 633
—, Nord- 26f., 29, 71, 509, 595f., 624, 632
—, Mittel- 29, 86f., 94, 110f., 618f., 625
—, Süd- 26, 28f., 77, 88, 90, 108, 618, 621f., 625, 627, 629, 633
—, präkolumbisches **25–111**
—, Urbesiedlung und Vorgeschichte 25ff.
—, —, Frühgeschichte **27–30**
—, —, vorklassische Kulturen 30 bis **45**
—, —, klassische Hochkulturen **45** bis **70**

NAMEN- UND SACHREGISTER 663

Amerika, präkolumbisches, nachklassische Hochkulturen 71—107
—, —, Beziehungen zur Alten Welt 109 ff.
Amiens, Flandern 388, 390
Amîr Khusrau, persischer Dichter am Hof der Khiljī 155, 655
Amitabha Buddha (Amida Butsu) 212
Ammianus Marcellinus, römischer Geschichtsschreiber, Grieche aus Antiocheia 444
Amoghavarsha I., Rāshtrakūta-Kaiser 124, 135
Amolinsk, Kasakstan 357
Amselfeld (Kosovo Polje), Ebene von Priština, Serbien 422, 641
Amulette, Altamerika 38
—, China 263
Amyot, Jacques, Bischof von Auxerre, französischer Humanist, Übersetzer 523
Anantavarman Chodaganga, König von Orissa 122, 654
Anasazi, Maisbaukultur, USA 27
Anatolien (Kleinasien) 423f., 426f.
Ancasmayu, Fluß in Kolumbien 101, *Kartenskizze 99*
Ancón, Fundstätte in Peru 39, 67, 97, *Kartenskizze 99*
Ancona, an der Adria, Mittelitalien 466
Andagoya, Pascual de, spanischer Conquistador 621
Andahuaylas, Peru 100
Andalusien, Landschaft Südspaniens 553, 555f., 558, 560, 564, 566, 571, 579
Andaquí, Chitscha-Stamm 64
Anden (Kordilleren), Kettengebirge Südamerikas 28f., 43f., 64, 90f., 94f., 97f., 100, 104, 107ff., 622
Āndhradesha, Landschaft an der Ostküste Indiens 158, 651, *Kartenskizze 119*
Andrews, Wyllys, nordamerikanischer Archäologe 55
Angeli, Jacopo, italienischer Übersetzer 471
Angelico (Fra Angelico), Fra Giovanni da Fiesole, mit weltlichem Namen Guido di Pietro, italienischer Maler 414, 531
Anghiari, Toskana 640
Anghiera, Pietro Martire d' (Petrus Martyr Anglerius), spanischer Geschichtsschreiber 537f.
Ango, französische Reederfamilie 630
Angola, portugiesische Kolonie in Afrika 607, 608
Angoulême, französisches Adelsgeschlecht 392
Anhui, Provinz in Zentralchina 259, 317
Anjou, französische Dynastie 410, 639, 645

Anjou, Landschaft in Nordwestfrankreich 389, 391, 410
Ankyra (Angora, Ankara), Kleinasien 423
An Lu-shan, chinesischer Heerführer 192, 241ff., 250, 253f., 651
Anna, Erbtochter Franz' II. von der Bretagne, Gemahlin König Karls VIII. und hernach Ludwigs XII. von Frankreich 392, 409, 647
Anna, Tochter König Albrechts II., Gemahlin Markgraf Wilhelms III. von Meißen 420, *Stammtafel 402f.*
Annam 240, 323, 369, 651, 653, 656
An-nan (Chiao, Annam) 240, 651

Anthologie (Blütenlese), palatinische, Anthologia Palatina, Heidelberger Handschrift der Griechischen Anthologie (Anthologia Graeca) 446
Antichrist, Widersacher Christi 383, 493
Anticosti-Insel im St.-Lorenz-Golf 630
Antike 437, 443, 454, 541ff., 545
Antillen, mittelamerikanische Inseln 29, 89f.
—, Kleine (Inseln über dem Winde) 413, 618
Antioquia, Landschaft in Kolumbien 91, *Kartenskizze 91*
Antiqua, lateinische Schrift 461
Antisuyu, Provinz des Inka-Reiches 104
Apabhramsha, nordindischer Übergangs-Dialekt vom Prākrit zum Hindi 130, 162, 654
Apachen, Stamm der Athapasken 27
A-pao-chi, Kaiser der Liao 300, 653
Aparājita, letzter Pallava-Kaiser 117, 125, 652
Apenninenhalbinsel, siehe Italien
Apollonius von Perge (Apollonius Pergamus), griechischer Mathematiker 451, 511
Appar, südindischer shivaitischer Heiliger und Tamil-Dichter 134, 138
Apuleius (Appuleius), Lucius, römischer Schriftsteller und Rhethor 491
Apulien, Landschaft Südostitaliens 427
Aquileja, Venetien 413, 637
Araber, China 214, 241f., 245, 249, 281, 651
—, Mittelalter 544ff., 593ff.
—, Mongolei 350
—, Spanien 411

Arabien 628
Aragon, Landschaft in Nordostspanien 380, 392, 410f., 414f., 566, 568, 589, 642—646
Aralsee 353
Aravidu, Dynastie von Vijayanagar 150, 658
Arboga, westlich von Stockholm 417
Archaische Kultur (Archaikum) Mexicos 27, 30ff., 33, 35f., 45, 49f., 54, 79, *Abb. 36*
Archimedes, griechischer Mathematiker und Physiker 451f., 511, 518
Architektur, Altamerika 32, 35, 39, 45ff., 51f., 56f., 66, 68f., 71f., 76, 81, 85f., 88, 90f., 102f., *Abb. 48,85, 105*
—, China 211, 277, *Abb. 48, 85, 105, 120f., 129, 136, 144, 173, 325, 360*
—, Indien 142—145, 163ff., 184f., 651f., 657f., *Abb. 120f., 129, 136, 144, 173*
Arcos, Südwest-Spanien 571
Arelat, das alte Königreich Burgund (879—934) 400
Ārdha-Māgadhī, indischer Prākrit-Dialekt 129
Aretino, Pietro, italienischer Satiriker 503, 522
Arezzo, Toskana 643
Argentinien 29, 44, 98, 101, *Kartenskizze 31*
Argun, Ilkhan von Persien 365
Argos, Peloponnes 643
Argyropulos, Johannes, byzantinischer humanistischer Gelehrter in Italien 446, 450, 452
Arig-bugha, Nachkomme Ögodeis 363, 370
Ariost, Ludovico Arioste, italienischer Dichter 463, 481, 521f.
—, »L'Orlando furioso«, »Der rasende Roland«, Epos (Ferrara 1516, 1532) 521
Aristarch(os) von Samos, griechischer Astronom 452, 515
Aristippus, Henricus, Erzdiakon in Catania, lateinischer Übersetzer des Platon 502
Aristophanes, attischer Komödiendichter 446, 450
Aristoteles, griechischer Philosoph 446, 448, 451f., 454f., 467, 474, 478, 494, 502, 508, 510, 518, 522, 525, 541f., 545, *Abb. 465*
—, »Physiké akróasis«, »Physik« 507
—, »Perí poietikés«, »Poetik« 522
—, »Téchne rhetoriké«, »Rhetorik« 522
Arles (Arelate), Rhône-Delta 381
Armagnac, Landschaft in Südwestfrankreich 387f., 395

Armagnacs, Truppen, die Herzog Bernhard VII. von Armagnac gegen die Burgunder führte 387, 395, 637
Armagnaken (auch Armegecken genannt), Soldknechte des französischen Bürgerkriegs aus dem Lager der Orléans 399, 639f.
Armenien, Landschaft Vorderasiens 655
Armenier, indogermanisches Volk 381
Armillas, Pedro, mexicanischer Archäologe 48
Arnobius, auch Afer genannt, Lehrer der Rhetorik in Numidien, frühchristlicher Schriftsteller 495
Arnold von Köln, Franziskaner 583
Ārnorāja, Chauhān-König 122
Arquato, Antonio, italienischer Arzt, Astrologe 448
Arras, Nordwestfrankreich 388, 390, 396, 639
Arro, Kreuzfahrerstaat 368
Artois, Grafschaft in Flandern 387, 389, 409
Aruak, südamerikanische Sprach- und Völkergruppe 28f., 90
Aruktai, mongolischer Heerführer 370
Arundel, Thomas, Erzbischof von Canterbury, Lordkanzler von England 395
Arzila, Westmarokko 564, 603
Āsād Khān, Mogul-Minister 173
Āsaf ad-Daula, Nawāb von Oudh 177, 659
Āsaf Khan, Mogul-Großwezir 170
Aschaffenburg, am Main 382
Ascham, Roger, englischer Gelehrter 472, 527
—, »The Scholemaster«, Anleitung zum Unterricht (1563/1564; gedruckt 1570) 472
»Asclepius«, lateinische, dem Apuleius zugeschriebene Fassung eines griechischen hermetischen Dialogs 491
Asconius Pedianus, Quintus, römischer Grammatiker und Geschichtsschreiber 444
—, »Commentarium ad Ciceronem«, Kommentare zu Reden Ciceros 444
Asien 424, 540, 541f., 583f., 611f., 627f., 632
—, Ost- 621
Askanier, deutsches Fürstengeschlecht 637
Āssām, Landschaft am unteren Brahmaputra 159f., 164, 170f., 240, 651
Assassinen, ismāʿīlitische Sekte 368
Assignaten, im Mongolenreich 366
Asti (Piemont) 392
Astrachan, im Wolgagebiet 366, *Kartenskizze 354f.*

Astrolabium, nautisches Instrument 544ff., 548
Astrologie, Indien 133, 146
—, Renaissance 489, 506, 516
Astronomie, Arabien 544f.
—, China 330ff., 338
—, Europa 472ff., 477, 506, 516, 518, 546f.
—, Griechen 543f.
—, Indien 133, 155
—, Mongolenreich 366
Asunción, Paraguay 623
Atacama, Wüste in Chile 100
Atacameño, indianisches Volk in Chile 100f., *Kartenskizze 99*
Atawallpa, Inka-Herrscher 101
Athanasios, griechischer Kirchenvater 495
Athapasken, nordamerikanische Sprach- und Völkergruppe 27
Athen 419, 424, 440, 454
Athenaios, griechischer Grammatiker und Rhetor 467
Athenaios Kyzikenos (der Mechaniker), griechischer Mathematiker 446
Atitlan, Hauptstadt der Tzutuhil 86, *Kartenskizze 59*
Atlantis, sagenhafte Insel im Atlantik 25, 109, 542f.
Atlantischer Ozean 537, 541, 543, 547, 551, 553, 556, 562, 565f., 592—598, 604ff., 608, 610ff., 619ff., 625, 628, 632
Atti, Isotta degli, italienische Dichterin, Geliebte und später Gemahlin des Sigismund Malatesta 488
Attila (Etzel), König der Hunnen 19
d'Aubigny, Robert Stuart, Marschall von Frankreich 284
Aubigné, Théodore Agrippa d', französischer Historiker 487, 503
—, »Tragiques«, satirisches Gedicht (1616) 487
Aubusson, Pierre d', Großmeister des Johanniterordens, Kardinal 384, 427
auctores octo, die acht kanonischen Schultexte des 14./15.Jh. 470
Augsburg 399, 409, 641
Augustiner-Chorherren, geistlicher Orden 588
Augustinus, Aurelius, Kirchenvater, Heiliger 645
Aurangābād, Dekhan 124f., 172, 185, 658f., *Karte 168*
Aurangzēb (Muhī ad-Dīn Ālamgīr I.), Sohn des Shāhjahān, Mogul-Kaiser 170—173, 180 bis 185, 658f., *Abb. 172*
Aurispa, Giovanni, italienischer humanistischer Gelehrter, zeitweilig päpstlicher Sekretär 446
Aussig, an der Elbe, Böhmen 638

Australien 629
Autodafé, ursprünglich in Spanien und Portugal die Verkündigung und Vollstreckung der Urteile der Inquisition 656, *Abb. 409*
Auvergne, südfranzösische Landschaft 389
Avantivarman, König von Kashmīr 118
Avignon (Avenio), Südfrankreich 379, 387, 439f., 443, 572
Awādhi, Hindi-Dialekt 161
Axayacatl, aztekischer Herrscher 73, 75
Ayamonte, Südwestspanien 571
Ayllón, Lucas Vázquez de, spanischer Jurist 624
Azarquiel (Azarchel, Zarkala), arabischer Astronom 545
Azcapotzalco, Fundstätte in Mexico 72
Azincourt (früher Agincourt), im Pas-de-Calais, Nordfrankreich 395
Azoren, Inselgruppe im Atlantik 549, 562, 575f., 587, 595, 605, 610, 618, 625, 638, 647
Azteken, Nahua-Stamm 45, 49f., 53, 72—75, 80—83, 87, 100, 111, *Abb. 81, Kartenskizze 59*

B

Bab-el-Mandeb, Meerenge zwischen Arabien und Afrika 628
Babinger, Franz, Orientalist 422, 424, 427
Bābur, Zāhir ad-Dīn Muhammad, Mogul-Kaiser 151, 154, 166, 180, 657
Bacon, Francis, Baron von Verulam, Viscount von St.Albans, Lordkanzler von England, englischer Philosoph 20, 501, 503, 515ff., 519
Bacon, Roger, englischer Franziskaner, Philosoph und Naturforscher 441, 531
Badajoz, Gonzalo de, spanischer Conquistador in Panama 88
Bādāmī (Vātāpī), Chālukya-Hauptstadt im Dekhan 117, 124, 130, 135, 145, 650f., *Kartenskizze 119*
Bādarāyana, indischer Philosoph 138
Bade, Josse (Jodocus Badius Ascensius), Gelehrter aus Assche in Brabant, Professor in Paris 523
Baden 646
Baffin-Land, Insel in der Arktis 632
Bagdad, Mesopotamien 353, 356, 366f., 594, 656, *Kartenskizze 354f.*
Bāgheli, Hindi-Dialekt 161

NAMEN- UND SACHREGISTER

Bahādur Shāh, Sultān von Gujarāt 151f., 167, 657
Bahādur Shāh I. (Shah 'Ālam I.), Mogul-Kaiser 173, 181, 185, 659
Bahādur Shāh II., Mogul-Kaiser 175
Bahama, Inselgruppe nördlich der Großen Antillen 90, 412, 647
Bahia, Bundesstaat Brasiliens 627
Bahia Cabrália, Meeresbucht, Südbrasilien 626
Bahlōl Shāh (Khān), Gründer der Lodī-Dynastie von Delhi 154, 656
Bahmanī (Bahmaniden), Dynastie im Dekhan 151, 656f.
Baidar, mongolischer Heerführer 361
Baïf, Jean-Antoine de, französischer Dichter der Pléiade 525
Baikal-See, in Ostsibirien 345f.
Bairam Khān, Mogul-Minister und Regent 168
Bajaderen (portugiesisch bailadeira, Tänzerin), indische Tempeltänzerinnen (Devadāsīs) 128, 183, 186, 659
Bajazet (Bajazid, Bajezid) I. Jilderim (der Blitz), Sohn Murāds I., Sultan der Osmanen 422f., 427
Bajazet II., Sohn Mehmeds II., Sultan der Osmanen 384f., 427, 643
Bājī Rāo I., Peshwā von Poona 176, 659
Bakhtyār Khiljī, indo-muslimischer General 147
Balaban, osmanischer Feldherr 425
Bālajī Bājī Rāo, Peshwā von Poona 176, 659
Bālajī Vishvanātha, Peshwā von Poona 176, 659
Balban, Ghiyās ad-Dīn, Mamlūken-Sultan von Delhi 148, 153, 655
Balboa, Vasco Núñez de, spanischer Conquistador 619, 621
Baldaia, Afonso, portugiesischer Seefahrer 605
Baldovinetti, Alesso, italienischer Maler und Mosaizist 531
Bali, Sundainsel 143
Balk (Balkh), Nord-Afghānistān 356
Balkan 423, 426, 428, 640
Ballspiel und Ballspielplätze in Altamerika 33f., 37, 50f., 54f., 57, 60, 71, 78, 85f.
Baltikum, Ostseeländer zwischen Preußen und Peipussee 361, 419
Bāṇa, Sanskrit-Dichter 117, 130f., 651
Banken, italienische 384, 392
»Banner«, kriegerische Stammesorganisation der Manchu 334f., 657f.

Bar (Le Barrois), Herzogtum an der oberen Maas 391
Barbara, Markgräfin von Brandenburg 408
»Barbarenvölker«, »fünf« 202
Barbaro, Daniele (Daniello), italienischer Humanist, Mathematiker und Physiker 513
Barbaro, Ermolao, italienischer humanistischer Philologe und Philosoph 505
Barcelona, Katalonien 410, 464, 567f., 573, 618, 632, 644, 647
Bārha Sayyids, Mogul-Generäle und Diktatoren 173f.
Barīd-Emīre von Bīdar, Dekhan 151
Barnet, nordwestlich von London 397, 644
Baronenkrieg von 1485 (Aufstand der Barone) in Neapel 415, 464
Barros, João de, portugiesischer Geschichtsschreiber 609, 613
Bartholomäusnacht (Pariser Bluthochzeit) 630
Bartolom(m)eo da Montepulciano, italienischer Humanist 444
Bartolus (Bartolo) von Sassoferrato, scholastischer Jurist 438
Barzizza, Gasparino, italienischer Humanist 471, 476
Baschkent, Ostanatolien 426
Baschkiren, Turk-Volk am Ural 359
Basel 382f., 393, 399, 401, 404f., 410, 421, 444f., 468, 647f.
Basken (Waskonen), Volk im Nordwesten der Iberischen Halbinsel 565
Basket Maker, vorgeschichtliche Kultur im Südwesten der USA 27
Báthory, Stephan (II.), iudex curiae, Wojwode von Siebenbürgen 427
Batu, Sohn des Dschotschi, Mongolenfürst 358–363, 366f., 655
Bauern in China 192, 195f., 198, 200, 206, 217f., 221, 224, 229, 233, 237ff., 241, 254, 256f., 279, 314, 317, 319, 649f., 652, Abb. 237
Bauhütte, Straßburger 642
Baumwolle, Altamerika 32, 38f., 42f., 48, 51, 65, 73f., 80, 89, 90, 92, 102
–, China 328f.
Bayan, mongolischer Heerführer 364
Bayern, Herzogtum 409, 643, 646
Bayonne, Südwestfrankreich 641
Baza, Südost-Spanien 581
Beamtenauslese, China 192, 216f., 223, 227, 235f., 241, 245, 248, 254ff., 277ff., 286, 293, 308, 319, 325, 338, 649f., 658

Beatus Rheananus, eigentlich Bild (zubenannt nach Rheinau/Elsaß, dem Geburtsort des Vaters), humanistischer Gelehrter 526
Beaufort, Edmund, siehe Somerset
Beaugé (heute Baugé), Anjou, nördlich Saumur, Nordwestfrankreich 637
Beaujeu, Anne de, Tochter Ludwigs XI. 392
Beaujolais, Landschaft zwischen Loire und Saône 389
Beauvais, Hauptstadt von Beauvaisis 391
Beauvaisis, Grafschaft in der Picardie 389
Beccadelli, Antonio, genannt Panormita, italienischer humanistischer Schriftsteller 521
–, »Hermaphroditus«, Sammlung lateinischer erotischer Epigramme (etwa um 1425 bis 1432) 521
Becchi, Gentile de, Bischof von Arezzo, Abb. 505
Bedford, Johann, Sohn Heinrichs IV. von England, Herzog von Bedford 637ff.
Behaim, Martin, Kosmograph und Seefahrer 607
Beja, Ferdinand, Herzog von, portugiesischer Prinz 576
Bela IV., Sohn Andreas' II., König von Ungarn 360f., 655
Belgrad, Serbien 421, 423f., 642
Bellay, Joachim du, französischer Dichter 461, 524f., 527
–, »Défense et illustration de la langue française«, »Verteidigung und Erläuterung der französischen Sprache« (1549) 461, 524
Belleau, Remi, französischer Schriftsteller der Pléiade 525
Bellini, Giovanni, Sohn des Jacopo Bellini, venezianischer Maler 530, 644, 646
Belūr, vishnuitischer Hoysala-Tempel 125, 145, Kartenskizze 123
Bembo, Pietro, italienischer humanistischer Gelehrter und Dichter 467, 522
–, »Gli Asolani«, imaginäre Gespräche auf dem Schloß Asolo über die Liebe (um 1497; Venedig 1505) 522
–, »Prose della volgar lingua«, Gespräche über Sprache und das Italienische (Venedig 1525) 522
Benāres, am Ganges 145, 159, 163, Kartenskizze 119, 123
Benci, Tommaso, florentinischer Humanist, Übersetzer 491
–, »Pimandro« (»Poimandres«), italienische Über-

setzung des »corpus Hermeticum« (Florenz 1545) 491
Benedikt (XIII.), vorher Pedro de Luna, Kardinal, Gegenpapst zu Avignon 379f., 381, 387
Benedikt der Pole (Benedictus Polonus), Minorit 362, 655f.
Bengalen, nordostindische Landschaft 151, 153, 159f., 164, 169f., 176f., 629, 651, **654—657**, 659
Bengali, indische Sprache 161, 182
Benin, an der Mündung des Niger *Abb. 561*
Bennett, Wendell C., nordamerikanischer Archäologe 45, 69
Bensaude, Joaquim, portugiesischer Schriftsteller 577
Berār, Dekhan 124, 131, 151f., 169, 657
Berardi, italienische Kaufherrenfamilie in Sevilla 564
Berenson, Bernard, englischer Kunstwissenschaftler 528 ff.
Bergamo, Lombardei 415, 638
Beringstraße 25, 27
Berke, Sohn des Dschotschi, Khan der Goldenen Horde 367f., 656
Berlin 641
Bernardino de Sahagun, spanischer Geschichtsschreiber, »Historia universa de las cosas de la nueva España (1560)
Bernardino (Bernhardin) von Siena, Bernardino degli Albizzeschi, italienischer Franziskaner, berühmter Volksprediger, Heiliger 493, 499
Bernardo, Frater, Bischof der Kanaren 587, 598
Bernhard (VII.), Graf von Armagnac 637
Bernhard von Rohr, Erzbischof 409
Berruguete, Pedro, spanischer Maler *Abb. 409, 464*
Berry, Landschaft in Mittelfrankreich 389
Berthold von Henneberg, Sohn des Grafen Georg von Henneberg, Erzbischof von Mainz, Kurfürst 405f., 646
al-Bērūnī (Bīrūnī), Abū 'r-Raihan Muhammad al-Bērūn, arabischer Gelehrter persischer Herkunft, Geograph und Astronom 155, 655
Bessarion, Johannes (vorher Basilios), Erzbischof von Nikaia, hernach römischer Kardinal, Bischof von Sabina, Humanist und Gelehrter 447f., **450—453**, 464, 471, 640, 644
Bestattung und Totenkult, Altamerika 34, 36, 42f., 49, 54, 63, 67f., 76, 84, 87, 89, 93ff., 98, 105, 108f.

Béthencourt, Jean de, Eroberer der Kanarischen Inseln 573, 580, 588, 599f.
—, Maciot de, Lehnsherr auf Lanzarote 600
Bewässerung in Altamerika, künstliche 39 ff., 65, 97, 102
— in China 198, 207, 227, 258
Bhagavadgītā, vishnuitischer philosophischer Text 140, 158
Bhakti, Religion in Indien 159
Bhanja, Dynastie von Orissa 122
Bhārata-Chandra Rāy Gunakara, Bengali-Dichter 182f., 659
Bhāravi, Sanskrit-Dichter 131
Bhartrihari, Sanskrit-Dichter 131
Bhauma-Kara, Dynastie in Orissa 122, 651, *Kartenskizze 123*
Bhavabhūti, Sanskrit-Dichter 117, 131f., 652
Bhīmadeva I., Solankī-König 121
Bhīnmāl in Rajasthan 120, *Kartenskizze 119*
Bhoja I. von Dhāra, Paramāra-König, Dichter und Gelehrter 121, 132, 142, 654
Bhoja Ādivarāha, Pratīhāra-Kaiser 120, 652
Bhojpūrī, Hindī-Dialekt 161
Bhonsle, Marāthen-Dynastie von Nāgpur 176, 659
Bhuvaneshvara, Orissa, shivaitischer Wallfahrtsort 124, 145, **651—654**, *Kartenskizze 119*
—, Lingarājā,Tempel 653f.,*Abb.144*
Bianca Maria, Tochter des Galeazzo Maria Sforza, zweite Gemahlin Kaiser Maximilians I. 647, *Stammtafel 402f.*
Bianca Maria, Tochter des Giangaleazzo Visconti, Gemahlin des Francesco I. Sforza, Herzog von Mailand 413
Bianchi (»dieWeißen«, nach ihrem Gewand), Devotion der, letzte große religiöse Bewegung des Mittelalters 492
Bibel 464
— aus der Prämonstratenserabtei Annstein bei Koblenz, »Darstellung von Menschenrassen« (Zeichnungen) *Abb. 541*
Bibliothekswesen, China 653
—, Renaissance **461—465**, 644
Bīdar, Dekhan 151, 657f.
Bihār, Landschaft am unteren Ganges 144, 154, 166, 167, 650f., 654
Bihārī-Lāl Chaube, Hindī-Dichter 181, 658
Bījāpur, Dekhan 151f., 170, 172, 186, 657f.
Bilderhandschriften (Codices), Altamerika 55f., 61, 78f., 82f., 87
Bilderschrift, Altamerika 36f., 51, 54, 61, 78f., 82, 87, 89, 108, *Abb. 84*

Bilhana, Sanskrit-Dichter 120, 132
Bimini, Insel der indianischen Sage 624
Biondo, Flavio (Bionde Biondi), italienischer Humanist 438, 455, 466, 526
—, »Italia illustrata« (1451) 526
Biringuccio,Vanoccio, italienischer Ingenieur und Gelehrter 513
—, »De la pirotechnia«, Vom Bergwerks- und Hüttenwesen (Venedig 1540) 513
Bīrūnī, siehe Bērūnī
Biscaya, nordspanische Landschaft 565
Bisceglia, Apulien, Italien 385
Blockdruck in China 263
Blois, Grafschaft an der Loire 389, 648
Boas, Marie, amerikanische Kulturhistorikerin 473, 511f.
—, »The Scientifici Renaissance, 1450—1630« (New York 1962) 473, 511f.
Boccaccio, Giovanni, italienischer Dichter und Humanist 443, 464, 519, 523, 531, 597
—, »Decamerone« (»Dekaméron«, »Zehntagewerk«), Novellensammlung 523
Bochica, Kulturheros der Muisca 93
Bock, Ernst, Historiker 405
Bodhgayā, buddhistischer Wallfahrtsort 144, 650, *Kartenskizze 119*
Bodhidharma, buddhistischer Mönch 650
Bodhisattva, künftiger Buddha 210, 261, *Abb. 212, 296*
Bodi-alagh, Großkhan der Mongolen 371, 657
Bodin (Bodinus). Jean, französischer Jurist und Schriftsteller 509
Böhm, Hans, siehe Hans
Böhmen 361, 379, 383, 399, 407ff., 418, 421, 637, 639, 641, 644f., 647
Boëthius, Anicius Manlius Torquatus Severinus, römischer Staatsmann und Philosoph 437, 449, 456, 464
Bogotá, Kolumbien 92f., *Kartenskizze 31, 91*
Bohemund, ältester Sohn des Robert Guiscard, Fürst von Antiocheia 432
Boiardo, Matteo Maria, Graf von Scandiano, italienischer Dichter 481, 521
—, »L'Orlando innamorato«, »Der verliebte Roland«, Ritterepos in Versen (begonnen 1472; erster vollst. Druck Venedig 1495) 521
Bojador, Kap, Nordwestafrika 573, 601, 604f., 639

NAMEN- UND SACHREGISTER

Bola, Schleuderkugel, Altamerika 102
Bolivien 29, 44f., 68ff., 100f., 103, 108, *Kartenskizze 31, 99*
Bologna, Emilia, Italien 379, 381, 413, 446, 453, 472, 492
Bonaccorsi (Buonaccorsi), Filippo, genannt Callimachus Experiens (Kallimach), italienischer Humanist, Lehrer am Jagiellonenhof, Diplomat und lateinischer Schriftsteller 490f.
Bonaccorso Pisano, Magister Bonaccorso (Bonus Accursus) von Pisa, italienischer humanistischer Gelehrter 467
Bonampak, Ruinenstädte der Maya 55, 58, 60, *Kartenskizze 59*
Bonifatius VIII., vorher Benedetto Caëtani aus Anagni, Papst 393
Bonifatius IX., vorher Pietro Tomacelli, Kardinal, Papst 378f., 387
Bonisoli, Ognibene, von Lonigo, italienischer Humanist, Leiter der Casa Giocosa zu Mantua 471
Bordeaux, Südwestfrankreich 388, 390, 474, 641
Bordzigid, Familie des Temüdzin 347
Borgia (ursprünglich Borja), italienisches Geschlecht spanischen Ursprungs 383
Borgia, Alfonso (Alonso Borja), Bischof von Valencia, Kardinal, siehe Calixtus III.
Borgia, Cesare, Sohn des Rodrigo Borgia (Papst Alexander VI.), Erzbischof von Valencia, Kardinal, Herzog von Valentinois, Heerführer 385f., 482, 486
Borgia, Jofré de, Sohn von Alexander VI. 385
Borgia, Juan de, Sohn von Alexander VI. 385
Borgia, Lukretia de, Tochter von Alexander VI. 385
Borgia, Rodrigo (de), siehe Alexander VI.
Bornholm, Ostseeinsel 360
Borough, Stephen, englischer Arktisfahrer 633
Boscán Almogáver, Juan, spanischer Schriftsteller und Dichter 527
—, »El cortesano«, Übersetzung von Castigliones »Cortegiano« (1534; gedruckt Saragossa 1553) 527
Bosch, Hieronymus (van Aken?), niederländischer Maler 463
Bosnien, Landschaft auf dem Balkan 419, 422, 425, 428, 643
Bosworth, Leicester, Mittelengland 398, 646

Botanik 215, 511
Botticelli, Sandro, eigentlich Alessandro Filipepi, florentinischer Maler 432, 463, 530ff., 645f.
Bourbon (Bourbonnais), Landschaft in Mittelfrankreich 389
Bourges, an der Yèvre, Berry, Frankreich 387, 637, 639, 643
—, Nationalsynode (7.6.1438) 393
Bovelles, Charles (de), latinisiert Carolus Bovillus, französischer Mathematiker und Philosoph 458, 492, 506f.
—, »Liber de sapiente«, Traktat vom Menschen (etwa 1509); gedruckt Paris 1510) 458, 506
Brabant, Landschaft in den Niederlanden 638
Braganza, Herzog von, natürlicher Sohn König Johanns I. von Portugal 575, 592, 646
Brahe, Tycho, dänischer Astronom 503, 517
Brahmanen, indische Priester- und Gelehrtenkaste 116, 126, 136, 139
Braj-Bhāshā, Hindī-Dialekt 160f.
Bramante, eigentlich Donato d'Angelo, italienischer Baumeister 414, 463, 528, 531, 533
Brandenburg 408, 641, 644
Brankowitsch (Branković), Georg, Fürst von Serbien 638
Brant (Brandt), Sebastian, Syndikus und Stadtschreiber zu Straßburg 463, 500, 647
—, »Das Narrenschiff« (Basel 1494) 500, 647
Braquemont, Robin de, französischer Gesandter 599f.
Brasavola (Brassavola), Antonio (auch Antonio Musa), italienischer Arzt 511
Brasilien, Südamerika 26, 412, 606, 618f., 622, 626ff., 629f., *Kartenskizze 31*
Breisach, am Oberrhein, Baden 644
Brescia, Lombardei 415, 638
Breslau 361, 655
Bresse, La, Landschaft in Burgund 390
Bretagne, Küstenlandschaft Westfrankreichs 390, 394, 396, 398, 565, 629, 646f.
Breughel d.Ä., genannt Bauernbreughel, niederländischer Maler 503
Brindāban, Wallfahrtsort am Jumna, südöstlich von Delhi 141, 160
Bristol, Südwestengland 631f.
Brixen, Südtirol 641, 643
Broach, Hafenstadt in Gujarāt 120, *Kartenskizze 119*

Bronze, Altamerika 76, 96, 98, 102
—, China 261
Brooke, Fulke Greville, Baron, englischer Staatsmann und Dichter 527
Brotfeld, Ebene am Maros, Siebenbürgen 427
Brüder vom gemeinsamen Leben (fratres communis vitae), aus einer niederländischen Reformbewegung hervorgegangene christliche Bruderschaft 507
Brügge, Belgien 565, 646
Brunelleschi (Brunellesco), Filippo, italienischer Baumeister aus Florenz 414, 512, 529ff., 637f., *Abb. 532*
Bruni, Leonardo (Leonardo Aretino), italienischer Gelehrter, später Kanzler von Florenz 433, 436ff., 441, 464, 470, 490, 493, 504, 527f., 531
—, »Commentarii« (»Rerum sue tempore gestarum commentarius«), Ergänzung zur florentinischen Geschichte Brunis 436
—, »Contra hypocritas«, »Gegen die Heuchler«, Traktat 493
—, »Historiarum Florentinarum (Florentini populi) libri XII«, Geschichte der Stadt Florenz (vor 1416; gedruckt Straßburg 1610) 466, 527f.
Brunkeberg, bei Stockholm 418, 644
Bruno, Giordano (eigentlich Filippo), italienischer Philosoph 503, 507, 515–518, 527
—, »De l' infinito universo et mondi«, lehrhafte Dichtung »vom unendlichen All« (Venedig 1584) 515
Brussa (Prusa, Bursa), Nordwestanatolien 427
Brutus, Marcus Iunius, römischer Politiker und Heerführer, republikanischer Verschwörer 490
Brześć-Litowski (Brest-Litowsk), Mittelpolen 419
Buchanan, George, schottischer humanistischer Schriftsteller, lateinischer Dichter 526
Buchara, Sogdiane 356
»Buch der Wandlungen« (I-ching), kanonisches Buch des Konfuzianismus 208, 288f.
Buchdruck, China 192f., 203, 258, 262f., 281, 295f., 324, 365f., 651ff.
—, ältester Druck 263, 652
—, Europa 376, 401, 466ff., 508, 641, 643, 646f. *Abb. 465, 481, 485, 548, 556,*
Buckingham, Henry Stafford, Herzog von 398

NAMEN- UND SACHREGISTER

Buddhismus, China 193, 206, 209 bis 212, 219, 224ff., 238, 245f., 252, 254f., 260f., 263, 274, 282 bis 287, 289, 326, 328, 331, 649 bis 654, 656f., *Abb. 212*
—, —, Klöster 211, 218, 225f., 239, 246, 258, 317
—, —, Mönche 209, 211f., 217, 225, 231, 240, 261, 317, 349
—, —, Unterdrückung 201, 226, 245, 258, 261, 284, 650, 652f.
—, Indien 19, 118, 126, 136f., 139, 161, 650f., 655
—, Mongolenreiche 345f., 352, 363ff., 369, 371, 658
—, —, Mönchtum 349
Budé, Guillaume (Budaeus), französischer Philologe und Hofbibliothekar 452f., 474, 523
—, »Commentarii linguae graecae« (Paris 1529) 453
Buenos Aires, Argentinien 622
Bulgarien 422, 428
Bürgerkriege, chinesische 197, 200, 206, 219, 226, 232, 234, 251, 254, 268, 314, 316
—, indische 658
Büyantü (Jen-tsung), Großkhan der Mongolen, Kaiser der Yüan 313
Bulle, päpstliches Handschreiben 380, 582f., 585, 603, 625
—, Kreuzzug gegen die Türken (1453) 383, (1456) 642, (1460) 643
—, »Qui monitis« (15.7.1483) 384
—, »Summis desiderantes affectibus« (5.12.1484) 384, 648
—, »Execrabilis« (1460) 643
—, »Inter caetera divinae« (1493) 647
Buir-nor, See in der Mongolei 347
Bulgarien 361
Bundelas, Rājupten-Stamm und Dynastie 151, 163
Bundelī, Hindi-Dialekt 161
Bundelkhand, nordindische Landschaft 170, 173
Būndī, Stadt und Staat in Nordindien 122, 151, 164, 186
Bundschuh, grobe Fußbekleidung, Symbol von Bauernaufständen 647
Burchiello, Künstlername des Domenico di Giovanni, Barbier aus Florenz, italienischer Volksdichter 520
Burckhardt, Jacob, schweizerischer Kultur- und Kunsthistoriker 413, 415, 431, 442, 457, 501
—, »Die Kultur der Renaissance in Italien« (Basel 1860) 431
Burgund, Landschaft in Südwestfrankreich und Westschweiz 375, 379, 384, 387–391, 395ff., 400, 407, 409, 637ff., 641, 643, 645, 647

Burgund, Freigrafschaft, siehe Franche-Comté
Buri, Mongolenprinz 359
Buridan, Jean, französischer Scholastiker, zeitweilig Rektor der Universität von Paris 510
Burkhan, Fürst der Karakitai 352
Burma (Birma), Staat in Hinterindien 125, 210, *Karte 312c*
Bursfelde, Benediktinerabtei bei Dransfeld, westlich Göttingen 641
Bursfelder Kongregation (Bursfelder Union), Vereinigung von 75 Benediktinerklöstern im nördlichen Deutschland 641
Buru, Molukkeninsel 629
Bushnell, Geoffrey H., englischer Amerikanist 69
Busleiden, Hieronymus, flämischer Humanist, Stifter des »Collegium trilingue« in seiner Heimatstadt Löwen 453
Bussi, Giovanni Andre de', Bischof von Aleria 467
Buxar (indisch Baksar, Vedagarbha), am Ganges westlich Benares, Bihār 177, 659
Buxy, Burgund 391
Byzanz, siehe Konstantinopel und Oströmisches Reich

Calcidius, Name eines sonst unbekannten römischen Übersetzers und Kommentators des Platon 502
Calcutta, Bengalen 177, *Karte 168*
Calicut, südindische Hafenstadt 158, 412, 608f., 626, 648, *Karte 168*
Calina, Karibenstamm, siehe Caniba
Calixtiner, siehe Utraquisten
Calixtus III., vorher Alonso de Borja (Alfonso Borgia), Bischof von Valencia, Kardinal, Papst 383, 642
Callao, Peru 624
Callimachus Experiens, siehe Bonaccorsi, Filippo
Calmette, Joseph, französischer Historiker 391
Calvin, Johann, eigentlich Jean Chauvin (Caulvin), Reformator 499
Cambrai, Nordfrankreich 400
Cambridge, am Cam, Südostengland 399, 640
Caminha, Pedro Vaz de, Schiffsschreiber Cabrals 626
Campanella, Tommaso, italienischer Dominikaner, Naturforscher und Philosoph 498, 515ff.
Campeche, Yucatan 72, 82, *Kartenskizze 59*
Cananor (Cannanore, Jurfattan), Südwestindien 608
Cañari, Chibchastamm 94f., 101
Cañete, Flußtal, Peru 97
Caniba, Karibenstamm, danach Kannibale 29, 90
Cano, Juan Sebastian del (Sebastian d'Elcano), spanischer Seefahrer 624
Cão, Diogo, portugiesischer Seefahrer 607f., 646
Capistranus, Johannes (Giovanni di Capistrano), italienischer Franziskaner, Kreuzzugsprediger 424, 642
Cara, Chibchastamm 94f., 108, *Kartenskizze 99*
Cardano, Girolamo (Hieronymus Cardanus), italienischer Mathematiker, Arzt, Philosoph und Astrologe 516
Carnatik, siehe Kanara
Carlos von Viana, Sohn König Juans von Navarra und Aragon 410
Carpaccio, Vittorio (Vittore), italienischer Maler 530
Carpini, Joannes de Plano (Giovanni da Piano del Carpine, Johann von Carpin), italienischer Franziskaner 362, 583, 655f.
—, »Historia Mongolorum quos nos Tartaros appellamus« (um 1247) 583

C

C14-Methode, Altersbestimmung von Gegenständen aus organischer Substanz durch Messen des Gehalts an radioaktivem Kohlenstoff 30, 37f., 40, 44f., 49, 54, 62, 67, 70
Caboto (Gabotto), Giovanni (John Cabot), italienischer Seefahrer 631f., 648
Cabral, Pedro Alvares, portugiesischer Seefahrer 412, 626, 629, 648
Cadamosto, Aloise, venezianischer Kaufmann 363, 605
Cade, John (gewöhnlich Jack genannt), englischer Bauernanführer 641
Cádiz, Südspanien 558, 564ff., 571f., 594, 618
Caesar, Gaius Julius, römischer Feldherr und Staatsmann 474
Cahuachi, Fundstätte in Peru 67
Cajamarca, Peru 70, 96f., 100f., *Kartenskizze 99*
Cajamarquilla (Jicamarca), Ruinenstadt, Peru 97, *Kartenskizze 99*
Cakchiquel, Maya-Volk 86
Calais, Nordfrankreich 389, 396f., 639, 642, 645
Calchaqui, Untergruppe der Diaguita 98

NAMEN- UND SACHREGISTER

Carrara (Carraresi), mächtiges Geschlecht lombardischen Ursprungs in Padua 521
Cartier, Jacques, französischer Seefahrer 630
Carvajal, Juan de, Bischof von Placentia, Kardinal 382, 400
Casa, Giovanni della, Erzbischof von Benevent, Schriftsteller 479
—, »Il Galateo«, Anstandsbuch (Venedig 1558) 479
Casma, Fluß in Peru 39f., *Kartenskizze 99*
Caso, Alfonso, mexicanischer Archäologe 49, 53, 55, 82
Cassarino, Antonio, italienischer Humanist aus Sizilien, Übersetzer 504
Castagno, Andrea del, florentinischer Maler 351
Castiglione, Baldassar(e), Graf, italienischer Diplomat und Schriftsteller 433, 478f., 481, 523, 527, 534, *Abb. 480*
—, »Il libro del cortegiano«, »Das Buch vom Hofmann«, Dialog (1514—18; gedruckt Venedig 1528); deutsch von L. Kretzer (1560); englisch (»The Courtyer«) von Thomas Hoby (1561) 478f., 481, 483, 527, 534
Castilla del Oro (Goldkastilien), Mittelamerika 88
Castillon(-la-Bataille), Gironde, Frankreich 388, 642
Castro, Fernando de, portugiesischer Seefahrer 603
Catamarca, Landschaft in Argentinien 98
Cathay, Bezeichnung für China im Mittelalter 560, 612, 618, 633
Cato der Ältere (Censorius), Marcus Porcius, römischer Staatsmann 443, 525
Cato, Dionysius, apokrypher römischer Schriftsteller 470
—, »Dionysii Catonis disticha de moribus ad filium«, Spruchsammlung zur Morallehre aus dem 3. oder 4.Jahrhundert 470
Cauca, Fluß in Kolumbien 90—93, 108, *Kartenskizze 91*
Cauchon, Pierre, Bischof von Beauvais 638
Ce acatl topiltzin Quetzalcoatl (Kukulcan, Kukulmatz), Priesterfürst und Reformator der Tolteken und Maya 71f., 82, 85f.
Cebu, Insel der Philippinen 624
Cellini, Benvenuto, italienischer Goldschmied und Bildhauer 503, 522
Celsus, Aulus Cornelius, römischer Schriftsteller 475, 511
—, »De medicina«, Traktat von der Medizin 511

Celtis, eigentlich Pickel, Konrad, Humanist, lateinischer Dichter 463, 526, 648
—, »Amorum libri IV« (Nürnberg 1502) 648
—, »Germania illustrata«, geplantes Werk, davon lediglich erschienen: »Germania generalis« 526
—, »Opera Hrosvite illustris virginis ...« (Nürnberg 1501) 526
Cempoala, Ruinenstätte in Mexico 80, *Kartenskizze 59*
Cencio (Cenci) de'Rustici, italienischer Humanist 444
Centurioni, italienische Kaufherrenfamilie in Sevilla 564, 610
Ceram, Molukkeninsel 629
Cerda, kastilisches Adelsgeschlecht 571
Cerda, Luis de, Herzog von Medinacelli 571, 574
Cerda, Luis de la, Lehnsherr der Kanarischen Inseln 572f., 597ff.
Cerdagne, Landschaft in den Ostpyrenäen 411, 643, 647
Cervantes Saavedra, Miguel de, spanischer Dichter 503
Cerro de las Mesas, Fundort in Mexico 35, *Kartenskizze 59*
Cesalpino (Caesalpinus), Andrea, italienischer Naturforscher und Biologe, philosophischer Schriftsteller 517
Cesarini, Giuliano, italienischer Kardinal 423, 507, 638ff.
Ceuta, Marokko 412, 562, 564, 565f., 586, 593, 596, 602ff.
Ceylon 125, 210, 212, 628, 649f., 654, *Kartenskizze 119, 123*

Chac, Regengott der Maya 84
Chaco, Landschaft in Südamerika 28f., 622f., *Kartenskizze 31*
Chaghatai (Tschagatai), zentralasiatische Völkergruppe 147, *Karte 312*
Chaitanya, vishnuitischer Reformer in Bengalen 137, 160f.
Chaldäisches Orakel 489
Chālukya, Dynastie in Vorderindien 117f., 121, 124f., 130ff., 135, 139, 650—654, *Kartenskizze 119, 123*
—, Östliches Reich 124, 135, 147, 651f., 654, *Kartenskizze 119, 123*
—, Westliches Reich 124, 147, 650 bis 654, *Kartenskizze 119, 123*
Cham, Volk in Hinterindien 232, 651
Champa (Lin-i), Staat der Cham in Hinterindien 232, 650f.
Champaner, Gujarāt 152, 156, 656

Champier (Campegius), Symphorien, französischer Arzt und Geschichtsschreiber 440, 492, 511
Ch'an (japanisch Zen), buddhistische Sekte und deren Lehre 247, 283, 326, 650, 652
Chanapata, frühe Kultur in Peru 100
Chanca, Aimara-Stamm in Peru 100
Chancay, Flußtal in Peru 67, 97, *Kartenskizze 99*
Chan-Chan, Ruinenstadt, Peru 96, *Kartenskizze 99*
Chancellor, Richard, englischer Arktisfahrer 633
Chand Bardāī, Hindī-Dichter 134, 162
Chānd Bībī, Königin von Bījāpur, Regentin von Ahmadnagar 152
Chandella, Dynastie von Khajurāho und von Mahobā in Zentral-Indien 120, 134, 151, 159, 653f., *Kartenskizze 123*
Chandēri, Nord-Mālwa 152, 166
Chandernagor, nördlich Calcutta, Bengalen 177
Chandīdās, Maithilī-Dichter 161, 657
Ch'ang-an (Ching-chao, Hsi-an), am Wei 197, 203ff., 211, 215, 229ff., 233, 237, 239, **242—245**, 247, 250f., 253, 256f., **649—652**

Chang Chin-ling, chinesischer Reichsminister 241
Ch'ang-ch'un, Patriarch der Taoisten 348, 356, 363
Chang Hsien-chung, chinesischer Rebellenführer 336
Chanquillo, Fundstätte in Peru 40
Chao (Han), Früheres, Hsiung-nu-Staat 203f.
—, Späteres, Chieh-Staat 203f.
Chao Kuang-fu, chinesischer Maler
Chao K'uang-yin, Gründer der Sung 216, 258f., **267—273**, 300, 304, 315, 653
Chao Ming-ch'eng, chinesischer Gelehrter 297
Chao Yen, chinesischer Maler 261
Charolais, Grafschaft um Charolles in Burgund 390, 409
»Chartula« (»Cartula«), Sammlung von Moralsprüchen, einer der auctores octo 468, 470
Chattisgarhī, Hindī-Dialekt 161
Chauhān, Dynastie in Nordindien 122, 147, 151, 156, 654, *Kartenskizze 123*
Chausā, am Ganges, Bihār 167
Chāvaḍā, Dynastie von Nord-Gujarāt 121
Chavín de Huántar, Ruinenstätte, Peru 38ff., 70, *Kartenskizze 31, 99*

NAMEN- UND SACHREGISTER

Chavín-Kultur, Peru 36, 38ff., 42f., 68, 70, 108f., *Abb. 37*
Chekiang (Che-chiang), chinesische Küstenprovinz 196, 259
Ch'en, Dynastie (557—589), China 199, 215, 224, 228f., 650
Ch'en-ch'ia-i, »Posthalterei an der Ch'en-Brücke« 267
Chen Chu-chung, chinesischer Maler *Abb. 305*
Ch'eng, Brüder, chinesische Philosophen 325f.
ch'eng (Wahrhaftigkeit), konfuzianisches Ideal 286f.
Ch'eng-Chu, auf Ch'eng zurückgehende Schule 325f.
Ch'eng I, chinesischer Philosoph 290, 654
Ch'eng-tsu, Kaiser, siehe Yung-lo
Ch'eng-tu, Ssuchuan, China 194, 203, 259, *Abb. 196*
Ch'i (Nord-Ch'i), Dynastie (550 bis 577), China 192, 199, 224, 228f., 650
— (Süd-Ch'i), Dynastie (479 bis 502), China 199, 215, 650
Chia, Mondgöttin der Muisca 93
Ch'iang, innerasiatisches Volk 201 ff.
Chiang-ling, am Yang-tzu, China 259
Chiang-tu (Yang-chou), Kiangsu, China 231 ff.
Chianti, Bergland der Toscana 414
Ch'iao Tsung, Gründer der Späteren Shi 203
Chiapes, Landschaft in Mexico 36, 38, 58, 72, 86, *Kartenskizze 59*
Chia Ssu-hsieh, chinesischer Schriftsteller 228
—, »Ch'i-min yao-shu« (Von des Volkes Lebensunterhalt) 228
Chibcha, Sprach- und Völkergruppe Mittel- und Südamerikas 88f., 90ff., 94f.
Chicama, Fluß in Peru 38, 41, 64, 70, 96, *Kartenskizze 99*
Chicanel, vorklassischer Keramikstil der Maya 38, 56
Chicha, bierähnliches Getränk südamerikanischer Indianer 102
Chichen Itzá, Ruinenstadt auf Yucatán 55, 60, 62, **82—85**, *Abb. 85, Kartenskizze 59*
Chichimeken, Nahua-Stämme Mexicos 72f., 81, *Kartenskizze 59*
Chicume, Schöpfergott der Chibcha Panamas 89
Chieh, Zweig der Hsiung-nu **201** bis **204**, 209
Chien-k'ang (Nanking) 205, 212, 219
Ch'ien Liu, Gründer von Wu-yüeh 259
Ch'ien-lung, Kaiser der Ch'ing 199, 332, 340 ff., 659

Chien-wen, Kaiser der Ming 323
Chih-i, chinesischer buddhistischer Mönch, Sektengründer 246f.
Chih Tun, chinesischer buddhistischer Mönch 649
Chilam Balam, Libros de, Dorfchroniken der Maya aus der Kolonialzeit 83
Chile, Südamerika 29, 98, 101, 622, *Kartenskizze 31, 99*
Chimborazo, Vulkan in Ecuador 95
Chimú (Chimor), Volk und Reich in Peru 64, 96f., 100
Ch'in, Dynastie (221—206 v. Chr.), China 194, 200, 221, 232, 282
Ch'in, Früheres, Staat der Ti in China 203f.
—, Späteres, Staat der Ch'iang in China 203, 212
—, West-, Staat der Hsien-pei in China 203
Chin, Dynastie (220—420), China 191, 193, 197, 216
— (Ost-Chin), Dynastie (317 bis 420), China 191, 198f., **203** bis **206**, 215, 649f.
— (West-Chin), Dynastie (266 bis 316), China 191, 198ff., 204f., 215, 649
—, Spätere (937—947), eine der fünf Dynastien, China 199, 257f.
—, Spätere, Dynastie (1616 bis 1636) der Manchu, Vorläufer der Ch'ing 334f.
— (Kin, Goldene Dynastie), Dynastie (1115—1234) der Jürched, China 199, 292, 294, 297, 299, **301—307**, 315, 335, **345—352**, 356ff., 654f., 657, *Kartenskizze 354f.*
China **189—342**, 542, 548, 550, 554f., 583f., 595f., 612, 629f., 633, **649—659**
—, frühes Mittelalter (220—960) **189—263, 649—653**
—, von den Sung (seit 960) bis zu den Ch'ing **263—342, 653—659**
—, Volksrepublik 199, 324
—, Beamtenauslese 192, 216f., 223, 227, 235f., 241, 245, 248, 254ff., 277ff., 286, 293, 308, 319, 325, 338, 649f., 658
—, Bevölkerung 192, 198, 201, 217, 238, 251, 298, 302, 304, 341, 649f., 659
—, Bewässerungsmaßnahmen 198, 207, 227, 258
—, Cliquen- und Parteienwesen 254f., 649f.
—, Dynastienübersicht 199
—, Erfindungen 192f., 207, 262, 281, 649
—, Heerwesen 192, 196ff., 205f., 217, 219ff., 232f., 237, 242, 256, 267ff., 273, 275f., 293, 303f., 308, **314—317**, 324, **650—653**, 658

China, Heerwesen, Miliz (Fu-ping) 237, 651
—, Pachtwesen 238f., 254f., 278f.
—, Regionalismus 215, 217, 220, 234, 242, 250f., 255ff., 268I., 306
—, Sozialstruktur 216ff., 239, 309, 658
—, Staatsrat, »Großer Rat« 340, 659
—, Verwaltung, Ch'ing **337—340**, 658f.
—, —, Ming 320, 323, 657f.
—, —, Sui und T'ang 229f., 235ff., **649—651**
—, —, Sung 276ff., 291 ff., 299
—, —, West-Wei 226
—, —, Yüan 308, 311f., 656
—, Wirtschaft 217ff., 650, **655—659**
—, —, Ch'ing 658f.
—, —, Ming 324, 328f., 658
—, —, Sung **278—281**
—, —, Tang 253f.
Chincha, Flußtal und Reich in Südperu 97
Chinchasuyu, Provinz des Inka-Reiches 104
Chinesische Schrift 214, 262f.
Chinesische Sprache 211, 260, 365
Ch'ing, Dynastie (1636/1644 bis 1911) der Manchu, China 199, 296, 315, 321, 324f., **334—342**, 658f.
Ching-nan (Südliches P'ing), Staat (907—963) in China 258f.
Ching-t'u (Jōdo), buddhistische Sekte 212
Ch'in-ling, Bergkette in Westchina 194
Chinon, an der Vienne, Touraine 638
Ch'in-tsung, Sohn des Hui-tsung, Kaiser der Sung 302, 654
Chios, ägäische Insel 446
Chipiripa, Himmelsgott der Chibcha 89
Chiripa am Titicaca-See 45, 68
Chiriquí, Landschaft in Panama 88, *Kartenskizze 91*
Ch'i-tan, siehe Khitan
Chitorgarh (Chitor), Rājasthān, Nordwestindien 148, 151f., 162, 164, 167, 169, 655ff., *Abb. 136, 165*
Chola, südindische Dynastie 117, 120, 125, 143, 145, 650, 652, 654f., *Kartenskizze 123*
Choli-Panthīs, indische Geheimsekte 184
Cholula, Mexico 46, 50, 76, 81, *Kartenskizze 59*
Chorasan, Landschaft in Iran 356, *Kartenskizze 354f.*
Chorotegen, mittelamerikanische Völkergruppe 87f., *Kartenskizze 91*
Chou, Dynastie (1100 bis 256 v. Chr.), China 201, 205, 223, 288

NAMEN- UND SACHREGISTER

Chou, Dynastie (690—705) der Kaiserin Wu Tse-t'ien 235, 651
— (Nord-Chou), Dynastie (557 bis 581), China 192, 199, 224, 226–229, 245, 269, 271, 650, *Abb. 236*
—, Spätere, Dynastie (951–960) 199, 257f., 267f., 270f., 653
Chou-li, Kanonisches Buch des Konfuzianismus 226
Chou Tun-i, chinesischer Philosoph 287ff., 654
—, »T'ai chi t'u shuo«, Erläuterung des Diagramms des »Höchsten Endlichen« 289
—, »T'ung-shu« (»I-t'ung«), Erläuterungen des »Buches der Wandlungen« 289
Christentum, China 329f., 332f., 656, 658
—, —, »Ritenstreit« 331f., 338, 659
—, Europa 423f., 433, 436f., 439, 488f., 495, 498, 504
—, Indien 141, 178
—, Mongolenreiche 333, 338, 345, 359, 362, 364f., 656
Christian I., Sohn Graf Dietrichs des Glücklichen von Oldenburg und der Hedwig von Holstein, König von Dänemark und Norwegen, zeitweilig auch von Schweden 417f., **641–645**
Christine von Dänemark, Gemahlin Johanns, Grafen von Neunburg-Oberpfalz (Neumarkt) 417
Christoph III., Sohn Pfalzgraf Johanns von Bayern, König von Dänemark, Schweden und Norwegen 417, 640f.
Christoph I., Markgraf von Baden und Hochberg 646
Christus (griechisch), der Gesalbte 486, 488, 490
Christus (Cristus), Petrus, niederländischer Maler 532
Chrysoloras, Manuel, byzantinischer Gelehrter, Lehrer des Griechischen in Italien 441, 443, 446, 504
Chrysostomos, Johannes, griechischer Kirchenvater, Heiliger 495
Ch'u, Staat (896–951) in China 258f.
»Chuang-tzu« (Chuang-shou), philosophisches Werk des chinesischen Altertums 208, 649
Chuang-yüan, Landgüter in China 254f., 279
Chu Ch'üan-chung, siehe Chu Wen
Chu Hsi, chinesischer Staatsmann, Philosoph und Geschichtsschreiber 289ff., 308, 325f., 654, 656
Chu-ko Liang, chinesischer Staatsmann 193, 195, 207, 214, 649
Ch'u-lin (»Bambushain«), bei Loyang, Nordostchina 208f.

Chullpa-Kultur, Kultur des peruanisch-bolivianischen Hochlandes 97f., 100
Chullpapata, Fundstätte in Bolivien 44
Ch'ung-chen, Kaiser der Ming 336f., 658
Chung Hung, chinesischer Schriftsteller 237
—, »Shih p'in« (Klassifizierung der Dichter) 237
Chung-tsung, Kaiser der T'ang 235
Chung Yung (»Die Rechte Mitte«), kanonisches Buch des Konfuzianismus 286
Chuquisaca, Landschaft in Bolivien 98
Chu-t'ien, siehe Gleichland-System
Chu Tz'u, chinesischer General 251
Chu Wen (Chu Ch'üan-chung), Kaiser der Späteren Liang 253, 256ff.
Chu Yüan-chang, chinesischer Bauernsohn, Gründer der Ming 317ff., 322, 656
Chwārezm (Chiwa), Stadt und Oase am Oxos 345, 352f., 356
Cicero, Marcus Tullius, römischer Staatsmann, Redner und Philosoph 443f., 450, 455f., 469, 474, 476, 478, 490, 502, 509, 520, 522, 644
—, »Somnium Scipionis«, »Der Traum des Scipio«, Teil des 6. Buches »De re publica« 502
Ciriaco de' Pizzicolli (Cyriacus von Ancona), italienischer Humanist, Kaufmann und Abenteurer 466
Cipa, Herrscher der Chibcha 92
Clarence, George, Herzog von Clarence, Earl of Warwick, Sohn Herzog Richards von York 398, 644f.
Clavius, Christoph, Jesuit aus Bamberg, Mathematiker und Geometer 330
Clémangis (Clémengis, Clemangius), Matthieu Nicolas (Nicolas de Clémanges), französischer Gelehrter, päpstlicher Sekretär in Avignon 444
Clemens V., vorher Raimond Bertrand de Got, Erzbischof von Bordeaux, Papst 365, 656
Clemens VI., vorher Pierre Roger de Beaufort, Papst 572, 597
Clemens VII., vorher Giulio de' Medici, natürlicher Sohn Giulianos de' Medici, Erzbischof von Florenz, Kardinal, Papst 488, 532
Clemens X., vorher Emilio Altieri, Bischof von Camerino, Papst 333
Clermont, Grafschaft in den Argonnen 389

Clive, Robert Clive, Baron, englischer General und Staatsmann, Begründer des Reichs von Britisch-Indien 177, 659
Cliza, Bolivien 44, *Kartenskizze 99*
Clovis, steinzeitliche Mammutjägerkultur Amerikas 26
Coatzacoalcos, Fluß in Südmexico 620
Cobá, Ruinenstätte, Yucatán 55, 57, *Kartenskizze 59*
Cocai, Merlin, siehe Folengo
Cochabamba, Stadt und Landschaft in Bolivien 44, 70, 98, 101, *Kartenskizze 99*
Cochin, Südwestindien 183
Cochise, steinzeitliche Sammlerkultur Nordamerikas 26
Cocijo, zapotekischer Regengott 53
Cocijo-eza, zapotekischer Herrscher 81
Cocijo-pij, Sohn des Cocijo-eza, Zapotekenprinz 81
Coclé, Landschaft in Panama 88f., *Kartenskizze 91*
Cocom, Fürstensippe der Maya 82ff.
Codex Dresdensis, Maya-Handschrift 83; Codex Peresianus 83; Codex Tro-Cortesianus 83, *Abb. 84*
Coelho, João, portugiesischer Seefahrer 629
Cölln, auf der Spreeinsel, heute Teil Berlins 641
Coeur, Jaques, französischer Geschäftsmann aus Bourges, Finanzmann König Karls VII. 641
Coimbra, Portugal 562, 575
Cola di Rienzo, Nicolaus Laurentii, römischer Volkstribun, religiöser Schwärmer 439f., 490
Colet, John, englischer Geistlicher und Theologe, Humanist 496, 499f., 507, 527
Coligny, Gaspard de, Seigneur de Châtillon, französischer Hugenottenführer 629ff.
Colima, Staat Mexicos 33f., 73, *Abb. 36, Kartenskizze 31, 59*
Colla, siehe Aimara
Collasuyu, Provinz des Inka-Reiches 104
Colleoni (Coleone), Bartolommeo, italienischer Kondottiere, zuletzt Generalkapitän von Venedig 414
Coloma, Juan de, Sekretär Ferdinands des Katholischen 614
Colombo (Columbus), Matteo Realdo, italienischer Anatom 517, 533
Colonna, römisches Adelsgeschlecht 378, 381
Colonna, Giovanni, römischer Patrizier 439

672 NAMEN- UND SACHREGISTER

Colonna, Vittoria, Tochter des Fabrizio Colonna, Gemahlin des Ferdinand von Avalos, Marchese von Pescara, italienische Dichterin 522
Comacchio, Podelta 415
Commynes (Comines, Cominaeus), Philippe de, Herr von Argenton, französischer Staatsmann und Geschichtsschreiber 463, 523
—, »Mémoires...« (begonnen um 1490; gedruckt Paris 1524) 523
Compiègne, Nordfrankreich 388, 638
Condivi, Ascanio, italienischer Künstler, Schüler und Biograph Michelangelos 533
—, »Vita di Michel Angelo Buonarroti« (Rom 1553) 533
Condulmer, Marino,[1] genannt Glaucus Venetus, talienischer Humanist 491
Conflans (Conflans-l'Archevêque), südöstlich von Paris 390
Conjeevaram, siehe Kānchī-puram
Conquista, Eroberung Amerikas durch die Spanier 82, 90, *Kartenskizze 59*
Conquistadoren (conquistadores, »Eroberer«) 27, 53, 64, 67, 73, 76f., 89, 92, 101, 577, 579
Conti, Nicolo, venezianischer Kaufherr 555
Copán, Ruinenstätte der Maya 55, *Kartenskizze 59*
Coppola, Francesco, neapolitanischer Edelmann 415
Cordillera Blanca, Zug der Anden in Peru 38
Córdoba, Spanien 545
Cornaro, Catarina, Witwe König Jakobs I. von Cypern 415
Correggio, eigentlich Antonio Allegri, italienischer Maler 533
Correggio, Emilia, Italien 492
Cortés, Hernán (Hernando), spanischer Conquistador, Eroberer Mexicos 14, 51, 73, 80, 577, 619ff., 624, *Abb. 616f.*
Cortesi, Paolo, italienischer humanistischer Gelehrter 456
Corvo, Azoreninsel 575
Cosa, Juan de la, spanischer Seefahrer 616
Cossa, Francesco del, italienischer Maler
Costa Rica, Mittelamerika 29, 87 ff., 108, 618, *Kartenskizze 31, 91*
Coulon (Coullon, Colón), Guilleaume de, französischer Korsar 554
Covilhã (Covilhão), Pedro de, portugiesischer Indienfahrer 608f.
Cozcatlan, Salvador 86, *Kartenskizze 91*

Creek-Vereinigung, Bund der Creek-Stämme Nordamerikas 28
Crépy-en-Laonnais, Picardie, Frankreich 630
Cresques, Abraham, katalanischer Kartograph 550, *Abb. 580*
Cross, Kap, Südwest-Afrika 607
Crotoy, Le, an der Sommebucht 395
Cuba 90, *Kartenskizze 31*
Cuenca (Tumipampa), Ecuador 101, *Kartenskizze 99*
Cueva, Chibchastamm 88f., 93, *Kartenskizze 91*
Cuicuilco, Fundstätte in Mexico 32f., 76, *Kartenskizze 31*
Cuismancu, peruanischer Fürstentitel 97
Cunha, Tristão da, portugiesischer Seefahrer und Conquistador 628
Cuntisuyu, Provinz des Inka-Reiches 104
Cupisnique-Stil, Variante des Chavin-Stils (»Küsten-Chavin«) 38
Curicávari, taraskischer Sonnengott 79
Cuspinian, Johannes (eigentlich Hans Spießhaymer), Diplomat, humanistischer Gelehrter 526
Cutch (Kachh), Insel Vorderindiens 121
Cuzco, Hauptstadt des Inka-Reiches 70, **100–107**, *Kartenskizze 99*
Cypern 381, 415, 562, 646
Czaslau, Ostböhmen 637

D

Dabeiba, Wallfahrtsort der Chibcha 93, *Kartenskizze 91*
Dacca, Ost-Bengalen 171
Dādūpanthīs, indische Sekte 184
Dänemark 381, 416ff., 368ff., 642, 645
Daidu, siehe Peking
Dalai Lama, geistliches Oberhaupt des Lamaismus 372
Dalarne, Landschaft in Mittelschweden 639
Dalmatien 425
Damaskus (asch-Schām), Syrien 368
Dandin, Sanskrit-Dichter 131, 651
Dante Alighieri, aus Florenz, italienischer Dichter 22, 519, 522, 532, 596
—, »Divina Commedia«, »Göttliche Komödie« 523
Dantidurga, Rāshtrakūta-Kaiser 124
Danzig 421, 642
Dārā Shukōh, Mogul-Prinz 170f., 180

Darayisan, Großkhan der Mongolen 371
Dardanellen (Hellespont) 422
Darién, Landschaft in Panama 88, 618f., *Abb. 104, Kartenskizze 91*
Daulat Rão Sindhiā, Marāthen-Fürst 176, 659
Daulatābād (Deogiri), Dekhan 125, 149, 152, 170, 654, *Kartenskizze 123*
Dauphiné, Landschaft in Südostfrankreich 492
Dávila, Pedrarias (Arias de Avila, Pedro), spanischer Conquistador 620
Davisstraße, Meeresarm zwischen Grönland und Baffin-Land 632
Day, John, englischer Kaufmann 632
Dayan, Batumöngke Dayan, Großkhan der Mongolen 370f., 657
Decembrio, Pier Candido, italienischer Historiker 504
Decembrio, Uberto, italienischer Humanist und Staatsmann, Übersetzer 504
Defoe, Daniel, englischer Schriftsteller 29, 90
—, »Robinson Crusoe« (1719) 29, 90
Dekhan, Hochebene Vorderindiens 117f., 120ff., 124, 133, 141, 145, 147, 149, 151f, 157f., 170ff., 174, 176, 180f., 650ff., 654, 656, 658
Dekretalen, päpstliche Weisungen, Entscheidungen von Rechtsfällen 380
Delhi (Dillika, Shājahānābād) 122, 147f., 155f., 162, 166f., 171, 174, 176, 184f., 654f., 658f., *Kartenskizze 123, 354f.*

—, Qutb-Minār, Riesen-Minarett der ersten Moschee 156, 655
—, Sultanat der Mamlūken (1206 bis 1290) 148, 153, 156, 655f.
—, Sultanat der Khiljī (1290 bis 1320) 148, 155, 162, 180, 655
Della Porta, Giambattista, italienischer Naturforscher und Gelehrter 516
Delwāra, Tempelstadt auf dem Ābū-Gebirge, Nord-Gujarāt 122, 145
Demosthenes, attischer Redner 446
Deogiri, siehe Daulatābād
Derby, Thomas Lord Stanley, erster Earl von, englischer Staatsmann 397f.
»Derivationes« (»Ableitungen«), mittelalterliches etymologisches Lexikon des italienischen Juristen und Grammatikers Uguccione von Pisa 468

NAMEN- UND SACHREGISTER

Descartes, René (Renatus Cartesius), französischer Naturforscher und Philosoph 501
Desiderio da Settignano, florentinischer Bildhauer 531
Des Périers (Despériers), Bonaventura, französischer Philosoph und Dichter, Sekretär Margaretes von Navarra 523
—, »Cymbalum mundi«, satirische allegorische Dialoge (1537) 523
Deutschbrod (Německy Brod), an der Sazawa, Böhmen 637
Deutscher Orden 418–421, 638, 640, 642 f.
Deutschland 361, 375 ff., 385, 400, 407, 441, 464 f., 467 f., 474, 509, 526
Devadāsis, Tempeltänzerinnen (Bajaderen) 128, 183, 186, 659
Devapāla, Pāla-Kaiser 118
Devarāya II., Kaiser von Vijayanagar 150, 158, 657
Dhanga, Chandella-König 121
Dhāra, Mālwa, Vorderindien 120 ff., 152, 654
Dharmapāla, Pāla-Kaiser 118, 651
Dharma-Thākur, spätbuddhistischer Gott (Buddha) 137
Diaguita, Indianerstamm Südamerikas 98, 100 f., *Kartenskizze 99*
Diamant-Sūtra, ältester Druck in China 263
Dias, Bartolomeu, portugiesischer Seefahrer 412, 537, 608 f., 626, 646
Dias, Diego, Bruder des Bartolomeu Dias, Seefahrer 628
Diddā, Königin von Kashmīr 118, 653
Dieppe, Nordfrankreich 630
Dietrich von Mörs, Erzbischof von Köln 640 f.
Di Negro, italienische Kaufherrenfamilie 564
Diogenes Laertios, griechischer Philosoph aus dem kilikischen Laërte 432, 446, 502
Dioskurides (Dioskorides), Pedanios, griechischer Arzt 446
—, Heilmittellehre, griechische Handschrift in der Nationalbibliothek, Wien 446
Disselhoff, Hans-Dietrich, Amerikanist 37, 43, 54, 70
Dithmarschen, Landschaft an der Westküste Holsteins 418, 648

Diu, Saurāshtra 152, 628
Dnjepr, Fluß in Südrußland 360, 648, *Kartenskizze 354f.*
Dnjestr, Fluß in Rußland 426 f.
Dolet, Etienne, französischer Buchdrucker und Philologe 523
Dolonor, Fluß in Nordost-Asien 364

Domingo de Guzman, heiliger Dominikus, *Abb. 409*
Dominici, Giovanni, italienischer Dominikaner, Erzbischof von Ragusa, Kardinal 443 f.
Dominikaner, Predigerorden 22, 332, 359, 583 f., 586, 588
Donatello, eigentlich Donato, Sohn des Wollkämmers Niccolò di Betto Bardi, florentinischer Bildhauer 414, 463, 529, 531, 637, 639, 642, *Abb. 436*
Donatus, Aelius, römischer Grammatiker und Lehrer der Rhetorik 468
Donau 361, 376, 420, 423 f.

Donaubulgaren 367
Dongson-Kultur, Hinterindien 110
Dorado (»das Vergoldete«), sagenhaftes Goldland 93
Dorfkulturen, Altamerika 27, 29 f., 33
Dorgon, Sohn des Nurhachi, Fürst der Manchu, Regent der Ch'ing 335 ff., 658
Doria, italienische Kaufherrenfamilie 564
Draa, Wadi in Südmarokko 593
Drachisich, Georg, in Italien adoptiert als Giorgio Benigno Salviati, Minorit aus Bosnien, Theologe und Humanist 441
Drama, Altamerika 107
—, China 207, 294, 312 f., 365 f., 656
Drau, rechter Nebenfluß der Donau 427
Drāvida, indische Sprachfamilie 118, 130
Drāvida-Stil der Hindu-Baukunst 143, 651
Drei Reiche (220–266), China 191, 193–199, 201, 206, 217, 224, 234, 649
—, »San kuo chih yen-i« (Geschichte der Drei Reiche) 206
Dschalāl ad-Dīn Mankobīrti, Sohn des 'Alā' ad-Dīn Muhammad, Heerkönig der Chwārezmier 356
Dschem, Sohn des Mehmeds II., Sultans der Osmanen 384 f., 427
Dschotschi (Dschutsch), Sohn des Tschinghis Khan, Mongolenfürst 357 ff., 362
Dsungaren, westmongolischer Volksstamm 659
Duarte I., König von Portugal, siehe Eduard I.
Dürer, Albrecht, Maler und Kupferstecher aus Nürnberg 463, 513, 533, 648, *Abb. 484*
—, »Apokalypse«, Holzschnittzyklus 648
—, »Underweysung der Messung mit dem Zirckel und Richtscheyt« (Nürnberg 1525) 513

Dürer, Albrecht, Maler und Kupferstecher
—, »...vier Bücher von menschlicher Proportion« (Nürnberg 1528) 513, 533
Dulcert, Angelino, katalanischer Kartograph des Mittelalters 550, 596, *Abb. 557*
»Dunkelmännerbriefe«, »epistolae obscurorum virorum«, Sammlung fingierter satirischer Briefe aus dem Erfurter Humanistenkreis (1515/17) 470, 477
Dunois, Jean, Graf von, genannt »Bastard von Orléans«, französischer Heerführer 641
Durazzo (Dyrrhachion), Albanien 415, 425
Durgā, Hindu-Göttin 139
Dvaita-Vedānta, indisches theologisches System 141, 655
Dvārasamudra (Halebīd), Mysore 125, 145, *Abb. 145, Kartenskizze 123*
Dyarchie (Doppelverwaltung) in China 298, 339
Dynastische Zyklen in China 314 f., 320, 339
Dzasag (Yasa), Rechtregeln des Tschinghis Khan 349
Dzibilchaltún, Ruinenstätte, Yucatán 38, 55, 57, *Kartenskizze 59*

E

Eanes, Gil, portugiesischer Seefahrer 605
Eberhard V. (I.) im Barte, Sohn Graf Ludwigs, Graf und später Herzog von Württemberg 405, 645 f.
Eberhard (Ebrard) von Béthune, genannt Graecista, lateinischer Schriftsteller des 12. Jahrhunderts 468, 474
—, »Graecismus, de figuris et octo partibus orationis...«, Lehrbuch der Grammatik 468, 474
Ecuador 27, 29, 94 f., 100 f., 108 f., *Kartenskizze 31, 99*
Edgecote, Northamptonshire, England 397
Eduard III., Sohn Eduards II. und der Isabella von Frankreich, König von England 387
Eduard IV., Sohn Richards, Herzogs von York, König von England 391, 394, 396 ff., **642–646**
Eduard V., Sohn Eduards IV., König von England 397, 646
Eduard VI., Sohn Heinrichs VIII., König von England 632 f.
Eduard I., Sohn Johanns I., König von Portugal 575, 591, 602 f., 605 f., 639

NAMEN- UND SACHREGISTER

Egidio (Egidio Antonini, Aegidius von Viterbo), General der Augustiner-Eremiten, Kardinal, lateinischer Dichter 455
Eider, Grenzfluß zwischen Holstein und Schleswig 418
Eidgenossenschaft, siehe Schweiz
Einsiedeln, Schweiz 444
Eisenbearbeitung, China 219, 277, 298
Ek Chuah, Kriegsgott der Maya 85
Ekholm, Gordon, nordamerikanischer Ethnologe 110
Eklipsen, Sonnen- und Mondfinsternisse 330
Ekphantos (von Syrakus), griechischer Philosoph 515
Elbe 418
Elbing, Ostpreußen 421, 643
Elephanta (Gharapuri), Insel bei Bombay 145, 650f., *Kartenskizze 123*
Elisabeth I., Tochter Heinrichs VIII., Königin von England 503, 633
Elisabeth, Tochter Kaiser Sigismunds und der Barbara, Gemahlin König Albrechts II. 639, *Stammtafel 402f.*
Elisabeth, Tochter des Richard Woodville, Lord Rivers, Gemahlin des Sir John Grey und hernach König Eduards IV. von England 396, 643
Elisabeth, Tochter Eduards IV., Gemahlin König Heinrichs VII. von England 398, 646
Elisabeth, Tochter König Albrechts II., Gemahlin König Kasimirs IV. von Polen 421, *Stammtafel 402f.*
Elisabeth von Görlitz, Nichte Jobsts von Mähren, Gemahlin Herzog Antons von Burgund, Inhaberin von Luxemburg 641
Ellorā (Elūrā), südwestliches Vorderindien 12, 145, 651 ff.
El Openo, Michoacan 34
Elsaß 640, 644, 647
Elyot, Sir Thomas, englischer Landedelmann, Justiz- und Verwaltungsbeamter, Schriftsteller 480, 503, 527
—, »The Boke Named the Governour«, Fürstenspiegel (1531) 480
Emanuel I., der Große (der Glückliche), Sohn Ferdinands, Herzogs von Vizeu, König von Portugal 560, 609, 626f., 647
Engel, Frédéric, französischer Archäologe 41, 67
Engelbrechtsson, Engelbrecht, Rebellenführer in Schweden 417, 639
England 175—178, 186, 380f., 385, 388, **392—395**, 401, 409, 411, 433, 453, 464, 474, 496, 507, 509, 527, 538, 540, 550, 562, 564ff., 572, 591, 595, 631ff., 638f., 641f., 644, 646f., 659
—, »Star Chamber« (Staatsgerichtshof) 398, 646
Ennin, japanischer Pilger 256
Entdeckungen, Herausbildung des nationalen Machtstaates 589ff.
—, technische Voraussetzungen 546 ff.
—, wirtschaftliche Voraussetzungen und Triebkräfte 552 ff.; Goldhunger 558ff., Missionsidee 577ff.
—, wissenschaftliche Voraussetzungen 540 ff.
—, Engländer, Amerika 631 ff.
—, Franzosen, Amerika 629ff., Kanarische Inseln 599ff.
—, Italiener, Asien, Afrika, Atlantischer Ozean 596 f.
—, Katalanen, Atlantischer Ozean 598 f.
—, Portugiesen 537, 637, Afrika 560f., 602ff., 607ff., 628, Amerika 626ff., Asien 608f., 628f., Atlantischer Ozean 562, 575f., 597, 605ff., 628
—, Spanier 537, Amerika 617ff., **621—625.**, Pazifischer Ozean 621, 623, Westafrika 573
—, Wikinger, nördlicher Atlantischer Ozean, Amerika 595
Enzyklopädien, chinesische 247f., 254, 257, 281, 651, 653, 657, 659
Ephemeriden, astronomische Jahrbücher 547
Epikur(os) von Samos, griechischer Philosoph 432, 451, 502
Epirus, Landschaft in Nordwest-Griechenland 638
»Epistolae obscurorum virorum«, siehe Dunkelmännerbriefe
Erasmus, Desiderius, von Rotterdam, Humanist 434, 452f., 456f., 463, 467, 470, 485f., **494—501**, 512f., 523, 526f., 648, *Abb. 484f., 497*
—, »Ciceronianus sive de optimo genere dicendi«, Dialog über »die beste Art, sich auszudrücken« (Basel 1528) 456
—, »Enchiridion militis christiani«, »Handbüchlein des christlichen Streiters« (Antwerpen 1504) 496f., 648
—, »Encomion morias seu laus stultitiae«, »Lob der Torheit« (1509); gedruckt Paris 1511) 485, 496, 500, *Abb. 485*
—, »Institutio principis christiani«, »Das Amt des christlichen Fürsten« (Löwen 1516) 485
—, »Querela pacis«, »Die Klage des Friedens« (1517) 485, 497

Eratosthenes, griechischer Mathematiker, Astronom und Geograph 541, 543
Erbrecht in China 269, 279f., 304, 322
Erdbeschreibungen, spätmittelalterliche 550f.
Erdeni-dzu, nahe Karakorum, Lama-Kloster, *Abb. 371*
Erikson, Leif, norwegischer Seefahrer 595
Erich von Pommern (Erik der Pommer), Urenkel Waldemars IV. von Dänemark, König von Norwegen, Schweden (Erik XIII.) und Dänemark (Erik VII.) 416f., 638f.
Ermland, Landschaft in Ostpreußen 421, 643
Ernst, Sohn Friedrichs des Sanftmütigen, Kurfürst von Sachsen 646, *Stammtafel 402f.*
Esebeg, osmanischer Feldherr 424
Eskimo 27
Esmeraldas, Landschaft in Ecuador 95, *Kartenskizze 99*
La Española, alter spanischer Name Haïtis 617f., 624
Eßlingen am Neckar 641, 646
Este, oberitalienisches Adelsschlecht 641, 644
Este, Ercole (I.) d', Herzog von Ferrara 415, 499, 521, 528
Este, Leonello d', illegitimer Sohn des Niccolò d'Este, Herr von Ferrara, Modeno und Reggio 475 ff., 485
Estienne, siehe Stephanus
Estland 419
Etaphes, am Kanal, Nordfrankreich 647
Eton, an der Themse gegenüber Windsor 399, 640
Euböa (Euboia, Negroponte) griechische Insel 383, 426, 644f.
Eugen IV., vorher Gabriele Condulmer (Condolmieri), Bischof von Siena, Papst 381ff., 400, 420, 423, 430, **638—641**, *Abb. 383*
Euklid (Eukleides, Euclides), griechischer Mathematiker 331, 451f., 511, 518
Eunuchen in China **251—255,** 320, 323, 649, 651 ff., 657f.
Euripides, attischer Tragiker 446
Europa 262, 280f., 305, 312, 329, 332, 345f., **359—366**, 368f., 400, 410, 413, 422, 424, 428, 443, 446, 454, 465, 467, 470, 478, 483, 492, 498f., 509, 521, 526, 538f., 541f., 545, 548f., 554f., 557f., 561, 574, 581f., 590, 595, 604, 612, 618, 630

Europäer in Asien 175, 178, 655ff.
— in China 655f.
— in Indien 175, 178, 657

NAMEN- UND SACHREGISTER

Evangelium 474
Eyb, Albrecht von, Domherr zu Bamberg und Eichstätt 526
—, »Margarita poetica« (vollendet 1459) 526
Eyck, Hubert van, niederländischer Maler 463, 532, 639
Eyck, Jan van, jüngerer Bruder Huberts van Eyck, niederländischer Maler 639

F

Faber, Jakob (Jaques le Fêvres d'Etaples, Jacobus Faber Stapulensis), französischer Humanist, Theologe 463, 492, 496 f., 507, 523
Fabrizio d'Acquapendente, Girolamo (Hieronymus Fabricius ab Acquapendente), italienischer Anatom und Chirurg 517
»Facetus«, Sammlung von Moral- und Anstandsregeln (als Ergänzung zu den »Disticha Catonis«), seit dem 12. Jahrhundert überliefert 470, 474
Fa-hsien, chinesischer buddhistischer Mönch 212, 650
Faizī, indopersischer Dichter 180, 182, 658
Fan Chen, chinesischer Gelehrter 225, 650
—, »Shen-mieh-lun« (Über die Sterblichkeit der Seele) 225
Fang Chao-ging, chinesischer Historiker 339
Farrukhsiyar, Mogul-Kaiser 173 f., 659
Fathpur Sikrī, westlich Āgra, Zentralindien 169, 184, 658, *Abb. 173*
Federschmuck, Altamerika 60, 84, 103
Fei, Fluß in China 204, 206
Feliciano, Felice, italienischer Altertumsforscher 530
Felix V., Papst (als Gegenpapst gezählt), Herzog Amadeus VIII. von Savoyen, später päpstlicher Legat in Savoyen 381 f., 640 f.
Ferdinand (Ferrante) I., natürlicher Sohn Alfons' V. von Aragon, König von Neapel 383 ff., 414 ff., 642
Ferdinand II., der Katholische, Sohn König Johanns II., König von Aragon, König (Ferdinand V.) von Spanien 88, 392, 398, 411, 556 f., 560, 568 f., 571, 573 f., 577–581, 584 f., 588–591, 593, 600, 607, 613 f., 616 f., 625 f., 631 f., 644 bis 648, *Abb. 588*
Ferdinand I., der Artige, Sohn Peters I., des Grausamen, König von Portugal 592

Ferdinand, der Standhafte Prinz, Sohn König Johanns I., Infant von Portugal 604, 606
Ferdinand, Sohn König Eduards I., Infant von Portugal 607
Ferdinand, Valentin, Chronist 602
Ferghāna, Stadt und Landschaft in Westturkestan 166, 241, 353
Fernandes, João, portugiesischer Nordamerikafahrer 632
Fernel, Jean (»von Amiens«, auch »der neue Galen« genannt), französischer Arzt, Mathematiker und Astronom 474, 523
—, »De abditis rerum causis«, »Von den verborgenen Ursachen der Dinge« (1545) 474, 523
Ferrante, König von Neapel, siehe Ferdinand I.
Ferrara, Stadt und Landschaft an der Mündung des Po 384, 414 f., 446, 470, 472, 475, 477, 499, 499, 528, 638–641, 644
Ferrer, Vicente, katalanischer Dominikaner, Heiliger 584
Ferrer, Jacme, katalanischer Seefahrer 598
Feudalismus, China 196, 200, 276, 278 f., 328, 649
—, England 399
—, Indien 652
—, Italien 413
Feuerland, Inselgruppe an der Südspitze Südamerikas 28
Fez, Nordwest-Marokko 575, 602
Fichet, Guillaume, französischer humanistischer Gelehrter, zeitweilig Rektor der Universität von Paris 471, 475, 523
Ficino, Marsilio (Marsilius Ficinus), florentinischer Humanist, Gelehrter 414, 433, 457 f., 463, 466, 468, 491, 496, 498, 504 f., 507 f., 514, 543, 643, 646, *Abb. 505*
—, »Poëmander, sive de potestate ac sapientia divina«, Übersetzung des »Poimandres« (»corpus Hermeticum«, Treviso 1471) 491
—, »Theologia Platonica« (1482) 505, 646
Fieravanti (Fioravanti), Aristotele, italienischer Bauingenieur und Architekt 645
Filarete, eigentlich Antonio Averlino (Averulino), italienischer Bildhauer und Architekt 437, 463, 522, 528, 531, 643, *Abb. 383*
—, »Trattato d'architettura« (1460–1464) 437, 528, 643, *Abb. 437*
Filelfo (Philelphus), Francesco, italienischer humanistischer Gelehrter und Dichter 446, 466, 471, 504
Finnland 417

Firdausī (Firdusī), eigentlich Abū 'l-Qāsim Mansūr, altpersischer Epiker 147, 155, 655
—, »Schāh-Nāma«, »Buch der Könige« 155
Firmicus Maternus, Julius, lateinischer Schriftsteller, Verfasser eines Werks über heidnische Kulte sowie eines astrologischen Werkes 489
Fīrōz, Jalāl ad-Dīn, Khiljī-Sultān von Delhi 148
Fīrōz, Tāj ad-Dīn, Bahmaniden-Sultān 151, 656 f.
Fīrōz Shāh, Sultān der Tughluq von Delhi 149, 152, 156, 656
Fisher, Christopher, englischer Geistlicher, apostolischer Protonotar 497
Flandern 329, 387, 566, 592
Florenz, Toskana 377, 384, 392, 414 f., 421, 442 f., 446 f., 452, 464, 470, 472, 479, 492, 499, 507, 527 f., 531, 543, 611, 637 bis 645, 647, *Abb. 436*
—, Dom, Santa Maria del Fiore 512, 530, 637, *Abb. 532*
—, Palazzo Strozzi 646
—, San Lorenzo 530
—, Santa Croce, Pazzi-Kapelle 530, 638
—, Santa Maria Novella 642
—, Santa Trinita 464
»Floretus«, Schulbuch, einer der auctores octo 470
Florida 27, 90, 620, 624, 630
Fludd (Flud), Robert (Robertus de Fluctibus), englischer Arzt, mystischer Philosoph 516
Foix, Südfrankreich 645
Folengo, Teofilo, auch bekannt als Merlin Cocai (Cocajo), zeitweilig Benediktinermönch, italienischer Dichter 471, 522
—, »Baldus«, makkaronische Dichtung (Venedig 1517), später Teil der »Macaroneae« 522
—, »Merlini Cocaii Macaroneae«, Sammlung von Dichtungen, enthält u. a. »Baldus« und »Moscheïde« (Venedig 1517, erweitert 1521/22 bzw. 1534–1535) 522
Folsom, steinzeitliche Bisonjägerkultur Amerikas 26
Forlì, Emilia, Italien 454
Formosa (T'ai-wan), Insel vor der südostchinesischen Küste 232, 337, 658
Fortescue, Sir John, englischer Jurist und Staatsmann 394
—, »The Difference between an Absolute and a Limited Monarchy«, später (1885) revidiert veröffentlicht als »The Governance of England« 394

NAMEN- UND SACHREGISTER

Foscari, Francesco, Doge von Venedig 415
Fougères, Bretagne 396
Fouquet (Foucquet), Jean, französischer Maler 532
Fracastoro, Girolamo, italienischer Arzt, humanistischer Gelehrter und Naturforscher, lateinischer Dichter 516
Francesca, Piero della, eigentlich Piero de' Franceschi, italienischer Maler aus Umbrien 459, 463, 470, 530, 532, 643, 647

—, »De prospectiva pingendi«, Untersuchung über die Perspektive (gedruckt Florenz 1492) 459, 512, 647
Francesco di Giorgio Martini (di Martino), italienischer Baumeister, Maler und Bildhauer 528
Franche-Comté, Freigrafschaft Burgund 391, 408, 645, 647

Franken, Landschaft am Main 645
Frankfurt am Main 399f., 404, 406, 409
Frankreich 331, 362, 368, 375f., 379f., 382, 385—401, 409ff., 414f., 423, 427, 453, 465, 471, 474, 492, 509, 523f., 553, 565, 574, 639, 646f., 659
Franz I., Sohn Herzog Karls von Orléans, König von Frankreich 453, 474
Franz II., Herzog der Bretagne 390
Franz Xaver, siehe Xaver
Franziskaner (Ordo fratrum minorum), Mönchsorden 22, 332, 362, 364, **582—588**, 656
Franziskus, Franz von Assisi, eigentlich Giovanni Benadone, Heiliger 585
Franzosen 540, 573, 629ff.
Frauen, soziale Stellung, China 127
—, —, Indien 222
Freiburg im Breisgau 642
Freiburg im Üchtland, Schweiz 645
»Frequens«, Dekret des Konstanzer Konzils über Abhaltung Allgemeiner Konzilien (1417) 637
Freskomalerei, Altamerika 46, 49 f., 54, 58, 60, 66, 85
—, China 262, 353, 652
—, Indien 144f., 651
—, Italien 530, 643, 645

Friaul, Landschaft in Venetien 415
Friedrich II., Sohn Herzog Ernsts von Österreich, deutscher König (Friedrich IV.) und Kaiser. Herzog von Österreich (Friedrich V.), König von Ungarn und Böhmen 382, 391, 399ff., 404f., 408f., 421, **640—647**, *Stammtafel 402f.*
Friedrich I., Sohn König Christians I., König von Dänemark 418
Friedrich I., Sohn Friedrichs V. von Hohenzollern, Kurfürst (Markgraf) von Brandenburg 419
Friedrich II., der Eiserne, Sohn Friedrichs I., Kurfürst (Markgraf) von Brandenburg 641
Friedrich I., der Siegreiche, Sohn Kurfürst Ludwigs III., Kurfürst von der Pfalz 643
Friedrich I., der Streitbare, Sohn Markgraf Friedrichs III., des Strengen, von Meißen, Kurfürst von Sachsen 637, *Stammtafel 402f.*
Friedrich III., der Weise, Sohn Kurfürst Ernsts, Kurfürst von Sachsen 646, 648
Friedrich IV. (mit der leeren Tasche), Sohn Leopolds III. von Steiermark, Herzog von Tirol und Vorderösterreich 380, *Stammtafel 402f.*
Fritz, Jos, Führer des Bundschuhs 648
Fritzlar, an der Eder, Hessen 638
Froben (Frobenius), Johann(es), Buchdrucker und Verleger in Basel 497, 647, *Abb. 485, 497*
Fron in China 202, 218, 221, 229, 231, 233, 238, 241, 253, 255, 279, 311
Fuerteventura, Kanarische Insel 573, 600
Fu Chien, Herrscher der Früheren Ch'in, 209
Fu-chou, Fukien, Südostchina 259
»Fünf Dynastien« (907—960), nördliches China 191 f., 199, 257 ff., 268, 296, 653
Fürstenspiegel, Schriften, die Regeln über das Verhalten der Fürsten enthalten 348
Fugger, Augsburger Patrizier- und Handelsherrengeschlecht 377, 465, 644
Fu Hung, Gründer der Früheren Ch'in 203f.
Fukien (Fu-chien), Provinz in Südost-China 252, 259
Fyzābād (Faizābād), Hauptstadt von Oudh vor Lucknow 177, 185

G

Gacy, Jean, französischer Franziskaner 495 f.
Gäekwād, Marātha-Mahārāja von Baroda in Gujarāt 176, 659

Gaguin, Robert, französischer humanistischer Gelehrter und Diplomat 470f., 496, 499, 523
Gāhadavāla (Gahārwār), Dynastie in Kanauj 132, 134, 147, 654
Galeere, großes Ruderschiff des Altertums und Mittelalters 551, 563, 596
Galen(os), griechischer Arzt aus Pergamon, wirkte in Rom 474, 511
Galicien, Landschaft in Nordwestspanien 565
Galilei, Galileo, italienischer Mathematiker und Physiker 20, 330, 452, 503, 509, 511, 517ff.
—, »Dialogo sopra i due massimi sistemi del mondo«, »Von den beiden größten Weltsystemen« (Florenz 1632) 518
—, »Discorsi e dimostrazioni matematiche intorno a due nuove scienze attenenti alla meccanica . . .«, Untersuchungen und Ergebnisse auf dem Gebiete der Mechanik (Leiden 1638) 518
—, »Il saggiatore« (»die Goldwaage«), über die Natur der Kometen (Rom 1623) 518
—, »Sidereus nuncius . . .«, »Der Himmelsbote« (Venedig 1610) 518
Galizien, Landschaft am Nordostabhang der Karpaten 361
Gallier, Hauptvolk der Kelten 441
Gallikanismus (Gallikanische Freiheiten), Frankreichs Bestreben, die Rechte des Staates gegenüber der Kirche und der Bischöfe gegenüber dem Papst festzuhalten oder zu erweitern 387f., 393
Gallinazo-Kultur (Peru) 41, 43, 64
Gallipoli, Halbinsel an den Dardanellen 422
Gama, Vasco da, später Graf von Vidigueira, portugiesischer Seefahrer 412, 537, 580, 582, 601, 609, 626, 628, 648
Gambia, westafrikanischer Fluß 561, 605
Gamio, Manuel, mexikanischer Archäologe 30
Ganda, Chandella-König 121, 653
Ganesha, Rāja, von Dināpjur, Hindu-Regent in Bengalen 153, 656
Ganga, (Östliche) Dynastie von Orissa 122, 124, 161, *Kartenskizze 123*
Ganga, (Südliche) Dynastie von Mysore 117, *Kartenskizze 119*
Gangaikondasholapuram, bei Kumbhakonam, Süd-Indien 145, *Abb. 129, Kartenskizze 123*

NAMEN- UND SACHREGISTER 677

Ganges, Fluß in Indien 125, 147, 629, 654, *Kartenskizze 354f.*
Gangeyadeva, Kalachuri-König 121, 653f.
García, Alejo, portugiesischer Conquistador 622
García de Castro, Lope, spanischer Jurist 624
García de Santa Maria, Alonso (Alvar), Bischof 603
Gascogne, Landschaft in Südwestfrankreich 388, 396
Gassendi (Gassend), Pierre (Petrus), französischer Mathematiker, Physiker und Philosoph 516
Gauda, Stil der Sanskrit-Literatur 131, 650
Gaudapāda, indischer Philosoph 142, 652
Gaur, alte Hauptstadt von Bengalen 153f., 156, 167, 657

Gaza, Theodoros, byzantinischer Gelehrter in Ferrara und Rom 448
Gedik Ahmed, türkischer Feldherr 427
»Gelbe Turbane«, chinesischer Geheimbund 649
Geld, China 219, 230, 238, 278, 281, 329, 366, 653, *Abb. 324*
—, Indien 149
—, Mongolenreiche 361, 367
Geldern, Landschaft in den Niederlanden 644
Gemeiner Pfennig (Hundertster Pfennig), Kopfsteuer für das Reich 647
Gemistos, siehe Plethon, Georgios Gemisto
Genealogie 217, 223, 370
Genf, Schweiz 499, 643
Gennadios, eigentlich Georgios Scholarios, byzantinischer Gelehrter und Theologe, Patriarch von Konstantinopel 452, 489, 642
Gent, Flandern 639
Gentili, Alberico, italienischer Jurist in England, Professor für Zivilrecht in Oxford 509
Genua, Ligurien 367, 385, 414f., 553f., 564, 573, 596ff., 610, 631, 637, 639f.
Geographie, China 214f., 228, 649f.
—, Indien 155
—, Renaissance 474
Georg der Reiche, Herzog von Bayern zu Landshut 409
Georg von Trapezunt, griechischer Humanist, zeitweilig Hochschullehrer, päpstlicher Sekretär 452, 564
Georgien, Landschaft am Kaukasus 655

Gerson, Jean (de), eigentlich Jean Charlier, französischer Theologe, Rektor der Universität zu Paris 380, 387
Geschichtsschreibung 376, 388, 397, 465
—, China 198, 204f., 215, 230, 247f., 256, 267, 286, 296, 651, 654
—, Indien 181
—, Mongolenreich 348, 351, 357, 360, 369f.
Gesellschaftsordnung, Altamerika 34, 40, 49, 60, 66, 74f., 84, 86f., 89f., 92, 94, 103, 107
Getreide in China 194f., 198, 217, 219, 229, 253f., 293, 311, 649
Ghazan, Sohn des Argun, Ilkhan von Persien 369
Ghazna (Ghaznīn), Ostiran 122, 147, 155, 174, 653f., *Kartenskizze 123*
Ghaznawiden, türkische Dynastie in Ostiran 122, 147f., 155, 653f., *Kartenskizze 123*
Ghiberti, Lorenzo, florentinischer Bildhauer und Goldschmied 436, 446, 512, 529, 531, 637, 641
—, »Commentarii« (erster vollständiger Druck, »Denkwürdigkeiten«, Berlin 1912) 436, 512
Ghirlandajo, Domenico, florentinischer Maler 645, *Abb. 505*
Ghiyās ad-Dīn Ghorī, Sultan in Afghānistān und Persien 147
Ghoriden (Ghūriden), sunnitische Dynastie 122, 147f., 654, *Kartenskizze 123*
Ghuzz, siehe Oghuzen
Gibraltar, Straße von 411, 542, 563, 565, 571, 594, 602
Giengen, an der Brenz, Württemberg 643
Gila, Fluß in Arizona, USA 27
Gilbert, Humphrey, englischer Amerikafahrer 633
Gilbert (Gylberde), William, englischer Arzt und Naturforscher 517
Giocondo, Fra Giovanni, italienischer Baumeister, Altertumsforscher 531, 533
Giorgione (Giorgio aus Castelfranco), italienischer Maler 503, 532f.
Giotto di Bondone, italienischer Maler aus Florenz 435, 531
Girnār, Tempelstadt in Saurāshtra 122, 145, 655, *Kartenskizze 123*
Glaucus, siehe Condulmer, Marino
Gleich-Land-System (Chün t'ien), Landverteilung in China 221, 229, 238f., 241, 253f.
Glogau-Krossen, Herzogtum, Niederschlesien 408
Gloucester, englisches Adelsgeschlecht 394, 397

Gloucester, Humphrey, Herzog von 637, 641
Glyndwr (Glendower), Owen, Lord of Glyndyvrdwy, Wales 394
Gmunden, Oberösterreich 408
Gnesen, Westpolen 419, 647
Goa (Sindabur) 150, 169, 412, 608, 628, 648
Gobi, Wüste in Nordostasien 363, 656
Görz, Grafschaft am Isonzo 415
Goes, Hugo van der, niederländischer Maler 532
Götter und Götterhimmel, Altamerika 33, 36, 40, 43, 49, 52f., 60, 63, 66f., 69, 77, 79f., 84ff., 88, 93, 95, 106, *Abb. 37, 49, 64, 81*
Gold 38, 41f., 44, 64f., 67, 74, 76, 79, 81—84, 88, 91, 95f., 102, 108
Goldene Bulle Karls IV. von Nürnberg und Metz (1356) 406
Goldene Horde, das Heerlager, dann auch das Reich der Tataren in Osteuropa und Asien 366ff., 418, 645, 656, *Kartenskizze 354f.*
Goldenes Vlies, weltlicher Ritterorden, 1429 gestiftet von Philipp III. dem Gütigen von Burgund 398
Goldhunger, als ökonomische Triebkraft für überseeische Entdeckungen 558ff.
Goldküste, Westafrika 557, 560, 611, 644
Golkonda, Dekhan 151f., 170ff., 658
Gomera, Kanarische Insel 600, 617
Gómara, Francisco López de, spanischer Geschichtsschreiber 537f.
—, »Historia de las Indias« 537f.
Gomes, Fernão, portugiesischer Kaufmann 561, 607
Gómez, Esteban, portugiesischer Seefahrer 624
Gond, zentralindischer Stamm 152, 163
Gondwāna (Land der Gond), das östliche Zentralindien 169, 657
Gonneville, Paulamier de, französischer Seefahrer 629
Gonzaga, Gian Francesco, Markgraf von Mantua 476, 521, 637
Goodman, J. T., nordamerikanischer Amerikanist 62
Goraknātha Yogīs, indische Asketen 130, 134, 140
Gosport, englischer Hafen 395
Goten, Ostgermanen 200, 460
Gotik, Stilepoche des Mittelalters 375, 435, 462
Gotische Schrift 461f.

NAMEN- UND SACHREGISTER

Gotland, Ostseeinsel 360, 418
Gottfried von Bouillon, Herzog von Lothringen 432
Governolo, Schlacht bei (28.8. 1397) 443
Govinda III., Rāshtrakūta-Kaiser 124
Govind Singh (Guru), Sikh, religiöser Führer 173, 183
Graciosa, Azoreninsel 576
Graebner, Fritz, Ethnologe 109
»Graecismus«, siehe Béthune, Eberhard von
Grahavarman, Maukharī-Kaiser von Kanauj 116, 650
Grammatik 472, 497
Granada, Südspanien 410, 412, 556, 562, 569, 571, 574f., 577ff., 584f., 590, 602, 613f., 616, 645, 647
Gran Canaria, Kanarische Insel 562, 588, 598, 600f., 603
Granson (Grandson) am Neuenburger See, Schweiz 391, 645
Graubünden, Kanton der Schweiz 648
Great Barin, abflußloses Gebiet im Südwesten der USA 26
Great Fish River, Fluß in Südafrika 608
Gregor XII., vorher Angelo Corrario (Correr), Kardinalpriester von San Marco, Papst 379ff.
Gregor XV., vorher Alessandro Ludovisi, Erzbischof von Bologna, Kardinal, Papst 465
Greifswald, Pommern 642
Grenoble, Südostfrankreich 390
Greville, Fulke, siehe Brooke
Griechen 441, 541
— und die Anfänge der Renaissance 447–453
Griechenland 422, 441, 464, 642
Griechische Sprache 452f., 469, 474f., 480, 523
Grocyn, William, englischer humanistischer Gelehrter 496
Grodno, am Njemen, Polen 420, 638
Grönland, Insel der Arktis 595, 632
Große Mauer, Grenzbefestigung Chinas 221, 271, 297, 299, 301, 307, 323f., 334, 336, 351, 649, 651, 657
Großer Kanal 311f., 324,
Großkhanat, Reich der Mongolen 362, 369–372, 655–658, *Kartenskizze 354f.*
Großmogul-Reich, Indien 14, **164** bis **184**, 657ff
—, Kultur **179–187**
Grotius, Hugo, Huig van Groot (de Groot), niederländischer Gelehrter, Jurist und Staatsmann 509
Grough-Insel, Südatlantik 628

Grünspeck, Joseph, Chronist, »Historia Friderici et Maximiliani« (um 1500), *Abb. 408*
Grundbesitz, China 192, 196, 206, 209, 216, 218, 222, 228f., 237f., 254f., 257, 279f., 293, 649f., 652
Guadalete, Fluß in Südwestspanien 571
Guadalquivir, Fluß in Südwestspanien 566, 571
Gual, Domingo, katalanischer Seefahrer 598
Guam, Marianen-Insel 621
Guanahani, heute Watling-Insel der Bahama 617, 647
Guanako, wilde Kamelart der Anden 102
Guanchen, mit den Berbern verwandte Urbevölkerung der Kanaren 556f., 587f.
Guañape, vorgeschichtliche Kultur in Peru 27
Guanin (Tumbaga), Legierung aus Gold, Silber und Kupfer 65, 88, 90f.
Guaraní, zu den Tupí gehörige Indianerstämme 28, 622
Guarino, Giovanni Battista, Sohn des Guarino von Verona, italienischer humanistischer Gelehrter und Diplomat 475
—, »De ordine docendi et discendi«, Traktat von der Lehrtätigkeit 475
Guarino von Verona, italienischer humanistischer Gelehrter und Pädagoge 446, 452, 470f., **475** bis **478**, 485f., 511, 526
Guatavita, Kleinstaat der Chibcha 92f., *Kartenskizze 91*
Guatemala, Staat und Stadt Mittelamerikas 29, 36ff., 49f., 55, 62, 72, 84, 86, 620, *Kartenskizze 31, 59*
Guayana, Landschaft Südamerikas 28f., 633, *Kartenskizze 31*
Guayaquil, Golf von 94, *Kartenskizze 99*
Guayas, Landschaft in Ecuador 95, 108
Guerrero, mexicanischer Staat 33f., 81
Guetar, Chibchastamm 88ff., *Kartenskizze 91*
Guevara, Antonio (de), Bischof von Guadix, später von Mondoñedo, spanischer philosophischer Schriftsteller 527
—, »Libro aureo del emperador Marco Aurelio con el relox de principes«, Romanbiographie Mark Aurels und (»die Fürstenuhr«) Traktat über politische Ethik 527
Güyük, Sohn des Ögödei, Großkhan der Mongolen 362f., 367, 656

Guhilot-Sisodiā, Mahārānās von Chitorgarh-Udaipur in Rajasthān 151
Guicciardini, Francesco, italienischer Jurist und Geschichtsschreiber 377, 392, 485, 488, 509, 522
Guinea, westafrikanische Küstenlandschaft 412, 537, 550, 557, 560f., 566, 569, 572, 587, 593, 611f., 626
—, Golf von 562, 607
Guinegate, Artois 391, 645
Gujarāt, Landschaft in Indien 147f., 151f., 160, 167, 169, 176, 184, 650ff., 654f., 657
Gujarātī, neu-indische Sprache 161f., 182
Gulbarga, Dekhan 151, 657
Gupta, Dynastie in Nordindien 115, 126, 650
Gupta (späte), Dynastie in Mālwa und Bihār 116f., 650f.
Gupta-Zeit (4./5.Jh.) 136, 138, 140ff.
Gürjara, Nomadenvolk 120, 650ff., *Kartenskizze 119*
Gurkha (Ghurkha), Volksstamm in Nepal 659
Gutenberg, Johann(es), Sohn des Friele Gensfleisch vom Hof zu Gutenberg in Mainz, Erfinder der Buchdruckerkunst 21, 376, 401, 508, 641
—, Bibel, 42zeilige (1452–55) 641
—, Kalender auf das Jahr 1448 641
Guyenne (Aquitanien) Südwestfrankreich 390, 642
Guyot de Provins, französischer Minnesänger 548
Guzmán, Alonso Pérez de, Verteidiger von Tarifa 571f.
—, Enrique, Graf von Niebla 600
—, Enrique, Herzog von Medina Sidonia 573
—, Juan de, Herzog von Medina Sidonia 573
Gwāliōr, Zentralindien 120f., 154, 164, 176, 184, 186, 652, 654, 658, *Kartenskizze 119*

H

Haberland, Wolfgang, Amerikanist 38
Habern, Ostböhmen 637
Habsburger, deutsches Herrschergeschlecht 20, 376, 391, 398f., **407–410**, 421, 426, 640, 642, 645, 648, *Stammtafel 402f.*
Hängematte 89

Häretiker (Irrlehrer, Ketzer) 380f., 394, 399, 408, 433, 447, 500
Hagenbach, Peter von, Hofmeister Karls des Kühnen 644
Haidar 'Ali, Sultan von Mysore 177
Hainan, Insel 328
Haiti, Große Antillen 90, 617, 647, *Kartenskizze 31*
Håkon VI. Magnusson, Sohn Magnus' I. Lagaboetir, König von Norwegen 416
Halebīd, siehe Dvārasamudra
Halicz, am Dnjestr, Galizien 361
Halmstad, südschwedischer Hafen 418
Han, Dynastie (206 v. Chr.—220 n. Chr.), China 191, 193, 201, 204ff., 210, 216, 223, 259f., 262, 272, 288, 303, 321, 649
—, Spätere (947—951), Dynastie, China 205, 216, 218, 220, 257
—, Nord- (Ost-, 951—979), einer der Zehn Staaten 257ff., 267
—, Süd- (Yüeh 905—971), einer der Zehn Staaten 258f.
Handel, Altamerika 30, 38, 42, 48ff., 53, 60, 65, 73f., 80, 90ff., 95, 97, 109
—, Araberreiche 652
—, China 194, 201, 219, 230f., 239f., 258, 270, **278—281**, 293, 311, 317, 342, 649, 652
—, Europa 554ff., 592ff., 596f., 627, 632
—, Mongolenreich 345, 350, 353, 359, 363, **366—369**, 371
Handwerk, China 218f., 293
—, Mongolenreich 349, 358
Handzeichnung, englische *Abb. 396*
—, süddeutsche *Abb. 389, 408, 484, 541*
Hang-chou (Hang, Lin-an), Chekiang, China 259, 302, 312, 654f.
Han Kan, chinesischer Maler 249
Hans Böhm (der Böhme), der »Pfeifer (Pauker) von Niklashausen«, Hirte und Musikant zu Helmstadt im Taubertal, religiös-politischer Schwarmgeist 377, 645
Hanse, deutscher Städte- und Kaufmannsbund im Mittelalter 408, 413, 416, 422, 565, **637** bis **640**, 644, 647
Han Yü, chinesischer Lyriker und Essayist 259f., 282, 285ff., 289f., 292, 295, 652
Harfleur, bei Le Havre 395
Haridāsas, vishnuitische Sekte im Dekhan 158
Haridāsīs, vishnuitische Sekte in Mathurā 184
Harsha, König von Kashmīr 118, 653
Harshadeva, Chandella-König 120

Harshavardhana, Pushyabhūti-Kaiser von Thānesar 116, 130f., 650f.
Harvey, William, englischer Arzt und Physiologe 517
Hastings, William, Lord, englischer Staatsmann 397
Hebräische Sprache 453
Hedwig (Jadwiga), Tochter Ludwigs I. von Ungarn, Gemahlin Wladislaws II. Jagiellos, König von Litauen und Polen 418, *Stammtafel 402f.*
Hegau, Landschaft westlich vom Bodensee 405
Hegel, Georg Wilhelm Friedrich, Philosoph 16, 22
Hegemonie, Vormachtstellung eines Staates 375, 407, 442
Hegius (nach dem Schulzenhof Heek), Alexander, humanistischer Gelehrter 496
Heidelberg 465, 646
Heilige Liga von 1495 der Italiener gegen Frankreich 386, 392
Heimburg, Gregor (von), Bürgersohn aus Schweinfurt, Rechtsgelehrter und Politiker 526
Heine-Geldern, Robert von, österreichischer Ethnologe 15, 110
Heinrich IV. Bolingbroke, Sohn Johanns von Gent, Herzog von Lancaster, König von England 394
Heinrich V., Sohn Heinrichs IV., König von England 388, 394ff., 637
Heinrich VI., Sohn Heinrichs V., König von England 388, 396f., **637—644**
Heinrich VII., Sohn des Edmund Tudor, Earls of Richmond, König von England 393, 398f., 631, 646, 648, *Abb. 397*
Heinrich VIII., Sohn Heinrichs VII., König von England 632
Heinrich II., Sohn Franz' I., König von Frankreich 629
Heinrich III. der Kränkliche, Sohn Johanns I., König von Kastilien 568, 599f.
Heinrich IV. der Ohnmächtige, Sohn König Johanns II., König von Kastilien 411, 571f., 591, 644f.
Heinrich der Seefahrer (Dom Enrique el Navigador), Sohn König Johanns I., Infant von Portugal 412, 537, 547, 550, 557, 561, 563, 573, 575f., 580ff., 586f., 591, 601ff., 637
Heinrich II., Herzog von Schlesien 361
Heinrich III. von Gundelfingen, Abt von Sankt Gallen 444
Hemachandra, Jaina-Gelehrter und Prākrit-Dichter 122, 132ff., 655

Hemmingstedt, Süddithmarschen 418, 648
Hennegau, Grafschaft in Niederlothringen 638
Hephthaliten, Weiße Hunnen 116, 120, 650, *Kartenskizze 119*
Heraklit (Herakleitos), griechischer Philosoph 515
Hermandad de las Villas de la Merina de Castilla, Vereinigung kastilischer Seestädte (1488) 411, 565, 645
Hermannstadt, Siebenbürgen 423
Hermes Trismegistos (»der dreimalgrößte«), spätere griechische Vorstellung von Thoth, dem ägyptischen Gott der Schrift und Gelehrsamkeit, noch im Mittelalter (Urheber der Magie) wirksam 491f., 496, 514, 516, *Abb. 492*
—, »corpus Hermeticum«, Zusammenfassung von 17 hermetischen Traktaten, nach dem ersten Traktat auch »Poimandres« genannt (gedruckt: lateinisch Treviso 1471, italienisch Florenz 1545) 491
Hernández, Garcí(a), spanischer Arzt 586
Herodot(os), griechischer Geschichtsschreiber 446, 450
Heron von Alexandreia, griechischer Mathematiker und Physiker 511
Herrera, Diego García de, Grundherr auf den Kanarischen Inseln 600f.
—, Fernando de, spanischer Dichter, Geschichtsschreiber 527
Herzegowina, Landschaft auf dem Balkan 646
Hessen 638
»Hexenhammer«, »Malleus maleficarum de lamiis et strigibus et sagis«, verfaßt von den Dominikanern Institoris (Heinrich Krämer), Jacob Sprenger und Johann Gremper (Straßburg 1487) 385, 646
Hexham, Northumberland, England 396, 643
Hexenprozesse 384f.
Heyerdahl, Thor, norwegischer Wissenschaftler 109
Hieronymus Sophronius, Eusebius, lateinischer Kirchenlehrer, Heiliger 495
Hieronymus von Prag, böhmischer Ritter aus niederem Adel, Freund und Anhänger des Jan Hus 445, 493
Hickman, Money L., englischer Historiker 241
Hidalgo, mexikanischer Bundesstaat 71
Hieroglyphen, siehe Bilderschrift

Hierro (Ferro), Kanarische Insel 573, 600
Higden (Higdon), Ranulf, englischer Benediktinermönch und Geschichtsschreiber (Polychronicon) *Abb. 540*
Hilarion, christlicher Einsiedler in Palästina, Heiliger 495
Hildegard von Bingen, Benediktinerin 497
Himalaja 345, 651, 653
Hinagana, kleines Fahrzeug, ursprüngliche Form des Buddhismus 210f.
Hindi-Literatur 122, 162f., 181f., 658
Hinduismus 120, 133f., 136f., 142, 161, 651f., 657f.
Hindu-Kultur, Mogul-Zeit 181ff., 658f.
Hindukush, Gebirge Innerasiens 242, 356
Hindu-Mittelalter **116—145**, 652ff.
—, Kultur 126ff., 652, 654ff., 657
—, Kunst **142—145, 652—655**
—, Religion und Philosophie **136** bis **142, 650—654**
—, Sprache und Literatur **128** bis **136**
—, islamisches Spät-Mittelalter **157—164**
Hindu-Shahi, Dynastie im Punjāb 117, 652f., *Kartenskizze 123*
Hipparch, griechischer Astronom 544
Hippokrates von Kos, griechischer Arzt 474, 511
Hiuen Tsang, siehe Hsüan-tsang
Hoang-ho (Huang-ho, Ho, Gelber Fluß) 231, 302, 345, 350, 358

Hobbes, Thomas, englischer Philosoph 501
Hörigkeit, dingliche Unfreiheit, Altamerika 76
—, China 196
Hohenstaufen, siehe Staufer
Hohenzollern, deutsches Herrschergeschlecht 400
Holbein der Jüngere, Hans, Maler 503, *Abb. 485*
Ho-lien Po-po, Gründer der Hsia-Dynastie, China 203
Hohokam-Kultur, präkolumbische Kultur im Südwesten der USA 27
Holkar, Maräthen-Dynastie von Mālwa 176, 659
Holländer 540
Holland 433, 638, 640, 658f.
Holmes, George, englischer Historiker 396
Holstein 416f., 638f., 642
Homer(os), griechischer epischer Dichter 446, 449f., 452

Honan, Provinz Zentralchinas 194, 201, 220, 257, 268, 302, 336, 357
Honduras, Mittelamerika 29, 55, 84, 86, 618, *Kartenskizze 31, 59, 91*
Honorius IV., vorher Giacomo Savelli, Kardinal, Papst 365
Hopei, chinesische Küstenprovinz 194, 201
Hopewell, vorgeschichtliche Kultur im Osten der USA 27
Horaz, Quintus Horatius Flaccus, römischer Dichter 522, 524, 527
—, »Ars poetica« 522
Horkheimer, Hans, peruanischer Archäologe 67
Hosenbandorden, höchster englischer Orden 395, 398
Hoshang, Sultān von Mālwa 152, 656
Hoysala, Dynastie in Mysore 125, 145, 149, 654ff., *Abb. 145, Kartenskizze 123*
Hrotsvit von Gandersheim, gelehrte Nonne und Dichterin 526, 648
Hsia, Hsiung-nu-Staat in China 203, 303
Hsiang Hsin, chinesischer Schriftsteller 208, 649
Hsiang-yang, am Han, China 655
Hsiao-t'ing, am Yang-tzu, Zentralchina 193
Hsiao T'ung, Kronprinz der Liang 227, 650
—, »Wen-hsüan«, Anthologie 227, 650
Hsien-pei (Hsien pi), innerasiatisches Nomadenvolk **200—203**, 220, 223f., 226, 228, 237, 243, 649
Hsi Han, chinesischer Botaniker 215
—, »Nan-fang ts'ao-muchuang« (Flora des Südens) 215
Hsi-Hsia (bei Marco Polo: Kashin) Reich der Tanguten (996 bis 1227), Nordwestchina 299f., 303, 345, 350f., 357, 653, 655

Hsiung-nu (Hiung-nu, Hunnen), innerasiatisches Nomadenvolk **200—204**, 346, 350, 649

Hsüan-tsang (Hiuen Tsang), chinesischer buddhistischer Mönch 117, 247, 651
—, »Hsi-yü chi«, »Erinnerungen aus den westlichen Ländern« (vollendet 648) 247
Hsüan-tsung (Ming huang), Kaiser der T'ang-Dynastie 199, 235, 241ff., 249, 252, 651f.
Hsün-tzu (Hsün K'uang), chinesischer Philosoph 290
Huaca Prieta, Fundstätte in Peru 38

Huai, Fluß in Mittelchina 231, 302, 317
Huai-su, chinesischer Mönch 261, *Abb. 260*
Huai-ti, Kaiser der Chin 204
Huancarani, Fundstätte in Bolivien 44
Huancavelica, Indianerstamm Ecuadors 95
Huang Ch'ao, chinesischer Rebellenführer 245, 255ff., 268f., 652
Huang-ti, »Gelber Kaiser« 223
Huanuni, Bolivien 44, *Kartenskizze 99*
Huari, Fundstätte bei Ayacucho, Peru 70
Huaxteken, Mayastamm 37, 52f., 73, 76f., *Kartenskizze 59*
Hülägü, Enkel des Tschinghis Khan, Mongolenfürst, Ilkhan von Persien 148, 363, 367f., 656
Huelva, Südwestspanien 566, 571, 585, 616
Huemac, toltekischer Herrscher 71
Huexotzinco, Stadtstaat in Mexico 77
Huitzilopochtli, Stammesgott der Azteken 77
Hui-tsung, Kaiser der Sung 199, 296, 302, 654, *Abb. 297*
Hui-yüan, chinesischer buddhistischer Mönch 212, 649
Huizinga, Johan, niederländischer Geschichtsforscher 496f., 500
Humanismus 20, 376, 382, 410, 418, 433, 438, 441, 446
— und Renaissance **453—461**
Humāyūn, Sohn des Bābur, Mogul-Kaiser 152, 154, 166ff., 180, 184, 657
Humboldt, Alexander Freiherr von, Naturforscher und Geograph 540f., 544, 552, 619
Hunab, Schöpfergott der Maya 84
Hunac Ceel, Fürst von Mayapan 83
Hunan, Provinz in Zentralchina 258f.
Hunnen, siehe Hsiung-nu
Hundertjähriger Krieg zwischen England und Frankreich 386, 393
Hun-wu, Kaiser der Ming 199
»Hunnen, Weiße«, siehe Hephthaliten
Huntingdon, englisches Adelsgeschlecht 394
Hunyadi, Johann, ungarischer Heerführer und Reichsverweser 407, 421, 423f., 640ff.
Hunyadi, Ladislaus, ungarischer Heerführer 407
Hupei, Provinz in Zentralchina 193, 250, 259, 336, 358
Huronenbund, politische Vereinigung 28

NAMEN- UND SACHREGISTER

Hus, Jan (Johannes Huß), tschechischer Reformator und Vorkämpfer der slawischen Nationalisten 381, 418f., *Abb. 382*
Husain, A'lā ad-Dīn, Sultān von Bengalen 154, 657
Husain Shāh, Sharqī-Sultān von Jaunpur 154, 161
Hussiten, Anhänger der Lehre des Jan Hus 399, 408, 637 ff.
Hussitenkriege (1419—1436) 381, 399, 408, 419f., 637
Hutten, Ulrich von, Reichsritter, Humanist 431, 494, 526
—, »Arminius«, Dialog (1520; gedruckt 1529) 526
Hu Yüan, chinesischer Philosoph 288
Hyderabad (Haidarābād), Golkonda 152, 170, 174, 176f., 185, 658
»Hypnerotomachia Poliphili« (Des Poliphilus Traum vom Liebeskampf), anonymes Werk aus der Druckerei des Aldus Manutius (Venedig 1499) 467, *Abb. 465*

I

Iamblichos, griechischer Philosoph 504
Ibarra Grasso, Dick Edgar, argentinischer Archäologe 43—46, 70, 98
Iberische (Pyrenäen-)Halbinsel 410f.
Ibn Battūta, Reisender und marokkanischer Memoiren-Schreiber 155
Ibn Maimun, arabischer Feldherr 594
Ibrāhīm II. 'Ādilshāh, Sultān von Bījāpur 152, 157, 658
Ibrāhīm Lodī, Sultān von Delhi 154, 166, 657
Ibrāhīm (I.) Qutb-Shāh, Sultān von Golkonda 152, 157, 658
Ica, Flußtal in Peru, auch Stilbezeichnung 67, 97, *Kartenskizze 99*
I-ching, chinesischer Buddhist 247, 651
I-ching, siehe »Buch der Wandlungen«
Idiqut, Herrscher der Uiguren 350
Idrīsī, Abū 'Abdallāh Muhammad ibn Muhammad ibn 'Abdallāh ibn, arabischer Geograph 545, 593
Iglau (tschechisch Jihlava), Westmähren 639
Ilkhane (Ilchāne), mongolische Herrscher in Persien 368f., 656 *Kartenskizze 354f.*
Illapa, Wettergott der Ketschua 106
Ilmensee, Nordwestrußland 360

Iltutmish, Shams ad-Dīn, Mamlūken-Sultān von Delhi 148, 156, 655
Ilyās, Dynastie in Bengalen 153f., 656
Imperialismus 378
Indien 194, 209f., 212, 240, 244, 247, 274, 281, 288, 298, 412, 537f., 550, 554, 562, 577, 580, 582, 592, 595, 608f., **628—631**, 648
—, Aufstand gegen die Engländer (»Mutiny« von 1857) 175
—, östlicher Seeweg 538, 541f., 569, 596, 609, 611f., 626
—, westlicher Weg 584, 611f., 619ff.
—, Mittelalter und Frühe Neuzeit **113—187, 649—659**
—, Großmogul-Reich **164—187**, 657ff.
—, Hindu-Mittelalter **113—145**
—, islamisches Spätmittelalter **145 bis 164**
»Indienrat« (Consejo Real y Supremo de los Indies), Verwaltungsbehörde der Spanier 590
Indischer Ozean 537, 554, 580, 593, 608f., 628
Indochina, Landschaft Hinterindiens 240, 364, 655
Indore, Stadt und Marāthen-Staat (Holkar) in Mālwa 176
Indra III., Rāshtrakūta-Kaiser 124, 653
Indus (Sindhu), Fluß in Indien 239, 356
Industrie, China 219, 230, 281
Inka, ursprünglich Name eines Kechuastamms, später auf Herrscher und Reich ausgedehnt 61, 96f.
—, Reich 94, 96, 98, **100—107**, 622
Innozenz IV., vorher Sinibald Fiesco, aus Genua, Papst 362, 655f.
Innozenz VII., vorher Cosimo de' Migliorati, Kardinal-Erzbischof von Ravenna, Papst 379
Innozenz VIII., vorher Giovanni Battista Cibo, Kardinal von Santa Cecilia, Bischof von Molfetta, Papst 384f., 415, 505, 646f.
Inquisition, geistliches Gericht der katholischen Kirche zur Reinhaltung des Glaubens 376, 388, 395, 411, 645
Inseln unter dem Wind, Gruppe der Kleinen Antillen 90
Institoris, eigentlich Heinrich Krämer, Dominikaner 385
Interregnum in Deutschland (1254 bis 1273) 400
Inti, Sonnengott der Ketschua 106
Iraca, Kolumbien 92f.
Irala, Domingo Martinez de, spanischer Conquistador 622f.

Iran (Persien) 365, 367
Iranza, Miguel Lucas de, Condestable in Kastilien 411
Irenaeus (Irenaios), griechischer Kirchenvater, Heiliger 495
Irland 396, 398, 550, 564, 595
Irokesenbund, politische Vereinigung 28
Irtysch, linker Nebenfluß des Ob 346, 357
Isabella (I.), die Katholische, Tochter König Johanns II. von Kastilien, Gemahlin Ferdinands II., König von Aragon 392, 411f., 560, 568f., 571, 573f., **577—581**, 589ff., 593, 600, 613f., 616f., 625f., 631f., **644—647**, *Abb. 588*
Isabella (Elisabeth, auch Isabeau), Tochter Herzog Stefans II. von (Ober-)Bayern, Gemahlin König Karls VI. von Frankreich 387f., 394, 637
Īshānavarman der Große, Maukhari-Kaiser 116
Isidor (von Sevilla, Isidorus Hispanus), Erzbischof von Sevilla, spanischer Theologe, Schriftsteller und Geschichtsschreiber 464
Isidor, Metropolit von Moskau, Bischof von Sabina 640
Islam 383, 422, 424, 489, 498, 577f., 580ff., 586
—, China 241, 245, 651, 656
—, Indien 118, 120, 166, 173, 652, 655, 658f.
—, —, Kultur des Spätmittelalters **154—157**, 655
—, —, Kultur der Mogul-Zeit **179 bis 187**
—, Mongolenreiche 345, 353, 356, 361, **366—369**, 656
Islām Shāh, Sultān von Delhi 168, 657
Italien 200, 331, 369, 376, 380, 384, 386f., 392, 400, 407, 410, **413—416**, 425, 427, 432f., 438, 440, 443, 464f., 467, 470, 483, 492, 499, 551, 557, 563, 565, 590, 596, 647
Italiener 550f., **553—556**, 558, 561, 563f., 566f., 569, 596ff.
Itzá, Fürstengeschlecht der Maya 72, 82ff.
Itzamná, Himmelsgott der Maya 84
Itzcoatl, aztekischer Herrscher 73
Iwan III., Sohn Wasilijs II., Großfürst von Moskau 368, 422, **643—648**
Iwan IV. Grosnyj (der Schreckliche), Sohn Wasilijs III., Zar von Rußland 18, 633
Iwangorod, russische Festung, heute Stadtteil von Narwa, Livland 647
Ixchab, Maya-Göttin 85

Ixchel, Mondgöttin der Maya 84
Iximché, Hauptstadt der Cakchiquel 86
Izapa, Mexico 36

J

Jacob, Ernest Fraser, englischer Historiker 935
Jacome von Brügge, Kolonisator von Terceira 576
Jade (Jadeit, Nephrit) 30, 35f., 49, 60, 81f., 298
Jäger- und Fischervölker, siehe Wildbeuter
Jagannāth-Tempel in Purī, Orissa 150, 160f.
Jagiello (Jogaila, Jagel), siehe Wladislaw II. Jagiello
Jagiellonen, litauisch-polnisches Herrscherhaus 418, *Stammtafel 402f.*
Jaguargottheit 36, 39f., 42f.
Jahāndār Shāh, Mogul-Kaiser 173f., 659
Jahāngīr (Salīm), Sohn des Akbar, Mogul-Kaiser 169, 180, 182, 185, 658f.
Jaina, indische Sekte 122, 129, 133, 135, 145, 164, 168, 653
Jainismus 126, 137ff., 655, *Abb. 136*
Jaipur, Stadt und Kachhwāha-Staat bei Amber in Rājasthān 176, 186
Jaisālmer, Rājputen-Staat in der Thar-Wüste 151, 162, *Kartenskizze 123*
Jai Singh Mīrzā, Rāja von Amber, Rajasthan 172f., 181, siehe auch Sawāī Jai Singh (II)
Jajce, am Vrbas, Bosnien 643
Jakob (Jaime) I., der Eroberer, Sohn Peters II., König von Aragon 568
Jakob I., Sohn Roberts III., König von Schottland 637, 639
Jakob II., Sohn Jakobs I., König von Schottland 639, 642
Jakob III., Sohn Jakobs II., König von Schottland 643f., 646
Jakob IV., Sohn Jakobs III., König von Schottland 646
Jakob I., König von Cypern 415
Jakob, Erzbischof von Trier 641
Jakobäa (Jakoba) von Holland (»von Bayern«), Erbtochter Wilhelms VI. von Bayern, Grafen von Holland und Hennegau, Gemahlin des Dauphin Johann, Regentin von Holland 638
Jakobiten (nach Jakob Baradaios), Monophysiten in Syrien 368, 381
Jakobstab, altes Instrument zum Messen von Sternhöhen und Sternabständen 545f.

Jalisco, mexicanischer Staat 33f., *Kartenskizze 31, 59*
Jamaica, Große Antillen 90, 413, 574, 618
Jammū, Gebietsteil von Kashmīr 178
Janitscharen, türkische Elitetruppe 148, 423f., 427
Jan Min, Gründer des Staats Wei 203
Jantra, rechter Nebenfluß der Donau, Bulgarien 422
Janus Pannonius (Johannes von Čezmicze), ungarischer Humanist, lateinischer Dichter, zeitweilig Bischof von Fünfkirchen 526
Japan 210, 212, 247, 263, 281, 329, 334, 361, 364, 629, 655, 657, *Abb. 361*
Ja'qūb ibn Laith, genannt as-Saffār, Gründer der Saffāriden 147
Jaroslawl, an der Wolga 360, 422, 643
Jaswant Singh, Mahārāja von Jodhpur 173, 181
Jātaka, Erzählungen aus dem früheren Leben des Buddha 649
Jaunpur, Stadt (nordwestlich von Benares) und Sultanat 151, 154, 156, 656
Java, Sundainsel 117, 143, 212, 364, 629, 655
Jayadeva, Sanskrit-Dichter 132f., 141, 159, 161, 655
—, »Gītagovinda«, Dichtung über Krishnas Liebe zu Rādhā 132f., 141, 159, 161, 183
Jayāpīda Kārkota, König von Kashmīr 118
Jayasimha Siddharāja, Solankī-König 122, 132, 654
Jean de Beauvis, Schriftsteller 594
Jeanne d'Arc, französische Nationalheldin, Heilige 386, 388, 638
Jebe, mongolischer Heerführer 352
Jequetepeque, Küstenfluß Perus 38, *Kartenskizze 99*
Jerez de la Frontera, am Guadalete, Südspanien 566, 571
Jerusalem 391, 454, 580f.
Jellal ad-Dīn, siehe Dschalāl ad-Dīn Mankobīrti
Jenissei, Fluß in Sibirien 345f.
Jen Tsung, Kaiser der Sung 199
Jen-tsung, Kaiser, siehe Büyüntü
Jesuiten (Societas Jesu), geistlicher Orden, in Amerika 588f.
—, in China 18, 320, 329–333, 338, 658f.
—, in Indien 169
Jesus von Nazareth 445, 486f.
Jíménez de Cisneros, Francisco, Kardinal und Erzbischof von Toledo 584

Jinjī (Gingee), Festung, südwestlich von Madras 172, *Karte 168*
Jívaro, Indianerstämme Ost-Ecuadors 95
Jnāneshvar, vishnuitischer Reformer in Mahārāshtra 159, 655
Joannina, Epirus 638
Jodelle, Etienne, Sieur de Lymodin, französischer Dichter der Pléiade 525
Jodhpur, Hauptstadt der Rāthor-Rājās in Rājasthān 151, 167, 169, 173, 176, 186
Jōdo, siehe Ch'ing-t'u
Johann II., Sohn König Ferdinands I., König von Aragonien 640, 642–645
Johann I. (Hans), Sohn Christians I. von Dänemark, König von Dänemark, Norwegen und (Johann II.) Schweden 418, 645, 648
Johann II., Sohn Heinrichs III., König von Kastilien 411, 573, 600, 603, 642
Johann (I.) Albrecht, Sohn Kasimirs IV., König von Polen 647f., *Stammtafel 402f.*
Johann I., natürlicher Sohn Peters I., Großmeister des Ordens von Aviz, König von Portugal 412, 575, 586, 591, 602f., 605, 639
Johann II., der Vollkommene, Sohn Alfons' V., König von Portugal 547, 576, 579, 591ff., 607ff., 611ff., 645ff., *Abb. 589*
Johann III., Sohn Emanuels I. und der Maria, König von Portugal 627
Johann (João), Sohn König Johannes' I., Prinz von Portugal 586
Johann der Unerschrockene (ohne Furcht), Sohn Philipps des Kühnen, Herzog von Burgund 387, 395, 637
Johann IV., Herzog der Bretagne 394
Johann von Anjou, Sohn von René von Anjou, Herzog von Kalabrien 414
Johann der Beständige, Sohn Kurfürst Ernsts, Kurfürst von Sachsen 486
Johann, Graf von Neunburg-Oberpfalz (Neumarkt) 417
Johann (III.) von Dalberg, kurpfälzischer Kanzler, Bischof von Worms 646
Johann von Hagen, Abt von Bursfelde 641
Johann von Peckenschlager, Metropolit von Gran 409
Johanna (Juana) die Wahnsinnige, Tochter Ferdinands des Katholischen und der Isabella von Spanien, Gemahlin Philipps des Schönen von Kastilien 648

NAMEN- UND SACHREGISTER 683

Johanna, Herzogin der Bretagne, Gemahlin Heinrichs IV. von England 394
Johanna von Portugal, Tochter König Eduards, Gemahlin König Heinrichs IV. von Kastilien 411
Johanna (Juana) la Beltraneja, Tochter Johannas von Portugal, Prinessin von Kastilien, Gemahlin Alfons' V. von Portugal 591, 645
Johannes VIII. Palaiologos, Sohn Manuels II., byzantinischer Kaiser 638, 640f.
Johannes (XXIII.), vorher Baldassare Cossa, Kardinal, Gegenpapst, später Kardinalbischof von Tusculum 380f., 444
Johannes, sagenhafter Priesterkönig des Morgenlandes 345, 581f., 608, *Abb. 580*
Johanniter (Hospitaliter, Malteser), ältester geistlicher Ritterorden 384, 427, 645
Juan (Johann) II., Sohn König-Ferdinands des Gerechten, König von Navarra und Aragon 410f.
Juan (Johann), Sohn Ferdinands des Katholischen und der Isabella von Spanien, Infant von Spanien, Prinz von Asturien 648
Juan-juan, innerasiatisches Nomadenvolk 221, 231, 649f.

Juby, Kap, Nordwestafrika 604
Judentum in China 245, 651
— in Europa 489
— in Spanien 411, 433, 578, 584f., 645
Jüeh, Staat in China 110
Jürched (Dschurdschen, Nüchen, Jurchen, Kin) tungusisches Nomadenvolk 301, 306, 315, 334, 654, 657
Jujuy, Landschaft, Argentinien 98
Julian, genannt Apostata, Flavius Claudius Iulianus, römischer Kaiser 489
Julianus, ungarischer Dominikaner 359
Julius II., vorher Giuliano della Rovere, Franziskaner, Kardinal von San Pietro in Vincoli, Papst 463, 532, 648
Jurij, Prinz von Wladimir 360

K

Kabbala (hebräisch »Überlieferung«), jüdische mystische Lehre 489, 491, 505f., 516
Kabir, nordindischer religiöser Reformer 160, 162

Kābul, Afghānistān 147, 166, 167, 169f., 174, 653, 657, *Kartenskizze 119, 123*
Kachhwāha-Dynastie von Gwālior 120
Kadamba-Dynastie, in der Gegend um Goa 117, *Kartenskizze 123*
Kaffa (Theodosia, Feodosia), auf der Krim 426, 645
Kaidu, mongolischer Heerführer 361, 364, 370
K'ai-feng, siehe Pien
Kai Qubād, Mamlūken-Sultān von Delhi 155
Kairo, Ägypten 554, 608
Kakao (aztekisch: cacauatl) 49, 60, 74f., 84, 111
Kākatīya, Dynastie von Warangal 125f., 148, 654ff., *Kartenskizze 123*
Kalachuri, Dynastie (frühe) im Dekhan 117, 131, 650, *Kartenskizze 119, 123*
— von Chedi (Jabalpur) 121, 653f., *Kartenskizze 119, 123*
— (späte) im Dekhan 125, 139 *Kartenskizze 119, 123*
Kalender, Altamerika 36, 53, 61f., 78, 87, 108
Kālī (Durga), indische Göttin 139f., 183f.
Kālidāsa, indischer Dichter 158
Kalifornien, Landschaft, Nordamerika 26, 621, 624
Kālinjar, Festung in Bundelkhand 147, 167, 653, *Kartenskizze 123*
Kalka, Fluß in Südrußland 360
Kalligraphie 201, 214, 261, 296f., 338, 649, *Abb. 260, 304*
Kallimachos (von Kyrene), griechischer Grammatiker und Dichter 446
Kalmar, Südschweden 416
Kalmarer Union, Vereinigung Dänemarks, Norwegens und Schwedens (1397) 416f.
Kālpī an der Jumna, Pufferstaat zwischen Jaunpur und Mālwa 151, 154
Kalyānī, Hauptstadt der Westlichen Chālukya, Zentralindien 125, 145, 654, *Kartenskizze 123*
Kama, linker Nebenfluß der Wolga 359
Kāmākhyā, Shākta-Wallfahrtsort in Āssām 140
Kamaran-Inseln, im Roten Meer 628
Kamerun, Westafrika 607
Kāmarūpa, Landschaft am unteren Brahmaputra (Assam) 651, *Kartenskizze 119, 123*
Kamboja, Staat in Hinterindien 210, 364
Kaminaljuyú, Ruinenstätte in Guatemala 37, 49, 55, 57, 60, *Kartenskizze 31, 59*

Kammergräber 63
Kanada 27, 630
Kanalsysteme, chinesische 229, 231, 253, 311f., 324, 651, 657
Kanara (Carnatik, Karnatak), südlicher Dekhan 158, 176f., *Kartenskizze 119*
Kanaresisch (Kannada), dravidische Sprache 130, 135, 139, 651ff.
Kanarische Inseln, vor Westafrika 412, 543, 553, 556, 562, 566, 569, 572f., 575, 580, 583, 587, 593, 595–598, 603, 610, 617f., 625f., 633
Kanauj am Ganges 120, 145, 147, 167, 650–653, *Kartenskizze 119, 123*
Kanauji, Hindī-Dialekt 161
Kānchī, Kānchī-puram (Conjeevaram), südwestlich Madras, Hauptstadt der Pallava 117, 141, 145, 652, *Kartenskizze 119, 123*
Kandahār (Quandahār) Süd-Afghānistān 166f., 169f., 657
K'ang-hsi, Kaiser der Ch'ing 199, 332f., 337–340, 658
Kāngrā-Nagarkot, Festung im Punjāb-Himālaja 147, 653, *Kartenskizze 123, 168*
Kannibalismus (nach Caniba) 88, 92f., 102
Kansas, Staat der USA. 27
Kansu, Provinz in Westchina 201, 229, 262
Kant, Immanuel, Philosoph 518
Kanton (Nan-hai, Kuang, Kuangchou), Südchina 219, 245, 256, 259, 317, 328, 628, 650, 652, *Kartenskizze 354f.*
Kao Chi-hsieh, Gründer von Süd-P'ing 259
Kao Hsien-chih, koreanischer General 242
Kao-tsu (Li Yüan), Gründer der T'ang 199, 233
Kao-tsung, Kaiser der T'ang 199, 234f., 240
Kao-tsung, Kaiser der (Süd-) Sung 302, 654, *Abb. 304*
Kāpālika, shivaitische Asketen-Sekte 137
Kap der Guten Hoffnung, Südafrika 412, 537f., 608f., 624, 626, 628f., 646, 648
Kap Verde (Grünes Vorgebirge) Westafrika 413, 640
Kapverdische Inseln 573, 576, 587, 595, 605, 609f., 618, 625f.
Karakitai (Karachitai), Reich der Khitan 345, 352, 357, *Kartenskizze 354f.*
Karakorum (Ho-lin), einstiger Hauptsitz der Mongolen, heute Ruinenstätte 46, 352f., 358, 361–364, 370f., 583, 655, 657

NAMEN- UND SACHREGISTER

Karashar, Oase im Tarimbecken 240
Karavelle, Segelschiff des 14. bis 16. Jahrhunderts 552, 560, 563, 572, 574, 612, 616
Kariben, südamerikanische Sprach- und Völkergruppe 28f., 90
Kārkota, Dynastie von Kashmīr 118, 651, *Kartenskizze 119*
Karl IV. (ursprünglich Wenzel), Sohn Johanns von Böhmen, deutscher König und Kaiser 387, 399, 406, *Stammtafel 402f.*
Karl V., Sohn Philipps des Schönen von Kastilien, König von Spanien, Kaiser 387, 413, 503, 620, 622, 648, *Abb. 617*
Karl IV., der Schöne, Sohn Philipps IV., König von Frankreich 387
Karl V., der Weise, Sohn König Johanns des Guten, König von Frankreich 387
Karl VI., der Wahnsinnige, Sohn Karls V., König von Frankreich 386 ff., 394, 599, 637
Karl VII., Sohn Karls VI., König von Frankreich (»König von Bourges«) 381, 388f., 393, 395, **637—641**, 643
Karl VIII., Sohn Ludwigs XI., König von Frankreich 385, 392, 409, 415, 467, 523, 630, 646ff.
Karl VIII. Knutsson, Reichsverweser und König von Schweden und Norwegen 417, 639, **641—644**
Karl, Sohn Karls VII., Herzog von Berry und Guyenne 390, 643
Karl der Kühne, Sohn Philipps des Guten, Herzog von Burgund 389ff., 397, 408, 643 ff.,

Karl, Sohn Ludwigs von Orléans, Herzog von Orléans 395
Karl, Sohn Karls von Anjou, Graf von Maine und der Provence 645
Karluk, türkisches Volk 242
Karpaten, Faltengebirge um die ungarische Tiefebene 360f.
Kartell, wirtschaftlicher Zusammenschluß 377
Kartoffel, Nutzung und Anbau 68, 101, 111
Kartographie, Chinesische 214f., 332
—, europäische 543, 549f., 596, *Abb. 540*, 557, 580
Kasakstan, Landschaft am Kaspischen Meer 357
Kashgar, Tarimbecken 240
Kashmīr 138, 151, 153, 169, 175, 177f., **651—655**, 657, 659, *Kartenskizze 119, 123*
Kashmīr-Stil der indischen Baukunst 143
Kasimir IV., Sohn des Wladislaw II. Jagiello, Großfürst von Litauen, König von Polen 420f., 641f., 644, 647, *Stammtafel 402f.*
Kaspisches Meer 356, 359, 376
Kasteiung, Altamerika 34, 53, 60, 77, 85
Kastensystem 126, 128, 141
Kastilien, mittelspanisches Hochland 410f., 413, 556, 559, **564** bis **570**, 573, 580, **589—592**, 599, 603, 642, 645f.
Kastriota, Georg, siehe Skanderbeg
Kastritza, Peloponnes 425
Katalanen (Kalalonen) 550, 553 ff., 558, 566, 598, 643 f.
Katalonien, Landschaft in Nordost-Spanien 410, 553, 555f., 566
Kathākalī, südindisches Tanzdrama 186
Katharina, Tochter König Karls VI. von Frankreich, Gemahlin König Heinrichs V. von England und hernach des Owen Tudor 395, 637
Katharina, Tochter Ferdinands des Katholischen und der Isabella von Spanien, Gemahlin Arthurs, des Prince of Wales, und hernach König Heinrichs VIII. von England 631
Katholische Könige 20, siehe Ferdinand II. von Aragonien und Isabella I., Königin von Spanien
Katholizismus, China 333, 338, 655
—, Innerasien 359, 655
Kaukasus 356, 368, 655
Kautilya (Cānakya), Verfasser des politischen Handbuches Arthashāstra 128
Kazike, Aruakwort für Stamm- oder Dorfhäuptling **87—90**, 92f., 104, 109
Kelten, indogermanische Völkergruppe 441
Kent, englisches Adelsgeschlecht 394
—, Grafschaft, Südostengland 641
Kepler, Johannes, Mathematiker und Astronom 20, 516ff.
—, »Prodromus dissertationum cosmographicarum continens mysterium cosmographicum...« (1596) 518
Keramik, Altamerika **32—35, 38** bis **45**, 52, 59, **64—70**, 72, 76, 87f., 92, 96ff., 102, 108, *Abb. 65*
—, China 261 f., *Abb. 64, 333*
Kereyid, mongolisches Volk 345, 348
Kerulen (Lu-ch'ü), Fluß Innerasiens 347, 352, 357, 365

Keshavadās Sanādhya Mishra, Hindī-Dichter 181, 658
Ketschua, Indianerstamm Perus 94, 98, 100, 105f., 108
Khabul Khan, Mongolenherrscher 347
Khaischan Külüg, Großkhan der Mongolen, Kaiser der Yüan 365
Khajurāho, Hauptstadt der Chandella von Bundelkhand 120, 145, 653f., *Kartenskizze 123*
Khalaf Hasan »Malik at-Tujjār«, Bahmaniden-Großwezir 151
Khalkha, mongolisches Volk 371
Khanbalik, siehe Peking
Khāndēsh, Landschaft im unteren Tapti-Tal 151, 169
Khān-Jahān Telingānī, Tughluq-Großwezir 149
Khānua, südwestlich von Āgra, Zentralindien 151, 166, 657
Khiljī (Gilzai), Dynastie von Delhi 148, 655
Khitan (Ch'i-tan), mongolisches Volk 258, 267, 271, 299, 315, 349, 351, 581, 653, 655
Khizr Khān, Herrscher der Sayyid von Delhi 154, 656
Khoten, Tarimbecken 240
Khubilai (Chubilai, Kublai), Enkel des Tschinghis Khan, Großkhan der Mongolen, Kaiser der Yüan 307ff., 313, 361, **363** bis **370**, 554, 583f., 655f., *Abb. 361*
Kiangsu, Provinz in Zentralchina 231, 259
Kiew, am Dnjepr 360, 421, 655, *Kartenskizze 354f.*
Kilia, Hafen im Donaudelta 427, 646
Killa, Mondgöttin der Ketschua 106
Killke, vorinkaische Kultur 100
Kinich Ahau, Sonnengott der Maya 84
Kinizsi, Paul, Graf von Temesvár, Oberstlandrichter von Siebenbürgen 641 f.
Kiptschak, siehe Kumanen
Kirche, griechisch-orthodoxe (oströmische) 381, 447, 639
Kirche, römisch-katholische (lateinische) 376f., 488
Kirchenstaat (Patrimonium Petri), Territorium unter der Oberhoheit des Papstes 385, 413, 648
—, »donatio Constantini«, »Konstantinische Schenkung« 494, 640
Kirchenunion 381, 640, 642
—, Unionsdekret »Laetentur coeli« (1439) 381, 383
Kirgisen, tungoturanisches Mischvolk 345f., 350, 359, *Kartenskizze 354f.*

NAMEN- UND SACHREGISTER

Kīrtivarman I., Chālukya-Kaiser von Bādāmī 117, 650
Kīrtivarman II., Chālukya-Kaiser von Bādāmī 117, 124, 652
Kīrtivarman, Chandella-König 132, 654
Klassen, soziale, in China 216ff., 239, 309
Klassizismus 436, 438
Kleidung in Altamerika 32, 39, 42f., 89
Kleinasien (Anatolien) 423f., 426ff.
Kleve, Herzogtum am Niederrhein 640f.
Klöster, buddhistische 211, 218, 225f., 239, 246, 258, 317, 650, 656
Knotenschnüre (Kipu), dienten zur Erfassung und Übermittlung von Zahlenwerten bei den Inka **104—107**
Köln 382, 408, 477, 641, 644
Königsberg, Ostpreußen 421, 642
Koexistenzpolitik, der Sung 300, 302ff.
Kogge, Segelschiff des 13.—15. Jahrhunderts. 551f.
Kolonialismus, Kolonisation 539f., 588, 599ff., 605f.
Koguryo, Staat in Korea 232, 240, 651
Kohle, Nutzung in China 214, 649
Koka (Erythroxylon coca) 65, 88, 102, 111
Kolhāpur, Stadt und Kleinstaat in Mahārāshtra 176
Kolumbien 27, 29, 34, 54, 62, 64, 88, 90, 92ff., 101, 108f., *Kartenskizze 31, 91, 99*
Kolumbus, Christoph (Christoforo Colombo, Christóbal Colón), italienischer Seefahrer 21, 84, 412f., 455, 463, 486, 507f., 512, 514, 537, **541—552**, 554, 557, 560, 563f., 569, 574, 576f., 580ff., 584ff., 589f., 592, 595, 601, 604, 610ff., **616—619**, 625f., 630ff., 647f., *Abb. 548, 556, 613*
—, Bartholomäus, Bruder von Christoph Kolumbus 609, 611, 631
—, Ferdinand, Sohn von Christoph Kolumbus 592, 595, 610, 631
Kompaktaten, Prager *(Compactata religionis)*, Vergleich mit den Hussiten über Kirchenfragen (1433) 381, 639, 643
—, Iglauer (1436) 639
Kompasse 548f., *Abb. 549*
»Kompaßwagen«, chinesische Erfindung 207
Konārka, Sonnentempel in Orissa 124, 145, 655, *Kartenskizze 123*
Konfuzianismus 193, **206—210**, 212, 224—227, 236, 245f., 260, 263, 273f., 276, 281f., 284ff., 289, 291, 304, 308, 312, 315, 318f., 325ff., 329, 332f., 338, 363, 365, **649—654**, 656ff.

Konfuzius (K'ung fu-tzu, K'ung Chung-ni, Kung Ch'iu) 14, 208, 243, 245, 651, 654, 657
—, »Ch'un-ch'iu«, »Frühling und Herbst« 654
Kongo, Fluß in Afrika 587, 607
Konitz, Pommerellen 642
Konkan, mittlere indische Westküste 172, *Kartenskizze 123*
Konklave (»gemeinsame Einschließung«), Kardinalsversammlung zur Papstwahl 381, 383, 385
Konkordat, Vertrag zwischen Kurie und Staat, deutsches (15.4. 1418) 381, 637
— für Nord- und Süd-Frankreich (1425) 381, 637
— mit deutschen Fürsten (Februar 1447) 382, 641
—, Wiener (Friedrich III. 1448) 382, 641
Konrad III., Erzbischof von Mainz 638
Konstantin XI. Palaiologos Dragases, byzantinischer Kaiser 382, 641f.
Konstantinische Schenkung (donatis Constantini), gefälschtes Dokument über die weltlichen Herrschaftsansprüche des Papstes 494, 640
Konstantinopel 381f., 412, 419, 421ff., 426, 432, 443, 446f., 464, 470, 475, 494f., 556, 580, 640, 642, *Abb. 424*
—, Hagia Sophia 423
Konstanz am Bodensee 380, 395, 399, 401, 419, 637, 644
Konstanzer Bund 644
Konzil, Kirchenversammlung **379** bis 382, 393, 395, 399ff., 404f., 419, 421
Konzil, ökumenisches, sechzehntes, zu Konstanz (1414—1418) 380, 395, 399, 401, 419, 637, *Abb. 382*
—, —, siebzehntes, zu Basel und Lausanne (1431—1437), Ferrara und Florenz (1438/39) 382f., 393, 399, 401, 404f., 421, 444f., 448, 489, 494, 638ff.
Konzil, zu Pisa (1409) 380
Konziliarismus, kirchenrechtliche Theorie, die das Konzil über den Papst stellt 378, 380f., 400f.
Kopenhagen, Dänemark 640, 645
Kopernikus, Nikolaus, Astronom 452, 463, 508, 514f., 517f.
—, »De revolutionibus orbium coelestium«, »Von den Umläufen der Himmelskörper« (Nürnberg 1543) 514
Kopftrophäen 95
Koran, das heilige Buch des Islams 422
Kordilleren, siehe Anden

Korea 210, 232, 240, 263, 334, 357f., 364, 651, 653, 655, 657f.
Korfu (Korkyra), ionische Insel 415
Korikancha, Tempelbezirk in Cuzco 106
Korinth (Peloponnes) 424, 426
Korneuburg, nordwestlich von Wien 409
Kosmologie in China 284ff., 288f.
Kosok, Paul, Amerikanist 68
Kosovo Polje, siehe Amselfeld
Kota(h), Stadt und Rājputen-Staat in Mālwa 122
Koyré, Alexandre, Kulturhistoriker und Pädagoge aus Taganrog, Ukraine 515
Krain, Landschaft in den Julischen Alpen 425
Krakau, Polen 361, 367, 419, 421, 647, 655
Kreditwesen, Altamerika 92
—, China 246, 281, 650
Kreta (Kandia), Mittelmeerinsel 415, 605
Kreuzfahrerstaaten 368
Kreuzzüge 422f.
Krickeberg, Walter, Amerikanist 53, 56, 63
Krim 356, 360, 421, 428, 555, 564, 645, *Kartenskizze 354f.*
Krimtataren 421, 426
Krishnā, Fluß im Dekhan 150, *Kartenskizze 119, 129*

Krishna, indischer Heros und Gott 133, 140f., 159f.,
Krishna I., Rāshtrakūta-Kaiser 124, 652
Krishna III., Rāshtrakūta-Kaiser 124, 653
Krishna-Deva Rāya, Kaiser von Vijayanagar 150, 158, 658
Krishnamishra, Sanskrit-Dichter 121, 132
Krittivāsa Ojha Mukati, Bengalī-Schriftsteller 161, 657
Kroatien 425
Kröpelin, Hans, schwedischer Ratsherr 417
Kronstadt, Siebenbürgen 423
Kruja, nordwestlich von Durazzo 425f.
Kshatriya, indische Krieger-Kaste 126
Kshemendra, Sanskrit-Dichter 132, 654
Kuang-chou, siehe Kanton
Kuang-hsü, Kaiser der Ch'ing 199
Kuangsi, Provinz Südchinas 259
Kuangtung, Provinz Südchinas 215, 241f., 252, 259, *Karte 312c*
Kuan T'ung, chinesischer Maler 261, 653, *Abb. 261*
Kuan Yü, Heerführer in Shu-Han, als Kriegsgott verehrt 649
Kuba, Große Antillen 617ff., 624, 647

NAMEN- UND SACHREGISTER

Kucha, Tarim-Becken 211, 240, 650
Kuchlug, Fürst der Naiman 352
Ku K'ai-chih, chinesischer Maler 213, 649, *Abb. 213*
Kukulcan (Kukumatz), siehe Ce acatl topiltzin Quetzalcoatl
Kukunor, See in Tsinghai 240, 372
Kulmerland, Bistum an der Weichsel 643
Kulottunga I., Chola-Kaiser 125, 134f., 654
Kulottunga II., Chola-Kaiser 125, 134, 654
Kultmetropolen in Altamerika 36, 40, 54f., 57, 64, 68
Kultur in China 206—215, 224 bis 228
—, Sui und Tang (erste Hälfte) 243 bis 249
—, Sung 293—297
—, Ming 324—328
—, Ch'ing 338f.
Kultur in Indien, Großmogulzeit 179—187
—, Hindu-Mittelalter 126ff., 146, 150
—, islamisches Spätmittelalter 154 bis 164
Kulun-nor, See in der Manchurei 347
Kumanen (Polowzer, Uzen), türkisch: Kiptschak, turanider Volksstamm am Schwarzen Meer 357—360, 368, 655, *Kartenskizze 354f.*
Kumārajīva, Übersetzer buddhistischer Schriften 211f., 650
Kumārapāla, Solankī-König 122, 132, 134, 654
Kumbhakarna, Mahārānā von Chitorgarh 151, 163, 656f.
Kumbhakonam, südindische Tempelstadt 141, 145, *Kartenskizze 123*
Kung, Kaiser der Späteren Chou 267f.
K'ung Ying-ta, chinesischer Schriftsteller 246, 651
K'un-lun, Gebirge Innerasiens 194
Kunst, Altamerika, siehe Architektur, Keramik, Negativmalerei, Reliefkunst, Steinplastik, Tonplastik, Wandmalerei, Webkunst
—, China, siehe Architektur, Freskenmalerei, Kalligraphie, Keramik, Malerei, Miniaturmalerei, Plastik, Reliefkunst
—, Indien,Großmogul-Reich 184ff. *Abb. 165, 172f.*
—, —, Hindu-Mittelalter **142—145**, *Abb. 120f., 128f., 136f., 145*
—, —, Hindu-islamisches Spätmittelalter 163f.
—, —, islamische 156f., *Abb. 173*
—, Renaissance **527—534**

Kunstgewerbe in Indien 164, 186
Kunturwasi, Ruinenstätte in Peru 38ff.
Kuo Hsiang, chinesischer Schriftsteller 208, 649
Kupfer 34, 44, 65, 76, 79, 83, 91, 102
Kupfer-Bronze-Platten-Urkunden, indische 128, *Abb. 137*
Kurie, Regierungsbehörde des Papstes 382ff., 386, 388, 399, 408
Kurland, Landschaft an der Ostsee 419
Kurtisanen in Indien 127, 158, 181, 186
Kurverein (unio electorum), Binger (1424), Zusammenschluß der Kurfürsten 638
Kurzgeschichte,in der chinesischen Literatur 260, 294, 652
Kushana, indoskytische Dynastie (2./3.Jahrhundert) 140
Ku-tsang, Hauptstadt des Späteren Liang 203, 211
Ku-wen, literarische Bewegung in China 259f., 652, 654
Kyparissia, Messenien 425

L

Labbé, Loyse (Louise Labé), französische Dichterin, Frau eines Seilers (»la belle cordière«) 524
La Boetie, Etienne de, französischer Jurist, Schriftsteller und Dichter 525
Labrador, nordamerikanische Halbinsel 624, 630, 632, 648
Ladakh (Klein-Tibet), Bergland um den oberen Indus zwischen Himalaja und Karakorum 178
Ladislaus (Posthumus), nachgeborener Sohn König Albrechts II. und der Elisabeth, König von Ungarn und Böhmen 407, 421, 463, 640ff., *Stammtafel 402f.*
Ladislaus (Wladislaw), Sohn König Kasimirs IV. von Polen, König von Böhmen (Ladislaus II.) von Ungarn 408f., 644f., 647, *Stammtafel 402f.*
Lagos, Süd-Portugal 412, 606
Lahore, Zentralindien 147, 155, 169, 173, 178, 184f., 658f.,
Lakshmanasena, König von Bengalen 120, 147
Lakshmī (Shrī), Hindu-Göttin 139, 141
Lakshmī-Karna, Kalachuri-König 121, 654
Lakulisha, Inkarnation Shivas 138
Lalitāditya-Muktāpīda, Kārkota-Kaiser von Kashmir 117f., 124, 651f., *Abb. 120*
Lāl Killa, Mogul-Burg von Delhi 171

Lālkot, das erste Delhi 156
Lallā (Lal Ded), Kashmīrī-Mystikerin 138
Lama, domestizierte Kamelart der Anden 38, 42, 65, 100, 102, 106, 110
Lamaismus, tibetische Form des Buddhismus 118, 134, 365f., 371f., 657, *Abb. 371*
Lambayeque, Peru 41, 96, *Kartenskizze 99*
Lamola, Giovanni, italienischer Humanist 511
Lancaster, englisches Adelsgeschlecht 393f., 396, 642, 644, 646
Landa, Diego de, Bischof von Yucatán 83
Landfriede, Frankfurter Landfriedensordnung (1442) 400, 640
—, Reichslandfriedensgesetz Kaiser Friedrichs III. (1471) 644, (1486) 646
—, Ewiger (1495) 648
Landino, Cristoforo, florentinischer Humanist 466, 520, 533, *Abb. 505*
Langeais an der Loire, Frankreich 392

Lanzarote, Kanarieninsel 573, 596, 599f.
Lao-tzu, chinesischer Philosoph 208, 246, 652
—, »Tao-teh-ching«, »Klassiker des Wegs und seiner Macht« 208
La Palma, Südwest-Spanien 571
La Paz, Bolivien 44, *Kartenskizze 31, 99*
La Pérouse (La Péruse), Jean de, französischer Dichter 525
La Plata, Río de, Mündungsbecken der Ströme Paraná und Uruguay 29, 619, 622f., 627
Lapo da Castiglionchio, italienischer Humanist 471
La Rábida, Franziskanerkloster in Südspanien 585f., 588, 613, 616
Larache, Westmarokko 564
Larco Hoyle, Rafael, peruanischer Archäologe 38
La Rioja, Landschaft Argentiniens 98
La Salle, Gadifer de, französischer Ritter 599
Las Casas (Casaus), Geschlecht französischen Ursprungs, Grundherren auf den Kanarischen Inseln 600
Las Casas, Fray Bartolomé de, spanischer Dominikaner, Chronist 13, 542f., 581, 585, 595, 600, 610f., 614, 617, 631
—, »Historia de las Indias« (1553—1561) 543

Las Charcas, vorklassischer Keramikstil der Maya 38
Laskaris, Andreas Johannes, genannt Janos (Rhyndakenos), byzantinischer Gelehrter 432
Las Palmas, Kanarische Insel 588, 600 f.
Lasso, Orlando di, Orlandus des Lassus, Roland Lassus, Roland de Lattre, niederländischer Komponist 503
Lateinische Sprache 453, 466, 469, 474, 480, 521 f.
Latini, Brunetto, italienischer Gelehrter und Politiker 549
Latomus, Barthélemy, humanistischer Gelehrter aus Aarlen (Arlon), Luxemburg 487
Laura, »unnahbare Geliebte« des Petrarca im »*Canzoniere*« 504
Lausanne, am Genfer See 641
Lausitz, mitteldeutsche Landschaft 421, 645
Lavagna, Filippo (de), italienischer Buchdrucker in Mailand 467
La Venta, Mexico 35 f., *Kartenskizze* 31
La Venta-Kultur Mexicos 30, 35 f., 60, 108
Lazar (I.) Grbljanowitsch, Fürst von Serbien 422
Lazarewitsch, Stephan, Fürst von Serbien 638
Legitimität der Herrschaft, China 204, 230, 274, 307, 314, 337
—, Mongolen 349
Legnano, nordwestlich Mailand, Lombardei 448 f.
Lehnswesen, Altamerika 104
—, China 196, 200, 323, 337 f.
—, Europa 384, 387, 400
—, Indien 128, 165
Leibeigenschaft in China 218, 255, 279
Leibniz, Gottfried Wilhelm, Naturforscher, Philosoph, Historiker und Diplomat 331, 501
Leicht, Pier Silverio, italienischer Rechtshistoriker 413
Leihhäuser in China 219, 226, 246
Leipzig 646
Lemnos, ägäische Insel 426, 645
Leo X., vorher Giovanni de'Medici, Sohn des Lorenzo il Magnifico, Kardinaldiakon von Sta. Maria in Domnica, Papst 488, 498, 532 f.
Leo Hebraeus (Leone Ebreo, Juda Abravanel), Sohn des Issak Abravanel, jüdischer philosophischer Schriftsteller aus Lissabon 504 f., 527
—, »Dialoghi d'amore«, »Gespräche über die Liebe« (1535) 505, 527

Leonardo da Vinci, italienischer Maler, Bildhauer, Naturforscher, Baumeister, Erfinder 414, 432, 457, 463, 466, 508, **511** bis **514**, 517, 519, 522, 528 f., 531 f., 534
—, Codex Atlanticus, Handschriftenkonvolut in der Biblioteca Ambrosiana, Mailand (gedruckt Mailand 1894—1904) 514
—, »quaderni d'anatomia«, eingebürgerter Name für die Sammlung anatomischer Studienblätter in Windsor Castle 513
—, »Sul volo degli uccelli«, »Über den Vogelflug« (1505) 513
Leonardo von Chios, Grieche, Erzbischof von Lesbos, lateinischer Schriftsteller 449
Leonardo von Pistoia, italienischer Mönch 491
Leoniceno, Niccolò, italienischer humanistischer Gelehrter 511
Lepanto (Naupaktos), am Golf von Korinth 426
Lesbos (Mytilene), ägäische Insel 425, 643
Leto, Giulio Pomponio (Julius Pomponius Laetus), italienischer Humanist, Schüler und Nachfolger des Laurentius Valla 490
Levante, Küstenländer des östlichen Mittelmeeres 378, 423, 426, 554 ff., 564, 566, 592
Leyendas negras, gegen die spanischen Eroberer Amerikas gerichtete Anklagen 539
Li, Herrscherfamilie der T'ang 199, 246
Li An-chüan, Kaiser von Hsi-Hsia 350
Liang, Dynastie (502—557), China 199, 215, 227, 650
—, Früheres, Kleinstaat (345—376), China 203 f.
—, Spätere, Dynastie (907—923), China 199, 257 f., 261
Li Ao, chinesischer Philosoph 287, 289, 652
Liao, Fluß in der Manchurei 201, 232, 258, 299, 334, *Karte 224, 312*
Liao, Dynastie der Khitan, China 199, 258, 294, **299—305**, 307, 315, 334 f., 345 ff., 653 f.
Liao-tung, Halbinsel der südlichen Manchurei 357
»Libro del conocimiento«, Reiseschilderung eines unbekannten Franziskaners (14. Jh.) 551
»Libros del Saber de Astronomía«, spanische astronomische Handbücher des Hochmittelalters 545

Li-chi, altchinesisches Ritualhandbuch 286
Li Chi-fu, Reichsminister der T'ang 251, 255
Li Ch'ing-chao, chinesische Dichterin 297, 654
Liegnitz, an der Katzbach, Niederschlesien 361, 655
Liga für das Gemeinwohl (Ligue du bien public, 1465) 389, 643 f.
Liga, Heilige, von 1495 386, 391
Liga von Mayapan 83, 86
Liga von Venedig 647
Liga zum Schutz der Christenheit 415
Ligdan Khan, Großkhan der Mongolen 371 f., 658
Li K'o-yung, Kriegsherr in China 256 f.
Li Lin-fu, Reichsminister der T'ang 241
Li Lung-chi, Prinz der T'ang 235
Lima, Peru 67, 97, *Kartenskizze 31*, 99
Limburg, Landschaft in den Niederlanden 638
Linacre (auch Lynaker), Thomas, englischer Humanist, Gelehrter und Arzt 467, 496, 511, 527
Lingāyat (Vīrashaiva), shivaitische Sekte 139, 656
Lin-i (Champa), Staat der Cham in Hinterindien 232, 650 f.
Linné, Sigvald, schwedischer Amerikanist 33, 38, **49—52**, 54, 81
Lipan (tschechisch Lipany), südwestlich Böhmisch-Brod 381
Li Pao-ch'en, chinesischer General 251
Li P'ien, Gründer der Süd-T'ang 259
Li Po, siehe Li T'ai-po
Lippi, (Fra) Filippo, italienischer Maler 531
Li Shih-min, siehe T'ai-tsung, T'ang-Kaiser
Lissabon 560, 564, 567, 576, 595, **608—611**, 626 f.
Li T'ai-po, chinesischer Dichter 249, 652
Li Tao-yüan, chinesischer Schriftsteller 228
Litauen **418—422**, 638 f., 641, 645, 647 f.
Literaten in der chinesischen Gesellschaft 192, 213, 217, 221, 227, 235, 241, 244, 253, 260, 294 ff., 312, 319, *Abb. 297*
Literatur, Altamerika 107
—, China 206 ff., 211, 213, 215, 227 f., 245, 248 f., 252, **259** bis **263**, 282, 284 f., 294 f., 297, 312 f., 321, 325, 328, 365 f., 649, **651—654**, **656—659**
—, Indien 650—655, 658 f.

Literatur, Indien, wissenschaftliche 133, 146, 155, 181, 650f.
—, —, assamesische 162
—, —, Bengalī 161, 182f., 659
—, —, Gujarātī 162, 182
—, —, Hindī 122, 162f., 181f., 658
—, —, Maithilī 163
—, —, Sanskrit 117, 129f., 139f., 157f., 180, 650–655
—, —, Tamil 134f., 138, 651, 654f.
—, —, Urdū 181, 658f.
—, Mongolenreiche 313, 357, 368
—, Persien 655
Literaturkritik, chinesische 227, 650, 653, 657, 659
Li Tzu-ch'eng, chinesischer Rebellenführer 336, 658
Liu Chih-chi, chinesischer Gelehrter 248, 651
—, »Shih-t'ung« (Untersuchung der Geschichtswissenschaft) 248, 651
Liu-ch'iu-(Riu-kiu-, Ryukyu-)Inseln, zwischen Japan und Formosa 232
Liu Hsieh, chinesischer Schriftsteller 227
Liu I-ch'ing, chinesischer Schriftsteller 208
Liu Min, Gründer der Nord-Han 259
Liu Pei, Gründer der Shu-Han 194, 207, 649
Liu Shao, chinesischer Schriftsteller 213, 216, 227, 649
—, »Jen-wu chih«, Untersuchung über die menschlichen Fähigkeiten 213, 227, 649
Liu Ts'ung, Herrscher des Früheren Chao 204
Liu Yen, chinesischer Staatsmann 253
Liu Yin, Gründer von Süd-Han 259
Liu Yü, Gründer der Liu-Sung 206, 650
Liu Yüan, Gründer der Früheren Chao (Han) 203f.
Livius, Titus, römischer Geschichtsschreiber 450
Livland, Landschaft an der Ostsee 419f., 647
Livorno, Toskana 637
Li Yü, chinesischer Dichter 260
Li Yüan (Kao Tsu), Gründer der T'ang 233, 651
Li Yung, chinesischer Schriftsteller 249
Locke, John, englischer Philosoph 478, 501
Lodi, südwestlich von Mailand 642
Lodi, Dynastie in Delhi 153f., 166f.
Löwen (Leuven, Louvain), an der Dyle, Flandern 453, 474
—, Collegium trilingue, Kolleg der klassischen Philologie 453
Loire, Fluß in Frankreich 388

Lollarden (Lollharden), religiöse Genossenschaft, in England der Name für die Anhänger Wiclifs 395
Lombardei, Landschaft in Oberitalien 638, 642
Lomellini, genuesische Kaufherrenfamilie 564, 569
London 394, 396f., 399, 565, 632, 643
—, Stahlhof (Hansekontor) 643f.
—, Tower 397, 644
Lopes, Fernão, portugiesischer Chronist 591
Lorenzetti, Ambrogio, italienischer Maler 530
Loronha, Fernão de, portugiesischer Kaufmann 627
Lothringen 375, 389, 391
»Lotos-Sūtra«, buddhistischer kanonischer Text 247
Lo-yang (Ho-nan), am Hoang-ho 197, 204f., 207, 209, 211, 223, 226, 231, 237, 242f., 253, 256f., 649, 652
Lu Chi, chinesischer Schriftsteller 213
—, »Wen-fu«, »Essay über die Literatur« 213
Luck (russisch Luzk), Wolhynien 420, 638
Lucknow (Lakhnau), Oudh 177, 185
Ludwig IX., der Heilige, Sohn Ludwigs VIII., König von Frankreich 363, 365, 389
Ludwig XI., Sohn Karls VII., König von Frankreich 14, 20, 386f., 389–392, 396f., 411, 523, 640, 643–646, Abb. 388
Ludwig XII., Sohn Herzog Karls von Orléans, König von Frankreich 386, 392f., 410, 523, 648
Ludwig I., der Große, Sohn König Karl Roberts, König von Ungarn und Polen 418, Stammtafel 402f.
Ludwig IX., der Reiche, Herzog von Bayern-Landshut 643
Ludwig I., der Friedsame, Landgraf von Hessen 638
Ludwig, Sohn König Karls V. von Frankreich, Herzog von Orléans 387
Ludwig, Graf von Saint Pol, Connétable von Frankreich 390
Lü Kuang, Gründer der Späteren Liang 203, 211f.
Lüttich (Luik, Liége), an der Maas, Belgien 550
Lugo, Alonso de, spanischer Statthalter von Teneriffa 588
Lu Hsiang-shan (Lu Chiu-yüan), chinesischer Philosoph 326, 654
Lukian(os), griechischer Sophist, satirischer Schriftsteller 446, 500f.

Lukrez, Titus Lucretius Carus, römischer didaktischer Dichter 444f., 502, 515
Lull, Ramón (Raimundus Lullus), katalanischer Mystiker, Dichter und Gelehrter aus Palma de Mallorca 491, 584
Luna, Alvaro de, Condestable von Kastilien 411, 642
Lung-men, unweit Lo-yang 226, 650, Abb. 220
Lupaca, Indianerstamm am Titicaca-See 100
Luque, Hernando de, spanischer Geistlicher in Panama 621
Lurin, Fluß in Peru 67, 106
Lusignan, französisches Adelsgeschlecht 646
Luther, Martin, Reformator 21, 486, 488, 498, 503
—, »Von welltlicher Uberkeyt und wie weyt man ihr gehorsam schuldig sey« (Wittenberg 1523) 486
Lyrik, chinesische 213, 260, 295f., 313
Luxemburg (Lützelburg), Herzogtum 641
Luxemburger, Grafengeschlecht, deutsche und böhmische Könige 420, Stammtafel 402f.
Lyon, an der Rhône 392, 474, 643

M

Ma'bar, Sultanat um Madurai 125, 151, 656
Macao, Ort und Landschaft an der südchinesischen Küste 629, 657
Macartney, George, Earl von, englischer Botschafter in China 341
Machacamarca, Bolivien 44
Machiavelli, Niccolò, florentinischer Staatsmann und Schriftsteller 14f., 21, 431ff., 439, 455, 463, 465, 469, 481–488, 500, 506, 508f., 522f., 591
—, »Dell' arte della guerra VII libri«, »Von den Kriegskunst« (1520; gedruckt 1521) 431
—, »Discorsi sopra la prima deca di Tito Livio«, »Betrachtungen über die I. Dekade des Livius« (etwa zwischen 1513 und 1517; gedruckt Wien 1532) 484, 486, 488
—, »Il principe«, »Der Fürst« (1513; gedruckt Florenz 1532) 439, 481, 483–486
—, »Mandragola«, Komödie (um 1520; gedruckt Rom 1524) 522
Ma Chün, chinesischer Erfinder 207, 214

NAMEN- UND SACHREGISTER

Machu Picchu, Ruinenstätte in Peru 103, *Abb. 105*, *Kartenskizze 99*
Macrobius, Ambrosius Theodosius, römischer Grammatiker und Philosoph 502
—, Kommentar zum »Somnium Scipionis« aus Ciceros »De re publica« 502
Madagaskar, Insel im Indischen Ozean 628
Madeira, Insel im Atlantik 412, 562, 564, 567, 575 f., 587, 595, 605, 610
Mādhva, auch Ānanda-Tīrtha genannt, vishnuitischer Theologe 141, 655
Madurai (Madurā), südliches Vorderindien 125, 145, 149 f., 183, 655 f., 658, *Kartenskizze 119*

Mähren 361, 421, 645
Mährische Pforte, zwischen Sudeten und Karpaten 361
Māgahī (Māgadhī), Prakrit-Dialekt in Süd-Bihār 161
Magalhães, Fernão de (Magellan, Magellanes), portugiesischer Seefahrer 601, 619, 623 f., 628
Magdalena, Fluß in Kolumbien 62, *Kartenskizze 91*
Magellanstraße, Meerenge an der Spitze Südamerikas 623
Māgha, Sanskrit-Dichter 132
Magie in der Renaissance 489, 516
Mahābhārata, altindisches Nationalepos, und Bearbeitungen 132, 134 f., 140, 158 f., 161 f., 180, 182
Mahadjī Sindhiā, Mahārāja von Ujjain (Gwālior) 175 f., 659
Mahānubhava, shivaitische Reform-Sekte Südindiens 139, 655
Mahārāshtra, Landschaft des westlichen Dekhan 158 f., 650 f., 655, *Kartenskizze 119*
Mahārāshtrī, Prākit-Dialekt 129
Mahāyāna, Großes Fahrzeug, spätere Form des Buddhismus 210 ff.
Mahendrapāla, Pratīhara-Kaiser 120, 652
Mahendravarman (I.), Pallava-König, Dichter 117, 131, 651
Mahmūd, Lodī-Sultān 167
Mahmūd Bēgadā, Sultān von Gujarāt 152, 656
Mahmūd Gāwān, bahmanidischer Großwezir 151, 657
Mahmūd I. Khiljī, Sultān von Mālwa 152, 656
Mahmūd II., Sultān von Mālwa 152
Mahmūd ibn Subuktegin, Gründer der Ghaznawiden 118, 121, 147 f., 155, 653
Mahobā, westlich Benares, Zentralindien 120, *Kartenskizze 123*

Mailand 385 f., 392, 410, 413 ff., 437, 442, 454, 464 f., 467, **637** bis **642**, 645, 647 f.
Maine, Landschaft Nordwestfrankreichs 389, 645
Mainz 405, 638, 643, 646
Mais (aus dem Aruakwort mahiz) 26 f., 29 ff., 38, 49, 52, 60, 75, 89 f., 101 f., 111
Maisdämonen 67
Maisgottheit 46, 53, 95
Maithilī, nordindischer Dialekt 161, 163
Maitraka, Dynastie der späteren Maukharī-Kaiser von Kanauj 650, *Kartenskizze 119*
Makedonien 638
makkaronische (nach dem italienischen Nationalgericht) Dichtung 522
Malabar, Südwestküste Vorderindiens 158, 180, 608, *Kartenskizze 123*
Malaga, Andalusien 646
Malaiische Halbinsel 125, 654
Malaiischer Archipel 364
Malakka, Malaiische Halbinsel 629
Malatesta, Sigismund (Sismondo, Ghismondo, Pandolfo), Herr von Rimini, Kondottiere, Humanist 383, 443 f., 450, 488, 521
Malayalam, drawidische Sprache 136, 158, 655
—, Literatur 136, 158, 186, 655
Maldeo Rāthor, Rāja von Jodhpur 167
Malediven, Inselgruppe im Indischen Ozean 628
Malerei, Altamerika 32, 41 f., 64, 87 f.
—, China 211, 213 f., 249, 261 f., 293, 296 f., 321, 649, 652 f., *Abb. 213*, *236*, *261*, *280*, *288 f.*, *297*, *305*, *333*, *340*, *348*
—, Indien 144, 164, 185 f., 657 f., *Abb. 165*, *172*
—, Renaissance 643, *Abb. 397*, *409*, *445*, *464*, *480 f.*, *493*, *588*
Mali, siehe Melli
Malik 'Ambar, Nizāmshāhī-Regent 152
Malik Kāfūr, Khiljī-General, Eroberer des Dekhan 148 f.
Malik Muhammad Jayasī, Hindī-Dichter 162 f., 182, 658
Mālkhed, siehe Mānyakheta
Mallorca, Insel der Balearen 556, 587, 598
Malocelli (Marocelli), Lanzarotto, genuesischer Kaufmann 596 f., 599
Mālwa, zentralindische Landschaft 120, 148, 151 f., 156, 167, 169, 650, 656 f., *Kartenskizze 119*,

Māmallapura(m), heute Mahābalipuram (Seven Pagodas), Südostküste Vorderindiens 117, 131, 145, *Abb. 121*, *Kartenskizze 119*
Mamlūken, Sklaven türkischer Herkunft, später ägyptische Dynastie 148, 153, 361, 367 f., 555, 580, 656
Mamom, vorklassischer Keramikstil der Maya 38
Manabí, Landschaft in Ecuador 95, *Kartenskizze 99*
Manardi, Giovanni, italienischer Gelehrter 511
Mānavadharmashāstra, alt-indisches Rechtsbuch 126
Manchu (Mandschu), Nachfahren der Jürched 299, 305, 324, 338 ff., 372, 657 ff., *Karte 312c*
Manchurei 201, 258, 299, 334, 336, 351, *Kartenskizze 354f.*
Mandeville, Jehan de (Sir John Mandeville), von dem Verfasser eines Reiseberichts geführter Name 550
—, »Buch von den Wundern der Welt«, fiktive Reisebeschreibung 550, *Abb. 581*
Mandor, südwestlich Ajmer, Nordindien 120, *Kartenskizze 119*, *123*
Māndū, südwestlich von Indore, Mālwa 152, 656
Manduchai-chatun, Herrscherin der Mongolen 370
Manetti, Antonio di Tuccio, Florentiner humanistischer Gelehrter, Schriftsteller und Biograph 529
—, zugeschriebenes, anonymes Werk: »Vita del Brunellesco«, Lebensbeschreibung des Filippo Brunelleschi (gedruckt 1812) 529
Manetti, Giannozzo, italienischer humanistischer Schriftsteller und Staatsmann 453, 458, 465 f., 477, 506
—, »De dignitate et excellentia hominis«, »Über des Menschen Würde und Vorzüge« (vollendet 1452; gedruckt 1532) 458, 506
Mangalesha, Chālukya-Kaiser von Bādāmī 117, 650
Manghol, Selbstbezeichnung der Mongolen 347
Maní, Ruinenstätte auf Yucatán 83, *Kartenskizze 59*
Manichäismus, China 244 f., 651
—, Mongolenreiche 345 f.
Mānikkavachakar, shivaitischer Heiliger, Tamil-Dichter 134, 138
Manilius (Marcus Manilius?), römischer Verfasser eines Lehrgedichts über die Astronomie 444, 489

Maniok (Manihot utilissima, nach dem Tupíwort manihoca), tropisches Wolfsmilchgewächs 28, 39, 51, 89, 101f., 111
Manko Kapac, Ahnherr der Inka-Dynastie 100
Mān Singh Kachhwāha, Rāja von Āmber und Mogul-General 182
Mān Singh Tomār, Rāja von Gwāliōr 164, 186, 657
Manta, Indianerstamm 95, *Kartenskizze 99*
Mantegna, Andrea, italienischer Maler und Kupferstecher 530ff., *Abb. 445*
Mantrayāna, späte Form des Buddhismus 137
Mantua, Poebene 432f., 443, 476, 637, 642
—, »Casa Giocosa« (Haus der Spiele), Lehrinstitut des Vittorino da Feltre 433, 475, 637
Manuel I. Komnenos, Sohn Kaiser Johannes' II., byzantinischer Kaiser 581
Manuel II. Palaiologos, Sohn Kaiser Johannes' V., byzantinischer Kaiser 380, 638
Manuel, Don Juan, spanischer Feldherr und Schriftsteller 578
Manutius, Aldus, italienischer Buchdrucker zu Venedig 452f., 467, *Abb. 465*
Mānyakheta (Mālkhed, Mulkair), Dekhan 124, 145
Manzolli, Pier Angelo, Dichtername Marcello Palingenio Stellato, italienischer Humanist aus Stellata bei Ferrara, lateinischer Dichter 514
—, »Zodiacus vitae«, lateinische Lehrdichtung (Venedig 1534) 514
Mao Tun, Herrscher der Hsiungnu 204
Marañón, Oberlauf des Amazonas in Peru 38, *Kartenskizze 31, 99*
Marāthen, Volksstamm in Mahārāshtra, West-Dekhan 172, 175ff., 180, 183, 186, 658f.
Marcellus, Marcus Claudius, römischer Heerführer, mehrmals Konsul 446
Marchena, Südspanien 571
Marchena, Antonio de, spanischer Franziskaner, Kosmograph und Astronom 586
Margarete, Tochter Renés von Anjou, Titularkönigs von Neapel, Gemahlin Heinrichs VI. von England, Königin von England 396, 642f.
Margarete, Tochter Waldemars IV. von Dänemark, Gemahlin König Håkons VII. Magnusson von Norwegen, Königin von Norwegen, Dänemark und Schweden 416
Margarete, Tochter Christians I. von Dänemark, Gemahlin Jakobs III. von Schottland 644
Margarete, Tochter Richards, Herzogs von York, Gemahlin Herzog Karls des Kühnen von Burgund 644
Margarete, Tochter Kaiser Maximilians I., Gemahlin Juans, Infanten von Spanien, und hernach Herzog Philiberts II. von Savoyen, Generalstatthalterin der Niederlande 648
Margarete von Navarra (Marguerite d'Angoulême), Tochter Karls von Orléans, Gemahlin Herzog Karls von Alençon und hernach Heinrichs d'Albret, Königs von Navarra 503f., 523
—, »Heptameron« (»Siebentagewerk«), Novellensammlung (gedruckt Paris 1558, 1559) 523
Margerita (Santa Margerita), Insel im Karibischen Meer 618
Maria, Erbtochter Karls des Kühnen, Herzogs von Burgund, erste Gemahlin Maximilians I. 390, 408, 645f., *Stammtafel 402f.*
Marianen (Ladronen), Inselgruppe im Pazifik 621, 624
Marienburg, an der Nogat 421, 642f.
Marignolli, Johann von (Giovanni de'Marignolli), florentinischer Kleriker, Diplomat und Geschichtsschreiber 365
Marinus von Tyrus, griechischer Geograph 543
Maritza (Hebros), Fluß in Bulgarien 422
Markos, nestorianischer Patriarch 365, *Abb. 368*
Marokko 558, 562, 564f., 575, 579f., 582f., 586, 591, 593, 603
Marot, Clément, französischer Dichter, Kammerherr der Margarete von Alençon (von Valois) 523f., 527
—, »L'adolescence Clémentine«, Gedichte (1529) 523f.
—, »Psaumes«, Übersetzung von 50 Psalmen (gegen 1540; gedruckt 1920) 524
Marquesas, polynesische Inselgruppe 624
Marquina, Ignacio, mexicanischer Architekt 50
Marsilius von Inghen, scholastischer Philosoph und Theologe, Rektor der Universitäten von Paris und Heidelberg 510
Marsilius von Padua, italienischer Staatstheoretiker 443
—, »Defensor pacis«, »Verteidiger des (vom Papst gestörten) Friedens (der Christenheit)« (1324), staatstheoretische Schrift 443
Marsuppini, Carlo, Staatskanzler der Republik Florenz, italienischer Humanist 531
Mārtānd, Kashmīr 144, 652, *Abb. 120, Kartenskizze 119*
Martí, Ramón, katalanischer Dominikaner 584
Martin V., vorher Oddo(ne) Colonna, Kardinaldiakon von San Giorgio in Velabro, Papst 381, 637f.
Martin I., Sohn Peters IV., König von Aragon 568
Martínez Hernández, Juan, mexicanischer Amerikanist 62
Martins, Fernam (Fernán Martins de Roriz), aus dem portugiesischen Königshaus, Kanoniker in Lissabon 507f., 550, 611
Marullos Tarkaniotas, Michael, byzantinischer Flüchtling in Florenz, Kriegsmann und lateinischer Dichter 489, 521
—, »Hymni naturales« (1497) 489
Mārwārī, Rājasthānī-Dialekt 161f.
Marxismus 19
Maryamaz-Zamānī, Hauptgemahlin des Akbar 168
Masaccio, eigentlich Tommaso di Giovanni, italienischer Maler 463, 470, 529ff.
Masaya, Vulkan in Nicaragua 88
Maskarenen, Inselgruppe im Indischen Ozean 628
Massa (Mesa), Südmarokko 593
Massachusetts, Bundesstaat der USA 595
Massalá, arabischer Astronom 545
Mas'ūd, Herrscher von Ghazna 147, 653
Masudi, Abū'l-Hasan 'Alī ibn Husain ibn 'Alī al-Mas'ūdī, arabischer Historiker 594
Mathematik, China 228, 338
—, Europa 472f., 477, 507, **510** bis 513, 516, 518
—, Mongolreich 366
Mathurā (Mattra, Muttra), am Jumna, Zentralindien 140f., 145, 147, 159ff., 163, *Kartenskizze 119, 123*
Matienzo, Juan Ortíz de, spanischer Jurist 624
Matthias Corvinus, Sohn des Johann Hunyadi, König von Ungarn 383, 408f., 418, 421, 427, 448, 464, **642—647**
Matto Grosso, Landschaft in Brasilien 29, *Kartenskizze 31*
Maukharī, Dynastie in Kanauj 116, 650, *Kartenskizze 119*
Maulbeerbaumkultur in China 218, 221, *Abb. 333*
Maule, Fluß in Chile 101, *Kartenskizze 99*

NAMEN- UND SACHREGISTER 691

Mauren, arabisch-berberische Bevölkerung der Atlasländer 410, 412, 577—580, 589 ff., 597, 602 f., 645
Mauritius- und Lazarusorden, italienischer geistlicher Ritterorden 381
Maximilian I., Sohn Friedrichs III., Kaiser 391 f., 396 ff., 405 bis 410, 441, 463, 645—648, *Stammtafel 402 f.*
—, Reichsreform (1495) 647
Maximilian I., Sohn Herzog Wilhelms V., Herzog von Bayern, Kurfürst von der Pfalz 465
Maya, mesoamerikanische Sprach- und Völkerfamilie 19, 36 ff., 49 bis 57, 82 ff., 93, 108, *Abb. 85, Kartenskizze 59*
Mayapan, Ruinenstätte auf Yucatán 72, 82—86, *Kartenskizze 59*
Mazapan-Keramik, Töpferware der Toltekenzeit 50, 72
Meaux, an der Marne, Frankreich 388
Mediasch (Medias, Medgyes), Siebenbürgen 423
Medici, florentinisches Patrizier- und Handelsherrengeschlecht 377, 384, 414 f., 445, 505, 521, 533, 608, 645
Medici, Cosimo (il Vecchio, der Ältere) de', Sohn des Giovanni di Bicci de'Medici, Haupt der Volkspartei v. Florenz 414, 450, 455 f., 464, 491, 528, 639, 642
Medici, Giuliano de', Sohn des Lorenzo il Magnifico, Herzog von Nemours 533
Medici, Giuliano de, Sohn des Pietro Cosimo de'Medici, Herr von Florenz 414
Medici, Lorenzo (I., il Magnifico, der Prächtige) de', Sohn des Piero Cosimo de'Medici, Herr von Florenz 414, 416, 427, 450, 463, 486, 498, 505, 519, 522, 530. 532, 644, 647
Medici, Lorenzo (II.) de', Sohn des Pietro de'Medici, Herzog von Urbino 533
Medici, Piero (Pietro), Cosimo de', Sohn des Cosimo de'Medici, Haupt der Republik von Florenz 414, 643 f.
Medici, Pietro (Piero) de', Sohn des Lorenzo il Magnifico, Herr von Florenz 415
Medina, Pedro de, spanischer Mathematiker und Kartograph 513
—, »Arte del navegar«, »Kunst der Seefahrt« 513
Medina del Campo, bei Valladolid, Spanien 398, 631
Medina Sidonia, westlich von Cádiz, Südspanien 571 f., 574
Medīnī Rāi, Diktator von Mālwā 152, 657

Medizin in der Renaissance 473 f., 511 f.
Mehmed I., Sohn Bajazets, Sultān der Osmanen 423, 637
Mehmed II., Sohn Murāds II., Sultan der Osmanen 376, 383 f., 423—428, 495, 498, 641 ff., 645, *Abb. 425*
Meißen, an der Elbe 637
Melanchthon (eigentlich Schwarzert), Philipp, Magister und Professor zu Wittenberg, Theologe und Pädagoge 469 f., 473, 503, 513, 526
—, »De corrigendis adolescentiae studiis«, »Über die Verbesserung des Unterrichts der heranwachsenden Jugend«, Antrittsrede (1518) 469 f., 473
Melchisedech, König und Priester von Salem (Jerusalem) 404
Melinde (Malindi), Kenia 609
Melli, Negerreich am oberen Niger und Senegal 558, 559 f.
Melozzo da Forli, italienischer Maler *Abb. 493*
Melun (Melodunum), an der Seine, südöstlich Paris 388
Memling, Hans, Maler der niederländischen Schule 532
Memphis, Tennessee, USA 624
Mendaña (de Neyra), Alvaro de, spanischer Seefahrer 624
Mendoza, Pedro de, spanischer Conquistador 622 f.
Meng-tzu (Mencius), chinesischer Philosoph 285 f., 290, 326
Menschenopfer, Altamerika 37, 52 f., 60, 71, 77, 80, 85—88, 93, 95, 98, 106
—, Indien 139
Mercator, eigentlich Kremer, Gerhard, Geograph und Kartograph 543
Merchant Adventurers, englische Kaufmannsgilde 648
Mercedarier (Ordo Beatae Mariae de mercede redemptionis captivorum), Bettel-, ursprünglich Ritterorden 588
Mercurio, Giovanni, italienischer Mystiker aus Correggio 492 f.
Mérida, Mexico 55, 83, *Kartenskizze 59*
Merkit, Mongolenstamm am Baikal-See 348, 352, *Karte 312 b*
Mersenne, Marin, französischer Theologe, Mathematiker, Musiktheoretiker und Philosoph 516
Merv (Merw), Ostiran 356
Mesa Central, siehe Mexico
Mesoamerika, das altindianische Hochkulturgebiet Mittel- und Südmexicos, auch das Mayagebiet im nördlichen Mittelamerika 26, 29 f., 37, 45, 53 f.,

56, 60 f., 64, 76, 78, 84, 95 f., 106—109
Mesopotamien 244, 262, 381, 428, 655
Metalltechnik 34, 39, 41, 44, 58 f., 64 f., 67, 76, 79, 81—84, 88, 90 ff., 95, 98, 102, 108 f.
Metaphysik 284 f., 288 f., 290
Mewār, Staat in Rājasthān 169, 656
Mexico (Staat) 26 f., 29 f., 32 f., 49, 53, 60, 71, 75, 82, 84, 104, 106, 108 f., 577, 619 ff., 624, *Abb. 616 f., Kartenskizze 31, 59*
—, Golfküste 27 f., 37, 50, 73, 620, *Kartenskizze 31, 59*
—, Hochtal von Mexico 30, 32, 72, 81
—, Hochtal von Puebla 50, 72, 81, 86
—, Mesa Central (Hochland, Südmexico) 30, 33, 51 ff., 55, 71, 79, 82 f.
Mexico (Stadt) 32, *Kartenskizze 31, 59*
Meykandār, südindischer shivaitischer Theologe 138, 655
Miccaotli, Teotihuacan-Kultur 49
Michelangelo, Michelagniolo Buonarroti, italienischer Bildhauer und Maler 22, 432 f., 499, 503, 519, 522, 528, 531—534, *Abb. 533*
Michelet, Jules, französischer Geschichtsschreiber und Philosoph 431, 442, 501, 523
—, »Histoire de France« (Paris 1833—1866) 431
Michelozzo, Michelozzo di Bartolommeo, florentinischer Baumeister und Bildhauer 531
Michoacan, mexicanischer Staat 33 f., 73, 76, 79, *Kartenskizze 59*
Mictlan, Totenreich der Azteken 76
Mies, westlich Pilsen, Böhmen 638
Mihirakula, Vizekönig der Hephthaliten 116, 650
Milford Haven, Wales, England 646
Mīmāṃsā, indisches philosophisches System 136, 141 f.
Min, Staat in China 258 f.
Minchanzaman, Herrscher des Chimu-Reiches 96
Mindanao, Insel der Philippinen 621
Ming, Dynastie (1368—1662), China 199, 279, 296, 313—340, 365 f., 369—372, 555, 583, 656 ff., *Abb. 324*
Ming, Kaiser der Wei 207
Miniaturmalerei, englische *Abb. 540, 581*
—, französische *Abb. 388, 424*
—, indische 185 f., *Abb. 165, 172*
—, mongolische *Abb. 370*
—, osmanische *Abb. 425*

NAMEN- UND SACHREGISTER

Miniaturmalerei, persische *Abb. 349, 361*
—, portugiesische *Abb. 589*
—, Renaissance *Abb. 444, 496, 540*
Minnesota, Staat der USA 27
Min-ti, Kaiser der Chin 204
Mīr, Shāh, erster Sultān von Kaschmīr 118, 153
Mīrā Bāī, vishnuitische Rājasthānī-Dichtering 160, 162, 658
Miraflores, Keramikstil der Maya 38
Mīr Hasan Delhavī (Amīr Hasan), persischer Dichter 155, 655
Mīr Ja'far, Nawāb von Bengalen 177, 659
Mīr Qāsim, Nawāb von Bengalen 177, 659
Missionstätigkeit, buddhistische, China 210ff., 240, 246
—, christliche, China 331, 333, 656, 658
—, —, Mongolenreiche 346
Mississippi, Fluß in Nordamerika 27, 624
—-Kultur, Indianerkultur Nordamerikas 27
Missouri, Fluß in Nordamerika 27
Mistra, westlich von Sparta, Peloponnes 489
Mitla, Ruinenstätte, Mexico 53, 55, 80f., *Kartenskizze 59*
Mittelmeer 368, 410, 428, 543, 549, 551f., 556, 564f., 580, 592f., 606
Mixteken,Volk in Südmexico 54f., 73f., 76, 80ff., *Kartenskizze 59*
Moche, Flußtal und Ruinenstätte, Peru 66, 96, *Kartenskizze 99*
Mochica-Kultur, Peru 64—68, 95f., *Abb. 65, Kartenskizze 99*
Mödling, siehe Möttling
Mönchtum, buddhistisches, China 209, 211f., 217, 225, 231, 240, 261, 317, 649f., 653
—, Indien 126, 131, 136f., 158
—, Mongolenreiche 349
Möngke (Mangu), Enkel des Tschinghis Khan, Großkhan der Mongolen 359, 362f., 367f., 656
Möttling (Metlika), in der Windischen Mark, Krain 425
Mohi, Ebene am Sajó, Ungarn 361, 655
Mojos, Landschaft in Bolivien 29
Moldau, Landschaft zwischen Karpaten und Pruth 419f., 427, 642, 645
Molukken (Gewürzinseln), indonesische Inselgruppe 621, 623f., 629, 633
Monemvasia (Minoa), Lakonien, Peloponnes 425
Mongolei, Äußere 258, 299, 306, 372, *Kartenskizze 354f.*
—, —, Volksrepublik 372

Mongolei, Innere 223, 258, 299, 583, 658, *Kartenskizze 354f.*
Mongolen, Literatur 313, 357, 368
—, Schrift 349, 361
—, Sozialgefüge 309, 346, 349, 655
—, Sprache 368, 371, 655
— in China 269, 294, 299, **304—320**, 323f., 328, 334, 347, 362—366, 369f., **654—658**
— in Indien 147f.
— in Iran 368f., 655
— in Rußland 366f., 421f., 655f.
Mongolenreiche **345—372, 654** bis 658, *Abb. 349, 360f., 370*
—, Beamtentum 365f.
—, Heerwesen 334f., 349, 351, 356, 358, 360
—, —, Reiterheere 351, 356, 358, 360
—, Reichstage (Churiltai) 358, 362
Montaigne, Michel Eyquem de, französischer Essayist und Philosoph 479f., 500, 504, 508, 525f., *Abb. 481*
Montaña, Waldzone östlich der Anden 65, 102, 104
Monte Albán, Ruinenstätte, Mexico 36, 39, 53f., 80f., *Kartenskizze 59*
Montecorvino, Johann von (Giovanni di Monte Corvino), italienischer Franziskaner, Erzbischof von Khanbalik (Peking) 365, 583, 656
Montefeltro (Montefeltre), Federigo (III.) da, italienischer Kondottiere, Herzog von Urbino 464, 481, 521, 534, *Abb. 464*
Montereau (-faut-Yonne), an Seine und Yonne, Frankreich 637
Montesinos, Antonio de, spanischer Dominikanermönch 589
Montezuma, siehe Motecuhzoma II.
Mont-Genèvre, Paß zwischen Grajischen und Cottischen Alpen 392
Montlhéry, südlich Paris 389, 643
Montpensier, Grafschaft in der Auvergne, Frankreich 389
Montreal, Kanada 630
Montreuillon, Burgund 391
Moralrichter in China 216f.
Morawa (Morava), rechter Nebenfluß der Donau 422
Morea, siehe Peloponnes
Morelos, mexicanischer Bundesstaat 30, 50
Morley, Sylvanus G., englischer Archäologe 58
Moro, Cristoforo, Doge von Venedig 451
Mortagne, linker Nebenfluß der Meurthe, Lothringen 390
Morus, Thomas, Sir Thomas More, englischer Lordkanzler, Staatsmann und Schriftsteller 453,

485ff., 496, 499f., 503, 507, 512, 527f., *Abb. 496*
—, »De optime statu rei publicae deque nova insula Utopia« (London 1516) 485f.
Mosaikkunst, indo-islamische 184f.
Moses, jüdischer Gesetzgeber 474
Moskau 360, 368, 418, 421, 633, 641, **643—647**, *Kartenskizze 354f.*
—, Uspenskij Sobor (Mariä-Entschlafungs-Kathedrale) 645
Mossel Bay, Südafrika 608
Motagua, Fluß in Mittelamerika 55
Motecuhzoma I., Azteken-Herrscher 14, 73
Motecuhzoma II. (Montezuma), Azteken-Herrscher 73, 75, 81
La Motte-Saint-Jean, unweit Charolles, Burgund 391
Mozna, Nebenfluß des Marañón, Peru 38
Mubārak Khiljī, Sultān von Delhī 149, 656
Mubārak Shāh, Sultān der Sayyid von Delhī 154
Müller-Beck, H., Paläantologe 70
Münster, Westfalen 641
Münster, Sebastian, ursprünglich Franziskaner, später reformiert, Theologe, Mathematiker und Geograph 513
—, »Horologiographia« (»Compositio horologiorum«), über die Anfertigung von (Sonnen-) Uhren (Basel 1531) 513
Münzer, Hieronymus, Nürnberger Arzt 580
Münzer (Müntzer), Thomas,Theologe, Prediger und religiössozialer Revolutionär 503
Münzwesen, China 219, 230
—, Indien 149
—, Mongolenreiche 361, 367
Muhammad II., Schah, siehe 'Alā' ad-Dīn Muhammad
Muhammad, Jalāl ad-Dīn, Sultān von Bengalen 153, 657
Muhammad 'Ādil Shāh, Sultān von Bījāpur 152, 658
Muhammad Ghaus, muslimischer Heiliger 184
Muhammad ibn al-Qāsim, arabischer Feldherr 147, 651
Muhammad ibn Tughluq, siehe Tughluq
Muhammad Jayasī (Malik), Hindī-Dichter 122, 162f.
Muhammad-Qulī Qutb-Shāh, Sultān von Golkonda 152, 658
Muhammad Shāh, Mogul-Kaiser 174, 177, 180, 185, 659
Mu'īn ad-Dīn Chishtī, muslimischer Heiliger 155, 657
Muisca, Chibchastamm 91 ff., 108, *Kartenskizze 91*
Mu'izz ad-Dīn Muhammad, Herrscher der Ghūriden 147, 654f.

Mu-jung, Sippe der Hsien-pei 201
Mukden (Shen-jang), Manchurei 335, 337
Mūlarāja, Solankī-König von Gujarāt 121
Mūlarāja II., Solankī-König von Gujarāt 122
Multān, Punjāb 178
Muluya, Fluß in Nordafrika 566
Mumien, Altamerika 43, 49, 68, 84, 90, 93, 100, 103
Mumtāz-Mahal, Mogul-Kaiserin, Gemahlin Shāhjahāns 170, 185
Murād I., Sohn Urchans, türkischer Sultan 422
Murād II., Sohn Mehmeds I., Sultan der Osmanen 423, 637, 641
Murarimishra, Mimamsa-Philosoph 142
Murshīdābād, West-Bengalen 177
Murten (Morat), Schweiz 391, 645, *Abb. 389*
Musik, China 244, 295f., 313, 321, *Abb. 281*
—, Indien 126, 146, 157, 186, 659
—, Mongolenreiche 349
Musikinstrumente, Altamerika 32f., 44, 78, 88
Muzaffar II., Sultān von Gujarāt 152, 657
Mysien, Landschaft in Nordwestanatolien 427
Mysore (Maisūr), Bergland in Südindien (oberes Kāverī-Tal. 125, 139, 149, 158, 176f., 180, 183, 651—655, 659, *Kartenskizze 119, 123*
Mystik, China 207, 208
—, Indien 146
Mythologie der Mongolen 348
Mytilene, siehe Lesbos

N

Nādir, Shāh von Persien 174, 659
Nāgabhata II., Pratīhāra-König 120
Nāgara-Stil der indischen Baukunst 143, 651
Nāgpur, Hauptstadt der Bhonsle, Marāṭhen-Dynastie 176
Naher Osten 298, 362
Nahua, Sprachfamilie Nord- und Mittelamerikas 35, 50, 53, 71 f., 77, 86
Naiman, Stamm der Mongolen 345f., 348, 350, 352
Nālandā, buddhistische Universität in Bihār 120, 144, 650, 652
Nāmdev, religiöser Reformer in Mahārāshtra 159
Namur, Grafschaft in Niederlothringen 638
Nānā Farnavīs, Marāṭhen-Minister 176

Nānak (Guru), Gründer der Sikh-Sekte 161f., 173
Nan-chao, Thai-Staat 241
Nancy, Lothringen 391, 408, 645
Nanking (Chien-k'ang, Ch'in-ling, Chien-yeh, Chiang-ning) 195, 205, 212, 215, 219, 258f., 317, 323f., 352, 365, 656f., *Kartenskizze 354f.*
Napoleon I. Bonaparte, Kaiser von Frankreich 18, 177
Narasimha I., »östlicher« Ganga-König 122f., 655
Narasimhavarman I., Pallava-König 117, 651
Nariño, Landschaft in Kolumbien 92, *Kartenskizze 91*
Narmadā (Narbadā), Fluß in Indien 117, 651, *Kartenskizze 119, 123*
Nar Singh Metha, Gujarāti-Dichter und religiöser Reformer 160, 162, 657
Narváez, Pánfilo de, spanischer Conquistador 624
Narwa, Livland 647
Nāsik, nordöstlich von Bombay 120, 124, *Kartenskizze 119*
an-Nāsir, Ahmad, abbasidischer Kalif in Bagdad 353, 356
Nāsir-Jang, Nizām von Hyderābād 177
Nāsir Muhammad, Özbegen-Khān 170
Nāthamuni, Shrī-Vaishnava-Theologe 141, 653
Naturphilosophie, China 288f.
Naturwissenschaft, Europa 465, 469, **473—476**, 497f., 510ff., 516
Naturwissenschaft und Technik, China 214f., 228
Nautik, Schiffahrtskunde **543—549**
Navaho, Athapasken-Stamm 27
Navarra, Landschaft in Nordspanien 410, 642, 645
Navidad, Haiti 618
Nawāb (arabisch), Statthalter des Mogul-Reiches in Indien 176f., 659
Nāyak, Statthalter und später Dynastie in Vijayanagar 150, 152, 658
Nāyaka-Nāyikā Bheda, erotische Hindi-Lyrik (von »Held-Heldin«) 181
Nāyanār, shivaitische Heilige und Tamil-Dichter 134, 138, 651
Nayarit, mexicanischer Staat 33, *Kartenskizze 31, 59*
Naymlap, mythischer Begründer einer Dynastie in Lambayeque 96
Nazca, Fluß in Südperu 67, 97, *Kartenskizze 99*
Nazca-Kultur, Hochkultur in Südperu 67f., 70, 95, 97

Neapel 379, **382—385**, 391 f., 410, 413ff., 465, 521, 590, 630, 639f., 642, 645, 647f.
Nebrija (Lebrija), Elio Antonio de (Aelius Antonius Nebrissensis; Martinez de Javara), spanischer Gelehrter 526f.
—, »Arte de lengua castellana« (»Grammatica sobre la lengua castellana«), Untersuchungen zu Sprache und Stil (1492) 526
—, »Descades« (»De rebus in Hispania gestis«), Geschichtswerk (1545) 527
Neckam, Alexander, englischer Philosoph 548
Negativmalerei in Altamerika 32, 41f., 64, 87f.
Neger 154, 537f., 556ff., 560f., 587, 598
Negroponte, siehe Euböa
Neo-Konfuzianismus 260, **281** bis **291**, 303, 307, 320, 326f., 652, 654, 657
—, tao-hsüeh, Studium des Tao 282
Neopaganismus 447, 489
Neuplatonismus 515
Neo-Taoismus in China 204, **207** bis **211**, 225, 650
Nepāl 143, 145, *Kartenskizze 119, 123*
Nepeña, Fluß in Peru 39, 66, *Kartenskizze 99*
Nestorianismus, China 244f., 651, 656
—, Mongolenreiche 345f., 362, 365, 367f., 656
Neues Testament 494f., 497, *Abb. 497*
Neufundland, Insel, Ostküste von Nordamerika 548, 565, 620, 630, 632f.
Neun Grade, chinesische Beamtenklassifikation 216, 223, 227
Neuschottland, Ostkanada 630, 632
Neuß, am Rhein, Nordrhein-Westfalen 408, 645
Nevers, Landschaft an der Loire, Frankreich 387, 409
Neville, Richard, siehe Warwick
Newton, Sir Isaac, englischer Physiker, Mathematiker, Astronom und Naturforscher 452
—, »Philosophiae naturalis principia mathematica«, Physikalische Prinzipien (London 1687) 452
Nezahualcoyotl, Herrscher von Tetzcoco 72, 75
Ngai-tsung, Herrscher der Chin (Jürched) 358
Nicaragua, Mittelamerika 29, 72, 84, 86f., 618, 620, *Kartenskizze 31, 91*
Nicarao, Nahua-Stamm 72, 87, *Kartenskizze 91*

Niccoli, Niccolò (de'), florentinischer Gelehrter 441, 444f., 461, 464
Nicoya, Halbinsel 87, *Kartenskizze 91*
Niebla, Südwest-Spanien 571
Niederlande 375, 387, 391, 474, 496, 562, 564f., 648
Niger, Fluß in Afrika 558
Niklashausen, unweit Lauda im Taubertal 377, 645
Nikobaren, Inselgruppe im Golf von Bengalen 628
Nikolaus V., vorher Tommaso Parentucelli, Bischof von Bologna, Kardinal, Papst 382, 490, 493, 528, 532, 641f.
Nikolaus von Cues (Nicolaus Cusanus), Sohn des Moselschiffers Henne Chryffs (Krebs), Kardinal, Humanist und Theologe 21, 401, 404, 433, 445, 458f., 491, 494—499, 502, 507f., 512, 514ff., 526, 611, 639, 641f.
—, »Cribratio Alchorani«, »Durchsiebung des Korans« (1461) 498
—, »de concordantia catholica«, »Von der allumfassenden Eintracht« (1432/33) 401, 404, 639
—, »De docta ignorantia«, »Über die Erkenntnis des Nicht-Wissens« (1440; gedruckt 1488) 459, 499, 507
—, »de pace fidei«, »Vom Frieden des Glaubens« (1453) 495, 508, 642
Nikopolis, an der Donau, Bulgarien 423
Nil, Fluß in Afrika 582
Nilgiri, Gebirgsstock in Südwestindien 412
Nimbārka, südindischer vishnuitischer Theologe 141
Nîmes, Südfrankreich 474
»Niña«, Schiff des Kolumbus 552, 616, 618
Ning-p'o, Chekiang *Abb. 316*
Niño, Pedro, kastilischer Seeheld 553
Nisch (Naissus), Serbien 423f.
Nizām ad-Dīn Auliyā, indo-muslimischer Heiliger 155, 656
Nizām al-Mulk Āsaf-Jāh, MogulGroßwezīr, erster Nizām von Hyderābād 174, 176, 659
Nizāmshāhī, Dynastie von Ahmadnagar 150f., 170, 658
Nogarola, Isotta, italienische Schriftstellerin, aus vornehmer Veroneser Familie 475
Nogat, Mündungsarm der Weichsel 421
Nolhac, Anet-Marie-Pierre Girauld de, französischer Historiker und Dichter 467

Noli, Antonio de, genuesischer Seefahrer 573, 605
Nomaden 191, 200ff., 204f., 217, 231, 258, 298f., 301, 303f., 306f., 315, 335, 339, 345—348, 358, 366ff., 370, 649, *Abb. 348*
Norddynastien, China 191f., 215f., 220—226, 244, 321
Nordkap, nördlichster Punkt Europas 632
Nordostpassage, Seeweg vom Atlantik zum Pazifik längs den Nordküsten Europas und Asiens während der Zeit der Entdeckungen 632f.
Nordsee 595
Nordwestpassage, Seeweg vom Atlantik zum Pazifik längs der Nordküste Amerikas während der Zeit der Entdeckungen 632f.
Nore, Landschaft in Kolumbien 93, *Kartenskizze 91*
Normandie, Landschaft in Nordwestfrankreich 387f., 390, 393, 395f., 565, 573, 599, 600, 629, 637, 641
Normannen (Wikinger), nordgermanisches Volk 595, 632
North, Sir Thomas, englischer Rechtsgelehrter und Offizier, Übersetzer 472
Northamptonshire, Mittelengland 397
North-Carolina, Bundesstaat der USA 624, 630, 633
Norwegen 416f., 645
Noun, Kap, Nordwestafrika 596, 604
Nova, João da, portugiesischer Seefahrer 626f.
Novo Brdo, Kroatien 424
Nowaja Semlja, Doppelinsel im Nördlichen Eismeer 633
Nowgorod (Groß-Nowgorod), Nordrußland 422, 595, 632, 644f., 647
Nubien, Landschaft am Nil 583
Nürnberg 399, 404, 470, 640f., 646f.
—, Sankt Lorenz 640
Nurhachi, Fürst der Manchu, Herrscher der Späteren Chin 334f., 657f.
Nūr-Jahān, zweite Gattin des Mogul-Kaisers Jahāngīr 170, 180, 184
Nyāya, indisches philosophisches System 141f.

O

Oaxaca, Stadt und Staat in Mexico 53, 72f., 80f., 86, *Kartenskizze 59*
Obedienz, Gehorsam der Kleriker gegenüber den geistlichen Oberen 379f., 388

Oberlahnstein, Hessen 399
Ockham (Occam), Wilhelm von, englischer Franziskaner, scholastischer Philosoph 437
Oder 361, 655
Österreich 392, 407ff., 647
Ögödei (Ogotai, Ogdai), Sohn des Tschinghis Khan, Großkhan der Mongolen 306, 353, 357f., 360ff., 364, 366, 655
Öldscheitü, Khan (Ilkhan) von Persien 369
Öldzeitü, Großkhan der Mongolen 370, 657
Ölöts (Dsungaren), westmongolisches Volk 340
Özbegen, Nomadenstamm und Dynastie in Turkistān 147, 166, 170
Oghuzen (Ghuzz), Stamm der Türken 147
Ognibene von Lonigo, siehe Bonisoli
Ohio, Fluß, USA 27
Oiraten, mongolischer Volksstamm 350, 370f., 657
Okkultismus 507, 516
Oleśnicki, Sbigniew, Bischof von Krakau, Kardinal, polnischer Staatsmann 419ff., 639, 647
Olid, Cristóbal de, spanischer Conquistador 620
Ollantaytambo, Ruinenstadt in Peru 103, *Kartenskizze 99*
Olmedo, südlich von Valladolid, Spanien 411
Olmeken, ältestes Kulturvolk Mesoamerikas 30, 35—38, 45, 52ff., *Abb. 49, Kartenskizze 59*
Olmen, Ferdinand van, flämischer Seefahrer 576
Olmütz, an der March, Nordmähren 361, 645
Onon, Quellfluß der Schilka 347f., 370
Oper in China 365
Opfer, Altamerika 36, 49, 52f., 60, 77, 79f., 85, 93, 106
Opiumkriege (1398—1840) 321
Orchhā, Hauptstadt vom Bundeskhand, bei Jhānsī 163f., 181
Ordaz, Diego, spanischer Conquistador 620
Oresme, Nikolaus, Bischof von Lisieux 546
Orinoco, Fluß, Südamerika 29, 618f., 648
Orissa, Landschaft an der Mahānadī, Indien 122, 150, 158f., 160, 164, 169, 651, 654f., 657, *Kartenskizze 119, 123*
Oriyā, ostindische Sprache 161
Orkhon, Fluß in Innerasien 352
Orkney-Inseln, nordschottische Inselgruppe 644
Orléand, französisches Herrschergeschlecht 379, 388f., 392

NAMEN- UND SACHREGISTER

Orléans, Stadt und Herzogtum in Frankreich 387f., 395, 638

Ormuz, Hafen in Südpersien 608, 628
Orschon, Nebenfluß des Kerulen 357
Orsini, Fulvio, natürlicher Sohn des Kondottiere Maerbale Orsini, Kanoniker, italienischer Philologe 465
Oruro, Stadt und Landschaft in Bolivien 44, 70, *Kartenskizze 99*
Osiander (eigentlich Hosemann), Andreas, lutherischer Prediger und Theologe, Professor in Königsberg 515
—, Vorwort (»Über die Hypothesen dieses Werkes«) zum von Osiander besorgten Druck des Werks des Kopernikus, »De revolutionibus« 515
Osmanen (Ottomanen), türkische Dynastie, siehe Türken
Ostindische Kompanie (East India Company), englische 175, 178f.
—, Aufstand der Inder (»Mutiny« von 1857) 175
Ostpreußen 421
Oströmisches Reich 367, 419, 421 ff., 649
Ostrovica, Dalmatien 424
Ostsee 549, 551, 648
Otomi, Indianerstamm in Mexico 87
Otranto, Apulien 415, 427, 645
Otrar, unweit Taschkent, Usbekistan 353
Otto von Freising, Bischof von Freising, Geschichtsschreiber 581
Ovid, Publius Ovidius Naso, römischer Dichter 521, 527
Oxford, an der Themse 394, 398f., 453, 472
—, Merton College 510
Oudh (Uttar Pradesh), Provinz Nordindiens 174, 177, 181, 659

Ou-yang Hsiu, chinesischer Staatsmann, Gelehrter und Schriftsteller 285, 654
Oxus (Amū Darjā), Fluß in Westturkestan 239, 367

P

Pacatnamú, Ruinenstätte in Peru 96, *Kartenskizze 99*
Pachacamac, Fundstätte in Peru 67, *Kartenskizze 99*
Pachacamac (Irma), Orakelgott der Ketschua 106
Pachakutic Yupanki, Inka-Herrscher 100
Pachamana, Fruchtbarkeitsgöttin der Ketschua und Aimara 106

Pacheco, Duarte, portugiesischer Kosmograph, Seefahrer und Chronist 625f.
Pacher, Michael, Maler und Bildschnitzer 646
Pacioli (Paciuoli), Luca (Fra Luca di Borgo), italienischer Franziskanermönch, Mathematiker 531
Padmagupta, Sanskrit-Dichter 132, 654
Padrão (port. Denkstein), steinerne Wappenpfeiler der Portugiesen an den afrikanischen Küsten 607
Padua, Venetien 413, 415, 453, 472
Pādyaratna, Malayalam-Anthologie 158
Paekche, Reich in Südwestkorea 240
Paez, Chibchastamm 94, *Kartenskizze 91*
Paganismus, Heidentum 377, 488
Pahārpur (Somapura), spätbuddhistisches Kloster in Bengalen 144, 652, *Kartenskizze 123*
Paiva, Alfonso de, portugiesischer Afrikareisender 608
Pāla, Dynastie von Bihār und Bengalen 118, 137, 651f., 654, *Kartenskizze 123*
Pāla, Stil der indischen Baukunst 143
Paläologen (Palaiologen), byzantinische Dynastie 376, 382, 423
Palasi, siehe Plassey
Palenque, Ruinenstätte der Maya 55, 57, *Kartenskizze 59*
Palestrina, Giovanni Pierluigi, italienischer katholischer Kirchenkomponist 503
Pāli, altindische Sprache 129
Palladio, Andrea, italienischer Baumeister 513
Pallava, Dynastie von Kāñchīpuram 117, 125, 141, 650ff., *Abb. 121*, *Kartenskizze 119, 123*
Palma de Mallorca, Ballearen 550
Palmblatt-Manuskripte (illuminierte), indische 145
Palmieri, Matteo, florentinischer Politiker und Geschichtsschreiber, lateinischer Dichter 466
Palos, Südwestspanien 566, 571, 574, 585f., 616, 618
Palta, Indianerstamm in Ecuador 95
Pamir, Hochland Innerasiens 239, 242
Pamlico Sound, Nordostamerika 633
Panama, Staat in Mittelamerika 26—29, 88, 93, 108f., **619—622**, *Kartenskizze 31, 91*
—, Landenge von 619
Pañamarca, Fundstätte in Peru 66

Pandoni, Porcellio (Porcelio) de', italienischer Humanist, Verfasser lateinischer Verse 450
Pāndua, Bengalen 156
Pāndya, südindische Dynastie 124f., 149, 650, 655f., *Kartenskizze 119, 123*
Pānipat, nördlich Delhi 166, 168, 175ff., 657, 659
Pannartz, Arnold, deutscher Drukker in Rom 644
Pano, südamerikanische Sprach- und Völkergruppe 28
Panofsky, Erwin, Kunstwissenschaftler 459
—, »Perspektive als symbolische Form« (Vortrag 1924/25; Leipzig 1927) 459
Panormita, siehe Beccadelli, Antonio
Panslawismus 419
Panuco, Fluß, Mittelmexico 620
Papier, Herstellung und Gebrauch 193, 249
Papiergeld, China 281, 653, 655, *Abb. 324*
—, Mongolenreich 655
Pappos (Pappus), griechischer Mathematiker 446, 451f., 511
Papsttum 359f., 362, 364f., 368, **378—386**, 438, 443, 488, **637 bis 644**, 646ff.
—, Untersuchungskommission in China 333
»Parabolae Alani«, siehe Alanus ab Insulis
Paracas, Halbinsel in Südperu 41, 67f., *Kartenskizze 31, 99*
—, Kultur **40—43**, 67, 97
Paracelsus, Philippus Aureolus Theophrastus, eigentlich Theophrast Bombast von Hohenheim, Arzt, Naturforscher und Philosoph 503, 516
Paraguay, Südamerika 28, 622, *Kartenskizze 31*
Paramāra, Dynastie von Mālwa 121, 653f., *Kartenskizze 123*
Páramo, Hochebene Kolumbiens 108
Paramonga, Peru 96, *Kartenskizze 99*
Paraná, Fluß in Südamerika 622
Paris, Landschaft in Panama 88f., *Kartenskizze 91*
Paris 380, 388ff., 396, 472, 496, 637, 639
—, Collège de France 487
—, Sorbonne 470f., 474
Parlament, englisches 394, 638
Parteien und Cliquen in China 206, 217, 254f., 277
Parusie, Jüngstes Gericht 383
Pasado, Punta (Cabo) de, Vorgebirge Ecuadors 622
Pashupāta, shivaitische Sekte 138
Patagonien, Steppenhochland in Südamerika 26, 28

696 NAMEN- UND SACHREGISTER

Patrimonium Petri, siehe Kirchenstaat
Pátzcuaro-See, Westmexico 79
Paul II., vorher Pietro Barbo, Kardinaldiakon von Santa Maria Nuova, Papst 383, 408, 490f., 643f.
Paul von Middelburg, Mathematiker, Physiker und Astronom, Bischof von Fossombrone 468
Paulus Wladimir von Brudzen, siehe Wlodkowic
Pavero Fontana, Gabriele, italienischer humanistischer Gelehrter 467
Pavia, Lombardei 392, 440, 473
pax fidei, Glaubensfriede 494f.
Pazifischer Ozean (Stiller oder Großer Ozean) 593, 619ff., 623f.
Pazzi, Patriziergeschlecht in Florenz 384, 414, 645
Pedro, Sohn König Johanns I., Prinz von Portugal 575, 577, 586, 591, 602, 605
Pegolotti, Francesco di Balduccio, florentinischer Kaufmann 554f.
P'ei Hsin, chinesischer Geograph 214f., 649
Peking (Nan-king, Yen-king, Daidu, Khanbalik, Pei-p'ing) 258, 307, 312, 323, 329f., 333f., 336f., 351ff., 364ff., 370f., 655f., 658f., Abb. 325, Kartenskizze 354f.
Peletier (Pelletier), Jacques, französischer Gelehrter und Schriftsteller 525
Pelliot, Paul, französischer Sinologe 202
Peloponnes (im Mittelalter Morea) 424f., 489, 637, 640—643
Penyafort, Ramón de, katalanischer Dominikaner 584
Peraza, Fernán, Grundherr auf den Kanarischen Inseln 600
Peregrinus de Maricourt, Petrus (Pierre Le Pélerin de Maricourt), französischer Kreuzfahrer, Naturforscher 548
—, »Trachatus (Epistula) de magnete« 1269; gedruckt 1558) Abb. 549
Perestrello, Bartolomeo, portugiesischer Seefahrer 576, 610
—, Felipa Moniz, Frau von Columbus 610
Pérez, Juan, Franziskaner 585f., 614
Persien 245, 353, 363, 365, 367ff., 583, 655f., 659
Persische Sprache in Indien 180f., 655, 659
Peru 26—29, 38, 40f., 64f., 67, 69, 76, 93, 95f., 101, 108, 621f., 624, Kartenskizze 31, 99
Pernambuco, Bundesstaat Brasiliens 627

Pernette du Guillet (Perrine, Peronelle), französische Gelehrte und Dichterin 524
Péronne, an der Somme, Frankrech 388, 390, 643
Perpignan, Südfrankreich 380

Perspektive 459
Perugia, Umbrien 379, 413
Perugino, eigentlich Pietro Vannucci, italienischer Maler 645
Peshwā, regierender Premierminister in Südindien 176, 659
Pessagno, Manuel, portugiesischer Admiral 565, 597
Petén, Landschaft in Guatemala 38, 50, 52, 55ff., 60, 82f., 108, Kartenskizze 59
Peter I., König von Cypern aus dem Hause Lusignan 422
Peter IV., Sohn Alfons' IV., König von Aragon 550, 573, 598f.
Petrarca, Francesco, italienischer Dichter 434, 436—443, 449, 452, 455f., 462, 464, 467, 473, 498, 501f., 504, 519, 522ff., 527, 533, 596
—, »I trionfi« (begonnen 1357) 523, Abb. 444
Petrikauer Statut 648
Petruccio, Antonello, neapolitanischer Edelmann 415
Petrus, Apostel, Abb. 383
Peurbach (Peuerbach, Purbach, Georg Johann), Mathematiker und Astronom 473, 512, 644
—, »Theoricae novae planetarum« (gedruckt 1472) 644
Pfalz, rheinische (Kurpfalz) 382
Pfefferküste, Liberia, Westafrika 561, 607
Pharmakologie 511
Philipp IV., der Schöne, König von Frankreich 365
Philipp I., der Schöne, Sohn Kaiser Maximilians I., Herzog von Burgund, König von Kastilien 485, 648
Philipp II., Sohn Kaiser Karls V., König von Spanien 503, 631
Philipp II., der Kühne, Sohn König Johanns von Frankreich, Herzog von Burgund 386f.
Philipp III., der Gute, Sohn Johanns des Unerschrockenen, Herzog von Burgund 388, 390, 399, 637ff., 641, 643
Philippa, Tochter Johanns von Lancaster, Gemahlin König Johanns I. von Portugal 591
Philippe de Bresse, französischer Heerführer 390
Philippinen, Inselgruppe im Pazifik 621, 624, 657
Philippopel (Philippopolis), Thrakien 422
Philolaos, griechischer Philosoph 515

Philologie 443, 465, 473f., 498
—, chinesische 296, 650, 657, 659
Philosophie, China 207, 259f., 281f., 284ff., 288ff., 296, 314, 321
—, Indien 116, 136, 138, 141ff., 652
—, Renaissance 435, 441, 451, 472, 474, 485, 497, 502, 504, 509, 515ff.
Physiokratismus, volkswirtschaftliche Theorie, die Boden und Ackerbau als alleinige Quelle des Reichtums ansieht 331
Physik 458, 474, 507, 510, 513, 518
Pi (π, Ludolfsche Zahl), Berechnung von 228, 650
Piacenza, Lombardei 576, 610
Piave, Fluß in Oberitalien 426
Picardie, Landschaft in Nordfrankreich 389ff., 645, 647

Piccinino, Niccolo, italienischer Condottiere 383
Piccolomini, Alessandro, italienischer Kirchenfürst, humanistischer Schriftsteller 473
Piccolomini, Enea Silvio, siehe Pius II.
Pico della Mirandola, Giovanni, italienischer Humanist 453, 458, 463, 465, 467, 477, 491, 496, 498ff., 504—508, 517, 646, Abb. 504
—, »Oratio de hominis dignitate«, »Von der Würde des Menschen« (um 1486; gedruckt 1496) 458, 505, 646
Picquigny, an der Somme, Picardie 391, 397, 645
Piedras Negras, Ruinenstätte der Maya 55, Kartenskizze 59
Pien (Pien-ching, heute K'ai-feng), am Hoang-ho 258, 267f., 271, 302, 358, 654
Pimentel, Rodrigo, Alonso, Graf von Benavente, kastilischer Grande 572
Pindar(os), griechischer Dichter 524f.
Pinello, italienische Kaufherrenfamilie 564
Pinelo, Freund des Kolumbus 616
P'ing, Südliches, siehe Ching-nan
P'ing-ch'eng (Ta-t'ung), Hauptstadt der T'o-pa 221, 223, 226, 649
Pining, Diderik, Grönlandfahrer 596
»Pinta«, Schiff des Kolumbus 616ff.
Pinzgau, Landschaft in Salzburg 643
Pinzón, spanische Kaufherren- und Seefahrerfamilie 563, 586
—, Martín Alonso, Begleiter von Kolumbus 616ff.
—, Yáñez Vicente, Begleiter von Kolumbus 618f., 626

NAMEN- UND SACHREGISTER

Pipil, Nahua-Stamm 36, 72, 86f., *Kartenskizze 59, 91*
Pirot, östlich Nisch, Serbien 424
Pisa, Toskana 379f., 413, 553
Pisac, Ruinenstadt in Peru 103, *Kartenskizze 99*
Pisanello, Antonio, italienischer Maler und Medailleur 477
Pisco, Fluß in Peru 67, 97, *Kartenskizze 99*
Pius II., vorher Enea Silvio de'Piccolomini, Bischof von Siena, Kardinal, Papst 382f., 400, 415, 425, 432, 448, 462, 464, 490, **492—495**, 498, 507f., 526, 532, 551, 611, 640, 642f.
—, »Historia rerum ubique gestarum«, Kosmographie 551, 611
—, »Tractatus de liberorum educatione«, über Erziehung (1450) 462
Pius III., vorher Francesco Todeschini-Piccolomini, Kardinal, Papst 386, 648
Pizarro, Francisco, Eroberer Perus 14, 101, 109, 621ff.
Plassey (indisch Palasi), Dorf am Bhagirathi, Bengalen 177, 659
Plastik, Altamerika **32—35**, 44, 48, 52, 57, 63, 69ff., 77, 88, 108
—, China 211, 226, 261f., 650, 652, *Abb. 197, 212, 221, 237, 296*
—, Indien 143f., 164, *Abb. 128, 145*
—, Renaissance *Abb. 436, 504, 533*
Platina, siehe Sacchi, Bartolomeo
Platon, griechischer Philosoph 433, 443, 446, **448—452**, 454, 469, 474, 485f., 489, 502, 504, 522, 524, 527, 542f.
—, »Menon«, Dialog 502
—, »Nómon sýngraphe«, kurz »Nómoi«, »Gesetze« 489
—, »Phaidon«, Dialog 502
—, »Politeia«, »Vom Staate« 443, 504, 527
—, »Symposion«, »Das Gastmahl«, Dialog 505
—, »Timaios«, Dialog 502
Platonismus 481, 496, 502, 504, 507, 516, 523f., 527
Platonische Akademie von Florenz 414, 642f.
Plautus, Titus Maccius, römischer Komödiendichter 450
Pléiade, französische Dichterschule 525
Plethon, Georgios Gemistos, byzantinischer Philosoph 448, 450, 452, 489, 639
Plettenberg, Wolter von, aus westfälischem Adel, livländischer Landmeister des Deutschen Ordens 648
Pleydenwurf, Wilhelm, Maler aus Nürnberg 647

Plinius Secundus der Ältere, Gaius, römischer Gelehrter und Schriftsteller 466, 543
—. »Naturalis historia« 466
Plöcken-Paß, Karnische Alpen 415
Ploetz, Karl Julius, Grammatiker 20
Plotin(os), griechischer Philosoph 448, 451, 502, 504f.
Plutarch(os), griechischer Philosoph und Historiograph 471f., 475, 523
—, »Bíoi parálleloi«, »Vergleichende Lebensbeschreibungen« 523
Po, Fluß in Norditalien 415
Po Chü-í, chinesischer Dichter 243, 260, 652
Podiebrad (Poděbrad), Georg von Kunstatt zu, Gubernator und später König von Böhmen 384, 407f., **640—644**, *Stammtafel 402f.*
Poggio (di ser Guccio) Bracciolini, Gian Francesco, italienischer humanistischer Gelehrter und Staatsmann, Kanzler von Florenz 441f., 444f., 461, 490, 493, 531, 642
—, »Contra hypocrisim«, »Wider die Heuchelei«, Dialog (1447) 473
—, »De avaritia«, »Von der Habgier«, Dialog (1428) 493
Po-haí, Randstaat von China 299
Polen **360—367**, 380f., 408, **418** bis 422, 433, 446, **638—644**, 647f., 655f., *Kartenskizze 354f.*
Poliziano, Angelo, Familienname Ambrogini, italienischer Philologe und Dichter 433, 456f., 465, 467, 477, 497, 520, 524, 645, *Abb. 505*
—, »La favola d'Orfeo«, Schäferdrama (1480) 520, 645
—, »Stanze per la giostra di Giuliano de' Medici«, »Stanzen auf das Turnier« (1475 bis 1478) 433, 520
Pollaiolo, Antonio, italienischer Goldschmied, Bildhauer, Maler und Kupferstecher 531
Polo, Marco, venezianischer Kaufherr, Weltreisender 312, 350, 364, 550, 554, 560, 583f., 596, 655, *Abb. 556*
Polykios, griechischer Geschichtsschreiber 542
Pommerellen (Kaschubenland), Landschaft im Gebiet der westlichen Weichselhöhen 643
Pomponazzi, Pietro, italienischer humanistischer Philosoph 461, 509
—, »De immortalitate animae«, »Von der Unsterblichkeit der Seele« (1516) 509

Pomponazzi, Pietro
—, »De naturalium effectuum admirandorum causis, sive de incantationibus«, »Von den Ursachen der Naturwunder, oder von der Zauberei« (gedruckt 1567) 509
Ponce de León, Rodrigo, kastilischer Generalkapitän 571
—, Juan, spanischer Conquistador 624
Pongau, Landschaft in Salzburg 643
Pontano, Giovanni (Humanistenname Gioviano), italienischer humanistischer Schriftsteller, lateinischer Dichter 521
Pontifex maximus, Vorsteher des römischen Priesterkollegiums, Titel der Päpste 385
Poona (Pūna), Dekhan 176, 659
Popol Vuh, Literaturwerk der Quiché 61, 86
Porcari, Stefano, römischer Edelmann, zeitweilig Volkshauptmann zu Florenz und Podestà von Anagni 490
Porcellio, siehe Pandoni
Porphyrios, griechisch. Geschichtsschreiber und Philosoph 504
Porta, Ardicino della, Kardinal 385
Porto Santo, Insel bei Madeira 576, 610
Porto Seguro, Südbrasilien 626
Portugal **410—413**, 547f., 550, 555ff., **561—569**, **573—577**, 580, 582, 589, 591ff., 597ff., 605ff., 609f., 612, 614, 625, 630, 632, **644—647**
Portugiesen 150, 152, 170, 329, 331, 537, 540f., 547, 556f., 561f., 565f., 577, 580, 586f., 601f., 626ff., 632, 638ff., 657, 644, *Abb. 561*
Portugiesisch-kastilischer Erbfolgekrieg (1474—1479) 560, 573, 590f., 607, 645
Porzellan 193, 262f., 281, 296, 652, *Abb. 333*
Postwesen der Mongolen 349, 362f., 365
Pothorst, Hans, Grönlandfahrer 596
Potosí, Stadt und Landschaft in Bolivien 70, 98, 622, *Kartenskizze 99*
la Pouille (Apulien), Landschaft Süditaliens 392
Präriekultur Nordamerikas 28
Prag 637
Prager Artikel, die vier Glaubensforderungen der Hussiten (1420) 637
Prager Kompaktaten 381, 639
Pragmatische Sanktion von Bourges (1438), französisches Staatsgesetz 387, 393, 639

NAMEN- UND SACHREGISTER

Praguerie, französischer Aufstand von 1440 640
Prajnās, buddhistische Göttinnen 139
Prākrit, frühe nordindische Volkssprachen 129, 133f., 652, 654f.
—, Literatur 134, 652
Pratāparudra I., Kākatīya-König, Schriftsteller (in Telugu) 135, 655
Pratīhāra, Dynastie in Nordindien 118, 120, 651 ff., *Kartenskizze 123*
Prato, Toscana 414
Premānand, religiöser Gujarātī-Dichter 182
Přemysliden (Przemysliden; nach dem Gemahl der Sagengestalt Libussa), böhmisches Herrschergeschlecht *Stammtafel 402f.*
Presles, nördlich von Paris 474
Preßburg, an der Donau 409, 421
Preuss, Konrad Th., Amerikanist 62
Preußen 419, 421
Preußischer Bund von 1440 421, 640, 642
Priestertum in Altamerika 36f., 40, 49, 52f., 60f., 66, 75, 77, 80f., 85ff., 89, 93, 106f.
Prithvīrāja (Prithvī) III., Chauhān-König 122, 134, 147, 162, 654
Proklos (Proclus), griechischer Philosoph 446, 467, 502, 504f.
Prosadichtung in China 248, 259f., 295
Protestantismus in China 333
Provence, Landschaft in Südfrankreich 389, 645
Psellos, Michael (Mönchsname, ursprünglich Konstantinos), byzantinischer Philosoph und Staatsmann 447, 450
Psychologie in China 213f., 649
Pteleon, Thessalien 644
Ptolemaeus, Claudius, Geograph, Mathematiker und Astronom in Alexandreia 21, 489, 511, 541f., 546, 595, 612f.
—, »Almagest« (megále sýntaxis, arabisch tabrīr al-magest'i), 541, 546
Ptolemäisches Weltsystem 459, 507
Pucara, Ruinenstätte, Peru 70, *Kartenskizze 99*
Pu-ch'ü, leibeigene Soldaten in China 218f.
Puebla, Mexico 50, 72, 81, *Kartenskizze 59*
Pueblo, Indianerstämme im Südwesten der USA 27
Puerto de Santa María, Südwestspanien 566, 571, 574
Puerto Real, in der Bucht von Cádiz 571
Puerto Rico, Große Antillen 90, 413
Pulakeshin II., Chālukya-König 117, 131, 651

Pulci, Luigi, italienischer Dichter 520f., 523
—, »Il Morgante«, Dichtung von Roland und dem Riesen Morgante (um 1460; gedruckt: der »Morgante piccolo« 1480, der »Morgante maggiore«, Venedig 1482) 520, 523
Pulger, Hernando del, Sekretär Isabellas von Kastilien 560
Pulleyblank, Edwin G., englischer Sinologe 253
Puna, Hochland in Peru 98, 101, 108
Puná, Insel, Ecuador 94, *Kartenskizze 99*
Punjāb, obere Indus-Ebene 147, 175, 177, 652ff, 656f., 659, *Kartenskizze 119*
Punjābī, indische Sprache 161
Puno, Peru 98, *Kartenskizze 99*
Purī, Wallfahrtsort in Orissa 124, 145, 150, 159ff., 655, *Kartenskizze 123*
Puruhá, Chibchastamm Ecuadors 95
Pushtimārga, Heilslehre der vishnuitischen Vallabhāchārya-Sekte 160
Pushyabhūti, Dynastie von Thānesar 116, 130f., 650, *Kartenskizze 119*
Puuc, Stil der Maya 85
Pyramiden, Altamerika 27, 32f., 35ff., 39, 46, 48f., 51, **54–57**, 61, 66f., 69, 71, 76f., 80, 85f., *Abb. 48*
Pyrenäen 410

Q

Qara-Qytai (Karachitai), siehe Khitan
Quadrant, Instrument zur Bestimmung von Gestirnhöhen 545f., 548
Qudsīā Bēgam, Kurtisane Udham Baīs, Mutter des Mogul-Kaisers Ahmad Shāh, 174
Quetzal (Pharomachrus mocinno Gould), Rakenvogel, heute Wappentier Guatemalas 84
Quetzalcoatl, Windgott und Kulturheros 49, 53, 77, 87
—, Fürst, siehe Ce acatl topiltzin
Quiché, Maya-Volk Guatemalas 61, 86
Quimbaya, kolumbischer Indianerstamm, auch Bezeichnung für eine Stilgruppe von Goldarbeiten 91, *Kartenskizze 91*
Quintilian, Marcus Fabius Quintilianus, römischer Schriftsteller und Rhetor 444, 471, 522
Quipu, siehe Knotenschnüre

Quirigua, Ruinenstätte in Guatemala 55, *Kartenskizze 59*
Quitatara, Kazike von Paris (Panama) 89
Quito, Ecuador 94, 101, 622, *Kartenskizze 31, 99*
Qutb-Shāhī, Dynastie in Golkonda 152, 658

R

Raab, rechter Nebenfluß der Donau 427
Rabelais, François, französischer Geistlicher und Arzt, satirischer Schriftsteller 468ff., 500, 503, 511, 524
—, »Gargantua und Pantagruel«, satirisches Romanepos (um 1552; Druck Lyon 1567) 486f., 524
Racova, in der Moldau 645
Rādhā, Hirtenmädchen, Geliebte Krishnas 132, 141, 184
Rādhāvallabhīs, vishnuitische Sekte 184
Raffael, Raffaello Sanzio (Santi), italienischer Maler 433, 503, 531, 533f., 648, *Abb. 480*
Ragusa, Dalmatien 382, 424
Raimondi, Antonio, italienischer Geograph 39
Rājādhirāja, Chola-Kaiser 125, 654
Rājarāja der Große, Chola-Kaiser 125, 654
Rājashekhara, Sanskrit- und Prākrit-Dichter 120, 132f., 652
Rājasthān, nordwestindische Landschaft 151, 159f., 169, 185, 651f., 655ff., 659, *Kartenskizze 119*
Rājasthanī, Hindi-Dialekt 161
Rājendra I., Chola-Kaiser 125, 654
Rājputen (Königssöhne), Kriegerkaste in Rājasthān 147f., 163, 167f., 173, 180, 184ff., 656
Raleigh, Sir Walter, englischer Seefahrer und Schriftsteller 527, 540, 577
Rāma, indischer Held, Inkarnation Vishnus 140, 159, 163
Rāmānanda, vishnuitischer Missionar 141, 159, 656
Rāmānuja, südindischer vishnuitischer Theologe 141, 654f.
Rāmapāla, Pāla-König 120, 132, 654
Rāma-Prasāda, religiöser Bengalī-Dichter 183, 659
Rāmāyana, altindisches Epos und Bearbeitungen 132, 134f., 140, 158f., 161f., 180, 182
Ramus, Petrus (Pierre La Ramée), französischer humanistischer Gelehrter, Professor der Philosophie am Collège de France 469, 474, 509

NAMEN- UND SACHREGISTER   699

Ramusio, Paolo, der Ältere, italienischer Schriftsteller 512
Ranaranga Malla (König Bhoja von Dhārā?), indischer Philosoph 142
Ranjīt Singh, Sikh-Mahārāja des Punjāb 178, 659
Ranke, Leopold von, Historiker 409, 540, 577
Ranthambhor, Rājasthān 122, 148, 162, 164, 656
Rashīd al-Dīn, persischer Geschichtsschreiber *Abb. 349, 361*
Rāshtrakūta, Dynastie im Dekhan 118, 124, 132, 147, 652f., *Kartenskizze 119*
Rāthor, Dynastie in Jodhpur 151
Ratibor, Oberschlesien 361
Raymond, Joachim-Marie, französischer General in Südindien 177, 659
Razm-Nāma, persische Übersetzung des Mahābhārata 180
Recco, Niccoloso de, genuesischer Seefahrer 597
Recht, römisches 377, 406
Rechtswesen, Altamerika 75, 84, 92, 104f.
—, China 226, 233, 269, 279f., 304, 322
—, Deutschland 401, 404f., 647
—, England 398, 646
—, Frankreich 390, 393
—, Indien 126, 179
—, Mongolenreiche 349, *Abb. 370*
—, Renaissance 473
Reconquista (spanisch), die Rückeroberung Spaniens 556, 561, 566, 574, 577f., 589, 645
Recuay, Hochkultur Perus 41, 68, 70, *Kartenskizze 99*
»Reformatio Sigismundi«, anonyme Flugschrift unter dem Namen Kaiser Sigismunds (1439?) 404
Regalien, im Mittelalter dem König vorbehaltene Gerechtsame 378
Regensburg 408
Regiomontanus (Königsberger), eigentlich Johann(es) Müller, Mathematiker und Astronom 473, 512, 547, 641, 644
Reiche, Maria, Archäologin 68
Reichenau, Insel im Bodensee, Benediktiner-Abtei 444
Reichslandfrieden, Frankfurter (17.3.1486) 400
Reichstag 401, 407; Oberlahnstein (1400) 399; Nürnberg (1401) 399; Frankfurt (1427) 638; Nürnberg (1438) 404; Frankfurt (1442) 640; Regensburg (1471) 644; Worms (1495) 406, 647
Reims Champagne 388, 638
Reinel, Pedro, portugiesischer Kartograph 549

Reines Land (Ch'ing-t'u, Jōdo), Sekte in China 212
Reis in China 195, 649
Rejón, Juan, spanischer Lehnsträger auf Gran Canaria 588
Reliefkunst, Altamerika 36, 39, 46, 49f., 51f., 57, 60, 85, *Abb. 37, 49*
—, China *Abb. 220, 281, 332*
—, Indien 143ff., 164
—, Italien *Abb. 383*
Renaissance, Kultur der **429—534**
—, Entdeckung der Klassiker **438** bis **446**
—, Griechen und **447—453**
—, Humanismus und **453—461**
—, Bibliotheken, Buchdruckerkunst **461—468**
—, Neue Erziehung **468—480**
—, Staatsphilosophie **481—487**
—, Religiöse Erneuerung **488—500**
—, Neue Philosophie **500—510**
—, Neue Wissenschaft **510—519**
—, Literatur **519—527**
—, Kunst **527—534**
René (I.), Sohn König Ludwigs II. von Sizilien, Herzog von Anjou und von Lothringen, Graf der Provence 639f., 645
Requesens, Galcerán de, Gouverneur von Katalonien 553
res publica (lateinisch) öffentliche Sache), Gemeinwesen, Staat, Republik **482—485**, 498
Rethel, Grafschaft, Nordfrankreich 387
Reuchlin, Johann(es), Humanist, Hochschullehrer in Heidelberg, Ingolstadt, Tübingen 463, 477, 506f., 526, 647
—, »De verbo mirifico«,»Vom wunderbaren Wort« (Basel 1494) 647
»Revolte der drei Lehnsleute« (1673—1683) gegen die Manchu 337f.
Rhetorik, Renaissance 472
Rhodos, ionische Insel 384, 427, 645
Riario, Girolamo, Graf von Bosco 384, 415
Ribero, Diego, spanischer Kosmograph und Kartograph 624
Ribes, Jaime (Jacome Jehuda Cresques), katalanischer Kartograph 550
Ricci, Matteo, italienischer Jesuit, Missionar in Indien und China, Schriftsteller 329ff., 658
Richard II., jüngerer Sohn Eduards, des Schwarzen Prinzen, König von England 394, *Stammtafel 402f.*
Richard III., Sohn Richards, Herzogs von York, König von England, vorher Herzog von Glouster 397f., 646, *Abb. 396*
Richenthal, Ulrich, schweizerischer Chronist *Abb. 382*

Richthofengebirge, Teil des Nanschan, Westchina 345
Riemenschneider, Tilman, Bildhauer und Bildschnitzer 647
Rímac, Flußtal, Peru 97
Rimini, an der Adria, Mittelitalien 488
—, Tempel der Isotta degli Atti 488
Ringmann, Mathias, Geograph 619
Rinuccio Aretino (von Arezzo), italienischer Humanist 504
Rio de Janeiro, Brasilien 629ff.
Río de Oro, Küstenlandschaft Nordwestafrikas 557, 605
Río San Juan, Fluß, Westkolumbien 622
Río Tinto, Fluß, Südwestspanien 566, 571, 585, 616
»Ritenstreit« der christlichen Mission in China 331f., 338, 659
Rittergesellschaft vom St. Georgenschild 405
Rivers, Richard Woodville, Lord, englischer Heerführer 396
Rizzon, Martino, italienischer Humanist 475
Rjasan, an der Oka, Rußland 360
Robbia, Luca della, florentinischer Bildhauer 531
Roe, Sir Thomas, englischer Gesandter am Hofe Jahāngīrs 169
Römisches Reich 435, 440ff., 448
—, Heiliges, Deutscher Nation 375, 382, 387, 399ff., **404—410**, 413
—, —, Verwaltung 400f., **404—407**
—, Drittes Rom, russische Vorstellung vom christlichen Endreich 421
Roger II., König von Sizilien 545
Roger, Arnaldo, katalanischer Seefahrer 598
Rom 333, 365, 381, 387, 392, 400, 408, 436, **438—442**, 445, 452, 454, 473, 490, 492, 508, 528, 538, 582, 590, 640, 643
—, Engelsburg (Castel Sant'Angelo) 378, 385
—, Kapitol 378
—, Peterskirche 382, *Abb. 383*
—, Vatikan 378, 382, 465
—, —, Sixtinische Kapelle 384, 644f.
Romagna, Küstenlandschaft der Emilia 386, 415
Romanliteratur, China 206f., 312, 325, 656, 658
Ronsard, Pierre de, französischer Dichter 456f., 503, 524f.
—, »Odes« (1550) 524
Rosenkriege, Krieg zwischen York und Lancaster 393, 396, 399, 642, 646
Rossellino, Bernardo, italienischer Baumeister und Bildhauer 531
Rossetti, Biagio, italienischer Baumeister, Architekt des Ercole d'Este 528
Rostock, Mecklenburg 637

Rostow, nordöstlich Moskau 360, 644
Rotes Meer 628
»Rote Turbane«, Aufstandsbewegung in China 317f., 656
Rouen, an der Seine, Nordfrankreich 386, 388, 637f., 641
Roussillon, Grafschaft in den Ostpyrenäen 411, 643, 647
Rovere, Giuliano della, Kardinal 385
Rovereto (Rofreit), an der Etsch, Südtirol 415
Rubios, Palacios, Rat König Ferdinands des Katholischen 580
Rubruk (Ruysbroeck), Wilhelm von, Gesandter von Papst Innozenz IV. und König Ludwig IX. von Frankreich an den Mongolenherrscher 583
Ruiz de Estrada, Bartolomé, Schiffsführer Pizarros 109
Rumelien, europäische Türkei ohne Bosnien, Ungarn und griechische Inseln 424
Ruprecht I. (in der Pfalz: III.), Sohn Kurfürst Ruprechts II. von der Pfalz, deutscher König 380, 399, 408
Rußland 353, 356—360, 362, 365, 367, 369, 418, 421, 655f., 658f.
Rutland, englisches Adelsgeschlecht 394
Ruysbroek, Jan van, flämischer Geistlicher, Mystiker 497
Ryukyu-Inseln, siehe Liu-ch'iu-Inseln

S

Sá, Mem de, portugiesischer Generalgouverneur Brasiliens 630
Saavedra Cerón, Alvaro de, spanischer Seefahrer 621
Sabina, Kardinal- oder Suburbikarbistum 382
Sacchi, Bartolomeo, genannt Platina, italienischer Humanist 490f., *Abb. 493*
—, »Liber de vita Christi ac omnium pontificum«, Geschichte der Päpste (1471 bis 1474; gedruckt 1479) 491
Sachsen, Herzogtum 382, 637, 646
Sacrobosco, eigentlich Johannes von Halifax, englischer Astronom 546
Sacsaihuaman, Inkafestung 103
Sadāshiva, Kaiser von Vijayanagar 150, 658
»Säulen des Herkules«, nach altgriechischer Anschauung verschiedene Randpunkte des Erdkreises 594
Safdar-Jang, Nawāb von Oudh und Mogul-Großwezīr 174, 177, 185

Sagres, Südportugal 606
Sahara 558, 561, 604
Saint Albans, nahe London 393, 396, 642
Saint-Maur des Fosses, südöstlich von Paris 390
Saint-Malo, Nordwestfrankreich 630
Saint-Omer, südöstlich von Calais 644
Saint-Pol (Saint-Pol-sur-Ternoise), Grafschaft in Nordwestfrankreich 390
Saint-Quentin, Nordwestfrankreich 388, 390
Salamanca, Spanien 546
Salcamayhua, spanisch-indianischer Chronist 106
Saleh, bei Rabat, Westmarokko 564
Salīm Chishtī (Shaikh), muslimischer Heiliger in Indien 185
Salinar-Kultur, Peru 41, 43, 64
Salisbury, Richard Neville, Earl of, Vater Richard Nevilles, des »kingmakers« 396, 398
Salisbury, Wiltshire, England 398
Sallust, Gaius Sallustius Crispus, römischer Politiker und Geschichtsschreiber 490
Salmenikon, Peloponnes 425
Salomonen, Inselgruppe östlich von Neuguinea 624
Saloniki (Thessalonike), Mazedonien 637f.
Salta, Provinz in Argentinien 98
Salt River, Fluß in Arizona, USA 27
Salutati, Lino Coluccio (dei), italienischer humanistischer Gelehrter und Staatsmann 441 bis 444, 452, 461, 464, 471, 493, 526
Sāluva, Dynastie von Vijayanagar 150
El Salvador, Mittelamerika 29, 72, 86, 620, *Kartenskizze 31, 59, 91*
Salviati, Francesco, Erzbischof von Florenz 414
Salz, Staatsmonopol in China 230, 251, 253f., 277
Salzburg 409, 643
Samarkand, Sogdiane 153, 166, 170, 180, 249, 356, 423, 657, *Kartenskizze 354f.*
Samarra, Mesopotamien 262
Samastro, Hafen am Schwarzen Meer 425
Sambandar, südindischer Heiliger und Tamil-Dichter 134, 138
Samgama, Dynastie von Vijayanagar 150
Samgrām (Sāngā, Sangrām), Mahārānā von Chitorgarh 151, 154, 160, 163, 166
Sāmkhya, indisches philosophisches System 141
Sammelvölker, siehe Wildbeuter
Sampaolesi, P., italienischer Historiker 531

San Agustín-Kultur, Kolumbien 62ff., 94, *Abb. 64, Kartenskizze 91*
San-chiao chiao-ying, »Ausgewählte Perlen der drei Weltanschauungen«, synkretistisches Werk aus der T'angzeit 246
Sancia, natürliche Tochter von Alfonso, Herzogs von Kalabrien, Königs (Alfons II.) von Neapel 385
Sandia, steinzeitliche Klingenkultur Amerikas 26
Sandomierz (Sandomir), an der Weichsel, Polen 360, 655, *Abb. 360*
Sangallo, Antonio da, der Jüngere, italienischer Baumeister 528, 531, 533
Sangrām (Sāngā), Mahārānā von Chitorgarh 151, 160, 163, 166, 657
San Juan, Provinz Argentiniens 98
San Juan del Puerto, Südwestspanien 571
Sankt Gallen, Schweiz 444f., 641f.
Sankt Helena, Insel im Südatlantik 609
Sankt Jakob an der Birs, einstiges Siechenhaus südöstlich Basel 640
Sankt-Lorenz-Strom, Kanada 630, 632
Sankt Wolfgang, Oberösterreich 646
Sanlúcar de Barrameda, Südwestspanien 566, 571f., 618, 624
San Luis Potosí, mexicanischer Bundesstaat 37, 52
San Miguel, Insel der Azoren 575
San Miguel, Golf von 89, *Kartenskizze 91*
Sannazaro, Jacopo, italienischer Dichter 521
—, »L'Arcadia«, Schäferroman (Neapel 1504) 521
San Salvador, Salvador 86
—, Watling-Insel der Bahama 412, 617
Sansibar, Insel vor der Ostküste Afrikas 609
Sanskrit, klassische indische Sprache 128f., 136, 211, 247, 650
Sanskrit-Literatur 117, 129f., 132f., 157f., 180, 650—655
Santa, Fluß, Peru 41, 68, 70, *Kartenskizze 99*
Santa Catalina, Insel vor der Südküste Brasiliens 622
Santa Cruz, Landschaft Boliviens 98, 101
—, melanesische Inselgruppe 624
Santa Lucía Cozumalhuapa, Ruinenstätte in Guatemala 36f., *Abb. 49, Kartenskizze 59*
Santa María, Kap (Kap São Agostinho), Angola (Westafrika) 607
—, Insel der Azoren 618
—, Schiff des Kolumbus 616f.

NAMEN- UND SACHREGISTER

Santa Marta, am Rio Magdalena, Nordkolumbien 91
Santángel, Luis de, Rechnungsführer König Ferdinands des Katholischen 616
Santo, siehe Porto Santo
Santo Domingo (Ciudad Trujillo), Haiti 589, *Kartenskizze 615*
San Vicente, Kap, Portugal 581, 606
São Agostinho, Kap, siehe Santa María, Kap
São Jorge da Mina (heute Cape Coast, Ghana), Goldküste 560, 607, 611, *Abb. 560*
São Tomé, Insel im Golf von Guinea (Westafrika) 607
Saraj-Batu (Alt-Saraj), Residenz der Goldenen Horde an der unteren Wolga 366
Sarasvatī, indische Göttin 139
Sardinien 413
Sarmad, jüdischer Sūfī-Dichter in Nordindien 181
Sartaghul (Sarten), türkisierte Iranier in Turkestan 357
Sarton, George, amerikanischer Wissenschaftshistoriker 511
—, »The Appreciation of Ancient and Medieval Science During the Renaissance« (Philadelphia 1955) 511
Sarwar al-Mulk, Gründer des Sharqī-Sultanats von Jaunpur 154
Sasaniden, altpersische Dynastie 650
Sātārā, Mahārāshtra 176

Satnāmīs, indische Reform-Sekte 184
Saurāshtra, Staat auf Kathiāwār 121, 160, 650, 653, 656, *Kartenskizze 119, 123*
Savona, Hafenstadt an der Riviera, westlich von Genua (Ligurien) 329
Savonarola, Girolamo, Dominikanermönch, italienischer Reformprediger 386, 415f., 448, 463, 496, 499f., 505, 530, 532, 647f.
Savoyen, Landschaft in den französischen Alpen 375, 381, 401

Sawāī Jai Singh (II.), Mahārāja von Amber und Jaipur 173
Sāwmā, Rabban, Begleiter des Patriarchen Markos 365

Sayo (Sajó), rechter Nebenfluß der Theiß in Ungarn 361
Sayyid, Dynastie in Delhi 154, 656
Scala (Scaliger), norditalienisches Adelsgeschlecht 415
Scarperia, nördlich von Florenz 471

Scève, Maurice, französischer Dichter, Haupt der Lyoneser Dichterschule 504, 523f.
—, »Délie, objet de plus haute vertu«, lehrhaftes Gedicht (1544) 504
—, »Microcosme«, episches Lehrgedicht (1562) 523
Schachtgräber 95
Schachtkammergräber (Cavernas, Nekropolis) 34, 42f., 54, 67, 89, 93f., 108f.
Schäßburg, Siebenbürgen 423
Schaffhausen, Schweiz 648
Schall von Bell, Adam, jesuitischer Missionar 330f.
Schamanismus 346f.
Schangdu, siehe Shang-tu
Scharrbilder, Altamerika 68
Schedel, Hartmann, Nürnberger Humanist, Geschichtsschreiber 647
—, »Liber chronicarum«, illustrierte Weltchronik (Nürnberg 1493; deutsche Ausgabe 1494) 647
Schelmenroman (pikarischer, picaresker Roman), von Spanien ausgehende Gattung mit dem Schelmen (Picaro) als Helden 521
Schilling, Diebold, schweizerischer Chronist *Abb. 389*
Schisma (Kirchenspaltung), abendländisches **378—382**, 387, 399
Schlentz (Slenz), Junker, sächsischer Ritter 418
Schlesien 361, 420f., 645
Schleswig 416f., 638f., 642
Scholarios, Georgios, siehe Gennadios
Schonen, Landschaft in Südschweden 418
Schoschonen, Sprach- und Völkergruppe Nordamerikas 71
Schottland 380, 396, 398, 639, 643ff.
Schrift, chinesische 214, 262f.
—, gotische 461
—, littera antiqua 46
—, mongolische 249, 361
—, tangulische 345
—, uigurische 346, 361
—, Renaissance **472—477**
»Schwabenkrieg« (1499) 410
Schwäbischer Bund (1488—1534) 405, 409, 646, 648
Schwarzes Meer 360, 363, 366f., 423, 425, 428, 554f., 564
Schwaz am Inn, Tirol 409
Schweden 416ff., 642, 644
Schweinheim (Sweynheim), Konrad, deutscher Drucker in Rom 643
Schweiz (Eidgenossenschaft) 375, 381, 391, 408ff., 433, 640ff., 644f., 648

Schwyz, Urkanton der Schweiz 640
Scipio Africanus maior, Publius Cornelius, römischer Konsul 443
Scolvus, Johann, dänischer Seefahrer 596
Scyri, Dynastie der Cara in Ecuador 94
Sechín, Fundplatz in Peru 39f.
Sechs Dynastien, China 215
»Sechzehn Staaten« in China 199, 203, 649
Seeland, Landschaft in den Niederlanden 638
Seeräuberei 311, 334, 393, 553f., 657
Segelrouten, im Atlantischen Ozean 547, 604, 608f., 626
—, im Pazifischen Ozean 621
Seidenerzeugung in China 218f., 221, 240, 258, *Abb. 333*
Seine, Fluß in Frankreich 395
Sekten, buddhistische 212, 246f., 282, 326, 650, 652
—, chinesische 212
—, christliche 368, 381
—, indische 122, 129, 133, 135, 140, 145, 160, 164, 168, 173, 178, 183f., 186, 366, 651, 653, 658f.
—, ismāʿīlitische 368
—, shivaitische 135, 137ff., 655f.
—, vishnuitische 158f., 183f., 658
Seladon, zarte lauchgrüne Farbe nach dem Schäfer in d'Ursés Roman »Astrée« (1610—22) 262
— -Porzellan in China 262
Selbstverstümmlung in China 237
Seldschuken, Sippe der Ghuzz 122, 147, 581, 653
Selim I., der Unbeugsame (Javuz), Sohn Bajazets II., Sultan der Osmanen 427
Semendria, an der Donau, Serbien 423ff.
Seminara, Kalabrien 392
Semipalatinsk am Irtysch 357
Sena, Dynastie von Bengalen 120, 654, *Kartenskizze 123*
Seneca, Lucius Annaeus, römischer Dichter und philosophischer Schriftsteller 450, 541ff.
Seneca, Tommaso, da Camerino, italienischer Humanist 450
Senegal, Fluß Westafrikas 557f., 582, 598, 604f., *Kartenskizze 559*
Segueira, Diogo Lopes de, portugiesischer Seefahrer 628
Senlis, nördlich von Paris 409, 647

Serbien, Landschaft am Balkan 367, **422—425**, 428, 642
Sercambi, Giovanni, italienischer Schriftsteller und Geschichtsschreiber 492
Seringapatam, Mysore 177, 185

Sevilla (Hispalis), Andalusien, Südspanien 413, 548, 558, 560, 563f., 566–569, 571f., 586, 597
Sextus Empiricus, griechischer Arzt und Philosoph 451
Seychellen, Inselgruppe nordöstlich von Madagaskar 628
Sforza, italienisches Adelsgeschlecht aus der Romagna, später in Mailand 384, 464, 521
Sforza, Ascanio, Kardinal 385
Sforza, Francesco I., Sohn des Muzio Attendolo Sforza, Condottiere, Herzog von Mailand 413f., 416, 461
Sforza, Galeazzo Maria, Herzog von Mailand 384, 414
Sforza, Giovanni Galeazzo, Herzog von Mailand 385, 414
Sforza, Ludovico, genannt il Moro, Sohn des Francesco I. Sforza, Herzog von Mailand 398, 414, 463, 528, 645, 647
Sforzinda, Idealstadt des Filarete, benannt nach Ludovico Sforza 528
Shāhjahān (Shihāb ad-Dīn Khurram), Sohn des Jahāngīr, Mogul-Kaiser 170, 180, 182, 184 ff., 658f., *Abb. 172*
Shāhū, Mahārāja der Marāthen 176, 659
Shaiva-Siddhānta, südindisches theologisches System 138f., 655
Shājī Bhonsle, Marāthen-Führer, Vater Shivājīs 172
Shākti, Hindu-Muttergöttin 127, 136, 138ff.
Shāktismus, Hindu-Kult der Muttergöttin 136, 139f., 184
Shambhūjī, Marāthen-Mahārāja 172, 658
Shamkarāchārya, shivaitischer Reformer und Philosoph 138, 141f., 652
Shamkaravarman, Utpala-König von Kashmīr 118
Shang-tu (Schangdu, Xanadu), am Dolonor, Mongolenhauptstadt 307, 364
Shansi (Shan-hsi), Provinz Nordchinas 201, 204, 221, 223, 233f., 257, 259, 336
Shantung, Küstenprovinz Nordchinas 658
Shan-yin, Chekiang, China 220
Shan-yüan, unweit K'ai-feng, am Hoang-ho 300, 653
Shao-hsing, Chekiang 262
Shao Yung, chinesischer Philosoph 287f., 654
Sharqī, Dynastie in Jaunpur 153f., 656
Shashānka, König von Bengalen 116f., 651
Sha-t'o, türkischer Volksstamm 256f., 652f.

Shatrunjaya, Jaina-Wallfahrtsplatz in Saurāshtra 122, 145
Shensi, Provinz in Nordwestchina 201, 204, 229
Shen-tsung, Kaiser der Sung 199, 292
Shēr Shāh (Shēr Khān Sūr), Sultān von Delhi 166–169, 657
Shetland-Inseln, nördlichste schottische Inselgruppe 644
shih, chinesische Maßeinheit 311
Shih Ching-t'an, türkischer Feldherr 258
Shih K'o-fa, chinesischer Feldherr 337
Shih Lo, Gründer des Chiehstaates, China 203f.
Shih Shou-hsin, chenesischer Feldherr 272
Shih-tsung, Kaiser der Chin (Jürched) 347, 351
Shih-tsung, Kaiser der Späteren Chou 258, 261, 267, 653
Shilāhāra, Dynastie des Konkān 121, *Abb. 137, Kartenskizze 123*
Shilpashāstras, indische Kunst-Lehrbücher 142
Shiva, indischer Gott 117, 136, 138f., 140
Shivādvaita, südindisches Theologie-System 139
Shivaismus 118, 137ff., 141, **651 bis 655**
Shivājī, Marāthen-Mahārāja 172, 658
Shravana-Belgola, Jaina-Wallfahrtsort in Mysore 135, 145, 653, *Kartenskizze 123*
Shrewsbury, John Talbot, Earl of Shrewsbury, englischer Heerführer 389, 396, 642
Shri-Harsha, Sanskrit-Dichter 132
Shrī-Nātha, Inkarnation Krishnas 160
Shrīrangam, Südindien 141
Shrī-Vaishnava, theologische Richtung des Vishnuismus 141, 653
Shu (auch Han 221–263), Dynastie **193–199**, 649
Shu, Frühere, Dynastie (907–925) 258f.
Shu, Spätere, Dynastie (926–965) 203, 258f.
Shu, Frühere, Kleinstaat (304 bis 347) 203
Shu, Späteres, Kleinstaat (405 bis 413) 203
Shujā 'ad-Daula, Nawāb von Oudh und Mogul-Großwezīr 175, 177, 180, 659
Shūlika, Nomadenvolk 116, 650
Shun-chih, Neffe des Dorgon, Fürst der Manchu, Kaiser der Ch'ing 337, 658
Shun-ti, Kaiser, siehe Toghon-temür
Siddhāchārya, spätbuddhistische Yogī 130, 134, 140

Sidney, Sir Philip, englischer Staatsmann und Dichter 503, 527
Siebenbürgen (Transsilvania), Hochland in Rumänien 423, 427
»Sieben Würdige vom Bambushain« 208f., 649
Siena, Toskana 392, 413f.
Sierra Leone, Landschaft an der Küste Westafrikas 557, 605
Sigismund, Sohn Kaiser Karls IV., König von Ungarn und Böhmen, deutscher König und Kaiser 380f., 388, 395, 399, 401, 404, 419f., 422f., 637ff., *Stammtafel 402f.*
—, »Reformatio Sigismundi«, siehe Reformatio
Sigismund, Sohn Keistuts, Großfürst von Litauen 420
Sigismund Korybut, Landverweser Böhmens 637f.
Sigmund (von Tirol, der Münzreiche), Sohn Herzog Friedrichs IV., Herzog, später Erzherzog, von Österreich 405, 408f., 415, 644, 646f., *Stammtafel 402f.*
Signorelli, Luca, italienischer Maler aus Cortona 533
Signoria (Signorie), Herrschaft eines Einzelnen oder eines Geschlechts 413, 425f.
Sikandar (Būtshikān), Sultān von Kashmīr 153
Sikandar, Lodī-Sultān von Delhi 154
Sikh, indische Reform-Sekte 173, 178, 183, 186, 658f.
Silius Italicus, Tiberius Catius Asconius, römischer epischer Dichter 444
Silber 65, 81f., 102, 409
Silla, Staat in Korea 240
Sillustani, Ruinenstätte in Peru 98, *Kartenskizze 99*
Simhavishnu Potarāja, Pallava-König 117, 650
Simnel, Lambert, englischer Thronprätendent 398
Simonie (nach Simon Magnus), Kauf und Verkauf geistlicher Ämter 380, 385, 404
Sindh, unteres Indus-Tal 147, 169, 651f., 659
Sindhī, westindische Sprache 161f., 184
Sindhiā, Marāthen-Dynastie 175f., 659
Sinkiang, westliches Randgebiet Chinas 212, 221, 240f., 350, 649, 651
Sinope, Hafen am Schwarzen Meer 425
Sinú, Fluß in Kolumbien 93, *Kartenskizze 91*

NAMEN- UND SACHREGISTER

Sirāj ad-Daula, Nawāb von Bengalen 177, 659
Sit, Fluß in Zentralrußland 360
Sittanavāshal, Jaina-Höhlentempel in Pudukkottai, Süd-Indien 145
Sixtus IV., vorher Francesco della Rovere, General des Franziskanerordens, Kardinal von San Pietro in Vincoli, Papst 384, 408, 414, 426, 644 ff., *Abb. 493*
Sizilien 410, 413, 544, 562, 566, 590, 639 f., 642
Skandenbeg (Iskander-Bei), Georg Kastriota, albanischer Fürst 383, 424 f., 640, 643 f.
Skandinavien 381, 416
Skeptizismus, philosophische Richtung 502
Sklaverei, Altamerika 60, 76, 84, 89, 92, 557 f.
—, China 202, 218, 232, 238 f., 251
—, Indien 171
—, Mongolenreiche 346, 360
—, Zeitalter der Entdeckungen 537 f., 555–558, 587 f., 593
Skutari, Albanien 426, 645
Smith, Adam, englischer Nationalökonom 538
—, »An inquiry into the nature and causes of the wealth of nations (1776) 538
Soconusco, Landschaft von Chiapas 73, *Kartenskizze 59*
Sodré, Vicente, portugiesischer Seefahrer 628
Söldnerwesen, China 237, 241
—, Indien 150, 154, 165, 176, 179, 184
Soest, Westfalen 640
Sofala, Südost-Afrika 608 f.
Sogamosa, Landschaft in Kolumbien 92
Sokotra, Insel im Indischen Ozean 628
Sokrates, griechischer Philosoph 470, 502, 504
Solanki (Chaulukya), Dynastie in Gujarāt 121, 129, 132 f., 654, *Kartenskizze 123*
Solís, Juan Díaz de, spanischer Seefahrer 619, 622
Solothurn, Schweiz 645
Somadeva, Sanskrit-Dichter 132, 654
Somavamshī, Dynastie von Mahākosala und Orissa 122, *Kartenskizze 123*
Someshvara I., Westlicher Chālukya-König 124
Someshvara II., Westlicher Chālukya-König 124, 654
Someshvara III., Westlicher Chālukya-König 132
Someshvara IV., Westlicher Chālukya-König 139, 654
Somerset, Edmund Beaufort, Duke of Somerset, englischer Heerführer 396, 641 f.

Somme, Fluß in Nordfrankreich 388, 390, 395
Somnāth, Shiva-Tempel in Saurāshtra 121, 147, 653, *Kartenskizze 123*
»Somnium Scipionis«, siehe Cicero, »De re publica«
Somondoco, Smaragdfundstätte in Kolumbien 92
Sonārgāon, Ost-Bengalen 153
Sonnenjungfrauen (aclla-kuna) bei den Inka 103
Sonsonate, Salvador 86
Sophia, ursprünglich Zoë Palaiologe, Tochter des Thomas Palaiologos, Despoten der Morea, Gemahlin Iwans III. 422, 644
Sophokles, attischer Tragiker 446, 448
Soria, am Duero, Altkastilien 566
Sora-Sora, Fundstätte in Bolivien 44
Soto, Hernando de, spanischer Conquistador 624
Sousa, Martim Afonso de, erster Gouverneur Brasiliens 627
—, Pero Lopes de, Gouverneur in Nordostbrasilien 627
Southampton, England 395
Spanien 249, 331, 375, 380, 385, 392, 398, **410–413**, 433, 465, 526, 542, 544, 547, 558 f., 561, 563 ff., 567, 570, 574, 577 ff., 582, 585, 613, 617, 631 f., 657
—, staatliche Neugestaltung unter den katholischen Königen 589 ff.
Spanier 540 f., 556 f., 562, **564–577**, 616 ff., 644, 647 f.
Spenser, Edmund, englischer elisabethanischer Dichter 527
—, »The Faerie Queene«, »Die Feenkönigin«, episches Gedicht 527
Speroni (degli Alvarotti), Sperone, italienischer Humanist, philosophischer Schriftsteller 461
—, »Dialogo delle lingue«, Verteidigung der italienischen Sprache gegen die klassischen Sprachen (1542) 461
Spinden, Herbert J., nordamerikanischer Amerikanist 62
Spinola, italienische Kaufherrenfamilie 564
Spinoza, Benedictus de (Baruch), aus in Holland eingewanderter portugiesisch-jüdischer Familie, Philosoph 501, 505
Sprache, altaische 258
—, arabische 181
—, chinesische 211, 260, 365
—, griechische 452 f., 469, 474 f., 480, 523
—, hebräische 453, 469, 474
—, indische: Apabramsha 182; Ardha-Māgadhī 129; Awādhī 161; Baghelī 161; Bengalī 161,

182; Bhojpurī 161; Braj-Bhasha 160 f.; Bundelī 161; Chattisgarhī 161; Gujarātī 161 f., 182; Hindī 122, 162 f., 181 f.; kanaresische 130, 135, 139; Kanaujī 161; Kosalī 161; Māgahī (Māgadhī) 161; Mahārāshtrī 129; Maithilī 161, 163; Malayalam 136, 158; Mārwārī 161 f.; Oriyā 161; Pali 129; Punjabī 161; Rājasthanī 161; Sanskrit 117, 128, 136; Sindhī 161 f., 184; Telugu 130, 135, 158; Urdu 157, 181
Sprache, lateinische 453, 466, 469, 474, 480, 521 f.
—, mongolische 371
—, persische 180;
—, türkische 180;
—, Vulgär- 466, 491, 521 f.
Sprenger, Jakob, Dominikaner 385
Ssuchuan (Sse-ch'uan), Provinz Westchinas 193 f., 201, 224, 228, 240, 242, 256, 258 f., 263, 336, 358, 363
Ssu-ma, chinesisches Adelsgeschlecht 197 ff., 216, 649
Ssu-ma Ch'ien, chinesischer Historiker 248
Ssu-ma Jui, chinesischer Prinz 205
Ssu-ma Kuang, chinesischer Staatsmann, Historiker 243, 653 f.
—, »Tzu-chih t'ung-chien«, »Geschichtlicher Spiegel für das Amt des Regierens« 243, 654
Ssu-ma Yen, Kaiser Wu-ti der Chin-Dynastie 197 f.
Städtebund, süddeutscher 640 f.
Stalin, Jossif Wissarionowitsch (Sosso Dschugaschwili, Deckname Kota) sowjetischer Staatsmann 18
Stalingrad (Zarizyn, jetzt Wolgograd), Südrußland 366
Standonck, Jan, eines der Häupter der niederländischen devotio moderna, Leiter des Collège von Montaigu 496
Stanley, Lord, siehe Derby
Stanley, Sir William, Bruder Thomas Stanleys, Earls of Derby, englischer Heerführer und Staatsmann 398
Statius, Publius Papinius, römischer Dichter 444
Staufer, deutsches Herrschergeschlecht 401, 413
Stefan der Große, Wojwode der Walachei 426
Stefano, Giovanni, italienischer Maler, *Abb. 492*
Stein, Sir Aurel, englischer Archäologe 292, *Abb. 256*
Steinkistengräber 89
Steinplastik, Altamerika 35 ff., 39, 41, 44, 49, 51 f., 57 f., 62 f., 69, 71, 77, 85, 88, 95, 108, *Abb. 37, 49, 64, 80 f.*

NAMEN- UND SACHREGISTER

Steinzeitkulturen, Altamerika 26
Stelen, freistehende Steinpfeiler oder Platten, Altamerika 35 ff., 39 f., 49, **52—58**, 60, 62, 85
—, Indien 164
Stephan III., der Große, Fürst der Moldau 642, 645
Stephanus (französisch Estienne, Etienne), französische Buchdruckerfamilie, begründet von Henri Estienne (dem Älteren) 452 f.
Steuerwesen, Altamerika 74, 104
—, China 196, 200, 218, 229, 233, 238, 241, 251, 253 f., 268, **277 bis 280**, 283, 292, 310 ff., 320, 339, 651 f., 656
—, Deutschland 401, 638, 647
—, Frankreich 639, 646
—, Indien 149, 165, 173 f., 178
—, Mongolenreiche 349
Stirling, Matthew W., nordamerikanischer Archäologe 35
Stockholm 417 f., 648
Stoizismus, griechische Philosophenschule des Zenon d. J. 502, 509
Stoke on Trent, Stafford, England 398
Stoß, Veit, Bildhauer, Kupferstecher und Maler aus Nürnberg 647
Strabon (Strabo), griechischer Geograph 446, 451 f., 475, 511, 541 f.
Straßburg 646
Strong, Puncan, nordamerikanischer Archäologe 67
Strozzi, Palla di Nofri, florentinischer Politiker und Diplomat, Humanist 464
Sture, Sten (der Ältere), schwedischer Reichsverweser 417 f., 644, 648
Sturm, Johannes, lutherischer Schulmann und Pädagoge zu Straßburg 526
Sua, Sonnengott der Muisca 93
Suamoj, Herrscher eines Chibcha-Staates in Kolumbien 92
Subandhu, Sanskrit-Dichter 130, 651
Subiaco, östlich von Rom 508
Subuktegin, Herrscher in Ghazna 148
Su Ch'o, konfuzianischer Gelehrter 226, 650
Sübegedei, mongolischer Heerführer 359 ff.
Süd-Dynastien, China (420—589) 191 f., **215—220**, 223 f., 227 ff., 321
Sūfik, mystisch-theosophische Richtung im Islam 146, 155, 184
Suffolk, William de la Pole Herzog von, englischer Heerführer und Staatsmann 396, 641

Sui, Dynastie (581—618), China 191 f., 199, 221, 224, **227—235**, 237, 239 f., **243—246**, 248, 258, 321, 650 f.
Sumatra, Sundainsel 125, 247, 629 f., 654
Sumrā, Dynastie von Sindh 162
Sun Chien, Vater von Sun-Chüan 196
Sun Ch'üan, Herrscher von Wu 196, 649
Sunda-Inseln, Kleine (Bali, Lombok, Flores u. a.) 629
Sundaramūrti (Sundarar), südindischer shivaitischer Heiliger und Tamil-Dichter 134, 138
Sun En, chinesischer Rebell 206, 650
Sun Fu, chinesischer Philosoph 288
Sung (Liu-Sung), Dynastie (420 bis 479), China 206, 215, 650
Sung, Dynastie (960—1126/1279), China 199, **267—306**, 308, 653 f., *Kartenskizze 354f.*
—, Außenpolitik **297—306**, 653 f.
—, Geistige Entwicklung **281—293**
—, Kultur **293—297**, *Abb. 280, 288f.*
—, Staatswesen **273—278**, 653
—, Wirtschaft und Gesellschaft **278 bis 281**, 653
Sung (Süd-Sung), Dynastie (1127 bis 1279), China 199, 258 f., 271, 292, 302 f., 309, 654 ff., *Abb. 304, Kartenskizze 354f.*
Sungari (Sung-wa), rechter Nebenfluß des Amur 301
Sung-chiang (Sung-Kiang) bei Shanghai 328 f.
Sun Ts'e, Bruder des Sun Ch'üan 196
Sūr, Dynastie von Delhī und Bengalen 153 f., 166 f., 657
Surat, indische Westküste 172
Sūrdās, mystischer Hindī-Dichter 162, 658
Sūryavamshī, Dynastie von Orissa 150, 657, *Kartenskizze 123*
Susdal, nordöstlich von Moskau 359 f., 655
Sūtra, buddhistischer Lehrtext 263, 649, 652
Su-tsung, chinesischer Kaiser der T'ang 243
Sussex, Grafschaft, Südengland 641
Swidrigiello (Svitrigaila), Sohn Olgards, Großfürst von Litauen, später Fürst von Wolhynien 420, 638
Synkretismus, China 208, 246
—, Indien 115, 136
Synode, Kirchenversammlung zu Bologna (1433) 381
— zu Pavia und Siena (1423) 637

Syr-Daria (Iaxartes), Fluß zum Aralsee 353
Syrer 245, 365
Syrien 368, 428, 568, 580
Szydlow, Polen 361

T

Tabak (aus dem Aruakwort tabaco), Nachtschattengewächs 75, 111
Tabasco, Staat in Mexico 35, 60, 83, *Kartenskizze 59, 615*
Taboriten, radikalerer Flügel der Hussiten (nach dem von ihnen gegründeten Tabor, Südböhmen) 381, 638 f.
Tacanaymo, Begründer der Chimú-Dynastie 96
Tätowierung 32, 52
Taganrog, am Asowschen Meer, Rußland 356
Tagha, Fürst der Merkit 352
Tagliamento, Fluß in Oberitalien 426
Tagore (Thākur), Rabīndranāth, Bengali-Dichter 131, 160 f.
»Ta Hsüeh« (Erhabenes Wissen), kanonisches Buch des Konfuzianismus 286
Tai, Staat der T'o-pa 202 ff., *Kartenskizze 224*
Taidzighut, mongolische Fürstensippe 347
Taila(pa) II., Neubegründer der Westlichen Chālukya 121, 124, 653
Taino, Aruakstamm der Antillen 29, 90
T'ai-p'ing, Prinzessin der T'ang 235
Tairona, Chibchastamm 91, *Kartenskizze 91*
T'ai-tsu, Sung-Kaiser 199, 272 f.
T'ai-tsung (Li Shih-min), Kaiser der T'ang 199, 233 f., 239 f., 243, 245, 247, 249, 651
T'ai Tsung, Kaiser der Sung 199, 273
Taiwan, siehe Formosa
Tai-yang, Fürst der Naiman 352
T'ai-yüan, Shansi, China 233, 259
Tajín, Ruinenstätte, Mexico 51, 54, 80, *Kartenskizze 59*
Taj-Mahal, Grabmal der Mogul-Kaiserin Mumtaz-Mahal in Āgra 171, 185
Talamanca, Chibchastamm 88, *Kartenskizze 91*
Talas, Fluß am Nordrand des Tien-shan, Rußland 241, 249, 651
Talbot, siehe Shrewsbury
Talikota, Dekhan 150, 152, 657 f.
Talkhan, Afghānistān 356
Tamagastad, Gott der Nicarao 87

NAMEN- UND SACHREGISTER 705

Tamaulipas, mexicanischer Bundesstaat 37
Tamerlan, siehe Timur Leng
Tamil, dravidische Sprache 130, 651, 654
—, Literatur 130, 134f., 138, 651, 654f.
Tamil-Nād, Land um und südlich von Madras 134, 180
Tancred von Hauteville, normannischer Ritter 432
T'ang, Dynastie, China, erste Hälfte (Frühere T'ang, 618 bis 763) 191f., 199, 220f., 224, 227f., 230, 232—249, 252, 651, *Abb. 236*
—, zweite Hälfte (763—907) 191, 199, 250—257, 259f., 288, 651ff.
—, Spätere (929—937) 199, 257, 260, 263, 269
—, Südliche (937—976) 258, 260
—-Zeit 262, 268f., 271, 273f., 276, 278, 282, 295f., 299, 303, 308, 321
Tanger (Tingis), Marokko 603ff., 639, 644
Tanguten (Tang-chang), tibetisches Volk 300, 345, 350, 357, 649, 653
—, Schrift 345
Tanjavūr (Tanjore), Südindien 125, 145, 180, 183, *Kartenskizze 123, 168*
Tannenberg, Ostpreußen 418f.
Tantra, Werke der sektiererischen Richtung des Tantrismus in der Religion Indiens 130, 140, 160, 366, 651
Tao-an, chinesischer buddhistischer Mönch 211, 649
Taoismus, China 193, 206, 208ff., 212, 224ff., 245ff., 249, 252, 274, 282—285, 287ff., 325f., 348, 363, 649f., 652, 656f.
—, —, Priestertum 217, 225, 231, 349, 356
—, Indien 140
T'ao Yüan-ming (T'ao Ch'ien), chinesischer Dichter 213, 649
Taraco, Halbinsel im Titicaca-See 45
Tarāin (Taraori), am Jumna, Nordindien 122, 654
Tarasken, Volk in Westmexico 73, 76, 79f., *Kartenskizze 59*
Tarifa, Südspanien 571, 572
Tarim, Fluß Zentralasiens 239

—-Becken, abflußloses Becken in Chinesisch-Turkestan 239, 345, 651
Tartaglia (Tartalea), Niccolò (Nicola Fontana), italienischer Mathematiker 511
Tas-bürtü, Schlachtort in der Mongolei 370, 657
Taschkent, Usbekistan 353
Ta-t'ung, siehe P'ing-ch'eng
Tasso, Torquato, italienischer Dichter 503, 522
—, »La Gerusalemme liberata« (1581) 522
Tatar, innerasiatischer Volksstamm 346—349, 351, 368, 426, *Abb. 305*
Taus, Böhmen 638
Tayasal, Petén 83, *Kartenskizze 59*
Tee in China 193, 214, 254, 649
Tegghia de Corbizzi, Angiolino del, florentinischer Seefahrer 597
Tehuantepec, Südmexico 81, 620, *Kartenskizze 59*
Tejo (Tajo), Fluß der Iberischen Halbinsel 602, 618
Telesio (Telesius), Bernardino, italienischer Philosoph 515, 517
—, »De natura rerum iuxta propria principia«, »Von der Natur der Dinge gemäß den entsprechenden Gesetzen« (2 Bücher, Rom 1565; 9 Bücher, Neapel 1586) 515
Tell-Kultur, Bodenbaukultur Südamerikas 44
Telles, Fernão, Gouverneur und Oberhofmeister König Alfons' V. von Portugal 576
Tello, Julio, peruanischer Archäologe 39, 41, 43, 109
Telugu, dravidische Sprache 130, 135, 158, 654f., 658
Temesvár (Temeschburg), Siebenbürgen 427
Tempelbau, Altamerika 34, 37, 39f., 49, 51, 56f., 63, 70, 74, 76, 80, 95, *Abb. 85*
—, China 649f., 652
—, Indien 125, 128, 142—145, 163, 183, 651f., 657f., *Abb. 120f., 129, 144f., 173*
Temür (Temür Öldscheitü), Großkhan der Mongolen, Kaiser der Yüan 365
Tenayuca, Ruinenstätte in Mexico 72, *Kartenskizze 59*
Teneriffa, kanarische Insel 562, 588, 600f.
Tenochtitlan, Hauptstadt der Azteken 73f., 76, 80, *Kartenskizze 59*
Teotihuacan, Ruinenstätte in Mexico 45f., 48f., 50, 54f., *Abb. 48, Kartenskizze 59*
—-Kultur 45f., 52f., 63, 77, 79
Tepaneken, Chichimeken-Stamm Mexicos 72ff., 100
Tepantitlan, Häusergruppe in Teotihuacan 48f.
Tepeu, Phase der Maya-Kultur 58
Terceira, Azoren-Insel 576, 632
Terenz, Publius Terentius Afer, römischer Kmödiendichter 450, 474, 527
Ternate, Molukkeninsel 629
Terra da Vera Cruz, alter Name für Brasilien 626f., 648

Tetzcoco, Hauptstadt der Chichimeken 72f., 77, *Abb. 81, Kartenskizze 59*
Tewkesbury, Gloucester, England 644
Texas, Bundesstaat der USA 26
Textiltechnik in China 207, 219, 238, 281, 328f., 652
—, Altamerika 32. 39, 42f., 64f., 67ff., 92, 96, 102, 108
Tezcatlipoca, aztekischer Gott 77
Thag, indische Mörder-Sekte 184
Thailand (Siam), Staat in Hinterindien 210
Thānesar, nördlich von Delhi 116, 650f., *Kartenskizze 119*
Theiß (Tisza, Tisa), linker Nebenfluß der Donau 361
Theodulus, lateinischer Schriftsteller (Gottschalk von Orbais?) des 10. Jahrhunderts, Verfasser eines Streitgesprächs (»Ekloge«) 470
Theokratie, Staatsform 36, 45ff., 49, 53, 60, 63, 92
Theokrit(os), griechischer bukolischer Dichter 521
Theologie 441, 447, 473f., 489, 495, 497, 504, 507
Theophrast(os) (Tyrtamos), griechischer Philosoph 446
Thermopylai, Engpaß zwischen dem Kallidromos-Gebirge und dem Golf von Lamia 447
Thessalien, Landschaft in Griechenland 426
Thessalonike (Saloniki), Makedonien 423
»Thobias«, »Tobias«, lateinische Lehrdichtung des Matthaeus von Vendôme, Schülers des Bernhard Silvestris 470
Thomas von Aquino, italienischer Dominikaner, scholastischer Kirchenphilosoph 401, 437f., 473f.
Thomas von Kempen (a Kempis), Thomas Hemerken, Augustiner-Chorherr, Mystiker, 496
—, »De imitatione Christi«, »Von der Nachfolge Christi« (um 1415); Autorschaft umstritten 496
Thomas-Christen, Selbstbezeichnung der Christen Vorderindiens nach dem Apostel Thomas 178
Thomismus, siehe Thomas von Aquino
Thompson, J. Eric S., nordamerikanischer Amerikanist 62
Thorn, an der Weichsel 421, 643
Thukydides, attischer Geschichtsschreiber 446, 450
Thule (Island), Inbegriff einer fernen glücklichen Insel 595
Thurgau, Nordost-Schweiz 642
Ti, innerasiatisches Volk 201ff.

NAMEN- UND SACHREGISTER

Tiahuanaco, Ruinenstätte, Bolivien 44, 68f., *Kartenskizze 99*
--Kultur 42, 46, 63, **68ff.**, 95, 97f.
Tibet (chinesisch T'u-fan) 194, 201f., 204f., 239f., 242, 250f., 298, 651f., 657, 659, *Kartenskizze 354f.*
Tibeter 118, 201, 239f., 250f., 358, 366, 371f.
Tiburzio, Anführer eines Adelsaufstands in der Campagna 383
Ticoman-Cuicuilco-Kultur, Mexico 30, 32f.
Tidore, Molukkeninsel 624
T'ien Ch'eng-ssu, chinesischer General 250
Tien-shan, Gebirge Zentralasiens 346
T'ien-t'ai (Tendai), buddhistische Sekte 246f.
T'ien Yüeh, chinesischer General 250
Tierche, Frankreich 395
Tierradentro, Landschaft in Kolumbien 54, 94, *Kartenskizze 91*
Tierradentro-Kultur 93f
Tikal, Ruinenstätte der Maya 38, 55, 57, *Kartenskizze 59*
Timur Leng (Tamerlan), Khan der Mongolen 149, 154, 166, 423, 555, 656, *Kartenskizze 354f.*
Tingitanien (Tingitana), römischer Name für Nordwest-Marokko um Tanger (Tingis) 603
Tipu, Sultan von Mysore 177
Tirnowa (Tirnovo, Trnovo), Bulgarien 422
Tirol 405, 408f., 415, 646
Tirumāla, Nāyak von Madurai 150, 658
Titicaca-See 45, 68, 70, 100, *Kartenskizze 31, 99*
Tizian, eigentlich Tiziano Vecelli(o), italienischer Maler 533
Tizoc, aztekischer Herrscher 73
Tlacopan (Tacuba), Mexico 73, *Kartenskizze 59*
Tlaloc, mexicanischer Regengott 49
Tlamililolpan, Häusergruppe in Teotihuacan 49
Tlatelolco, Mexico 72
Tlatilco, Fundstätte in Mexico 33
Tlaxcala, Mittelmexico 72f., 77, 80f., *Kartenskizze 59*
Tlaxcalteken, Stamm der Chichimeken 72
Tlazolteotl, Erdgöttin der Huaxteken und Azteken 53, 77
Toghon-temür (chinesischer Shunti), Großkhan der Mongolen, letzter Kaiser der Yüan 313, 366, 369f., 656
Toghoril-wang, Herrscher der Kereyid 345, 348
Tokaj, an der Theiß, Ungarn 361
Toke, Heinrich, Dominikaner 401
Tokugawa, Dynastie in Japan 334
Toledo, Kastilien 545

Tollan, Ruinenstätte nahe Tula, Mexico 49, 71f., 81f., 85f.
Tolteken, Nahua-Volk, 33, 36, **50** bis 53, 71f., 79, 82f., 85ff.
Tomār, Rāja-Dynastie in Zentralindien 121, 154
Tomate (aztekisch: tomatl), Nachtschattengewächs 75, 111
Tonalá, Ruinenstätte, Mexico 36
Tongking, hinterindische Landschaft, Kernland der Annamiten 652, 655
Tonplastik, Altamerika **32—35**, 44, 48, 66, 95, *Abb. 36*
T'o-pa, Sippe der Hsien-pei 192, 202f., 222ff., 649f., *Abb. 221*
--Reich, siehe Wei (Nord-Wei)
Toramāna, Hephthaliten-Vizekönig 116
Tordesillas, am Duero, Altkastilien 412, 609, 625ff., 647, *Abb. 612*
—, Vertrag von (1494) 625, *Kartenskizze 623*
Toro, westlich Valladolid, Spanien 411
Torquemada, Thomas de, spanischer Dominikaner, Generalinquisitor 411, 646
Tortelli, Giovanni, italienischer Humanist, Grammatiker 471
Tosa Nagataka, japanischer Maler *Abb. 361*
Toscanelli, Paolo del Pozzo, florentinischer Arzt, Astronom und Geograph 21, 507f., 512, 529, 550, 555, 611f.
Toskana, Landschaft in Mittelitalien 436, 638, 642
Totonaken, Volk ist Ostmexico **50** bis 53, 78, 80, *Kartenskizze 59*
Toulon-sur-Arroux, Burgund 391
Toulouse (Tolosa), an der Garonne, Südfrankreich 390
de Tournon, französischer Kardinal, jesuitischer Missionar in China 333
Tours, an der Loire, Frankreich 390, 646
Towton, Yorkshire, England 396, 643
Tragödie, attische 449
Transoxanien (Sogdiane, Sogdien) 359
Trapezunt, am Schwarzen Meer 425, 643
Travancore, südindischer Staat in Kerala 183
Traversari, Ambrosius, siehe Ambrosius der Kamaldulenser
Tres Zapotes, Fundstätte, Mexico 35f., *Kartenskizze 59*
Tributleistungen, China 258, 300ff., 653f.
—, Mongolenreich 351
Trient (Tridentum, Trento), an der Etsch, Oberitalien 400

Trier 382, 641, 644
Trinidad, Kleine Antillen 618
Trinidade, Insel im Atlantik 628
Trinitarier, Dreifaltigkeitsorden, Chorherrenorden 496
Tripolis (Tarābulus asch-Scham), Kreuzfahrerstaat in Syrien 368
Tristão, Nuño, portugiesischer Seefahrer 576
Troyes, an der Seine, Frankreich 388, 637
Trujillo, Nord-Honduras 620
Trujillo, Peru 64, *Kartenskizze 99*
Tsantsa, Schrumpfkopf, Kopftrophäe 95
Ts'ao, Herrscherhaus von Wei 197, 213, 649
Ts'ao Chih, chinesischer Dichter 213
Ts'ao P'ei, Sohn des Ts'ao Ts'ao 197, 213, 649
Ts'ao Ts'ao, Gründer des Reiches Wu 197, 207, 649
Tschaghadai (Dschagatai), Sohn des Tschinghis Khan, Mongolenfürst 356ff., *Kartenskizze 354f.*
Tscherkessen, kaukasisches Volk 357
Tschinghis Khan (Tschinghiz Chan, ursprünglich Temudschin, Temüdzin), mongolischer Fürst 19, 148, **305—308**, **346—353**, 356ff., 363, 370, 554, 654f., *Abb. 349*, *Kartenskizze 354f.*
Tsinghai, chinesische Westprovinz 201, 651
Tsou Yen, chinesischer Philosoph 288
Tsu Ch'ung-chih, chinesischer Mathematiker 228
Ts'ui Ch'ün, Minister der T'ang 225
Ts'ung, innerasiatisches Volk 201, 203
Tucumán, Provinz Argentiniens 98
Tudor, englisches Herrschergeschlecht 20, 393f., 398
Tübingen, am Neckar 645
Tümet, Stamm der Mongolen 334, 371, 657
Türken 239f., 243, 345, 348, 350, 368, 375, 378, 381, 383f., 395, 408, 412, 414f., 418, **420—428**, 432, 492, 540, 555f., 580, 591, 637f., 640, **642—647**, 650f., *Abb. 424*
Türkische Sprache 180
T'u-fa Wu-ku, Gründer der Süd-Liang 203
T'u-fan, siehe Tibet
Tu Fu, chinesischer Dichter 249, 652
Tughlaqābād, Festung bei Delhi 156, 656
Tughluq, Dynastie in Delhi 149, 656

NAMEN- UND SACHREGISTER 707

Tughluq, Ghiyās ad-Dīn, Sultān von Delhi 148f., 153, 156, 656
Tughluq, Muhammad ibn, Sultān von Delhi 149, 156, 656
Tuira, Gott der Chibcha 89
Tukano, südamerikanische Sprach- und Völkergruppe 28
Tukārām, vishnuitischer Reformer 159
Tula, Mexico 49, *Kartenskizze 59*
Tulsīdās, Hindi-Dichter 163, 182, 658
—, »Rāma-Charita-Mānasa«, heiliges Buch des Rāma-Kultes 163
Tului, jüngster Sohn Tschinghis Khans 357, 362, 364
Tulúm, Ruinenstätte auf Yucatán 55, *Kartenskizze 59*
Tūluva, Dynastie von Vijayanagar 150
Tumbaga, siehe Guanin
Túmbez, Nordperu 96, 622, *Kartenskizze 99*
Tumipampa (heute Cuenca), Ecuador 101, *Kartenskizze 99*
Tungabhadrā, Nebenfluß des Krishnā 150, *Karte 124*
Tung Chung-shu, chinesischer Philosoph 288
Tunguragua, Vulkan in Ecuador 95
Tungusen, den Manchu nahe verwandte tungide Volksstämme 345ff., 372
Tun-huang (früher Sha-chou), Oasenstadt am Dangagol, Kansu 203, 238, 262f.

Tunis, Nordafrika 566, 599
Tunja, Hauptstadt der Chibcha 92, *Kartenskizze 91*
Tupac Yupanki, Inka-Herrscher 100f.
Tupí, südamerikanische Sprach- und Völkergruppe 28
Turalina, Gemahlin des Ögödei 362
Turkestan, Landschaft in Asien 345f., 353, 357
—, Ost- (Chinesisch-) Turkestan 345, 352, 357
Turkmenen (Gluzz, Oghuzen), Stamm der Türken 426
Turkvölker 349
Tuxpam, Fluß in Mexico 52
Tuxtla, Distrikt in Mexico 36
T'u-yü-hun, Nomadenstamm in Nordwestchina 203, 231, 650f.

Twer an der Wolga 646
Twitchett, Denis, englischer Sinologe 253
Tyard (Thiard), Pontus de, Bischof von Chalon-sur-Saône, französischer Dichter der Pléiade 525
Tzacualli, Frühphase der Teotihuacan-Kultur 49

Tzakol, Phase der Maya-Kultur 50, 58
Tzintzuntzan, Hauptstadt der Tarasken 80, *Kartenskizze 59*
Tz'u, chinesische Lieddichtung 260, 296, 652
Tzutuhil, Maya-Volk 86

U

Uaxactūn, Ruinenstädte der Maya 55, *Kartenskizze 59*
Uccello, Paolo, florentinischer Maler 530f.
Udaipur, Rājasthān 145, 148, 151, 170, 173, 176, 186, 658
Uhle, Max, Amerikanist 38, 64, 67
Uiguren (Schira Uigur, Nördliche Uiguren), Turkvolk Innerasiens 240, 243, 245, 250f., 345f., 349f., 353, 356, 358, 365, 371, 651f., 655
Uigurische Schrift 346, 361, *Abb. 368*
Ulm an der Donau 641
Ungarn 359–362, 379, 381, 383, 399, 407ff., 418, 420f., 423f., 426f., 446, 639, 643, 645ff., *Kartenskizze 354f.*
Upanishaden, frühindische philosophische Texte 136, 141
Uppland, Landschaft in Mittelschweden 417
Uppsala, Schweden 416f., 642
Ural, eurasisches Grenzgebirge 359
Uralaltaische Sprachfamilie 201f., 205
Uralsk am Uralfluß 359
Urbino, westlich von Ancona 481
Urchan (Urschan), Sohn Osmans, zweiter Emir (Sultan) der Osmanen 422
Urdaneta, Andrés de, Augustiner, spanischer Seefahrer 621
Urdū, hindi-persisch-arabische Mischsprache 157, 165, 181, 658f.
Urubamba, Fluß in Peru 100, 103, *Kartenskizze 99*
Uruguay, Staat in Südamerika 627
Usodimare Antonietto, genuesischer Seefahrer 561
Usumacinta, Fluß in Guatemala 55, *Kartenskizze 59*
Utatlan, Hauptstadt der Quiché 86, *Kartenskizze 59*
Utpala, Dynastie von Kashmīr 118, 652
Utraquisten (Calixtiner), gemäßigter Flügel der Hussiten 381, 407, 639
Utrecht, Niederlande 644
Usun Hasan, Fürst der Turkmenen 426
Uxmal, Ruinenstätte auf Yucatán 82ff., *Kartenskizze 59*

V

Vachaspati Mishra, indischer Theologe und Philosoph 138, 142
Vāghelā, Dynastie von Gujarāt 122, 129, 132f., 148, 155, 655, *Kartenskizze 123*
Vaillant, George C., nordamerikanischer Archäologe 30
Vaisheshika, indisches philosophisches System 141f.
Vajrayāna, spätbuddhistische Lehre 137, 651
Vākātaka, Dynastie des Dekhan und Zentral-Indiens 117, 650, *Kartenskizze 119*
Vākpatirāja II. Munja, Paramāra-König 121, 124, 653
Vākpatirāja, Sanskrit- und Prākrit-Dichter 177, 133, 652
Valabhī, Saurāshtra, Indien 650f., *Kartenskizze 119*
Valdes (Valdez), Alfonso (de), spanischer Humanist 527
Valdes (Valdez), Juan (de), Zwillingsbruder Alfonsos de Valdes, spanischer Humanist, Philosoph und Theologe 527
Valdivia, Pedro de, spanischer Conquistador 622
Valencia, Hafen in Ostspanien 474, 562, 631
Valentinoe, Tochter des Gian Galeazzo Visconti, Gemahlin Herzog Ludwigs v. Orléans 392
Valer, Francesco des, katalanischer Seefahrer 598
Valerius Flaccus, Caius, römischer Dichter 444
Valla, Laurentius (Lorenzo della Valla), italienischer Humanist, Sekretär am päpstlichen Hof 410, 434, 437f., 463, 473, 477, 493–498, 500, 508f., 524, 638, 640
—, »De falso credita et ementita Constantini donatione declamatio«, »Vortrag über die fälschlich für echt gehaltene, erlogene Konstantinische Schenkung« (1440); gedruckt 1517, mit Vorw. Ulrichs von Hutten) 494, 640
—, »De voluptate dialogus«, »Vom Habenwollen« (1431), neubearbeitet als »De vero bono«,»Vom wahren Guten« (1433) 494, 638
—, »De professione religiosorum«, »Vom geistlichen Stande« (1442) 494
—, »De libero arbitrio«, »Von der Entscheidungsfreiheit«, Dialog (um 1443) 494, 497, 640

Valla, Laurentius
—, »Elegantiarum latinae linguae libri VI«, Grammatik- und Stilanalyse des Lateinischen (1435—1444; gedruckt Löwen 1551) 494, 496, 524
—, »In NOVUM TESTAMENTUM ex diversorum utriusque linguae codicum collatione adnotationes« (»Collationes«), kritische Anmerkungen zum Text des neuen Testaments (1449, gedruckt Paris 1505) 494, 497
Vallabhāchārya, vishnuitischer Sektengründer 160, 183, 658
Valladolid, Kastilien 398, 586
Valois, französisches Herrschergeschlecht 387, 392
Valturio, Roberto, italienischer Gelehrter und Diplomat 512
—, »De re militari« (Verona 1472), italienische Fassung: »Trattato circa le cose militari« (Verona 1483) 512
Vārakarī, vishnuitische Sekte in Mahārāshtra 159
Vardö, Stadt und Insel Nordost-Norwegens 633
Varna (Warna) am Schwarzen Meer 407, 420, 423, 640
Vasanta-Vilāsa, alt-Gujarātī-Dichtung 162, 164, 656
Vasari, Giorgio, italienischer Maler und Baumeister 434 ff., 438, 449, 456, 462, 503
—, »Vite de' più eccellenti pittori scultori e architettori«, »Lebensbeschreibungen der hervorragendsten Maler, Bildhauer und Architekten« (1550) 434 f.
Vastupāla, Solankī-Minister und Sanskrit-Autor 132 ff.
Vatsarāja, Pratīhāra-König 120
Vedānta, System der indischen Philosophie 141, 180, 652, 655
Vega, Garcilaso de la, spanischer Dichter 527
Vendôme, Grafschaft im westlichen Frankreich 389
Venedig 312, 360, 363, 367, 379, 384, 392, 399, 410, 414 f., 423—427, 447, 452 f., 512, 532, 554, 596, 631, 637 f., 640, 642 bis 648
—, Marciana, Bibliothek von San Marco 445, 465
Vengi (Vengi Pura), Hauptstadt der Östlichen Chālukya-Dynastie 117, 125, *Kartenskizze 119, 123*
Veniero von Recanati, Jacobo, Erzbischof von Ragusa 382
Vera Cruz, Mexiko 35, 37, 51 f., 80, *Kartenskizze 59*
Veragua, Landschaft in Panama 88 f., *Kartenskizze 91*

Verbiest, Ferdinand, Jesuiten-Missionar in China 330
Vereinigte Staaten Nordamerikas 26 f., 109
Vergerio, Pier (Pietro) Paolo, der Ältere, italienischer humanistischer Gelehrter 475, 478
—, »De ingenuis moribus et liberalibus studiis adolescentiae«, über Erziehung und Unterricht (etwa 1400 bis 1402; gedruckt 1474) 475
Vergil, Publius Vergilius Maro, römischer Dichter 443, 450, 474, 516, 521, 556
Vermandois, Grafschaft in der Picardie 395
Verne, Jules, französischer Schriftsteller 550
Verneuil, am Avre, Nordostfrankreich 638
Verona (Bern), Venetien 413, 415, 446, 475
Verrazano, Giovanni de, italienischer Seefahrer 630
Verrocchio, Andrea del, italienischer Bildhauer und Maler aus Florenz 463, 531
Verstädterung, China 192, 255
Vesal (lateinisiert Vesalius), Andreas, flämischer Arzt, Begründer der neuzeitlichen Anatomie 503, 512, 517
—, »De humani corporis fabrica«, »Vom Aufbau des menschlichen Körpers« (1539—1542; gedruckt Basel 1543) 512
Vesara-Stil der Baukunst im Dekhan 143, 651
Vespasiano da Bisticci, florentinischer Humanist, Buchhändler und biographischer Schriftsteller 464
Vespucci, Amerigo, italienischer Seefahrer 486, 548, 619, 627, 648
Vettori, Francesco, italienischer Humanist, Geschichtsschreiber 455
Vicenza, Venetien 415
Vico, Giovanni Battista (Giambattista), italienischer Kultur- und Geschichtsphilosoph 486
»Victoria«, Schiff des Magalhães 624
Vidarbha, Stil der Sanskrit-Literatur 131, 650
Vidyāpati Thākur, Maithilī-Dichter 163
»Vier Bücher«, die klassischen Werke des Konfuzianismus 286, 325, 654
Vietnam, Landschaft in Indochina 196, 210, 232, 240
Vigevano, südwestlich Mailand, Lombardei 528
Vigraharāja IV., Chauhān-König 162, 654

Vijayanagar, an der Tungabhadrā, Vorderindien 150 f., 158, 177, 656 ff., *Abb. 164*
Vikramāditya I., Sohn des Vishnuvardhana, Kaiser der Östlichen Chālukya 117, 651
Vikramāditya II., Kaiser der Östlichen Chālukya 117
Vikramāditya VI., Westlicher Chālukya-König 124, 654
Vikramāshilā, buddhistische Universität in Bihār 120
Villegagnon, Nicolas Durand de, französischer Malteserritter 629 f.
Villena, Enrique de (»Marqués de Villena«), spanischer Gelehrter 526
—, »Los doze trabajos de Hércules«, »Die zwölf Arbeiten des Hercules«, Abhandlung (katalanisch, 1417; gedruckt, spanisch, Zamora 1483) 526
Vinland, wikingische Bezeichnung für das von ihnen entdeckte Land in Nordamerika 595
Virashaiva (Lingāyat), shivaitische Sekte 135, 139
Virginia, Bundesstaat der USA 624, 633
Virú, Fluß, Peru 39, 41, 64, *Kartenskizze 99*
Vischer, Peter, der Ältere, Nürnberger Bildhauer und Erzgießer 646
Visconti, lombardisches Adelsgeschlecht 382, 413, 443, 448, 464, 521, 641
Visconti, Filippo Maria, Sohn des Gian Galeazzo, Herr von Pavia, Herzog von Mailand 413, 638, 641
Visconti, Gian Galeazzo, genannt Biscione (die Natter), Herzog von Mailand, Graf von Virtù 379, 382, 413, 442
Visconti, Giovan(ni) Maria, Sohn des Gian Galeazzo, Herzog von Mailand 413
Visconti, Valentinoe, siehe Valentinoe
Vīshala Deva, Vāghelā-König 122
Vishnu, indischer Gott 117, 136, 139 f.
Vishnuismus 118, 136 f., 140 f., 653—658
Vishnuvardhana, König der Östlichen Chālukya-Dynastie 117, 651
Vishnuvardhana, Hoysala-König von Mysore 141
Vishnuvardhana Yashodharman, Diktator der späten Gupta-Zeit 116, 650
Visishtādvaita, indisches theologisches System 141
Vistula (polnisch), siehe Weichsel 361

NAMEN- UND SACHREGISTER

Viterbo, Latium 455
Vithoba (Vitthalanātha), indischer Lokalgott, Form Krishnas 159f.
Vitruvius Pollio, Marcus, römischer Baumeister und Schriftsteller 444, 513, 531
Vittorino da Feltre (Vittorino Rambaldoni), italienischer Humanist und Pädagoge 433, 452, 467, 475ff., 637
Vivaldi, Ugolino und Vadino, genuesische Seefahrer 586, 596
Vives, Juan Luis, spanischer humanistischer Philosoph und Pädagoge, zeitweilig Professor in Löwen 474, 494, 508, 526
—, »De causis corruptarum artium«, »Von den Ursachen des Verfalls der Gelehrsamkeit«, enthalten in »De disciplinis libri XX« (Antwerpen 1531) 512
Vizinho, José, portugiesischer Arzt und Astronom 546f.
Vlad, der Pfähler, Wojwode der Walachei 425
Voigt, Georg, Historiker 431
—, »Die Wiederbelebung des klassischen Altertums oder Das erste Jahrhundert des Humanismus« (Berlin 1859) 431
Voltaire, eigentlich François Marie Arouet, französischer Schriftsteller 331
Voltas, Kap das (heute Diaz Point), Südwestafrika 608
Volterra, Toskana 414
Vorderasien 348f., 353, 367
Vranja (Vranje), in der südlichen Morawa, Serbien 424
Vulgärsprache 466f., 491, 521f.
Vulgata, in der römisch-katholischen Kirche als zuverlässig geltende Bibelübersetzung 494, 497

W

Waffen, Altamerika 31f., 60, 64, 73, 79, 88, 102
Wahrhaftigkeit (ch'eng), konfuzianisches Ideal 286f.
Waina Kapac, Inka-Herrscher 101
Wakefield, Yorkshire, England 396, 642
Walachei, Landschaft zwischen Südkarpaten und Donau 367, 419, 423, 425f.
Waldmann, Hans, Bürgermeister von Zürich 646
Waldseemüller, Martin, Kosmograph und Kartograph 619
Wanakauri, Berg bei Cuzco 107
Wandmalerei, Renaissance 643, 645, *Abb. 456*, *493, 505*

Wang An-shih, Minister der Sung 291ff., 653
Wang Chien, Gründer des Früheren Shu 259
Wang Hsi-chih, Kalligraph 214, 649
Wang Hsüan-ts'e, chinesischer Gesandter in Assam 240
Wang Jung, chinesischer Taoist 209
Wang Mang, chinesischer Usurpator 216
Wang Pi, chinesischer Taoist 208, 649
Wang Shen-chih, Gründer des Min-Staates 259
Wang Tao, Staatsmann der Ost-Chin 206
Wang Wei, chinesischer Dichter 249, 652
Wang Yang-ming (Wang Shou-jen), chinesischer Philosoph 325ff., 657
Wang Ying-lin, chinesischer Philosoph 656
—, »Drei-Zeichen-Klassiker« 656
Wan-li, Kaiser der Ming 199
Warangal, Zentralindien 125f., 149, 654f., *Kartenskizze 123*
Warbeck, Perkin, englischer Thronprätendent 398
Warwick, Richard Neville, Earl von, englischer Heerführer, genannt kingmaker 396ff., 642, 644, *Abb. 396*
Wasilij I., Großfürst von Moskau 637
Wasilij II. (Tjemnij, der Geblendete), Sohn Wasilijs I., Großfürst von Moskau 421, 637, 640, 643
Waskar, Inka-Herrscher 101
Watling-Insel, siehe Guanakani
Webkunst, Altamerika 32, 39, 42f., 64f., 67ff., 92, 96, 102, 108
Wechsel, im chinesischen Bankwesen 281
Wei, Dynastie (220—266), China 193, 195, 197ff., 201, 213, 216, 649
—, chinesischer Kleinstaat (350 bis 352) 203
—, Nord- (T'o-pa-), Dynastie (386—535), China 192, 195, 199, 202f., 220—224, 226, 228f., 238, 246, *Abb. 220f.*
—, Ost-, Dynastie (534—550), China 192, 199, 223f., 226, 650
—, West-, Dynastie (535—557), China 192, 199, 221—224, 226, 237, 245, 650
Wei, Gemahlin des T'angkaisers Chang-tsung 235
Wei Cheng, konfuzianischer Staatsmann 243f.
Weingarten, Benediktiner-Kloster, Württemberg 444

Weißes Meer, Bucht der Barents-See 633
Welser, Augsburger Patrizier- und Handelsherrengeschlecht 377
Weltalter (mythische), Altamerika 61, 76, 84, 87
Weltbild, Altamerika 33, 57, 61, 68, 76, 84
—, Antike 541f.
—, Araber 544f.
—, Entdeckungszeitalter 541
—, Frühes Mittelalter 544
Weltkarte des Angelino Dulcert, *Abb. 557*
— mit Jerusalem als Mittelpunkt, *Abb. 540*
Weltkrieg, zweiter 224
Wen, Kaiser der Sui, siehe Yang Chien
Wen-tsung, Kaiser der T'ang 253
Wenzel, Sohn Kaiser Karls IV, König von Böhmen, deutscher König 399, 413, 637, *Stammtafel 402f.*
Wenzel I., Sohn Ottokars I., König von Böhmen 361
Werkzeuge, Altamerika 31, 42, 44, 58f., 63f., 75f., 102
Werminghoff, Albert, Geschichtsschreiber 400
Westindische Inseln (Antillen), mittelamerikanische Inseln 29 89f., 617f., 620, 625, 631, 633
Westminster, Stadtbezirk von London 394
Westpreußen 421
Wetar (Wetter), ostindonesische Insel 629
Wettiner (nach Wettin an der Elbe, nordwestlich von Halle), deutsches Herrschergeschlecht 646, *Stammtafel 462f.*
—, albertinische Linie (Meißen) 646
—, ernestinische Linie (Wittenberg) 646
Weyden, Roger (Rogier) van der, niederländischer Maler 532
Wien 408f., 646
Wikinger, siehe Normannen
Wildbeuter, Jäger-, Fischer- und Sammelvölker, Altamerika **26** bis **29**, 41, 107
Wilkawain, Tempel der Tiahuanaco-Zeit in Nordperu 70
Wilkomierz, Litauen 420
Willoughby, Sir Hugh, englischer Polarfahrer 632
Wimpheling (Wympfeling), Jakob, Priester und Prediger, Pädagoge 475, 526, 648
—, »Germania«, Streitschrift (Straßburg 1501) 475, 648
Windsor, westlich von London 394
Winker, Will, Historiker 410
Wirakocha, Schöpfergott der Aimara und Ketschua 69, 106
Wirakocha, Inka-Herrscher 100

NAMEN- UND SACHREGISTER

Wirtschaft, Altamerika 30f., 48, 60, 65, 75f., 79, 89, 100, 102
—, China 217ff., 253f., 278—281, 324, 328f., 652f.
—, —, Ming-Zeit 324, 328f.
—, —, Sung-Zeit 278—281, 653
—, —, T'ang-Zeit 253f., 653f.
Wirtschaftsplanung, China 291ff., 653
Wisconsin-Glazial, letzte diluviale Vereisungsperiode Nordamerikas 25
Witebsk, Weißrußland 420
Witelo (»Widolein«, latinisert Vittellio, Vitello, Vittelus), Mathematiker und Physiker (von thüringischen oder polnischen Eltern) 459
Witold (Vitautas, Witowt), Sohn des Keistut, Großfürst von Litauen 419f., 638
Wittelsbacher, deutsches Herrschergeschlecht 400, 409
Wittenberg, an der Elbe 469, 473, 637
Wittkower, Rudolf, Kunsthistoriker 531
Wjatka, rechter Nebenfluß der Kama 646
—, Landschaft, Ostrußland 646
Wladimir, Nordrußland 360, 655, *Kartenskizze 354f.*
Wladislaw II. Jagiello, Sohn Olgerds, Großfürst von Litauen, König von Polen 418ff., 638f., *Stammtafel 402f.*
Wladislaw III., Sohn des Wladislaw II. Jagiello, König von Polen und Ungarn 420, 423, 639f., *Stammtafel 402f.*
Wladislaw IV., Sohn Sigismunds III., König von Polen 421
Włodkowic, Paul, genannt Paulus Vladimiri, polnischer Kanonist 419
Wodeyār, Rājas von Mysore 183
Wolga, Fluß in Rußland 358—362, 366ff., 421, *Kartenskizze 354f.*
Wolga-Bulgaren, turanider Volksstamm 359f., 368, 655
Wolgemut, Michael, Maler aus Nürnberg 647
Wolhynien, Landschaft der Ukraine 420, 638
Wolkenstein, Oswald von, Tiroler Adliger, Liederdichter 602
Wolsey, Thomas, englischer Kardinal und Lordkanzler 453
Wordingborg, auf Seeland 417, 639
Worms 406, 646
Wu, Dynastie (222—280) 193, **195—199**, 205, 215, 649
Wu, Kaiser, Gründer der Liang 225
Wu, Präfektur in Chekiang 196
Wu, Staat in China 110

Württemberg, Herzogtum 405, 643, 646f.
Wu-huan, Volk der Hsien-pei 201
Wukaschin, König von Serbien 422
Wu San-kuei, chinesischer Heerführer der Ming und der Ch'ing 336ff., 658
Wu Tao-tzu (Wu Tao-hsüan), chinesischer Maler 249, 652
Wu Tse-t'ien, Gemahlin des Kaisers Kao-tsung, »Kaiser« der Chou-Dynastie 199, 234f., 246, 651
Wu-Yüeh, Staat in China 258f., 262
Wyatt (Wyat, Wiat), Sir Thomas, englischer Staatsmann und Dichter 527
Wyclif (Wycliffe), John, Lehrer der Theologie in Oxford, Vorläufer der Reformation 381, 394f.
Wyschehrad (Hohe Burg), heute Stadtteil von Prag 637

X

Xanadu, siehe Shang-tu
Xaver, Franz, Jesuit 329
Ximenes (Jiménes) de Cisneros, Gonsalez (Francisco), Kardinal und spanischer Staatsmann 412, 647
Xipe Totec, aztekischer Vegetationsgott 77, 82, *Abb. 81*
Xira, João de, Franziskaner 586
Xitle, Vulkan, Mexiko 32
Xiu, Fürstensippe der Maya 82ff.
Xochicalco, Ruinenstadt, Mexico 50f., *Kartenskizze 59*
Xochimilco, Mexico 76, *Kartenskizze 59*
Xodupilli, aztekischer Vegetationsgott 77
Xoduquetzal, aztekische Liebesgöttin 77
Xolalpan, Häusergruppe in Teotihuacan 49
—, späte Phase der Teotihuacan-Kultur 50

Y

Yácata, Tempelpyramide der Tarasken 80
Yachawasi, Priesterschule der Inka 107
Yādava, Dynastie von Deogiri 125, 148, 654ff., *Kartenskizze 123*
Yampará, indianische Kultur Boliviens 98
Yamunāchārya, Shrī Vaishnava-Theologe in Südindien 141

Yang, siehe Yin und Yang
Yang Chien (Wen), Kaiser der Sui 224, **228—233**, 650
Yang (Yang-ti), Kaiser der Sui-Dynastie 230ff., 240, 249, 258, 650
Yang-chou, am Yang-tzu, China 231, 258f., 337, 655
Yang Hsing-mi, Gründer des Wu-Staates 259
Yang Kuei-fei, chinesische Palastdame unter Hsüan-tsang 243
Yang-tzu (Chiang), Fluß in China **193—196**, 205, 214, 217, 229, 231, 244, 251, 253, 256, 258, 277f., 298, 302, 311, 318, 324, 329, 652, *Abb. 196*

Yang Yen, chinesischer Staatsmann 253
Yao, chinesischer Kaiser 216
Yao Ch'ang, Gründer der Späteren Ch'in 203
Ya'qūb, siehe Ja'qūb
Yasa, siehe Dzasag
Yashovarman (Maukhari?), König von Kanauj 117f., 132f., 651f.
Yashwant Rāo Holkar, Marāthen-General 176, 659
Yaxchilán, Ruinenstätte der Maya 55, *Kartenskizze 59*
Yaxuná, Ruinenstätte auf Yucatán 38, 57, *Kartenskizze 59*
Yeh-lü Ch'u-ts'ai, Kanzler des Mongolenreiches 305, 655
Yel-Lü-Tashih, Herrscher des Qara-Qytai-Reiches 581
Yen, Lehen zur Mingzeit 323
Yen, Früheres, Hsien-pei-Staat in China 203f.
—, Nord-, chinesischer Kleinstaat 203
—, Späteres, Hsien-pei-Staat in China 203
—, Süd-, Hsien-pei-Staat in China 203
—, West-, Hsien-pei-Staat in China 203
Yenking (Peking) 364
Yen Li-pen, chinesischer Maler und Architekt 249, *Abb. 236*
Yesügei, Vater Tschinghis Khans 347f.
Yin und Yang, die Urkräfte in der chinesischen Philosophie 288f.
Yoga, indische mystische Selbstdisziplin und Philosophie 118, 136f., 140f.
York, englisches Adelsgeschlecht 393, 396ff., 642f., 646
York, Richard, Herzog von, Führer des Aufstands der »Weißen Rose« 396
York, Richard Herzog von, Generalleutnant von Frankreich und der Normandie, englischer Kronprätendent 639, 641f.

NAMEN- UND SACHREGISTER

York, Richard, Sohn König Eduards IV. von England, Herzog von 397, 646
York, Richard, siehe Warbeck, Perkin
Yucatán, Halbinsel 37f., 55ff., 62, 72, 82–86, 90, 93, 108, 620, *Kartenskizze 31, 59*
Yüan, chinesischer Name der T'o-pa-Herrscher von Nord-Wei 223
Yüan, Dynastie der Mongolen (1222–1368), China 199, 269, 296, 306–313, 315, 317ff., 335, 348, 362–366, 369, 371, 655
—, Nördliche, Dynastie in der Mongolei 370
Yüan Chen, chinesischer Dichter 260
Yüan-ti, Kaiser von Ost-Chin 205
Yüeh Fei, chinesischer Heerführer und Staatsmann 303, 654, *Abb. 304*
Yün-chi, Herrscher von Hsi-hsia 351
Yün-kang, unweit Ta-t'ung, Shansi, China 226, 650, *Abb. 212*
Yünnan, Provinz Südwestchinas 241, 364, *Karte 312c*
Yü-wen, Sippe der Hsien-pei 201, 224
Yü-wen T'ai, Edelmann der Hsien-pei 226
Yung-cheng, Kaiser der Ch'ing 339f., 659
Yung-lo (Ch'eng-tsu), Kaiser der Ming 199, 323f., 370f., 656f.
»Yung-lo ta-tien«, größte chinesische Enzyklopädie (1407) 657

Z

Zarathustrismus in China 244f., 651
Zaachila, Hauptstadt der Zapoteken 81
Zabarella, Francesco, aus Padua, Kardinal und Jurist 380
Zabarella, Jacopo, italienischer Schriftsteller 509
Zacatenco-Copilco-Kultur, Phase der archaischen Kultur Mexicos 30, 32
Zacatula (Guerrero), Hafenstadt in Westmexico 621
Zacuto, Abraham, spanischer Astronom 546
Zafar, Mogul-Kaiser Bahādur Shāh II. und indopersischer Dichter 181
Zahlenschreibung, Altamerika 36f., 54, 61, 108, *Abb. 84*
Zain al-'Ābidīn, Sultān von Kashmīr 153, 157, 656
Zamān, Shāh von Afghānistān 178
Zapoteken, Volk in Mexico 50f., 53ff., 77, 80f., *Kartenskizze 59*
Zaque, Herrscher der Chibcha 92
Zara (Iader), Dalmatien 425
Zaroto (Zarotto), Antonio, italienischer Buchdrucker 467

Zēban-Nisā Bēgam (Makhfī), Mogul-Prinzessin und indopersische Dichterin 181
»Zehn Staaten« (907–979), südliches China 192, 199, **257ff.**, 262, 268, 653
Zen-Buddhismus, siehe Ch'an
Zensur in China 275f., 308, 653, 656, 659
— in Indien 133
Zeyla (Zeila), Somalia 608
Zigarre (aus einer der Mayasprachen Yucatāns: zicar) 75, 111
Zinn 102
Zinswesen in China 219, 226
Zipangu (Jih-pên-kuo), Bezeichnung für Japan im Mittelalter 560, 613, 617
Zipaquirá, Departement Cundinamarca, Kolumbien 92
Ziska (Žižka), Jan, Haupt und Heerführer der Hussiten 637
Zoë Palaiologe, siehe Sophia
Zopftracht in China 658
Zürich, Schweiz 646
Zu'l-fiqar Khān, Mogul-General und Großwezir 172ff.
Zurara (Azurara), Gomes Eanes de, portugiesischer Geschichtsschreiber 577, 586, 602, 606
—, »Chronica dos feitos de Guinee« 602
Zwickau, an der Mulde, Sachsen 643
Zwingli, Ulrich (Huldrich), schweizerischer Reformator 498

QUELLENVERZEICHNIS DER ABBILDUNGEN

Die Aufnahmen stammen von: Fratelli Alinari, Florenz (383, 492, 493, 505, 532, 533) – Anderson, Rom (409) – Theo Bandi mit Erlaubnis von Conzett & Huber, Zürich (425, 464) – Bildarchiv Foto Marburg (444) – Jørgen Bitsch, Farum/Dänemark (371) – Robert Braunmüller, München (37, 65, 289, 305) – Gabriele Busch, Frankfurt a. M. (332) – dpa-Bild (48) – Walter Dräyer, Zürich (128) – Adolf Düringer, Wien (382) – Editions Arthaud, Paris, mit besonderer Erlaubnis von Frau Hébert-Stevens (212) – Werner Forman, Prag (296) – Giraudon, Paris (480, 481 o., 484) – Dr. Herbert Härtel, Berlin (120, 121, 129, 136, 144, 145, 164, 173) – Konrad Helbig, Frankfurt a. M. (560, 561) – Kurt Julius, Hannover (324) – M. Tadeusz Kazmierski, Warschau (360) – Ralph Kleinhempel, Hamburg (80) – Jossé Lalance, Paris (349) – Gebr. Metz, Tübingen (370) – Ministry of Public Building and Works, Copyright reserved to H. M. The Queen (445) – Moeschlin und Baur, Basel (81) – B. Moosbrugger, Zürich (36) – Prof. Dr. Horst Nachtigall, Marburg (64) – Österreichische Nationalbibliothek, Wien (408) – Guido Sansoni, Florenz (437, 465) – Scala Istituto Fotografico Editoriale, Florenz (436) – Werner Schad mit Erlaubnis des Bildarchivs »Frankfurter Allgemeine Zeitung« (85) – Theo Schafgans, Bonn (84) – Smithsonian Institution, Freer Gallery of Art, Washington (260, 261, 280, 297, 304, 348) – Sperryn's Ltd. über Sotheby & Co, London (496) – Walter Steinkopf, Berlin (49) – Ullstein Bilderdienst, Berlin (196, 325) – Josefine Welk, Bonn (104, 105) – Alle anderen Fotos verdanken wir den in den Bildunterschriften genannten Museen und Archiven.

Deutsche Geschichte im Ullstein Taschenbuch

Ein Gesamtbild deutscher Geschichte vom Mittelalter bis in unsere Zeit
in Einzeldarstellungen und thematischen Ergänzungsbänden

Herausgegeben von Walther Hubatsch

Ernst Bizer
Kirchengeschichte Deutschlands I
Von den Anfängen bis zum Vorabend der Reformation

Deutsche Geschichte Band 11

Das Christentum bei den Germanenstämmen / Angelsächsische Mission / Karl der Große / Zerfall des Frankenreichs / Geistige Auseinandersetzungen / Die Ottonen / Die Salier / Canossa als Wende / Literarische Kämpfe / Anfänge der Kreuzzüge / Heinrich V. / Lothar III. und Konrad III. / Friedrich Barbarossa / Innocenz III. / Friedrich II. / Bernhard von Clairvaux / Petrus Abälard / Die Prämonstratenser / Ketzer: Die Katharer / Die Waldenser / Die Bettelorden / Ritterorden / Juden / Rudolf von Habsburg und seine Nachfolger im Schatten neuer kurialer Politik / Scholastik: Albertus Magnus und Thomas von Aquino / Franziskanische Theologie: Duns Scotus und Wilhelm von Ockham / Mystik / Die Päpste in Avignon / Reich und Kirche unter Kaiser Ludwig IV. / Das Schisma / Das Konstanzer Konzil / Hussiten / Das Basler Konzil / Im Übergang

Literaturwissenschaft im Ullstein Taschenbuch

Karl Gutzkow
Liberale Energie

Eine Sammlung seiner kritischen Schriften
Ausgewählt und eingeleitet von Peter Demetz

Ullstein Buch 3033

Inhalt: Peter Demetz: Karl Gutzkow als Literaturkritiker. Eine Einführung / Karl Gutzkow: Liberale Energie. Eine Sammlung seiner kritischen Schriften (Texte über Menzel, Börne, Lessing, Goethe, Hegel, Heine, Büchner, Nestroy, Shelley, Balzac, de Staël, Sand u. a. / Anmerkungen / Bibliographie / Personenregister

Franz Mehring
Die Lessing-Legende

Ullstein Buch 2854

Inhalt: Rainer Gruenter: Einleitung / Franz Mehring: Die Lessing-Legende (Text nach der 2. Auflage mit den Varianten des Erstdruckes in der »Neuen Zeit« und der Erstausgabe) / Anhang: Über den historischen Materialismus. Texte zur Wirkungsgeschichte von Franz Mehring, Friedrich Engels, August Sauer, Paul Ernst, Ferdinand Lassalle, Paul Rilla und Georg Lukács / Bibliographie / Erklärung der Fremdwörter und fremdsprachlichen Ausdrücke / Personenregister / Editorischer Hinweis